sociología
y
política

DE LO PRIVADO A LO PÚBLICO:
30 años de lucha ciudadana de las mujeres en América Latina

por

A. LYNN BOLLES • ANA LORENA CARRILLO • SUSANA CHIAROTTI
ALICE COLÓN • CLORINDA CUMINAO • GRACIELA DI MARCO
GIOCONDA ESPINA • ALEJANDRA FLORES • MORENA HERRERA
KAREN KAMPWIRTH • ANA LAU J. • NATHALIE LEBON
FIONA MACAULAY • ELIZABETH MAIER • GINA MALDONADO
MARÍA CONSUELO MEJÍA • MYRIAM MERLET • NORMA MOGROVEJO
MARYSA NAVARRO • MARTA NÚÑEZ • NELLYS PALOMO
ANDREA PEQUEÑO • MARVA A. PHILLIPS • SARA POGGIO
MERCEDES PRIETO • CATHY A. RAKOWSKI • HELEN I. SAFA
MONSERRAT SAGOT • NORMA STOLTZ CHINCHILLA
MARÍA LUISA TARRÉS • VIRGINIA VARGAS

coordinado por

NATHALIE LEBON
ELIZABETH MAIER

siglo xxi editores, s.a. de c.v.
CERRO DEL AGUA 248, ROMERO DE TERREROS, 04310, MÉXICO, D.F.

siglo xxi editores, s.a.
TUCUMÁN 1621, 7º N, C1050AAG, BUENOS AIRES, ARGENTINA

siglo xxi de españa editores, s.a.
MENÉNDEZ PIDAL 3 BIS, 28036, MADRID, ESPAÑA

HQ1236.5L37
D45
2006   *De lo privado a lo público : 30 años de lucha*
         ciudadana de las mujeres en América
    Latina / por A. Lynn Bolles ... [et al.] ;
    coordinado por Nathalie Lebon, Elizabeth Maier. —
    México : Siglo XXI : UNIFEM : LASA, 2006.
    432 p. — (Sociología y política)
    ISBN10: 968-23-2617-6
    ISBN13: 978-968-23-2617-2

    1. Derechos de las mujeres — América Latina
    2. Feminismo — América Latina. 3. Papel del
    género — América Latina. I. Bolles, A. Lynn,
    colab. II. Lebon, Nathalie, ed. III. Maier, Elizabeth.
    III. Ser.

Las opiniones expresadas en esta publicación son de
exclusiva responsabilidad de las autoras y no reflejan
necesariamente la opinión de UNIFEM, de las Naciones
Unidas o de sus organizaciones afiliadas.

portada de maría luisa martínez passarge
foto izquierda, franja horizontal: unicef

primera edición, 2006
segunda edición, 2007
© fondo de desarrollo de las naciones unidas para la
    mujer (unifem)
en coedición con la asociación de estudios latinoamericanos
    (lasa) y siglo xxi editores, s.a. de c.v.
isbn10: 968-23-2617-6
isbn13: 978-968-23-2617-2

PREFACIO

El presente libro nació de la añoranza de inventario que los aniversarios suelen sugerir. A treinta años de que Naciones Unidas auspició el Primer Encuentro Internacional de la Mujer en 1975, la condición de la mujer y su lugar en la relación social de género reflejan significativos cambios en América Latina como resultado de la intersección de factores económicos, sociales, políticos y culturales. Lo simbólico de esta fecha brindó la oportunidad de detenerse un momento, hacer un corte temporal, identificar a las actoras colectivas femeninas que han influido en la transformación de la imagen y en la condición de género, evaluar sus estrategias e interrogarnos en torno a los significados de este periodo para la calidad de vida de las mujeres latinoamericanas y el avance de los derechos humanos genéricos y sexuales.

Le pareció a Elizabeth Maier, la entonces co-presidenta, que un espacio idóneo para iniciar esta reflexión podría situarse en las actividades de la Sección de Estudios de Género y Feminismo de la Asociación de Estudios Latinoamericanos (LASA),[1] espacio académico que también contaba con más de tres décadas de promover, apoyar, producir y difundir análisis sobre la problemática de las mujeres en América Latina. Fundada en 1972 bajo el nombre de *Women's Caucus of Latinoamericanists*[2] por académicas de la talla de Elsa Caney, June Nash, Helen Safa y Marysa Navarro, la Sección siempre ha reflejado su esencia feminista en sus objetivos, formas de participación y funcionamiento, y además es la única sección de LASA que ha elegido dos coordinadoras —una en Estados Unidos y la otra en América Latina— para garantizar una dialéctica fecunda entre la perspectiva analítica desde la experiencia vivida y la perspectiva analítica desde la *otredad*. Con el doble propósito de promover, por un lado, una reunión de expertas en la materia, como un primer acercamiento a los grandes apartados del inventario de los treinta años de política(s) de género y agencia de mujeres en América Latina y, por el otro, elaborar posteriormente una antología académica sobre el tema, se gestionó el financiamiento de UNIFEM para convocar a una Pre-conferencia de la Sección de Estudios de Género y Feminismo

---

[1] LASA es una asociación académica de estudiosas y estudiosos latinoamericanistas, con una membresía de 2005, <http://200.23.245.225/alinvestigadores/invemaier/>. Funciona a partir de secciones temáticas, siendo la Sección de Estudios de Género y Feminismo la más grande, con una participación de más de 300 afiliadas(os). Durante la última década se ha organizado una conferencia antes de la Conferencia principal de LASA, con el objetivo de tratar temas de interés para el avance del campo de los estudios de género desde la perspectiva feminista y la promoción de los derechos humanos genéricos y sexuales en América Latina.

[2] *Sociedad de Mujeres Latinoamericanistas* sería una posible traducción en español.

titulada "30 Años de Agencia Feminista y de Mujeres en América Latina", el 6 de octubre de 2004, en Las Vegas.[3]

De acuerdo con la metodología feminista se diseñó un formato participativo e interactivo en el que la ponencia de una colega sirvió de arranque para un rico y cordial intercambio de ideas y experiencias. La sugerente exposición de Virginia Vargas sobre los puntos nodales de estas tres décadas de quehaceres feministas y activismos femeninos en América Latina ofreció un mapa de contextos, acciones y conceptos basados en la experiencia vivida feminista y activista-académica,[4] que resultó en una metodología idónea para la posterior elaboración colectiva de un marco de referencia común. La discusión brindó interesantes frutos en la identificación de los logros, nudos y desafíos de la evolución de los derechos de género y la consiguiente democratización de ámbitos sociales, personales e íntimos. Nos encontramos en una sesión de verdadera explosión analítica, en que cada quien ofreció una pieza más al rompecabezas para construir una visión compartida de las actoras, estrategias y procesos de esta disputa femenina y feminista, que finalmente en un guiño del ojo histórico —sólo 30 años— ha cambiado muchos de los sentidos culturales de las sociedades latinoamericanas.

Este antecedente orientó la preparación del libro. La multiplicidad de experiencias profesionales y participativas de las veintitrés académicas feministas latinoamericanas de la Pre-conferencia conformó el imaginario de la compilación. Por lo mismo, las coordinadoras, Nathalie Lebon y Elizabeth Maier,[5] nos empeñamos con especial cuidado en abrazar la mayor diversidad contextual, geográfica y temática, haciendo esfuerzos por incluir a todas las actoras colectivas que actualmente pueblan los movimientos sociales y los espacios de agencia femenina en la región, y asimismo intentando abarcar a todas las subregiones de América Latina y el Caribe con una representación relativamente equitativa. Nos enfrentamos al reto de interseccionar cortes temporales, geografías, contextos, identidades y agencias en un rompecabezas que nos ofrecería la perspectiva más completa de los logros, nudos y desafíos de estas tres décadas de hacer política(s) de género. Invitamos a académicas y activistas cuyo trabajo representara a todas las expresiones del rico y diverso movimiento latinoamericanos de mujeres. El compendio se enfoca en la situación de las mujeres y la promoción de políticas de género en Argentina, Brasil, Costa Rica, Cuba, Ecuador, El Salvador, Guatemala, Haití, Jamaica, México, Nicaragua, Puerto Rico, Republica Dominicana, Perú y Venezuela. Intentamos captar la variedad lingüística del subcontinente y el Caribe, reconociendo así la diversidad de

---

[3] Agradecemos el apoyo del Center For Latin American Studies (CLAS) de la Universidad de San Diego (SDSU) por los fondos para la grabación del encuentro.

[4] No está de más señalar que las académicas feministas generalmente asumen el doble papel de la militancia feminista y la producción de análisis y conocimiento en torno a la problemática de las mujeres, el tema de género o los movimientos sociales vinculados a los derechos genéricos. Tampoco es extraño, siguiendo a Gramsci con su categoría de *intelectual orgánico,* sentir a la propia producción académica como botón de militancia. De allí, entre otras raíces, surge la dificultad de encasillar al feminismo contemporáneo en el concepto de *movimiento social tradicional.*

[5] En los créditos del presente libro se aplica el criterio alfabético para referirnos a las compiladoras.

experiencias de colonización y el consiguiente impacto en la constitución de sujetos femeninos.

Inicialmente planificamos una sección de testimonios de activistas —históricas y presentes— de asociaciones, organizaciones, partidos políticos y ONG, que con la primera voz del movimiento de mujeres reflexionaron sobre sus experiencias y aprendizajes. Empero, sólo los testimonios de las Madres-Línea Fundadora y Abuelas de la Plaza de Mayo corresponden a dicha intención. Otros artículos, aun cuando fueron elaborados por activistas como Morena Herrera de Las Dignas de El Salvador o Myriam Merlet de Enfofam de Haití, se sitúan más bien dentro del campo analítico. Desafortunadamente, la propia dinámica intensa, exigente y fluctuante del activismo de las mujeres actuó en nuestra contra en algunos casos y hemos tenido que terminar el volumen sin la voz de algunas actoras fundamentales. Para nosotras la ausencia de las afrolatinas es un silencio muy ruidoso que reduce los parámetros de la hermenéutica del volumen. Asimismo, la imposibilidad de incluir a todos los países latinoamericanos también dejó huecos en el tejido del libro, aun cuando su proceso de promoción y organización sin duda rebasó las fronteras originalmente propuestas para volverse un ejercicio mucho más variado, complejo, extenso e incluyente.

El corto tiempo que tuvimos para situarnos en los márgenes del trigésimo aniversario del primer Año Internacional de la Mujer —del 8 de marzo de 1975-1976—, actuó como un capataz inflexible, resultando en el estricto sentido del cuidado académico como una fecha casi subversiva. Este parto llegó apenas ocho meses después de haber iniciado el proyecto del libro y por la premura y exigencia continuas quisiéramos reconocer y agradecer profundamente a todas las autoras su gran esfuerzo por cumplir con los estrechos márgenes de tiempo para la entrega, revisión y edición de los artículos. Igualmente estamos agradecidas con aquellas participantes que redujeron significativamente sus textos, eliminando material valioso, para que pudiéramos así contar con la amplitud de experiencias y perspectivas del compendio. A todas nuestras articulistas les agradecemos la paciencia y el compromiso.

También queremos agradecer muy especialmente a Emilo Betances de Gettysburg College, Isabel Valiela de McDaniel College y Olivia Ruiz y Cirial Quintera de El Colegio de la Frontera Norte por su desinteresada contribución de tiempo solidario en la revisión de las traducciones de artículos. Asimismo queremos reconocer la invaluable aportación de cuatro asistentes —Ariel Mójica, Areli Veloz, Melissa Castro y Blanca Torres— que en distintos momentos colaboraron en el proyecto y cuya incansable entrega determinó finalmente la posibilidad de cumplir con los tiempos.

Finalmente, por creer en el proyecto agradecemos el apoyo financiero de UNIFEM, los fondos adicionales de Gettysburg College y el amparo institucional de El Colegio de la Frontera Norte.

NATHALIE LEBON y ELIZABETH MAIER

I
SITUÁNDOSE

INTRODUCCIÓN[1]

NATHALIE LEBON*
Traducción de Margarita Corral

En los 30 años que han pasado desde la primera Conferencia de Naciones Unidas sobre las Mujeres, éstas han estado activas en un amplio número de frentes políticos y culturales a lo largo de toda América Latina y el Caribe, luchando por la justicia social y una ciudadanía más inclusiva. Con el tiempo han ganado espacios en ámbitos gubernamentales y organizaciones internacionales, y cada vez se involucran más en los procesos de políticas públicas. Este volumen, que refleja la amplitud y la variedad de estudios y reflexiones feministas contemporáneos en y sobre América Latina y el Caribe, reúne a politólogas, antropólogas, sociólogas, historiadoras, críticas culturales, abogadas y activistas, cada una de ellas revelando lecciones que pueden ser aprendidas de estos treinta años de activismo. De hecho, ante tal coyuntura, esperamos que este libro encuentre su espacio en el conjunto de obras feministas que han contribuido a la clase de "saberes impertinentes" a los que Gina Vargas se refiere: aquel tipo de conocimiento que abre ventanas a una subversión constructiva del orden establecido, del cual las políticas de equidad de género han llegado a ser parte.

Este ensayo, a modo de introducción, espera capturar los principales temas y preocupaciones que aparecen a lo largo de los análisis de nuestras autoras, así como ofrecer los antecedentes necesarios para entender el resto del libro. Sin embargo, es importante tener en cuenta la imposibilidad de presentar en un único volumen la gran diversidad de experiencias y organizaciones de mujeres en un terreno tan amplio y variado como América Latina y el Caribe. Sus diferentes contextos geográficos o nacionales y la posición de las mujeres en las estructuras sociales, en la sociedad a la que pertenecen en función de su raza, clase, género, sexualidad o generación exigen que suavicemos nuestra lectura de cualquier tipo de generalización en este ensayo con la conciencia de dicha diversidad.

El libro está organizado en cuatro secciones principales. El primer grupo de autoras ofrece un marco general en el que se examinan los efectos del cambiante contexto político y socioeconómico en la vida de las mujeres, sus trabajos y sus fami-

[1] Quiero dar las gracias a todas aquellas personas que han hecho posible esta introducción, bien por sus ánimos, bien por la generosa dedicación de su tiempo y esfuerzos en uno o en los dos "proyectos" que he tenido que compaginar al mismo tiempo, como han sido la elaboración de la misma y el haber sido madre primeriza. Gracias a Jennifer Hansen, Kris Eyssell, EmElio Betances, Nancy Cushing-Daniels, Christiane y Béatrice Lebon, a Maribel Moheno por la revisión de la traducción, y especialmente a Scott Hill y Elizabeth Maier.
* Profesora Asistente de Estudios de las Mujeres, Gettysburg College.

lias a lo largo de estas tres últimas décadas, en un mundo cada vez más globalizado. La segunda sección relata la historia de los movimientos nacionales y regionales de mujeres, mientras que la tercera sección se centra en el análisis de los diseños institucionales y del contexto nacional de las instancias gubernamentales de la mujer así como en la formulación y aplicación de las políticas de equidad de género. La última sección examina de manera crítica diferentes experiencias organizativas de las mujeres en los niveles tanto locales como regionales e internacionales. El resto de esta introducción refleja la estructura de estas cuatro partes. Por sección se discuten los principales temas de los artículos de cada sección del libro, aunque se exponen ejemplos de otros capítulos cuando se consideran relevantes.

I. EL CONTEXTO POLÍTICO Y SOCIOECONÓMICO: NEOLIBERALISMO, GLOBALIZACIÓN, CONSOLIDACIÓN DE LA DEMOCRACIA Y FUNDAMENTALISMOS

No hay duda de que los años posteriores a los setenta marcaron un periodo de intensos cambios con respecto a la ideología y al papel de género, modificando la visión de las mujeres de sí mismas y de su participación en la política. Una transformación esencial ha sido el notable incremento de la participación de las mujeres como fuerza de trabajo, incluidos los campos profesionales y técnicos, que aquí examinan Colon y Poggio. Núñez subraya, en el caso de Cuba, el impacto positivo del trabajo remunerado de las mujeres en su habilidad para tomar decisiones en todas las esferas de la vida. Su creciente independencia ha dado a las mujeres un mayor sentido de autoridad y poder para negociar y reajustar las relaciones hombre-mujer en los lugares de trabajo. El análisis de Safa sobre las mujeres en el Caribe como cabeza de familia muestra que al contar con más opciones disponibles, las mujeres cada vez se han opuesto más a matrimonios que no les son satisfactorios material o emocionalmente, lo que explica en parte el aumento en el número de hogares dirigidos por mujeres.

A lo largo de toda la región se han alcanzado importantes logros en la alfabetización y educación de las mujeres. Sin embargo, este progreso ha sido desigual cuando tomamos en cuenta el origen étnico, la raza y los contextos nacionales, como en el caso de las mujeres indígenas en la región andina por ejemplo (Prieto *et al.*). Especialmente llamativo en este aspecto es el relato que realiza Merlet de las consecuencias de un Estado inestable y una economía fallida sobre las mujeres haitianas.

A pesar de estos logros, en algunas áreas la persistencia de carácter sexista de las relaciones de género en la región es también evidente. Colon y Poggio muestran cómo aún persiste la diferencia salarial entre hombres y mujeres de alto nivel; y Núñez expone el hecho de mujeres que apenas reciben una escasa ayuda en las tareas del hogar o en el cuidado de los hijos por parte de los hombres, incluso en Cuba donde el reparto de las tareas del hogar ha sido ordenado por ley en el Código de Familia. En el artículo de Núñez también se denuncia la devaluación continua de todo lo relacionado con lo femenino en las normas culturales de Cuba. Irónicamente, las ideologías que devalúan el trabajo de las mujeres a menudo dañan a todos. Safa, al igual que Colon y Poggio, prueba esto mismo al exponer cómo la ideología sexista —que justifica pagar menos a las mujeres— está aumentando generosamente los márgenes de beneficio de las empresas. Esto en última instancia castiga a todos los trabajadores, desde el momento en que una oferta de mujeres pagadas con salarios inferiores presiona a la baja el conjunto de los salarios.

El telón económico de fondo sobre el que se han dado estos cambios ha sido el de la crisis económica, la reducción de los servicios estatales y la reestructuración económica global de nuestros tiempos neoliberales. En este contexto, las economías de América Latina y el Caribe han estado más orientadas a las exportaciones en respuesta a la necesidad de hacer frente al pago de la deuda interna y externa, a menudo por mandato de los programas de ajuste estructural impuestos por el Fondo Monetario Internacional. Las zonas francas, en las que las empleadas son fundamentalmente mujeres, han crecido rápidamente y han contribuido al desmantelamiento de la protección a las industrias nacionales. Colon y Poggio analizan el consiguiente empobrecimiento de la mayoría de la población, además de las consecuencias de estas políticas en términos de género, y cómo los empleadores han hecho buen uso de las capacidades de las mujeres, incluyéndolas en el mercado laboral como fuerza de trabajo barata en los sectores manufactureros y de servicios. Otras investigadoras, como Hite y Viterna (2005), han mostrado que las mujeres están siendo confinadas a trabajar como en un gueto en ese tipo de trabajos, cada vez con más frecuencia. En conjunto, las economías nacionales, incluida la de Cuba durante el Periodo Especial que siguió al colapso de la Unión Soviética, se han apoyado en las estrategias de supervivencia ideadas por las mujeres para ocuparse de las necesidades de sus familias (Colon y Poggio; Núñez). Por otra parte, el artículo de Safa destaca las dificultades a las que han tenido que hacer frente los hombres que, incapaces de seguir cumpliendo su papel de sustentadores de la familia debido a estas nuevas circunstancias, prefieren abandonarla.

Di Marco (sección 3) nos recuerda que entender el neoliberalismo no debería limitarse a su dimensión económica, sino también incluir los componentes políticos y culturales que implican la "complejización de las identidades sociales y políticas, [y] la progresiva desarticulación de la matriz sindical". Phillips y Bolles se centran en los esfuerzos de las mujeres por ver sus intereses representados en los sindicatos, tanto en el ámbito local del Caribe como en las instituciones sindicales regionales y mundiales. Apuntan también las crecientes dificultades de organizar el trabajo cuando éste experimenta un proceso de informalización. Además, muestran cómo, cada vez más, las mujeres han llegado a ser centrales en el futuro del sindicalismo, dada su alta participación en la fuerza de trabajo.

En el plano político, las tres últimas décadas se han caracterizado por un retorno, o fortalecimiento, de la democracia formal. En el Cono Sur, regímenes autoritarios, altamente represivos, han dado paso a democracias formales (Madres y Abuelas de la Plaza de Mayo). En Centroamérica, largas guerras civiles llegaron a su fin (Carillo y Chinchilla, Herrera). En México la presión a favor de la democratización condujo al fin del régimen de partido hegemónico, PRI. En los consiguientes periodos de transición, las mujeres, especialmente en áreas donde se habían dado conflictos armados, ganaron el derecho a ser escuchadas en diferente grado como resultado de su participación en fuerzas democratizadoras. La relativa fluidez de este periodo de construcción institucional permitió también a los grupos organizados de mujeres una mayor influencia en la política. Sin embargo, los actores políticos tradicionales han sido capaces de recuperar un mayor control sobre las instituciones nacionales durante la fase de consolidación democrática.

Otros procesos políticos han estado en escena en los últimos años, a veces presionando en direcciones contradictorias. Hemos visto, por un lado, una mayor atención dada al discurso de los derechos y de la construcción de la ciudadanía, por parte tanto de los Estados como de la sociedad civil, tal como argumenta Vargas en su artículo al final de este volumen. Por otra parte, fundamentalismos de todo tipo —económicos, políticos y religiosos— han ganado terreno en todo el mundo, como es ostensible en Estados Unidos, estimulando el radicalismo de la derecha religiosa en la región. Tarrés y Kampwirth (en las secciones 3 y 4) nos proporcionan un intuitivo análisis sobre la fortaleza política de la derecha religiosa, en México y Nicaragua respectivamente, mientras que el análisis de Navarro y Mejía sobre la red de Católicas por el Derecho a Decidir (sección 5), ofrece elementos sobre la necesidad de una respuesta católica y feminista a este reto, especialmente en el caso de los derechos reproductivos.

Vargas señala otra serie de factores que influyeron en las culturas políticas de la región. Uno de ellos es el intenso intercambio de ideas y prácticas más allá de las fronteras nacionales en una variedad de espacios, pero especialmente en los Encuentros Feministas, el Foro Social Mundial y las conferencias de Naciones Unidas que han marcado estas décadas. Otro factor es la crisis de la izquierda después del colapso de la Unión Soviética y el creciente predominio de la ideología neoliberal centrada en la responsabilidad individual y en el gobierno mínimo.

La suma de todos estos cambios ha llevado de alguna manera a caracterizar nuestra era contemporánea como un momento de "cambio de época" más que "una época de cambios", con la incertidumbre y ambigüedad que tales cambios suponen (en Vargas). Como los movimientos sociales son siempre moldeados por su contexto sociopolítico, los movimientos de mujeres han experimentado una crisis de identidad generada por estos agitados tiempos. Sin embargo, Vargas apunta que los tiempos inciertos también abren nuevas vías para un progresivo cambio social y proveen oportunidades para reformular metas y métodos en la lucha.

II. HACIENDO VISIBLES LAS MÚLTIPLES CARAS DE LA LUCHA DE LAS MUJERES POR LA CIUDADANÍA

La sección "Activismo(s) y agencia ciudadana de las mujeres" reúne una serie de artículos que destacan la variedad de comienzos, logros y tendencias contemporáneas y los retos a los que se enfrentan los movimientos de mujeres en estos países a lo largo de toda la región. Un tema importante en todas estas historias es la búsqueda de visibilidad.

Una manifestación de esta búsqueda de visibilidad ha sido la forma en que las mujeres han tenido que ganar reconocimiento para sí como activistas y para sus causas y preocupaciones dentro de los movimientos políticos progresistas. Éste ha sido el caso de las mujeres en los movimientos guerrilleros de América Central (Carrillo y Chinchilla; Herrera), el de las trabajadoras dentro de los sindicatos (Phillips y Bolles) y el de las más recientes formas que ha adoptado el movimiento de trabajadores en Argentina (Di Marco). De hecho, las formas de actuación de las mujeres, al igual que en el caso de otros actores, han sido impulsadas por el desarrollo ideológico y organizativo de otros movimientos políticos, tal como Maier ilustra en su relato sobre las primeras luchas de las mujeres. En palabras de Mongrovejo, los movimientos a menudo nacen "bajo las faldas de otros movimientos". También es cierto que las mujeres han soportado el sexismo que impregna esos otros movimientos y han tenido que afrontar sus limitaciones cuando se trata de equidad de género. El ejemplo de Nicaragua es revelador en este sentido: Kampwirth analiza el efecto catalizador que supuso la Revolución sandinista para el feminismo en el país, al tiempo que las mujeres que se involucraban en el partido revolucionario fueron adquiriendo habilidades organizativas y nuevos modelos para desafiar a la autoridad tradicional. Sin embargo, la capacidad de las asociaciones de mujeres para desafiar la desigualdad sexual existente dentro del partido fue limitada por el mismo.

Los esfuerzos por conseguir una visibilidad pública en las cuestiones relativas a las mujeres que tradicionalmente han estado restringidas a la esfera doméstica ha sido uno de los principales objetivos del trabajo feminista, tal como argumenta Sagot en su análisis de los esfuerzos de las activistas de Costa Rica por situar el tema de la violencia doméstica dentro de la agenda pública. Vargas se refiere a este paso como "politizar lo privado". Argumenta que la imposibilidad con la que se encontraron las mujeres para interactuar con el entonces Estado autoritario fue la que pronto las llevó a reinterpretar la realidad "politizando lo privado", haciendo de este modo visible lo que hasta entonces no lo era. No obstante, Di Marco señala que no toda la actividad de las mujeres puede ser categorizada en este sentido. La maternidad militante de las madres y abuelas argentinas de la Plaza de Mayo, por ejemplo, fue dirigida al Estado. En realidad, ellas estuvieron entre las primeras mujeres en enfrentarse al régimen militar aprovechando las contradicciones de su ideología sexista. De manera similar, las luchas populares de mujeres descritas por Maier y Di Marco en torno a asuntos como salud, servicios sanitarios, hogar y trabajo, han dirigido todas sus demandas a las autoridades públicas. Así, de diferentes maneras, también politizaron cuestiones privadas acentuando el carácter social más que el individual de sus preocupaciones. Se podría argumentar que muchos de estos movimientos han utilizado lo "prescrito", sirviéndose del papel de la maternidad para realizar demandas al Estado, mientras que otros han desafiado directamente la ideología sexista relativa al control sobre el cuerpo y la sexualidad.

Por último, nuestras autoras hablan de la búsqueda de visibilidad de las preocupaciones y prioridades de las mujeres de las clases trabajadoras (Di Marco, Maier), de las mujeres indígenas (Prieto *et al.*, Palomo) y de las lesbianas (Mongrovejo) dentro y fuera de los movimientos de mujeres.[2] De hecho, el feminismo en la región estuvo originalmente determinado por las preocupaciones de las mujeres de clase media, "blancas" y heterosexuales. Mongrovejo en su análisis del movimiento lesbiano en América Latina se refiere a este periodo como el "momento de la universalidad", centrado en la igualdad de derechos, distinto del feminismo "del momento de la diferencia", que reivindicaba la diferencia de las mujeres con respecto a los hombres y la importancia de establecer nuevos valores y un nuevo orden simbólico. Estas dos concepciones, sin embargo, dificultaron la articulación de diferencias entre las mujeres. Los capítulos arriba mencionados revelan cómo el feminismo en la región se ha convertido en un feminismo "de las identidades móviles": así, arrojan luz, algunos de manera más optimista que otros, sobre el terreno ganado en el feminismo a lo largo de estos últimos 30 años a través de la idea de que otras facetas de la identidad de una mujer interactúan con el género en sus experiencias diarias, en sus relaciones con otros, y en cómo ella es percibida y tratada por las instituciones. También dejan en claro todo el terreno que falta por ganar. Además se hace evidente en estos capítulos que el sexismo, el racismo, y otras formas de opresión funcionan bajo el mismo principio: una norma socialmente construida y la exclusión de aquellos que difieren de esa norma. Vargas sugiere que el cuerpo proporciona un punto de conexión útil entre los movimientos sociales centrados en estas variadas luchas: cuerpos controlados de mujeres, discriminación de cuerpos raciales, foco de las luchas anti-racistas, o los cuerpos agotados o desnutridos centro de los movimientos antiglobalización. Este punto aparece claramente ilustrado por Mongrovejo cuando muestra la importancia para el feminismo de la lucha de gente transgénero por aportar luz sobre la naturaleza construida del género y cómo el cuerpo de las mujeres ha sido colonizado por normas patriarcales/heterosexuales.

Trabajar cruzando las fronteras de clase fue el primer reto reconocido por las autodeclaradas feministas de clase media en un número de países, dados sus orígenes en partidos políticos de izquierda y la propia realidad de clase en sus entornos nacionales. Tal como Maier argumenta, esto ha dejado un proceso incompleto, aunque ha conducido a los comienzos de lo que puede denominarse feminismo popular. La esperanzadora historia de Di Marco sobre la participación de las mujeres dentro de movimientos mixtos en respuesta a las políticas neoliberales (como piqueteras, y en la recuperación de empresas y asambleas de barrios) en Argentina, muestra cómo el feminismo popular se ha reforzado y se ha apropiado de las demandas del movimiento, las cuales, durante un largo tiempo, habían sido de las mujeres de clase media, como la legalización del aborto.

---

[2] Las vicisitudes de la vida de activismo de nuestras autoras impidió la inclusión de un capítulo planeado sobre la organización de las mujeres negras, extensivo a toda la región.

El nivel de complejidad en el tratamiento de los temas de diferencia queda ampliamente ilustrado en las perspectivas opuestas presentadas por Nellys Palomo, Mercedes Prieto y sus compañeras sobre los movimientos de mujeres indígenas y sus relaciones, tanto con los movimientos indígenas como con los movimientos de mujeres. Palomo subraya la conciencia étnica y de género alcanzada por las mujeres indígenas a través de su participación en organizaciones mixtas, las cuales han sido utilizadas como base para establecer "un diálogo de diferenciación y reencuentro" con grupos de mujeres no indígenas y ONG. Destaca también la necesidad de cambio en las comunidades indígenas respecto de la subordinación de las mujeres y del mantenimiento selectivo de sólo "buenas costumbres", que respeten la dignidad de las mujeres. Por otra parte, Prieto *et al.* expresan falta de conexión de las activistas mestizas de clase media con las mujeres indígenas en el contexto de Ecuador. Las mujeres indígenas encontraron un aliado más cercano en el movimiento indígena, que en el de mujeres, aunque cada vez han sido más críticas de la desigualdad de género en ambos contextos. Finalmente, su exposición sobre la ley de violencia contra las mujeres demuestra vívidamente las limitaciones de una legislación que desestima las diferencias entre mujeres (en este caso las diferencias étnicas).

Varias autoras consideran que ser capaces de trabajar juntas a pesar de las diferencias es crucial para el futuro de una ciudadanía inclusiva en la región. En particular, el artículo de Carrillo y Chinchilla sobre los feminismos en Guatemala muestra la incipiente unión de mujeres de diferentes grupos étnicos y clases para lograr una ciudadanía más inclusiva en una nación pluralista y multiétnica. Por su parte, Di Marco sugiere que deberíamos "construir nuevos modos de reconocimiento mutuo" para facilitar la "confluencia del movimiento de mujeres y feminista". Es más, argumenta que esta tarea es esencial para ampliar el círculo de quienes presionan por una agenda feminista, ampliando a la vez la naturaleza de nuestras demandas, en este caso por una politización de las relaciones dentro de la economía de mercado. Nuestro reto es averiguar cómo abordar la diversidad y tratar las desigualdades entre las mujeres, no sólo de un modo festivo, sino con profundidad.

Cuestiones organizativas

Los asuntos relativos al poder, sobre todo a la centralización del poder, a la representatividad y a las formas jerárquicas de organización han estado presentes —algunas dirían que de manera central— en los movimientos feministas desde sus comienzos. Tal como Maier apunta, hay un rechazo a la jerarquía "como modelo de funcionamiento por considerarla reproductora de las pautas patriarcales" y abundante experimentación con modelos participativos en la toma de decisiones. Tales temas tienen su reflejo en otros capítulos, incluidos más recientemente, el del feminismo venezolano bajo la Revolución bolivariana de Chávez (Rakowski y Espina) y el del debate que llevaron a cabo feministas nicaragüenses sobre si se deberían establecer o no comités de coordinación y sus preferencias por redes menos jerárquicas (Kampwirth). En Nicaragua, como en otros lugares, las experiencias negativas con los partidos políticos centralizados fueron un factor fundamental en estas decisiones. Chiarotti (última sección) habla de preocupaciones similares por parte de las mujeres miembros de CLADEM —la red regional para los derechos de las mujeres—, las cuales las llevaron a inclinarse por una red flexible que incluyera "espacios autónomos de activación local" en su estructura.

Las estrategias preferidas de los movimientos están influidas por sus rasgos organizacionales, sobre los cuales también tienen impacto. En la medida en que se abrieron los canales de comunicación con el Estado en la región y hubo financiamiento para trabajos enfocados hacia la equidad de género, esas estrategias influyeron sobre la política y la sociedad evolucionando a través de un proceso de institucionalización. Muchos capítulos, comenzando con los testimonios de las Madres y Abuelas, en Argentina, dan fe del enorme poder que tienen la concientización (Maier), organización y salida de las mujeres a las calles para hacer que sus voces sean oídas, tal como se ve en las narraciones sobre el papel que jugaron las mujeres en lograr la vuelta de gobiernos elegidos democráticamente o en presionar a un régimen político progresista para que aceptase cambios de género, como lo hicieron las secretarías de la mujer de los sindicatos nicaragüenses (Kampwirth). Igualmente, así como el escenario político ha cambiado, se ha visto también la creación de organizaciones relativamente especializadas y profesionalizadas (a las que generalmente nos referimos como ONG) de mediados a finales de los años ochenta, dependiendo del contexto nacional (véase Lau para México, Carrillo y Chinchilla para Guatemala y Herrera de "Las Dignas" para El Salvador). En tanto que muchas ONG tuvieron su origen en movimientos de mujeres, estimuladas por la legitimidad y los fondos disponibles como resultado de las actividades de Naciones Unidas y de los concomitantes requerimientos de expertos y talleres sobre género (Carrillo y Chinchilla); Di Marco apunta que un buen número de estas organizaciones carecen de una orientación feminista. Esta autora se muestra crítica con dichas organizaciones por ofrecer servicios de los que el Estado debería ser responsable. Es más, la competición por recursos entre organizaciones y las preocupaciones por su supervivencia organizacional que ahora han aparecido son nefastas para la construcción de un movimiento fuerte (Carrillo y Chinchilla).

III. INSTITUCIONALIZACIÓN Y POLÍTICAS DE GÉNERO: EL FEMINISMO DENTRO Y FUERA DEL ESTADO

Estructura y coyuntura

La autonomía de los movimientos con respecto al Estado y a las instituciones internacionales, incluidos los partidos políticos y las agencias financiadoras, ha sido defendida, con más intensidad por algunas, desde su surgimiento, tal como ilustra Lau en el caso de México. Pero con un entorno cada vez más democrático a lo largo de estas tres décadas, la comprensión y aproximación feminista del y al Estado han cambiado: como casi todos los capítulos de la sección cuarta lo atestiguan, el Estado no es un monolito sino un conjunto de nodos de toma de decisiones no siempre en concordancia unos con otros, que podemos utilizar en nuestro propio beneficio. Las politólogas feministas Tarrés y Macaulay argumentan, en consonancia con la literatura sobre el tema, que para avanzar en una agenda sobre equidad de género, necesitamos considerar los rasgos estructurales del Estado en particular, así como el contexto político del momento.

El artículo de Macaulay proporciona un análisis sobre los rasgos estructurales e institucionales del entorno político brasileño, del cual sacaron provecho las activistas feministas brasileñas, particularmente del potencial ofrecido por los múltiples puntos de interacción con el Estado en un sistema federal de gobierno (a través de los muchos *conselhos* estatales y municipales sobre los derechos de las mujeres). En cuanto a los partidos políticos, nos recuerda que éstos son "importantes barreras entre el Estado y las demandas de equidad de género". En el caso de Brasil, la indiferencia hacia los asuntos de género, en ocasiones, ha dado cierta libertad de actuación a las legisladoras para avanzar en su agenda. Por otra parte, las divisiones entre feministas dentro de los partidos políticos son un rasgo evidente en el retorno a la democracia (desde los años ochenta) en países como Brasil, y que está presente también en los contextos contemporáneos que aparecen en los capítulos sobre Venezuela y México. Por su parte, el análisis de Rakowski y Espina sobre la Revolución bolivariana de Venezuela nos hace preguntarnos qué tan estrecha debería ser la asociación entre las demandas de equidad de género y determinado partido político.

En su análisis sobre los Institutos de la Mujer mexicanos, Tarrés prueba que cuando se trata del funcionamiento de instancias gubernamentales de la mujer, y su éxito o fracaso, el contexto en el que operan es tan importante como el diseño institucional mismo. De hecho, los Institutos cuyas directoras son nombradas por los gobiernos estatales, sufren carencias en el financiamiento si no están relacionados con el gobierno federal en el poder, aunque podrían estar en mejor posición para trabajar con el gobierno de su estado dada su original conexión. Los elementos estructurales y contextuales que la autora identifica como especialmente influyentes en el éxito de una institución dada son la forma en que ésta se inserta en el aparato burocrático, su grado de dependencia respecto de los distintos detentadores de poder y el contexto político real en el que se desenvuelve. Tarrés también subraya los retos específicos a los que se enfrentan los institutos de la mujer porque su originalidad y demandas son percibidas como amenazas al aparato estatal, por lo cual necesitan de una constante justificación y refuerzo de su legitimidad.

No está de más señalar los avances que ha habido en la región en términos de diseño institucional, provenientes de países con administraciones con visión de futuro y fuertes movimientos de mujeres, tales como Brasil y Venezuela. Uno de los avances ha sido la inclusión de la perspectiva de género en el proceso de elaboración de los presupuestos. ¡Posiblemente algunos gobiernos ya estén preparados para poner su dinero donde estén sus bocas!, como ocurrió en un proyecto realizado por el gobierno estatal de Oaxaca en México (Tarrés) y por el gobierno federal de Brasil en 2003, proyecto que sin embargo no estuvo exento de dificultades, mientras, en Venezuela, Chávez anunció que su gobierno apoyaría la equidad de género en la elaboración del presupuesto nacional para 2006 (Rakowski y Espina). La nueva Constitución de Venezuela también presume de un lenguaje no sexista y se beneficia de una perspectiva de género. Otra nueva tendencia apasionante es la inserción del concepto de transversalidad de la perspectiva de equidad de género en el Ejecutivo. Esto significa que el organismo central encargado de los temas de la mujer deja de ser el único responsable en el diseño de las políticas de género, y que además, pasará a coordinar tales esfuerzos en los diferentes sectores del gobierno. Éste es el enfoque ahora utilizado en Brasil con el gobierno del PT.

Institucionalización ¿Por cuánto y a qué costo?

El potencial de las instancias de la mujer para hacer frente a los caprichos de los partidos políticos es más evidente en algunos escenarios nacionales. Parece mayor en el caso de Brasil donde el sistema de partidos es débil y a menudo oportunista (Macaulay). En general, dada la ausencia de fronteras entre el Estado y los gobiernos de la región, los partidos políticos todavía ejercen influencia en tales agencias (Tarrés). Los trabajos de Macaulay y Tarrés ponen de manifiesto las necesidades de tales organismos de presupuesto independiente y personal. Para Rakowski y Espina, la institucionalización es esencial para el futuro de la lucha por los derechos de las mujeres.

Más allá de los organismos gubernamentales en sí mismos, el análisis de Macaulay sobre los *Conselhos da Mulher* (un tercio compuesto por representantes de los movimientos de mujeres y dos tercios por funcionarios del gobierno) en los distintos niveles de gobierno en Brasil sitúa en primer plano la necesidad de alguna forma de institucionalización de la representación y la participación de organizaciones de la sociedad civil (en su cambiante y fluctuante calidad), para ampliar y fortalecer el debate y profundizar la democracia. La pregunta que viene entonces a la mente es qué tanto deberían participar los organismos de mujeres en coordinar, guiar y estimular los esfuerzos de la sociedad civil. Este tema es abordado por Rakowski y Espina, quienes tratan el incierto futuro de una nueva red feminista con cruces partidistas. ¿Seguirá Venezuela el modelo de la Unión de Mujeres Cubanas, con el riesgo de caer bajo el control del Estado y de las políticas de un partido, si el organismo nacional INAMUJER coordina la red? Estas autoras identifican también los problemas que pudieran emerger si una organización de la sociedad civil asume el liderazgo.

La mayoría de las autoras en esta sección (y otras en el libro) son conscientes tanto de los peligros de la institucionalización como de los beneficios. Sagot, Tarrés, Herrera (sección 5) y Mongrovejo (sección 3) tratan el asunto que Herrera llama "la despolitización del género como concepto". Tarrés se refiere a él como la naturaleza "neutral y tecnocrática" de la perspectiva de género adoptada en círculos políticos, y que es una perspectiva que deja de requerir una reorganización de las relaciones de poder entre hombres y mujeres, lo que permite a nuevos actores, que se consideran a sí mismos como posfeministas, utilizar el discurso sobre género. El análisis de Sagot sobre el poder de cooptación de las ideas y del lenguaje feminista en el caso de la legislación sobre violencia contra las mujeres en Costa Rica da ejemplo de esta despolitización. El uso del lenguaje neutral de género adoptado en la legislación no identifica a las mujeres como las que sufren la violencia como resultado de las diferencias de poder entre hombres y mujeres. De hecho, la legislación adopta un enfoque asistencialista, en vez de entender a las mujeres "como ciudadanas con derecho a [...] integridad, justicia y a vivir sin violencia". El análisis de Mongrojevo, en tanto *autónomo* e ilustrado desde una perspectiva lesbiana, refiere que tal perspectiva de género también define a las mujeres en relación con los hombres, y que además omite inculpar al neoliberalismo y su impacto sobre las mujeres, o a los orígenes de los fondos para las ONG.

Un segundo vector de la crítica a la institucionalización y a su enfoque en los derechos legales, que se puede encontrar en estos textos, es la evidente falta de aplicación de las leyes. La respuesta de Herrera a este problema está en la necesidad de reconstruir un movimiento capaz de presionar en la puesta en práctica de políticas públicas.

Implícita o explícitamente, en los análisis de estas autoras está presente la noción de que nuestros esfuerzos no deberían estar únicamente centrados en la política pública. Herrera nos recuerda que la esfera pública es también el espacio general para el debate y el discurso, tan fundamentales para una democracia. De esta manera, introducir cambios en el discurso y en las normas culturales es esencial para lograr la equidad de género, por ejemplo a través de los medios de comunicación (como los anuncios en los periódicos de "Las Dignas" [Herrera]) o poniendo a debate las contradicciones del Estado o la retórica hegemónica (como hicieron las activistas costarricenses cuando señalaron la desconexión entre su discurso con el que enfatizaban la paz y el Plan de Paz promovido por el gobierno de Costa Rica, y su falta de compromiso con la "paz en casa" [Sagot]).

Por otra parte, tanto Mongrovejo como Herrera señalan las desventajas de una posición fuera del marco institucional nacional e internacional, como las que enfrentan algunos movimientos ante aquellos sectores que se identifican como autónomos. A pesar de todo lo que puede suponer para el movimiento un énfasis en la autonomía, Mongrovejo identifica una tendencia a la creación de guetos (incluso dentro del movimiento) y al fundamentalismo, así como cierta arrogancia e intolerancia por parte de ciertos sectores del movimiento para los que es difícil trabajar junto a otros, todo lo cual obstaculiza la construcción de un movimiento fuerte.

La mayoría de las autoras en este volumen están de acuerdo en que una doble estrategia en el activismo feminista desde dentro y desde fuera del Estado y de otras instituciones garantiza el impulso de una agenda sobre equidad de género. Di Marco sostiene que a pesar de los problemas que plantea esta posición, "muchos objetivos feministas sólo se logran desde el poder (del Estado)" y que "la presencia de mujeres en los puestos de decisión, junto con el impulso del movimiento de mujeres, tiene como consecuencia la difusión de los derechos de las mujeres". Es más,

dejar de participar en los procesos de toma de decisión puede ser equivalente, tal
como señala Herrera, a hacer caso omiso del hecho de que "lo público (es un) ámbito de realización plena de lo humano del cual las mujeres hemos sido excluidas
por el hecho de ser mujeres".

Yendo un paso más allá de la doble estrategia dentro/fuera, muchas autoras
exigen espacios para el diálogo y la interacción. De hecho, el libro muestra numerosos ejemplos de coaliciones, de apoyo mutuo entre políticas, de organizaciones
de mujeres independientes de la sociedad civil y de mujeres en las estructuras de
gobierno. Para Tarrés la cooperación debe empezar desde los diversos Institutos
de la Mujer mexicanos que existen a lo largo del país. La cooperación entre las
agencias estatales y la sociedad civil es también indispensable, para permitir la
discusión y la negociación de diferentes ideas, prácticas y visiones. Tal tipo de
alianza parece haber estado especialmente presente y haber sido eficaz desde que
el gobierno de Lula llegó al poder y creó su agencia para la mujer con rango ministerial (Macaulay). Por último, el libro proporciona una serie de ejemplos de colaboración entre feministas por encima de las líneas de partido (para ejemplos no
discutidos aquí, véanse Kampwirth, Lau, Merlet, Carrillo y Chinchilla, y Herrera).
Rakowski y Espina, en su análisis sobre las coaliciones entre los movimientos de
mujeres venezolanas desde los años setenta identifican algunos de los elementos
que contribuyeron al éxito: tales coaliciones tienden a ser "puntuales, aprovechan
y crean oportunidades políticas, a veces como respuesta de alguna amenaza del
momento, se basan en el consenso y la participación voluntaria, se evita el conflicto y se centran en la reforma legal y la elaboración de políticas públicas". Exami-
nando los ejemplos opuestos de México y Venezuela, otro elemento esencial que
parece haber contribuido en la colaboración entre chavistas y no chavistas, pero
no en la colaboración entre los directores nombrados por los gobernadores de los
Institutos de la Mujer, es la existencia previa de redes feministas por encima de
las divisiones políticas y de un fuerte compromiso con el trabajo centrado en el
género, a pesar de la política de partido de muchas *feministas históricas* (Rakowski y
Espina). Ciertamente, el precedente de una coalición exitosa es un *plus*, tal como
lo fueron las coaliciones formadas en Venezuela en los años setenta con motivo de
la reforma del Código Civil y en los ochenta en la lucha contra el sexismo por todos
los partidos (Rakowski y Espina).

De nuestra lectura también queda claro que tan amplias coaliciones traen consigo algunas desventajas, especialmente el hecho de que las demandas feministas
consideradas las más radicales, como el aborto y los derechos de las lesbianas,
tendrían que ser dejadas por fuera, tal y como Kampwirth señala en el caso de la
multipartidista y multiclasista Coalición Nacional de Mujeres de Nicaragua, que
elaboró una "agenda mínima" que presentaron a los partidos políticos durante las
elecciones.

IV. GLOBALIZACIÓN: ORGANIZAR LOS NIVELES LOCAL, NACIONAL, REGIONAL
E INTERNACIONAL

La esfera institucional

Las mujeres activistas han ido acumulando inteligencia y han ganado mucha experiencia moviéndose en los distintos niveles institucionales de toma de decisión política y en los diferentes sectores de la sociedad civil. Keck y Sikkink (1998) han demostrado la eficacia de lo que ellas llaman el "efecto *boomerang*" —cuando los avances políticos que se dan internacionalmente son devueltos a la nación por las activistas. Más recientemente se ha empezado a prestar atención a los movimientos en otras direcciones, mientras las activistas sacan provecho de la fortaleza de su acción en un nivel determinado para influir en otro, tal como señala Vargas. En este sentido Herrera (esta sección) proporciona ejemplos y subraya la importancia de trabajar en los municipios, es decir, localmente, dada la crisis del Estado en la región, y de reconstruir las alianzas entre las mujeres elegidas y las mujeres organizadas de la sociedad civil.

Tal como afirman nuestras autoras, los beneficios del trabajo institucional internacional no se limitan a la elaboración de políticas; propagan la toma de conciencia de género y proporcionan una mayor legitimidad al discurso y a las ideas feministas en la sociedad en general. Según Vargas, esto contribuyó a la creación de una nueva mirada a través de la cual observar la realidad, que se filtra en el debate dentro de la arena pública. Un ejemplo de ello es el caso del discurso sobre la violencia contra las mujeres en Costa Rica, en que se reformuló el concepto de derechos humanos para incluir los derechos de las mujeres, como apunta Sagot.

Varios capítulos del libro también atestiguan el efecto catalizador que ha tenido la ONU en la organización de las mujeres y en la creciente concientización de género a lo largo de estas tres décadas. Un primer efecto fue el incremento en la discusión de temas relativos a las mujeres con la promoción de pequeños grupos que contribuyeron a dicha concientización (en Brasil por ejemplo, en 1975); después éste se vería como un lugar de encuentro que permitiría aprender a las mujeres de otras experiencias e iniciativas y establecer redes. A la mente vienen los encuentros anuales de mujeres que comenzaron en Argentina en 1986 después de que algunas participantes fueran a Nairobi en 1985 (Di Marco). Chiarotti narra la creación de CLADEM (Comité Latinoamericano y del Caribe para la Defensa de los Derechos de la Mujer) a partir del seminario que tuvo lugar en la misma Conferencia de Nairobi de 1985, donde un grupo de feministas latinoamericanas se reunió por primera vez. El más reciente y apasionante ejemplo de esta conexión fue el efecto de la preconferencia realizada en el verano de 2005 para preparar la Conferencia de Santiago +5 de 2005 —el encuentro regional puesto en marcha en la conferencia de Durban sobre el racismo, xenofobia e intolerancia, que llevó a mujeres indígenas y afrodescendientes a unir sus esfuerzos. Sin embargo, tal efecto catalizador no siempre es automático, como se vio, por ejemplo, en México en 1975 debido a los esfuerzos concertados por las activistas para mantener la autonomía y no participar (Lau).

No obstante, en general estos procesos han hecho posible que las mujeres hayan llegado a uno de los polos más emocionantes del pensamiento alternativo sobre nuestro mundo político y social, como es el Foro Social Mundial, con uno de los niveles más altos de organización y experiencia en redes internacionales, tal como explicaba Vargas.

En algunos países los procesos nacionales relacionados con las conferencias de Naciones Unidas claramente contribuyeron a la institucionalización de una perspectiva de género mediante el establecimiento de organismos nacionales sobre la equidad de género, como ocurrió de manera tan temprana —en 1975— en Venezuela (Rakowski y Espina); o más recientemente en México, cuando el gobierno intentó asegurar la realización de la Plataforma de Acción de Beijing. También es interesante señalar que fue en Venezuela —mediante el llamamiento que realizó el organismo oficial de la mujer, entre los grupos de mujeres en busca de apoyo, para escribir su informe para la conferencia de Nairobi en 1985— cuando tomó forma la primera coalición a gran escala de organizaciones de mujeres dentro de la sociedad civil (Rakowski y Espina). Todo esto sitúa en primer plano la influencia mutua que pueden ejercer las instituciones y la sociedad civil organizada.

Por otra parte, en una pauta para algunos menos positiva, las actividades de Naciones Unidas también condujeron a la profesionalización de los movimientos mediante la legitimidad y financiación de los trabajos basados en el género, tal como se mencionó anteriormente. Estas actividades influyeron además en la clase de trabajo y en los temas en los que las organizaciones feministas se han centrado. Herrera señala las mismas limitaciones que ya se señalaron en el nivel nacional para este trabajo internacional fundado en los derechos legales. La autora no niega la importancia de la participación y el aprendizaje ni de las habilidades adquiridas con estos procesos, pero argumenta que por la falta de voluntad política para cambiar las normas sociales se hace difícil su aplicación.

Sociedad civil

Al tiempo que este libro va a la imprenta, las feministas latinoamericanas de todo tipo están haciendo sus maletas para viajar al X Encuentro Feminista de América Latina y el Caribe en Sierra Negra, Brasil. Según Vargas, estas reuniones a gran escala han representado un papel crucial en el desarrollo del feminismo en la región para el intercambio de experiencias pero también como foro de debate de aquellos temas que han generado conflictos entre los diferentes sectores del movimiento. Los capítulos sobre Centroamérica atestiguan el empuje que el Encuentro de Taxco, por ejemplo, proporcionó a la organización local/nacional como un "momento decisivo para la concientización de muchas mujeres centroamericanas" (Carrillo y Chinchilla). En Nicaragua, contribuyó a la creación de organizaciones feministas independientes (Kampwirth). En El Salvador, proporcionó apoyo a las feministas para convertir sus reivindicaciones en propuestas para el gobierno central, y que habían utilizado durante las campañas electorales. Es decir que los encuentros no han sido únicamente un lugar de reunión de las mujeres sino un lugar donde las diferencias entre las mujeres pasaron a primer plano, obviamente, no sin tensiones. Mongrovejo cuenta esta historia en el caso de las feministas lesbianas (en la sección 3).

Otros foros de la sociedad civil han desempeñado un papel similar al de los Encuentros Feministas en la organización de las mujeres alrededor de otros ejes además del género. Nuestras autoras se refieren al fortalecimiento del poder de negociación de las organizaciones de mujeres indígenas con las agencias financiadoras, a sus alianzas con sectores del movimiento indígena, y al fortalecimiento de su organización en el nivel nacional con el Primer Encuentro Nacional (Prieto *et al.*) y con los Encuentros Continentales de Mujeres Indígenas (Palomo Sánchez).

En esta discusión sobre el intercambio de ideas por contacto directo en conferencias y encuentros, nuestras autoras también destacan el papel de las conexiones y de la difusión de ideas por medio de la palabra escrita. La labor de las teólogas feministas, discutida por Navarro y Mejía en el trabajo de las Católicas por el Derecho a Decidir en diferentes foros institucionales y sociales, es un buen ejemplo, así como el papel de otras publicaciones –académicas o activistas en la naturaleza descrita por Chiarotti para CLADEM y anteriormente en este volumen por Carillo y Chinchilla. Un aspecto esencial para la comunicación internacional es la traducción que requiere de apoyo financiero (anotado en Chiarotti, y Navarro y Mejía).

CONCLUSIONES

Dada la reiterada necesidad de trabajar con las diferencias y buscar alianzas y coaliciones de distinto tipo, parece necesario concluir con la importancia del pluralismo para la democracia, a lo que Vargas se refiere como demodiversidad, o "la existencia pacífica o conflictiva, en un campo social dado, de diferentes modelos y prácticas de democracia". Tenemos razones para ser optimistas en que ésta es la dirección en la que estamos viajando.

De hecho, el reconocimiento de esta necesidad entre los movimientos de mujeres aparece en la descripción de las organizadoras del X Encuentro Feminista de América Latina y el Caribe. Con respecto a las participantes y a la filosofía que está detrás del Encuento, escriben:

Son feministas autónomas o vinculadas a organizaciones, redes, articulaciones o universidades; son feministas indígenas, negras, jóvenes, lésbicas, profesionales del sexo, trabajadoras urbanas y rurales etc. El 10o. Encuentro está reuniendo los principales elementos para ser un espacio de diálogos, debates, conflictos, controversias y formación de coaliciones entre las diferentes corrientes de pensamiento feminista de la región.

Los esfuerzos de las feministas por mantener la interacción con las fuerzas democráticas fuera del feminismo en el Foro Social Mundial, por lograr la equidad de género y por analizar la realidad de nuestro tiempo desde el punto de vista de las

mujeres, son otra fuente de esperanza. Parece ser ésta una de las mejores oportunidades para asegurar el respeto de los derechos sociales y económicos fundamentales que afectan tanto a los hombres como a las mujeres, pero cuya violación relega
a las mujeres a lo más bajo de la jerarquía social.

BIBLIOGRAFÍA

Keck, Margaret E. y Kathryn Sikkink (1998), *Activists Beyond Borders: Advocacy Networks in In-
    ternational Politics*, Ithaca, N.Y., Cornell University Press [*Activistas sin fronteras. Redes de
    defensa en política internacional*, México, Siglo XXI, 2000].
Hite, Amy Bellone y Jocelyn S. Viterna (2005), "Gendering class in Latin America: How wo-
    men effect and experience change in the class structure", *Latin American Research Review*,
    vol. 40, núm. 2, pp. 50-82.

ACOMODANDO LO PRIVADO EN LO PÚBLICO: EXPERIENCIAS Y LEGADOS DE DÉCADAS PASADAS

ELIZABETH MAIER*

INTRODUCCIÓN

Una de las marcas más distintivas de América Latina en las décadas que engarzan el siglo XX con el XXI, es la creciente presencia de las mujeres como actoras colectivas —e individuales— de los escenarios públicos y políticos para contribuir en la construcción de una cultura latinoamericana de derechos. Emanada de la textura social de inequidad de género que históricamente ha moldeado la experiencia vivida de más de la mitad de la población, de los densos contextos nacionales de represión dictatorial y guerra insurreccional de la historia regional reciente o de las carencias materiales de la gran mayoría de las mujeres, la palpable participación femenina en distintos espacios de los mosaicos sociopolíticos nacionales, durante los últimos 30 años, ha creado nuevas representaciones de lo femenino en el imaginario colectivo, abriendo la posibilidad de resignificar los papeles tradicionales de madre y ama de casa y renegociar el peso de poder dentro de la relación tradicional de género, contribuyendo así de muchas maneras a la ciudadanización de las mujeres y a la democratización de la familia y la sociedad.

En el presente artículo propongo revisitar las propuestas de distintas actoras colectivas de los primeros lustros de la *segunda ola* feminista;[1] es decir, sus objetivos, su manera de organizarse, sus estrategias y la intensidad de su sentido de misión, pero fundamentalmente me detendré en sus aportaciones al cambio de la imagen de la mujer y al proceso de democratización de las sociedades latinoamericanas. A partir de la interacción entre "estructura y agencia, (e) identidad y estrategia" —como sugieren Álvarez y Escobar (1998:318)—, mi objetivo es reconsiderar las aportaciones de este periodo temprano de agencia de mujeres feministas y no feministas a la modificación de la inequidad de género. Propongo esto no sólo con el ánimo de recordar a estas mujeres —tan significativas para la historia latinoamericana— su pasión por la causa feminista y su impacto de momento, sino también

---

* El Colegio de la Frontera Norte.

[1] Se llama "segunda ola" feminista a la etapa contemporánea de creciente conciencia en torno a la opresión y discriminación de género que empezó en la década de los sesenta y produjo diversas estrategias de resistencia y transformación de un orden social basado en el privilegio masculino. La "primera ola" feminista en América Latina, que según cada país tuvo lugar desde los años veinte hasta las décadas medianas del siglo XX, se esforzó por alcanzar condiciones elementales de la ciudadanización femenina, como el derecho al voto —en primer lugar— y el derecho a la educación formal.

para reflexionar sobre el significado y la utilidad de sus contribuciones para la etapa actual de plena participación feminista en el ámbito de las políticas públicas. Subyacente a dicho propósito está la pregunta ¿qué ofrecen las estrategias y metodologías de las etapas anteriores al actual modo institucional de producir políticas de género?

LA ALEGRÍA DEL PARTO

En las tres décadas desde que el Año Internacional de la Mujer enfocó las luces internacionales sobre la condición subalterna de las mujeres en el mundo, América Latina presenció la irrupción de feministas de las clases medias educadas, guerrilleras y comandantes insurrectas de los países inmersos en conflictos armados, madres y esposas defensoras de los derechos humanos de las naciones con dictaduras militares y amas de casa activistas de las organizaciones urbano-populares, quienes trasladaron a los escenarios públicos y políticos reclamaciones, peticiones y demandas que —con la excepción de las mujeres en armas– hasta entonces pertenecían sólo al espacio privado.[2] El activismo se centró, por una parte, en deconstruir la producción sociocultural del cuerpo-identidad femenina, su reprimido ejercicio sexual y las restricciones sociales, económicas y políticas emanadas del cuerpo de la mujer. Impulsada contrariamente por los mismos papeles tradicionales de dicha identidad femenina que sustentan y reproducen el sistema patriarcal de relaciones de género o penetran los terrenos simbólicos tradicionalmente masculinos de la guerra y las armas, la movilización pública de miles de mujeres —actoras colectivas— creó sinergias que estremecieron la imagen latinoamericana habitual de la mujer basada en los rasgos marianistas de abnegación, entrega, pasividad, dependencia, obediencia y vergüenza (Vuola:1993:12). Las formas y propósitos de transgresión de los papeles de género, el motivo y el destino de la salida de las mujeres del espacio privado y las estrategias elegidas, variaron según las condiciones estructurales, los patrones culturales y las pautas políticas —en especial, la extensión de la democracia— en cada país. En los países democráticos, con afianzado desarrollo industrial, el feminismo se enraizó en un pequeño sector de las consolidadas clases medias como movimiento cultural identitario,[3] dedicado a reelaborar —desde el propio sentir y experiencia vivida— la representación simbólica y social de lo femenino, repre-

[2] El énfasis del presente artículo en estas representaciones femeninas de la historia reciente de América Latina no quiere menospreciar la influencia de otras colectividades de mujeres —como las sindicalistas, las mujeres de los partidos políticos, las lesbianas, las afrolatinas y las indígenas, entre otras— al proceso de transformación de género. Más bien, seleccioné a estas tres representaciones del activismo femenino para ejemplificar distintas maneras de asumir la vinculación entre lo privado y lo público.

[3] Touraine (1997:112) distingue los movimientos culturales de los sociales, afirmando que los primeros desarrollan acciones colectivas para transformar a una figura del sujeto, centrándose en el acceso a los derechos culturales que amparan a dicho actor social y disputan –a veces de manera conflictiva– los sentidos culturales hegemónicos.

sentación forjada históricamente a través de la mirada del *otro* género (masculino). Para algunos, el feminismo que surgió en América Latina al inicio de los años setenta fue una importación exótica y suntuaria, lejos —pensaban— de las necesidades y preocupaciones de la gran mayoría de las mujeres de una región que asentaba a casi la mitad de su población en condiciones de pobreza.[4] Para otros, particularmente las organizaciones de izquierda, el acta de nacimiento exógena del feminismo trajo consigo la histórica suspicacia poscolonial y periférico-imperial de lo extranjero y la amenaza imaginada del debilitamiento de su exclusivo objetivo estratégico clasista. Estos y otros factores anclados a la radicalidad de la renegociación del poder social inherente a la propuesta feminista, contribuyeron a escenificar la profundización de la disputa por la producción de significados socioculturales que las tempranas sufragistas habían comenzado décadas anteriores en la mayoría de estos países.[5]

En aquellos años iniciales de la efervescencia feminista no se apreciaba que las propias condiciones históricas y económicas, vinculadas al proceso del desarrollo industrial y al impacto de la segunda guerra mundial en la reorganización de las relaciones de clase y de género, ya habían producido un sector de mujeres de clases media (y alta) en muchos países del continente americano, aunque en proporciones notoriamente distintas en los países altamente industrializados —como Estados Unidos y Canadá—, y los latinoamericanos en vías de desarrollo, con un alto nivel educativo, potencial de autonomía y bienestar económicos, libertad relativa y la disposición de comprender, contestar, transgredir y transformar los múltiples discursos socioculturales que moldeaban prácticas económicas, sociales y políticas de subordinación y discriminación de género. En este sentido, si bien es cierto que de las condiciones de la industrialización avanzada de Europa y Estados Unidos nacieron la moderna teorización, la organización y la movilización feminista, dicha propuesta no tardó en propagarse por el mundo a la par del creciente desarrollo industrial y tecnológico de las regiones y países periféricos, lo que registró una masa crítica feminista en diversos países de América Latina con características particulares según el contexto estructural, cultural y político de cada nación. Es precisamente esta esencia internacional la que resaltó como uno de los rasgos más emblemáticos de la segunda oleada feminista desde su inicio, caracterizándola como uno de los primeros movimientos sociales globalizados.

Mientras que la segunda guerra mundial reconfiguró la geografía social de género en los países desarrollados, a raíz de la ausencia de los varones combatientes en el funcionamiento económico nacional y su sustitución por las mujeres, en América Latina la etapa de industrialización estabilizadora conocida como la *sustitución de importaciones* transformó la planta industrial y amplió el aparato estatal de muchas naciones, incrementando la oferta laboral urbana de empleos estables, bien pa-

---

[4] Según la información de la CEPAL, en 1970 la región latinoamericana registró el 47% de su población viviendo en condiciones de pobreza.

[5] Álvarez y Escobar acertadamente señalan que los movimientos sociales son procesos complejos multidimensionales que encierran en sí mismos la producción de significados socioculturales alternativos, la constitución de nuevas identidades colectivas y la lucha por las condiciones materiales (1998:319).

gados y beneficiados. La intensa migración rural urbana engrosó a las ciudades a partir de la década de los cuarenta, surtiendo la fuerza de trabajo requerida a las fábricas, oficinas gubernamentales y al sector de servicios. Así, se extendió y fortaleció la minoritaria clase media urbana, creando una demanda para un consumo suntuario, una educación superior de calidad y otros servicios especializados y desembocando en el aumento de empleo calificado de un sector creciente de mujeres. Con la consolidación de la clase media urbana también se ajustaron las pautas genéricas provincianas que tradicionalmente excluyeron a las mujeres de las ofertas educativas, de la formación profesional y de la autonomía económica, constituyéndose las condiciones socioeconómicas y políticas que desembocaron al final de los setenta en uno de los más trascendentales reacomodos culturales latinoamericanos del siglo XX: la progresiva construcción de la sociedad femenina a través del creciente reconocimiento social y político de la inequidad de género.[6]

"Lo personal es político", lema emblemático de la efusiva segunda ola feminista, encerró en sí mismo referencias implícitas a la desigual división de la sociedad en dos universos hasta entonces imaginados como totalmente separados e independientes: uno —lo público— en donde se atienden los asuntos trascendentes de la producción y la elaboración, legislación y aplicación de las políticas públicas; y otro —lo privado— en donde se organiza y reproduce la vida familiar diaria y generacional. Paulatinamente las feministas históricas de la segunda ola descubrieron a través de su práctica colectiva de reflexión, que lo personal y lo privado se fusionaban simbólicamente en un mundo de relaciones humanas jerárquicas y sublimadas —aparentemente armoniosas, amorosas, cálidas y cotidianas—, selladas por el glorificado, pero a la vez desvalorado signo de lo femenino. Encontraron que el orden patriarcal valoriza de manera desigual a estos dos universos de la división sexual de la geografía social, segregando simbólicamente a las mujeres —todas— al mundo menospreciado del ámbito privado, negadas al acceso del poder por no contar con la voz social que expresara y validara desde la propia experiencia vivida de género, su visión del mundo, sus necesidades y propuestas (Ardener, 1986:36). Descubrieron que en el orden patriarcal sus cuerpos, su sexualidad y reproductividad se moldeaban y administraban desde la mirada fragmentada y controladora del imaginario masculino individual e institucional. A la vez, reconocieron que las representaciones culturales de la mujer limitaban su acceso a las oportunidades para el desarrollo individual y genérico de las mujeres. Se identificaron con la categoría *patriarcal* como el instrumento conceptual fundacional para la producción de nuevos significados culturales, categoría que ordena el análisis y la comprensión de las miríadas de formas de opresión, discriminación y exclusión de género. De tal manera, la noción de "lo personal es político" representó un hallazgo radical

---

[6] No quisiera ignorar la importancia del feminismo industrializado en el fomento del feminismo latinoamericano, sino más bien afirmar la primacía de la coherencia entre contexto, identidad y agencia en la constitución de los actores socioculturales en sitios y momentos particulares, enfatizando aquí que la existencia de un sector de mujeres receptivas y necesitadas de los significados propuestos por el discurso feminista corresponde a las propias condiciones de cada país.

porque hizo evidente la división sexual de la sociedad en lo privado y lo público y la profunda discriminación que dicha división significaba para el género femenino. A su vez, reconoció a la hasta entonces ignorada dialéctica íntima entre estas dos esferas sociales y propuso otorgar a la dimensión desvalorizada de lo privado-personal la valorización social del ámbito público. Permitió así explorar desde la experiencia femenina individual y colectiva los múltiples eslabones de articulación entre la vida cotidiana de las mujeres, la posición subordinada del género femenino y los ejercicios de poder patriarcal latinoamericanos contemporáneos, en especial los urbanos de la clase media. La afirmación de que "lo personal es político" en las apasionadas manifestaciones públicas de las feministas latinoamericanas de los años setenta y en sus influyentes publicaciones periodísticas o entrevistas mediáticas, también destapó a la dimensión sujetiva como la fábrica y centro de mando de la conformación y reproducción de las identidades de género.[7]

Los pequeños grupos de conciencia que juntaron a un reducido número de mujeres para reflexionar sobre su condición de género, funcionaron como una metodología de búsqueda colectiva, interlocución y rendición de cuentas entre pares, en donde —a través de compartir las experiencias personales de sus integrantes sobre sus gustos y disgustos, su formación familiar como niñas y jóvenes, su experiencia escolar, laboral, amistosa, amorosa, sexual y su participación social o política— se reveló el profundo sentido colectivo —y consecuentemente social— de la identidad subalterna de las vidas femeninas individuales. Gradualmente se desnudaba la esencia política del ejercicio —íntimo, privado y público— del poder genérico, hasta entonces arropado por el discurso de la *naturalidad* de los sexos. A través de dicha metodología colectiva de reflexión se destejieron las creencias y cuestionaron los dispositivos socioculturales que subordinaban a las mujeres, identificando paulatinamente sus expresiones concretas y las áreas de prioritaria auscultación e intervención. Para las feministas los grupos fueron una especie de territorio autónomo poblado por semejantes e iguales. Rechazaron la jerarquía como modelo de funcionamiento por considerarla reproductora de las pautas patriarcales e intentaron promover en su lugar arreglos horizontales de organización y toma de decisiones. La problemática del poder y de la representatividad fueron preocupaciones

---

[7] Habría que subrayar el extraordinario rango de influencia simbólica que tuvieron las feministas latinoamericanas fundadoras de la "segunda ola". La extensión y profundidad de la progresiva penetración del discurso feminista a todos los ámbitos de producción de sentidos socioculturales, por un lado, y la reacción tan virulenta que produjo en los sectores más conservadores de las sociedades nacionales, en particular la Iglesia católica, fueron totalmente desproporcionadas al reducido número de activistas de aquella época. Desde el inicio de la "segunda ola", el discurso feminista circuló como un verdadero desafío a la interpretación hegemónica de la realidad. Dicha disputa por los significados culturales no sólo se refiere a los derechos y ciudadanías en proceso de evolución, sino que ya marcaba la contienda contemporánea por el paradigma civilizatorio mismo, ampliando y transformando el significado de la libertad, la justicia social y la noción del individuo. La creciente extensión de la influencia simbólica de los feminismos nacionales a las esferas públicas, particularmente en los medios de comunicación, las universidades y progresivamente en las clases políticas, sumada a la influencia del feminismo internacional demuestran también la coherencia de la relación entre contexto y agencia en la producción de nuevos sentidos culturales afines a las condiciones de la nueva fase de modernización tardía.

fundacionales de la propuesta feminista: la estrategia propuso sustituir el *poder sobre* por el *poder entre*, o lo que se llamaba "el poder hacer", descansando a la vez en la práctica de la democracia directa donde cada cual representara exclusivamente a su propia persona. Las feministas tempranas de la "segunda ola" solían tomar como esencial el poder patriarcal, pensando que ese solo modelo se reproducía en todas las clases sociales, culturas y tiempos históricos. El secreto descubierto por Foucault (1977:112-125), cuando señaló que el poder se hallaba en la cotidianidad de todas las relaciones sociales y en las resistencias allí creadas por aquellos que se subordinaban a él, no fue asumido por el feminismo utópico latinoamericano —e internacional—, que entendía la relación de género como la célula madre que informaba a los otros ejercicios de poder.[8] En este sentido, el feminismo fundacional de los setenta reemplazó al enfoque del determinismo económico basado en las relaciones sociales de producción, tan presentes en las ciencias sociales de América Latina, por el determinismo genérico que se centró en las relaciones sociales de reproducción, situando así al género como la perspectiva reina de toda interpretación histórica y social.[9]

El sentido de victimización que acompañó al descubrimiento de los mecanismos de opresión y exclusión fungió como factor de cohesión identitaria y motor de consolidación política del actor colectivo feminista. Pero aun cuando la creciente comprensión de la discriminación de género sensibilizara a las feministas liberales sobre la exclusión social de otros actores colectivos, el reduccionismo de su interpretación —al situar la fuente de todo ejercicio de poder en la relación de género— creó endebles identificaciones con las mujeres de las otras acepciones de marginalidad social, sin el reconocimiento de que las otras dimensiones de exclusión matizan la experiencia vivida de género. Empero el cuestionamiento del pensamiento único de los meta-relatos ideológicos de la modernidad que implicó el fin de la guerra fría, la conceptualización de las identidades complejas[10] y en particular las implicaciones del cúmulo de diversificada participación femenina en América Latina,[11] así como el impacto de los profundos e irreversibles cambios que significarían la plena entrada a la nueva era de globalización estructural y cultural,[12] confluirían para remplazar a esta visión reduccionista en unos pocos lustros.

---

[8] Con "feminismo utópico" me refiero a la etapa en que la tendencia del feminismo liberal se enfocaba en el género como la contradicción principal y en la deconstrucción del patriarcado como la clave primordial para destejer todas las demás relaciones sociales de subordinación.

[9] Para la tendencia de las feministas socialistas —autónomas o de los partidos, sindicatos y organizaciones de la izquierda—, en conjunto y colateralmente empezaban a manifestarse en los países de América Latina en favor de la "emancipación femenina" de la sinergia del "capitalismo patriarcal", la igualdad social que buscaba se centró en la liberación de los efectos dialécticos de la interrelación de clase y género que sólo se lograría —pensaban— con la transformación socialista. Comprender la intersección de ambos ejes de identidad —el de género y el de clase— e identificar a sus expresiones concretas en la cotidianidad de mujeres de las clases trabajadoras, fue una primera complejización de la problemática de género en América Latina. De Barbieri, 1981; Tarrés, 1998; Randal, 1980; Maier, 1980; Molyneaux, 1985; Stephen, 1985; Lagarde, 1990.

[10] Véanse Foucault, 1978; Butler, 1990; Bhabha, 1993; Mouffe, 1988.

[11] Para mayor detalle, véanse a Stephen, 1988; Schrimer, 1993; Vargas, 2001 en Molyneax.

[12] Véanse Castells, 2000; Giddens, 1999; Soja, 1985.

Autonomía y la constitución de los sujetos colectivos

La autonomía siempre fue estratégica para el feminismo fundacional latinoamericano frente al Estado, los partidos y organizaciones políticas mixtas y los propios varones. El frecuente control clientelar de las organizaciones y partidos por parte de los estados latinoamericanos y la cooptación de sus dirigentes, los estrechos vínculos con las oligarquías nacionales y la corrupción de las clases políticas, históricamente ha hecho del Estado un terreno sospechoso para los movimientos sociales. Sumado a esto, la caracterización feminista de Estado como de esencia patriarcal hizo de él un ámbito peligroso para las latinoamericanas, quienes apenas empezaban el proceso de reconocerse como agentes de poder, actoras de transformación social y reconstructoras de los sentidos culturales. Podía verse que los partidos y otros institutos y movimientos mixtos tejían sus estrategias con la misma telaraña androcéntrica que históricamente enmudeció la voz que las mujeres formularon desde sus experiencias y necesidades de género. Por esto, la autonomía fue la piedra angular que sustentaba la estrategia inicial de empoderamiento,[13] con la pretensión de articular el lenguaje de la voz genérica de las mujeres, construir una seguridad colectiva de género, reconocer profundamente el "derecho de tener derechos" (Arendt citado en Jelin, 1997:67), empezar a precisar los ámbitos y expresiones de la exclusión, habitar nuevas representaciones de lo femenino e identificar capacidades que permitieran transitar el ámbito público en condiciones de igualdad.

En los países formalmente democráticos las feministas se organizaron a partir de un potente contra-discurso cultural que progresivamente revisó y refutó el sentido de conceptos tan esenciales para la interpretación de la vida social como la historia, el poder, la política, lo privado y público, la democracia, la igualdad, los derechos humanos y, recientemente, la ciudadanía. Inicialmente, la propuesta feminista centró sus demandas y esfuerzos en torno a la concientización sobre la desigualdad de género, la reapropiación del cuerpo —particularmente en cuanto a la sexualidad, la reproducción y el derecho al aborto, y la violencia de género— y el logro de condiciones socioeconómicas de mayor igualdad con los varones.[14] Fueron éstas demandas hondamente transgresoras para la mayoría de las culturas católicas tra-

---

[13] El término *empoderamiento* empieza a usarse como una referencia poco precisa. Tan es así que Troutner y Smith (2004:5) sugieren que el concepto se ha vuelto "contencioso y controversial". Lo empleo aquí como se emplea en las Naciones Unidas, cuya definición incluye "el sentido de autovaloración de las mujeres; su derecho de tener y decidir opciones; su derecho de tener el poder de control sobre sus vidas, tanto adentro como afuera del hogar; y su capacidad de influir en la dirección del cambio social para crear un orden social y económico nacional e internacional más justo" (citada en Troutner y Smith: 2004:12; traducción mía).

[14] El valor de la fuerza de trabajo marcó otra diferencia fundamental entre los feminismos de los países industrializados y de los países latinoamericanos. Con la fuerza de trabajo barata y accesible, el empleo de trabajadoras domésticas para las labores hogareñas en la clase media amortiguó la renegociación entre la pareja —aunque fuera relativa— de dicha división sexual de trabajo. De tal manera, se descargaba una parte sustancial de la "segunda jornada" en otras mujeres del sector popular, obviando así un cuestionamiento más radical de la organización de los papeles sexuales en el del ámbito privado.

dicionales latinoamericanas, históricamente constituidas con base en las representaciones femeninas dicotómicas de la mujer buena, silenciosa, pudorosa y casera; y la mujer mala, pública, independiente y sensual. Representaciones que a la vez otorgaron sentido a un rosario de prohibiciones, restricciones, permisos y privilegios según el sexo. Como tal, el feminismo de la *segunda ola* nace en América Latina como una propuesta profundamente revolucionaria, como un terremoto cultural.

Esta rebeldía de género fue un momento dichoso para las feministas *históricas*, un momento de unión basada en la semejanza, sin las tensiones que amparan el reconocimiento de las diferencias. La fuerza política de la cohesión identitaria, la ilusión de la utopía y la claridad de la contradicción entre *nosotras* y los *otros*, confluyeron al precisar el objetivo central del movimiento: la deconstrucción del patriarcado y la desvalorización de sus expresiones culturales y representaciones. Esta etapa esencial del feminismo latinoamericano se caracteriza por su radicalidad, frescura, transgresión y subversión, centrando su atención en los campos de la sexualidad, la reproducción, la violencia de género, la equidad social y económica y —subyacente a todo— la relación entre lo privado y lo público. En este sentido, el feminismo situó los derechos de las mujeres —como señala Jelin (1997:69)—, no únicamente en el terreno de las relaciones de género sino también en la reconsideración de qué es público y qué es privado, lo que implicó una profunda revisión del paradigma civilizatorio.

Las condiciones políticas de cada país, la calidad de vida y las necesidades de las clases sociales y los grupos culturales subordinados informaban y formaban maneras de participación femenina diferentes. La articulación de contextos premodernos, modernos y posmodernos en la geografía socioeconómica de las naciones latinoamericanas (Vargas, 2002) y la gran heterogeneidad étnica-cultural, hacían que los intereses y prioridades de las mujeres no fueran homogéneos. En este sentido, paralelamente al arribo del feminismo en algunos países, mujeres con otras demandas tomaban las plazas públicas y el imaginario colectivo de las naciones con gobiernos dictatoriales y autoritarios, haciendo visible con la diversidad de sus exigencias y estrategias la complejidad de lo femenino en América Latina.

Las madres[15]

En las dictaduras, la brutalidad estatal —como lo llama Bhabha (1994:6)—, la extensión e indiscriminación de la represión, la prohibición de la agencia sociopolítica alternativa y la promoción de los valores, papeles y representaciones genéricos tradicionales como constancia personal del patriotismo, confluyeron en la prioridad feminista de la lucha antidictatorial. La experiencia represiva de los regímenes autoritario-militares hizo patente que el derecho a la vida y a la libertad de opinión y asociación eran condiciones imprescindibles para enfocarse en la transformación de

---

[15] En este apartado uso como referencia fundamental mi libro *Las madres de los desaparecidos: ¿Un nuevo mito materno en América Latina?*, México, Universidad Autónoma Metropolitana/Colegio de la Frontera Norte/La Jornada Ediciones, 2001.

las relaciones de género y la promoción de los derechos y la ciudadanía femeninas.[16]
En este sentido Molyneux afirma: "El tema de los derechos de las mujeres, por cierto
de derechos en general, no podría separarse de la problemática mayor de la calidad
y carácter de la democracia" (2003:8).

Los discursos de las dictaduras transformaron la trilogía *madre-familia-hogar* en el
cimiento del control social del conservadurismo político-religioso, chocando fron-
talmente con el imaginario feminista. A la vez, interrogaron a nuevas actoras colectivas —como las Madres de desaparecidos(as)— que a nombre del papel tradicional
materno emergieron de las entrañas de la represión para exigir públicamente la
devolución de hijos, hijas y otros familiares, víctimas de la táctica emblemática del
terrorismo estatal —la desaparición— que caracterizó a todas las guerras no declaradas de América Latina. Como representaciones colectivas del dolor y tenacidad
maternos, los comités irrumpieron en los escenarios políticos nacionales de los países con gobiernos autoritarios, militares o civiles, constituyéndose en inesperados e
indeseados testigos colectivos de la aplicación de una política militar de seguridad
nacional que alcanzó un saldo de entre 90 a 120 mil desaparecidos(as).[17] Impulsadas por la maternidad tradicional —que su propio accionar público y político trans-
gredió—, "estas mujeres salieron del enclaustramiento privado, llevando su angustia y dolor a las calles, centrales de policía, campamentos militares y plazas públicas,
confrontando como encontronazo simbólico a los regímenes autoritarios patriarcales con su petición no negociable de 'vivos los llevaron, vivos los queremos'. Cada
jueves en Buenos Aires las madres argentinas arriesgaron la vida encontrándose en
la Plaza de Mayo, dando vuelta tras vuelta con el pañuelo blanco en la cabeza y la
foto del hijo o hija encubriendo el corazón" (Maier, 2001:56). En San Salvador las
integrantes de Comadres rastrearon los cementerios clandestinos con la terrible esperanza de hallar los restos de sus seres queridos y documentar el aterrador estado
en que yacían (Schrimer, 1993:33). En la ciudad de México, las madres del Comité
Eureka se crucificaron un Día de la Madre, amarradas a enormes cruces que erigie-
ron frente al Palacio Nacional en un simbólico juego de espejos que manifestaba el
dolor de la madre fusionado con el del hijo o hija crucificada por la desaparición
(Maier, 2001:192).

En los espesos escenarios nacionales de terror, tortura y muerte las madres de
desaparecidos parecieron hablar de tú a tú con los padres autoritarios de la patria,
interrogándolos como si fueran figuras arquetípicas de una tragedia griega que
de maneras sutiles e inesperadas desdibujaron el propio drama de género con la
fuerza de su empoderamiento, amparadas desde algún rincón del inconsciente colectivo masculino por el intenso poder materno primordial que solía incomodar
a patriarcas y feministas por igual, pero por razones totalmente distintas. Para los
gobernantes dictatoriales y autoritarios, la transgresión del encierro privado de la

---

[16] Véase Pitangui, en Vargas, 1998.
[17] Según cifras de Amnistía Internacional y Federación de Familiares de Desaparecidos, respectivamente.

maternidad tradicional perturbaba la reproducción del control sociopolítico del propio autoritarismo. Por otro lado, algunas tendencias feministas cuestionaban el significado genérico de esta participación pública y política en nombre del papel tradicional que —afirmaron— afianza la subordinación de la mujer en la familia (Jelin, 1990:2).[18] Aún cuando siempre abrazadas por las feministas con admiración y solidaridad por ser las primeras organizaciones sociopolíticas de mujeres en muchos países de América Latina y las primeras expresiones públicas opositoras al autoritarismo estatal, los comités de madres no dejaban de significar una navaja de doble filo para la perspectiva de género, subrayando a su vez el sitio central de la maternidad en la constitución cultural de la identidad latinoamericana. No obstante, convertidas en sujetos del escenario político en los intersticios de la tensión entre lo tradicional y lo transgresor, las representantes de esta maternidad militante —como la nombró Ruddeck (1993)— experimentaron procesos importantes de transformación personal, conscientización y empoderamiento como mujeres. Como afirmó la presidenta del Comité de Madres de la Plaza de Mayo: "Para mí, las Madres somos mujeres que han roto con muchos aspectos del sistema en que vivimos. Primero, nos fuimos a la calle para confrontar a la dictadura, porque fuimos capaces de hacer cosas que los hombres no hicieron" (Fischer, 1989:157).[19]

Diferenciados entre sí, de acuerdo con factores como la extensión del teatro de conflicto nacional, el grado y tipo de represión ejercida, las alianzas que cada comité logró establecer con el resto del movimiento opositor, las redes de solidaridad y difusión internacionales, los espacios existentes para la actividad política y las características culturales de cada pueblo (Macleod:1985), dichos matri-comités se constituyeron autónomamente en algunos países como Argentina, Uruguay, Colombia y México, o fueron socorridos por la Iglesia Católica en otros como El Salvador, Chile y Brasil. Sin embargo, lo que todos los comités compartieron fue esta militancia materna valiente, tenaz, colectiva y pública, inicialmente en demanda de la devolución de sus seres queridos; más adelante en defensa de los derechos humanos y la restitución de la legalidad constitucional, y finalmente como una especie de guardián colectivo de la memoria histórica y la ética social, con su insistencia en identificar y castigar a los responsables de estas narrativas nacionales perversas, como un desafío imprescindible a la construcción democrática.

Los comités fueron la semilla del movimiento promotor de los derechos humanos en América Latina, adiestrando a las mujeres integrantes a través de nuevos

---

[18] Uno de los debates teóricos emanados del significado de los comités de madres marcó dos tendencias dentro de la praxis feminista; la primera, las "maternalistas" —una vertiente del feminismo de la diferencia— apostó a la experiencia genérica tradicional de la maternidad —biológica y social— como motor y ética superior de la participación pública y política de las mujeres (Ruddeck:1993); la otra, las "no maternalistas" —por llamarles de alguna manera—, ubicada en el feminismo de la igualdad, afirmó que las características asociadas con la figura tradicional de la madre —como el altruismo familiar y ser "cuerpo para otros" (Bassaglia, 1983; Lagarde, 1990)— anclan a las mujeres a un espacio social subordinado que no se desata, aun cuando ellas transgredan la división sexual del espacio social, y se hace política en la esfera pública a nombre de la maternidad (Jelin, 1990; Lamas, 1987).

[19] Traducción mía.

aprendizajes y prácticas como las primeras especialistas en la materia y ejemplificando así la potencialidad del género femenino —de todas clases sociales y niveles educativos—, de autocapacitarse como ciudadanas ejemplares. En poco tiempo, la búsqueda individual inicial de cada mujer desembocó en la integración de estas organizaciones en donde se fomentaban prácticas colectivas y metódicas de averiguación, documentación y denuncia de la cruda violación de los derechos humanos, demostrando los hechos ocurridos y manifestando la preocupación por el destino no sólo del propio hijo sino también de todas las hijas e hijos de todas las otras madres en la misma situación. De esta manera, se resignificó el sentido individual de la maternidad (Maier, 2001:45), a la vez que se colectivizó el ejercicio ciudadano (Schrimer, 1993:48). Con sus plantones, protestas, vueltas caminadas y huelgas de hambre, las madres *maternaron* en la vía pública en un mundo al revés, que violentamente las sacó de su casa para realizar lo privado e íntimo de sus funciones maternas en los parques, plazas, oficinas gubernamentales y organismos internacionales. Así que a partir de su experiencia vivida en condiciones de autoritarismo extremo, las madres encarnaron el lema feminista de "lo personal es político", resignificando y reconstruyendo simbólicamente a la maternidad como un ejercicio colectivo, público y político, y fundando nuevos significados ciudadanos.

Aun cuando dicha participación sociopolítica afuera de la casa no corresponde a lo que Molyneaux (1985) llamó "intereses estratégicos" de las mujeres, refiriéndose a propósitos emanados del esfuerzo consciente de transformación de género, las demandas de tiempo y compromiso de la militancia materna y —en ciertos casos— de la propia experiencia con la represión oficial, actuaron como un despertador para muchas madres en este sentido. En medio del activismo por los derechos humanos se gestó una nueva comprensión que contestó a sus anteriores creencias sobre la naturalidad de la división sexual de los espacios y quehaceres sociales o sobre la prudencia de la vergüenza callada ante la violación sexual oficial. Ésta fue la experiencia de Comadres de El Salvador después de la guerra, cuando pudieron enfrentar y procesar los significados de la represión oficial, que marcó su cuerpo sexual con el sello de la histórica tortura de género, la violación. Dicho proceso de examinar la experiencia vivida desde los registros de género desembocó en tiempos de paz en la posterior exploración del sitio de la violencia doméstica en sus vidas y la formulación de otros proyectos género-centrados (Schrimer, 1993; Stefen, 1994).

De tal manera, a partir del papel tradicional muchas de las madres rebasaron la propia identidad materna, situándose como actoras referenciales tanto de la época autoritaria como de la etapa de transición a la democracia. Contradictoriamente su participación pública y sociopolítica creaba condiciones en que estas mujeres se podían dar cuenta —en distintos grados— de muchas facetas de la injusticia social vinculada al género y las posibilidades de su renegociación y transformación. En este sentido, se evidenció la diversidad de contextos y experiencias en que las mujeres lograron reconocer la injusticia social de su condición de género: una lección importante que debe considerarse en las coyunturas políticas internacionales y nacionales actuales en que los fundamentalismos religiosos disputan cada vez más, con mayor esmero e intensidad, los avances feministas alcanzados.

EL FEMINISMO POPULAR: LA MIRADA DE GÉNERO-CLASE

El arranque del desarrollo industrial de los años cuarenta trajo consigo la creciente y continua migración rural-urbana de familias campesinas que arribaron a las ciudades de América Latina —sin más esperanza que una vida mejor—, envueltas en una nueva estrategia de supervivencia familiar. Se asentaron en las periferias de las urbes, donde a través de las invasiones territoriales se apropiaron de predios deshabitados, rupestres y sin infraestructura. Con el trabajo a cuestas abrieron brecha, limpiaron maleza, recolectaron desechos, levantaron hogares tentativos y endebles y empezaron el largo proceso de formalizar, ambiental, social y legalmente, las configuraciones espaciales que pronto se conocerían como el símbolo de la miseria latinoamericana. Con cada década de incesante inmigración estos asentamientos periféricos proliferaron y se densificaron, creando grandes manchas urbanas marginales, con un sinfín de necesidades estructurales y cotidianas por resolver. Los múltiples y complejos trámites gubernamentales se facilitaron a través de representaciones colectivas de intermediación y en los años sesenta y setenta —según cada país— surgieron las organizaciones barriales como respuesta a la reclamación de interlocución y agilización burocráticas.

Las amas de casa engrosaron de manera mayoritaria dichas organizaciones, constituyendo entre 80 y 90% de su membresía total. Pero los dirigentes siempre eran varones, quienes frecuentemente al estilo caudillo —autoritario, jerárquico y paternalista— se abocaron a gestionar la infraestructura y servicios que la población requería. La precariedad de las condiciones de vida en los barrios populares pesó más en las mujeres, extendiendo e intensificando su jornada de trabajo doméstico-familiar.[20] Así que apoyadas en su identidad genérica de reproductoras de la familia y responsables del bienestar cotidiano familiar e impulsadas por el anhelo de la modernidad, las amas de casa se sumaron a las organizaciones populares, reuniéndose, movilizándose y presionando al gobierno en turno para conseguir las condiciones estructurales más favorables a un ejercicio de trabajo doméstico familiar de menor desgaste y mayor eficiencia. Sus parejas solían dar su anuencia para dicha participación, considerando —aun cuando se situaba en la arena pública— que resolver los problemas diarios de la casa y la familia correspondía al "trabajo de mujer".

En este sentido, el empuje activista de las mujeres del sector popular encerraba en sí mismo la vuelta clasista del calidoscopio en donde ellas formulaban —como sector de clase— sus necesidades y exigencias al Estado. Pero a la vez, dicha militancia clasista estuvo informada por los significados genéricos asociados al papel tradicional femenino de encargada doméstica y familiar. Molyneux (1985) llamó *intereses prácticos* de las mujeres a esta amalgama de demandas y necesidades, expresadas sin conciencia —al principio— de la propia condición de subordinación de género. Los años de experiencia en este tipo de organizaciones y la consiguiente

---

[20] Sojo (1985) indica que *popular* se refiere a las múltiples acepciones de la formación muy particular de la clase trabajadora en América Latina.

teorización académica cuestionaron a la rigidez de dicha categorización temprana pero útil de Molyneaux de *intereses prácticos y estratégicos* de las mujeres, indicando que la conciencia de género se produce en múltiples contextos y a través de diversas prácticas, y que su propio contenido no es esencial ni fijo sino informado y formado por la intersección de diversos aspectos de identidad que conforman a todos los individuos. En este sentido, y asemejándose a la experiencia de las madres de los comités de desaparecidos(as), la misma participación pública en demanda de mejores condiciones de vida familiar, gestó contradicciones que confrontaron a muchas de estas militantes comunitarias en torno a lo natural y perenne de la división sexual de trabajo y —en algunos casos— a la propia jerarquía de género, sembrando así un campo fértil para reconocer los significados y arreglos de poder de género en sus propias vidas.

La crisis económica de la deuda externa que a finales de los años setenta se evidenció en muchos países y el progresivo impacto negativo de las políticas neoliberales de reducción estatal y privatización deterioraron aún más las condiciones de vida para franjas crecientes de la población (Stephen, 1997:114). El peso de la crisis fue brutal para muchas mujeres. Estudiosas han indicado cómo las latinoamericanas han subvencionado a la globalización neoliberal, demostrando desde el principio de la aplicación de las medidas libremercadistas la intensificación del trabajo doméstico y familiar para compensar la eliminación de los programas sociales oficiales, el aumento de la jefatura femenina de familia a raíz del desempleo, la migración y el abandono masculino, el ingreso progresivo de las mujeres a los rubros formales e informales de la PEA, la creciente feminización de los mercados laborales más inestables y menos pagados, y la consiguiente feminización de la pobreza, adjudicándoles así a las mujeres dobles y triples jornadas laborales que más que liberadoras fueron —y son— agotadoras y agobiantes. La década de los ochenta marcó un hito en la extensión y profundización de la pobreza en América Latina y las organizaciones barriales se fortalecieron como dispositivos de defensa popular y estrategias colectivas de supervivencia.[21]

Colateralmente a partir de los años ochenta, pequeños grupos de feministas provenientes de la izquierda establecieron en distintos países las primeras agrupaciones dedicadas a atender las necesidades específicas de mujeres de los sectores urbanos más desamparados. Como un compromiso de coherencia con las distintas expresiones de justicia que informaban sus historias personales, y a la vez guiadas por la intuición política de que la clave para un movimiento de masas de mujeres en América Latina se encontraba en la articulación de (la perspectiva de) género y clase (trabajadora), las feministas populares veían en las mujeres de las organizaciones barriales el camino para difundir la conciencia de género y a la vez masificar el movimiento. Una de las diferencias más importantes entre el feminismo de los países altamente industrializados y el de los países en vías de desarrollo fue el signi-

---

[21] La CEPAL señala que América Latina registró 48% de su población en condiciones de pobreza en 1989, la cual se incrementó en 8.5 puntos porcentuales desde 1977.

ficado relativo de la clase media en la estructura de clases de los respectivos países. Mientras que el feminismo industrializado emanaba de una clase media mayoritaria y convocaba a un robusto movimiento de masas, el feminismo de los países en vías de desarrollo emergía de una clase media minoritaria, sin posibilidades de un crecimiento masivo que no fuese asentado en la construcción de un movimiento interclasista.

Al estilo Freire, otras mujeres y organizaciones se propusieron acompañarlas en su lucha por mejores condiciones de vida, aprender de ellas para reorganizar las demandas feministas y particularmente enfocarse en la intersección de género y los derechos económicos y sociales: el derecho a una vida digna, igual salario por trabajo igual, el reconocimiento del valor social del trabajo doméstico y familiar, el derecho a la salud —especialmente a la salud reproductiva y sexual—, el derecho a participar y dirigir organizaciones sociales y el derecho a la educación y la capacitación. La influencia de la Década de la Mujer —en pleno progreso— y la presentación para su adscripción de la Convención para la Eliminación de Todas las Formas de Discriminación hacia las Mujeres (CEDAW) en 1979, indudablemente fueron insumos invaluables; empero en los años iniciales del feminismo popular su impacto apenas se hacía sentir. Más bien, la etapa incipiente del amasiato de los agrupamientos feministas con las mujeres de las organizaciones populares se edificaba sobre la premisa de solidaridad entre mujeres y la creencia —de parte de las feministas— de que la verdadera transformación social pasara también por la deconstrucción de la relación de poder entre los géneros. El entusiasmo inagotable de sentirse amparada por una utopía más integral y radical actuó como motor de búsqueda de puentes de comunicación entre mujeres y caminos de exploración de un nuevo territorio en donde se amalgamaron género y clase en la elaboración de agendas políticas nuevas, en un ejercicio que asentado en las necesidades e intereses de mujeres informó a la agencia de una cultura latinoamericana de derechos (Molyneux, 2002:1 y 10).

Las expresiones específicas de los programas populares y la manera de inserción de las mujeres variaron de acuerdo con cada país, la extensión y fuerza del movimiento popular, los espacios y capacidad de negociación con el Estado, el tipo de proyectos concertados y las modalidades de administración de ellos. Mientras que en Perú, por ejemplo, el Estado promocionara el Programa del Vaso de Leche en las colonias populares, con la participación instrumental de las mujeres de las organizaciones en su aplicación y funcionamiento, en México las dirigencias de las organizaciones populares administraron la repartición de "tortibonos" del programa estatal de bienestar social, así como la repartición de los predios —y después del terremoto de 1985, las casas— concertados con el gobierno.

Empero, en todos los casos las metodologías empleadas por las asociaciones feministas se basaban en la noción de reconocimiento, colectivización, sistematización, análisis y apreciación de la propia experiencia vivida como fuente del conocimiento colectivo sobre el significado individual y social de género, y como referencia para la construcción sectorial de una lectura política que descansaba en la perspectiva de género-clase (trabajadora). A través de talleres, charlas, seminarios, proyectos de capacitación, foros y congresos, la perspectiva de género atizó procesos de autodescubrimiento, valoración personal y mayor comprensión de la mecánica del poder genérico en las distintas dimensiones de la vida cotidiana de las mujeres del sector popular. Dicha metodología fue y sigue siendo muy atractiva para las mujeres porque ofrece un espacio de identificación, reflexión e intercambio de información sobre problemas vinculados a las necesidades cotidianas de la familia y la propia persona, lo que a su vez alienta un sentido de titularidad de derechos en mujeres de menores ingresos. Al mismo tiempo, dicha metodología amparó la exploración catártica de experiencias profundas asociadas al género, que muchas mujeres habían callado durante toda una vida, dejando que la vergüenza fomentara un lenguaje femenino de silencio que a su vez actuara como un dispositivo de reproducción de la propia subordinación de género. En particular, los temas de la sexualidad y la violencia de género pudieron nombrarse, contarse y compartirse en estos espacios seguros, no como muestrario de penas individuales sino como hechos sociales de poder que perjudican a la salud, el bienestar y la libertad de las mujeres.

A la vez, los actos públicos y marchas feministas engrosaron su asistencia con la participación de las mujeres del sector popular. Efectivamente, la articulación de género y clase (trabajadora) impulsó en muchos países una presencia masiva de mujeres, en búsqueda de múltiples expresiones de justicia social. Las demandas frecuentemente emanaron de los problemas estructurales de las militantes comunitarias, especialmente preocupadas por el desempleo y la carestía del consumo familiar, enfatizando la necesidad de empleos seguros y bien pagados, "salario igual por trabajo igual" y más y mejores estancias infantiles y cocinas colectivas para las madres trabajadoras y sus familias. Asimismo, en países como Brasil, Perú, Costa Rica, Nicaragua y México también se exigía la eliminación de la violencia —pública y privada— en contra de las mujeres, cobertura a la salud de la familia, mejor información y atención a la salud reproductiva y sexual, una mayor responsabilidad paterna en torno a la atención económica, emocional y educativa hacia los hijos e hijas. De tal manera —y mediadas por vivencias de clase que reformularon la agenda de género de las feministas originarias— dichas demandas de las mujeres de los sectores populares también contribuyeron a flexibilizar la noción liberal de la democracia en un sentido mucho más amplio y profundo que abarcara prácticas económicas, sociales, familiares y sexuales, dando como resultado la posibilidad de renegociación de las relaciones sociales de poder y la reconfiguración de las subjetividades.

Las lecciones del feminismo popular se mezclan y se esconden en los múltiples hilos del abrupto tránsito económico, social, político y cultural que imprimieron a la década de los noventa el ímpetu del proceso de globalización libremercadista, el estreno de la *era de la información* —como la llamó Castells (2000)— y la caída del socialismo real. El establecimiento de la democracia en todas los países de América Latina —como expresión de la voluntad de los pueblos, pero también como condición de la nueva fase estabilizadora del neoliberalismo económico y de la creciente integración económica regional— constituyó un novedoso campo de acción política y marcó nuevas reglas del juego con las que muchas feministas realizarían un protagonismo ciudadano cada vez más intenso e inmerso en los tejidos de la política institucionalizada. A su vez, la confluencia de la reestructuración económica, el adelgazamiento del Estado y la pérdida de los referentes ideológicos —de la modernidad capitalista y del socialismo— en que se gestaron los sujetos sociales contemporáneos (Touraine, 1997:45), desorientaron y debilitaron a las organizaciones populares en muchos países de América Latina, prácticamente clausurando durante años la metodología de movilización, presión y negociación con un Estado reducido en funciones y huérfano del mandato de la responsabilidad social. El vacío de dichos referentes ideológicos y la vuelta del caleidoscopio agencial —subvencionado por los organismos de financiación— hacia el complejo terreno del funcionamiento democrático y el quehacer de las políticas públicas, dejó el trabajo popular feminista cada vez con menos recursos. Promovido por las grandes fundaciones de financiamiento, a partir de la década de los noventa de pronto se remplazó, en el imaginario político institucional, el sujeto popular de cambio del siglo XX por el sujeto de cambio más capacitado y profesionalizado del siglo XXI, invocado como *sociedad civil* y organizada en las ONG. Muchos de los agrupamientos feministas de los años ochenta —que acompañaron y facilitaron a las mujeres del sector popular su acercamiento a los significados de género— transitaron dicho camino de la profesionalización, entrando de pleno a la etapa estratégica que Álvarez (1998) define como "la *ongización* del movimiento".

Una evaluación más profunda de la experiencia agencial del feminismo popular y sus implicaciones para la nueva etapa de ingreso feminista a la institucionalidad y formulación de políticas públicas se diluyó en el apasionado y conflictivo debate sobre la nueva estrategia pública que la mayor parte del feminismo latinoamericano apoyó.[22] Los acelerados acontecimientos de la nueva fase tecnológica de globalización económica y las enormes exigencias del aprendizaje del quehacer institucional para las funcionarias y políticas feministas opacaron la importancia política de una creciente masa crítica de mujeres de sectores mayoritarios, que progresivamente tomaron conciencia del sentido de género en sus vidas, identificando sus propias demandas como mujeres de menores recursos; que asimilaron cada vez más la perspectiva de género en la manera de percibir y vivir la vida, y se manifestaron en apo-

---

[22] El sentido de la participación pública y política de las amas de casa fue abordado por autoras como Schmukler, cuando afirmó que la agencia pública de las mujeres argentinas, a nombre de sus papeles tradicionales, resultó en la renegociación y reorganización de relaciones jerárquicas familiares, en particular, de la pareja, resultando finalmente en un proceso de democratización de la familia (1994). Por otro lado, Barrig considera que la participación de las mujeres peruanas en las cocinas colectivas de los barrios populares o en el Programa del Vaso de Leche, actuó como un dispositivo de fortalecimiento y reproducción de dichos papeles tradicionales en contextos nuevos, sin registrar cambios significativos de reacomodamiento o renegociación (1994:151-173). Empero, en realidad la ruptura —casi paradigmática— de los años noventa, dejó la experiencia del feminismo popular sin una evaluación más completa que permitiera destacar la importancia de su articulación a la estrategia institucional actual. Entre otras cosas, todavía falta entender el significado para la autonomía y empoderamiento de las mujeres de la ineludible interdependencia y complementariedad económica de las familias de menores recursos y asimismo elaborar estrategias que contrapesen dicha dinámica patriarcal. De la misma manera, hacen falta análisis acerca del ejercicio diferencial de poder entre las propias mujeres en razón de las distinciones de clase, etnia y raza, y la identificación de las metodologías necesarias para transparentarlo, atenderlo y aliviarlo.

yo de dicha interpretación civilizatoria, que matizada por la condición de clase y, en su caso, por la de etnia y raza, sigue disputando los sentidos al proyecto cultural patriarcal.

A MODO DE CONCLUSIÓN

El contexto de los años setenta y ochenta en que emergieron y se consolidaron las actoras colectivas femeninas, como se vio en este capítulo, se transformó de manera intensa, profunda y veloz en los años noventa, a raíz de la intersección de la globalización neoliberal, la revolución cibernética, la clausura del socialismo real y el (re)establecimiento de la democracia liberal como modelo político en los países de la región. Esto trajo consigo nuevos campos y propuestas de acción en donde se forjaron nuevas actoras sociopolíticas que institucionalizaron la promoción de la equidad de género en el nivel nacional, regional y local. Las experiencias, estrategias y metodologías de la etapa de conscientización de las mujeres a las injusticias de género —de manera directa o colateral— nutrieron un proceso evolutivo de participación y reconocimiento social de mujeres. Además de la resignificación de papeles tradicionales —implícita en el activismo sociopolítico de madres y amas de casa— y la edición en el imaginario colectivo latinoamericano de nuevas representaciones simbólicas de lo que es una mujer —pública, activa, informada y protagónica—, progresivamente se constituyó el escenario en que las inquietudes de género de las mujeres pudieron empezar a traducirse en políticas públicas y propuestas jurídicas. La intersección de luchas sociales por las necesidades, intereses, sujetividades, titularidades y derechos de las mujeres surcó un campo fértil para una aproximación más cercana a la equidad de género en todas las sociedades latinoamericanas.

No obstante, enraizado en las múltiples discontinuidades experimentadas en todas las dimensiones del tejido social a raíz de los intensos cambios económicos, tecnológicos, culturales y políticos de la década de los noventa (Guzmán, 2002), dicho proceso evolutivo de titularidad femenina como sujeto a derechos, experimentó una especie de fractura en el imaginario de las promotoras de la agenda de género, fijando fronteras simbólicas entre las estrategias y aportaciones de la época de *antes* y *ahora*, desaprovechando las experiencias y lecciones del pasado. ¿Qué lecciones ofrece la agencia femenina y feminista del comienzo del Decenio de La Mujer[23] al presente modo institucional de producir políticas de género? Dichas lecciones se sitúan en tres grandes campos: lo conceptual, lo político y lo metodológico, y ofrecen aportaciones enriquecedoras para la articulación y promoción de una interpretación de la perspectiva de género, enraizada en su sentido original, radical, transversal e integral, que sustentaría y fortalecería la estrategia contemporánea de elaboración de políticas públicas de género.

---

[23] El Decenio de la Mujer abarcó los años 1975-1985.

En este sentido, la categoría *patriarcado*, que orientó el feminismo fundacional de la "segunda ola", sitúa el concepto de género en la justa dimensión histórica y jerárquica relacional que inspiró su elaboración y fijó su contenido. Si bien es cierto que dicha categoría peca de cierta *ahistoricidad* y *aculturalidad* —como señalaron estudiosas en décadas posteriores—, la noción de un orden social de centramiento y privilegio masculino, en agravio al género femenino, es imprescindible para comprender la condición de las mujeres. Su presente desuso faculta la multiplicidad de referencias imprecisas e incompletas que frecuentemente orientan la "perspectiva de género" en las políticas públicas locales y nacionales. "Quiere decir *hombre y mujer*", respondió la legisladora mexicana a una joven que quería saber la definición del concepto de género. Recuperar la categoría de *patriarcado* precisará los sentidos de la *perspectiva de* género, incorporando la esencia de poder emanado del orden social androcéntrico y asimismo, la mecánica jerárquica relacional entre los géneros que intrínseca y cotidianamente resulte en la discriminación del género femenino de los beneficios económicos, sociales y culturales, independientemente de las demás segregaciones sociales y culturales que diferencien a las mujeres entre sí.

Por otro lado, la categoría de *género-clase* que interpretó el feminismo popular, apunta hacia la necesidad de articular uno o más ejes de identidad para comprender y atender efectivamente la situación, las necesidades y los intereses de la gran mayoría de mujeres latinoamericanas, *transversalizando* las respuestas de políticas públicas para advertir la intersección de género con otros ejes de identidades subalternas. En este sentido, la premisa de la indivisibilidad de los derechos humanos —defendida por los comités de madres— ofrece la matriz para entretejer una lectura integral que fusione la perspectiva y los derechos de género con los derechos económicos, sociales y culturales, ajustando su interpretación a las condiciones actuales de la globalización neoliberal. A su vez, la noción de *género-clase* abre de nuevo la posibilidad de replantear estratégicamente la promoción de una nueva masa crítica feminista popular que integre la perspectiva y prioridades de las distintas actoras femeninas colectivas que —como las mujeres indígenas— actualmente se sitúan en el escenario público y político.

Las metodologías del *pequeño grupo de conciencia* y de *educación popular*, empleadas en la fase de conscientización feminista —liberal y popular— fungen como grupos foco para la construcción de conocimiento colectivo en torno a las necesidades, intereses, demandas, titularidades y derechos que las mujeres defienden. Volver a patrocinarlos con financiamiento —como línea de trabajo de los grandes institutos de financiación— podría fortalecer una metodología probada para explorar los impactos de la coyuntura actual en sus vidas e identidades. Asimismo, la adaptación a las condiciones actuales de la praxis de autonomía, autorrepresentación y rendición de cuentas entre pares, tan esenciales para el feminismo histórico, actuarán hoy en día como dispositivos que transparenten y activen la dinámica de la elaboración de políticas de género, y además contribuyan a crear mecánicas-puente entre mujeres de los distintos sectores sociales y funcionarias públicas feministas. De tal manera, se establecería un mecanismo de comunicación en el que funcionarias darían voz y respuesta a inquietudes a la vez que los sectores populares de mujeres representarían un mecanismo de presión y defensa de las políticas de género, tanto más importante frente al actual avance agresivo de los fundamentalismos religiosos. Finalmente, la lección mayor que estas actoras colectivas aportan a los desafíos de la actualidad latinoamericana, se centra en las múltiples maneras en que las mujeres han adquirido la conciencia de género y las variadas muestras de agencia que inciden en la reformulación de las representaciones culturales femeninas y empoderan a las mujeres, llevándoles a tener la plena convicción de ser sujetos de derechos. Esta lección deberá servir hoy en día para valorar y estimular las diversas formas actuales de agencia femenina y promover con financiamiento accesible instancias autónomas locales, nacionales y regionales, en donde las diversas expresiones de actoras femeninas puedan reconocerse, escucharse y negociar entre sí y asimismo informar de manera puntual, permanente y propositiva y defender el cúmulo de políticas públicas que desde la perspectiva de género contribuye a la ciudadanización y democratización de las sociedades latinoamericanas y caribeñas.

BIBLIOGRAFÍA

Álvarez, Sonia E., (1998), "Los feminismos latinoamericanos 'se globalizan': tendencias de los 90 y retos para el nuevo milenio", en *Política cultural y cultura política*, Boulder, Colorado, Westview Press.

Álvarez, Sonia, Evelina Dagnino y Arturo Escobar (eds.) (1998), *Cultures of Politics - Politics of cultures: Revisioning Latin American Social Movements*, Boulder, Colorado, Westview Press.

An Amnesty International USA Publication (1982), "What is a dissappearance?", en *Disappaerances*, a workbook, EUA.

Ardener, Shirley (1986), "The representation of women", en L. Dube, L. Leacock y S. Ardener (eds.), *Visibility and Power: Essays on Women in Society and Development*, Londres.

Barrig, Maruja (1994), "The difficult equilibrium between bread and rose: women's organizations and democracy in Peru", en Jaquette (ed.), *The Women's Movements in Latin America: Participation an Democracy*, Boulder, Colorado, View Press, pp. 151-173.

Bassaglia, Franca O. y Dora Kanoussi (1983), *Mujer, locura y sociedad*, México, Universidad de Puebla.

Bhabha, Homi (1994), *The Location of Culture*, Nueva York, Routledge.

Butler, Judith (1990), *Gender Trouble (feminism and the subversion of identity)*, Nueva York, Routledge.

Castells, Manuel (2000), *La era de la información: economía, sociedad y cultura*, Madrid, Alianza.

De Barbieri, Teresita y Orlandina de Oliveira (1986), "Nuevos sujetos sociales: la presencia de las mujeres en América Latina", en *Nueva Antropología*, revista de ciencias sociales, Estudios sobre la mujer: problemas teóricos, número especial doble, DICE, vol. VIII, núm. 30, noviembre, México.

De Beauvoir, Simone (1981), *El segundo sexo, la experiencia vivida*, vol. II, Buenos Aires, Siglo Veinte.

Fisher, Jo (1989), *The Mothers of the Disappeared*, Boston, South End Press.

Foucault, Michel (1977, 1978), *Historia de la sexualidad*, I. *La voluntad de saber*, México, Siglo XXI.

Giddens, Anthony (2003), *Runaway World: How Globalization is Reshaping Our Lives*, Nueva York, Routledge.

Jelin, Elizabeth (1997), "Engendering human rights", en Elizabeth Dore (ed.), *Gender Politics in Latin America*, Nueva York, Monthly Review Press.

Lagarde, Marcela (1990), *Cautiverio de las mujeres: madresposas, monjas, putas y locas*, México, Universidad Autónoma de México.

Lamas, Martha (1987), "Maternidad y política", en *Jornadas feministas*, México, Ediciones EMAS.

Macleod, Morna (1985), *Ciencia y Tecnología para Guatemala* (CITGUA), Cuadernos 12, año 3, diciembre, México.

Maier, Elizabeth (1980), *Nicaragua: la mujer en la revolución*, México, Ediciones de Cultura Popular.

——— (2001), *Las Madres de desaparecidos. ¿Un nuevo mito materno en América Latina?*, México, Colef/UAM/Ediciones La Jornada.

Molyneux, Maxine (1985) "Mobilization without emancipation? Women's interests, State and Revolution", en R.R. Fagen *et al.* (eds.), *Transition and Development: Problems of Third World Socialism*, Nueva York, Monthly Review Press.

——— (2002), "The local, the regional and the global: Transforming the politics of rights", en Maxine Molyneux y Nikki Craske (eds.), *Gender and the Politics of Rights and Democracy in Latin America*, Hampshire, Palgrave Publishers.

Pitanguy, Jacqueline (1998), "The women's movement and public policy in Brazil", en Virginia Vargas y Saskia Wieringa *et al.* (eds.), *Women's Movements and Public Policy in Europe, Latin America, and the Caribbean*, Nueva York, Garland Publishing, pp. 97-109.

Quoted in Datta and Kornberg, Women in Developing Countries, 4 en Jenifer L. Trotner, Peter H. Smith, "Introduction. Empowering women: Agency, structure, and Comparative Perspective", en Peter H. Smith, Jenifer L. Trutner y Christine Hünefeldt (eds.), *Promises of empowerment. Women in Asia and Latina America*, EUA, Rowman and Littlefield Publishers, 12 pp.

Randall, Margaret (1981), *Sandino's Daughters*, Vancouver, New Star Books.

Schmukler, Beatriz (1994), *Maternidad y ciudadanía femenina, en repensar y politizar la maternidad*, México, Gem.

——— y María Elena Valenzuela (1998), "Women in transition to democracy", en *Women In The Third World: An Encyclopedia of Contemporary Issues*, Nueva York, Garland Publishing Inc.

Schrimer, Jennifer (1993), "The seeking of truth and the gendering of consciousness", en Sara Radcliffe y Sallie Westwood (eds.), *Viva, Women and Popular Protest in Latin America*, Nueva York, Routledge.

Soja, Edward W. (2000), "Cosmópolis: The globalization of cityspace", en Edward W. Soja, *Postemetropolis. Critical Studies of Cities and Regions*, Los Ángeles, Blackwell Publishing, pp. 189-232.

Sojo Ana, *Mujer y política*, (1985), ensayo sobre el feminismo y sujeto popular, Costa Rica, Departamento Ecuménico de Investigaciones.

Stephen, Lynn (1994), "The politics of urban survival", en Jane Jaquette (ed.), *The Women's Movement in Latin America,* Boulder, Colorado, Westview Press, pp. 111-148.

Tarrés, María Luisa (1998), *Género y cultura en América Latina: cultura y participación política,* México, El Colegio de México.

Touraine, A. (1997), *¿Podremos vivir juntos? La discusión pendiente: el destino del hombre en la aldea global,* Buenos Aires, Fondo de Cultura Económica.

Trotner, Jenifer L., Peter H. Smith (2004), "Introduction. Empowering women: Agency, structure, and comparative perspective", en Peter H. Smith, Jenifer L. Trutner y Christine Hünefeldt (eds.), *Promises of empowerment. Women in Asia and Latina America,* EUA, Rowman and Littlefield Publishers, pp. 1-30.

Vargas, Virginia (2002), "The struggle of Latin American feminisms for rights and autonomy", en Máxime Molyneux, Nikki Craske (eds.), *Gender and the Politics of Rights and Democracy in Latin America,* Hampshire, Palgrave Publishers, pp. 199-217.

Voula, Elina (1993), "La Virgen María como ideal femenino, su crítica feminista y nuevas interpretaciones", en *Pasos,* San José, Costa Rica, Segunda época.

II
GLOBALIZACIÓN, TRABAJO, SINDICALIZACIÓN Y FAMILIA
DESDE LA PERSPECTIVA DE GÉNERO

ECONOMÍA GLOBALIZADA: LÍMITES A LA EQUIDAD DE GÉNERO

ALICE COLÓN* y SARA POGGIO**

INTRODUCCIÓN

Luego de tres décadas de movilización de las mujeres a escala internacional, reconocemos la inextricable interrelación de las condiciones materiales, institucionales y culturales en las cuales construimos nuestras relaciones sociales y nuestras identidades personales y colectivas. Como parte de ese entendimiento, consideramos importante analizar los procesos económicos que enmarcaron los movimientos feministas y los cambios en la situación de las mujeres en América Latina y el Caribe desde el Año Internacional de la Mujer en 1975. A través de este periodo insistimos en una perspectiva feminista que diera cuenta de la opresión particular de las mujeres, tanto en los espacios públicos, como en los más íntimos. Destacamos lo personal como político, con relativo éxito en luchas contra la violencia hacia las mujeres y por los derechos reproductivos, y reclamamos mayor representación en ámbitos estatales. Cada vez se hace más evidente, sin embargo, que ninguna exigencia o derecho puede hacerse viable sin las condiciones de equidad social y económica que posibiliten su ejercicio para la población en general y la mayoría de las mujeres. Si pretendemos esa equidad, precisamos de un análisis de las estructuras económicas imperantes y de su articulación con las desigualdades de género, tanto en la esfera doméstica como en el mercado y el ámbito público.

El presente ensayo contribuye a una reflexión crítica acerca de estas estructuras, al destacar la trayectoria de la incorporación de las mujeres a los procesos económicos a través de las pasadas tres décadas, incluidos los impactos de las políticas neoliberales impuestas a partir de las crisis fiscales que estallaron en los años ochenta. La intensidad del efecto de las políticas del neoliberalismo sobre las poblaciones de América Latina ha sido extremadamente intenso, y las mujeres, al igual que el resto de la población, han sufrido las consecuencias con empobrecimiento extremo en casi todos los sectores sociales. Las tendencias que describiremos son la raíz del enorme esfuerzo personal y colectivo que produce tratar de sobrevivir a las nuevas políticas económicas. Las mujeres han intentado nuevas formas de supervivencia, utilizando todos sus recursos dentro y fuera de las familias, que van desde trabajar más horas en empleos mal pagados hasta enfrentar el desempleo propio o de los hombres de la familia; para ello no sólo utilizaron su fuerza laboral, sino que migra-

*Centro de Investigaciones Sociales, Universidad de Puerto Rico.
**University of Maryland, Baltimore County.

ron hacia países en los cuales podían ganar más y así sostener a su familia a través de las remesas, enviadas a sus hijos y familiares.

Su reacción ha dado lugar también a nuevas forma de protesta y resistencia en las cuales están obligadas a pensar en conjunto (con otras mujeres, otras madres, otras vecinas) y a desarrollar prácticas de solidaridad social y participación comunitaria. Hicieron frente a las políticas concretas y se redefinieron como nuevas actoras sociales y políticas, al mismo tiempo que defendían sus intereses propios como madres, vecinas, asambleístas o trabajadoras de empresas en quiebra que tratan de sostenerse. Aprendieron a hacer política pensando que ésta no les interesaba y que sólo se ocupaban de alimentar a sus hijos. En el nivel de la familia, como jefas de hogares, desarrollan estrategias familiares de supervivencia a la vez que, por la índole misma de la situación, en algunos casos crean situaciones de mayor democracia familiar (González de la Rocha, 1988). En la comunidad, defienden la apertura de escuelas o establecimientos de salud o educación, hacen ollas populares y enfrentan a los organismos judiciales ante situaciones donde no hay otros actores sociales que puedan hacerlo. Las tendencias económicas sugieren, no obstante, que pese a las intensas resistencias, la persistente marginación y el empobrecimiento inherentes a la globalización neoliberal parecen hoy llevar las estrategias de supervivencia de las mujeres a sus límites.

No todas las mujeres se han visto afectadas de la misma forma por la creciente pobreza y desigualdad económica. A través de este periodo nos hemos sensibilizado ante la imposibilidad de hablar de "la mujer", y ni siquiera de "las mujeres". A las diferencias entre países tendríamos que añadir en nuestros análisis desigualdades entre clases y estratos sociales, entre poblaciones rurales y urbanas, entre las capitales nacionales respecto al interior de los países, por generación, orientación sexual, y en relación con las poblaciones étnico-raciales, indígenas y afrodescendientes, además de los crecientes conjuntos migrantes. La invisibilidad estadística en que suelen encontrarse los conjuntos excluidos impide considerar esa diversidad con el detalle que merecería (Montaño, 2004:10). Teniendo en cuenta el propósito que guía nuestro trabajo y considerando las limitaciones de espacio y de acceso a datos más completos y comparables, nos proponemos, sin embargo, de forma más modesta, presentar un balance de varias tendencias generales —aunque desiguales— en términos de la capacidad de las mujeres para el empleo y de su participación económica, apuntando algunas de las marcadas diferencias que dan muestra de la heterogeneidad a la cual nos enfrentamos, y que precisaría análisis más particularizados.

Debemos centrar, además, nuestro énfasis en este ensayo en la participación económica de las mujeres. Si algo se ha destacado en el movimiento de mujeres a través de estas tres décadas pasadas, es la necesidad de reconocer que la definición de trabajo no puede circunscribirse a la actividad económica generadora de ingresos o a la realizada fuera del ámbito doméstico. Contrario a las normas impuestas por las tradiciones hispanas, en el Caribe no hispano y afrodescendiente el trabajo remunerado de las mujeres se incorpora como parte integral en la definición de la feminidad y la maternidad y es normal que las mujeres en diversas poblaciones indígenas complementen el trabajo de los hombres en los procesos productivos y generadores de ingresos, aunque esto no se registre en cifras oficiales (Aranda, 1988:10; Correia y Van Bronkhorst, 2000:40-42; Freeman, 2000:41 y 42). Las mujeres latinoamericanas de ascendencia hispana, al igual que las del resto del mundo, también han trabajado siempre, y no sólo cuando salieron de la producción en el ámbito doméstico (Poggio, 1980). La aportación de las mujeres a la economía queda marginada y desvalorizada bajo un sistema económico que ignora no sólo su trabajo no pagado para la reproducción social de familias y comunidades sino, incluso, que ellas son un generador de ingresos que realizan bajo arreglos de producción y subsistencia familiar, o bien, de manera informal (Benería, 2003:131-159).

Las tasas de participación económica por sí mismas no son, en este sentido, indicadores de avance social o de equidad de género, pues todavía subregistran el trabajo no remunerado y remunerado de muchas mujeres. La actividad económica registrada de las mujeres, por otro lado, tampoco nos dice nada acerca de la calidad del trabajo realizado, o de sus condiciones de empleo. No obstante, constituyen uno de los indicadores para la evaluación de la ubicación socioeconómica diferenciada entre hombres y mujeres y entre mujeres de distintos estratos sociales, raciales o étnicos. De esta manera, podemos afirmar que el incremento en las tasas de participación económica de las mujeres en América Latina y el Caribe aparece como tendencia significativa durante las pasadas décadas y nos permite inferir cambios en su ubicación en las economías nacionales.

En el proceso de evaluar los cambios en el acceso a las fuentes de empleo y las condiciones de trabajo nos centraremos no sólo en la población económicamente activa (PEA) femenina, sino también en su distribución por sectores económicos y ocupaciones, en las tasas de desempleo, en el crecimiento del sector informal y en las estrategias de las mujeres para maximizar el ingreso familiar, incluida la feminización de los flujos migratorios más recientes. Buena parte de las cifras citadas se recogen de las series de datos de género publicados en la página de la Red del Banco Mundial (Banco Mundial, GenderStats.database of Gender Statistics, visitada por las autoras en mayo y junio de 2005). Se presentan como aproximaciones a las tendencias generales que analizamos y que observamos también en otras fuentes, no necesariamente como números exactos.

ANTECEDENTES DE LA PRIMERA CONFERENCIA DE LA MUJER EN 1975

Tendencias en la participación económica de las mujeres: Algunas diversidades

Desde su incorporación a los mercados mundiales bajo los diversos regímenes coloniales, los países de América Latina y el Caribe nunca han sido homogéneos en sus características económico-sociales. El Año Internacional de la Mujer encuentra a las mujeres de la región en estructuras económicas diversas, que son la base desde la cual analizar sus condiciones más recientes. Ofrecemos tan sólo algunos ejemplos para destacar esta diversidad.

Un grupo de países como Argentina, Uruguay, Brasil y México, tuvo más posibilidad de quebrar la dependencia de los países metropolitanos y desarrollar economías nacionales con procesos de sustitución de importaciones, iniciadas desde las primeras décadas del siglo XX. Industrias de mano de obra intensiva, como ropa y textiles, ofrecieron posibilidades de trabajo a grandes masas de mujeres, las cuales quedaron desplazadas con el paso a la sustitución de importaciones en industrias de capital intensivo, posterior a la segunda guerra mundial. La expansión económica y los términos favorables de intercambio permitieron, no obstante, el incremento en el empleo de mujeres de más escolaridad en las crecientes actividades burocráticas, comerciales y de servicios sociales a través del Estado (Wolfe, 1975:19; Nash, 1986:6, 8; ECLAC, 1988a:6; Schmink, 1986:19, 38).

Otro grupo de países permanecía con una economía predominantemente agraria. La modernización en la agricultura propendió a la destrucción de la producción agrícola, artesanal y de subsistencia tradicional, la cual no era compensada por los emergentes renglones económicos y ocupacionales. En la medida en que el trabajo de las mujeres se reconocía como parte de las industrias agrícolas y tradicionales, los procesos de modernización forzaron al desplazamiento de la población considerada económicamente activa hacia 1960 y 1970, comparado a la observada a mediados de siglo XX, en países como Bolivia, Guatemala o Haití, tal como había sucedido en general en el Caribe no hispano (Valdés y Gomáriz, 1995:67; Colón y Reddock, 2004:468, 469). Éstos son países cuyos procesos económicos y políticos mantienen a sus poblaciones en desventaja en cuanto a indicadores sociales.

A partir de los años sesenta vemos, a su vez, otro modelo desarrollista impulsado desde afuera. Bajo una creciente influencia norteamericana a través de toda la región, a partir de los cincuenta, se inició en algunos países la industrialización para la exportación, con empresas que se movían en búsqueda de salarios más bajos, junto a otros incentivos ofrecidos por los gobiernos de la región. Comenzando en Puerto Rico e islas del Caribe inglés, y luego México y República Dominicana, entre otros, el crecimiento de industrias de mano de obra intensiva incorporó mayormente mano de obra femenina. Los servicios estatales, la promoción del comercio, del turismo y de otros servicios personales también acrecentaron desde entonces la demanda de empleo de mujeres en los sectores modernos, particularmente en el Caribe inglés, holandés y en Puerto Rico (Colón y Reddock, 2004:477-479).

Es menester también hacer mención del caso particular de Cuba, donde desde los sesenta la revolución promovió programas sociales, educativos y sanitarios, así como la incorporación de las mujeres a la producción en el marco del paradigma de equidad socialista. Observamos en Cuba indicadores sociales y de participación de las mujeres más avanzados que en muchos países, incluyendo su capacitación técnica, además de medidas para lidiar con la crisis económica, que buscaron mantener las ganancias en los servicios educativos y de salud, así como las mayores oportunidades de empleo para ambos géneros (Suárez Oquendo y Hernández Chávez, 1995:147-162; Echevarría León, 2004:71-89).

Condiciones facilitadoras al empleo femenino: educación, salud y fecundidad

La participación estatal en el desarrollo a través de lo que fue un periodo de expansión económica permitió la ampliación de los servicios sociales, de salubridad y de educación públicos en los distintos países y según sus niveles de desarrollo, con un saldo positivo para las mujeres (Aranda, 1988:2; ECLAC, 1988a:7,16; Wolfe, 1975:23). El trabajo de las mujeres comenzaba a hacerse más visible en diversas áreas y renglones económicos de la región aunque, con excepción del Caribe no hispano, las tasas de participación económica apenas bordeaban el 20% en la mayor parte de la región en los setenta (De Riz, 1975:100; Colón y Reddock, 2004: 478). Hacia la Primera Conferencia de la Mujer en 1975 sin embargo, se buscaban alternativas para lidiar con el agotamiento de los sistemas primario exportadores y de sustitución de importaciones en diversos países, así como con la crisis producida por la recesión mundial durante la década (ECLAC, 1988b:9). Obviando la concentración de la riqueza y los recursos en manos de las minorías latinoamericanas, fueron demandas centrales en la discusión económica la incorporación de las mujeres al mercado laboral y su capacitación para implantar medidas de salubridad y educativas en la crianza, junto a la implantación de políticas, ya abiertas, de control poblacional para reducir la pobreza. Además de la propia movilización de las mujeres, la cual irrumpía ya con más fuerza en los países centrales, pero con ecos en América Latina y el Caribe, el interés en la situación social femenina pudo enmarcarse así en el objetivo de integrar a las mujeres como recurso humano a los procesos de crecimiento económico y de modernización, y en la estrategia de reducir la fecundidad como medio de revitalizar un crecimiento económico que se mostraba ya insuficiente (Wolfe, 1975:9-10).

Escapa al alcance de este trabajo la discusión de las políticas poblacionales o las implicaciones de los intereses dispares que impulsaron la incorporación de las mujeres al desarrollo, pero no así señalar que las mejoras en sus condiciones de salud y educación facilitaron la ampliación de su actividad económica (Wolfe, 1975: 18). No obstante, en situación de desigualdad, las mujeres aprovecharon con creces las oportunidades educativas y las mejorías en condiciones sanitarias impulsadas por la intervención estatal en el desarrollo. Estas tendencias se han mantenido, aunque con dificultades, pese a las crisis subsiguientes (Valdés y Gomáriz, 1995:99-101). A principios del año 2000, las tasas de analfabetismo de la población se reducían en toda la región, de modo que en aproximadamente la mitad de los países analizados éstas eran inferiores a 10% entre las mujeres, y se minimizaban las diferencias por género (Banco Mundial, 2005). Se extendió, además, la educación primaria y secundaria, también con creciente paridad entre los géneros y, más importante aún, en muchos países las mujeres alcanzaban y hasta superaban a los hombres en matrícula universitaria (Aranda, 1988:2; ECLAC, 1988a: 3; Montaño, 2004: 32-33; Valdés y Gomáriz, 1995:108; ECLAC, 1994: 45).

El avance educativo de muchas mujeres no debe ignorar que se mantenían, aun así, países con niveles más altos de analfabetismo, como Haití y Nicaragua, con tasas de una tercera parte de la población o superiores, y donde las diferencias de género en favor de los hombres se mantenían notablemente marcadas como en Guatemala, El Salvador o Bolivia (Banco Mundial, 2005), al igual que las diferencias étnico-raciales al interior de los países. Los datos disponibles sugieren la enorme desventaja que en términos de analfabetismo, por ejemplo, tienden a sufrir las mujeres afrodescendientes e indígenas, en comparación con la población no indígena o blanca, y con los hombres de su grupo (Montaño, 2004:34).

Ante los cambios sociales que promovían la mayor escolaridad femenina, reducían la mortalidad infantil y exigían una mayor inversión en la crianza en poblaciones crecientemente urbanizadas, aumentó también el uso de anticonceptivos y se redujo la fecundidad, más allá de consideraciones demográficas. El movimiento feminista, por su parte, reconocía el derecho de las mujeres al control de su fecundidad, como parte de su salud sexual y reproductiva. El aumento en uso de anticonceptivos y la reducción de la fecundidad continuó en toda la región a lo largo de tres décadas, acompañando reducciones en mortalidad materna e infantil e incrementos en esperanza de vida, que favorecieron particularmente a las mujeres (Valdés y Gomáriz, 1995:115,131; ECLAC, 1994:46). De esta manera, para la primera década del 2000, la fecundidad superaba a los tres hijos por mujer sólo en Bolivia, Guatemala, Honduras y Paraguay (Banco Mundial, 2005), aunque más elevada entre mujeres de menos instrucción, rurales y las indígenas y afrodescendientes (Montaño, 2004:10, 34; Valdés y Gomáriz, 1995:44-47). Sin ser el único factor en condicionar el empleo femenino, conforme se reducía la fecundidad, la actividad económica reconocida de las mujeres no sólo aumentaba, sino que su inserción se mantenía con menos interrupciones a través de sus edades reproductivas (Nash, 1986:8; ECLAC, 1988a:4, 7; Valdés y Gomáriz, 1995:75).

LA PARTICIPACIÓN ECONÓMICA DE LAS MUJERES ANTE LA GLOBALIZACIÓN NEOLIBERAL

Distribución a través de las esferas económicas: polarización ocupacional

Las crisis económicas y fiscales, que se hicieron evidentes desde finales de la década de los setenta, forzaron, en los ochenta, políticas neoliberales que intensificaron la globalización capitalista, propiciando el incremento en la actividad económica de las latinoamericanas y caribeñas (Valdés y Gomáriz, 1995:73; Montaño, 2004:6-8). Hacia principios de la década del 2000, alrededor de 40% o más de las mujeres en edad de empleo se encontraban económicamente activas prácticamente en todos los países, un aumento en relación con décadas anteriores, aunque inferior a 60% entre las caribeñas no hispanas. Destacan en este sentido Cuba, con tasas superiores a 50%, pero también tasas similares en países tan dispares como Nicaragua y Uruguay (Banco Mundial, 2005).

El incremento en la participación económica de las mujeres respondió a varias tendencias vinculadas a las reestructuraciones en los sectores económicos impuestas por la competencia internacional. Tomando en cuenta que la participación de las mujeres en la agricultura continúa subregistrada, el trabajo en este sector económico continuaba reduciéndose en casi todos los países según su nivel de desarrollo, y aparecía como fuente notable de empleo tan sólo en Haití, y en menor grado, en Brasil, Guatemala y Ecuador (Banco Mundial, 2005). La continuada transformación de la agricultura hacia la exportación y la destrucción del trabajo rural tradicional debe haber afectado de manera desproporcionada a las mujeres indígenas y afrodescendientes, sobrerrepresentadas entre las campesinas. Ante la migración de los hombres, se trata de mujeres que quedan solas con sus dependientes en una producción degradada, o desplazadas al quedar sin tierras (Aranda, 1988:12-14; Correia y Van Bronkhorst, 2002:40-42; Foro permanente para las Cuestiones Indígenas, 2003:52-55; Hopenhayn y Bello, 2001:15). No obstante, conocemos que la producción para la exportación incluyó la expansión de productos agrícolas no tradicionales como frutas, tomates y flores, que emplearon a mujeres en fases manuales y puestos de menor paga, desde Chile hasta México (ECLAC, 1988a:1, 2; Montaño, 2004: 40; Gideon, 1999: 8; Aranda, 1988:15-16).

Promovido por incentivos tarifarios ofrecidos por Estados Unidos, entre otros factores, el movimiento de industrias manufactureras en las llamadas maquilas o zonas francas se extendió a otras áreas, sobre todo a través de la Cuenca Caribeña no hispana. A las industrias manufactureras más tradicionales como las de ropa y textiles se unían las electrónicas, instrumentos profesionales y médicos, y hasta procesamiento de datos, que pese a su corte modernizante, y vinculadas al mayor desarrollo tecnológico, incorporan fases de trabajo altamente manual, repetitivo y los salarios más bajos (Aranda, 1988:23; Gideon, 1999:8; Freeman, 2001:46-47; Acevedo, 1993:170-180). Pese a que los hombres predominaban como empleados en la industria en casi todos los países, este sector económico alcanzaba a principios de la primera década del 2000 alrededor de 20% o más de las mujeres empleadas en países como El Salvador, Honduras y Guatemala (Banco Mundial, 2005).

Se abulta, sobre todo, el sector de servicios, con su gran heterogeneidad en términos de calificación, producto e ingresos (ECLAC, 1988a:1). Se observa, por un lado, el avance de un conjunto selecto de las mujeres con más escolaridad empleadas como profesionales y técnicas en respuesta a los requerimientos de mantener servicios de salud y educativos, además de trámites burocráticos y administrativos La ampliación de las actividades comerciales y financieras con la producción y el mercadeo transnacional, por su parte, requieren mujeres empleadas en trabajo de oficina y ventas, también con niveles educativos más altos (Colón Warren, 2003:231-232; Colón y Reddock, 2004:495; ECLAC, 1988a:2; Valdés y Gomáriz, 1995:83-85). En gran parte de 18 países considerados en un estudio de la Comisión Económica para América Latina y el Caribe (CEPAL), entre 13 y 20% o más de las mujeres en áreas urbanas estaban empleadas en puestos profesionales y técnicos, y más de una tercera parte en puestos de oficina y ventas, entre las cuales se ubican aquellas de mayores requerimientos educativos (CEPAL, 2004:92). En ambos casos son proporciones más altas en estas ocupaciones que entre los hombres empleados. Con este incremento en la demanda de trabajo femenino en puestos de cuello blanco, continuaba una tendencia a que la escolaridad de las mujeres empleadas superara a la de los hombres en gran parte de los países (ECLAC, 1988a:3,7; Valdés y Gomáriz, 1995:91; Montaño, 2004:31-32).

Ello se da junto a un amplio sector de mujeres, particularmente aquellas de los renglones de escolaridad inferiores, quienes se incorporan sobre todo a la venta de menor escala y servicios personales y de menor rango, incluidos los ofrecidos por la creciente industria del turismo que se promueve como alternativa ante la deteriorada condición económica a través de la región (Freeman, 2000: 89; Montaño, 2004:41; Cabezas, 2004:121). Con excepción de Guatemala, entre una quinta y una tercera parte de las mujeres empleadas en áreas urbanas trabajaban en ocupaciones de servicio, a lo que habría que añadir las empleadas de oficina y ventas de menor rango (CEPAL, 2004:92). No sólo por sus niveles de escolaridad, sino por expectativas de "buena apariencia" y la desvaloración de sus conocimientos y patrones culturales, las indígenas y afrodescendientes se concentran en estos niveles inferiores (Lebon, presentado para publicación:16; Franco y Quiñonez, 2005:228-231; Hopenhayn y Bello, 2001:17,19).

En conclusión, la inserción laboral femenina ocurre en una polarización socioeconómica entre mujeres empleadas en puestos de cuello blanco y las que se incorporan, presionadas por las deterioradas condiciones económicas, a un mercado laboral más precario, en el cual nutren una manufactura y producción agrícola descalificada, además de los niveles inferiores de servicios y ventas (ECLAC, 1988a:14; Valdés y Gomáriz, 1995:85-88). Como cambio significativo durante este periodo, contrario a lo encontrado en décadas anteriores, son las mujeres pobres quienes, presionadas por las apremiantes condiciones económicas, han incrementado más su actividad laboral, aunque las de más escolaridad todavía tienen más oportunidades en el mercado de empleo (Nash, 1986:6; Montaño, 2004:7, 40).

Desigualdad de género y desigualdad social: segregación y precariedad en el empleo

Podemos afirmar que, aunque las políticas de reestructuración desde 1980 no frenaron la incorporación laboral de las mujeres, sí daban muestra de los límites que imponen las presentes estructuras económicas a la equidad social y de género. En primer lugar, se mantiene la segregación que concentra a las mujeres en número menor de ocupaciones que los hombres y en las ocupaciones y puestos que ofrecen menos ingresos por el trabajo ofrecido (ECLAC, 1988a:12; Montaño, 2004:40). Entre las de más escolaridad, el empleo en los puestos administrativos de mayor responsabilidad permanece más restringido entre las mujeres que entre los hombres. Las profesionistas continuaban concentradas como educadoras y enfermeras, no en ocupaciones como las de ingeniería o arquitectura, que ofrecen mayores ingresos y reconocimiento. La ocupación principal, por su parte, pasaba a ser el trabajo de oficina y ventas, posiciones que requieren más educación, pero menos salarios que otros empleos de cuello blanco (Colón y Reddock, 2004:495; Lindsay, 2002:66-68; Valdés y Gomáriz, 1995:86). Es una segregación que se reproduce a través de la selección de carreras, y el contenido de textos escolares, que no sólo copian los estereotipos de género, sino que excluyen las culturas indígenas y afro-descendientes (Colón y Reddock, 2004:500; Lindsay, 2002:63-66; Valdés y Gomáriz, 1995:105; Hopenhayn y Bello, 2001:17,19). Como caso particular, la política estatal propicia una elevada proporción de mujeres cubanas en puestos técnicos, pero todavía su proporción en puestos como dirigentes resulta limitada (Echevarría León, 2004:71-89).

Esta segregación es un factor principal en la persistente desigualdad salarial entre los géneros, a lo que se añade la paga inferior a las mujeres por trabajos similares (Valdés y Gomáriz, 1995:93; ECLAC, 1988a:3). Según el estudio antes mencionado de la CEPAL, el salario de las mujeres era entre 80 y 85% del de los hombres en la mayor parte de los países analizados, aunque fluctuaba entre 70% en Bolivia, Brasil y México a más de 90% en El Salvador y Venezuela (CEPAL, 2004:96). Pese a que la brecha salarial parece reducirse en relación con años previos en casi todos los países considerados, es preciso recordar que el empleo femenino incorporaba a más mujeres en puestos de cuello blanco, comparado con el conjunto de los hombres. La presencia de un conjunto mayor de más escolaridad, entre lo que es todavía un grupo selecto de mujeres empleadas, puede reducir las diferencias generales salariales entre los géneros al compararlas con los hombres empleados, quienes se distribuyen a través de todos los niveles ocupacionales. Aun este empleo de mujeres de más escolaridad no deja de ser un medio para reducir costos salariales, pues las brechas salariales por género más amplias, en una gran mayoría de los países analizados, ha tendido a darse precisamente en la categoría de personas con más de trece años de escolaridad (CEPAL, 2004: 96; ECLAC, 1988a:25; Colón Warren, 2003:235).

Todavía más importante, la reestructuración económica mantiene mucho más restringida la participación laboral de las mujeres que la de los hombres, y resulta en empleos más precarios e inestables, acompañados de una mayor vulnerabilidad al desempleo. Las políticas neoliberales de reestructuración industrial y ajuste estructural se dirigen a recortar beneficios y servicios estatales, aumentar la productividad, flexibilizar la producción y el mercadeo, desregular el mercado laboral, y reducir la demanda de empleo. Nos enfrentamos a una economía informalizada en la cual se reducen los empleos estables y con ello los salarios, beneficios y derechos de la clase trabajadora (Benería, 2003:91-130). Por un lado, el recorte en servicios y empleos en el sector público restringe el empleo de las mujeres de más escolaridad (Valdés y Gomáriz, 1995:95). Ante la intensificación de la competencia internacional, por el otro, las empresas han recurrido a la inversión en industrias de mayor capitalización y desarrollo tecnológico, o a la creciente descalificación e informalización para reducir costos de producción y salarios (Carr, Chen y Tate, 2000:124-126, 132).

La maduración hacia industrias de mayor desarrollo tecnológico o de productos de mayor inversión de capital, que se plantea como alternativa para permitir estructuras salariales más elevadas, tiende a favorecer el empleo masculino. Ejemplo de ello son los casos del movimiento a industrias químicas o farmacéuticas en Puerto Rico, las maquiladoras en México, que producen herramientas y equipo de transportación, y la automatización de la industria textil en Colombia o Brasil, entre otros (Arango, 1998:204-206; Colón Warren, 2003:233-234; Fleck, 2001:165; Saffioti, 1986:115). En un giro irónico, las transformaciones industriales vuelven a desplazar a las mujeres, ya parte sólida de la población económicamente activa. Pese a ocupar una proporción mayor de hombres, sin embargo, se trata de industrias que requieren menos mano de obra, por lo que tampoco resuelven la falta de empleo masculino.

Las mujeres quedan concentradas en las industrias manufactureras y de productos agrícolas no tradicionales que dependen de mayor uso de mano de obra y cuyas condiciones de trabajo e ingreso aparecen deterioradas. Son industrias que recurren a formas de empleo cada vez más irregulares, a la subcontratación, y a la producción a domicilio, en un resurgir de formas de trabajo que se asumía desaparecerían bajo el desarrollo capitalista (Carr, Chen y Tate, 2000:128; Arango, 1998:206-208; Freeman, 2000:45-47, 57). La producción en pequeña escala en aras de la flexibilización se añade a la precarización del mercado laboral, aunque pueda ofrecer nichos para el desarrollo e ingresos adecuados de algunos productores independientes y empleados por cuenta propia.

Incluso en estos niveles socioeconómicos, las mujeres se ven presionadas por el riesgo de ser desplazadas. En la manufactura se observaba la fuga de industrias desde los años setenta, según el aumento de los salarios y costos de producción en países como Puerto Rico y Jamaica (Safa, 1986:58-74; Bolles, 1983:64-68). Ese movimiento de industrias amenaza al presente, incluso a países como México y República Dominicana, que obtuvieron crecimientos más dramáticos de zonas de producción para la exportación, sin que allí mejoraran sus condiciones salariales (Fussel, 2000:60, 76; Báez, 1998: 46-56). La continua dispersión internacional de las empresas en busca de salarios más bajos va dejando desplazadas a miles de mujeres a través de la región, quienes compiten al presente no sólo entre sí, sino con las mujeres asiáticas (Arango, 1998:195-196). Las latinoamericanas y caribeñas no sólo compiten con otras mujeres, sino también con los hombres, quienes al presente se unen como mano de obra para los puestos de paga inferior, ante la falta de empleo. Empresas de procesamiento de datos, en Barbados, emplean mano de obra casi totalmente femenina; en República Dominicana incorporan una proporción amplia de hombres (Freeman, 2000:47). La flexibilización y los bajos salarios antes asociados al empleo femenino se generalizan, y las definiciones de género de puestos y ocupaciones se reconstituyen según se abren a un empleo masculino también precario.

Este descenso de oportunidades en la economía formal resulta en el incremento del desempleo, el autoempleo y el sector informal (ECLAC, 1988b:11-12). En la mayoría de los países, los niveles de desempleo registrados oficialmente aumentaron para los trabajadores de ambos géneros a través de la década de los noventa. Como en momentos anteriores, en prácticamente todos los países las tasas de desempleo de las mujeres superaban, en algunos casos con creces, a las de los hombres (De Ritz, 1975:128; Valdés y Gomáriz, 1995:87; Montaño, 2004:40). Destacan por sus altos niveles las tasas de México, superiores a 20%, República Dominicana —incluso con su proliferación de maquilas—, Jamaica y Trinidad y Tobago, con diferencias de género muy marcadas (Banco Mundial, 2005). Si las mujeres se han sumado de manera consecuente y firme como parte de la fuerza laboral reconocida, aumentaron también sus dificultades para encontrar empleo, las cuales se mantienen mayores que entre los hombres.

Las tasas de desempleo, sin embargo, no son indicadores completos de las condiciones de empleo inadecuadas. El desempleo real se esconde cuando las personas ni siquiera buscan empleo, desalentadas por la falta de oportunidades en la economía formal, o a través del empleo por cuenta propia y la economía formal, en muchos casos muy difíciles de identificar y cuantificar. Si bien el autoempleo y el trabajo en la economía informal pueden ser una oportunidad de mayor ingreso (Carr, Chen y Tate, 2000:127) en la mayor parte de los casos es un tipo de trabajo que ofrece menos estabilidad; sobre todo, su permanencia sugiere los límites de las oportunidades disponibles en la economía formal.

En diversas fuentes se indica que en casi todos los países de América Latina considerados, ocurrió un incremento en la proporción de personas autoempleadas entre los setenta y el año 2000 (Valdés y Gomáriz, 1995:81; CEPAL, 2004). Así también, pese a que proporciones más elevadas de hombres que de mujeres económicamente activas trabajaban por cuenta propia a través de la región, lo contrario aparecía en la fuerza laboral urbana de la mitad de los países analizados en el estudio de la CEPAL antes mencionado (CEPAL, 2004). En la mayor parte de los países, las estadísticas del Banco Mundial indicaban que entre 20 y 40% de las mujeres estaban autoempleadas, con una variación de menos de 20% en países caribeños, a un máximo de 50% —o incluso más— en Bolivia (Banco Mundial, 2005).

A ello habría que sumarle entre 10 y 20% de las mujeres empleadas que permanecían como trabajadoras domésticas remuneradas a través de los años noventa, y cuyos derechos comenzaron a reconocerse impulsados por su organización y movilización en diversos países de la región (Valdés y Gomáriz, 1995:94; Chaney, 1998:263; Correia y Van Bronkhorst, 2000:33). Tomando en cuenta lo limitado de las estadísticas disponibles en estos sectores, los estudios sugieren que es entre las trabajadoras domésticas y en el sector informal donde encontramos sobrerrepresentadas de manera dramática a las mujeres indígenas y afrodescendientes (Montaño, 2004:10; Hopenhayn y Bello, 2001:18, 19).

Aún más grave es cuando la falta de empleo y la pobreza se unen a la explotación sexual en lo que ya se ha constituido en una industria de servicios sexuales, por su naturaleza menos documentada. Jóvenes y niñas se involucran en relaciones prostituidas como parte de las estrategias de supervivencia familiares y personales, forzadas por la necesidad económica, y en muchos casos por el abandono y una experiencia de abuso sexual y violencia. El turismo sexual en los países propios y el tráfico de mujeres migrantes latinoamericanas y caribeñas han internacionalizado de formas complejas esta comercialización de servicios sexuales (Aranda, 1988:23; Montaño, 2004:39; Cabezas, 2004:121-132).

Nuevas corrientes migratorias y la feminización de la emigración

La reducción de las oportunidades de trabajo en los países latinoamericanos y caribeños se acentúa con la acelerada globalización de las economías, produciendo un cambio en las rutas migratorias que se establecieron en los distintos países de la región. Así, tanto los países receptores de inmigrantes europeos hasta mediados del siglo XX, y posteriormente la migración limítrofe a Argentina, Brasil, Uruguay, por ejemplo, como los países receptores de población asiática (chinos y japoneses), comienzan no sólo a no recibir inmigración sino a expulsarla. Argentina, Ecuador, Perú, Brasil, entre otros, están perdiendo población nativa, en la mayoría de los casos educada, que se traslada a Estados Unidos o a distintos países de Europa, desde donde envían remesas a los países de origen.

A ello se añade que las mujeres, quienes aunque no visibles, siempre formaron parte de las migraciones tradicionales, están ahora más presentes por su protagonismo (en algunos casos) basado en la existencia de un mercado de trabajo estructurado en función de género, que requiere personal femenino para cubrir tareas domésticas y otros servicios que las mujeres del primer mundo no quieren realizar. Los nuevos flujos tienen una mayor representación de mujeres solas, además de las acompañadas por familiares, que migran por falta de oportunidades y se convierten en el sostén económico de los familiares que no se han desplazado. Las madres transnacionales, a cargo de otros niños, que trabajan como niñeras en Washington o Los Ángeles, mantienen largas conversaciones con sus hijos por teléfono. Las comunicaciones diarias, que representan un costo importante, son parte del precio que esas mujeres pagan para poder enviar comida, ropa y educación a sus hijos. Otra mujer, generalmente familiar, toma cuenta de los niños y depende económicamente de la emigrante (Poggio, 2000:180-188).

Gran parte de los conjuntos migratorios femeninos permiten así, la supervivencia de los remanentes de una industria de mano de obra intensiva, también informalizada y descalificada en los países metropolitanos y, sobre todo, en los servicios de ventas y personales, demandados allí por los sectores de mayores ingresos. Así encontramos, por ejemplo, ecuatorianas, peruanas, dominicanas en España, además de centroamericanas en California y Washington, dominicanas en el noreste de Estados Unidos, como domésticas en casas de familia, en las fábricas o talleres, o en las cafeterías y restaurantes de las grandes y medianas ciudades Las condiciones de vulnerabilidad que sufren sectores amplios de estas mujeres se evidencian de forma más intensa entre las que trabajan en este servicio doméstico dentro y fuera de sus países y, sobre todo, en el surgimiento de la industria ya internacional de tráfico sexual antes mencionada (Montaño, 2004:39; Chaney, 1998:265-266).

El perfil de las nuevas migrantes incluye también mujeres latinoamericanas y caribeñas de alto nivel educativo, respondiendo a demandas de sectores particulares como serían, por ejemplo, profesionales de ingeniería y de la salud de Puerto Rico o enfermeras del Caribe inglés, profesionales reclutadas en Estados Unidos o Europa. Ante la falta de empleo en los países de origen, incluidos Argentina, Uruguay, Bolivia y Perú, o ante diferencias salariales, la pérdida de talentos se mantiene como un problema a través de la región que logra dislocar los servicios profesionales en países caribeños (ECLAC, 2004:6-11).

ARTICULACIÓN DE ESFERAS DE ACTIVIDAD DE LAS MUJERES

A través de las pasadas décadas se ha reconocido no sólo que las formas de trabajo informalizadas no desaparecían con la modernización económica y tecnológica, sino que se vincularon al trabajo en las esferas de empleo formales, a la producción y acumulación capitalista, y a la supervivencia de la economía. Se destacó, además, cómo las diversas esferas de actividad de las mujeres, productivas y reproductivas, están articuladas (Babb, 1986; Acevedo, 1995:71, 74, 84). Si la economía informal no necesariamente es dominio de las mujeres, éstas constituyen uno de los eslabones más importantes del comercio al menudeo en diversos países no hispanos, con tradición de remuneración femenina, como las llamadas *higglers* en el Caribe inglés y las *madam saras* haitianas, o entre poblaciones indígenas también con un legado de complemento económico femenino, como las cholas bolivianas y las vendedoras rurales y urbanas mexicanas o andinas, quienes mueven no sólo productos agrícolas y alimentos, sino ropa y hasta productos electrónicos (Babb, 1986:53-64; Nash, 1986:10; Colón y Reddock, 2004:497).

Al ofrecer bienes y servicios a un costo inferior, la economía informal y el trabajo doméstico —los renglones de empleo peor pagados— permiten reducir los costos de reproducción de mano de obra y la presión hacia salarios más altos a través de toda la estructura de empleo. El empleo de mujeres profesionales y de escolaridad más elevada, por ejemplo, se posibilita a través del trabajo doméstico pagado de otras mujeres, todavía prevaleciente en muchos países latinoamericanos con la consecuente diferenciación de intereses entre ambos sectores y su impacto en la movilización feminista (Chaney, 1998:273; Correa y Van Bronkhorst, 2000:33). El trabajo de mujeres colombianas en maquiladoras hacía posible a sus compañeros y familiares empleados en la producción de café, subsistir con salarios más bajos (Truelove, 1990:48-63). La venta informal de productos les permitía a procesadoras de datos en Barbados estilos de vestimenta y niveles de consumo que no eran posibles con el pago ofrecido por las empresas (Freeman, 2000:243-245). La producción hogareña subcontratada a mujeres en las industrias de la ropa y la agricultura no tradicional, por su parte, es un medio cada vez más utilizado por las grandes empresas comerciales y manufactureras para reducir salarios y costos, competir con precios inferiores, además de asumir los riesgos de las fluctuaciones económicas (Carr, Chen y Tate, 2000:130). Así también, las remesas enviadas por emigrantes constituyen una proporción notable de las economías de los países de origen y medios de acomodo económico para redes familiares de naturaleza ya transnacional (Safa y Antrobus, 1992:73). Observamos cómo las dominicanas en Nueva York, por ejemplo, envían dinero para construir o rehabilitar viviendas, para que sus hijos vayan a escuelas privadas, y hasta para los rituales como la fiesta de la quinceañera.

El ciclo de vida de las mujeres y las estructuras familiares, por su parte, inciden en la articulación de sus trabajos productivos y reproductivos, y en su inserción en las distintas esferas de actividad económica. Las maquiladoras en México, por ejemplo, ofrecían una alternativa al autoempleo para las mujeres con las mayores necesidades materiales, y quienes se veían precisadas a ajustar su vida familiar a un compromiso laboral más firme para lograr estabilidad en sus ingresos. Las hijas, como las más jóvenes, mostraban menor estabilidad en el empleo que las mayores y jefas de familia, quienes tenían una mayor responsabilidad económica en el hogar (Fussil, 2000:60-63, 72). El trabajo en el hogar subcontratado en la industria de la ropa en diversos países, por otro lado, se nutre de mujeres cuya movilidad se ve limitada por responsabilidades de trabajo doméstico (Aranda, 1988:24; Gideon, 1999:8).

La ubicación de mujeres como mano de obra menos costosa no es, por tanto, algo fijo, sino algo que se construye y debe ser explicado. Los diferentes conjuntos de mujeres disponibles condicionan las definiciones de la mano de obra requerida y las características que se les atribuyen para justificar su empleo (Acevedo, 1993:195; Freeman, 2000:58-62). Si en los principios de las maquilas imperaba el ideal de la trabajadora soltera, cuyos ingresos considerados suplementarios justificaban salarios más bajos, conforme éstas se hacen insuficientes, o las industrias tienen ya una fuerza de trabajo más madura, aumentan las empleadas casadas y jefas de familia. En Puerto Rico, México y Barbados, encontramos ejemplos del paso del ideal de la trabajadora joven y maleable, al del empleo de las madres, consideradas más responsables y comprometidas como trabajadoras (Acevedo, 1993:195; Freeman, 2000:117-125; Fussel, 2000:65).

La contribución económica de las mujeres, junto al deterioro relativo del estatus de los hombres como proveedores, incide en estas definiciones y relaciones de género. Estudios en México y en el Caribe hispano, como entre inmigrantes a los Estados Unidos, sugieren una creciente aceptación y hasta expectativa del empleo como parte de la identidad de las mujeres, que era ya común en el Caribe no hispano. Aunque no en todas las circunstancias, se describe entre las mujeres un trabajar, tanto "por gusto" como "por necesidad" y se observan algunas tendencias hacia una relativa equidad en aspectos como el control de la fecundidad, los gastos y la representación familiares (Tiano, 1990:218-220; Safa, 1995:183; Hondagneu-Sotelo, 1994; Poggio, 2000). Pueden abrirse espacios de mayor autonomía para las mujeres, aunque no sin contradicciones y junto a posibles conflictos familiares (Safa, 1995). En todo caso, si las crecientes tasas de empleo y desempleo de las mujeres implican su compromiso creciente con el mundo laboral, ello no ha transformado la división sexual del trabajo en el hogar que las hace principales, si no las únicas responsables del cuidado familiar, la crianza y el trabajo doméstico (Freeman, 2000:126-139; Montaño, 2004:25). Como indicamos, las mujeres asumen el trabajo remunerado a partir de esas responsabilidades familiares, y se revela que éstas aportan más de su ingreso a las necesidades del hogar que los hombres (Gideon, 1999:14). No encontramos, sin embargo, junto al creciente empleo femenino, una redistribución del trabajo del hogar equivalente en los hombres, ni apoyos suficientes en los centros de trabajo para acomodar las responsabilidades familiares y laborales.

Las políticas de reestructuración industrial y neoliberales que impulsaron la participación económica más visible de las mujeres, tuvieron, en este sentido, como supuesto, la intensificación del trabajo femenino, capaz de amortiguar el descenso en empleo y salarios de los hombres, y de los cada vez más reducidos beneficios sociales en la región (Benería, 1992:97; Antrobus, 2004:67-73). El estatus subordinado de las mujeres en los ámbitos sexuales, y de los trabajos reproductivos, no sólo sirve como justificación para su ubicación desigual en el mercado de empleo y su concentración en los puestos más precarios y de menor rango. Según indican diversos estudios, las mujeres intensificaron, además, su trabajo en el ámbito doméstico para compensar la reducción de ingresos y servicios impuesta por las estrategias económicas prevalecientes (Safa y Antrobus, 1992:66-68; Benería, 1992:95-97). Se lanzó así sobre los hombros de las mujeres, la necesidad de responder al impacto de las insuficiencias del sistema económico y de sus crisis fiscales. Según indicamos, las estrategias y luchas generadas por las mujeres amortiguaron la crisis y permitieron la supervivencia de sus familias y comunidades. Análisis más recientes, sin embargo, dan muestra de que el tiempo de las mujeres no es ilimitado, y que la intensificación del trabajo pagado y no pagado de las mujeres puede afectar las condiciones del cuidado familiar, con sus consecuencias en términos de salud y bienestar de nuestras poblaciones (Gideon, 1999:4, 10; Correia y Van Bronkhorst, 2000:37). No es posible que la precariedad y desigualdad social y económica, impuestas por nuestros sistemas dominantes, continúen dependiendo de nuestras respuestas familiares y privadas, que recaen principalmente sobre las mujeres.

CONCLUSIONES

Los avances de las mujeres latinoamericanas y caribeñas en términos educativos y su incursión en ámbitos ocupacionales profesionales y de cuello blanco representan un logro hacia la equidad de género, promueven su autonomía económica y demuestran la capacidad femenina para el ejercicio de las más diversas funciones, más allá del ámbito doméstico. Han sido acicate para la movilización por parte de mujeres que reconocieron su capacidad y comenzaron a cuestionar las definiciones de género tradicionales a través de su acceso al trabajo remunerado.

El nivel de profundización y avance hecho por las mujeres como colectivo en la exigencia de los derechos humanos y de los derechos ciudadanos, no ha acompañado, sin embargo, ganancias paralelas en el sector económico para una mayoría de la población en general o femenina. Parecería, en efecto, paradójico, que en un periodo en que se observaron tendencias de democratización política en países anteriormente bajo regímenes autoritarios, y en el cual se han propiciado medidas para alcanzar la equidad de las mujeres en las relaciones intrafamiliares y en el nivel del reconocimiento de sus derechos y participación política, observemos en nuestra región una recalcitrante desigualdad social y económica, tanto para hombres como para mujeres, además de uno de los niveles de violencia más elevado en el mundo.

La pregunta por formularse sería hasta qué punto pueden subsistir ganancias en las relaciones de género en un medio de inequidad social creciente. Si bien no es posible el desarrollo económico sin democracia, tampoco ésta es posible sin equidad de género; lo que quedaría por verse es hasta dónde puede crecer esta equidad de género, sin considerar las desigualdades de clase, raza, etnia, entre otras, en el marco del capitalismo global que sigue sumando excluidos sociales.

Las tendencias descritas a través del ensayo denotan lo que se presenta como alternativas para superar estas condiciones de desigualdad y pobreza en la región. No se concibe ya la posibilidad de crecimiento y de incorporación a la economía mundial si ésta no se fundamenta en industrias de mayor desarrollo científico y tecnológico. Ciertamente, la educación y la calificación no dejan de ser importantes en la competencia, cada vez más feroz, por empleos más escasos. Con las ganancias y la competencia como motores, no obstante, los incrementos en productividad permitidos por este desarrollo han tendido a la reducción de la demanda de mano de obra, y en mayores y mejores oportunidades sólo para aquellos que logran incorporarse a los renglones dominantes de la tecnología y la información. Las oportunidades de empleo en los niveles superiores y estables del mercado de empleo resultan limitadas y no son capaces de absorber poblaciones con proporciones crecientes de personas con escolaridad más elevada. Desde una perspectiva de género, por su parte, los renglones industriales de mayor uso de tecnología tienden a dejar fuera a las mujeres más que a los hombres, aun cuando aquéllas tienen más escolaridad. Así también, el autoempleo y la pequeña o mediana empresa que se presentan como otras opciones pueden ser más o menos efectivas en aminorar la pobreza, dependiendo de su naturaleza técnica y productividad, además de sus posibilidades de mercadeo y financiamiento. En la medida en que se han vinculado a la supervivencia de industrias en competencia que mantienen trabajo precario, y bajo el control del mercadeo o financiero por las grandes empresas, estas formas de trabajo pueden ser alternativas de supervivencia, pero no para superar los umbrales de la pobreza.

La participación equitativa de las mujeres en el mercado de empleo requeriría, pues, transformaciones profundas en nuestras estructuras económicas, y además, en las relaciones de género. Es preciso redefinir las caracterizaciones de género de las distintas posiciones en el mercado de empleo, incluidas las definiciones de la ciencia y la tecnología como masculinas, que restringen el acceso de las mujeres a las posiciones de mayor poder, autoridad e ingreso, y atribuyen menor valor a los empleos identificados como femeninos. Es preciso, también, redefinir y valorar el trabajo doméstico para que éste no se asuma como una contribución privada, principalmente de las mujeres, aprovechada sin costo o responsabilidad por las industrias y la sociedad. La maternidad, la crianza y el desarrollo infantil y el trabajo doméstico deben asumirse como una función social, compartida entre hombres y mujeres y apoyada por las instituciones y empresas.

Aún más, las tendencias descritas a través de este ensayo revelan que no basta con crear las condiciones para la participación de las mujeres si no existen las oportunidades económicas disponibles para que lo hagan. Quizás el punto más importante que hay que destacar en este sentido, es que la productividad no sólo debe de resultar en un desarrollo tecnológico sustentable en términos ambientales, sino que tendría que dirigirse a una redistribución del empleo en todos los renglones, a la protección de los empleados temporales y a tiempo parcial, y a una flexibilidad en el trabajo dirigida a que hombres y mujeres puedan asumir sus vidas privadas y responsabilidades familiares, no a permitir una mayor explotación de la fuerza trabajadora (Colón Warren, 2003:239-241).

Existe ya una movilización social y política internacional en actividades como el Foro Social Global, para exigir formas alternas de desarrollo que pongan en su centro la equidad social, la satisfacción de las necesidades de la población, y la ampliación de las capacidades de las personas y los pueblos (Antrobus, 2004: 121-124). Se observa, asimismo, la movilización y la organización transnacionales de diversos sectores de mujeres, incluidas las trabajadoras domésticas y las trabajadoras a domicilio, en busca de mejoras en sus condiciones laborales (Carr, Chen y Tate, 2000:139-140; Chaney, 1998:263). El movimiento feminista también se ha incorporado a la movilización en contra de las políticas neoliberales en actividades como la "Marcha mundial en contra de la pobreza y la violencia doméstica". Nos corresponde continuar destacando lo indisoluble de los derechos humanos, y denunciar cómo nuestras demandas democráticas sólo serán viables cuando se incluyan los derechos económicos, sociales y culturales, comprendiendo las distintas razas y etnias. Según sugieren autoras como Peggy Antrobus, se requiere vincular la lucha feminista a las diversas luchas en las cuales las mujeres y los hombres de los sectores poblacionales más amplios obtengan mejoras en la distribución social de poder y recursos, a la vez que demandamos que en estos ámbitos de lucha se reconozcan y se erradiquen las desigualdades de género que se articulan a los modelos económicos imperantes (Antrobus, 2004:143-148).

BIBLIOGRAFÍA

Acevedo, Luz del Alba (1993), "Género, trabajo asalariado y desarrollo industrial en Puerto Rico: La división sexual del trabajo en la manufactura", en M. Baerga (ed.), *Género y trabajo: la industria de la aguja en Puerto Rico y el Caribe hispano*, San Juan, Universidad de Puerto Rico, pp. 161-212.

——— (1995), "Feminist inroads in the study of women's work and development", en Christine Bose y Edna Acosta Belén (eds.), *Women in the Latin American Development Process*, Filadelfia, Temple University Press, pp. 65-98.

Antrobus, Peggy (2004), *The Global Women's Movement: Origins, Issues and Strategies*, Londres, Zed Books.

Aranda, Ximena (1988), "Women as social protagonist in the 1980's" LC/L (CRM. 4/8, 22 de septiembre, ECLAC, Naciones Unidas, Fourth Regional Conference on the Integration of Women into the Economic and Social Development of Latin America and the Caribbean, Guatemala, 26-30 de septiembre.

Arango, Luz Gabriela (1998), "Del paternalismo al terror de mercado. Género, reestructuración y relaciones laborales en la industria textil", en Luz Gabriela Arango *et al.*, *Mujeres,
hombres y cambio social*, Bogotá, Centro de Estudios Sociales y Programa de Estudios de
Género, Mujer y Desarrollo, Facultad de Ciencias Humanas, Universidad Nacional de
Colombia, pp. 193-252.

Báez, Clara (1998), "Participación laboral y migración de las mujeres dominicanas en un
mundo global", en Dirección General de la Mujer, *Las mujeres del Caribe en el umbral del
2000*, Madrid, Comunidad de Madrid, pp. 46-56.

Banco Mundial (2005), The World Bank Group: GenderStats.database of Gender Statistics,
en <http://devdata.worldbank.org/genderstats>.

Benería, Lourdes (2003), *Gender, Development and Globalization: Economics as if People Mattered*,
Nueva York y Londres, Routledge.

——— (1992), "The Mexican debt crisis: Restructuring the economy and the household",
en Lourdes Benería y Shelley Feldman (eds.), *Unequal Burden. Economic Crises, Persistent
Poverty, and Women's Work*, Boulder, Westview, pp. 83-104.

Bolles, A. Lynn (1983), "Kitchens hit by priorities: Employed working class. Jamaican women
confront the IMF", en June Nash y Patricia Fernández Kelly (eds.), *Women, Men and the
International Division of Labour*, Albany, SUNY University Press, pp. 138-160.

Cabezas, Amalia L. (2004), "On the border of love and money: Sex and tourism in Cuba and
the Dominican Republic", en *Labor versus Empire. Race, Gender and Migration*, Nueva York,
Routledge, pp. 121-132.

Carr, Marilyn, Martha Alter Chen y Jane Tate (2000), "Globalization and home-based workers", en *Feminist Economics*, VI (3), pp. 123-142.

Chaney, Elsa (1998), "Ni 'muchacha' ni 'criada': las trabajadoras del hogar y su lucha por
organizarse", en María Luisa Tarrés (coord.), *Género y cultura en América Latina*, México, El
Colegio de México, pp. 263-280.

CEPAL (2004) *Anuario Estadístico de América Latina y el Caribe, 2004*, Nueva York/Chile, Naciones Unidas, CEPAL/ECLAC.

Colón Warren, Alice (2003), "Empleo y reserva laboral entre las mujeres en Puerto Rico", en
Loida Martínez y Maribel Tamargo (eds.), *Género, sociedad y cultura*, San Juan, Publicaciones Gaviota, pp. 224-246.

——— y Rhoda Reddock (2004), "The changing status of women in the contemporary Caribbean", en Bridget Brereton, Teresita Martínez Vergne, René A. Romer y Blanca Silvestrini (eds.), *General History of the Caribbean*, vol. V, *The Caribbean in the Twentieth Century*,
París/UNESCO/Londres, Macmillan Caribean, pp. 465-505.

Correia, María y Bernice Van Bronkhorst (2000), *Ecuador Gender Review:Issues and Recommendations*, A World Bank Country Study 20830, junio, Washington, D.C., Banco Mundial.

De Riz, Liliana (1975), "El problema de la condición femenina en América Latina: La participación de la mujer en los mercados de trabajo. El caso de México", en Comisión Económica para América Latina (CEPAL), *Mujeres en América Latina: Aportes para una discusión*,
México, Fondo de Cultura Económica, pp. 89-132.

Echevarría León, Dayma (2004), "Mujer, empleo y dirección en Cuba: algo más que estadísticas", en Colectivo de autoras, *Crisis, cambios económicos y subjetividad de las cubanas*, La
Habana, Félix Varela, pp. 71-89.

ECLAC, Naciones Unidas (1988a), "Women, work and crisis", LC/L 458, CRM 4/6, 3 de agosto, Fourth Regional Conference on the Integration of Women into the Economic and Social Development of Latin America and the Caribbean, Guatemala, 26-30 de septiembre.

ECLAC, Naciones Unidas (1988b), "Latin American and Caribbean women between change and crisis", Fourth Regional Conference on the Integration of Women into the Economic and Social Development of Latin America and the Caribbean, Guatemala, 26-30 de septiembre.

ECLAC, CARICOM, UNIFEM (1994), "Achieving Social Justice, Equity and Development: A Review of the Status of Women of the Caribbean Subregion in Preparation for the Fourth World Conference on Women, 1995", Working Document, Subregional Conference preparatory to the Fourth World Conference on Women, Curaçao, Netherlands Antilles, 21, 28-29 de junio.

ECLAC-CDCC/CIDA/UNIFEM/CARICOM (2004), "Report of the ECLAC/CDCC Fourth Caribbean Ministerial Conference on women: Review and appraisal of the Beijing Platform for Action", 12-13 de febrero, Kingston, St. Vincent y Grenadines, LC/CAR/L.1, 24 de marzo de 2004.

Fleck, Susan (2001), "A gender perspective on maquila employment and wages in Mexico", en Elizabeth Katz y María C. Correia (eds.), *The Economics of Gender in Mexico. Work, Family, State, and markets*, Washington D.C., Banco Mundial, pp. 133-173.

Franco Ortiz, Mariluz y Doris Quiñones Hernández (2005), "Huellas de ébano: afirmando cuerpos de mujeres negras", en Idsa E. Alegría y Palmira N. Ríos (eds.), *Contrapunto de género y raza en Puerto Rico*, Río Piedras, Puerto Rico, Centro de Investigaciones Sociales, Universidad de Puerto Rico, pp. 223-238.

Freeman, Carla (2000), *High Tech and High Heels in the Global Economy. Women, Work and Pink-collar Identities in the Caribbean*, Durham y Londres, Duke University Press.

Foro Permanente para las Cuestiones Indígenas (2003), "Las mujeres indígenas hoy. En peligro y una fuerza de cambio", en *Mujeres negras e indígenas alzan su voz*, Santiago, Chile, Red de Salud de las Mujeres Latinoamericanas y del Caribe, pp. 52-59.

Fussel, Elizabeth (2000), "Making labor flexible: The recomposition of Tijuana's maquila female labor force", en *Feminist Economics*, VI (3), pp. 59-81.

Gideon, Jasmine (1999), "Looking at economies as gendered structures: An application to Central America", en *Feminist Economics*, V (1), pp.1-28.

González de la Rocha, M. (1998), *The Resources of Poverty. Women and Survival in a Mexican City*, Blackwell Publisher, Cambridge Massachusetts, 1994, citado por Brígida Guzmán, "Dinamica familiar, pobreza y calidad de vida: una perspectiva Latinoamericana", en B. Schmukler (1998), "Familias y relaciones de género en transformación: cambios trascendentales en América Latina y el Caribe", México, Edamex, 75 pp.

Hondagneu-Sotelo, P. (1994), *Gendered Transitions: Mexican Experiences of Immigration*, Berkely California, University of California Press.

Hopenhayn, Martín y Álvaro Bello (2001), *Discriminación étnico-racial y xenofobia en América Latina y el Caribe*, Santiago, Chile, División de Desarrollo social, CEPAL, Naciones Unidas.

Lebon, Nathalie (en prensa) *Beyond Confronting the Myth of Racial Democracy: The Role of Afro-Brazilian Women Scholars and Activists*.

Lindsay, Keisha (2002), "Is the Caribbean male an endangered species?", en Patricia Mohammed (ed.), *Gendered Realities: Essays in Caribbean Feminist Thought*, Barbados, Jamaica y Trinidad y Tobago, Centre for Gender and Development Studies/University of the West Indies Press, pp. 56-82.

Montaño, Sonia (coord.) (2004), *Caminos hacia la equidad de género en América latina y el Caribe*, CEPAL, Naciones Unidas, Novena Conferencia Regional sobre las Mujeres de América Latina y el Caribe, México, D.F., 10-12 de junio de 2004, LC/L, 2114, CR, 9/3 de mayo de 2004.

Nash, June (1986), "A decade of research on women in Latin America", en June Nash, Helen Safa *et al.*, *Women and change in Latin America*, South Hadley, Massachusetts, Bergin Garvey Publishers, pp. 3-21.

Poggio, Sara (1980), "A mulher na força de trabalho", *Revista Brasileira de Geografia e Estatística* 41(163), pp. 379-434.

——— (2000), "Migración y cambio en las relaciones de género: salvadoreñas en las áreas metropolitanas de Washington y Baltimore", en Sara Poggio y Ofelia Woo (eds.), *Migración femenina hacia EUA: Cambio en las relaciones familiares de género como resultado de la migración*, México, Edamex, pp. 23-48.

Suárez Oquendo, Amelia y Carmen Nora Hernández Chávez (1995), "La participación de la mujer en Cuba: balance y perspectiva", en Idsa Alegría Ortega y Alice E. Colón Warren (eds. invitadas.), *Caribbean Studies*, número especial: Feminist Research and Action in the Caribbean, vol. 28, núm. 1, enero-junio, pp. 147-162.

Safa, Helen I. (1995), *The Myth of the Male Breadwinner. Women and Industrialization in the Caribbean*, Boulder, Colorado, Westview Press.

Safa, Helen I. (1986), "Runaway shops and female employment: The search for cheap labor", en Eleanor Leacock y Helen I. Safa (eds.), *Women's Work*, South Hadley, Bergin y Garvey Publishers, pp. 58-74.

Safa, Helen I. y Peggy Antrobus (1992), "Women and the economic crises in the Caribbean", en Lourdes Benería y Shelley Feldman (eds.), *Unequal Burden. Economic Crises, Persistent Poverty, and Women's Work*, Boulder, Westview, pp. 49-82.

Saffioti, Heleieth I.B. (1986), "Technological change in Brazil: Its effect on men and women in two firms", en June Nash, Helen Safa *et al.*, *Women and Change in Latin America*, South Hadley, Massachusetts, Bergin Garvey Publishers, pp. 109-135.

Schmink, Marianne (1986), "Women and urban industrial development in Brazil", en June Nash, Helen Safa *et al.*, *Women and Change in Latin America*, South Hadley, Massachusetts, Bergin Garvey Publishers, pp. 136-164.

Truelove, Cynthia (1990), "Disguised industrial proletarians in rural Latin America: Women's informal-sector factory work and the social reproduction of coffee farm labor in Colombia", en Kathryn Ward (ed.), *Women Workers and Global Restructuring*, Ithaca, N.Y., ILR Press, Cornell University, pp. 48-63.

Tiano, Susan (1990), "Maquiladora women: a new category of workers?", en Kathryn Ward (ed.) *Women workers and global restructuring*, Ithaca, N.Y., ILR Press, Cornell University, pp. 193-224.

Valdés, Teresa y Enrique Gomáriz (coords.) (1995), *Mujeres latinoamericanas en cifras*, tomo comparativo, Madrid, Santiago, Instituto de la Mujer, Ministerio de Asuntos Sociales de España y Facultad Latinoamericana de Ciencias Sociales (FLACSO).

Wolfe, Marshall (1975), "La participación de la mujer en el desarrollo de América Latina", en *Mujeres en América Latina: aportes para una discusión*, Comisión Económica para América Latina (CEPAL), México, Fondo de Cultura Económica, pp. 9-25.

UN MODELO "DESDE ARRIBA" Y "DESDE ABAJO": EL EMPLEO FEMENINO Y LA IDEOLOGÍA DE GÉNERO EN CUBA EN LOS ÚLTIMOS TREINTA AÑOS

MARTA NÚÑEZ SARMIENTO*

Los nuevos valores y las necesidades que se han gestado en la ideología de género de las mujeres y de los hombres cubanos a partir de 1959 han enriquecido la identidad cultural nacional. En este trabajo me propongo explicar cómo la feminización de la fuerza laboral cubana y, en especial, la de las profesiones, han influido en transformar lo que significa ser mujer y ser hombre en mi país.[1]

Los fenómenos que acompañan a la creciente participación de las cubanas en la fuerza laboral tienen muchos aspectos similares a lo que ocurre en otros países de la región e incluso en Estados Unidos y Canadá. Sin embargo, existen diferencias notorias que singularizan al fenómeno cubano y a ello dedico este artículo. Hay dos hipótesis que sirven de hilo conductor a mis reflexiones.

La primera propone que en Cuba los programas para promover la participación de la mujer en la sociedad han funcionado en dos niveles estrechamente relacionados: el de las políticas más generales elaboradas "desde arriba" y el de las reacciones "desde abajo" a las que son sometidas estas políticas, que las modifican constantemente, según las necesidades de las situaciones concretas. En el caso del empleo femenino, este proceso se ha nutrido de experiencias y concepciones a lo largo de cuatro décadas, y ha estado condicionado por las estructuras económicas, políticas e ideológicas que han influido en la sociedad cubana en su historia más reciente.

La segunda hipótesis plantea que la feminización laboral ha provocado un impacto sumamente contradictorio en las identidades de género de toda la sociedad cubana, no sólo de las mujeres, con una evidente tendencia hacia la no discriminación. Las mujeres han constituido el "motor" de estas transformaciones.

En torno a estos dos juicios previos elaboro este trabajo.

---

* Centro de Estudios de Migraciones Internacionales, Universidad de La Habana.

[1] Estas reflexiones las he extraído de los estudios de caso que he realizado entre 1985 y 2005, de intercambios con alumnos y colegas cubanos, extranjeros que han incursionado en estos temas y de mis experiencias personales como científica social que vive en Cuba y que también ha sido sometida a las transformaciones que estudia. Sobre todo, me baso en las tres investigaciones más recientes que he publicado, en las que analizo a profesionales cubanas y cubanos. Aparecen en la bibliografía.

TRANSFORMACIONES GENÉRICAS EN LA SOCIEDAD CUBANA: UN MODELO
"DESDE ARRIBA" Y "DESDE ABAJO"

La participación de la mujer en la sociedad cubana ha formado parte de los programas integrales para luchar contra todo tipo de discriminación y a favor de la justicia social, mismos que comenzaron en los inicios de los años sesenta. Este proceso ha sido sometido a críticas que han estado interesadas en corregir los aspectos de los programas que no se corresponden con las realidades que quieren transformar, bien porque han sido incapaces de interpretarlas o porque han caducado. Esta suerte de conciencia crítica, que ha operado en los niveles más altos de la jerarquía política, en la academia, entre los intelectuales y los artistas, así como en la vida cotidiana de las mujeres y de los hombres, se ha mantenido vigente desde 1959. Como todo pensamiento crítico, estas preocupaciones han sido obstaculizadas en ocasiones por corrientes patriarcales que persisten en Cuba y por posiciones dogmáticas.

En otros trabajos he denominado a este programa cubano para promover el empleo femenino como un modelo "desde arriba" y "desde abajo". Este modelo está constituido por un conjunto de políticas sociales, de marcos legales, de medidas económicas y de patrones culturales nuevos que han sido concebidos e instrumentados por las instancias nacionales de la dirección política del país, y que han estado perennemente sometidos a las modificaciones que surgen cuando los aplican en el vivir cotidiano de las mujeres y de los hombres a lo largo de cuatro décadas. Esta flexibilidad crítica, gestada por la participación de muchas personas, ha sido uno de sus triunfos.

Es difícil deslindar cuáles han sido las acciones propuestas "desde arriba" y cuáles las que operan "desde abajo", porque la forma en que funciona este modelo impide distinguir unas estructuras acabadas y bien definidas en su interior, que puedan ser calificadas como pertenecientes a uno u otro nivel. Sin embargo, al escribir este artículo he tenido presente cómo operan estos dos ejes. Para ello he escogido un conjunto de aspectos del empleo femenino y de la ideología de género que le acompaña, y he analizado cómo en ellos se conjugan las medidas dictadas "desde arriba" con las reacciones que provocan "desde abajo".

Antes de continuar, deseo explicar brevemente en qué consistieron las condiciones económicas, políticas e ideológicas concretas que sucedieron en lo que en Cuba llamamos "periodo especial", ocurrido en la década de los noventa del pasado siglo, porque fueron años que impactaron el empleo femenino y la ideología de género. Fueron años de crisis en la sociedad cubana, que resultaron de severas carencias económicas debidas a la desaparición de los países socialistas de Europa Oriental, básicamente de la Unión Soviética, con los que Cuba desarrollaba 85% de sus relaciones comerciales. Influyó igualmente el recrudecimiento del bloqueo del gobierno de Estados Unidos contra Cuba, con la introducción de la Ley Torricelli y del apéndice conocido como Helms-Burton. En estos años se produjo un descenso sorpresivo y enorme en las tasas de crecimiento de la economía y en la calidad de vida de la población. Sólo pondré un ejemplo: durante treinta años Cuba compró a precios preferenciales 12 millones de toneladas de petróleo anualmente, por un tratado comercial con la Unión Soviética, que beneficiaba a las dos partes. En 1991, al desaparecer la URSS, este tratado cesó y Cuba comenzó a comprar el combustible en el mercado mundial. Ese año y los que siguieron sólo pudimos adquirir alrededor de 4 millones de toneladas de petróleo cada año. Con ello, la economía nacional prácticamente se desplomó. Simultáneamente comenzaron los reajustes en todas las esferas de la sociedad para salir de la crisis, lo que comenzó a materializarse poco a poco desde 1995 hasta la actualidad.

Introduzco un dato que habla de la importancia política que se atribuye en Cuba a la participación de la mujer en la sociedad. El 8 de marzo de 1990 Fidel Castro anunció el inicio del "periodo especial". Quince años más tarde, el 8 de marzo de 2005, el presidente cubano explicó que comenzábamos a salir del periodo especial. ¿Por qué escogió Fidel esta fecha para comunicar hechos de tal trascendencia política? En 1990 sabía que contaba con el apoyo de las mujeres para generar las estrategias de supervivencia que, entre otros factores, permitieron a Cuba resistir los embates del derrumbe del campo socialista, el endurecimiento del bloqueo de Estados Unidos y la imposibilidad de concluir el proceso interno de rectificación de errores y tendencias negativas, comenzado a fines de 1984 en Cuba, con el fin de atravesar los momentos de crisis y de reajuste que tuvieron lugar en esos años. Y porque en 2005 quería trasmitir oficialmente y a viva voz a toda la población una circunstancia que ya todos sentían se iba convirtiendo en realidad: la recuperación de la crisis era un hecho.

Mencionaré las acciones generadas "desde arriba" en los últimos 40 años, que mayor impacto ejercieron en el empleo femenino y en las identidades de género.

- La Ley de maternidad se promulgó en 1974 dentro del Código Laboral para regular la licencia de maternidad para las trabajadoras.
- El Código de la Familia (1975).
- La educación gratuita desde el nivel preescolar hasta el posgraduado (desde 1961).
- Los círculos infantiles para niños desde 45 días de nacidos hasta los cinco años (1961).
- Los comedores escolares en las escuelas primarias para las madres trabajadoras.
- Las becas, en todos los niveles de enseñanza, para los estudiantes que las requieran.
- La ubicación laboral asegurada por el Estado para quienes se gradúen de técnicos medios o del nivel universitario.
- La exigencia a los padres a pagar una pensión alimenticia a sus hijos una vez que se divorcian o separan de sus parejas.
- Poder disfrutar de un mes de vacaciones una vez al año.
- Un conjunto de servicios de la salud pública, que ha inculcado hábitos en las trabajadoras y sus familias: planificación familiar; pruebas citológicas y de cáncer de mama; vacunación; acceso a los distintos niveles de los servicios de salud, desde el médico de la familia hasta los hospitales e institutos especializados.

Expongo dos ejemplos de cómo estas medidas han sido modificadas para ajustarse a las circunstancias cambiantes y de cómo los patrones culturales han impuesto sus sellos en ellas. La licencia de maternidad se modificó ante las dificultades del "periodo especial". Originalmente se otorgaba a las mujeres tres meses de licencia retribuida para atender al recién nacido, a la vez que se les mantenía su puesto de trabajo. En 1993 se alargó a seis meses la licencia y después a un año. Desde el 2000 se permite a los padres compartir con las madres la licencia para cuidar al bebé en el primer año de vida. Sin embargo, desde entonces sólo diecisiete padres se han acogido a ella en todo el país. El segundo ejemplo tiene que ver con dos de los artículos del Código de la Familia, que instan a ambos miembros de la pareja a compartir las tareas del hogar; éstos se leen en el acto de matrimonio a quienes contraen nupcias. Pero nadie los ha utilizado como causas de los muchos divorcios que ha habido en Cuba. Las mujeres y los hombres que se han beneficiado de estas medidas las perciben de manera distinta de acuerdo con su edad. En estudios recientes les pregunté a mujeres y hombres profesionales cuánto se habían beneficiado de ellas. Quienes tenían más de treinta y cinco años en el momento en que los entrevisté y experimentaron la movilidad social ascendente que favoreció a las personas de más bajos ingresos entre 1960 y fines de los ochenta, explicaron con detalles qué significó para ellas y ellos someterse a esas medidas. Las entrevistadas y entrevistados menores de treinta y cinco años prácticamente no comentaron estas medidas, porque las disfrutan como algo que les corresponde.

El empleo femenino en cifras: lo positivo y lo negativo

La proporción de las mujeres en la fuerza de trabajo total del país se incrementó establemente entre 1959 (13%) (Núñez Sarmiento, 1988:13) y 1989 (38%) (ONE, 1996:116). Tomo este último año, porque marca el preámbulo del periodo especial. De 1989 a 2002 esta tendencia se detuvo y se creó una especie de "meseta", en la cual los índices de la participación femenina en la fuerza de trabajo oscilaron e incluso fueron levemente inferiores que en 1989. En el año 2002 las mujeres representaban 37.6% del total de trabajadores del país (ONE, 2002:53).

Desde 1977 las mujeres constituyen más de la mitad de los técnicos y profesionales del país. Esta tendencia no se detuvo durante el periodo especial. En 2002 ellas constituían las dos terceras partes (65.5%) de los trabajadores en esta categoría ocupacional, mientras que los hombres representaban 33.5%. (ONE, 2002:53). En esta categoría se agrupa 38% de las mujeres ocupadas y sólo el 12% los hombres trabajadores (ONE, 2002:53).

A partir de 1978 la fuerza laboral femenina, en comparación con la masculina, alcanzó niveles educacionales más altos: en 2002, 19% de todas las mujeres ocupadas había completado la educación superior, mientras que sólo 11% de los trabajadores hombres tenía este nivel vencido. 48.4% de todas las trabajadoras se había graduado del nivel medio superior, en contraste con 36.9% del total de los hombres trabajadores (ONE, 2002:52).

Las mujeres ocupan plazas en todos los sectores de la economía, tanto en los tradicionalmente femeninos como en los que no lo son, dentro de Cuba y fuera del país. En el 2000, 60% de los profesores de educación superior eran mujeres, al igual que 52% de los científicos, 52% de los médicos y 50% de los abogados.

Estos cuatro hechos hablan de avances en el empleo femenino cubano. Pero persisten desigualdades que constituyen cargas físicas y psicológicas enormes para las trabajadoras.

En los años noventa las mujeres se readaptaron a nuevas formas de empleo. Al empezar el periodo especial, la casi totalidad de la fuerza de trabajo del país pertenecía al sector estatal civil. Con la reestructuración económica iniciada alrededor de 1995 que, entre otras cosas, abrió y/o amplió otros sectores no estatales, muchas mujeres cambiaron su orientación ocupacional. Así, en el sector privado, la participación femenina ascendió de 15.1% en 1989 a 22.9% en 1997. En el sector de empresas mixtas y sociedades mercantiles, las mujeres representaron 34.3% de todos los trabajadores en 1997. La distribución de las mujeres trabajadoras por sectores ocupacionales en 1989 y 1997 confirma esta reorientación laboral femenina. Según datos del Ministerio del Trabajo, del total de mujeres ocupadas en 1989, 89% trabajaba en el sector estatal civil; en 1997 lo hizo 81.3%, es decir, 8% menos. En el sector cooperativo trabajaba, en 1989, 0.8% de las ocupadas, mientras que en 1997 lo hacía 5.2% de ese total. Los índices para el sector privado fueron de 1.5% en 1989 y 2.8% en 1997. El sector mixto no existía en 1989; en 1997, del total de mujeres ocupadas, el 2.5% lo hacía en este nuevo sector. La categoría "otros" se mantuvo estable: 8.7% en 1989 y 8% en 1997.[2]

Esta readaptación de las mujeres al redimensionamiento de la economía en la esfera del empleo tiene una lectura positiva en el sentido de que las mujeres flexibilizaron su ubicación en la estructura laboral. Pero aún falta por ver si, al hacerlo, se incorporaron a actividades de menor calificación, y si existen ya o se manifestarán en un futuro cercano signos discriminatorios hacia ellas en los sectores privados (especialmente entre los trabajadores por cuenta propia), en el mixto (indirectamente beneficiado con las divisas) y en el cooperativo.

Una encuesta que la Oficina Nacional de Estadística lleva a cabo regularmente demuestra que las asalariadas cubanas llevan el peso de la segunda jornada: ellas dedican treinta y seis horas a la semana a las tareas del hogar y los trabajadores hombres declaran que emplean doce horas cada semana en este tipo de labores. Las mujeres pueden ser jueces, profesoras, científicas, médicas u obreras, pero son las que planchan, cocinan y limpian. Los hombres se dedican a comprar alimentos, pagar las cuentas y "botar" la basura (ONE, 1999:148).

Hay muchas razones que explican el porqué de la permanencia de esta distribución discriminatoria por género de las labores del hogar, pero deseo detenerme en

---

[2] Véase Marta Núñez Sarmiento, "Estrategias cubanas para el empleo femenino en los años 90: un estudio de caso con mujeres profesionales". Los datos fueron proporcionados por el Ministerio del Trabajo y la Seguridad Social.

tres de ellas: dos tienen que ver con las carencias materiales que persisten en Cuba y la tercera está relacionada con patrones de cultura patriarcales.

En Cuba hay un déficit grande de viviendas que provoca que sea usual que convivan bajo un mismo techo hasta tres y, en ocasiones, cuatro generaciones; por ello en una casa hay muchas figuras femeninas que se distribuyen las tareas domésticas. Aquí entra la cultura patriarcal: muchas veces son las mujeres, sobre todo cuando ejercen sus papeles de madres, abuelas y tías, quienes no asignan a los niños y adolescentes trabajos en el hogar, porque estiman que ello iría en detrimento de su "virilidad". Otra razón es la material. Durante años en Cuba los alimentos y los productos para la higiene personal y de la casa han estado racionados y han sido escasos. Las mujeres están más entrenadas que los hombres para manejar estos pocos recursos con sentido de ahorro, por el sesgo machista que ellas mismas han introducido en la crianza de sus hijos. Una entrevistada dijo: "Los hombres en la casa gastan mucho lo poco que tenemos y ensucian todo. Por eso, yo prefiero hacer las cosas, aunque me eche toda la carga encima."

De estos argumentos no puede inferirse que culpo a las víctimas (las mujeres) de su propia victimización. Intento argumentar con criterios marxistas y feministas, que en la sociedad y en un ámbito más personal, las ideologías que sustentan las discriminaciones sociales son las más difíciles de cambiar, mucho más que las ideologías políticas. Una de las tantas razones es que los oprimidos asumen como suyas las representaciones ideológicas imperantes en las sociedades, que son las de las clases dominantes.

La ideología patriarcal ha sustentado los patrones de poder en todas las formaciones económico-sociales, hecho sociológico sólo comparable a la dominación por la vía de ejercer el racismo. Incluso en las sociedades donde se han transformado las estructuras económicas y las instituciones políticas que sustentaban patrones culturales viejos, éstos les sobreviven y prevalecen en lo más intrínseco de las mentalidades de las personas. Hay una extensísima literatura que explica estos fenómenos, y que ha sido elaborada por científicos sociales de países desarrollados y subdesarrollados. De los clásicos marxistas destaco las tesis de hegemonía y cultura de Antonio Gramsci, las de subordinación femenina de Inessa Armand y la de los problemas para la participación política de las mujeres de Alexandra Kollontai. Más recientemente a esto se han referido Mary García Castro, Sherril Lutjens, Carmen Diana Deere y Luisa Campuzano, entre otras.

Otro rasgo discriminatorio en el empleo femenino lo constituye el hecho de que sólo 33.7% de los dirigentes en el ámbito laboral son mujeres (ONE, 2002:54). Esta proporción se ha mantenido igual desde 1992, a pesar de que las mujeres son las dos terceras partes de los profesionales y técnicos, que deberían ser la cantera natural para ocupar los cargos de dirección. A este aspecto de la dirigencia femenina dedicaré mayor atención en los párrafos siguientes.

POR QUÉ LAS CUBANAS SE MANTUVIERON EN LA FUERZA DE TRABAJO DURANTE
EL "PERIODO ESPECIAL"

Al comenzar la crisis en 1989-1990 las mujeres incorporadas al empleo se habían
beneficiado de las políticas para promover su participación en la sociedad. Como
parte de la población cubana habían vivido décadas de crecimiento económico sostenido, durante los cuales todos, y en especial las mujeres, habían tenido acceso
a una distribución más equitativa del ingreso y a niveles decorosos de desarrollo
humano. Al comenzar la crisis, por tanto, las reservas humanas, en cuanto a calidad
de vida, eran superiores a las de cualquier país del tercer mundo.

Expongo varios argumentos que explican por qué la mujer cubana se mantuvo
empleada en esos años de crisis y reajustes iniciados en los años noventa y por qué
se mantiene así hasta hoy.

Entre las asalariadas cubanas alrededor de una tercera parte son jefas de hogar.
Estas mujeres son la única fuente de ingreso de sus hogares, o son las proveedoras
más fuertes. Si a esta proporción agrego a las mujeres que llevan a sus hijos de matrimonios anteriores a sus nuevas uniones maritales, el número de trabajadoras que
se mantienen a sí mismas y a sus hijos aumentaría. Estas trabajadoras suelen, por lo
general, responsabilizarse de la manutención de sus hijos.

Como ya se dijo, las mujeres son en la actualidad las dos terceras partes de los
profesionales y técnicos cubanos. En un país como Cuba, cuya estrategia de desarrollo se basa en promover actividades económicas que requieren alta tecnología
y eficiencia, la fuerza laboral altamente calificada es imprescindible. Y, en ella, las
mujeres son la mayoría.

Puesto que el número de asalariadas cubanas se incrementó sustancialmente en
la fuerza laboral total en los últimos treinta y cinco años, se deduce un aumento
proporcional de trabajadoras, sobre todo entre las más jóvenes, que son la segunda
generación de asalariadas por la vía materna. El hecho de contar con referentes em-
píricos de trabajadoras en sus familias es importante para explicar la permanencia.

El marco legal y político que propició la incorporación y permanencia de las
cubanas en la fuerza laboral se mantuvo y adecuó a las características de la crisis y
de los reajustes. Sólo menciono un ejemplo. En 1997 el Consejo de Estado aprobó
el "Plan de Acción Nacional de Seguimiento a la Conferencia de Beijing", un documento legal que recoge todas las recomendaciones aprobadas en la Conferencia
Mundial de las Naciones Unidas sobre la Mujer, celebrada en la capital china en
1995. En él se resume la voluntad política del Estado cubano y se ponen en vigor
90 artículos de un programa para seguir propiciando el progreso de las mujeres
cubanas, que son de obligatorio cumplimiento para todas las instituciones estatales
cubanas. Su cumplimiento se controla a través de seminarios que organiza la Federación de Mujeres Cubanas, en los que rinden cuenta los representantes de los
organismos estatales.

La vida en el barrio y en la comunidad ha tenido más relevancia en la cotidianidad de todas las personas. Las entrevistadas reconocieron que en estos años
pasaron más tiempo que antes en ese entorno porque acercaron sus empleos a sus

zonas de residencia; porque han buscado más el apoyo de sus vecinos; porque parte de sus estrategias para buscar un segundo ingreso la han realizado con o a través de sus vecinos; porque se han acostumbrado a acudir al médico de la familia y a su policlínico, en vez de a los hospitales.

Durante las décadas de los sesenta, setenta y ochenta la movilidad social ascendente que ocurrió en todo el territorio nacional, y que no se concentró sólo en la capital del país sino en las capitales provinciales, generó en prácticamente toda la población niveles de instrucción, salud, alimentación y seguridad social más altos que los que prevalecían en los años cincuenta, y mucho más equitativos que los existentes en otros países subdesarrollados. Esto constituyó un aspecto positivo, en el sentido en que contribuyó a que las mujeres entrevistadas tuvieran ciertas "reservas" para enfrentar la crisis; sin embargo, tuvo su lado negativo, que ellas sintieron mucho más: cuánto habían perdido con la caída del nivel de vida que sufrió toda la población.

Las acciones y las ideas para enfrentar la discriminación de la mujer no se detuvieron en los años noventa. Las mujeres desempeñaron un papel visible e imprescindible para que sobreviviera su familia y la economía del país, y esto elevó la autoestima de las mujeres cubanas. La crisis, además, hizo más visible tanto las desigualdades aún existentes entre mujeres y hombres, como las potencialidades, fortalezas y capacidades de las mujeres cubanas para salir de la crisis en lo individual, familiar, comunitario y como país. Considero que la mujer ha salido de este proceso más fortalecida, como lo pronosticaron la norteamericana Collette Harris en 1995 y Luisa Campuzano en 1996 (Harris, 1995; Campuzano, 1996).

Estas mujeres tuvieron que construir sus estrategias en una sociedad aún patriarcal en la cual ellas llevan el peso de la doble jornada, pues son los hombres quienes predominan en los cargos de dirección; y la alta proporción de divorcios y separaciones es otro factor que incide en el aumento del número de jefas de hogar entre las trabajadoras, lo que implica que estas mujeres cuenten principalmente con el ingreso que ellas generan.

Tomar decisiones y ocupar cargos de dirección

La habilidad de las mujeres para tomar decisiones es uno de los cambios más importantes que en materia de ideología de género ha ocurrido en Cuba en los últimos cuarenta y seis años, y en ello ha influido notablemente la participación de la mujer en el empleo. Esto no significa, sin embargo, que antes de la Revolución o de la feminización del empleo las cubanas carecieran de capacidades para enfrentar y resolver las dificultades.

Lo que ha ocurrido con la participación femenina en el empleo es que las asalariadas se han visto obligadas a distribuir conscientemente su escaso tiempo entre la jornada laboral y la doméstica, desarrollando habilidades para desempeñar tareas simultáneas. Estas mujeres han elaborado estas "destrezas" a partir de su alto nivel educativo, orientándose en una sociedad que ha sido transformada desde sus cimientos, y donde ellas han experimentado estos cambios, quizá más fuertemente que los hombres. Hay que destacar cómo las mujeres cubanas que trabajan, sean profesionales o no, han adquirido destrezas cognoscitivas para dirigir y tomar decisiones en todos los aspectos de la vida, sobre todo en el ámbito laboral, a partir del papel "tradicional" que continúan desempeñando en esta "división genérica" de las tareas domésticas. Pero en este análisis también hay que considerar las diferencias de acuerdo con las generaciones de mujeres y hombres, ya que las más jóvenes tienden a instar a los hombres de sus familias a asumir las tareas domésticas.

Ejercer la toma de decisiones no sólo conforma en ellas el sentido del poder como seres humanos, sino que les asegura su derecho a actuar independientemente. Éste es un derecho ciudadano básico, que le había sido negado a la mujer cubana en toda su plenitud. Sin embargo, falta por construir la figura social de la mujer dirigente, tanto en la práctica de las designaciones de mujeres en cargos de dirección como en el imaginario social, que favorezca que las mujeres aspiren a desempeñar estas posiciones.

Explicaré qué significa para mí tomar decisiones, pues es uno de los conceptos clave que se han incorporado a la ideología de género.

Tomar decisiones es la habilidad que demuestran los individuos a la hora de comprender determinados escenarios; esto es, la capacidad que tienen para señalar los problemas principales, explicar sus causas y proponer soluciones. Incluye también la capacidad para evaluar los logros y las pérdidas que existen en cada situación y, de acuerdo con el conocimiento adquirido sobre ellos, ser capaces de determinar cuáles son las acciones para alcanzar los propósitos. Excluyo de esta definición el concepto de liderazgo, que comprende tanto la toma de decisiones como otros aspectos institucionales. Sin embargo, ambos conceptos, liderazgo y toma de decisiones, están relacionados con el llamado "empoderamiento", que es un rasgo relevante en la ideología de género.

En mis investigaciones sobre mujer y empleo en Cuba que he desarrollado en los últimos veinte años, he intentado demostrar que los cambios en la ideología de género en Cuba —básicamente entre las mujeres trabajadoras— han generado en ellas habilidades para tomar decisiones en todas las esferas de su bregar diario en sus empleos, en sus hogares y con sus parejas. En mis estudios más recientes, en los cuales incluí a hombres y a mujeres profesionales, evidencié que las respuestas fueron muy diferentes de acuerdo a los géneros.

La mayoría de los hombres entrevistados ocupaba cargos de dirección en el momento del estudio o lo había hecho anteriormente. Ellos manifestaron que estarían dispuestos a ocuparlos. Pero sólo una quinta parte de las mujeres entrevistadas se han desempeñado como dirigentes en sus centros laborales, y no desearían ocupar esos puestos.

Como expuse anteriormente, en el 2002 sólo 33.7% de todos los dirigentes en centros de trabajo eran mujeres. De todas las mujeres trabajadoras, 6.7% eran dirigentes (ONE, 2002:53). Ésta ha sido la tendencia durante los últimos diez años, y es una proporción relativamente baja si se considera que las mujeres han incrementado su participación entre los profesionales y técnicos. Ellas deberían ser la cantera natural de los dirigentes. En el 2002, los hombres representaron 66.3% de todos los dirigentes administrativos, aunque su representación entre los profesionales y técnicos disminuyó (ONE, 2002:53).

Los hombres entrevistados —que han sido dirigentes o que aspiran a serlo— se consideran calificados para ocupar esos cargos o desean recibir el entrenamiento necesario. Ellos "buscan" estos puestos. Por su parte, las mujeres entrevistadas explicaron por qué no desean ser dirigentes. Casi todas admitieron que "no están preparadas"; otras respondieron que les "robaría mucho tiempo y se paga muy poco"; "sería una nueva carga para la segunda jornada"; "prefiero continuar entrenándome en mi carrera como profesional y no comenzar a hacerlo como dirigente". Todas estiman que ya toman decisiones en sus campos profesionales.

No se puede inferir de estas respuestas que estas mujeres profesionales carezcan de confianza en sí mismas. Lo que sucede es que ellas conocen lo que quieren alcanzar en sus áreas de trabajo y estiman que ser dirigentes obstaculizaría este propósito.

Las pocas mujeres de la muestra que eran dirigentes, o lo habían sido, declararon que no buscaron tales responsabilidades. Habían sido designadas para ocupar esas responsabilidades. Algunas habían tenido experiencia como dirigentes sindicales en organizaciones de base. Reconocieron que sus colegas de trabajo respetaban su autoridad; que ellas eran capaces de resolver problemas; que, aunque no se sentían plenamente satisfechas cuando ejercían sus actividades como dirigentes, lo hacían con responsabilidad.

Ser mujeres dirigentes en la esfera laboral y desear serlo, es parte de la ideología de género que no ha sido totalmente asumida por la mayoría de las cubanas que tienen cualidades para serlo. Sin embargo, socialmente existen todas las condiciones para llegar a esta meta.

He elaborado cinco ideas que explican la hipótesis de por qué no se ha alcanzado la dirigencia femenina en los empleos en Cuba, y por qué este objetivo sí se logrará en el mediano plazo.

- Las mujeres profesionales, quienes deberían ser la cantera natural de los dirigentes, aparecieron en el escenario laboral cubano como una figura social estable y pujante en los umbrales de la crisis de los años noventa. Durante esos años de crisis, todas las mujeres trabajadoras, no sólo las profesionales, tuvieron que mantenerse ocupadas a fin de conservar sus salarios y así contribuir a los presupuestos de sus familias. A medida que el valor real de sus salarios en pesos descendía, debieron asumir una segunda ocupación que les proveía ingresos adicionales. Desempeñarse como dirigentes no les permitía ganar el dinero necesario, ni en aquellos años ni hoy. Cuando los cargos gerenciales provean motivaciones materiales a quienes los ocupen, entonces habrá más mujeres inclinadas a convertirse en dirigentes en sus empleos.
- La cultura cubana de dirección ha sido diseñada por los hombres y para ellos, y hay que transformar esta realidad. Una prueba de que estas "tradiciones" de liderazgo masculino pueden cambiarse está en el hecho de que en el 2005 seis de los ministerios "duros" están encabezados por mujeres: Inversiones Ex-

tranjeras, Finanzas, Auditoría, Industria Ligera, Comercio Interior e Industria Básica.

- Las mujeres profesionales tienen los requisitos para ser dirigentes. Como parte de la fuerza de trabajo, están presentes en todos los sectores de la economía; constituyen la mayoría de los profesionales durante los últimos veinte años; tienen niveles educativos altos; realizan tareas complejas y pueden desempeñar actividades simultáneas; toman decisiones cotidianamente en sus empleos y en sus hogares; tienen una historia laboral relativamente extensa, que comienza en la base, lo cual les permite que comprendan sus entornos laborales; cuentan con todos los requisitos para ser entrenadas como dirigentes.
- Cuando florezcan en Cuba las condiciones para promover a las mujeres a cargos de dirección, se producirá un proceso irreversible. Una de las principales razones para hacer esta aseveración es que las futuras mujeres dirigentes, como es el caso de las actuales, han ascendido desde la base de las estructuras laborales. Ellas, por tanto, conocen los diferentes niveles de complejidad de los empleos que dirigirán. Éste ha sido y continuará siendo una suerte de proceso "natural" de constante aprendizaje y retroalimentación.
- El amplio acceso de las mujeres a los puestos de dirección no puede esperar a que se transformen radicalmente los patrones de la cultura patriarcal, tiene que contribuir poderosamente a estos cambios. Éste fue el caso de la incorporación y permanencia de las mujeres a la fuerza laboral en los años sesenta y setenta en Cuba, y ha sido ampliamente argumentado por el Partido Comunista, la Federación de Mujeres Cubanas y el gobierno.

Ideología de género en el empleo

Las mujeres cubanas han generado más cambios en las relaciones de género que los hombres, incluidas las nuevas actitudes que ellos han asumido. Paradójicamente, ellas también reproducen los patrones machistas de la ideología de género que aún prevalecen en Cuba, cuando entrenan a sus hijos e hijas para la vida y en muchas de sus actitudes en otros ámbitos de la cotidianidad.

En la esfera de las ideologías de género referidas a la esfera laboral, las mujeres y los hombres por igual conocen las complejidades que se les presentan en sus trabajos. Sin embargo, las mujeres mostraron menos temor que los hombres a la hora de admitir aquellos aspectos de sus actividades que desconocen. Las mujeres confesaron sus inseguridades en sus empleos, pero ningún hombre lo hizo. Estas declaraciones por parte de las mujeres podrían apoyar aquellas imágenes que presentan a las mujeres como seres incapaces de asumir decisiones y carentes de autoestima.

Estas suposiciones desmitifican las percepciones que manifestaron las mujeres en el transcurso de las entrevistas, así como los datos sobre la situación de la mujer cubana. Las entrevistadas declararon que están dispuestas a elevar sus niveles de conocimiento en asuntos relacionados con sus trabajos. Sus niveles de entrenamiento profesional son superiores a los de los hombres incluidos en la muestra. Por ejemplo, ellas tienen más grados científicos de doctorados y maestrías que los hombres de la muestra; han aprobado más cursos de posgrado y de idiomas que ellos, y han participado en un mayor número de actividades científicas.

Las mujeres y los hombres entrevistados consideran que la presencia de las mujeres en la fuerza de trabajo en Cuba ha alterado las actitudes de los hombres en sus puestos de trabajo. Sin embargo, en sus respuestas a las preguntas, las mujeres detallaron en qué consisten esas influencias con más argumentos que los que ofrecieron los hombres.

Así, los hombres describieron sus nuevos comportamientos sin detenerse a razonar en ellos, y respondieron con eslóganes socialmente aceptados. Ellas, por su parte, consideran que las mujeres profesionales han aportado maneras más claras para aproximarse a las tareas que enfrentan en sus trabajos, ya sea a corto o a largo plazos. Son capaces de vincular los objetivos generales con las acciones específicas necesarias para cumplirlas. Ellas estiman que dedican más tiempo que los hombres a pensar los planes de acción para ejecutar sus planes de trabajo. Asimismo, consideran que rechazan más que sus compañeros de trabajo las improvisaciones y las soluciones simples en cuestiones laborales. Una de las entrevistadas expresó: "Por eso las mujeres son capaces de convertir las utopías en realidad."

Las mujeres usan rasgos femeninos "tradicionales" para convencer a sus colegas masculinos en cuestiones de trabajo. Son "delicadas", "afectuosas" y "encantadoras". Les gusta escuchar a los demás. Intentan acercarse a sus compañeros de trabajo, hombres y mujeres, para intercambiar experiencias personales. Otra característica femenina es desempeñar tareas simultáneas en sus puestos de trabajo. Por último, las mujeres consideran que se han vuelto "indispensables" en sus puestos laborales.

Muchas de las entrevistadas piensan que los procesos de "reacomodo" de hombres y mujeres en los empleos han sido mayormente "negociados", y no han sido el resultado de confrontaciones. Las mujeres estiman que ellas han sido quienes han dirigido estas negociaciones.

Las entrevistadas estiman que las mujeres trabajadoras han influido indirectamente en muchas de las actitudes de los hombres trabajadores. Cuando sus esposas trabajan, los hombres desempeñan algunas de las tareas domésticas, lo que, a su vez, modifica ciertas conductas de estos hombres en sus empleos. Por ejemplo, los padres que llevan a sus hijos en edades preescolares a los círculos infantiles, deben despertarse más temprano para arribar a tiempo a sus centros de trabajo. Algunos hombres compran alimentos y otros artículos para sus hogares en tiendas cercanas a sus centros de trabajo.

En resumen, las miradas de las mujeres entrevistadas acerca de cuánto ha influido el empleo femenino en las actitudes laborales de mujeres y hombres son más ricas que las de sus colegas hombres. Esta diferencia podría explicarse porque ellas irrumpieron de manera más reciente que los hombres en el mercado laboral cubano y lo hicieron en medio de intensas transformaciones en sus actitudes, que trascendían la esfera laboral. Por ejemplo, en relación con sus madres ellas tienen menos hijos, contraen más relaciones matrimoniales que ellas, y poseen niveles educativos más elevados que aquellas; muchas encabezan sus hogares y todas toman decisiones constantemente en sus vidas cotidianas. Las experiencias tan ricas, tan nuevas y tan inacabadas que las mujeres han vivido a lo largo de estos procesos, en periodos relativamente cortos, podrían haber enriquecido sus capacidades de reflexionar sobre ellas mismas, con vistas a orientar sus comportamientos en espacios poco conocidos.

En sus respuestas los hombres no responsabilizaron expresamente a las mujeres de sus problemas en el trabajo, en sus hogares y en sus relaciones íntimas, pero de hecho les preocupan "tantos cambios" en ellas. Casi todos los hombres entrevistados dijeron que esto no sucede, sin extenderse en explicaciones. Sólo dos consideraron que quienes coincidan con estas palabras son "atrasados" o "machistas enmascarados". Otros dos dijeron que sentimientos de culpa como éstos tienen que ver con la competencia profesional, y nada tiene que ver con las diferencias de género. Los hombres tienden a enmascarar los temores reales que les provocan las mujeres trabajadoras, sobre todo las profesionales que compiten con ellos, porque serían criticados por las reglas antidiscriminatorias que prevalecen en los espacios sociales.

Las mujeres estudiadas estiman que los hombres reaccionan paradójicamente hacia las mujeres trabajadoras, al menos en Cuba, porque se sienten atraídos por ellas y amenazados por ellas a la vez. Temen competir con ellas "diseñando los proyectos de trabajo y cumpliendo con sus responsabilidades en la cama". Piensan que a los hombres les atraen estos retos, porque promueven en ellos deseos de conquistar estas "presas difíciles"; pero que, si lo logran, su ego masculino se elevaría. Las mujeres entrevistadas expresaron que este "proceso de conquista" ocurre también en los empleos. Allí, los hombres tienen que demostrar que están mejor preparados que sus colegas femeninas; y están obligados a imponer su estatus de liderazgo, a fin de asegurar su poder "oficial".

Casi las dos terceras partes de las mujeres entrevistadas confesaron que los hombres se sienten amenazados por las mujeres en sus empleos. Señalaron las razones siguientes:

- Las mujeres profesionales están mejor preparadas que los hombres.
- Las mujeres profesionales, que no se desempeñan como dirigentes, dedican más tiempo a desarrollar sus especialidades, con lo que adquieren más conocimientos en su campo que los hombres que las dirigen.
- Esto podría conducir a que aparezcan conflictos entre las bien entrenadas mujeres profesionales subordinadas y los hombres que las dirigen, quienes dedican más tiempo a desempeñar tareas burocráticas.
- Las mujeres profesionales pueden organizar mejor sus horarios laborales, gracias a que tienen que desempeñar actividades simultáneas en el hogar y en sus empleos.
- Los hombres temen que las mujeres les arrebaten los cargos de dirigentes.
- En las evaluaciones laborales anuales, las mujeres realizan más tareas que los hombres.
- Los hombres subestiman las habilidades intelectuales de las mujeres, aunque no lo manifiestan.

- Las mujeres dependen menos de los hombres.
- Los hombres se sienten amenazados por la independencia económica que las mujeres han adquirido, pero necesitan que ellas aporten al presupuesto familiar.

Las reflexiones contenidas en este punto demuestran cuán paradójicos son los patrones de género en esta esfera de la vida laboral. Sus orígenes trascienden el mundo del trabajo y hay que buscarlos en los patrones culturales socializadores de las identidades genéricas vigentes en Cuba.

Con el propósito de comprender los procesos socializadores que explican los cambios ocurridos en la ideología de género, seleccioné algunos patrones culturales que están vigentes en la sociedad cubana actual y que lo estuvieron cuando las mujeres y los hombres profesionales que investigué en 2003 crecían e iban formando sus actitudes. Pedí a quienes entrevisté que comentaran sobre algunos de los patrones culturales imperantes en la sociedad cubana durante su niñez, adolescencia y en su etapa de estudios universitarios, que influyeron en ellos y ellas y en la sociedad en general en lo que significa ser mujer y ser hombre. Sólo resumiré lo que comentaron sobre los patrones sexistas en la niñez.

Les pregunté qué opinaban sobre la costumbre de vestir a las niñas de color rosado y a los niños de color azul. Todos los hombres entrevistados dijeron que eso es correcto, porque el rosado es "delicado", "femenino", "dulce", y si los varones se visten con él, se les considera homosexuales. Las mujeres enjuiciaron con más flexibilidad. Todas dijeron que esto es una tradición, que hay quienes la aplican a sus hijos e hijas y otros no. Respondieron que las niñas tienen la ventaja de vestirse de azul y rosado, sobre todo desde que se usa la tela de "mezclilla". Pero a los varones no se les permite usar el color rosado.

En cuanto a los juegos diferentes para hembras y varones, hasta los entrevistados más jóvenes respondieron que sus padres les habían acostumbrado a que jugaran con personas de su sexo. Esta división por género en los juegos es muy evidente cuando están en sus casas. Los varones juegan a la pelota en la calle, o practican los deportes que más estén en boga en los campeonatos del momento. Las niñas juegan con sus amiguitas a las muñecas y a las casitas, a las escuelitas, a los *yaquis* dentro de las casas o en los portales. En las aceras juegan al *pon*, saltan a la *suiza*, juegan a las estatuas.

En los círculos infantiles, instituciones estatales para los infantes hasta los cinco años, a los que han asistido buena parte de los hijos e hijas de las mujeres trabajadoras, se insta a que niños y niñas intercambien papeles de género en sus juegos; pero las divisiones genéricas se mantienen cuando juegan sin la orientación de sus maestras. En la primaria, a la que asiste 100% de los infantes cubanos de 5 a 11 años, los estudiantes de ambos sexos participan juntos en deportes, campamentos y en actividades culturales. Pero cuando juegan en los recesos, se dividen por sexo, igual que lo hacían en el círculo infantil.

La psicóloga cubana Patricia Arés, quien ha estudiado cómo se construyen las identidades masculinas en Cuba, argumenta que a los hombres cubanos no se les entrena en la niñez y en la adolescencia para ajustarse a los cambios en la ideología de género, que emergen fundamentalmente de los procesos que acompañan al desarrollo de la mujer. De niños se les prohíbe llorar y se les insta a no manifestar su dolor, lo que conduce a que no sepan expresar sus sentimientos. Tienen que "fajarse" con los niños que los agredan, aunque sean mayores que ellos, y eso genera conductas violentas. No asumen tareas en sus hogares, lo que no los entrena para participar en la segunda jornada (Arés, 2002).

Las niñas tienen más oportunidades de actuar con menos dogmatismos que los niños. Cuando logran que los varones, casi siempre más chiquitos que ellas, asuman los papeles de alumnos en sus "escuelitas", ellas son las que mandan. Lloran todo lo que quieran, y se "fajan" si lo desean. En las aulas ellas generan actitudes de competencia con los niños, para obtener mejores notas, cosa que logran. Además, son las dirigentes por excelencia de las organizaciones pioneriles.

De estas reflexiones y realidades infiero que los hombres de la muestra están menos preparados que las mujeres para ser flexibles ante los retos de lo que significa ser mujer y ser hombre en la vida cubana actual. Su ideología de género parece ser más inflexible que la de las mujeres, porque han estado sometidos a más dogmas que éstas en su niñez y adolescencia. Quizá sean tan reprimidos como las mujeres o más que ellas. Lo mismo podría ocurrir con el mito de la inseguridad femenina. Éstas son sólo hipótesis para seguir investigando.

Ideología de género en las relaciones de pareja

La participación de la mujer en la fuerza de trabajo ha provocado cambios en las actitudes de mujeres y hombres en el hogar y en las relaciones íntimas.

En una de mis últimas investigaciones una socióloga dijo: "En el ámbito de las relaciones personales, los hombres asumen comportamientos patriarcales, y lo hacen sin ponerse máscaras, porque en este escenario no tienen que obedecer reglas sociales, que prohíben estas conductas y que sí prevalecen en las esferas laborales y en otras públicas. En los espacios personales e íntimos, los hombres se conducen libremente como seres humanos superiores." La visión sociológica de esta profesionista me lleva a pensar que lo que sucede en Cuba en el ámbito de las relaciones de pareja de las identidades genéricas repite lo que sucede en otros países. Pero apunto varias especificidades de la situación cubana.

Han transcurrido cuarenta y cinco años de transformaciones revolucionarias en Cuba y de programas ininterrumpidos para eliminar todo tipo de discriminaciones. Luchar contra las discriminaciones de género ha sido uno de los más exitosos. Incluso más que los dirigidos a romper con los tabúes raciales. Por tanto, los cambios "desde arriba" dedicados a la mujer han accionado en un marco social global de transformaciones revolucionarias. No ha existido la "revolución detenida" (*stalled revolution*) como explica la autora norteamericana Arlie Hochschild que ha ocurrido en Estados Unidos, donde se dio una revolución de las mujeres, pero sin que hubiera una transformación general de la sociedad que le acompañara (Hochshild, 1989:12). Por tanto, las estructuras macrosociales para promover a la mujer existen.

Las cubanas y los cubanos, pero sobre todo las primeras, han tenido que "sufrir" los cambios que les hacen seres más plenos en materia de género. Estas angustias y gozos han sido muy patentes en los niveles más íntimos, sobre todo en lo que tiene que ver con las relaciones de pareja. Aquí se han evidenciado con la crudeza de todos los días las luchas entre las estructuras generales que persiguen la igualdad y las normas y valores patriarcales que están enraizados en cada uno de nosotros.

Expondré algunos ejemplos de cómo transcurren estas contradicciones. Las mujeres entrevistadas explicaron que sus maridos las celan porque se visten bien y se arreglan para ir al trabajo, donde se relacionan con otros hombres. Estos celos a veces aparecen bajo un velo y, en otras ocasiones, simplemente se manifiestan agresivamente. Pero las mujeres siempre los perciben. Se sienten permanentemente observadas y juzgadas por sus parejas. Una de ellas expresó: "La gente dice que las mujeres son celosas, pero, de hecho, los hombres nos sobrepasan, aunque algunos manifiestan sus celos de formas sutiles."

Las entrevistadas manifestaron que el hecho de ser trabajadoras obliga a los hombres en sus casas, y no sólo a sus maridos, a involucrarse en tareas domésticas. Además, estas mujeres se convierten en modelos de conducta para que sus hijas las imiten, en el sentido de que ellas también desean trabajar cuando crezcan. Sus hijos crecen sabiendo que ellos se relacionarán en sus empleos con colegas mujeres, y que probablemente se casarán con mujeres trabajadoras, a quienes tendrán que "respetar". Las entrevistadas reconocen que siguen educando a sus hijos varones con patrones machistas. En cuanto a sus hijas, les enseñan a usar sus "libertades" con cuidado, pues viven en una sociedad sumamente machista.

Las mujeres confiesan que ser trabajadoras les ha hecho más independientes, no sólo en términos económicos, sino también en cuanto a tomar decisiones, entre ellas no tener que "cargar" con maridos indeseados. Las profesionistas aseguraron no poder encontrar parejas estables, sobre todo entre los profesionistas. Argumentaron algunas razones de ello. Compiten con sus parejas en su profesión. Esta competencia se recrudece si ambos tienen carreras similares. Hay otras dos razones que desencadenan las confrontaciones: cuando las mujeres ganan salarios superiores a sus parejas y, lo que resulta peor, cuando ellas son dirigentes y sus maridos no lo son. A las mujeres profesionistas menores de 35 años les cuesta trabajo hallar hombres profesionistas como parejas, que es lo que realmente quisieran. Esto es particularmente cierto en Cuba, porque durante los últimos veinte años las mujeres profesionistas han excedido a los hombres profesionistas.

Las tasas de divorcio en Cuba son altas: en el 2003 era de 3.0 por cada mil habitantes (CEPDE-ONE, 2003:161), mientras que la tasa de casamientos era de 4.9 por cada mil habitantes (CEPDE-ONE, 2003:130). Los científicos sociales cubanos han demostrado que esta tendencia ha persistido por varios años. Entre las razones que explican este fenómeno están el empleo femenino; el hecho de que divorciarse es un proceso judicial relativamente fácil y, además, el que la tradición cubana de las uniones consensuales está enraizada desde la Colonia. A este respecto se sabe que a los esclavos no se les casaba por la Iglesia católica y que, una vez libres, no requerían de este requisito formal. Añádase el hecho de la gran afluencia de inmigrantes españoles en las primeras décadas del siglo XX, quienes se unían a las cubanas sin formalizar sus nexos.

Las mujeres y los hombres en la muestra consideran que las mujeres trabajadoras paren menos. En Cuba la tasa de fecundidad general en el 2003 fue de 1.63 (CEP-DE-ONE, 2003:41). Esta tasa ha tenido una tendencia decreciente en las últimas tres décadas. Los científicos sociales cubanos señalan entre sus causas el empleo femenino y el amplio uso de políticas gratuitas de planificación familiar, que se han extendido a todo el país desde 1964. El sociólogo Juan Carlos Alfonso insiste en usar un enfoque de género cuando se estudia la fecundidad cubana, para examinar cómo influyen los comportamientos masculinos y no sólo los femeninos. Esta aproximación relacional permitiría a los académicos comprender la fecundidad como algo que involucra a los hombres y a las mujeres por igual, y no sólo a concentrarse en las mujeres, como suelen hacer los demógrafos.

Las mujeres y los hombres estudiados estiman que el empleo femenino ha afectado los comportamientos sexuales entre los cubanos. Apuntaron que las políticas de planificación familiar, establecidas desde 1964 como parte del sistema nacional de salud pública, permiten a las mujeres y a los hombres practicar la sexualidad separándola de los embarazos indeseados. Agregaron que los programas de educación sexual que se enseñan en el sistema educacional cubano y aquellos dirigidos a los adultos desde fines de los setenta, han otorgado a las mujeres la posibilidad de actuar sexualmente con un sentido mayor de confianza y de libertad. Los entrevistados de ambos sexos consideran que el hecho de que los abortos sean legales y que se practiquen sin costo alguno en los servicios de salud pública, hace que muchas mujeres los usen como método anticonceptivo, lo cual descalifican porque podrían dañar sus aparatos reproductivos.

Los hombres en la muestra hablaron poco de la influencia que han ejercido las mujeres trabajadoras en las relaciones de pareja. Una de las entrevistadas expresó que ellos temen reconocer que actúan de una manera más machista en sus círculos privados que en las esferas públicas, como son los centros de trabajo. Por tanto, los hombres respondieron con esquemas aceptados socialmente, igual que lo hicieron cuando reflexionaron sobre las influencias en el empleo. Así, dijeron que "los hombres deben sentirse orgullosos de sus mujeres, capaces de trabajar en la calle y ocuparse de las tareas domésticas"; que "todos deberían compartir las tareas domésticas con las mujeres". Sin embargo, las encuestas desarrolladas en Cuba desde los años noventa, a las que me referí anteriormente, demuestran que las mujeres trabajadoras triplican semanalmente el número de horas que dedican a las tareas en el hogar, en relación con lo que declararon los hombres trabajadores. Fueron muy pocos los hombres entrevistados que aceptaron desempeñar todas las tareas de sus hogares, para permitir que sus mujeres se superen profesionalmente. En esto influyen las tendencias sociales prevalecientes. Algunos de los hombres en mis muestras confesaron sentirse muy atraídos por mujeres profesionistas pero, a la vez, les temen en la esfera íntima. Estudios cubanos sobre sexualidad demuestran que los hombres se sienten amenazados por mujeres "fuertes" en sus conductas sexuales. Paradójicamente, estos retos les obligan a mostrar su virilidad.

Las mujeres entrevistadas expresaron que, gracias a sus empleos, han conocido algunos hombres interesantes; que ellas demandan "igual placer" en sus relaciones sexuales; que les piden a los hombres usar condón para prevenir el sida y las enfermedades de transmisión sexual, aunque muchos de ellos se nieguen a usarlo. Reconocen que les resulta difícil hallar como pareja a un hombre profesionista, y esto las desalienta y frustra en sus expectativas de búsqueda. El resultado es que muchas mujeres se queden solas, es decir, sin parejas estables.

CONCLUSIONES

Los hombres cubanos manifiestan comportamientos más dogmáticos que las mujeres en materia de ideología de género. Ello se explica porque han sido sometidos desde la infancia a patrones más rígidos de los que la sociedad impuso a las mujeres en sus procesos socializadores para llegar a integrar sus identidades genéricas. Por su parte, las mujeres se manifiestan más flexibles en sus actitudes con respecto al género, porque su proceso socializador fue más flexible que el de los hombres; porque han vivido en una sociedad que critica constantemente la dependencia de las mujeres hacia los hombres, y han tenido que reaccionar en sus cotidianidades a estas posiciones y, porque al hacerlo, han tenido que idear y poner en práctica comportamientos muy personales para "zafarse" de esta dependencia. Esto podría convertirse en una hipótesis para futuras indagaciones.

La experiencia cubana para incorporar a las mujeres al empleo y hacer que permanezcan en él con una calificación cada vez más elevada, que he denominado "modelo desde arriba y desde abajo", *demuestra que con voluntad política, con enfoque de género y con pocas condiciones materiales, se puede hacer mucho*. Este fenómeno debe continuar estudiándose, por científicos y científicas sociales de Cuba y de otros países. Entre los temas por analizar están: en qué espacios, cómo y por qué —cultural y políticamente— perseveran la ideología, las prácticas y los dispositivos machistas; qué implicaciones tendrá este fenómeno para el país hoy día y en el futuro; qué nuevas medidas se necesitaría en materia de políticas públicas para apoyar a las mujeres frente a todas estas implicaciones y para hacer efectivas las leyes y condiciones que ya existen; cómo se podría imaginar —desde el poder público y desde la familia— mediar y negociar posconflictos de género que surjan de dicho fenómeno.

La baja representación de las mujeres en los cargos de dirección es una de las carencias más importantes de la participación plena de las mujeres en la sociedad. Debe continuarse designando a mujeres en puestos dirigentes en las esferas laborales y de la política, pero sin imponerlas. Cuba experimentó en 1986 asignar a mujeres, jóvenes y negros, cargos de dirección, y los resultados no fueron positivos. Es preferible continuar la línea que se ha seguido, es decir, escogerlos de acuerdo con su perfil laboral. Las mujeres, sobre todo las profesionistas, cumplen con este requisito. Habría que continuar profundizando en las implicaciones en cuanto a las diferencias en el ejercicio de las jerarquías y de los mandos por parte de los hombres y de las mujeres y sus consecuencias en las relaciones entre géneros en el empleo, en la familia y en las relaciones de pareja.

Es necesario seguir revisando los programas cubanos para promover la participación de mujeres y hombres en las transformaciones de las relaciones de género y en las ideologías que le acompañan. Ya no se trata sólo de lograr la participación de las mujeres en la sociedad, sino de reconstruir las relaciones entre mujeres y hombres, con énfasis en las dificultades que confrontan estos últimos.

BIBLIOGRAFÍA

Arés, Patricia (2002), Intervención en la Comisión de Género en el XII Encuentro de Filósofos y Científicos Sociales de Cuba y Estados Unidos, junio, Universidad de La Habana.

Campuzano, Luisa (1996), "Ser cubana y no morir en el intento", *Temas*, núm. 5, pp. 4-10.

Centro de Estudios de Población y Desarrollo (CEPDE)-ONE (2004), *Anuario Demográfico de Cuba 2003*, tabla V.1, p. 161.

Harris, Collette (1995), "Socialist societies and the emancipation of women: The case of Cuba", *Socialism and Democracy*, vol. 9, núm. 1, primavera, Nueva York, pp. 91-113.

Hochschild, Arlie (1989), *The Second Shift*, Nueva York, Avon Books.

Núñez Sarmiento, Martha (2005), "Changes in gender ideology among professional women and men in Cuba today", *Cleveland State Law Review*, vol. 52, núm. 1-2, p. 173.

—— (2004), "Ideología de género entre profesionales cubanos", *Temas*, núm. 37-38, abril-septiembre, pp. 24-36.

—— (2003), "Gender studies in Cuba: Methodological approaches (1974-2002)", *Gender & Society*, publicación oficial para Sociologists for Women in Society, vol. 17, núm. 1, febrero, Thousand Oaks, Sage Publications, pp. 7-31.

—— (2001), "Cuban strategies for women's employment in the nineties: A case study with professional women", *Socialism and Democracy*, vol. 15, núm. 1, primavera-verano, Nueva York, pp. 41-64.

—— (2001), "Estrategias cubanas para el empleo femenino en los noventa: un estudio con mujeres profesionales", *Papers*, Revista de Sociología, núm. 63/64, Departamento de Sociología, Universidad Autónoma de Barcelona, pp. 141-170.

—— (2000), "Estrategias cubanas de empleo femenino en los 90: Un estudio de caso con mujeres profesionales", *Revista Caminos*, septiembre, La Habana, Centro Martin Luther King Jr., pp. 46-63.

—— (1988), *La mujer cubana y el empleo en la Revolución cubana*, Equipo internacional de investigaciones comparadas sobre la mujer, octubre, La Habana, Editorial de la Mujer.

Oficina Nacional de Estadísticas (ONE) (2003), *Cuba en Cifras 2002*, tabla III.22, p. 53.

—— (ONE) (1999), *Perfil estadístico de la mujer cubana en el umbral del siglo XXI*, febrero, La Habana, p. 148.

—— (ONE) (1997), *Anuario Estadístico de Cuba 1996*, tabla V.11, p. 116.

EN SOLIDARIDAD: LAS MUJERES EN EL MOVIMIENTO LABORAL ORGANIZADO EN LATINOAMÉRICA Y EL CARIBE

MARVA A. PHILLIPS* y A. LYNN BOLLES**

Traducción de María Luisa Mu

INTRODUCCIÓN

Desde la Década de la Mujer, instaurada por las Naciones Unidas (1975-1985), los académicos y las activistas por el trabajo de la mujer se han comprometido a contar las historias de las mujeres que forman parte de los movimientos laborales organizados en Latinoamérica y el Caribe. Estos esfuerzos generaron una mayor comprensión sobre la región latinoamericana, que hasta entonces estaba ausente de la historia general. La conexión entre el desarrollo de la región, el trabajo organizado, la política, y el papel que los sindicatos femeninos desempeñaban en el curso de las actividades, es importante por una serie de razones. Primero, porque las mujeres siempre han trabajado; las mujeres han trabajado en sus hogares —área tan esencial y amplia de la labor doméstica, que incluye reproducir la siguiente generación de trabajadores— y también han trabajado en otras áreas de producción. Mas aún, la historia colonial de Latinoamérica y el Caribe muestra que la mayoría de las mujeres fueron esclavizadas en las plantaciones y minas, o en otras situaciones laborales opresivas; incluso las mujeres indígenas sirvieron bajo el sistema de las encomiendas. El trabajo de las mujeres era esencial para la capacidad productiva de la economía de estos países después de la independencia y hasta nuestros días. Segundo, las condiciones sociales de una mujer —como trabajadora, madre, esposa, miembro de un grupo familiar, de una comunidad y de un ámbito más amplio—, están compuestas por la intersección de formaciones sociales y culturales, resultado de las especificidades de la historia, así como por la construcción social de género y de otros aspectos de su identidad. Finalmente, las experiencias de las mujeres como activistas laborales y organizadoras han sido, verdaderamente, ignoradas en una gran parte del recuento de la historia laboral de toda la región, aun cuando su impacto en política puede apreciarse hasta hoy. En nuestros días, no sólo se registran los papeles de las mujeres en los movimientos laborales organizados contemporáneos, sino también se reconoce su gran importancia para el futuro del sindicalismo. En un giro irónico, el proceso de globalización muestra el estatus de las mujeres trabajadoras, y sus esfuerzos en el trabajo organizado, como frontal y central en términos de la apertura de los mercados nacionales al capital internacional, así como su importancia en

*Trade Union Education Institute, University of the West Indies, Mona Jamaica.
**Women's Studies, University of Maryland College Park, EUA.

los movimientos populares migratorios causados por la eliminación de los empleos particulares en casa y porque buscan vender su trabajo en otros lugares.

Es innecesario mencionar que para mucha gente en el ambiente actual hay cuestionamientos sobre la necesidad y la utilidad de los sindicatos, el papel y el estatus de las mujeres sindicalistas Sin embargo, antes de intentar examinar los beneficios de los sindicatos para los trabajadores y de discutir los papeles de las mujeres en dichas organizaciones, es esencial definir el sindicalismo y proporcionar una breve historia de su desarrollo desde sus inicios a principios del siglo XIX. Ejemplos informativos clarifican la naturaleza de la relación entre el capital y el trabajo en la región. Luego de esta discusión, enfocaremos la importancia de las conexiones contemporáneas entre las mujeres sindicalistas en América Latina y el Caribe. Esta red se forjó durante la Década de la Mujer de las Naciones Unidas. Como grupo, estas mujeres líderesas están comprometidas con los ideales de trabajo organizado, y están dedicadas a la búsqueda de la igualdad de género en los centros de trabajo y en la sociedad en general.

El sindicalismo se basa en la ideología de protección e igualdad. Su meta es la protección de los derechos innatos al individuo. Entre estos derechos está el derecho de asociación —es decir, el derecho a organizarse y unirse al sindicato de su elección, libertad contra la esclavitud, libertad para mejorar sus condiciones de vida y el derecho al trabajo productivo y decente. Un trabajo decente es "el primer paso para salir de la pobreza… una agenda de igualdad de géneros. Está basado en los principios de equidad e igualdad en el trabajo y en el hogar" (Director General, 1999). Esto es lo que todos los trabajadores esperan lograr, además, es importante considerar que ello define al sindicalismo, dada la "informalización" contemporánea (el auge y predominio del sector informal) de las relaciones laborales, no sólo en Latinoamérica, sino mundialmente. Un estudio comparativo de membresía y densidad sindical mostró una correlación entre los porcentajes de trabajo organizado formalmente y regulado por el gobierno y los porcentajes de la fuerza laboral de los trabajadores del sector informal. Lo que la información de nueve países de América Latina, Canadá y Estados Unidos mostró fue que la mayor parte de la población laboral en los países del hemisferio sur pertenecían al sector informal y, por lo tanto, no se ajustaban a la definición de "trabajo decente" (French, 2002). Otro estudio comparativo demuestra que, de los 100 nuevos empleos creados en la región entre 1990 y 1995, 84 lo fueron en el sector informal, generalmente de autoempleo (Bolles, 2004). Estas condiciones actuales de trabajo asalariado reflejan las situaciones dadas en los últimos 150 años, que impulsaron la expansión del movimiento sindical en América Latina y el Caribe en primer lugar. Del mismo modo a quienes vinieron antes que ellas, las mujeres sindicalistas hoy continúan construyendo el movimiento en sus respectivos países. Sin embargo, ahora pueden hacerlo en un esfuerzo regional colectivo, dado que todas ellas enfrentan impedimentos similares para sindicalizarse a raíz de la agenda neoliberal. Con el impacto del neoliberalismo y la globalización el "trabajo decente" es aún una meta para toda la clase trabajadora y, más importante todavía, para las mujeres, quienes son las nuevas participantes en la fuerza laboral asalariada. El futuro del movimiento sindical en Latinoamérica y el Caribe descansa en su habilidad para organizar a estos nuevos trabajadores y educarlos en su derecho a tener un trabajo decente y productivo, y asimismo, a su derecho a la libertad de asociación. Las organizadoras laborales tienen una historia como guías, y su reconocimiento aún está por hacerse.

Luchas de los trabajadores y trabajo organizado

Cada uno de los países de Latinoamérica y el Caribe tiene su propia historia de trabajo organizado. En el caso de los países de Centro y Sudamérica, sus economías, básicamente agrarias, dependían de socios económicos europeos, quienes se responsabilizaban de las facilidades del transporte que garantizaba que sus productos agrícolas y mercancías llegaran a los muelles de carga. La inmigración del siglo XIX y el aumento de la industrialización transformó la región y su fuerza laboral. Los siguientes ejemplos ilustran el tenor de los tempranos esfuerzos que se organizaron en América Latina con un énfasis en el papel de las mujeres en estos movimientos laborales. Es importante notar que las mujeres no sólo fueron parte del movimiento, sino participantes activas en la lucha por los derechos de los trabajadores en general y por el mejoramiento de las condiciones en que trabajaban.

A principios del siglo XX en Argentina, el deseo de los inmigrantes europeos por una mejora material permitió el desarrollo de nuevas condiciones sociales entre la clase de bajos recursos y la clase trabajadora de las áreas urbanas. La industrialización tardó en llegar a Argentina, y después de la segunda guerra mundial no aumentó significativamente. Sin embargo, entre este grupo de inmigrantes del siglo XIX habían agitadores laborales y anarquistas de España e Italia. Es en este momento cuando el trabajador argentino urbano toma conciencia de su identidad y de la posibilidad de la acción conjunta (Scobie, 1996). Este fenómeno en Argentina no sólo proporciona información acerca del origen de la toma de conciencia del trabajador, sino también se refiere a él como "masculino". Hablar de *el trabajador* nos indica quién se percibía como trabajador asalariado fuera de casa y, en este caso, principalmente en las fábricas. La influencia del socialismo proporcionó el combustible que necesitaban muchos de los movimientos laborales; sin embargo, sólo cuando las economías en cuestión se sostenían sobre una base industrial de cualquier naturaleza, el trabajo organizado podía tener un apoyo, cualquiera que fuera el país, para perseguir sus ideales y demandar la representación de los derechos de los trabajadores en la negociación de la mejora de las condiciones laborales, salarios y beneficios sociales del trabajador.

Al tiempo que las economías latinoamericanas se transformaron de una base primordialmente agraria a una de economía mixta, los patrones de vida y de trabajo cambiaron. En Puerto Rico, similar al caso de Argentina, grupos de trabajadores se organizaron en sindicatos formales o en grupos de estudio que salieron a la luz en la segunda mitad del siglo XIX, uniéndose eventualmente, para establecer la federación nacional en 1989: Federación Libre de Trabajadores de Puerto Rico (FLT). Aunque la FLT y el Partido Socialista eran organizaciones separadas, sus líderes locales a menudo coincidían y compartían una filosofía similar. Ambos grupos apoyaban los derechos de las mujeres al trabajo y, por lo menos en el papel, abogaban por la igualdad (Silvestrini, 1986). Aunque las mujeres nunca ocuparon posiciones de liderazgo importantes en la FLT, sí participaron activamente en las etapas iniciales de la organización. Juana Colón, una trabajadora tabacalera, organizó protestas y huelgas contra las corporaciones tabacaleras americanas en Comerio, un pueblo en el área productora de tabaco de Puerto Rico (Silvestrini, 1986:63). A fines de siglo, Luisa Capetillo se convirtió en figura nacional entre los trabajadores puertorriqueños. Ella realizó una prominente labor en las campañas realizadas en la isla, exigiendo mejoras tanto en las condiciones laborales de los trabajadores como en el reconocimiento de los derechos de las mujeres. Era una oradora apasionada, durante un discurso dado en 1911 Capetillo arengó: "Compañeros trabajadores, están en un estado de esclavitud peor que el de los tiempos antiguos. ¿No están deseosos de abandonarlo? No olviden que en sus propias manos está la salvación que tanto necesitan. Campesinos… su esclavitud no ha terminado. Antes, su amo los poseía y se había adueñado de su voluntad; ahora los libera, pero los deja sin medios para ejercer esa voluntad" (Capetillo, citada en Silvestrini, 1986:63). Las condiciones laborales a las que se refiere Capetillo no habían cambiado en décadas, sin embargo, para 1934, la FLT había organizado nueve sindicatos y había hecho campaña para organizar a los trabajadores del hogar. Las huelgas demandaban salarios más altos para evitar que el hambre creara la insurgencia entre los trabajadores puertorriqueños, y la valentía de las mujeres huelguistas facilitó la sindicalización de muchas otras. De acuerdo con un informe, "las trabajadoras en Mayagüez, en su mayor parte mujeres… hicieron una protesta valiente contra las casi intolerables condiciones por medio de una huelga general. Esto afectó gradualmente a toda la industria" (Silvestrini, 1986:68). Los trabajadores tomaron conciencia y aumentaron su colaboración con otros movimientos, en particular en lo relacionado con las luchas políticas y sociales en toda la isla. La militancia femenina continuó creciendo a un ritmo constante, a pesar de que muchas de las protestas terminaban en derrota. Los académicos señalan que las huelgas de 1930 sirvieron como fuente de inspiración y como la "columna ideológica del accionar de los movimientos actuales" (Silvestrini, 1986:72).

En Colombia, al término de la guerra civil más larga, en 1902, los inversionistas comerciales construyeron fábricas en Medellín. Presionados por el gobierno para establecer tarifas protectoras, los inversionistas trajeron, de Inglaterra y de Estados Unidos, equipo y un concepto para organizar la fuerza laboral que manipularía el tiempo de trabajo de las mujeres y los niños. Treinta años después, luego de varios intentos para controlar la fuerza laboral de las fábricas textiles de Medellín, la gerencia suprimió los sindicatos independientes usando métodos tanto legales como ilegales. Los industriales unieron sus esfuerzos "para desarrollar una red de sindicatos auspiciados por la iglesia, de naturaleza anticomunista" (Farnswoth-Alvear, 1997). El miedo a una fuerza laboral femenina consciente y organizada impulsó a los capitalistas a coludirse con la Iglesia católica y con el sistema de desigualdad de géneros que se encargaba de preservar las normas patriarcales en una serie de medidas restrictivas que incluían el acoso sexual en el trabajo. Una entrevistada reportó:

"Yo solía llevar una navaja de bolsillo para repeler agresiones de los compañeros en el centro de trabajo." Una de sus compañeras le advirtió: "Ten cuidado, que cuando se va la electricidad ellos te agarran." Ella comentó: "Saqué mi navaja y la tenía abierta, cuando ya casi iba a volver la electricidad un tipo me cogió y lo corté. De inmediato se lo llevaron a la sala de emergencias. Y lo despidieron" (Farnswoth-Alvear, 1997).

Después de la segunda guerra mundial, en el área más amplia de São Paulo (ABC), los hombres y mujeres trabajadores pudieron organizar sus centros de trabajo sin temor a represalias de perder el empleo. Las mujeres aún enfrentaban los retos ideológicos de discriminación en la fuerza laboral. No sólo los compañeros de trabajo, sino también los gerentes de las fábricas y los capataces, tenían prejuicios contra las mujeres trabajadoras de las fábricas, citando las normas patriarcales y culturales para justificar sus acciones. Sin embargo, cuando ocurrió la huelga más larga, en la era de la posguerra, el comité de negociaciones de los trabajadores mencionó un número de demandas específicas y exigencias de las mujeres. A las mujeres se les pagaba menos que a los hombres, tenían dificultades para cumplir la cuota base del salario a destajo y eran continuamente amenazadas con perder el empleo porque no podían con la dura demanda del trabajo. Aún mas, las plantas no tenían suficientes vestidores para las empleadas (French y Pedersen Cluff, 1997). Ya sea por pragmatismo o principios, los líderes laborales reconocían la necesidad del apoyo femenino en las huelgas de 1946-1947 (French y Pedersen Cluff, 1997:190). Quizás inconscientemente fueron los líderes sindicales de centro izquierda, que clamaban por la unidad de la clase trabajadora, quienes en mayor grado incorporaron a las mujeres en las actividades huelguísticas. En situaciones donde las mujeres constituían un porcentaje importante de la fuerza laboral, siempre podían encontrarse mujeres huelguistas entre los oradores en mítines locales (French y Pedersen Cluff, 1997:190).

A principios de los años cincuenta, los hombres y las mujeres reconstruyeron el movimiento sindicalista en Guatemala sólo para que decayera nuevamente por la violencia y el terror que trajo la represión de los ochenta. Sin embargo, a principios de los setenta, el movimiento laboral, dominado por hombres, percibía las luchas de los trabajadores como un empeño puramente masculino, imbuido de códigos de honor, trabajo y solidaridad. (Levenson-Estrada, 1997). Para ser activistas sindicales en Guatemala, las mujeres habían librado dos batallas, una contra la empresa y el Estado, y la otra contra las normas prescritas de los modelos establecidos sobre el comportamiento del género. En las fábricas donde la fuerza laboral era femenina, los sindicalistas varones necesitaban entender la doble identidad que profesaban las mujeres que deseaban comprometerse en las luchas laborales. Las mujeres sindicalistas eran libres para ver lo que estaba pasando en el centro laboral y eran menos propensas de asociarse a un prejuicio de género. Se identificaban y también reconocían que la clase y el género se construían de modo diferente al de los varones, quienes aún sostenían el estilo patriarcal.

Como lo demuestra un puñado de casos, las mujeres trabajadoras eran parte de la fuerza laboral industrializada de América Latina y enfrentaban problemas similares de sexismo de género, tanto dentro del movimiento como de parte del gobierno, de los patrones y de la Iglesia católica, siempre reforzando las prácticas patriarcales. Influidos por el socialismo, la inmigración europea y la posibilidad de ascender socialmente, los hechos que se recogen aquí ilustran algunas de las diferencias encontradas en el hemisferio, relacionadas con la historia del trabajo organizado. Las mujeres líderes, como la famosa activista puertorriqueña Luisa Capetillo, o las trabajadoras soldadoras de las fábricas de Medellín, son un ejemplo de las muchas mujeres que pelearon de diferentes maneras por el derecho de acceder a un trabajo remunerado, con un salario decoroso para poder trabajar con dignidad y orgullo. Las mujeres estuvieron allí, en los albores de la lucha de los trabajadores y continúan haciéndolo.

En una situación histórica y económicamente análoga, los países del Caribe inglés también se desarrollaron a partir de economías basadas en el agro. Sin embargo, el movimiento laboral tuvo un comienzo distinto del que ocurrió en Argentina, Brasil, Colombia y Guatemala.[1] Los primeros sindicatos en el Caribe inglés fueron guiados por mecanismos estatales coloniales de origen británico. Estos sindicatos se desarrollaron bajo restricciones en las primeras décadas del siglo XX. En 1919, se promulgó la primera Ordenanza de Sindicato en el Caribe de habla inglesa. Sin embargo, debido al creciente deterioro de las condiciones sociales, las demandas por mejorar salarios y condiciones laborales, los derechos a la tierra y de representatividad, condujeron a manifestaciones de protesta que se extendieron a todos los países de la región entre los años 1934 a 1938.

Los británicos conformaron una comisión de investigación —la Comisión Moyne— para examinar y entender la razón de las respuestas de sus sujetos. A éstos se les otorgó cierta consideración y algunas recompensas menores que los ablandaron y contribuyeron al desarrollo y diferenciación de los sindicatos modernos y los movimientos políticos de la región. Ambos movimientos estuvieron, por supuesto, fuertemente ligados por medio de afiliaciones a partidos y simpatías sindicales.

Los líderes del movimiento laboral sindical ingresaron en la arena política mientras retuvieron su asociación con el trabajo organizado. Por ejemplo, los padres del Estado moderno en Jamaica, el honorable Norman Manley y sir Alexander Bustamante fueron líderes laborales, así como lo fue sir Tom Adams en Barbados. La relación entre la política laboral y electoral, aunque cambiante, todavía se da en nuestros días. El guardián está cambiando, y como los protegidos de los líderes originales deben dar paso a la nueva generación, particularmente conforme las mujeres continúen trabajando para obtener un mayor empoderamiento, y de este modo empiecen a tener el lugar que con justicia merecen en el ámbito laboral organizado.

Las mujeres cuyo único objetivo era construir el movimiento laboral, tanto a través de partidos políticos como del movimiento sindical, apoyaron a los guardianes originales de esas instituciones. A veces, el activismo era parte de la actividad

---

[1] Puerto Rico es territorio de la Comunidad de Estados Unidos. Su historia fluctúa entre su estatus como país autónomo del Caribe y ser "parte" de Estados Unidos, posteriormente.

familiar, como se muestra en el caso ya histórico de Halcyon I. Glasspole, una antigua directora del Sindicato Nacional de Trabajadores de Jamaica, quien se unió a su hermano Florizel Glasspole para organizar a los trabajadores en 1938 (Bolles, 1998). Los protegidos de la guardia vieja se beneficiaron de mujeres como Halcyon Glasspole, muchos de los cuales se unieron al movimiento sindical cuando jóvenes y formaron generaciones de líderes masculinos. Sin embargo, entre las generaciones de mujeres sindicalistas que siguieron y que se denominan segunda generación de mujeres sindicalistas, varias adoptaron diferentes enfoques para expresar su compromiso y lealtad al sindicato organizado, y al movimiento sindicalista en general. No obstante, permanece el respeto y la admiración por la primera generación de mujeres sindicalistas, por su trabajo y su incansable compromiso al movimiento laboral. Esta intersección de grupos es la que ciertamente ha contribuido a mantener estable el movimiento.

No hay duda de que las mujeres del Caribe contribuyeron a la formación de sindicatos, desempeñaron diferentes papeles, incluido el de unirse con colegas varones para establecer estas instituciones; dos de estas mujeres, en los inicios del movimiento, fueron Elma Francios y Christina King de Trinidad y Tobago. Muchas de ellas desempeñaron los esperados papeles tradicionales de las mujeres mientras que otras optaron por oponerse al sistema y actuaron de modo distinto. Sin embargo, su grado de compromiso en el primer nivel, al establecer sindicatos, no cambió el carácter general de éstos, que en esencia siguieron siendo patriarcales. Generalmente las mujeres controlaban las finanzas de los sindicatos y de sus directores. Esta tarea de apoyo continuó siendo la función primaria de las mujeres en los sindicatos. Sin embargo, a principios de los ochenta, los programas de educación y entrenamiento para mujeres que realizaban trabajo organizado facilitó el surgimiento de un creciente número de mujeres que se convirtieron en directoras y lideresas, aunque su presencia en tales niveles de toma de decisiones, ciertamente no refleja su membresía en el movimiento organizado caribeño.

Las mujeres sindicalistas se unen en toda la región

La Década de la Mujer abrió el camino para que las mujeres se hicieran más visibles: los grupos femeninos, identificados como "comités" o "armas", fueron agregados a la lista de funcionarios dentro de las organizaciones. Dentro del movimiento sindical, el término "comité de mujeres" era el término oficial de los grupos de mujeres. Con el paso de los años, "varios grupos de sindicatos de mujeres trabajadoras del Caribe han tomado parte en las iniciativas para corregir el desequilibrio de la poca representación de las mujeres en el nivel de liderazgo del movimiento sindical" (Phillips, 1996). En 1982, un grupo de 40 mujeres sindicalistas del Caribe holandés e inglés, se involucró en un programa de entrenamiento que se formó como consecuencia de las reflexiones sobre sus propias responsabilidades y posiciones dentro del movimiento sindical. Algunos de los puntos más importantes fueron "su aguda toma de conciencia en torno a su falta de autoridad en las áreas de toma de decisiones dentro de las organizaciones sindicales, sumada al reconocimiento de que los papeles de dirección rara vez les fueran concedidos, y más bien fueran férreamente conservados por los hombres, como resultado de las ideas fijas y los patrones rígidos de comportamiento" exhibidos por ellos (Phillips 1996). El resultado de estas actividades de entrenamiento fue el ascenso de algunas mujeres en el movimiento sindical del Caribe, quienes al inicio del programa eran miembros jóvenes de sus organizaciones sindicales. Actualmente, varias de las participantes del programa "Proyecto para el desarrollo de la Mujer Caribeña en el Sindicato" tienen posiciones importantes en el movimiento sindical caribeño y en otras instituciones. Para nombrar a algunas, Evette Gibson es ahora la gerente de personal del Sindicato de Trabajadores de Barbados, mientras que Annice Dalrymple es la contadora principal y a menudo tesorera de la Universidad de las Indias Occidentales, Campus Cave Hill, Barbados. Jacquelin Jack es la secretaria general del Sindicato Nacional de Trabajadores Federados y del gobierno en Trinidad y Tobago, y también segunda vicepresidenta del Congreso Caribeño del Empleo. El Instituto de Educación Sindical (TUEI) y la Facultad de Educación Continua de la Universidad de las Indias Occidentales, están presididos, y lo han estado por muchos años, por una participante del proyecto.

Conforme se acercaba el nuevo milenio, algunas organizaciones tomaron el liderazgo en la búsqueda de revertir las tendencias de invisibilidad calculada y, por lo tanto, de exclusión de las mujeres en el liderazgo del Movimiento Laboral. En Latinoamérica y el Caribe se hicieron esfuerzos a través de la Organización de Trabajadores Regionales Interamericanos para establecer y mantener a mujeres en posiciones de influencia y colocar en la agenda sindical temas como la igualdad de género y paridad. En 1989 en el XII Congreso Continental de la ORIT, la inclusión y la promoción de la mujer sindical a posiciones de liderazgo se reconoció como tema crítico para el fortalecimiento de la organización sindical. El reconocimiento trajo la formación del Comité Continental de Mujeres Trabajadoras (COMUT) como un cuerpo consultivo del Concejo Ejecutivo de la ORIT en 1990. El propósito de este comité es dirigir los temas relacionados con la mujer, así como los procedimientos y acciones vinculados a temas de igualdad de género y paridad. Ya en el XIII Congreso Continental de 1993, la ORIT revisó sus procedimientos en relación con las mujeres trabajadoras aboliendo conceptos y prácticas influidas por nociones culturales, sociales e históricas, que impedían la inclusión de las mujeres en todos los niveles de liderazgo dentro del movimiento sindical. El trabajo de la COMUT también señalaba el camino para que el XV Congreso Continental de ORIT reconociera que las mujeres constituyen la mitad de la fuerza laboral del continente y que debía asegurarse su inclusión en todos los niveles de organización sindical, junto con el tema de igualdad de género.

En el documento oficial del XIV Congreso Continental realizado en 1997, "Una Alternativa de Trabajo: Democratizar la Globalización", sección III, subsección 192, (ICFTU/ORIT, 1997), se reconoció lo siguiente:

el sindicalismo era un espacio predominantemente para hombres y para los trabajadores asalariados formales; está estructurado desde ese punto de vista. Para su supervivencia, ahora tiene que abrirse, sin miedos ni prejuicios, a las mujeres. También tiene que abrirse a otros grupos específicos, tales como el sector informal no asalariado, los trabajadores de la maquila y los trabajadores de compañías subcontratantes.

Para hacer realidad esta declaración de vida, era importante iniciar el proceso presentando propuestas para la inclusión de mujeres a niveles superiores de liderazgo. Esto se hizo a través de un proceso de sensibilización y de movilización de mujeres con el apoyo de algunos hombres influyentes en el movimiento. El proceso de sensibilización implicaba pequeños grupos de discusión, tanto con los miembros como con activistas educacionales, en un nivel regional como nacional. A partir de ahí era más fácil movilizar a las mujeres para que aceptaran mayores responsabilidades de liderazgo y se hicieran más visibles en sus organizaciones. En el contexto latinoamericano también hubo hombres de visión, quienes secundaron proactivamente el proceso.

Este proceso fue apoyado por el Departamento de Igualdad de la organización protectora de los sindicatos libres, la Confederación Internacional de Sindicatos Libres (ICFTU), misma que proporcionó una importante asistencia técnica, debido a que el XVII Congreso de la Confederación Internacional de Sindicatos Libres de 2000, hizo suyos los resultados obtenidos tanto del Congreso de la ORIT como de la Conferencia Mundial de Mujeres. El capítulo IV del documento de la Conferencia "Fin de la Discriminación en el Lugar de Trabajo", incluía todos los aspectos de discriminación dirigidos hacia las mujeres y su vulnerabilidad, particularmente en el centro de trabajo. El Congreso informó que aun sin disgregar datos, 40%, es decir casi 63 millones de mujeres eran miembros de la ICFTU en los sindicatos afiliados. Esta afirmación de la fuerza del sindicalismo femenino alentó los cambios en el Movimiento Laboral.

Volviendo al plano regional, el resultado de las actividades de sensibilización, movilización y actividades educacionales propició, desde el comienzo del XIV Congreso Continental hasta los Congresos XV y XVI, cambios importantes respecto de la inclusión de mujeres en el liderazgo de la ORIT. Primero se determinó que por lo menos uno de los cinco asientos del secretariado de la ORIT debía ser ocupado por una mujer. Después, en el año 2001, se estableció que debía haber por lo menos una mujer por región en el Consejo Ejecutivo de la ORIT, y otra como suplente. La Constitución de la ORIT posteriormente estipula la inclusión de mujeres, pidiendo que las delegaciones que participen en los congresos de la ORIT "garanticen una composición basada en el principio de igualdad de género". Más aún, el papel de la COMU está enmarcado en el artículo XIII de la Constitución y está dirigido por Amanda Vilatoro, secretaria de Educación y de Política Sindical de la ORIT.

En el XVI Congreso, en Brasilia en 2005, se estableció que el nuevo Comité Juvenil de la ORIT debía incluir políticas de igualdad de género en sus estatutos. Actualmente la presidente de la COMUT y la secretaria de Educación y de Política Sindical representan a las mujeres en el Secretariado de la ORIT.

El trabajo de la COMUT ha sido, por lo tanto, importante para estrechar la unión de las mujeres en las Américas. Sin embargo, se debe también dar crédito a nuestras antecesoras en todo el mundo, quienes soportaron cárcel y trato injusto para ayudar a fortalecer el movimiento sindical, colocando así los cimientos para la inclusión y el creciente compromiso de las mujeres en una institución que continúa siendo grandemente dominada por varones. La sindicalista guyanesa Philomena Sahoye, conocida popularmente como la "bola de fuego" y la "Madre de los trabajadores azucareros", fue acusada de sedición y encarcelada en 1964. En el mismo año, en un discurso alentador Sahoye les dijo a los trabajadores: "El destino de este país descansa sobre nuestros hombros y debemos preparar el camino para nuestros hijos" (*Guiana Chronicle*, 1964) [1].

En el nivel internacional, el Comité Femenino de la Confederación Internacional de Sindicatos Libres (ICFTU) —del cual la COMUT es afiliada— continuó su trabajo en el avance de las mujeres en los sindicatos. Un resultado importante del trabajo de los comités femeninos a través de los años, y de la labor de nuestras antecesoras, ha sido el advenimiento de las Conferencias Femeninas Mundiales de la ICFTU, de las cuales ya se han realizado ocho.

El cuerpo supremo del movimiento sindical es el congreso mundial que se reúne cada cuatro años bajo el auspicio de la ICFTU. Este cuerpo ha permanecido por muchos años dominado ampliamente por los varones y generalmente indiferente a la participación y contribución de las mujeres. Por lo tanto, vale la pena mencionar que para introducir una acción positiva y aumentar la participación de las mujeres es necesario construir comités femeninos sólidos y buscar el establecimiento de conferencias femeninas regionales e internacionales, que se relacionen con áreas específicas de las Américas.

El escenario para la creciente participación de las mujeres en los asuntos relacionados con el movimiento sindical fue establecido en 1999 en el VII Congreso Mundial de la Confederación Internacional de los Sindicatos Libres (ICFTU), en donde fueron las mujeres quienes desarrollaron y proporcionaron los lineamientos políticos del siguiente Congreso Mundial ICFTU. Los lineamientos incluían el desarrollo de "estrategias innovadoras y concretas para organizar a las mujeres en los sindicatos, promover intercambios de información y experiencia entre las mujeres y los sindicatos, y fortalecer la solidaridad entre las mujeres dentro y fuera de los sindicatos". La Conferencia se guió por los temas: "Solidaridad Femenina: Una Fuerza Dinámica en el Sindicato y en la Sociedad" y "Ocupando nuestro lugar en el siglo XXI. Igualdad para todos". Para el año 2000, la ICFTU lanzó la Campaña Femenina Mundial por tres años: Sindicatos para las Mujeres, Mujeres para los Sindicatos. El propósito de la campaña era aumentar aún más las tasas de membresía femenina, que se habían incrementado en los últimos 15 años y representaban 40% de la membresía sindical mundial. Sin embargo, es importante notar que el número de sindicatos para hombres y mujeres ha disminuido mundialmente. Aun con esta disminución en el número real de mujeres, este porcentaje ha mejorado manteniendo la tasa de 40 a 60% (ICFTU Women's Committee document, 2003).

Antes de la primera Conferencia de Mujeres para las Américas del año 2004, sólo existía el Congreso Continental. Desde entonces, institucionalmente, el Congreso Continental tiene que esperar y aceptar formalmente las contribuciones de la COMUT después de su ratificación de la Conferencia de Mujeres de las Américas. Además, las propuestas de las mujeres sindicalistas de Latinoamérica y el Caribe atraerán un mayor respeto en la Conferencia Mundial de mujeres para la presentación de propuestas en el congreso mundial de la ICFTU.

Esto quiere decir que hoy los congresos, regionales e internacionales, están influidos por las mujeres, quienes contribuyen en todos los cambios que están ocurriendo en el movimiento sindical mundial. El que hayan pasado casi 14 años desde la formación de la COMUT para que se realizara la primera Conferencia de Mujeres de las Américas en Panamá —del 27 al 29 de septiembre de 2004— demuestra la determinación de las mujeres de la región y, por lo tanto, constituye un logro significativo para los sindicatos femeninos en las Américas que no puede ser ignorado.

El resultado de esta conferencia continental inaugural, titulada "Mujeres trabajadoras construyendo el movimiento sindical en las Américas", ha sido la total participación de las mujeres sindicalistas en el desarrollo de la Plataforma Laboral de las Américas. Se realizaron varias consultas entre las sindicalistas en toda América, en sus respectivas regiones, para asegurar que el estatus y las condiciones de las mujeres estuvieran fielmente representadas en la plataforma laboral. Las políticas dentro de la plataforma laboral guiarán el desarrollo de las Américas, contribuirán al trabajo digno para las mujeres y hombres de las Américas, y asegurarán el desarrollo sustentable para las futuras generaciones. La plataforma laboral será presentada en la próxima cumbre de las Américas, en la que los sindicatos femeninos estarán presentes. Éste ha sido otro logro importante para el sindicato femenino y la COMUT.

Hay que señalar que el efecto de las conferencias femeninas, tanto regional como internacionalmente, fue más evidente en el último congreso de la ICFTU, en diciembre de 2004. En ese congreso, por primera vez en la historia, una mujer fue elegida presidenta de la Confederación Internacional de Sindicatos Libres. Para las sindicalistas femeninas, el desarrollo de comités femeninos y de conferencias de mujeres, por lo tanto, no puede ser minimizado. La COMUT tiene parte del crédito por este logro.

Con el aumento del número de mujeres en el movimiento sindical y gracias a la labor de la COMUT, los sindicatos femeninos de Latinoamérica y el Caribe han progresado. Las mujeres son más visibles y están comprometidas en la toma de decisiones y en la construcción del Movimiento Sindical de la región. A pesar de que los Departamentos por la Igualdad del ICFTU y de la COMUT han trabajado asiduamente para mejorar el estatus de las mujeres en los sindicatos, aún queda mucho por hacer. Por lo pronto se obtuvo material y equipo de campaña, y se hizo la conducción de encuestas sobre el número de asociadas y sus porcentajes. Entre los temas específicos que se discutieron (ICFTU, 2003) para contribuir al empoderamiento de las mujeres trabajadoras están los siguientes:

- El respeto a los derechos de las mujeres trabajadoras para organizarse y formar sindicatos.
- La creación y ejecución de leyes que proporcionen protección social y legal.
- Cómo se benefician las mujeres trabajadoras en la economía informal y en las zonas.

- Procesadoras de Exportaciones (EPZ) de la membresía sindical, así como de las limitaciones que enfrentan para unirse y formar un sindicato.

Como resultado de todas estas actividades han ocurrido cambios significativos en las últimas tres décadas sobre los papeles y el estatus de las mujeres sindicalizadas. Algunos de los beneficios para las mujeres y sus familias son la licencia por maternidad, la ley contra la discriminación y contra el acoso sexual, la exclusión de políticas que discriminan específicamente a las mujeres y la atención para una agenda del trabajo digno. Las mujeres están ahora más conscientes de los requerimientos para lograr empoderamiento socioeconómico y de las limitaciones creadas por la segregación sexual en el lugar de trabajo.

Las mujeres de Latinoamérica y el Caribe se han unido para fortalecer el movimiento sindical regional y para mejorar la igualdad en el centro de trabajo. Sin embargo, aunque hay muchas más mujeres empleadas, todavía no existe "una distribución equitativa de responsabilidades en el hogar, igualdad de pagos por labores de igual valor, y balance de géneros en todas las ocupaciones" (ILO, 2004). Las discusiones más recientes entre las sindicalistas se han enfocado en el desarrollo de liderazgo, igualdad, la lucha para el relevo de líderes y *la acción afirmativa*.

CONCLUSIONES

La Década de la Mujer de las Naciones Unidas fue el detonador para que las mujeres se involucraran en estrategias para cambiar su condición, particularmente en el movimiento sindical. De modo similar al más grande movimiento femenino global de mujeres, las sindicalistas supieron aprovechar las experiencias obtenidas en las reuniones regionales (Tinker, 2004). Allí, las mujeres empezaron a delinear su propio futuro como líderes sindicales, trabajadoras y activistas. Compartir información y estrategias es crucial en este momento debido al avance de empresas de capital global y sus políticas opuestas a la creación de sindicatos. Además del apoyo de la ICFTU en pro de la igualdad de género en los trabajos organizados, la mejora del estatus de las mujeres es una tarea en la que debe seguirse trabajando.

En un plano local es donde la historia de las mujeres en el movimiento laboral alcanza los diferentes niveles de conciencia, como trabajadora, como ciudadana y como mujer. Las mujeres sindicalistas han luchado en múltiples frentes, en sus organizaciones, en el aparato estatal, en la política y en la sociedad en general. Estos esfuerzos merecen ser documentados en textos académicos, pero también ser reconocidos por las feministas y activistas que se ocupan de los asuntos relacionados con el trabajo de las mujeres. Es interesante ver que el movimiento regional femenino más grande aún tiene dudas para reconocer el progreso hecho por las mujeres sindicalistas, como se evidencia en las recientes publicaciones. Esta falta de reconocimiento puede deberse a conflictos personales, situaciones políticas o a cualquier otro desacuerdo. *Gender Equality in the Caribbean; Reality or Illusion* (2003), editado por Gemma Tang Nain y Barbara Baily, documenta la condición de las mujeres en la sociedad, en la política y, sobre todo, expone su bienestar general, siguiendo la Plataforma de Acción de Beijing, firmada por todos los gobiernos de la Comunidad Caribeña, CARICOM (Caribbean Community). Es notable la profundidad del análisis, sin embargo, las autoras no mencionan el movimiento sindical o el estatus de las mujeres en el trabajo organizado de la región. Hay otro volumen (Fraiser y Tinker, 2004) que trata específicamente de las mujeres y su desarrollo, del activismo femenino y del papel desempeñado por las ONG en Latinoamérica y el Caribe; estos capítulos han sido escritos por figuras destacadas en estos temas. Más que reminiscencias, estas mujeres crearon organizaciones y desarrollaron estrategias que hicieron una diferencia en la vida de mujeres y jóvenes, y en la sociedad en general. Nuevamente, las mujeres en el movimiento sindical no fueron incluidas en ninguno de los capítulos, y si se daba algún reconocimiento, era superficialmente. Ambos volúmenes representan dos oportunidades de comunicación mutua que perdieron aquellas mujeres involucradas en luchas similares.

La dirigente laboral y lideresa política guyanesa, Jane Phillips, hizo un llamado a los lectores de *We Paid Our Dues* "a encontrar el tiempo para entender qué ocurrió en los primeros años, de modo que la generación aún por nacer pudiera mirar en esa dirección en las páginas de la historia de Guyana, cuando no hay casi ningún conocimiento de lo que ocurrió" (Bolles, 1996). Cuando estas dos áreas de la literatura se complementen, la narración de las historias de luchas pasadas por las mujeres trabajadoras y las de clase media, entonces la historia del movimiento laboral informará realmente sobre la lucha continua por los derechos de los trabajadores a un salario decente.

BIBLIOGRAFÍA

Bolles, Lynn (2004), "Terror of terrorism: Its impact on women's lives in the Caribbean", *Souls*, vol. 6, núm. 2, primavera, pp. 64-74.

————— (1998), "Working on equality commonwealth Caribbean women trade union leader", en C. Barrow (ed.), *Caribbean Portraits; Essays on Gender Ideologies and Identities*, Kingston, Jamaica, Ian Randle Publisher.

————— (1996), *We Paid Our Dues: Women Trade Union Leaders of the Caribbean*, Washington, D.C., Howard University Press.

Director General (1999), *Decent Work Report*, ILO Geneva.

Farnsworth-Alvear, Ann (1997), "Talking, fighting, flirting: Worker's sociability in Medellin Textile Mills, 1935-1950", en J.D. French y D. James (eds.), *The Gendered Worlds of Latin American Women Workers*, Durham, N.C., Duke University Press, pp. 147-175.

Fraiser, Arvonne y Irene Tinker (eds.) (2004), *Developing Power: How Women Transformed International Development*, Nueva York, The Feminist Press.

French, John (2002), "New points of departure: When does Latin American and Caribbean labor history start? And what does is study? And how", en <www.duke.edu/web/las/Council/french02.html>.

French, John D. y Mary Lynn Pedersen Cluff (1997), "Women and working-class mobilization in postwar São Paulo, 1945-1948", en J.D. French y D. James (eds.), *The Gendered Worlds of Latin American Women Workers*, Durham, N.C., Duke University Press, pp. 176-207.

ICFTU (2003), 87WC/E/8 , Apéndice 3.

———— (2000), *Globalizing Social Justice: Trade Union in the 21st Century*, Sudáfrica.

ICFTU-Women's Committee (2003), *Agenda item 8: 'Global Unions' Women's Campaign: "Unions for Women, Women for Unions"*, Turín.

ICFTU/ORIT (2001), *Constitution. Adopted by the XV Continental Congress of the ICFTU/OEIT, Washington*, 23-26 de abril.

———— (1999), *Conclusions & Recommendations of the 7th World Women's Conference of the ICFTU /ORIT*, Brasil.

———— (1997), "Democracy, development and trade unions", en documento de conferencia *A Working Alternative: Democratize Globalization, 14th Continental Congress*.

ILO (2004), *Global Employment Trends for Women*, marzo.

Levenson-Estrada, Deborah (1997), "The loneliness of working-class feminism", en J.D. French y D. James (eds.), *The Gendered Worlds of Latin American Women Workers*, Durham, N.C., Duke University Press, pp. 208-231.

Nain Tang, Gemma y Barbara Bailey (eds.) (2003), *Gender Equality in the Caribbean: Reality or Illusion*, Kingston, Jamaica, Ian Randle Publishers.

Phillips, Marva A. (1996), "Foreword", en *We Paid Our Dues: Women Trade Union Leaders of the Caribbean*, Washington, D.C., Howard University Press, p. XV-XVI.

Scobie, James R. (1966), *Argentina; A City and a Nation*, Oxford, Oxford University Press.

Silvestrini, Blanca (1986), "Women as worker: The experience of the Puerto Rican women in the 1930's", en Edna Acosta-Belen (ed.), *The Puerto Rican Woman*, Westport, C.T., Praeger Press, pp. 59-74.

Tinker, Irene (2004), "Introduction", en A. Frasier e Irene Tinker (eds.), *Developing Power: How Women Transformed International Development*, Nueva York, The Feminist Press, pp. XIII-XXX.

GLOBALIZACIÓN, DESIGUALDAD E INCREMENTO DE LOS HOGARES ENCABEZADOS POR MUJERES

HELEN I. SAFA*

Traducción de John Dumoulin

La globalización y el neoliberalismo han producido una creciente desigualdad entre los países industriales avanzados y los países en desarrollo, así como entre segmentos clasistas dentro de esas economías. En los países en desarrollo, la internacionalización y la fragmentación de la producción dan lugar a una competencia feroz por la inversión extranjera, en gran medida mediante el mantenimiento de niveles bajos de salarios y otros costos laborales, a la vez que se logra una alta productividad. De este modo, la mano de obra barata se convierte en la ventaja comparativa primaria. Y gran parte de ésta la proveen las mujeres pobres. Esta feminización del trabajo, principalmente con empleos flexibles e informales, ha conducido a un decaimiento del empleo asalariado estable, de tiempo completo, tanto para los hombres como para las mujeres, con tasas más bajas de participación masculina en la fuerza de trabajo activa, salarios reales inferiores, y más altas tasas de desempleo (Standing, 1999; Vilas, 1999).

La tasa de participación femenina en la fuerza laboral activa aumentó en casi un tercio entre 1980 y 2000 en la región de América Latina y el Caribe, alcanzando 37.2% en el año 2000, en tanto que la tasa masculina apenas creció, llegando a 72% en el mismo lapso (Hite y Viterna, 2005:50). Existe una voluminosa literatura que analiza los factores responsables de este incremento femenino y sus consecuencias. Pero son pocos los que han prestado atención adecuada al estancamiento concomitante de la tasa masculina, en sus implicaciones de género. Hite y Viterna (2005) muestran que este proceso debilitó el poder de la clase obrera en su conjunto, en especial del proletariado formal, en relación con las clases dominantes. Plantean que la discriminación de género, al facilitar el deterioro de los salarios y las condiciones de trabajo para los dos sexos, puede "constituir un vehículo por medio del cual el capitalismo global se haga más eficiente en el desempoderamiento de todos los obreros latinoamericanos" (Hite y Viterna, 2005:51).

No son culpables las mujeres obreras de este deterioro. Pero, siendo reclutas relativamente nuevas del mercado laboral latinoamericano, no están tan organizadas sindicalmente como los hombres y resultan más baratas y más explotables. El reclutamiento de mujeres, como la inmigración, aumenta la fuerza de trabajo disponible, lo cual de por sí tiende a deprimir los salarios. Coincide con el nuevo vuelco masivo hacia la nueva economía de exportación que ha experimentado el

* Centro de Estudios Latinoamericanos, Universidad de Florida.

continente, el cual favoreció a las mujeres trabajadoras, en especial en las "industrias trabajo-intensivas", mientras declinó la inversión en las industrias de sustitución de importaciones, en las cuales los hombres tradicionalmente dominaban el empleo. Con el deterioro de los salarios y de las condiciones de trabajo para los hombres, éstos pueden buscar la incorporación a la nueva economía de exportación, pero en condiciones menos favorables que antes. Los sindicatos ahora prestan más atención a las obreras, y las mujeres se están organizando mejor, pero falta mucho por hacer.

A diferencia de Hite y Viterna, que estudian la estratificación clasista de la sociedad, mis investigaciones documentan el impacto en el hogar ante el avance de la fuerza laboral femenina en la región latinoamericana y del Caribe (Safa, 1995). En mi libro *El mito del hombre proveedor: Las mujeres y la industrialización en el Caribe*, demostré que con el deterioro del empleo y el salario real masculinos, las mujeres han dado un paso adelante para sostener la economía familiar, de tal manera que se han convertido a menudo en el principal proveedor del hogar en Puerto Rico, la República Dominicana y Cuba. Al igual que la mayoría de las trabajadoras en la región latinoamericana, las mujeres del Caribe han ganado en autonomía económica, hecho que se refleja en cambios importantes tales como menor fertilidad, mayores logros educacionales y familias más pequeñas (Chant y Craske, 2003:161-193). La influencia de las mujeres en el hogar aumenta con la estabilidad laboral y el nivel ocupacional, de modo que las mujeres de clase media han ganado más que las de bajos ingresos que trabajan en el sector informal. Es decir que el aumento masivo de la participación de las mujeres casadas en la fuerza laboral ha sido decisivo, ya que socava el papel del esposo o compañero como proveedor exclusivo, base tradicional de su autoridad en el hogar. Cuando las mujeres casadas sustituyen a los hombres como proveedores principales, a menudo se producen conflictos familiares, quebrantamientos matrimoniales y se incrementa la jefatura femenina en el hogar. Está claro que esta pauta no se limita al Caribe y puede ayudar a entender el aumento en el número de mujeres jefas de familia en todo el mundo (Chant, 1997).

Hoy más de un tercio de los hogares están encabezados por mujeres en Cuba, 30% en la República Dominicana y 27% en Puerto Rico. Las mujeres caribeñas se están resistiendo al matrimonio (y al rematrimonio) porque ha disminuido el "mercado matrimonial" de hombres disponibles capaces de desempeñar el papel de proveedores. La tendencia a la formación de hogares encabezados por mujeres puede ser especialmente marcada en el Caribe, donde tales hogares tienen una larga historia, y donde entre la clase trabajadora negra los lazos conyugales fueron debilitados por la esclavitud, la migración y la prevalencia de las uniones consensuales (Safa, 1999).

Durante la esclavitud, la élite caribeña impuso un sistema dual de matrimonio que restringió el acceso al matrimonio legal, como mecanismo para garantizar la superioridad racial y de clase sobre una población de color que vivía mayormente en uniones consensuales. El predominio de las uniones consensuales en la época colonial nos ayuda a comprender la ausencia de estigma fuera de la élite caribeña.

Las uniones consensuales, que a menudo son más inestables que los matrimonios legales, explican la existencia de muchos hogares encabezados por mujeres.

El presente trabajo se centra en el incremento de los hogares encabezados por mujeres en Cuba, Puerto Rico y la República Dominicana, pero considero que los resultados son aplicables a una amplia gama de hogares en toda la región de América Latina y el Caribe. El deterioro del ingreso potencial masculino ha afectado a la región entera y ha impulsado el cambio en la composición de género de la fuerza laboral, como han mostrado Hite y Viterna. Pero la tasa de jefatura femenina varía considerablemente de un país a otro —de 19% en México a 35% en Nicaragua— según una encuesta de la CEPAL de 1999 en la cual la mujer se asumió como jefa del hogar (Deere, 2005:11, tabla 6). En la misma investigación resultó más elevado el porcentaje de hogares en los que la mujer figura como principal proveedor económico, en todos los países con excepción de Nicaragua. Esto indica que las mujeres, siendo proveedoras principales, no necesariamente se consideran por ese hecho cabezas de hogar, sino que algunas continúan atribuyendo ese papel a un varón. Factores como la fuerza de la Iglesia católica, la importancia del matrimonio legal frente a la unión consensual, y la dificultad o ausencia de divorcio, todos ellos contribuyen a reforzar la importancia simbólica del hombre como jefe de hogar, que en el Caribe resulta especialmente frágil. El envejecimiento de la población del Caribe —especialmente en países como Puerto Rico, donde las viudas conforman 30% de estos hogares— también incide en el crecimiento de los mismos. Es decir que la declinación de la capacidad masculina en el desempeño del papel tradicional de proveedor económico ha tenido impacto en las relaciones de género y especialmente en las maritales, en toda la región, como veremos en la sección siguiente.

LA CRISIS ECONÓMICA EN EL CARIBE EN LOS AÑOS NOVENTA

La globalización y las reformas neoliberales golpearon a las pequeñas economías caribeñas aún más duramente que al resto de la región. Éstas habían dependido por mucho tiempo de la inversión extranjera y de las exportaciones para sostener sus economías, pero a medida que la globalización abrió mercados nuevos para la inversión, particularmente en Asia, se hicieron menos competitivas y más dependientes de la fuerza de trabajo barata. Al mismo tiempo, la reforma neoliberal impulsaba el alza del costo de la vida, reduciendo aún más los salarios reales.

Ningún país ilustra mejor que la República Dominicana estos efectos de la globalización. Una vez que abandonó el azúcar como rubro principal de exportación a mediados de los años ochenta y buscó las divisas por medio de las manufacturas exportables y el turismo, se hizo aún más dependiente de las fluctuaciones del mercado mundial. La economía dominicana tuvo una expansión hasta finales de los años noventa, pero al cerrar la década el peso dominicano ya había perdido la mitad de su valor, tras una inflación anual de 42%.

Las zonas francas dominicanas[1] prosperaron durante los años noventa, impulsadas por generosos incentivos fiscales y mano de obra barata: empleaban 200 000 personas hacia finales de 2001. La porción femenina de la fuerza laboral llegó a 38% en 2001, estimulada por el creciente costo de la vida. A partir de 1980 la tasa de participación laboral de las mujeres ha crecido más rápidamente que la de los hombres, la cual continúa su estancamiento (Báez, 2000:45, tabla 2.2). Las mujeres predominan en la fuerza laboral de las zonas francas, pero veremos más adelante cómo su predominio ha comenzado a declinar frente a los hombres. Las zonas francas dominicanas están soportando una presión cada vez mayor de la competencia internacional, desde que el TLCAN bajó las tarifas a productos mexicanos y las exportaciones chinas dominan cada vez más el mercado norteamericano.

Puerto Rico ha perdido completamente su ventaja comparativa sobre los países vecinos como sitio para la manufactura ligera. Ha quedado obsoleta la Operación Manos a la Obra, el ambicioso programa gubernamental de desarrollo industrial, concebido en los años cincuenta como motor del desarrollo. La industria de las confecciones, que en un tiempo fue la principal fuente de empleo de las mujeres puertorriqueñas, prácticamente se ha acabado. Con la elevación de los niveles educativos, las mujeres pasaron a empleos de cuello blanco y profesionales, y al sector de los servicios, de modo que el foco de la creación de nuevos empleos pasó al sector público. La tasa de participación laboral masculina descendió de 54% en 1980 a 49% en el año 2000, en tanto que la tasa femenina alcanzó 35%, comenzando a declinar también durante los años noventa (Colón, 2004:8). Las prestaciones del gobierno federal se han convertido en un apoyo importante para la economía puertorriqueña, aproximándose a 20% del ingreso personal desde finales de los años setenta (Dietz, 2003).

De los tres países estudiados aquí, Cuba sufrió la mayor crisis económica en los años noventa, debido al resquebrajamiento del bloque soviético y la eliminación del comercio, y a la evaporación de ayuda de la antigua Unión Soviética. Estos años fueron bautizados como "periodo especial", la peor crisis económica en tiempos de paz que ha experimentado el país. Entre 1989 y 1993, el PIB declinó 35%, con el colapso de las exportaciones e importaciones, y los niveles de nutrición bajaron de modo drástico. En esa década el Estado cubano cambió sus prioridades: creó una economía dual, que comprende un sector dinámico o emergente basado mayormente en el turismo, y otro tradicional, que abarca la mayor parte de la agricultura y la manufactura (Monreal, 2001:10). Cuba legalizó el uso del dólar estadunidense e implantó un sistema dual de circulación monetaria, que benefició a las personas que tenían acceso a esa moneda debido al turismo, a las remesas, y al sector informal. Como resultado de esto ha habido una desigualdad creciente y una erosión del contrato social que garantizaba a todos un nivel de vida básico (Espina, 2001). La población afrocubana ha sido particularmente golpeada en el periodo especial, debido a que tiene menos acceso a los dólares de las remesas (puesto que los emigrantes han sido

---

[1] En República Dominicana las maquilas se llaman zonas francas.

mayormente blancos) y a la nueva economía de turismo, que favorece a los empleados blancos. Las limitaciones de los servicios públicos, y en particular los salarios bajos en el sector estatal, han forzado a la población cubana a desarrollar técnicas de supervivencia, en las cuales las mujeres desempeñan un papel fundamental.

Cuba

Cualquier análisis de la estructura familiar cubana ha de tomar en cuenta los cambios dramáticos iniciados en el periodo especial, en los años noventa, pero también las transformaciones a largo plazo que surgieron antes, es decir del empeño del gobierno revolucionario por la igualdad de género. El Estado cubano intentó promover la igualdad de las mujeres por medio de la incorporación a la fuerza laboral, la elevación de los niveles educativos, el incremento de las oportunidades de empleo, las generosas licencias de maternidad, y las guarderías infantiles gratuitas. La participación de las mujeres en la fuerza laboral aumentó rápidamente, alcanzando 40.6% en 1993 (Catasús, 1999:5) y cambió también de manera cualitativa. Como resultado de los niveles educativos superiores, en 1995, dos tercios de los empleos profesionales y técnicos fueron desempeñados por mujeres, cambio que comenzó a efectuarse en los años setenta (Catasús, 1999:3, tabla 1). Al Estado cubano le sorprendió el hecho de que la autonomía creciente desembocara en una inestabilidad marital. El Código de la Familia de 1975 representa un esfuerzo por estabilizar el vínculo conyugal mediante el reforzamiento de relaciones maritales más igualitarias. Estipula que ambos esposos han de compartir los derechos y las responsabilidades hogareñas (cf. Benglesdorf, 1997). El porcentaje de hogares encabezados por mujeres ha crecido a una tasa alarmante: 14% en 1953, 28.1% en 1981 y 36% en 1995 (Catasús, 1999). Pero, ¿qué factores condujeron a este aumento?

Históricamente, la jefatura de hogar femenina era más característica de las familias afrocubanas de bajos ingresos, y a menudo se atribuía, en Cuba como en otras partes, a los efectos dañinos de la esclavitud sobre el vínculo conyugal. Pero el empeño revolucionario, con la reducción de las barreras de clase y raza, contribuyó a una convergencia notable de las pautas conyugales de todos los grupos raciales. Las uniones consensuales han aumentado entre la población blanca, y ha crecido el número de negros que se casan legalmente (De la Fuente, 1995:147). La tasa de jefatura femenina sigue siendo mucho mayor entre los negros, los cuales tenían niveles más altos de disolución conyugal; sin embargo, hasta 1995 esta tasa había variado poco entre los grupos raciales debido al nivel educativo, a la participación laboral, o a otra ocupación. Es más, se advertía una similitud notable entre las jefas de hogar blancas, negras y mulatas en cuanto a su nivel de educación y participación en la fuerza de trabajo, así como en la proporción de mujeres técnicas y profesionales que actualmente supera la cuarta parte para cada grupo (Catasús, 1999:9, cuadro 3). Estos altos niveles educativos y ocupacionales reflejan el enorme progreso que han logrado las mujeres negras y mulatas con la revolución. La población cubana también envejece, lo cual provoca que haya un mayor número de viudas, aunque en 1995 su presencia entre las cabezas femeninas menores de 65 años fue de sólo 10% (*ibid.*).

Puede ser que ciertos rasgos específicos de Cuba hayan contribuido al aumento de la jefatura femenina. La Cuba socialista fue el primer país latinoamericano en garantizar a las mujeres en uniones consensuales iguales derechos que a las casadas legalmente, cosa que en la práctica terminó restando importancia al casamiento oficial. La atención a la salud y la educación gratuitas, así como la expansión de las oportunidades educativas y ocupacionales también influyeron para que las mujeres pudieran tener hijos por su cuenta y, en general, debilitaron su dependencia de un proveedor masculino. Una obrera textilera, que crió sola tres hijos, me dijo en los años ochenta: "Ahora, actualmente, cualquier mujer, para mí, cualquiera cría un hijo sola, porque hay mucho trabajo, hay más facilidades para la mujer" (Safa, 1995:139). En 1995, 47% de las mujeres jefas de hogar tenía empleo (Núñez, 2001:61).

La familia extendida es esencial para la supervivencia de los hogares encabezados por mujeres, especialmente cuando incluyen a mujeres jóvenes con empleo. La proporción de familias extendidas es generalmente alta, debido en parte a la escasez de vivienda; pero es mayor en los hogares encabezados por mujeres. En un estudio realizado entre las obreras textileras cubanas a mediados de los años ochenta, más de la mitad de los hogares encabezados por mujeres comprendían tres generaciones. Las madres adolescentes a menudo viven con sus familias de origen, lo cual les facilita desempeñar empleos remunerados, pero esto también puede contribuir a la disolución marital en la medida en que las jóvenes parejas carecen de privacidad y de autonomía económica y emocional. Las jóvenes madres solteras a menudo viven en una posición subordinada dentro del hogar (Safa, 1995; cf. Toro-Morn *et al.*, 2002:51). En general aportan una suma fija al jefe de hogar por concepto de vivienda y alimento, y tienen su propio presupuesto para la vestimenta y otros gastos personales, propios y de sus hijos. Los hogares encabezados por mujeres no reciben del Estado preferencias en la distribución de viviendas ni pagos especiales, a diferencia de los de Estados Unidos y Puerto Rico, aunque sí tienen alguna prioridad en el acceso a los empleos. Tomando en cuenta el aumento de los hogares encabezados por mujeres, puede suponerse que el Estado cubano no ha querido promover su formación por medio de apoyos adicionales.

Con el discurrir del periodo especial, los servicios de apoyo estatales han sido sustancialmente reducidos y la familia extendida se ha hecho aún más importante. Una de estas familias extendidas, que entrevistamos en 1986, tenía entonces 26 miembros: la abuela Rosa, sus cinco hijos casados y numerosos nietos. La familia había recibido del gobierno una casa amplia con un patio grande. Ahí cada uno de los hijos construyó una residencia independiente con base en un fondo común. Han continuado viviendo juntos y ahora suman 36, puesto que Rosa ya tiene 15 nietos y 2 biznietos. Rosa ya rebasa los 60 años y no trabaja más "en la calle", pero recibe una pequeña pensión y gana algo de dinero cosiendo en casa para la venta en una tienda. Tiempo atrás, la mayoría de la familia trabajaba en la fábrica de textiles, pero ahí queda sólo una de las hijas, que es secretaria. La textilera, que en una época contaba con tres turnos las 24 horas, y más adelante con cuatro, se ha reducido a una "empleomanía" mínima con un solo turno, debido a la falta de combustible y de piezas de repuesto. Al inicio de la crisis, muchos de los obreros de la fábrica optaron por emplearse en la agricultura, pero ahora muchos trabajan por cuenta propia. Para el consumo, familias como la de Rosa tienen un pequeño cultivo, algún animal y crían pollos; también producen muebles para venta local, empleando materiales de desecho como plástico y madera. El abuelo, ya mayor, que trabajó como cortador de caña en la provincia oriental antes de la revolución y luego se adhirió al Ejército Rebelde, ahora gana su dinero con una carreta de chivo, que ofrece viajes a los niños en el parque. Es ésta una muestra de las estrategias de supervivencia que han desarrollado las familias durante el periodo especial.

Ximena, la hija menor de Rosa, ha entrado en sus 40 años. Su caso ilustra cómo la religión puede contribuir a los cambios en las relaciones de género. Ella y su esposo están activos en una nueva iglesia pentecostal, que insiste en la importancia del lazo conyugal. Ximena dice que su matrimonio de 20 años sólo comenzó a funcionar cuando se unieron a la iglesia y ella aprendió a respetar a su esposo como jefe de hogar. Ella relata:

Yo he aprendido a respetarlo a él, a ser sujeta, a obedecer. ¿Entiende? Él ha reconocido su responsabilidad como varón, como cabeza de hogar. ¿Entiende?

...Yo siempre era muy dominante, posesiva. ¿Me entiende? No quería que él me mandara y siempre teníamos problemas... Ellos están hechos para ser el varón de la casa, para que provean y cuando a ellos les quitamos ese lugar los degradamos y entonces no funciona la cosa. Y hemos aprendido muchísimo de esto y realmente hemos llegado a ser uno, sinceramente, un solo corazón y una sola alma.

Ximena y su esposo se casaron formalmente cuando se unieron a la iglesia; ella les dice a los niños que su padre es primero, aunque gane un salario mínimo como dependiente de una tienda. Su autosubordinación es poco usual para una joven cubana, y sin duda sirve para apoyar su estatus en la iglesia. No obstante su retórica, Ximena parece seguir siendo la principal autoridad en la casa: es ella la que habla y parece tomar la mayoría de las decisiones.

El desempleo en Cuba había sido exiguo antes del periodo especial, pero en 1994 alcanzó a 10.1% de las mujeres, y sólo a 4.4% de los hombres (Uriarte, 2002:28). Algunas mujeres profesionales, universitarias, están abandonando carreras como maestras, doctoras o científicas del sector estatal para trabajar en el turismo, en empleos menos especializados pero mejor remunerados (Toro-Morn *et al.*, 2002:51). Los estudios de Núñez-Sarmiento (2001) y otros sugieren que incluso estas mujeres profesionales aún "negocian con el patriarcado", mientras los esposos se acostumbren a tener mujeres que no sólo trabajan sino que pueden ganar más que ellos y están acostumbradas a tomar sus propias decisiones. Me parece que la jefatura femenina de este tipo de mujeres profesionales puede diferir de la que se observa entre las menos educadas, no-profesionales; pero falta más investigación al respecto.

República Dominicana

No existe apoyo estatal para los hogares encabezados por mujeres en la República Dominicana. Sin embargo, la prevalencia de los mismos ha aumentado de 21.7% en 1981 a 29.1% en 1991 (Duarte y Tejada, 1995:47) antes de disminuir de nuevo a 26.8% en 1996 (Báez, 2000:33, tabla 1.20). Aquí también desempeña un papel fundamental la familia extendida. Las mujeres que trabajan en las zonas de libre cambio a menudo dejan a sus niños con los abuelos en el área rural (Safa, 1995). Las mujeres que afrontan una emergencia, una enfermedad, el desempleo o una separación marital, parecen no encontrar dificultad para regresar con sus padres u otros parientes, aun bajo condiciones de hacinamiento. Así, una informante, María, volvió a vivir con sus padres y tres hermanos cuando el menor de sus tres hijos se enfermó y ella se vio en la necesidad de dejar el empleo para ocuparse de él. Su esposo, desempleado, no vive con ellos. María había trabajado anteriormente en la zona franca y como doméstica en la capital. Afirma que sus hermanos no se quejan de mantenerla, porque ella les cocina y les hace los quehaceres domésticos, y razona: "Cuando yo trabajaba, ellos no trabajaban, y yo les daba a ellos." Al parecer, ahora le toca a ella.

Madres e hijas se muestran especialmente flexibles en el intercambio de papeles. Esto refleja la fortaleza del lazo madre-hija en la mayoría de las familias dominicanas. Dominica, con 47 años, ha estado en tres uniones consensuales, y "crió a sus hijos trabajando en las fábricas". A su edad, sería difícil encontrar trabajo fabril, de modo que permanece en casa y cuida a los dos preescolares de su hija, mientras ésta trabaja en la zona y estudia todas las noches hasta las 10 p.m. Su hija dice que es una suerte tener su apoyo, pero Dominica afirma: "Yo le cuido los hijos. Ella estudia de noche, ya está en segundo de bachiller. Si ella llega a algo, verdad, pues yo también consigo. Yo tengo que sentarme a cuidar sus hijos para que entonces ella pueda echar hacia adelante."

La composición de los hogares de cabeza femenina, vivan independientes o en el seno de familias extendidas, tiene una importancia fundamental para el nivel de vida de estos hogares, dada la ausencia de un proveedor masculino. Un análisis de la encuesta nacional de Demografía y Salud (DHS), del Instituto de Estudios de Población y Desarrollo de la República Dominicana (IEPD), encontró que las jefas de hogar ganan menos que los jefes varones y tienen una tasa de desempleo mucho más alta; no obstante, los ingresos hogareños promedios son casi iguales (Duarte y Tejada, 1995:80-81; Safa, 2002). Al parecer, las mujeres jefas son capaces de elevar su ingreso hogareño con las aportaciones de otros familiares, en particular de las subjefas. Y más de la mitad (53%) de estos hogares son familias extendidas, cifra que entre los hogares de cabeza masculina no supera 35%. Los hogares extendidos en República Dominicana constituían 40% de los encuestados en 1991, y prevalecen aún más en las áreas urbanas que en las rurales.

El análisis de la encuesta DHS muestra que casi tres cuartos de las subjefas que viven en familias extendidas son hijas jóvenes del cabeza de familia, y que más de la mitad tiene un solo hijo. Muchas de estas jóvenes madres solteras que viven como subjefas pasan inadvertidas como tales en el censo de población, ya que se les cuenta como miembros de la familia extendida en cuyo seno viven. Los hogares con subjefas se encuentran en las familias de ingreso medio o superior, en proporción aún mayor que entre las capas pobres (Duarte y Tejada, 1995:90). Esto sugiere que la incorporación de subjefes u otros trabajadores con trabajo remunerado es una estrategia empleada no solamente por los pobres, sino también por la clase media, en su lucha contra la crisis económica y la elevación del costo de la vida.

Mis investigaciones etnográficas entre las trabajadoras de las zonas francas dominicanas muestra que las cabezas femeninas a menudo se resisten al matrimonio o a un nuevo matrimonio y prefieren mantenerse a sí mismas si no encuentran un buen proveedor (Safa, 2002). Comentan que los hombres siempre han sido irresponsables, pero que el desempleo los ha hecho peores porque, como me expresó una: "Si él no consigue trabajo, no puede ayudar. Si lo presionas, se resiente porque no tiene dónde buscar, para trabajar." Los hombres, incluso desempleados, rara vez se ocupan de los niños, ni hacen los quehaceres domésticos, por lo cual resultan sumamente importantes las parientes femeninas. El hecho de mantener la división genérica del trabajo en la casa, así como en el centro de trabajo, tiende a reforzar la identidad masculina del hombre y su autoestima.

Al principio los hombres rechazaron el empleo en las zonas francas, considerándolo "trabajo de mujer", pero su participación como obreros en las zonas se ha elevado desde 1980 y alcanzó 45.7% para 1999 (CNZFE, 2000:21, cuadro 21). Parte de este incremento puede explicarse por la diversificación de productos hacia líneas de mayor valor agregado, una estrategia empleada en la República Dominicana para elevar el rendimiento de la industria de las confecciones, como parte de una tendencia que se ha observado a nivel mundial (Naciones Unidas, 1999:10). Los hombres se emplean en plantas productoras de pantalones y chalecos, que han redefinido como "trabajo de hombre". Pero en este cambio de actitud también ha influido el deterioro general del empleo masculino, que les dejó pocas opciones. He aquí una confirmación concreta de lo dicho por Hite y Viterna (2005) en el sentido de que el aumento de la participación femenina en la fuerza laboral, combinado con un estancamiento del empleo masculino, ha resultado en un deterioro de los salarios y las condiciones de trabajo de ambos. A la vez, muchas medidas encaminadas a mejorar las condiciones laborales de las mujeres, como requerir su consentimiento para trabajar horas extras, aún no se han tomado. Los generosos beneficios de maternidad, que están comprendidos en el nuevo Código de Trabajo de 1992, estimularon la preferencia de los patrones por los trabajadores masculinos.

Los hombres mayores que tienen dificultad en encontrar empleo se muestran resentidos de la independencia que han adquirido las mujeres con su trabajo remunerado en las zonas francas. En Villa Altagracia, donde una zona franca remplazó a una industria azucarera, acusan a las obreras de "divertirse con hombres", de gastar su dinero en los bares y salones de belleza y aportar muy poco a la economía doméstica (Safa, 2002). Este estereotipo parece reflejar el descontento masculino por la erosión de su autoridad y la destrucción de una jerarquía de género en la cual los hombres dominaban como proveedores principales y las mujeres, cuando más, ganaban algo suplementario.

Las mujeres rechazan este estereotipo y la mayoría afirman que trabajan para mantener a sus hijos. Una joven obrera explica que la vida era más difícil para las mujeres cuando funcionaba el ingenio azucarero, puesto que los hombres "eran los que trabajaban y traían el peso a la casa, y hacían lo que les daba la gana, pero ahora la mujer se va a trabajar, ella misma se mantiene, se viste, se calza. No puede ser igual." Como resultado de la mayor autonomía económica, las mujeres toman la iniciativa cada vez con más frecuencia para la disolución de una relación insatisfactoria.

En tanto que las mujeres se enfrentan a la ideología patriarcal en el plano doméstico, ésta aún prevalece en el nivel público en la República Dominicana. Normalmente se prefiere a los hombres en los cargos técnicos y gerenciales, y se les pagan salarios mayores, aun dentro de las zonas francas donde las mujeres son más numerosas (Safa, 2002). Se emitió un nuevo Código Laboral en 1992, pero son pocos los contratos colectivos de trabajo que se han firmado y aplicado en las zonas francas (Departamento del Trabajo de Estados Unidos, 2002) y las obreras en particular siguen padeciendo maltratos y se les obliga a trabajar horas extras sin compensación. Tiene su fundamento la renuencia del gobierno dominicano a poner en efecto los derechos obreros. La competencia internacional de los costos laborales más bajos en lugares como México o Centroamérica, sin hablar de China, no presagia un futuro positivo para la industria dominicana de las confecciones, que aún realiza el grueso de la manufactura en las zonas francas.

Puerto Rico

En Puerto Rico ha sido más severa la declinación de la manufactura de exportación. El programa de industrialización de Puerto Rico había comenzado tempranamente, en los años cincuenta, y sirvió como modelo para este tipo de crecimiento exportador en muchos países del Caribe y otras partes del mundo. Su decaimiento comenzó cuando otros países entraron a competir con salarios aún más bajos, y mayores incentivos impositivos. El cambio fue acelerado por las nuevas políticas de Estados Unidos que estimularon la manufactura de exportación en otros países de la región, entre ellas la Iniciativa para la Cuenca del Caribe en los años ochenta, y TLCAN en los noventa. En los ochenta, cuando las entrevisté, muchas de las trabajadoras superaban los 40 años y habían trabajado más de 20 en la misma planta. Las historias de vida de algunas de las jefas de hogar de más edad revelan que, cuando jóvenes criaban hijos por su cuenta, y vivían con miembros de su familia extendida, sobre todo mujeres, o contaban con su apoyo. Al igual que las mujeres dominicanas, dos tercios de las cabezas de hogar femeninas en nuestra muestra de Puerto Rico que prefieren no volverse a casar (Safa, 1995:83). Evarista, trabajadora que entonces tenía 59 años, lo explica: "Porque, que yo coja a un hombre y que yo tenga que mantener a ese hombre, pasar malos ratos y maltrato, pues me quedo sola veinte mil veces. Me encuentro mejor sola porque así sola yo tiro pa' dondequiera y no tengo que estarle pidiendo" (Safa, 1995:83).

Está claro que las mujeres cabezas de hogar en Puerto Rico difieren en algunos aspectos importantes del perfil de sus pares cubanas y dominicanas. Es menos común la jefatura femenina del hogar, 27% en el año 2000. Las uniones consensuales casi han desaparecido, son sólo 5%. Se trata de una política consciente del Estado, que comenzó tempranamente en 1898, con la ocupación de la isla por Estados Unidos tras su guerra con España. Estados Unidos promovió entonces un nuevo Código Civil que facilitó la legalización por medio de los matrimonios civiles, en un esfuerzo por reducir en 50% la población que vivía en uniones consensuales, consideradas inmorales (Findlay, 1999). La promoción del matrimonio formal se definió como parte esencial de la "misión civilizadora" de Estados Unidos en la isla. Posteriormente resultó reforzada con la Seguridad Social y otros beneficios del gobierno federal, que privilegiaban a las mujeres en uniones legales. Las viudas y mujeres divorciadas podían reclamar beneficios correspondientes a los que fueron sus esposos, pero esto resultó mucho más difícil para las mujeres en uniones consensuales. Sin embargo, eliminar las uniones consensuales no ha traído la estabilidad marital, ya que la tasa de divorcios es muy alta. En todo el país, 57% de las jefas del hogar son divorciadas, cifra mucho más alta que en Cuba o la República Dominicana (Colón, 2004:24, cuadro 1).

En Puerto Rico las mujeres cabeza de familia a menudo son pobres: un 61% vivía por debajo de la línea de pobreza en el año 2000 (Colón, 2004:25, cuadro 2). Esto se debe en parte a la ausencia de familias extendidas y por tanto del apoyo de otros trabajadores miembros del hogar. En el nivel nacional 29% de las mujeres jefas viven solas, cifra que puede reflejar el gran número de viudas de edad mayor. En Cuba y en la República Dominicana estas mujeres mayores frecuentemente se hallan incorporadas a familias extendidas. Vivir independientemente es en parte el resultado de políticas públicas, que por medio de programas de vivienda pública, y otros programas sociales, enfatizaron el ideal norteamericano de la familia nuclear de clase media (Safa, 2001:99).

Aun así, vivir independientemente tiene sus ventajas. Sin duda muchas mujeres prefieren vivir solas a tener que acomodar a los parientes. Pero la fragmentación familiar también ayuda a explicar la baja participación laboral de las cabezas de familia puertorriqueñas, muy inferior a las cifras para la República Dominicana o Cuba. Sólo 35% de las mujeres jefas tenía empleo en el año 2000 (Colón, 2004) y 42% no tenía en el núcleo a ningún miembro empleado (Censo EUA, 2000:48). Cierto que parte de esta diferencia puede atribuirse al alto porcentaje de viudas de edad que viven de pagos de la Seguridad Social o de pensiones. El desempleo también es alto, pero no tan alto como para los hombres en Puerto Rico. Las mujeres jefas también dependen de los beneficios federales, principalmente en asistencia para la alimentación, los llamados *cupones* de alimento, que se extendieron a Puerto Rico en los años setenta (Dietz, 2003). En el año 2000, 35% de las jefas recibía beneficios de Asistencia Pública, y 48% vivía por debajo de la línea de pobreza (Colón, 2004:16). Muchas de estas mujeres jefas podrían no calificar para la asistencia pública si hubieran tenido empleo formal o vivieran en hogares extendidos con mayor ingreso total, de modo que el programa de Asistencia Pública puede haber restado impulso a la participación en la fuerza laboral activa. Además, estimuló a las mujeres jefas a independizarse, lo cual les complica trabajar fuera de casa cuando tienen niños pequeños. En todo el país, sólo 16% de todas las jefas puertorriqueñas incluyen en su hogar más de una persona empleada, cifra que contrasta con 39% para las parejas casadas (Colón, 2004). Se ve así una polarización de los ingresos entre los hogares donde nadie tiene empleo remunerado, que comprende a una gran parte de las familias encabezadas por mujeres, y a las familias de dos asalariados, donde ambos esposos trabajan en la calle.

CONCLUSIONES

La reestructuración económica ha contribuido al incremento de los hogares encabezados por mujeres en Cuba, Puerto Rico y la República Dominicana, y también contribuyó a debilitar el papel del hombre como proveedor. El desempleo masculino ha crecido en cada uno de estos tres países, mientras que entre las mujeres han aumentado el empleo y la tasa de participación en la fuerza laboral. Las mujeres se han hecho más resistentes al matrimonio, en la medida en que no les brinda apoyo, ni económico ni emocional. A la vez, ha disminuido considerablemente el apoyo del Estado a las mujeres cabeza de hogar. La reestructuración económica ha provocado, en los tres países, mayor emigración hacia Estados Unidos. En Puerto Rico y la República Dominicana el número de mujeres emigrantes supera al de los hombres (Rivera-Batiz y Santiago, 1996:142; Levitt, 2000:220). La emigración incrementada, que resulta a menudo en fragmentación familiar y cambios en los papeles de género, es característica de la mayoría de los países sometidos a reestructuración en la región de América Latina y el Caribe.

En el Caribe, una pequeña clase de mujeres profesionales se ha beneficiado de las mayores oportunidades profesionales y está superando a los hombres en la educación universitaria y el empleo profesional. Pero aun las mujeres profesionales afrontan la segregación ocupacional y la discriminación salarial, que de hecho se siente más en el mayor nivel educativo (ECLAC, 2005:124). Los recortes del empleo estatal —que ofrecía a la mayoría de las mujeres profesionales una fuente de empleo estable— les han afectado severamente. En Cuba, el valor real de los salarios pagados por el Estado ha disminuido considerablemente. La alta tasa de divorcios entre las mujeres profesionales en los tres países estudiados sugeriría que el avance educativo y ocupacional de las mujeres, sin más, no frenará el aumento de los hogares encabezados por mujeres: sólo puede conducir a que sean menos pobres.

Entonces, ¿qué puede hacerse para frenar el incremento de los hogares encabezados por mujeres en estos tres países y de manera más general en América Latina y el Caribe? Está claro que el desempleo y las condiciones pobres de trabajo necesitan enmendarse para ambos sexos. En particular, una mejora de las condiciones económicas de los hombres podría fortalecer al vínculo conyugal y hacer más atractivo al matrimonio. El desempleo disminuye la autoestima varonil al punto que, como hemos visto en la República Dominicana, puede dar lugar a una hostilidad masculina creciente hacia las mujeres que trabajan. Puede también contribuir al aumento de la violencia doméstica en la región (ECLAC, 2005).

El movimiento obrero internacional ha promovido la introducción de los llamados "códigos de conducta" empresariales para los grandes comercios al detalle, como Wal-Mart y Gap, que deberían mejorar la comunicación entre la gerencia y los trabajadores. Internacionalmente, se han logrado algunas mejoras de las condiciones de trabajo, pero poco se ha hecho para elevar los niveles salariales. Esto se debe a que las corporaciones multinacionales buscan constantemente nuevas fuentes de trabajo barato, lo cual en el caso dominicano ha conducido a alguna disminución de la industria de las confecciones y en Puerto Rico prácticamente la ha eliminado. Cuando el TLCAN hizo que la producción en México fuera más económica, aumentaron ahí las industrias trabajo-intensivas. Ahora que China se ha hecho plenamente presente, todos los productores pequeños están amenazados y en peligro de ser expulsados del mercado. Lograr mayor protección para el trabajo de las mujeres, como el fortalecimiento de los beneficios de maternidad en la República Dominicana, puede estimular a los patrones a emplear más hombres. Sólo un código internacional de trabajo para estas industrias de exportación, de aplicación universal, podría mejorar los salarios y las condiciones de trabajo en todo el mundo.

Los estados han tratado de frenar el alza de las mujeres jefas de hogar y de las uniones consensuales, al hacer que el matrimonio legal fuese más atractivo y más estable. Cuba lo intentó, al poner en vigor un Código de la Familia para fortalecer el vínculo marital. Explicitó las responsabilidades iguales de ambos esposos, y las hizo de lectura y juramento obligatorios en la ceremonia nupcial. No obstante, las uniones consensuales se han hecho más comunes que los matrimonios legales, especialmente entre los jóvenes.

Puerto Rico tuvo éxito en eliminar, casi por completo, las uniones consensuales y hacer del matrimonio legal la norma aceptada. No sólo se facilitó el matrimonio, sino que se promocionó mediante el privilegio a las parejas legalmente casadas de acceder a los beneficios federales para los veteranos de guerra, la Seguridad Social y otros. Sin embargo, la tasa de divorcios se ha hecho tan alta en Puerto Rico que el matrimonio legal no se traduce en mayor estabilidad conyugal. Esto sugiere que los intentos de reformar el matrimonio mediante políticas públicas no tendrán éxito a menos que se les acompañe con genuinos cambios de actitud por parte de los hombres y las mujeres hacia el compromiso marital y sus responsabilidades. Prevalece en toda la región "la paternidad irresponsable", bajo la cual los hombres tienen hijos con diferentes mujeres sin hacerse cargo del cuidado de los mismos, y no han tenido mucho éxito los esfuerzos de los estados por hacer cumplir esta responsabilidad.

La institucionalización del matrimonio puede resultar más difícil en el Caribe que en otras áreas del mundo debido a la larga historia de uniones consensuales y la fuerza de los lazos consanguíneos. Las políticas públicas han contribuido al declive de las familias extendidas en Puerto Rico, dando lugar a una mayor proporción de mujeres cabezas de hogar que viven aparte, con sus hijos, pero con mayor dependencia económica del Estado. El alza de la jefatura de hogar femenina no puede adscribirse simplemente a la Asistencia Pública, ya que se presenta más marcada en Cuba y la República Dominicana, donde no existe tal programa de apoyo estatal. Las mujeres jefas de hogar cubanas y dominicanas subsisten gracias a la fuerza de los vínculos de familia extendida, que las políticas públicas harían bien en apoyar. Esto significa abandonar el apoyo exclusivo a la familia nuclear como modelo único, sobre el cual se construye gran parte de las políticas públicas en esta materia, sobre todo en Estados Unidos, y facilitar más alianzas diversas intergeneracionales e intrafamiliares.

BIBLIOGRAFÍA

Báez, Clara (2000), *Estadísticas para la planificación social con perspectiva de género*, Secretaría de la Mujer, Programa de las Naciones Unidas para el Desarrollo, Fondo de Población de las Naciones Unidas, República Dominicana.

Benglesdorf, Carollee (1997), "(Re), Considering Cuban women in a time of troubles", en Consuelo L. Springfield (ed.), *Daughters of Caliban: Caribbean Women in the Twentieth Century*, Indiana, Indiana University Press, pp. 229-258.

Catasús, Sonia (1999), *Género, patrones reproductivos y jefatura de núcleo familiar por color de la piel en Cuba*, ponencia presentada en Red de Estudios de Población (ALFAPOP), Centro de Estudios Demográficos, Bellaterra, España <www.ced.uab.es?PDFs/Papers PDF/Text.151. pdf>.

Censo EUA (2000), *Department of Commerce, Census Bureau*, Washington, D.C., U.S. Government Printing Office.

Chant, Sylvia (1997), *Women-Headed Households: Diversity and Dynamics in the Developing World*, Nueva York, St. Martin's Press.

Chant, Sylvia y Nikki Craske (2003), *Gender in Latin America*, Londres, Latin America Bureau.

Consejo Nacional de Zonas Francas de Exportación (CNZFE) (2000), *Informe estadístico del sector de zonas francas 1999*, Santo Domingo, República Dominicana.

Colón, Alice (2004), *Incremento en las mujeres jefas de familia y feminización de la pobreza en Puerto Rico*, ponencia presentada en Latin American Studies Association, Congreso Internacional, Las Vegas, Nevada.

Deere, Carmen Diana (2005), *The Feminization of Agriculture? Economic Restructuring in rural Latin America*, ocasional, art. núm. 1, UNRISD, Ginebra.

De la Fuente, Alejandro (1995), "Race and inequality in Cuba, 1899-1981", *Journal of Contemporary History*, núm. 30, pp. 131-167.

Departamento del Trabajo, EUA (2002), *Foreign Labor Trends: Dominican Republic*, Washington, D.C., Bureau of International Labor Affairs, Office of Foreign Relations.

Dietz, James L. (2003), *Puerto Rico: Negotiating Development and Change*, Boulder, Lynne Rienner Publishers.

Duarte, Isis y Ramón Tejeda (1995), *Los hogares dominicanos: El mito de la familia nuclear y los tipos de jefaturas del hogar*, Instituto de Estudios de Población y Desarrollo, Santo Domingo, República Dominicana.

Economic Commission for Latin America and the Caribbean (ECLAC) (2005), *The Millenium Development Goals: a Latin American and Caribbean Perspective*, LCG 2331, <http:/www.eclac. cl>, versión PDF, véase en especial el capítulo 4. "Gender equality and women's empowerment", pp. 107-135, acceso junio 2005.

Espina, Mayra (2001), "The effects of the reform on Cuba's social structure: An overview", *Cuba in the 1990's: Economy, Politics and Society*, número especial de *Socialism and Democracy*, vol. 15 (l), pp. 23-40.

Findlay, Eileen J. (1999), *Imposing Decency: the Politics of Sexuality and Race in Puerto Rico, 1870-1920*, Durham, Duke University Press.

Hite, Amy Bellone y Jocelyn S. Viterna (2005), "Gendering class in Latin America: How women effect and experience change in the class structure", *Latin American Research Review*, vol. 40, núm. 2, pp. 50-82.

Levitt, Peggy (2001), *The Transnational Villagers*, Berkeley, University of California Press.

Monreal, Pedro (2001), "Cuba: The challenge of being global and socialist... at the same time", *Cuba in the 1990's: Economy, Politics and Society*, número especial de *Socialismo y Democracia*, vol. 15 (1), pp. 5-22.

Naciones Unidas (1999), *1999 World Survey on the Role of Women in Development. Globalizations, Gender and Work*, documento de Naciones Unidas A/54/227, Nueva York, Division for the Advancement of Women, Department of Economics and Social Affairs.

Núñez Sarmiento, Marta (2001), "Cuba's strategies for women's wmployment in the 1990's: A case study of professional women", *Cuba in the 1990's: Economy, Politics and Society*, número especial de *Socialism and Democracy*, vol. 15 (1), pp. 5-22.

Rivera-Batiz, Francisco y Carlos Santiago (1996), *Island Paradox: Puerto Rico in the 1990's*, Nueva York, Russell Sage Foundation.

Safa, Helen I. (2002), "Questioning globalization: Gender and export processing in the Dominican Republic", *Journal of Developing Societies*, vol. 18 (2-3), pp. 11-31.

———— (2001), "Changing forms of U.S. hegemony in Puerto Rico: The impact of the family and sexuality", *Itinerario: European Journal of Overseas History*, vol. 25 (3/4), Países Bajos, Leiden, pp. 90-111.

———— (1999), "Female headed households in the Caribbean: Deviant or alternative form of household organization?", *Latino(a) Research Review*, vol. 4 (2), pp. 16-26.

———— (1995), *The Myth of the Male Breadwinner: Women and Industrialization in the Caribbean*, Boulder, Westview Press.

Standing, Guy, (1999), "Global feminization through fflexible labor: A theme revisited", *World Development*, vol. 27 (3), pp. 583-602.

Toro-Morn, Maura, Anne Roschelle, y Elisa Facio (2002), "Gender, work and family in Cuba: The challenges of the special period", *Journal of Developing Societies*, vol. 18 (2-3), pp. 32-58.

Uriarte, Miren (2002), *Cuba, Social Policy at the Crossroads*, Oxfam America report.

Vilas, Carlos (1999), "The decline of the steady job in Latin America", *NACLA Report on the Americas*, vol. 32 (4), pp. 15-17.

III
ACTIVISMO(S) Y AGENCIA CIUDADANA DE LAS MUJERES

HABLAN LAS MADRES Y ABUELAS DE PLAZA DE MAYO

ENTREVISTADORA: GRACIELA DI MARCO

EDICIÓN: ALEJANDRA BRENER

TESTIMONIO DE NORA CORTIÑAS: MADRES DE PLAZA DE MAYO: LÍNEA FUNDADORA

En realidad, el primer grupo de Madres empezó el 30 de abril de 1977. El 15 se lo llevan a Gustavo y empiezo a correr de acá para allá; *habeas corpus*, la comisaría, el Obispado, el Ministerio del Interior. Y seguí de recorrida por los organismos que existían en ese momento, que eran la Liga Argentina por los Derechos del Hombre, donde ya dentro de la Liga habían dado un poco de espacio a los familiares. Eran gente que había estado en la Liga, algunos, y que tenían ahora los hijos desaparecidos. Hay un dicho de Catalina Guagnini que dijo: "Se llevaron a los malos hijos de los buenos comunistas." Después fui a la Asamblea Permanente por los Derechos Humanos, que se fundó en diciembre del 75. También estaba el Movimiento Ecuménico por los Derechos Humanos, el Servicio de Paz y Justicia (SERPAJ), liderado por Adolfo Pérez Esquivel, que en esa época estuvo también desaparecido, pero el clamor internacional hizo que lo liberaran, porque él hacía muchos años que estaba trabajando por los desprotegidos de Latinoamérica, por los indígenas, los campesinos.[1] Después las Madres comienzan a salir a la Plaza; a la segunda semana un cuñado mío me avisa que en la Plaza de Mayo se estaba reuniendo un grupo de mujeres, que en ese momento no les decían las Madres, de mujeres que fueron a pedir por sus hijos.

Los trámites los presenté como loca, de cualquier manera. En mi casa se hablaba y se decía a dónde podía ir. Yo a veces tenía miedo en los primeros días que mi marido hablara, porque en el Ministerio donde trabajaba estaba la intervención militar, y yo decía: "Éstos, qué me van a ayudar a encontrar a Gustavo." Le digo, eran un desastre, pero yo tenía terror, capaz que lo podían torturar más a mi hijo. Era esa confusión, esa ambivalencia, ir y venir. Empecé a ir a la Plaza de Mayo, y bueno, ahí conocí a Azucena, a María Vela, a María Rosario, a Juanita. Y bueno, empezamos. En mi casa vivía la esposa de Gustavo, con el nene. Los dos eran militantes, peronistas montoneros. En ese momento ya en ese año de 1977 Gustavo tenía una militancia muy intensa; aunque había algunas divergencias con la conducción, él seguía siendo un militante.

---

[1] Adolfo Pérez Esquivel fundó el Servicio de Paz y Justicia (SERPAJ) que en esos años promovió una campaña internacional que denunció las atrocidades cometidas por el régimen militar. Fue detenido en Buenos Aires, en 1977, en los cuarteles de la Policía Federal, donde fue torturado, retenido sin proceso y liberado 14 meses después. Estando en prisión recibió el Memorial de Paz Juan XXIII. En 1980 recibió el premio Nobel de la Paz por sus actividades en defensa de los derechos humanos.

Tuve que dejar la casa, y bueno, ya después en mi casa yo no hacía nada; la prioridad era salir a buscar a mi hijo, y entré en una espiral de locura, ¿no? Porque es una locura, pero de bajar los brazos no, nunca. Y miedos… me llamaban, me amenazaban, me decían que me iban a meter presa, me trataron mal. Además como yo soy muy extrovertida, cada vez que iba a la comisaría me trataban de cabecilla, y la amenaza siempre era muy fuerte. Después me llamaban a mi casa, me amenazaban, me pintaron todo el barrio con el nombre "madre terrorista", todo el nombre completo [Nora Cortiñas].* Así que salimos a la calle, con las otras madres. La idea de Azucena,[2] [fue] que iba[mos] a la Plaza de Mayo para unirnos en el dolor, en la angustia, en la incertidumbre, porque además del dolor es una incertidumbre terrible.

Los padres

Justamente cuando ese año secuestran a Azucena, a Esther, a Mary y a las monjas francesas, era el fin del año 77, que era cuando nosotras habíamos empezado, y que lo hacen justamente para disolver el movimiento. Entonces, ese sacudón que hay en todas nuestras casas es muy grande. Y ya, los padres que hasta ese momento habían tenido miedo —porque antes de llevarse a ellas ya nos habían llevado presas a nosotras en alguna oportunidad—… el hecho de entrar a la Plaza de Mayo era un gesto que a veces decían: "Bueno, hasta cuando, mirá, porque las van a hacer desaparecer." Después, ver a los padres que nos llevaban en un colectivo de línea, que vaciaban y nos llevaban a todas. Y les hacíamos una seña para que no se arrimaran, porque ellos tenían que ir a buscar a los abogados. Porque una cosa es caer las madres, y otra cosa es que si hubiésemos llevado a los padres, hubiera sido distinto.

Porque nosotras les decíamos de todo. Los insultábamos. Entrar el Comando 1 del Ejército y decirles: "Se llevaron a nuestros hijos, pero ustedes son unos cornudos." Cuando te decían: "Y su hijo será un perejil,[3] señora." "Sí, mi hijo será un perejil pero usted es un cornudo." Eso los padres no lo hubieran podido hacer. Gritar, patalear, hacer un escándalo, también llorar, llorar y gritar. La religión judeocristiana siempre ha condicionado al hombre a que no debe llorar, el hombre tiene que tener la fortaleza, el varón es la fuerza en la casa, y no fue así. El hombre fue débil. Muchas madres eran mujeres que estaban separadas, que habían tenido otras actitudes en la vida y había también un gran núcleo que éramos amas de casa. Tanto

---

* Lo que se encuentra entre corchetes se agregó para hacer más fluida la lectura del texto.

[2] Azucena Villaflor de Devicenti, Esther Ballestrino de Careaga y María Ponce del Bianco, madres fundadoras de la Agrupación, fueron secuestradas entre el 8 y el 10 de diciembre de 1977, posteriormente torturadas en la ESMA y arrojadas vivas al mar en uno de los vuelos de la muerte. Sus cuerpos, que aparecieron en las costas atlánticas, habían sido enterrados como NN. La identificación de sus cuerpos fue posible por el trabajo del Equipo Argentino de Antropología Forense, que ha trabajado desde 1984 en la aplicación de las ciencias forenses en la investigación de las violaciones a los derechos humanos.

[3] Expresión del lunfardo argentino que alude a alguien crédulo, que es entregado por los que dirigen una banda para proteger a la misma.

es así que cuando nos reunimos en la Plaza, Azucena dijo: "Vamos desde la iglesia de Stella Maris"; habían puesto detrás de la iglesia una oficinita para el obispo, que llevaba sotana y abajo las botas. Luego Azucena convoca en el hall de ese edificio a las madres y padres que estaban ahí, y dice: "Acá no vamos a tener que venir más, hay que ir a la Plaza de Mayo y que nos vean, entrar a la Casa de Gobierno." Y pone una fecha, el 30 de abril. El día 30 era sábado. Y van trece madres y una piba que era del Partido Comunista, pero que iba como a escondidas, iba buscando a su desaparecido. Y la Casa de Gobierno estaba cerrada, entonces dicen las madres que estaban ahí: "Bueno, vamos a venir el viernes que viene." Ya el tercer viernes nos paramos ahí y dice una madrecita, "¡Uy, estamos viniendo el viernes, día con r, trae mala suerte! Viste que hasta las católicas somos supersticiosas". Entonces decía una madre: "¿Por qué no elegimos otro día?" Otra dice tímidamente: "Queda lunes y jueves. No, lunes es día de lavar ropa, no, lunes no, jueves." Cuando pasan los años, yo me acuerdo de esa escena bien, como que nosotras mostrábamos además, dentro de nuestra casa, que salíamos a buscar a nuestros hijos, pero que cumplíamos con nuestro rol de madres dentro de la casa, aun cuando los maridos ayudaban. En mi caso, no solamente mi marido sino mi nuera que vivía con nosotros, mi hijo Marcelo también. Pero igual, el doble rol lo teníamos, y estábamos pensando: "Uy... me vine hoy desde la mañana y no compré pan." O yo, por ejemplo, cocinaba, hacía un guiso a las seis de la mañana, porque me tenía que ir a las ocho y dejar la comida hecha, y mi marido decía: "¡Qué olor, desde las seis de la mañana!" "Y sí, si no ponete a cocinar vos. Yo les dejo la comida, cuando tengan hambre comen." Y todas esas cosas, pero esas cosas del doble rol. Pensar que me voy, pero tienen esto, tienen aquello.

[A] los padres nunca les dimos participación directa, no, nunca. Sí daban opinión, muy tímidamente —pero como ellos tenían un miedo, viste. Además, nosotras éramos como las locas, salíamos a la calle porque éramos locas. Hablaban por teléfono y una agarraba el tubo y decía ¡Estos hijos de …! Yhhh, ¡Cómo por teléfono vas a decir eso! ¡Bueno, que me lleven! ¿Viste? Todas esas cosas las pudimos hacer las madres. Yo me doy cuenta hasta el día de hoy, no las podían hacer los padres, los hubieran matado, los hubieran llevado presos.

Después de unos cuantos años que íbamos a la Plaza, que ya éramos más de 400 madres, algunos padres venían. Hay padres que ahora fallecieron —algunos no, todavía queda alguno. Pero venían lo mismo, se quedaban sentados en un banco, a veces caminaban por alrededor, pero no dentro de la marcha… Cuando íbamos a hacer una gestión y venía algún padre, terminaba diciendo alguna barbaridad: "Yo le decía a mi hijo, que no se metiera." Eso, viste, esa frase inocente. Y había que decirle: "Vos andate, chau. Si vos pensás eso, acá no tenés por qué estar." Y era así, era que el padre quería salvar al hijo. O decir que era un ingenuo, que no sabía nada de política, que lo usaron. Las madres lo teníamos claro. El camino, primero lo marcó Azucena, muy definidamente, y ella estaba muy clara. Ella había sido sindicalista, había sido una mujer de agallas y uno iba aprendiendo. La otra, hija de un anarquista, vas aprendiendo. La otra, con la familia que huyó del nazismo, y todo va completando el círculo. Fuimos aprendiendo también entre nosotras, y a defender a los hijos y a reivindicarlos sin miedo. Porque al principio uno decía: "Yo no sé en qué estaba mi hijo. Yo no hablaba con mi hijo", al principio decíamos así. Porque, viste, vos no ibas a decir: "Mi hijo era militante político", ¡Je!, escuchame, lo enterrábamos. Había que aprender todos los días.

La organización

Nosotras empezamos a ir a la Plaza y empezamos primero a estar paradas. Azucena, la primera, que era una madraza, totalmente. Traía en borrador una carta para el papa, o para la Conferencia Episcopal o para los milicos. Primero era eso, un borrador que leíamos y terminaba en carta, porque aunque lo trajera en papel manteca, papel de cera, no importa, firmábamos ese mismo. No se modificaba nada, así como estaba. Y después nos traía una carta para los milicos. Entonces decía: "…Para la Marina, para la Aeronáutica, para el Ejército", y traía tres hojitas. Entonces, a ver: "Tres madres van a tener que ir al Ministerio de Guerra" —era el Ministerio de Guerra, antes de Defensa. "Tres madres van a ir a la Marina." Las pocas que éramos —en ese momento éramos pocas—, tres acá, tres allá y elegíamos. Era un operativo grupal bien parecido a la psicología social elaborada por Enrique Pichon Riviere.[4] Yo después fui a aprender psicología social, porque las estudiantes de la escuela donde se enseñaba este acercamiento a la psicología social tenían que hacer sus monografías, y venían a hacerlas con nosotras. Y decían: "Ustedes en la práctica hacen lo que Pichon Riviere enseña en la teoría."

Pero en ese momento no nos dábamos cuenta que nosotras nos reuníamos, hacíamos la cola para el *habeas corpus*, después nos repartíamos quién iba a cada lado, los roles. Y después nos juntábamos para ver como le había ido a cada una, y esa fue una organización muy espontánea, que además cada una elegía. "Mirá, yo voy acá." Después nos reuníamos y una decía: "Bueno, a ver, quién va a hablar." "Yo voy a hablar de los bebitos que buscamos." Por ejemplo, iba una madre que buscaba a la nuera o a la hija que se la habían llevado embarazada. "Yo voy a hablar de las mujeres embarazadas…" Y entonces, íbamos las tres. A todo esto, te digo que cuando nosotras miramos para atrás, lo hacíamos abiertamente, que teníamos que llamar y dar los números de documento, número de teléfono, la dirección. Abiertamente, eso no era nada clandestino, era decir acá estamos, buscamos a nuestros hijos. Y discutir, pelearnos…

En realidad, por muchos años nosotras no tuvimos roles formales, sino que éramos así. ¿Qué pasa? En la época del 77, Azucena era la madre líder por naturaleza, porque ella venía a la Plaza, y cuando llegaba ya inspiraba el poder. Una mujer que era generosa, dejaba hablar, dejaba opinar y tomaba opiniones de todas. En ningún

---

[4] Psiquiatra y psicoanalista (1907-1977). Fue uno de los introductores del psicoanálisis en Argentina, y uno de los fundadores de la APA (Asociación de Psicoanálisis en Argentina), de la que luego tomó distancia para dedicarse a la construcción de una teoría social que interpreta al individuo como la resultante de su relación con objetos externos e internos. En este marco, fundó la Escuela de Psicología Social.

momento era autoritaria, para nada. Era totalmente abierta, y muy espontánea, muy de que las cosas entre todas se decidían. Además no se pensaba en presidenta ni en nada, era propiamente un liderazgo natural y espontáneo. Nos dividíamos, después empezamos a tener reuniones en casa de una, en casa de otra. Después nos reuníamos a lo mejor en una confitería. Los primeros tiempos al mediodía nos íbamos a almorzar a un convento que está en Balvanera.[5] Había un comedor popular, el plato de comida costaba un peso más o menos. Y entonces nos reuníamos para planificar algo, y nos íbamos a comer ahí. Y después íbamos a la casa de una madre o de otra para organizarnos.

La toma de conciencia

El cambio nuestro —o no es el cambio, es el avance nuestro—, el tomar conciencia, y yo lo digo y lo repito, primero era el porqué, y después el para qué. El porqué se los llevaron, porque eran militantes. Era por eso que se los llevaron. Pasaron muchos años, y el para qué lo fuimos sabiendo a medida que estuvimos en la calle caminando con los sindicalistas, con los docentes, con los médicos, con la gente que estaba siguiendo la lucha que habían tenido nuestros hijos, nuestras hijas. Y era implementar esta política económica de opresión neoliberal, de hambre, de falta de trabajo, de achicamiento de un país rico, transformarlo en un país empobrecido. Y lo fuimos aprendiendo, pero en la calle, porque nosotros también al principio, hablar de política —política, la esencia—, tampoco nos animábamos. Porque era serio, era comprometernos, y que nos dijeran: "Ah, las Madres son de partidos políticos." Porque lo que cuidamos siempre, hasta el día de hoy, no participamos en nada que sea partidista. Cada cambio de presidente tuvimos que hacer la catarsis, porque después de salir de la dictadura militar, las promesas eran hermosas. Entonces era engancharse, hasta que te dabas cuenta de que eran promesas.

La situación actual

Este gobierno es muy distinto de los otros —hasta ahora, y en algunas cosas—. ¿Qué pasa? No te podés encandilar, y tenés que saber apreciar lo que conseguimos, los logros. Después de estos veinte años de gobiernos constitucionales, más todo lo que hicimos durante la dictadura con movilización, con protestas, con denuncias, con exigencias, viene un gobierno que ha escuchado, y seguramente algún día habrá dicho: "Yo, si llegara a ser presidente, lo primero que hago, abro la ESMA, donde hubo campos de concentración." Seguramente estaría en su ideario político. Ahora nosotros también vemos y lo comprobamos: que los sueños de nuestros hijos e hijas no se dan en lo que ellos querían, que reinara la justicia social. A que este país en 30 años lo destruyeron entre los milicos, los socios de los milicos y los políticos, lo

---

[5] Barrio de la ciudad de Buenos Aires.

destruyeron, lo mandaron a un pozo. No lo van a levantar en un día. Lo que pasa es que cada político que asume, anteriormente estuvo como gobernador o dirigente o tuvo un cargo, no es inocente. Entonces, cuando viene, primero tiene sus ínfulas, pero después está comprometido con el poder económico. Está comprometido con la red que lo ayudó a llegar, con los políticos y los empresarios que lo ayudaron a llegar. Entonces, yo no quiero que los proyectos de transformación de la Escuela de Mecánica de la Armada (ESMA) y del Centro Clandestino de Detención "Club Atlético", y que la declaración de inconstitucionalidad de las leyes de Obediencia Debida y Punto Final sean una moneda de cambio para lo que quería mi hijo y por lo que luchaba. Porque yo estoy segura de que desde donde esté enterrado, él seguirá los pasos de su madre y dirá: "Bueno, tené fuerza." Por eso, si alguna vez yo dudé, o alguna vez dije: "Bueno, esto hasta cuándo, de qué va a servir", yo escuche la voz interior que me decía: "Tenés que seguir hasta el final, porque hay que conseguir lo que nosotros no pudimos conseguir."

El feminismo y los derechos de las mujeres

Acá somos todas mujeres. Lo único en que hay dudas, y en eso no coincidimos, o no lo tratamos como si fuera en general, es el tema del aborto. Sabés que el tema del aborto es un tema que para nosotras fue complicado, hay algunas madres que son muy católicas, y van entendiendo a medida que sale al tapete el tema de que las que se mueren son las pobres, de que las que tienen plata pueden hacer un aborto y está bien, y decidir con la salud protegida. Y que la mujer pobre, a lo mejor no se puede cuidar. Además no hay educación sexual. Pero eso lleva un tiempo. De entrada, el tema aborto le deba escozor a la mayoría de las madres. En eso no nos metamos, porque nosotras somos como dadoras de vida… bueno, pero ahora está más redondeado. Yo hace años que en el tema del aborto participo por la despenalización, no es que sea partidaria del aborto. Además cada una tiene que tener la libertad de decidir. Considero que el tema de dar el paso para el aborto es cuestión también de la pareja, y desgraciadamente muchas mujeres tienen que decidir solas, porque ni siquiera llevándose bien con su pareja lo pueden decidir los dos. Entonces, lo que yo quiero es que la mujer tenga la libertad para saber cuántos hijos quiere tener, cómo, de qué forma, cuándo, y pienso que es parte de la lucha por la libertad que hacemos nosotras. Lo otro fue el tema de aceptar la homosexualidad, también es un tema medio controvertido para hablarlo tranquilamente. Como lo trata la prensa también choca.

En una conversación con las dos periodistas, Marta Merkin y Ana María Muchnik, una de ellas me dice: "Sabes que soy feminista." Y yo le digo: "Eso es estar en contra de los hombres, y yo estoy casada, tengo dos hijos varones. Yo vengo de un hogar patriarcal, machista. Un padre también celoso, hasta de sus hijas, que no fueran acá, que empezaron a tener novios, uy… bueno." Entonces, ellas me dicen: "Te vamos a contar." Y entonces comienzan a contarme del reconocimiento de nuestros derechos de género, y me dan una clase de feminismo. Y desde ese momento empecé a darme cuenta de que, además, lo que hacíamos hasta ese momento las madres era poner el género en la lucha y salir a pelear como mujeres, enfrentando la dictadura militar, como la habíamos enfrentado durante esos años, y enfrentando a una sociedad que nos había tratado mal por ser mujeres, empezando por los milicos, la Iglesia, políticos. Y hasta de mujeres de partidos políticos, especialmente de las mujeres radicales. Un grupo una vez nos invitó, en la clandestinidad; recuerdo que fuimos a un departamento de Plaza San Martín a tener una charla, porque ellas querían que les contáramos cómo habíamos hecho, cómo salíamos a la calle, pero en secreto, como que ellas estaban medio asustadas de tener esa entrevista con nosotras, y de que nosotras les descubriéramos un mundo al que evidentemente ellas no querían asomarse tanto. No pasa lo mismo con el tema de las mujeres peronistas, que tuvieran a Evita que encaminó ese movimiento. Aunque yo a Evita la asocié como muy machista. Porque ella "con mi General, mi Hombre", pero ella encaminó. Creo que todo este imbuirme —porque a mí me asustaba ser feminista en el sentido de que como mi marido era tan machista, entonces te tenés que enfrentar a algo que…—, y el hacer lo que yo nunca había hecho, esto es salir a la calle para enfrentar a la dictadura militar me llevaba a ser feminista. Cuando se acercaron las mujeres amigas nuestras —que no es que no nos hubieran visto nunca durante la dictadura, sino que había un cuidado—, la primera explicación que a mí me dieron de lo que era el feminismo, ya me marcó. Porque yo no sabía, nunca había leído lo que era el feminismo. Yo creo que a las mujeres les falta una explicación que tuviera que hacerse por televisión, por radio, cuando se reúnen, que yo lo voy a sugerir, ¿qué es ser feminista? Así como yo creía que era estar en contra de los hombres, porque el machismo mete en la cabeza, en sus hijas y en sus mujeres, que la idea del feminismo es que quieren la libertad; como en Europa, que iban con el corpiño ventilándolo, y que siempre el feminismo es lesbianismo. Es necesario aclararlo, cuando a uno le aclaran que vos tenés derechos, igual que el hombre. Somos dos géneros, caminamos paralelamente. Vos tenés los mismos derechos que él, y protéstalos. Yo te digo que mi suegra, que no la escuché nunca decir la palabra feminismo, pero era una mujer que hacía lo que creía que estaba bien, le gustara o no le gustara a su marido. Y lo enfrentaba. A mí uno o dos consejos me dio —me dio muchos, era una mujer extraordinaria, una gorda divina— , y me dijo un día: "Mirá, la última palabra en una discusión es tuya aunque no tengás razón." Una suegra, eh. Y después: "Nunca te dejes poner un pie encima, porque después te pone el otro y no te lo sacás nunca más." O sea, eso de una suegra. Era una buena madre pero ella sabía cómo eran los hijos, y cómo había sido su marido. Entonces, era un buen consejo. Cuando a mí me dieron la otra explicación —porque yo creía que el feminismo era enfrentarse a los hombres…

Yo soy muy extrovertida y me gusta saber todo, husmear todo, leer todo. Me gusta estar al día en todo lo que va ocurriendo en el mundo. Me hizo bien estudiar psicología social, yo empecé a estudiar en el 85. La psicología social te trae un esclarecimiento, y te hace aprender a escuchar, y analizás, lo escuchás. Y a detectar quién y cómo te dicen las cosas. Yo creo que el caminar, el haber dado clase a mujeres, eran clases de costura, que era muy doméstico. Pero sin embargo, teníamos una relación muy buena de saber a cada uno qué le pasaba, cómo era la reacción de cada uno. Y después, conocer mujeres extraordinarias.

Los encuentros feministas

Salvo uno o dos fui a todos los encuentros feministas. Fui a internacionales, fui al Encuentro Continental de Mujeres en Cuba, a Nueva York, a Rusia, cuando era la URSS, y los de acá también. Me sirven para esta relación con las mujeres, a aprender cada día más que los derechos que tenemos, tenemos que aprenderlos a usar. Yo igual tengo desilusiones a veces con mujeres. Porque las mujeres también cuando hacen política, también cuando llegan al poder cambian. Tampoco nos representan algunas mujeres que llegaron, y cuando son líderes, que podrían tomar el tema de género con la igualdad, y pensando que llegaron porque también tuvieron apoyo. Después la pelean igual que el hombre, con los egoísmos, con las necedades y con la negociación. Pero también yo me enriquezco, porque también aprendo. De cualquier manera, mi familia nuclear, mi hijo, mis nueras y mis nietos, no están dentro de este ámbito de feminismo.

Me gustaría ser recordada como mujer que quiere exaltar el género, en el sentido de que valoro y aprendí la lucha de las mujeres en el mundo, en cualquier rincón y así sea la más humilde. Para mí, las piqueteras* son un ejemplo. Antes que surgieran las piqueteras, también muchas mujeres salieron a pelear en su barrio por el agua, por la luz, y nos dijeron que tomaron de nosotras la lucha de la Plaza. Y nos decían: "Si las madres pueden salir a la calle a pelear por sus hijos, nosotras también en el barrio tenemos que pelear para conseguir para nuestros hijos lo que nos corresponde, los servicios públicos." Entonces, yo creo que a mí me gustaría simplemente que me recordaran y dijeran: "Te acordás de Nora, uyyy, venían a todos lados." Por ejemplo, puede ser una mesa redonda como en la que participé ayer, sobre trabajo precario. Y yo me decía a mí misma: acá todos hablan de leyes, de artículos, y yo que me llevé sólo una cartillita, yo voy a hablar. Y hablé, después terminaron llorando, hasta los varones. Porque yo me fui al meollo, que es lo que querían nuestros hijos, nuestras hijas y que pasó.

TESTIMONIO DE ESTELA CARLOTTO, PRESIDENTA DE ABUELAS DE PLAZA DE MAYO

El contexto

El movimiento de las Abuelas de Plaza de Mayo es un movimiento muy atípico, no es un grupo de mujeres que con un fin prestablecido o predeterminado nos

---

* La modalidad de acción que utilizaron, los cortes de rutas, llamados piquetes, derivó en su denominación como piqueteros.

hayamos juntado para una tarea en común, por tener características de vida común, ideales o ambiciones, también comunes. Todo lo contrario, nosotras hemos formado una agrupación, convocadas por un dolor, una lucha y una búsqueda. La convocatoria nace de una dictadura militar, no nació de nosotras. Nosotras no nos conocíamos, tal es así que cada una proviene de distinta cultura, distinta religión, distinta situación económica o política. Eso se obvia, no interesa, ya que el objetivo es la búsqueda de los hijos y de los nietos.

A mí me encuentra el golpe militar del 24 de marzo de 1976 siendo directora de una escuela primaria. Yo tuve cuatro hijos, mi marido tenía una pequeña empresa de pintura, él era químico. Para ese entonces mis dos hijas mayores se habían casado, estaban independizadas. Ambas tenían una participación política previa al golpe, y de oposición a todo lo que se venía. Laura en la universidad y Claudia en las escuelas secundarias. Ellas veían con criterios muy claros (sobre) el negro futuro de la Argentina, por eso se oponían.

Mi hogar fue de clase media, ahí, ni para arriba ni para abajo. Y como siempre digo, criamos a nuestros hijos con mucha libertad, con mucha independencia, mucha autodeterminación. Sin embargo, no estábamos preparados para escuchar el discurso de nuestros hijos, para ver lo que hacían nuestros hijos. Porque, por lo menos los de nuestra generación pretendíamos —así como nosotros habíamos de alguna manera seguido el camino de nuestros padres, con variantes, con rebeldías y cambios— que los hijos nuestros hicieran lo mismo. Pero esto resultó totalmente distinto. Mi marido y yo nunca ejercimos la política, sólo votábamos cuando nos tocaba, porque teníamos una simpatía muy grande por el Partido Radical, éramos antiperonistas. Estábamos influidos por la filosofía de los que encontraban todos los defectos en una doctrina nueva, y se oponían por razones diversas. Y nosotros nos enganchábamos en ese tema. De más está decir que cuando nuestras hijas se introducen en el peronismo, fue una sorpresa, casi diría desagradable. Pero como dije, con la misma libertad con que las habíamos criado, las escuchábamos. Vivíamos en la ciudad de La Plata, una ciudad de estudiantes, con un componente obrero fuerte, opositor y dinámico, que sufrió los efectos, al principio, de la Triple A.[6] Allí, desaparecían personas que luego eran asesinadas o su cadáver aparecía a la vista; ése no era un desaparecido. Y fuimos viendo cómo el clima político se iba enrareciendo, se iba haciendo muy peligroso, sobre todo para nuestras hijas. Por protegerlas, las desalentaba, trataba de que no hicieran más, o salía a veces con algunas propuestas tontas. Sin embargo, si me pedían cosas como hacer sus pancartas, sus carteles, yo les daba, pero siempre escuchando y temerosa. Yo le ofrecía a Laura, que era la mayor de mis cuatro hijos, hacer lo mismo que hacía yo en el orden social. Si había alguien con carencias darle algo de regalo, si había chicos abandonados, irlos a cuidar por unas horitas. Y ella se reía, muy cariñosamente y me decía "Mamá, nosotros no queremos que exista eso, nosotros queremos terminar con las Casas Cuna. Lo que vos

---

[6] Triple A (Alianza Anticomunista Argentina), organización paramilitar liderada y financiada por el ministro José López Rega con fondos del Ministerio de Bienestar Social que presidía, creada entre 1973 y 1974.

estás diciendo que haga es una limosna, es una práctica que no tiene más que un momento, un segundo, y eso te lava la conciencia. Eso no sirve, nosotros queremos un camino radical." Y uno fue escuchando, fue entendiendo. Ellas estaban casadas, Laurita se casó a los 18 años, Claudia también. Ya no estaban bajo la tutela de sus papás, pero como siempre fuimos una familia muy unida, estábamos y veíamos sus actividades. En un caso, sobre todo Laura, la mayor, siempre minimizaba su peligro, como que no era importante lo que hacía. Ella estaba en la universidad, dentro de la Juventud Universitaria Peronista, que después pasó a ser Montoneros. O sea que ella estaba en esa agrupación, iba a los barrios a concientizar, hacía pintas, marchas, era del área de prensa. Mi esposo siempre fue más consciente de ciertas cosas. Yo era un poco tonta, me enganchaba con lo que me decían como cierto, y además era más temerosa. Mi esposo —nosotros nos enteramos mucho después de las cosas— refugiaba a muchos chicos que estaban siendo perseguidos, en su fábrica, los cuidaba y también, como tenía fábrica de pinturas, la pintura de él era con la que se hacían los carteles que se veían en la calle. Él a veces veía *Montoneros* y decía: "Esa pintura es mía"; también daba pintura para cualquier otro partido, él regalaba su producto, era su contribución. Y muchas otras cosas que ha hecho y que ya no las voy a saber, porque falleció hace cuatro años.

El tema es que, como los maestros en aquella época no éramos muy luchadores, el gremio docente casi no existía, había huelgas, paros, yo los hacía, a pesar de que era directora; por ahí yo sola hacía la huelga cuando consideraba una cosa justa. Tenía conciencia, pero no tenía ninguna participación formal en nada. Y por supuesto, me asustaba todo esto que hacían mis hijas. Y ya cuando el 24 de marzo cae el gobierno legalmente constituido, que era muy malo —pero que en todo caso hubiera sido necesario respetar los mecanismos constitucionales— yo, ya ahí con mi marido pensamos que se nos venían tiempos muy duros y muy peligrosos.

La represión

El primero de agosto del 77 es secuestrado mi marido; porque era el papá de Laura. La noticia que recibo es que yo tenía que pagar un rescate si quería salvarlo. Tenía que juntar para el día siguiente, miércoles, 40 millones de pesos para salvarle la vida. Porque había que entregar el jueves la guardia limpia, o sea, matarlo. Lógicamente empecé a juntar plata, empeñé, pedí prestado. Cualquier cosa hice y junté los 40 millones, se los di a un emisario, los llevó y esperé, sin noticias, siempre mirando el diario, si aparecía un cadáver, tratando de ver gente. Vi abogados que me pedían cualquier cantidad de dinero, corruptos que negociaban, gente que me quería ayudar pero no sabía cómo, bueno, de todo. Mientras tanto, aprendí a moverme por primera vez en la búsqueda de un desaparecido, porque fui con el criterio y la lógica aparte, de hospitales a comisarías, a presentar un recurso de *habeas corpus*, fui a hablar con algún político, empecé a hacer diversos contactos. A los 25 días él fue liberado, con 14 kilos menos, muy afectada su diabetes.

El último día que yo vi a Laura fue el 31 de julio del 77. Cuando el papá ya salió y empezó a trabajar, empezó a encontrarse con ella en Buenos Aires, donde ella estaba viviendo, porque para él era rutina ir a esa ciudad, tenía sus clientes, sus proveedores y no resultaba sospechoso, como hubiera sido en mi caso, que trabajaba de maestra. A mí, Laura me escribía y me llamaba por teléfono una vez por semana. Y esas cartas y esas llamadas se cortaron, la última fue el 16 de noviembre del 77. Así que yo calculo que ella ha desaparecido, ponemos como fecha el 26 de noviembre del 77.

Ella estaba en Buenos Aires con su compañero, después nos enteramos. Ahí yo repito todo lo mismo: voy a ver a los políticos, el obispo, el que le sigue al obispo. El mismo militar, que me recibió, ya loco total, en el Comando en Jefe del Ejército —Bignone— que me dijo que los mataban a todos. Le dije: "No, usted me dice esto, yo no quiero que la maten, si ella cometió un delito que la juzguen y la condenen, yo la voy a esperar." "Señora, usted dice eso pero mire lo que pasó en Uruguay, allá a los Tupamaros los encarcelaron, así se afianzan más sus convicciones, se convencen, nosotros acá no queremos eso, acá hay que hacerlo." Entonces, yo creí que ya la habían matado, porque mi marido cuando estuvo secuestrado escuchó que mataban. Cuando lo contó creíamos que estaba loco. Y a este hombre le dije: "Si ya la mataron, quiero que me devuelvan el cadáver, porque no quiero volverme loca como tantas madres, buscando las tumbas NN", porque yo acompañaba a muchas madres, sus hijos ya habían sido asesinados, o habían desaparecido antes. Y había tantas tumbas en La Plata, sobre todo NN. En abril del 78, una liberada del lugar donde estaba ella secuestrada, se arrimó a la fábrica de mi marido para contarle que Laura estaba bien, que su embarazo de seis meses estaba bien, y ahí me entero que estaba embarazada, que su bebé iba a nacer en junio, que yo lo podía ir a buscar en la Casa Cuna.[7] En estos largos años hay algo más de lo que me fui enterando, de compañeros que estuvieron con ella y que fueron liberados, me los he ido encontrando por el mundo mientras estaban refugiados, o mismo acá en la Argentina. Yo supe que Laura tuvo un varón, el 26 de junio del 78, que la llevaron al Hospital Militar Central. Hasta el día de hoy todas nosotras vamos juntando la historia. El 25 de agosto del 78 un subcomisario nos comunicó que en un operativo de control de ruta ella se había resistido, y entonces el Ejército la había matado. Esos enfrentamientos no existían, los chicos y chicas eran sacados de los lugares de detención ilegales y masacrados. Laura se dio cuenta de que los iban a matar, se despidió de todos sus compañeros ese 25 de agosto. Tenía 23 años, y para mí fue el golpe más terrible que sufrí en mi vida, y la cruz que arrastro, porque yo lucho mucho, me hace bien y voy a seguir luchando, pero el dolor no se apaga, eso está. Además sigo buscando a su hijo, que ya tiene 27 años y no sé dónde está. No es cuestión de que yo sea conocida, es cuestión de con quien esté y cómo. Hay chicos que son apropiados, pero no se dan cuenta. Cuando los encontramos por otra vía, no porque ellos se presenten, sino porque hay una denuncia, es como que despiertan a una realidad muy dura. Así que no sé dónde estará ni con quién. A mí me han presentado posibles nietos que no fueron. Gente que me informa "se parece a usted, tiene los ojos

---

[7] La Casa Cuna, anteriormente Casa de Niños Expósitos, fue creada en 1979. Es desde 1961 el Hospital General de Niños Dr. Pedro de Elizalde, en la Ciudad de Buenos Aires.

de su hija, estoy segura…". Cuando uno hace la denuncia y luego los exámenes de sangre y no es, se acabó. Pero a veces ocurre el milagro de que alguien viene con un dato fuerte y es, así que yo estoy muy ilusionada de que en algún momento voy a tener esa suerte.

Las abuelas

Antes de que le pasara esto a Laura, yo ya había decidido después de un buen consejo, que había abuelas y madres en la ciudad de La Plata, y que debía arrimarme a ellas para no estar sola buscando. Y me arrimé, me encontré con el grupo de La Plata de Abuelas de Plaza de Mayo, vine a la Plaza con ellas, me incorporé a la tarea. Y desde entonces estoy con mis compañeras, mis hermanas del dolor, haciendo todo lo posible y lo imposible. Lógicamente al principio era todo inexperiencia, no sabíamos cómo hacer, queríamos ver a los bebitos en la Casa Cuna, después mirábamos a los chiquitos en los jardines de infantes, los delantales blancos, alguna sospecha, íbamos a los domicilios, nos hacíamos pasar por vendedoras o cualquier cosa para corroborar un dato, que nos habían dicho que en tal lado vivía un policía que tenía un chiquito nuestro. Ahí quedaba registrado en nuestra encuesta por los libros o por la ropa. Hasta que fuimos conocidas, y ya no lo pudimos hacer más. Bueno, toda esa tarea que empezó así, muy doméstica si se quiere, se fue perfeccionando. Tuvo que constituirse porque la sociedad nos obligó, y la burocracia también, a ser una organización inscrita como de Derechos Humanos, sin fines de lucro, con personalidad jurídica, estatutos, comisión directiva. Bueno, la comisión directiva somos 13 abuelas, y hay otras abuelas que sin ser de la comisión vienen, somos unas 20. Antes nos reuníamos en casas de familia, en alguna confitería o en una estación de trenes para tratar de elaborar estrategias, luego tuvimos nuestra sede y pudimos juntarnos en una oficina. A partir de entonces nos organizamos mejor y con mayor frecuencia y, en la etapa constitucional, del 84 en adelante, ya las causas en la Justicia eran inminentes, así que empezamos a trabajar con abogados, con psicólogos. Inventamos el tema de la genética, el Banco Nacional de Datos Genéticos[8] es único en el mundo, y es para poder identificar con total certeza a nuestros nietos.

La búsqueda y el Banco de datos genéticos

Claro, nosotros decíamos: "Pasan los años y no los encontramos." Algunas abuelas no sabían si sus nietos habían nacido o no habían nacido, si era nena o varón, a quién se parecía… ¿cómo nosotros íbamos a decir "ése es mi nieto", cómo lo probábamos a la Justicia? Una vez salió un artículo en el diario que comentaba acerca de un papá que negaba la paternidad y que mediante un examen de sangre se pudo determinar la misma. Nosotros dijimos, entonces, si los padres no están, la sangre nuestra servirá. Y así empezamos a viajar en el mundo: Italia, Francia, Suecia, y Esta-

---

[8] Funciona en el Hospital Durán (municipal) de la ciudad de Buenos Aires.

dos Unidos por último. En los demás lugares no hubo respuestas, pero en Estados Unidos sí. La persona que tuvo un rol sumamente significativo y lo sigue teniendo es la Dra. Mary-Claire King, de Estados Unidos. Ella, junto con otros científicos, en un Seminario del año 83, establecieron que con la muestra de sangre de familiares que buscamos a un nieto se puede reconstruir el mapa genético de los papás, cosa que, cuando se lo encuentre, una comparación sea totalmente válida. En el 84, ya en la etapa constitucional, Mary-Claire King vino al país y conoció el Banco, lo encontró totalmente apto para funcionar, porque tenía la gente idónea, las maquinarias y todo el sistema muy moderno. El otro doctor que vino con ella, Clay Snow, fue el creador del equipo de Antropología Forense, así que ellos son los pilares de este proyecto. Nosotros de esa manera tenemos la seguridad de que el nieto encontrado es el nieto buscado, de quién era nieto… y todo esto fue una aportación que hace que ahora, después de tantos años, mucha gente diga que fuimos las impulsoras de la genética. Fuimos las impulsoras de muchas cosas, porque la tarea institucional fue corriendo con el tiempo con cambios muy grandes, porque no era lo mismo buscar bebés que hoy buscar hombres y mujeres. Entonces, ya la filosofía es distinta, la estrategia fue cambiando. Se necesitaron equipos técnicos, los de abogados, los de psicólogos, porque había que atender a los chicos y a los adultos; el equipo de genética para la combinación del trabajo institucional con el Banco. Luego vino la informática con toda la modernidad, vino el equipo de investigaciones, ya no lo podíamos hacer nosotros, lo hacía un equipo las investigaciones, recibir denuncias, atender el teléfono, ir a ver casas, hacer seguimientos, fotos, partidas de nacimiento, expedientes, todo eso. Se combinaban los equipos para eso, y nosotros por supuesto liderando todo eso. Con el tiempo fuimos pensando, "ya los chicos están creciendo y lo más probable es que se produzca un doble camino, el de venir ellos a buscarnos, y nosotros buscándolos." Entonces empezamos a hacer todas las tareas hacia la comunidad, porque ahí estaban ellos.

Hace unos seis o siete años que estamos nosotros con videos, *spots* en televisión, teatro por la identidad, música por la identidad, tango por la identidad, danza por la identidad, toda una tarea hacia los chicos que dudan, para animarlos a que no se queden con la duda y vengan a buscarnos. De hecho, ahora ya hay un equipo de recepción de presentaciones espontáneas, porque los chicos vienen acá y hablan, cuentan su historia, tienen dudas, piensan que pueden ser, se les ayuda. Lo importante son los exámenes, trabajamos estrechamente con el Estado, con la Comisión Nacional por el Derecho a la Identidad (CONADI) a pedido nuestro.

La lucha por la identidad, la verdad y la justicia

Todo lo que se presentaba como posibilidad de obtener justicia, mantener viva la memoria, encontrar la historia de los desaparecidos y encontrar a los nietos, lo hacemos los ocho organismos de Derechos Humanos históricos, más los nuevos que se crearon, como Hijos, pero Abuelas, específicamente el tema de los nietos. Nosotros tenemos una especificidad muy grande, y fuimos incorporando otras dinámicas, como las de la educación. Estamos con convenios con el Ministerio de Educación, con las municipalidades, con las universidades de la capital y del interior. Es un trabajo tipo abanico, que se expandió, porque también nos metemos en el tema de la mujer, el tema de la tercera edad, el tema de la infancia. Para estos temas somos referentes las abuelas, y lógicamente que todo esto requiere también de un equipo de prensa y difusión muy fuerte, muy dinámico, y una permanencia en todos los actos donde se hablen de estos temas, con un sentido de colaboración democrática, porque lo que queremos es la verdad, la justicia, pero también la reconstrucción del país. Y el tejido social está destruido, herido, con el hambre, la desocupación, la falta de vivienda, la falta de salud, la educación deteriorada. Todo eso es preocupación de abuelas, entonces somos pocas, pero nos repartimos, y ya estamos saliendo con los nietos también. En nuestra sede trabajan muchos nietos, muchos chicos que hemos encontrado, o hermanos de los que están buscando, y forman parte de los equipos formales. Son un relevo el día que no estemos. Porque ya cada vez las abuelas más viejas no pueden, algunas lamentablemente se han muerto, o sea que nosotros lideramos, pero estamos muy bien acompañadas.

El derecho a la identidad

Puede haber entre 400 y 500 chicos robados en la dictadura. Algunos ya nacidos, pero la mayoría por nacer en los campos de concentración. En Abuelas tenemos 240 denuncias formales, más ciento y pico que tiene la CONADI, y que acá no las tenemos, suman una cantidad más importante. De ésos hemos encontrado 80 chicos, no todos vivos lamentablemente, hay chiquitos que no nacieron, mataron a la mamá embarazada, mataron al bebé también. Y otros que murieron en bombardeos a su vivienda, estaban con su familia. Fueron buscados por los abuelos, y encontramos los restos de algunos de ellos.

Hemos hecho con la CONADI una Red Nacional por el Derecho a la Identidad. Nosotras no nos quedamos en Buenos Aires o en las cinco filiales que tenemos en el país. Se hizo en cada provincia, en la capital, un espacio de difusión y recepción de presentaciones espontáneas. Y ahí trabaja gente de las organizaciones no gubernamentales, el Estado con las defensorías, la Secretarías de Derechos Humanos, y voluntarios. Y ahí, en esos grupos que se están fortaleciendo, nosotros tenemos un contacto nacional. Y ahora hemos instalado, con dificultades pero está avanzando, un espacio en Madrid. Porque hay muchos chicos que están fuera del país, y dudan de su identidad, porque se han ido o los han llevado cuando eran chiquitos, y ellos piensan que pueden ser nuestros nietos. Ven televisión, nos ven a nosotros, escuchan los conciertos, ven películas y cortometrajes, algunas de ficción, otras documentales. Todo esto es mundial. Por esto pedimos específicamente que se introdujeran artículos que hablaran de la identidad en la Convención Internacional de los Derechos del Niño. Así, hay tres artículos a los que se les llama argentinos, que son el 7, el 8 y el 11, en la Convención. Además, la Convención tiene rango constitucional desde el 94 en Argentina y claramente dice qué debe pasar con los chicos cuando son robados por lo que fuere, con más razón la obligación del Estado a que eso se cumpla.

La lucha contra la impunidad

El advenimiento del gobierno de Alfonsín fue un festejo general para toda la sociedad, un corte con la dictadura por la retirada y la derrota moral que tenían los militares y las fuerzas de seguridad. Todo eso y el acompañamiento que, perteneciendo o no ideológicamente al partido gobernante, todos teníamos como pueblo. Fue una ilusión enorme. Nos pusimos a disposición, esperamos que nos llamaran, no nos llamaron. Pedimos audiencias, no nos recibían. Pero hubo cosas muy buenas como los juicios a los comandantes, la CONADEP, el Nunca Más; pero con esta claudicación de las leyes de Punto Final y Obediencia Debida, nos costó sangre, sudor y lágrimas. Porque eran permanentes nuestras vigilias en el Congreso, rogándoles a los parlamentarios que no las votaran. Y bueno, fue Obediencia Debida partidaria, entonces salieron las leyes y el consuelo que nos dieron fue: "Bueno señoras, ustedes no se preocupen que por sus nietos van a tener justicia, porque ese delito no fue perdonado." Entonces nosotros dijimos: "Miren, no nos quieran dar consuelo. Nuestros nietos no nacieron de un repollo, tienen papá y mamá, y por ellos también queremos verdad y justicia." No obstante, después aprovechamos para reclamar justicia, y de hecho hay en la cárcel, por el plan sistemático de robo de bebés, 940 militares. Y aparte los apropiadores, porque se robaron un chico. Esas leyes (de Punto Final y Obediencia Debida) fueron nefastas, nos agraviaron por la convivencia con los asesinos, el cruzarnos y no saber si al lado nuestro estaba el que mató al hijo o a la hija, y además la continuidad de los actos de barbarie, porque todo lo que se llama policía de gatillo fácil, bandas de extorsión, bandas mezcla de civiles y militares, y todo lo demás, es parte de lo que no fue investigado. Por eso la caída de estas leyes la pedimos permanentemente, y bueno, llegó este gobierno y está haciendo cosas que realmente a nosotros nos dan mucha esperanza. Yo creo que hay buenos momentos, que hay que aprovecharlos muy bien, tenemos un gobierno que tiene decisión política en este sentido, ha hecho muchísimas cosas que habíamos pedido por largo tiempo sin éxito, nos reciben, nos consultan, somos convocadas permanentemente, y aparte de eso lo que pedimos es escuchado, y en la mayoría de las cosas pedidas se da respuesta.

Conciencia de género

Dos cosas han cambiado. Uno, la mujer, que sabe cuáles son sus derechos. Antes no se sabía qué derechos tenía la mujer, era la aceptación del rol de cada uno en la vida. La mujer en la casa, hijos y la atención de su familia, y el hombre a trabajar, ejercer cargos públicos, etc. La mujer hoy en día no desconoce qué derechos tiene, entonces ha cambiado. Pero también ha cambiado el hombre en reconocer que la mujer es una igual y que tiene el derecho de estar en el mismo nivel, ni más arriba ni más abajo, ni atrás ni adelante, al costado, juntos, para construir lo que fuere, el bienestar común. Y yo creo que en el Parlamento es poco el 30% que se consiguió, habría que poner un 50%, y en muchas empresas se ven liderazgos de mujeres.

Todo lo que se refiere al derecho de la mujer, la defensa de la mujer para que ocupe cargos de poder político, económico, social, para que tenga intervención a la par del hombre, para que la mujer no sea sojuzgada, maltratada, discriminada, todo eso es tarea. Ahora estamos con la lucha por la ratificación del Protocolo de la CEDAW, que no se ha aprobado en el Parlamento, también apoyándolo, directa o indirectamente. El año pasado estuve en Naciones Unidas, enviada por la Cancillería. O sea que es un ámbito enorme el del trabajo institucional.

La sociedad que te condenaba era aquella que por conciencia o por inconsciencia decía: "Bueno, a mí no me pasó, en algo andaban o no los cuidó su familia", no hacía distinción entre si era una hija o un hijo los que estaban en esa condición de desaparecidos. Nos sentimos discriminadas por la sociedad en un principio, nos marginaba, pero fundamentalmente por los militares, que nos llamaron locas y dijeron: "Déjenlas, ya van a cansarse, se van a ir a llorar, son mujeres, no sirven para nada." Se equivocaron, y bueno, aquí estamos. Ellos hubiesen desaparecido muchas personas más... si hubiesen tenido la inteligencia de pensar que las mujeres tienen fuerza. Yo no sé si fue coraje, o fue el amor, el desafío a una situación donde era imposible quedarse quieta. Yo creo que ninguna madre en la situación nuestra se queda quieta. Las que se quedaron quietas tuvieron un miedo lógico, o enfermedades, o una restricción familiar, "no vayas", "no quiero", también las hubo. Pero la gran mayoría salió a la calle. Fue un desafío, decir que me robaron un pedazo del alma, y eso es un hueco vacío. No te podés quedar quieta llorando.

Cada una hacía lo que podía y lo que sabía. Y el milagro es que sigamos juntas, porque no es fácil. Se nos vinieron los años, se nos vino el cansancio, las enfermedades, pero no declinamos. Y tenemos nuestras cosas internas como toda familia, y como toda organización. Seguimos adelante, espero que mientras tengamos fuerza.

A mí me gustaría ser recordada como una mujer en lucha que hizo lo que debía. Que no fue ni heroína, ni distinta, ni especial, sino una mujer con un gran amor y un gran dolor, memoria, y hacer lo que me correspondía y necesitaba y necesito hacer, como una mujer, una mujer en lucha.

REVOLUCIÓN, FEMINISMO Y ANTIFEMINISMO EN NICARAGUA

KAREN KAMPWIRTH*

Traducción de María Luisa Mu

El Frente dio una apertura para establecer una nueva base de relaciones […] Creo que en primer lugar las mujeres tuvimos el derecho de reclamar y decir somos sujetos del cambio. Nos dieron la
importancia. Al principio de la Revolución era importantísimo.

MARÍA LOURDES BOLAÑOS

Lo que el Frente empezó fue un juego de la doble moral. Había
discursos sobre la mujer pero en la práctica había un mundo de
diferencia. Yo percibo un fuerte miedo a la palabra 'feminista'.
Creo que más que todo es un miedo de perder el poder, de compartir el poder con una mujer… Yo creo que la intención fue
real pero no podían superar su machismo. No se planteaba que
el cambio tenía que venir de parte de ellos también.

HAZEL FONSECA

La autonomía de la familia fue muy atacada en mi país bajo el
gobierno marxista en la década de los ochenta… En esa década se estableció, desde la Constitución, el reconocimiento de las
uniones de hecho estables a la par del matrimonio y también el
divorcio unilateral. ¡Qué grandes errores contra la familia![…]
Quizá se derribó el muro de Berlín pero la ideología, la visión
atea y antifamilia del marxismo sigue muy viva a finales de este
siglo. Hoy la lucha de clases se convirtió en la lucha por la eliminación de clases sexuales y el triunfo del 'sexo neutro'.

MAX PADILLA

Nicaragua muestra, hoy en día, el movimiento feminista más importante en Centroamérica debido, en parte, a la Revolución sandinista. Sin embargo, de acuerdo con
María Lourdes Bolaños, Hazel Fonseca y muchas otras miembros del movimiento feminista, el movimiento guerrillero (1961-1979) y la Revolución (1979-1990) también
contribuyeron a impedir el surgimiento del mismo. Por esto, es un poco irónico que
los actuales oponentes de las activistas feministas, gente a quienes yo llamo antifeministas,[1] a menudo encuadren su oposición al feminismo en términos de la Revo-

---

* Profesora en Knox College.
[1] Los activistas que yo identifico como "antifeministas" raramente usan este término para describir
su propio trabajo, en cambio gustan de llamarse pro-familia o pro-vida. Pero yo sostengo que el término

lución sandinista. Los activistas antifeministas como Max Padilla ven la Revolución y el feminismo como parte del mismo proceso, proceso al que ellos se oponen. En los primeros años del siglo XXI, los feministas y antifeministas competían por recordar el reciente pasado de Nicaragua y por construir el futuro a su propia imagen.

LAS MUJERES Y LA LUCHA CONTRA SOMOZA

Se ha sugerido ampliamente que casi 30% de los combatientes sandinistas en los años sesenta y setenta, incluidos muchos de los principales líderes guerrilleros fueron mujeres (por ejemplo, Collinson, 1990:154; Reif, 1986:158). Hay cierta controversia respecto del número pero cualquiera que éste sea, el recuerdo dominante de la lucha guerrillera es que las mujeres sí estuvieron presentes. Una imagen del periodo guerrillero que se repitió durante la década de la Revolución captura claramente el legado de género de la lucha guerrillera. La idealizada mujer sandinista era una madre. Una mujer joven con un rifle en el hombro, sonriendo ampliamente mientras sostenía a un niño de pecho. Esta imagen, originalmente una fotografía, fue reproducida en murales públicos, postales y el cartel que conmemoró el décimo aniversario de la Revolución. El hecho de que esta imagen se haya reproducido tanto testifica su importancia simbólica: capturó el grado y los límites del feminismo sandinista, visto a través de sus propios ojos.

A pesar de que la imagen de la guerrillera amamantando es una imagen de maternidad con autoridad, también es una imagen bélica. Y las lecciones que se interiorizaron en la lucha guerrillera estuvieron llenas de tensiones. En la lucha guerrillera miles de mujeres ganaron la oportunidad de romper las barreras de los papeles tradicionales. Era también la época en que muchas mujeres que se orientaban hacia el activismo feminista ganaron las habilidades y la conciencia que hicieron que su activismo se convirtiera en realidad. El Sandinismo marcó el feminismo nicaragüense para siempre, incluso en el caso de mujeres que rechazaron establecer lazos formales con el partido. "Sin el movimiento revolucionario, el feminismo aún sería patrimonio de unos cuantos privilegiados" (Chinchilla, 1997:209).

Al mismo tiempo, las viejas lecciones son difíciles de olvidar, especialmente en tiempos de tensión. El liderazgo sandinista mostraba importantes evidencias, en hechos y palabras, de su compromiso con la democratización y aun con la democratización de la relación de géneros. Pero la evidencia de la democratización de

---

"antifeminista" es el apropiado, por lo menos, por tres razones. Primero, los activistas feministas también están a favor de las familias (de familias igualitarias) y su trabajo contra la mortalidad infantil y la violencia doméstica también constituye un trabajo en pro de la vida. Segundo, los activistas de este movimiento no solamente son socio conservadores, del mismo modo en que los activistas feministas no son solamente socio liberales; ambos movimientos están principalmente preocupados por las políticas de intimidad y de la vida diaria. Finalmente, el término "antifeminista" lo identifica como un movimiento de reacción o contragolpe.

géneros fue más clara durante los buenos tiempos, especialmente en los primeros años de la Revolución, antes que los Contras empezaran a atacar. Una vez que los ataques de los Contras se dieron con todo, el FSLN siempre estuvo tentado a caer en las lecciones que había aprendido en la lucha guerrillera. Éstas incluían la importancia de evitar controversias entre los rangos revolucionarios y de controlar a los disidentes. Ninguna de estas lecciones era buena para las feministas.

EL SURGIMIENTO O RESURGIMIENTO DEL FEMINISMO EN LOS OCHENTA

Una de las pocas cosas en que feministas y antifeministas están de acuerdo es que el feminismo nicaragüense fue un producto de la Revolución sandinista. Pero en realidad, como muestra Victoria González Rivera (2002a, 2002b, 2001, 1998, 1997) el feminismo nicaragüense no nació con la Revolución. Al contrario, su origen puede remontarse hasta el siglo XIX. Más aún, muchas de las mujeres más independientes y políticamente activas del siglo XX fueron simpatizantes de la dictadura somocista, por lo que la Revolución sandinista no fue la primera vez en que se movilizaron mujeres detrás de un partido o un proyecto feminista. Sin embargo, la historia que develó González Rivera es verdaderamente una historia perdida.

En la historia predominante, relatada por las feministas y sus opositores, las feministas empezaron a organizarse en los ochenta. Esta organización fue en parte posible debido a la movilización masiva de hombres y mujeres, especialmente mujeres jóvenes, a principios de esa década. Los sandinistas las movilizaron por una serie de razones: para enseñar a leer a los otros, para inmunizar a los niños, para cortar café, vigilar los vecindarios de noche. Estas campañas fueron muy importantes porque desafiaron la autoridad tradicional (Kampwirth, 2004:26-28).

En los primeros años de la Revolución, la organización nacional de mujeres de afiliación sandinista, Asociación de Mujeres Nicaragüenses Luisa Amanda Espinoza (AMNLAE), jugó un papel importante en el reto a la autoridad tradicional. Fue fundada en 1977 como Asociación de Mujeres Ante la Problemática Nacional (AMPRONAC), y fue uno de los miembros de la coalición Sandinista que ayudó a destituir a Somoza. Con la Revolución cambió de nombre pero en su mayor parte aún era un grupo de apoyo del FSLN. La labor de AMNLAE incluía abogar por cambios legales para las mujeres y proporcionar servicios a través de las Casas de la Mujer, cuyo número, para el año 1990, superaba los 50. Las Casas proporcionaban servicios de salud, asesoría psicológica y legal y ofrecía talleres sobre sexualidad, anticoncepción y entrenamiento laboral. Sin embargo, a pesar de este importante trabajo, su papel como partidario del FSLN limitaba su habilidad para enfrentar la desigualdad sexual. Con el tiempo, muchas mujeres empezaron a cuestionar la relación entre la asociación y el partido.[2]

---

[2] Sobre AMNLAE y el FSLN, véanse Bayard de Volo, 2001; Brenes *et al.*, 1991; Criquillón, 1995; Kampwirth, 2004:28-36, 54-57 y Murguialday, 1990: 101-148.

La labor de AMNLAE para promover reformas legales relacionadas con el género y las presiones internas dentro de la organización de mujeres en los ochenta, nos llevan a creer que AMNLAE hubiera podido evolucionar para convertirse en una organización más independiente y más feminista si la Revolución hubiera continuado su curso original. No hay modo de saberlo a ciencia cierta ya que los, relativamente fáciles, años de la Revolución terminaron con la ascensión de Ronald Reagan como presidente de Estados Unidos en 1981 y con la consiguiente asignación de fondos a los Contra al poco tiempo.

Con el comienzo de la guerra, la política de género en Nicaragua ingresó a una nueva fase. Dentro del movimiento femenino en desarrollo, había por lo menos dos respuestàs diferentes a la guerra, la que los nicaragüense llamaron "los sectores" (sindicatos obreros o algunos otros grupos organizados económicamente), y la de AMNLAE. Sus respuestas hacia la misma guerra no pudieron ser más diferentes.

Se fundaron las Secretarías de la Mujer en la mayoría de los sindicatos de trabajadores a mediados de los ochenta, la primera de las cuales fue creada dentro de la Asociación de Trabajadores del Campo (ATC), en 1983. Las mujeres de la Secretaría de la Mujer de la ATC demostraron exitosamente que la clave para aumentar la productividad rural —y acrecentar los fondos necesarios para el esfuerzo bélico— era terminar con la desigualdad de género. Bajo la presión de la ATC, el FSLN abrió cientos de albergues, molinos de maíz colectivos y lavanderías, y además combatió el problema del acoso sexual y permitió el acceso a medios anticonceptivos. Al mismo tiempo que las Secretarías insistían que la guerra no se ganaría nunca sin igualdad de género, las mujeres de AMNLAE aceptaban una relación aún más servil con el FSLN, con el argumento de que la guerra no se ganaría nunca si no se atenuaban las demandas por igualdad de género, por lo menos temporalmente.[3]

A finales de esa década otro tipo de mujeres organizadas empezó a surgir, sumándose al movimiento de mujeres afiliadas a AMNLAE, cuyas raíces pueden remontarse hasta los últimos años del periodo guerrillero, y las Secretarías de la Mujer que surgieron como respuesta a la guerra contrarrevolucionaria; surgió una tercera rama: el feminismo autónomo e independiente. Este tercer movimiento —que rechazó explícitamente unirse a partidos o sindicatos— surgió en respuesta a los debates que condujeron a la Constitución de 1987 y al Encuentro Feminista Latinoamericano del mismo año que se llevó a cabo bastante cerca —en Taxco, México— para permitir que 40 o 50 mujeres nicaragüenses pudieran asistir.

Para 1987, se formó uno de los primeros grupos feministas autónomos, el Colectivo de Mujeres de Matagalpa. Inicialmente era un programa de radio y presentaba teatro feminista sobre temas tales como el aborto, pero pronto añadió clases de alfabetización, de partería y de leyes. El Centro de Mujeres de Masaya (fundado en 1988) y el Centro de Mujeres Ixchen (fundado en 1989) fueron centros femeninos donde se proporcionaba una serie de servicios de rango legal, de salud y psicológicos, al mismo tiempo que se abogaba por la igualdad de género. Grupos como el

---

[3] Sobre el surgimiento del feminismo entre los sectores, véanse Criquillón, 1995:215-225; Kampwirth, 2004:30-34 y Murguialday, 1990:155-188.

Centro de Mujeres de Masaya y el Ixchen (que pronto tuvieron centros en muchas de las ciudades nicaragüenses) fueron similares a las Casas de la Mujer de AMNLAE, con la diferencia de que operaban independientemente del FSLN. Sin embargo, un grupo con un modelo de organización muy diferente —una organización feminista que buscaba cambiar la política estatal más que la de proporcionar servicios— se fundó gracias a las mujeres que participaron en el Encuentro Feminista. A su regreso de México en 1987, fundaron el Partido de la Izquierda Erótica (PIE).

El PIE era un grupo de presión que tuvo éxito al promover la igualdad de género como valor constitucional. En la Constitución de 1987 por lo menos diez artículos hacen menciones específicas de los derechos de las mujeres (comparado con la constitución de 1974 donde no hay ninguna). Las parejas en uniones de hecho estables (que son más comunes que los matrimonios civiles entre la mayoría de la gente pobre de Nicaragua) estaban protegidas de la discriminación y se permitía el divorcio sin restricciones. Aunque duró muy poco, el PIE dejó su huella en la Constitución y en el movimiento de mujeres. Luego de que el FLSN perdiera las elecciones de 1990, los cerca de 20 miembros del PIE se convirtieron en miembros fundadores de las organizaciones feministas que surgieron a principios de 1990.[4]

DESPUÉS DE LA REVOLUCIÓN: RESPUESTA DE LAS FEMINISTAS AUTÓNOMAS
ANTE EL ANTIFEMINISMO ESTATAL

La guerra era el tema central de la campaña presidencial en 1990, y el lenguaje con el que ambos bandos hablaban de guerra y paz estaba bastante influido por el género. La ganadora de las elecciones, Violeta Barrios de Chamorro o doña Violeta, como se le llamaba, siempre se vestía de blanco, invocando la imagen de la Virgen María. A través de su imagen y sus palabras proclamaba que ella, una mujer con escaso conocimiento político, podía terminar la guerra y reconciliar a las familias nicaragüenses basándose en sus experiencias como esposa, viuda y madre.

Doña Violeta es viuda de una de las figuras políticas más importantes de la reciente historia nicaragüense —Pedro Joaquín Chamorro— un abierto oponente de la dictadura somocista cuya muerte en enero de 1978 desató una ola de protestas que contribuyeron al derrocamiento de Somoza a manos del FSLN en julio de 1979. A lo largo de su campaña, doña Violeta le recordaba a la gente que era la viuda de esa figura heroica y enfatizaba que ella había sido una buena esposa tradicional para Pedro Joaquín. Una vez le dijo a un reportero, "no soy feminista ni quiero serlo. Soy una mujer dedicada a mi hogar, como me lo enseñó Pedro". Más tarde en la entrevista declaró "estar marcada con el hierro de los Chamorro" (Cuadra, 1990:3). Invocando un pasado imaginado en el que los hombres protegían a las

---

[4] Para la organización feminista a finales de 1980, véanse Criquillón, 1995: 221-228; Kampwirth, 2004: 35-38 y Murguialday, 1990: 207-250. Sobre género y la creación de leyes sandinistas véanse Kampwirth, 1998 y Stephens, 1990, 1988.

mujeres a cambio de fidelidad y obediencia, un pasado en el que las familias no se dividían por la política, prometió terminar la guerra y reconciliar a las familias nicaragüenses terminando con el sufrimiento de tantas madres (Kampwirth, 1996:67-72). Cuando doña Violeta asumió el cargo en abril de 1990, cumplió muchas de sus promesas. Las promesas más importantes de la campaña, terminar la guerra y abolir el servicio militar obligatorio, se cumplieron ese mismo año. En muy buen grado, doña Violeta cumplió su promesa de reconciliación, incluso forjó una alianza con algunos legisladores del FSLN contra los miembros del ala derecha más radicales de su propia coalición política. Y doña Violeta también cumplió la implícita promesa antifeminista de su campaña política al tratar de cambiar muchas de las reformas de género de la era sandinista.

A comienzos de los noventa, se cerró un cierto número de cunas, consejerías matrimoniales dependientes del Estado, talleres en contra de la violencia doméstica y además fueron eliminados los servicios para mujeres maltratadas; incluso en los hospitales públicos ya no se ofrecía asesoría para el control de la natalidad. Un nuevo libro de texto se usó en todas las escuelas públicas; se llamó "Moral y Cívica" y trataba directamente las relaciones generacionales y de género a través del texto y las imágenes. Se mostraba a madres felices cocinando en sus cocinas de clase media, padres felices sentados en cómodas sillas u ocupados en empleos bien remunerados. Los textos enfatizaban el valor del matrimonio legal (aunque la Constitución de 1987 reconocía ambos, el matrimonio legal y las uniones de hecho), también mostraba la iniquidad del aborto (que había sido despenalizado pero no legalizado bajo el FSLN) (Kampwirth, 2004:48-54).

El comienzo de esta década trajo consigo cambios importantes para las feministas nicaragüenses. La derrota electoral del partido de la Revolución, el Frente Sandinista, significaba la pérdida de un aliado ideológico en el gobierno; pero también las liberaba de las limitaciones que el vanguardista FSLN había tratado de imponer a las activistas feministas. El resultado más anticipado de las elecciones del año noventa no fue el de un final fácil de la Revolución sandinista o la desmovilización de los Contras; fue la irrupción explosiva del feminismo autónomo, incluido el lesbianismo femenino.

La fiesta oficial de presentación de la nueva rama de la organización femenina se realizó, muy apropiadamente, el Día Internacional de la Mujer. Un festival que se realizó en el parque La Piñata de Managua el fin de semana del 8 de marzo de 1991 fue el punto de quiebre. Representó una ruptura pública y definitiva entre la AMNLAE y otras corrientes dentro del movimiento femenino. Aunque la ruptura no significó el final de la AMNLAE, sí señaló un éxodo masivo de disidentes hacia el nuevo movimiento feminista. Entre estos disidentes había miembros de un nuevo movimiento pro-derechos lesbo-feminista que hicieron su primera aparición pública en el festival en marzo de 1991. Si bien ya existían algunas organizaciones gays y lesbianas desde mediados de los ochenta, ellas ocuparon un espacio precario durante la Revolución pues los líderes del FLSN los obligaron a mantener un perfil bajo y abstenerse de "hacer olas".

También es cierto que muchas lesbianas fueron revolucionarias leales que aceptaron estas limitaciones. Por ejemplo, Mary Bolt, quien ayudó a fundar la organización por los derechos sexuales Fundación Xochiquetzal en 1991, tenía una larga historia sandinista, habiéndose convertido en guerrillera urbana en 1974. Yo le pregunté si se había declarado abiertamente lesbiana cuando se unió al FSLN:

A mí nunca me preguntaron qué cosa era yo. Nunca [se ríe]. Simplemente vos integrabas y punto, no es que me preguntaran qué pensaba yo, que creía yo. Simplemente me integré… Entonces, yo antes del triunfo no tuve problemas… Y después del triunfo, tampoco me interesaban mucho las organizaciones de las lesbianas. Para mí el objetivo fundamental era la defensa de la Revolución (entrevista, julio 1994).

Pero cuando los sandinistas perdieron las elecciones en 1990, ella reconsideró sus metas políticas. "Después, con las nuevas elecciones, se abrió un vacío y creo que eso pasó a la gran cantidad de hombres y mujeres nicaragüenses. Era un vacío político […] para nosotros fue muy fuerte, fue un duelo… Entonces para mí, este vacío lo llenó el movimiento feminista" (entrevista, julio 1994).

Había un hilo que mantenía la vida de Mary Bolt unida a la guerrilla como activista del partido y feminista autónoma. Ella nunca rechazó el activismo anterior; al contrario, se movía de una forma a otra cuando las circunstancias cambiaban: de guerrillera a activista del partido luego de la caída de Somoza y de activista partidaria a feminista autónoma después de que los sandinistas perdieran las elecciones de 1990. Muchos gays y lesbianas hicieron lo mismo. Enfrentados con un nuevo gobierno hostil,[5] los gays y lesbianas se organizaron y formaron nuevas organizaciones a comienzos de los noventa.[6]

En 1992 el movimiento feminista autónomo ya era grande, diverso, capaz e increíblemente osado como lo indica la Primera Conferencia Feminista, a la que asistieron más de 800 mujeres. El mayor desacuerdo que dividía a las recientemente autónomas activistas era la misma autonomía. Algunas activistas —la mayoría— temían estar controladas otra vez por alguna organización como el FSLN o el AMNLAE por lo que rechazaban las propuestas de formar cualquier organización coordinadora. Sin embargo, para lograr la eficiencia se requería que fueran capaces de unir sus grupos individuales de algún modo, así que accedieron a formar una serie de

---

[5] En 1992 se presentó el artículo 204 a la Asamblea Nacional. La letra decía: "Comete delito de sodomía el que induzca, promueva, propagandice o practique en forma escandalosa el concúbito entre personas del mismo sexo. Sufrirá pena de uno a tres años de prisión" (Sobre la política del 204 véase Kampwirth, 1996:77-80, 1998:60-63). Aunque el bloque del FSLN en la Asamblea Nacional votó unánimemente contra el 204, de todos modos fue aprobado. Hasta ahora se encuentra vigente, y aunque muy raramente se ha puesto en práctica, es de todos modos una amenaza.

[6] El año 1990 vio la Fundación de la Organización por los Derechos Gay (SHOMOS), la organización antiSIDA Fundación Nimehuatzín, y el colectivo feminista lesbiano Nosotras. En 1991, también abrió sus puertas la organización por los derechos de las minorías sexuales Fundación Xochiquetzal. Pronto le siguieron las organizaciones lesbianas: Entre Amigas y Grupo por la Visibilidad Lésbica. Y en 1992 más de 25 grupos se unieron en la Campaña por una Sexualidad Libre de Prejuicios (Sobre el movimiento por los derechos gays y lesbianas véanse Arauz, 1994; Babb, 2003; Bolt González, 1996; Kampwirth, 2004:57-63, 1994; Randall, 1993 y Thayer, 1997).

"redes". En la Conferencia se formaron ocho, para trabajar sobre temas de sexualidad, economía y ambiente. A principios del siglo XXI, dos de estas redes —la Red de
Mujeres Contra la Violencia y la Red de Mujeres por la Salud María Cavallieri— eran
grandes y aún estaban activas[7] (Kampwirth, 2004:63-65).

En la Conferencia de 1992, la mayoría estaba conformada por aquellas que pre-
ferían la organización en red; sin embargo, había una importante minoría que te-
mía que sin un cuerpo de coordinación y sin un compromiso explícito a los objetivos feministas, el movimiento autónomo se perdería. De modo que formaron el
Comité Nacional Feminista en mayo de 1992. Para unirse al Comité, los grupos
tenían que apoyar una serie de demandas feministas: contra la violencia, a favor de
los derechos gay y pro-derecho a decidir. Aunque el Comité se desbandó en 1994,
se volvió a constituir con 25 organizaciones y cinco miembros individuales en noviembre de 1998. A mediados de la década, el movimiento feminista nicaragüense
tenía influencia no sólo en Nicaragua, sino en toda la región (Kampwirth, 2004:96-
108; Blandón, 1997). De modo que cuando cinco países formaron la Corriente
Feminista Centroamericana en 1995, no sorprendió a nadie que su oficina principal
estuviera en Managua, Nicaragua.

La regionalización del feminismo nicaragüense no fue la única innovación de
los noventa. Otro cambio aún más importante fue el comienzo de la construcción
de la coalición, lo cual habría sido inimaginable décadas atrás. Dos de los ejemplos
más visibles de las nuevas alianzas independientes de clases y partidos por la justicia
de género fueron la Comisaría de la Mujer y la Niñez, y la Coalición Nacional de
Mujeres. En 1993 se unieron diecinueve grupos tras un proyecto que ayudaría a
que la protección legal contra la violencia doméstica se hiciera realidad.[8] El plan
era crear una serie de Comisarías de la Mujer y la Niñez que estarían regidas por
mujeres y que ofrecieran un rango completo de servicios incluidos el apoyo legal, el
psicológico y el médico. Fue una verdadera sorpresa que estas diecinueve organizaciones e instituciones se unieran detrás de las Comisarías, considerando los papeles
opuestos que jugaron en la Revolución, en la guerra contrarrevolucionaria, y en
las luchas de género de los ochenta y comienzos de los noventa (véase Kampwirth,
2004:68-69, 210-211, notas 19, 20 y 21).

Sin embargo, a pesar de esta aparente inestabilidad de la Coalición, las Comisarías de la Mujer y la Niñez continuaron creciendo: para el 2000, miles de mujeres habían servido en alguno de los catorce centros de todo el país (Kampwirth,
2004:66-69). Nicaragua destacó entre las naciones centroamericanas por el acata-
miento de las leyes relacionadas con las mujeres. "Nicaragua se precia de tener el
más alto porcentaje de oficiales de policía mujeres, más mujeres oficiales en los ran-

---

[7] Entre 120 y 150 organizaciones pertenecían a la red contra la violencia y 96 clínicas alternativas,
colectivos y casas de mujeres pertenecían a la red por la salud de la mujer.

[8] Una serie de cambios legales en los ochenta y principios de los noventa fortaleció las leyes contra
la violencia doméstica, pero el impacto de esas leyes era limitado porque las víctimas de la violencia do-
néstica a menudo dudaban antes de ir a la policía, cuyos miembros eran principalmente varones sin un
entrenamiento efectivo en estos casos.

gos más altos, el sistema más institucionalizado de estaciones de policía de mujeres, y el entrenamiento policial más extenso en crímenes de género de toda América Central " (Fitzsimmons, 2000:225).

En 1995 se formó otra coalición de mujeres de todas las clases y de todos los partidos. La Coalición Nacional de Mujeres buscaba extraer promesas de todos los partidos candidatos en los meses que condujeron a las elecciones nacionales de 1996. La Coalición incluía mujeres que habían pertenecido a los dos partidos más grandes: la Alianza Liberal de Arnoldo Alemán y el Frente Sandinista de Daniel Ortega, junto con mujeres de muchos de los partidos más pequeños, incluidos el Movimiento de Renovación Sandinista, el Partido Nacional Conservador, el Partido de la Resistencia (los Contras) y PRONAL, una alianza de partidos del centro. También estuvieron representadas las tres corrientes dentro del movimiento femenino —AMNLAE, las Secretarías de Mujeres, y las organizaciones feministas autónomas (puede encontrarse una lista de los participantes del movimiento feminista en Kampwirth, 2004:211, nota 23).

En un mitin de más de 2 000 mujeres el 8 de marzo de 1996, la Coalición presentó su "Agenda Mínima" a los partidos. Tres partidos y coaliciones —el FSLN, el MRS y el PRONAL— eventualmente firmaron la agenda, comprometiéndose a una serie de reformas de género. Claro que las demandas más controvertidas —el aborto, la contracepción y los derechos de los gays— no aparecían en la agenda. Pero aun así, si las demandas de la agenda se hubieran concretado, la política se habría transformado de manera bastante importante en la nación y en la familia. Según lo que ocurrió, el mayor ganador de las elecciones de 1996, Arnoldo Alemán, de la Alianza Liberal, se negó a firmar la Agenda y ni siquiera se reunió con los miembros de la Coalición, a pesar de que incluía a muchas mujeres de su propio partido (Blandón, 2001; Kampwirth, 2004:69-70 y *La Boletina*, 1996:27-28).

LA RESPUESTA ANTIFEMINISTA DEL ESTADO

¿Por qué se rehusó Alemán a siquiera considerar firmar la Agenda Mínima? Aunque nunca lo explicó, su respuesta a la Coalición Nacional de Mujeres fue consistente con su estilo populista de derecha: apelar a los grupos excluidos, sobre todo los más pobres, y buscar movilizar estos grupos desde arriba. Se puede plantear que Alemán se rehusó a firmar la Agenda Mínima de la Coalición Nacional de Mujeres porque la Coalición no era partidaria mientras que él era fieramente partidario; la primera era una organización autónoma mientras que las organizaciones de Alemán estaban controladas desde arriba; la organización demandaba derechos mientras que él prefería repartir privilegios a cambio de lealtad. Finalmente, las demandas de la Coalición por la igualdad de género podían resultar problemáticas. Alemán estaba íntimamente aliado con los sectores más conservadores de la Iglesia católica.

Durante el primer año de la nueva administración, la alianza Iglesia-Estado se fortaleció. En uno de sus primeros actos como presidente, Alemán nombró un nuevo gabinete, remplazando a todos los ministros de la administración de Chamorro a excepción del ministro de Educación, Humberto Belli. Belli, miembro de la organización católica de derecha Opus Dei —y uno de los opositores al movimiento feminista más prominentes en el ámbito nacional e internacional— había estado a la cabeza de los esfuerzos para combatir varios de los legados revolucionarios. Aunque la constitución de 1987, ratificada bajo la mirada sandinista, había garantizado educación pública gratuita, Belli dirigió la intención de privatizar la educación pública. Mientras el movimiento feminista promovía la educación sexual, la toma de conciencia sobre el sida y la igualdad de los papeles de género, Belli promovía el matrimonio legal, la abstinencia y los papeles de género tradicionales.

De muchas maneras, la retención de Belli marcaba la continuidad con la administración de Violeta Chamorro. Sin embargo, a pesar de sus esfuerzos por retroceder en la política de géneros, doña Violeta también estaba comprometida con la reconciliación. Así, una agencia importante que se formó bajo los sandinistas, el Instituto Nicaragüense de la Mujer (INIM), continuó existiendo. De hecho, a finales de la administración Chamorro, el INIM era uno de los actores principales de la coalición que creó las Comisarías de la Mujer y la Niñez. Con la administración de Alemán había menos ambivalencia hacia el movimiento feminista y las ONG feministas.

El ejemplo más claro de la hostilidad de Alemán hacia el movimiento femenino de Nicaragua fue la campaña, que empezó en el 2000, contra miembros prominentes del sector de las ONG, y especialmente contra las líderes femeninas de estas agrupaciones (sobre las líderes que él atacó, refiérase a Kampwirth, 2003:141-146). De hecho, la campaña de Arnoldo Alemán contra importantes activistas de ONG atacaba específicamente a mujeres que se identificaban de una u otra manera con el movimiento feminista. Además de arremeter contra las líderes feministas, se acosó e investigó a "los más de 200 centros médicos privados que ofrecen atención a mujeres carentes de recursos económicos"; "bajo el supuesto de que allí se practican abortos", según refiere Ana Quirós (citada en Cuadra, 2000:5). Aunque la administración nunca encontró evidencia acerca de que alguno de estos centros practicara abortos, muchas feministas nicaragüenses apoyaban el derecho a un aborto legal y seguro. En última instancia, la campaña contra los que proporcionaban servicios de salud a las mujeres no era primariamente una campaña contra sus acciones (ya que las acusaciones de que practicaban abortos eran infundadas) sino una campaña contra sus ideas (es decir, sus creencias sobre derechos reproductivos).

En la campaña contra las ONG, Arnoldo Alemán puso a la Iglesia y al Estado por un lado, mientras que él y sus aliados congregaban a los extranjeros y a las feministas en el otro lado. En septiembre de 2000, en una marcha de protesta[9] con el cardenal Obando y Bravo de Managua, Alemán reafirmó su apoyo a una propuesta de abolir el artículo 165 de la Constitución, una provisión de 129 años del Código Civil que le daba a la mujer el derecho al aborto en circunstancias en que tres mé-

[9] Es bastante inusual que un presidente en curso participe en una marcha callejera; aparentemente el propósito era ilustrar sus cercanos lazos con la Iglesia católica (Sofía Montenegro, *cit.* en Cuadra, 2000:2).

dicos especialistas del Ministerio de Salud hubieran determinado que el embarazo ponía en riesgo su vida.[10] Los defensores de abolir el aborto bajo cualquier circunstancia proclamaban que la Iglesia y la administración de Alemán eran los verdaderos nicaragüenses y no aquellos activistas de las ONG que defendían el derecho de la mujer a la vida. De acuerdo con el doctor Rafael Cabrera, de la Universidad Católica [Universidad Americana], "las ONG son extranjeros que no representan a los nicaragüenses, los movimientos feministas que promueven el lesbianismo y las organizaciones que promueven la libertad sexual y la homosexualidad" (Infopress Central América, 2000:2).

La periodista Sofía Montenegro ha sugerido que, de todos los sectores de la sociedad civil, el movimiento feminista es el más amenazador a los intereses de la Iglesia católica. De acuerdo con Montenegro, "la Iglesia ha pedido la cabeza del movimiento feminista," como parte de su búsqueda de la "reevangelización del continente [que se necesita] por la secularización y, por otro lado, de la competencia con los protestantes". Ella sugirió que los lazos tan estrechos entre la administración de Alemán y la jerarquía de la Iglesia católica pueden verse como un pacto extraoficial con la finalidad de formar una alianza hegemónica entre el partido liberal de Alemán, el FSLN, y la Iglesia. Debido a que el pacto de 1999 entre los liberales y el FSLN minaba la capacidad de otros partidos políticos para competir, y debido también a que la debilidad política de la empresa privada y los sindicatos, las principales amenazas a la alianza Partido Liberal-FMLN-Iglesia la constituían el movimiento feminista y la prensa, Arnoldo Alemán tuvo mucho éxito en convocar adherentes y controlar el FSLN a través de acuerdos conocidos como el Pacto. En contraste, los feministas no eran tan fáciles de convocar o de controlar (Sofía Montenegro, entrevista, 7 de agosto de 2001; sobre relaciones Iglesia-Estado bajo el gobierno de Alemán y su sucesor, Enrique Bolaños, véase Jeffrey, 2005).

ORGANIZACIONES ANTIFEMINISTAS

Las organizaciones antifeministas no constituían un movimiento similar al movimiento feminista. Mientras cientos de organizaciones se identificaban con este movimiento, un número relativamente pequeño de grupos sociales se oponía activamente a las feministas organizadas de Nicaragua. La lista más larga de estas organizaciones que yo haya visto es la conformada por nueve organizaciones que se identificaban a sí mismas como provida y profamilia. Éstos firmaron una carta a George W. Bush demandando cerrar los numerosos programas de la Agencia Americana para el Desarrollo Internacional (USAID) que, según ellos, "atentan grave-

---

[10] En vista de los esfuerzos por presionar de las feministas, el artículo 165 (que permitía el aborto en caso de riesgo mortal para la mujer) no se rebatió pero se pospuso para ser discutido en la siguiente sesión legislativa (Arróliga, 2001). En 2004, la Asamblea Nacional consideró nuevamente eliminar el aborto terapéutico y nuevamente fracasó (Envío, 2004:8).

mente contra nuestra identidad cultural y ridiculizan nuestros principios morales y espirituales, a la vez que promueven, especialmente en los niños y adolescentes, la adicción al sexo, la homosexualidad, la prostitución, la promiscuidad, el uso engañoso e irresponsable de inmorales métodos, como el preservativo y los contraceptivos" (Vida Humana Internacional, 2002). No quiero asegurar que las nueve organizaciones que firmaron la carta a George Bush sean parte de la lista completa que integra a todos los grupos antifeministas en Nicaragua, del mismo modo en que mi anterior discusión de los grupos feministas es incompleta. Sin embargo, es exacto afirmar que hay cientos de grupos feministas y un número mucho más pequeño de grupos antifeministas, ya que para medirlos usé los mismos métodos cuando entrevisté a los grupos feministas y antifeministas.[11]

De estas organizaciones, sólo una de ellas, ANIMU (Asociación Nicaragüense por la Mujer), está conformada exclusivamente por mujeres (aunque, hasta donde sé, hay mujeres en todos los grupos) y es probable que sea la única organización de mujeres nicaragüenses que nunca se involucró en alianzas momentáneas con otros grupos de mujeres. Cuando le pregunté a la vicepresidenta de ANIMU, Evangelina de Guirola, si su organización alguna vez colaboró con otros grupos de mujeres, se apresuró a contestar que no, sugiriendo con su tono que incluso la pregunta era reprochable. En el transcurso de la charla sobre su trabajo, Guirola señaló el tema del feminismo sin que yo le preguntara acerca de ello (de hecho todas las antifeministas que entrevisté sacaron a relucir el tema por propia iniciativa). Ella me dijo que las feministas buscan soluciones innaturales a problemas sociales imaginarios. "He escuchado a algunas que dicen que quieren igualdad pero quieren la igualdad que va contra la naturaleza, como el marxismo. La primera cosa que las feministas radicales hacen es hacerte sentir como una víctima. Es el sistema de Paulo Freire. Nunca en mi vida me he sentido discriminada por ser mujer. Nunca" (entrevista, 13 de diciembre de 2002).

Aun cuando es fácil identificar cientos de grupos feministas y sólo unos cuantos grupos antifeministas, esto no quiere decir que las feministas sean cientos de veces más poderosas. Porque contar el número de las organizaciones no es la única manera de medir la fuerza del movimiento. Si se usa otra medida —el grado en el que los activistas tienen acceso a instituciones poderosas— el antifeminismo nicaragüense es bastante significativo. En los años que siguieron a la derrota electoral de los sandinistas, los opositores del feminismo disfrutaron del acceso directo al Estado. De hecho, muchos importantes antifeministas dirigieron o tuvieron posiciones poderosas dentro de las agencias estatales en los gobiernos de Chamorro, Alemán y Bolaños, especialmente aquellas agencias que estuvieron directamente involucradas con los asuntos que más preocupaban a los oponentes del movimiento feminista: la sexualidad, formación de valores, y el acceso a la contracepción y al aborto.

---

[11] Al final de cada entrevista (todas las cuales se llevaron a cabo en el área de Managua), pedí sugerencias sobre otros individuos y organizaciones con las que debería hablar, un método conocido como "bola de nieve". Las feministas rara vez eran reacias a proporcionar nombres de nuevas organizaciones mientras que las antifeministas siempre mencionaban los mismos.

De hecho, uno puede argumentar que los oponentes del feminismo en los noventa no necesitaron organizarse como lo hicieron los feministas porque disfrutaban de acceso directo a las dos instituciones más poderosas: el Estado y la Iglesia católica. Los activistas individuales tendieron a moverse en una y otra dirección entre la sociedad civil y el Estado. Un buen ejemplo es Elida de Solórzano, una participante del Movimiento Carismático Católico desde 1974, y miembro de la organización carismática Ciudad de Dios desde su fundación en 1978. Después de que los sandinistas fueron derrotados en 1990, ella trabajó cercanamente a Humberto Belli, como su asesora (1990-1996), cuando él era viceministro y luego como ministro de Educación, buscando confrontar directamente el legado de la Revolución. "La educación [bajo los sandinistas] carecía de muchos de los valores familiares tradicionales que Nicaragua había conocido bajo los Somozas... Los valores cristianos se habían perdido" (entrevista, 31 de enero de 1991). Solórzano participó en las delegaciones gubernamentales en la Conferencia de las Naciones Unidas sobre Población (en ambas conferencias: la preparatoria en la ciudad de México en 1994 y la conferencia posterior en El Cairo) y fue la lideresa de la delegación nicaragüense en las conferencias de Beijing. De 1999 al 2002 trabajó en el Ministerio de la Familia como Consejera de los ministros Humberto Belli y Max Padilla.

Cuando se hizo la entrevista, ella era presidente de ANIMU, una organización fundada en 1996, que "busca beneficiar a la mujer... que tenga acceso a una educación, protegerla a lo que es propio a la mujer... No solamente nuestros órganos pero nuestra psicología que es la maternidad." Esto lo hacen a través de grupos de presión, educación sexual y Proyecto Raquel,[12] un programa para mujeres que sufren del síndrome postaborto, por medio del cual proporcionaron servicios a cerca de 35 mujeres (entrevista, 18 de diciembre de 2002; entrevista telefónica, 19 de diciembre de 2002).

CONCLUSIÓN: TRES DÉCADAS DE REVOLUCIÓN, FEMINISMO Y ANTIFEMINISMO

En el 2002 y el 2003, los feministas y sus oponentes se enfrentaron por una niña. La historia data de noviembre de 2002, cuando una niña nicaragüense, a quien se le llamó Rosa, fue violada en Costa Rica. No tenía siquiera nueve años. Como si fuera poco, la pequeña Rosa tuvo la mala suerte de quedar embarazada y contraer dos enfermedades venéreas a consecuencia de la violación. Cuando el Ministerio de Salud Costarricense rehusó el pedido de los padres inmigrantes para que abortara, los tres retornaron a Nicaragua. Temiendo por su vida (debido a su inmadurez física y a las infecciones derivadas de la enfermedad venérea), sus padres buscaron que le hicieran un aborto en Nicaragua. Aunque ellos tenían derecho legal a un

[12] Sobre el Proyecto Raquel visitar <http://www.vidahumana.org/vidafam/aborto/raquel_index.html>.

aborto, debido a las circunstancias inusuales, Rosa no fue tratada con discreción.[13] Al contrario, su caso se volvió un escándalo público que enfrentó a las feministas contra las antifeministas.

Además de sus padres, jugaron un papel importante en el caso de Rosa, el presidente de la República, personal del Ministerio de Salud (MINSA), personal del Ministerio de la Familia (MIFAMILIA), la jerarquía de la Iglesia católica, los medios de comunicación, la Red de Mujeres Contra la Violencia, y la comunidad feminista internacional, organizada por un grupo español llamado Red Feminista. En Nicaragua, los activistas de ambos bandos hicieron marchas y recolectaron firmas. Al final, a Rosa se le practicó el aborto, pero no en el hospital público donde había sido tratada, sino en una clínica sin nombre a mitad de la noche.

Después, según uno de los psicólogos que la trataban, fue "como recuperar su infancia" (Envío, 2004:3). Sin embargo, Rosa había estado muy cerca de perder su infancia y tal vez su vida. Durante el mes en que el caso se discutió, el Ministerio de la Familia intentó mantener a la niña en el hospital por tiempo indefinido (una especie de "secuestro", como lo definieron algunos); en otro momento, el Ministerio de Salud intentó negarles a los padres el derecho de sacarla del país para llevarla a Cuba, el único país en América Latina donde el aborto es legal y sin restricciones (Ibarra *et al.*, 2003; Romero 2003). El domingo después del aborto, el cardenal Obando y Bravo anunció durante la misa que todos los involucrados en el aborto (con excepción del violador) serían excomulgados automáticamente (Velásquez Sevilla y Pantoja, 2003).

Ese ataque puramente simbólico (porque el arzobispo de Managua carece de la autoridad para excomulgar unilateralmente) fue contrarrestado por un —igualmente simbólico— contraataque de la comunidad feminista internacional. Un grupo feminista de España inició una campaña de petición por *e-mail* titulada: "Yo también quiero ser excolmulgada/o por colaborar en la interrupción del embarazo y salvar la vida de Rosa." La petición que debía ser presentada "a los sectores más recalcitrantes de la Iglesia católica en Nicaragua" recolectó 7 500 firmas sólo en los primeros días. Una semana después, el 4 de marzo de 2003, habían firmado 27 126 personas en solidaridad con Rosa <www.redfeminista.org/excomunion.asp>.

La trágica historia de Rosa ilustra un resultado importante de las últimas décadas de agitación social en Nicaragua: el surgimiento de movimientos feministas y antifeministas activos, ninguno de los cuales existía de manera importante durante el gobierno de la familia Somoza de 1936 a 1979, ni durante la Revolución sandinista de 1979 a 1990. A comienzos del siglo XXI, el feminismo en Nicaragua es un movimiento social poderoso, que incluye a cientos de organizaciones y miles de activistas. Es un movimiento que puede tocar la vida de millones a través de las redes de las

---

[13] Las leyes nicaragüenses prohíben el aborto excepto en el caso de violación documentada, peligro para la madre o daño grave al feto. El peligro de muerte de la madre o el daño fetal lo determina un equipo de por lo menos tres doctores (Juárez Ordóñez, 2003). El equipo de doctores que examinó a Rosa "determinó que la pequeña corre altísimos riesgos si se interrumpe el embarazo o se continúa con el mismo" (Romero, 2003).

Casas de la Mujer o, por medio de sus esfuerzos de presión legal y la labor de los abogados, ayudar a personas como Rosa y también asesorar en los medios de comunicación.[14] Por lo tanto, el movimiento feminista es más importante que el movimiento antifeminista, según estos criterios de medida. Pero el movimiento antifeminista es más poderoso si se mide en términos de acceso al Estado y apoyo de la Iglesia católica. Una cosa en común es que los miembros de ambos movimientos desempeñan papeles importantes en las redes internacionales y están bien apoyados por esas redes, como se evidenció en la historia de Rosa. Aunque sea por eso, la historia de Rosa muestra que la política de género en Nicaragua no puede ser comprendida sin prestar atención a las feministas organizadas y a sus opositores en el Estado y la sociedad civil.

BIBLIOGRAFÍA

Arauz, Rita (1994), "Coming out as a lesbian is what brought me to social consciousness", en Margaret Randall (ed.), *Sandino's Daughters Revisited: Feminism in Nicaragua*, New Brunswick, Rutgers University Press, pp. 264-285.

Arróliga, Lourdes (2001), "¿Aborto terapéutico a debate hasta en próxima legislatura? Mayor distanciamiento entre clero y movimiento pro mujeres", *Confidencial, Semanario de Información y Análisis*, vol. 5, núm. 239, mayo, pp. 6-12.

Babb, Florence (2003), "Out in Nicaragua: Local and transnational desires after the Revolution", en *Cultural Anthropology*, vol. 18, núm. 3, pp. 304-328.

Barricada (1990), artículos sobre una manifestación del FSLN, 5 de enero.

Bayard de Volo, Lorraine (2001), *Mothers of Heroes and Martyrs: Gender Identity Politics in Nicaragua, 1979-1999*, Baltimore, Johns Hopkins University Press.

Blandón, María Teresa (2001), "The Coalición Nacional de Mujeres: An alliance of left-wing women, right-wing women and radical feminists in Nicaragua", en Victoria González y Karen Kampwirth (eds.), *Radical Women in Latin America: Left and Right*, University Park, Penn State University Press, pp. 111-131.

——— (ed.) (1997), *Movimiento de mujeres en Centroamérica*, Managua, Programa Regional La Corriente.

Brenes, Ada Julia, Ivania Lovo, Olga Luz Restrepo, Sylvia Saakes y Flor de María Zúniga (eds.) (1991), *La mujer nicaragüense en los años 80*, Managua, Ediciones Nicarao.

Bolt González, Mary (1996), *Sencillamente diferentes: la autoestima de las mujeres lesbianas en los sectores urbanos de Nicaragua*, Managua, Centro Editorial de la Mujer (CEM).

---

[14] La revista femenina *La Boletina*, que había sido publicada por la Fundación Puntos de Encuentro aproximadamente cuatro veces al año desde 1991, tiene una circulación de 26 000 ejemplares. Ésta es la mayor circulación de cualquier otra revista en Nicaragua. La telenovela feminista *Sexto Sentido* "que toca temas como la violencia doméstica, la violación, el aborto y la homofobia" también es producida por el personal de Puntos de Encuentro. Convocó 70% de la audiencia en su hora asignada en el 2001, que fue el primer año en que fue transmitida.

Chinchilla, Norma (1997), "Nationalism, feminism, and Revolution in Central America", en Lois West (ed.), *Feminist Nationalism*, Nueva York, Routledge, pp 201-219.

Collinson, Helen (ed.) (1990), *Women and Revolution in Nicaragua*, Nueva Jersey, Zed Books.

Criquillón, Ana (1995), "The Nicaraguan women's movement: Feminist reflections from within", en Minor Sinclair (ed.), *The New Politics of Survival: Grassroots Movements in Central America*, Nueva York, Monthly Review Press, pp. 209-237.

Cuadra, Scarlet (2000), "Tintes políticos en la polémica sobre el aborto en Nicaragua: Unidos, la Iglesia y el presidente Alemán", *Proceso*, núm. 1246, 17 de septiembre, pp. 1-6, <www.proceso.com.mx/1246/1246n23.html>.

―――― (1990), "Electorado femenino por la Revolución", *Barricada*, 13 de enero, p. 3.

Envio (2004), "Therapeutic abortion: Turning the clock back 150 years?", *Envio*, vol. 23, núm. 277, p. 8.

Fitzsimmons, Tracey (2000), "A monstrous regiment of women? State, regime, and women's political organizing in Latin America", *Latin American Research Review*, vol. 35, núm. 3, pp. 216-229.

González Rivera, Victoria (2002a), " 'El diablo se la llevó': política, sexualidad femenina y trabajo en Nicaragua, 1855-1979", en Eugenia Rodríguez (ed.), *Un siglo de luchas femeninas en América Latina*, San José, Costa Rica, Plumsock, pp. 53-70.

―――― (2002b), "Memorias de la dictadura: narrativas de mujeres somocistas y neo-somocistas (1936-2000)", en Eugenia Rodríguez (ed.), *Mujeres, género e historia en América Central, 1700-2000*, San José, Costa Rica.

―――― (2001), "Somocista women, right-wing politics and feminism in Nicaragua, 1936-1979", en Victoria González y Karen Kampwirth (eds.), *Radical Women in Latin America: Left and Right*, University Park, Penn State University Press, pp. 41 78.

―――― (1998), "Del feminismo al somocismo: mujeres, sexualidad y política antes de la Revolución sandinista", *Revista de Historia*, núm. 11-12, edición especial, Managua, Nicaragua, Universidad Centroamericana, pp. 55-80.

―――― (1997), "Mujeres somocistas: 'la pechuga' y el corazón de la dictadura nicaragüense, 1936-1979", en Eugenia Rodríguez (ed.), *Entre silencios y voces: género e historia en América Central (1750-1990)*, San José, Costa Rica, Centro Nacional para el Desarrollo de la Mujer y la Familia, pp. 197-216.

Infopress Central America (2000), "NGOs under attack", en *Central American Report (CAR)*, 10 de marzo, pp. 1-3, <www.infopressca.com/car/magizi/2710-2.htm>.

Jeffrey, Paul (2005), "La corrupción y la Iglesia en Nicaragua", *Nuevo Diario*, 31 de marzo, <www.elnuevodiario.com.ni/especiales/especiales-20050321-05.html>.

Juárez Ordoñez, Lester (2003), "Demandan aborto para salvar niña embarazada", *El Nuevo Diario*, 19 de febrero.

Kampwirth, Karen (2004), *Feminism and the Legacy of Revolution: Nicaragua, El Salvador, Chiapas*, Athens, Ohio University Press.

―――― (2003), "Arnoldo Alemán takes on the NGOs: Antifeminism and the new populism in Nicaragua", *Latin American Politics and Society*, vol. 45, núm. 2, pp. 133-158.

―――― (1998), "Legislating personal politics in Sandinista Nicaragua, 1979-1992", en *Women's Studies International Forum*, vol. 21, núm. 1, pp. 53-64.

―――― (1996), "The mother of the Nicaraguans: Doña Violeta and the UNO's gender agenda", *Latin American Perspectives*, issue 88, vol. 23, núm. 1, invierno, pp. 67-88.

———— (1994), "The movement came to fill an emptiness: Lesbian feminists talk about life in post-Sandinista Nicaragua", *Sojourner: The Women's Forum*, diciembre, pp. 15-17.

La Boletina (2000), "Comisarías de la Mujer en peligro de extinción", núm. 41, enero, pp. 36-39, publicaciones recientes de *La Boletina* en <http://boletina.puntos.org.ni/>.

———— (1996), núm 25, pp. 27-28.

Murguialday, Clara (1990), *Nicaragua, Revolución y feminismo (1977-1989)*, Madrid, Editorial Revolución.

Randall, Margaret, (1993), "To change our own reality and our world: A conversation with lesbians in Nicaragua", *Signs*, vol. 18, núm. 4, pp. 907-924.

Reif, Linda L. (1986), "Women in Latin American guerrilla movements: A comparative perspective", *Comparative Politics*, vol. 18, núm. 2, enero, pp. 147-169.

Romero, Elizabeth (2003), "Niña violada en peligro", *La Prensa*, 19 de febrero.

Stephens, Beth (1990), "A developing legal system grapples with an ancient problem: Rape in Nicaragua", *Women's Rights Law Reporter: A Rutgers Law School Publication*, núm. 12, pp. 69-88.

———— (1988), "Changes in the laws governing the parent-child relationship in post-revolutionary Nicaragua", en *Hastings International and Comparative Law Review*, núm. 12, pp. 137-171.

Thayer, Millie (1997), "Identity, Revolution, and democracy: Lesbian movements in Central America", *Social Problems*, vol. 44, núm. 3, pp. 386-407.

Vida Humana Internacional (VHI) (2002), "Grupos Provida de Centroamérica felicitan a Bush", en *Boletín electrónico de Vida Humana Internacional (VHI)*, vol. 5, núm. 15, 26 de marzo, <www.vidahumana.org/news/26MARZO02.html>.

Velásquez Sevilla, Mirna y Ary Neil Pantoja (2003), "Abortistas excomulgados", *La Prensa*, 24 de febrero, <www.laprensa.com.ni/>.

RESPETO, DISCRIMINACIÓN Y VIOLENCIA:
MUJERES INDÍGENAS EN ECUADOR, 1990-2004

MERCEDES PRIETO, CLORINDA CUMINAO, ALEJANDRA FLORES,
GINA MALDONADO y ANDREA PEQUEÑO*[1]

INTRODUCCIÓN

Las mujeres indígenas analfabetas obtuvieron en 1979 el reconocimiento de su derecho al voto, que en las dos décadas siguientes les abriría espacios para una activa participación política en el marco de los movimientos indígenas. Efectivamente, en Ecuador, la década de 1990 presencia un cerco de los movimientos indígenas a los centros del poder estatal,[2] que coincide con una creciente crisis económica y política del país. Esta manifestación pública, que ha contado con una importante presencia de mujeres, se expresó inicialmente a través de un levantamiento que paralizó gran parte del territorio y abrió una larga negociación para que el Estado considerara los derechos de los pueblos y nacionalidades originarias. Como resultado de este proceso se logró el reconocimiento de los derechos de los pueblos en los enunciados constitucionales del país, así como la aplicación de políticas públicas interculturales en los campos de la salud, la educación y la administración de justicia, entre otros. Existe una amplia literatura que comenta el carácter, las estrategias y logros de los movimientos indígenas en sus distintas fases. Pero, en general, ésta ha sido ciega a la participación de las mujeres en esta revitalización indígena. Mientras

* Facultad Latinoamericana de Ciencias Sociales, sede Ecuador.

[1] La elaboración de este texto ha sido un esfuerzo de colaboración entre académicas indígenas y mestizas, articuladas en torno a la Facultad Latinoamericana de Ciencias Sociales, Sede Ecuador. Clorinda Cuminao pertenece al pueblo mapuche, de la zona chilena, y está por terminar su maestría en ciencias sociales con mención en estudios étnicos; Alejandra Flores es parte del pueblo Aymará, del área chilena, y también se encuentra finalizando su maestría con mención en estudios étnicos; Gina Maldonado es parte de los otavalo, del norte de Ecuador, y recientemente finalizó sus estudios de maestría con mención en asuntos indígenas; Andrea Pequeño, chilena, está terminando sus estudios de maestría con mención en género y desarrollo y, finalmente, Mercedes Prieto, profesora y antropóloga chilena, que reside en Ecuador desde hace varias décadas. Agradecemos los comentarios recibidos de parte de Gioconda Herrera, Nathalie Lebon y Elizabeth Maier. Una versión más amplia de este texto ha sido publicada bajo el título "Mujeres indígenas y la búsqueda del respeto" en la compilación *Mujeres ecuatorianas. Entre las crisis y las oportunidades, 1990-2004*, Quito, CONAMU-FLACSO, Ecuador-UNFPA y UNIFEM.

[2] Los movimientos indígenas contemporáneos en Ecuador evidencian una trayectoria con varios hitos: 1979-1990, como una fase inicial de estructuración; 1990-1998, momento de intervención en la arena política amplia en donde se discuten y negocian las reivindicaciones propuestas en el levantamiento de 1990, y que incluye el reconocimiento constitucional de Ecuador como país plurinacional y multicultural; y, 1998-2005, una fase de transformación de movimiento social a movimiento político, que abre procesos de fraccionamiento y dispersión.

el país se ha visto remecido por las voces de los pueblos y nacionalidades indígenas, las mujeres blancas y mestizas, especialmente aquellas educadas y localizadas en espacios urbanos, han cabildeado para poner sus agendas e intereses en la discusión política. En la dinámica de ambos movimientos sociales ¿cómo se ha tratado el tema de la mujer indígena? La evidencia revela un desencuentro entre los movimientos de mujeres y los movimientos indígenas, el objeto analítico de este ensayo.

Los movimientos de mujeres han mostrado dificultades para tender puentes con las mujeres indígenas.[3] No obstante, desde el movimiento indígena se pueden observar esfuerzos por crear una agenda de las mujeres, en el marco de sus luchas por el reconocimiento como pueblos y nacionalidades. Los movimientos indígenas, si bien no desarrollan una agenda particular orientada a modificar directamente las relaciones de género, propician prácticas orientadas a la equidad de género. Aún más, en muchos casos, las liderezas rechazan de manera explícita una agenda centrada sólo en las mujeres o en las relaciones de género, pues aducen una intromisión externa e imperialista. Abelina Morocho, ex alcaldesa kichwa de un pequeño pueblo de Cañar y miembro de la Confederación de Nacionalidades Indígenas del Ecuador (CONAIE), comentaba años atrás: "He escuchado que se dan cursos para mujeres sobre la liberación femenina, en vista de eso se ha analizado mucho sobre este tema, el mismo que ha tenido variedad de problemas por ser una copia de otros países... En muchos de los casos, señoritas que no conocen la realidad basan su vida en lo que dicen otras personas y transmiten a la realidad cosas que no son experimentadas por ellas mismas..." (Morocho, 1998:223-24).

Como veremos, el énfasis en los derechos como pueblo reinterpreta las jerarquías de género, robustece los aspectos comunitarios y evita una agenda autónoma de las mujeres al mismo tiempo que posibilita prácticas por la igualdad de oportunidades para las mujeres. Este complejo juego ha tenido diferentes interpretaciones. Por un lado, ha sido leído como una estrategia contestataria al discurso estatal homogeneizador de la feminidad y masculinidad y se le contrasta con las vidas de las mujeres indígenas que combinan papeles reproductivos y de proveedoras (Radcliffe, 1993); o bien, como parte de intervenciones orientadas a modificar la discriminación de género, resignificando los papeles y valores tradicionales de las mujeres (Cervone, 2002). Por otra parte, es posible mirarlo como una opción estratégica que pospone los intereses de las mujeres con el propósito de fortalecer la lucha por el reconocimiento de los derechos como pueblo; o bien, como una expresión del poder masculino que maneja el renacer indígena (Minaar, 1998). Y, finalmente, puede ser interpretado como parte de un proceso de creación de una suerte de "feminismo indígena", en línea con la crítica al feminismo blanco occidental y de clase

---

[3] Si bien se han realizado varios esfuerzos por desarrollar acciones conjuntas, éstas no parecen sostenerse en el tiempo. Asimismo, las agendas de dos importantes colectivos de mujeres (coordinadora política de Mujeres Ecuatorianas, así como del Foro Permanente de la Mujer) no reconocen ni apelan a las mujeres indígenas o mujeres afrodescendientes, aunque hay mujeres de distinta procedencia racial y étnica entre sus afiliadas. Este desencuentro ha sido señalado en el caso ecuatoriano tanto por liderezas indígenas (Pacari, s.f.) como por analistas sociales (Minaar, 1998).

media, proveniente tanto del feminismo multirracial como poscolonial (Baca Zinn y Thornton Dill, 1996; Mohanty, 1986, 2003; Steady, 1996), perspectiva que interesa explorar. Este ensayo enfatiza en prácticas y pronunciamientos de las mujeres indígenas en el Ecuador que confirman que el feminismo no es un lenguaje universal y único para expresar las desigualdades de género y los intereses de las mujeres. Se observa una búsqueda de nuevos lenguajes para luchar por la superación de las desigualdades implícitas en el conflicto étnico y racial.

En los últimos años, los discursos de las mujeres indígenas tienden a flexibilizarse con respecto al tema de las mujeres: se oyen voces de mujeres indígenas que se declaran feministas (Reuque, 2002; Richards, 2002) y, en el caso ecuatoriano, se observa un esfuerzo por construir un espacio autónomo de mujeres indígenas, articuladas en torno al Consejo Nacional de Mujeres Indígenas del Ecuador (CONMIE), quienes trabajan por la equidad de género en el marco de los derechos de los pueblos originarios. Pero en estas diversas vertientes el argumento común es que son las peculiaridades del mundo indígena, la llamada cosmovisión, así como la división sexual del trabajo junto a las fracturas que presentan con respecto a las mujeres blancas de clase media, las que marcan el desencuentro entre los movimientos de mujeres y las mujeres indígenas. Esbozamos varias razones que ayudan a explicar estos desencuentros, con especial referencia al mundo indígena de la sierra: las diversas construcciones de las relaciones de género, el racismo y la discriminación, así como las tensiones entre un énfasis en las relaciones comunitarias y uno en los aspectos individuales de las mujeres. Argumentamos, entonces, que estos desacuerdos se producen por la particular articulación entre género, clase y etnicidad, expresadas en las nociones de respeto, discriminación y violencia.

La relevancia de explorar estas escisiones se cimienta, entre otros factores, en la comprobación de que las mujeres indígenas en Ecuador se encuentran especialmente rezagadas del bienestar económico y social del país. Estudios recientes (STFS-UNIFEM, 1998; Larrea y Montenegro, 2005; León, 2005; Ponce y Martínez, 2005) revelan que la vida de las mujeres indígenas está altamente correlacionada con la pobreza y reiteran formas de exclusión y discriminación en el empleo, los ingresos, el acceso a los servicios estatales, con especial referencia a salud y educación. De esta manera, al igual que las mujeres de otros pueblos indígenas de la región, se encuentran en malas condiciones para acceder a la distribución de los recursos estatales y de la sociedad, aspecto que merece especial atención de los movimientos sociales, los estados y los organismos de cooperación.

División sexual del trabajo e ideologías de género

Diversos estudios han argumentado la existencia de relaciones particulares de género en las sociedades indígenas andinas. Esta literatura subraya la flexibilidad de la división sexual del trabajo y los papeles estratégicos que cumplen las mujeres en la re/producción de los hogares, las familias y las comunidades (Hamilton, 1998; Miles y Buechler, 1997; Prieto, 1998) y sugieren que las mujeres tienen varias fuentes de poder y negociación (*i.e.* factores productivos y saberes) al no estar abocadas exclusivamente a las actividades domésticas. Esta particular división del trabajo no sólo ha sido interpretada como una contestación al Estado y poderes dominantes, sino como una construcción arquetípica de la identidad de los pueblos andinos. En este contexto, la noción de complementariedad se presenta como un conector entre esta división sexual del trabajo flexible y las ideologías de género, que hablan de una cosmovisión donde se considera a hombres y mujeres como equivalentes e iguales (Harris, 1978). Esta idea de la complementariedad como expresión de la igualdad entre los géneros ha sido cuestionada por estudios que muestran un complejo juego de jerarquías e igualdad en las relaciones de género (Harvey, 1989; Crain, 2001; De la Cadena, 2000), que abren y cierran opciones a las mujeres indígenas. En el marco de este debate exploramos las formas en que las relaciones de género construyen la trama comunitaria, así como los papeles de las mujeres en la preservación de las identidades de los pueblos.

Complementariedad y jerarquías: la trama comunitaria

La complementariedad exhorta el carácter armonioso y equilibrado del orden comunitario y el sentido equitativo de las sociedades indígenas. En este marco, se considera que mujer y hombre son interdependientes y que la participación política y económica de cada uno está basada en sus diferentes fuentes de poder (Núñez del Prado, 1975). Esta propuesta sobre el carácter complementario y dual del orden social colectivo abre la posibilidad de mirar las relaciones de género más allá de los cuerpos de hombres-mujeres y sus papeles sexuados (Rösing, 1997:77). En este sentido, proponemos que las relaciones de género proveen la trama de las relaciones comunitarias. Y este carácter colectivo de la estructura social en el mundo indígena, aparentemente prevalece sobre otros órdenes. De esta manera, las prácticas sociales estarían dirigidas a mantener y sustentar la organización y continuidad de la colectividad.

Hay que tener en consideración, sin embargo, que las prácticas de la complementariedad no están exentas de tensiones y violencia, según veremos en la segunda sección de este artículo. Asimismo, la idea de igualdad que subyace en la complementariedad no es necesariamente practicada y entendida por los pueblos indígenas tal como lo plantea la concepción occidental. La palabra igualitaria no es equivalente a la igualdad de los individuos en el sentido occidental. "Igualitario, en las relaciones andinas, es el intercambio entre dos grupos de complementariedades [...en donde] hay potencial tanto para la jerarquía como para la igualdad, y hay una negociación constante entre estos estados potenciales" (Canessa, 1997:237).

Pero, ¿tienen vigencia las nociones de complementariedad y jerarquías en el mundo contemporáneo? Exploraciones hechas, por ejemplo, entre los otavalo de Imbabura, productores y comercializadoras trasnacionales de textiles, revelan que los papeles jerárquicos se despliegan con base en un juego de representaciones y símbolos de género, pero sobre todo, de generación, los cuales tienen mucho peso al momento de tomar decisiones, asumir responsabilidades y otorgar privilegios. El mayor poder de influencia, elección y decisión, basado en la edad se da tanto para hombres como para mujeres y se ejerce, por ejemplo, sobre las actividades económicas de la familia —como la compra de bienes— o sobre las propuestas de matrimonios.[4] Sin embargo, en los últimos tiempos cada vez más es el estatus socio-económico un factor que construye relaciones jerárquicas dentro de la familia.

Las responsabilidades y derechos entre los otavalo, comerciantes y productores, no permanecen estáticos. Pueden intercambiarse entre los miembros de la familia de acuerdo con las circunstancias y necesidades del grupo. En este sentido, se constituye una trama de interrelaciones que semeja las urdimbres que se combinan para conformar la tela (Arnold y Yapita, 1997:347). Lo horizontal y lo vertical intercambian sus posiciones para asegurar la permanencia de la colectividad, la continuidad económica, social y la identidad cultural del grupo. En esta trama, se destacan los puntos de intersección, mientras que los límites de los papeles, competencia y jerarquías de hombres y mujeres se vuelven difusos. Así, resulta complejo y escurridizo establecer cuándo empiezan y terminan los límites de la complementariedad y la interdependencia por género y generación. En estos escenarios, las divisiones, en todo sentido y en particular entre "masculino-femenino, arriba-abajo, adentro-afuera, se destacan y se equilibran, aunque su integración pueda quedar por siempre incompleta" (Sikkink, 1997:122). Es este espacio el que abre las puertas a la problemática de las mujeres de los pueblos indígenas.

MUJERES GUARDIANAS DE LA IDENTIDAD DE LOS PUEBLOS

Documentos y pronunciamientos emitidos por indígenas asignan a las mujeres la misión de preservar la cultura de sus pueblos. Pero no es sólo el discurso político el que enfatiza este papel de guardianas de la identidad colectiva. Mucha de la literatura académica producida coincide en representarlas como reproductoras y transmisoras de la cultura de su grupo. En este imaginario ellas aparecen caracterizadas por la conservación de ciertos hábitos (lengua, vestimenta, adornos y costumbres) y por su asociación con el ámbito rural. A decir de Marisol de la Cadena (1992) en su estudio en Perú, tales elementos las hacen aparecer como "más indias" que los hombres quienes, dada la mayor interacción con los espacios urbanos, tienen más libertad para modificar sus vestimentas y manejarse en el bilingüismo. Así, ellas serían "más indias" no sólo por su ubicación social y económica, sino además por la capacidad asignada para preservar la cultura y mantenerse menos permisivas al contacto cultural "foráneo", transformándose en vehículos de identidad étnica. Esta imagen trae aparejada una serie de contenidos mediante los que se regula so-

---

[4] Las mujeres se ganan el respeto y consideración social, por ejemplo, a través de la demostración de sus habilidades como comerciantes, viajeras, esposas, hijas y madres.

cialmente el comportamiento de las mujeres indígenas. En este contexto, el cuerpo físico se convierte en un espacio "práctico de control social" y en una matriz identitaria para la totalidad del pueblo, pues "mediante sus costumbres rutinarias, estas mujeres crean identidades de vital importancia para la reproducción cultural del grupo" (Crain, 2001:353).

Esta regulación del cuerpo y comportamiento de las mujeres no es un proceso unívoco, sino que aparece como un campo de negociación entre sectores dominantes, Estado, pueblos indígenas y las propias mujeres, quienes resignifican los papeles adscritos por la cultura dominante. De esta manera, la "sociedad dominante" no es la fabricante exclusiva de la representación de las mujeres indígenas como guardianas. Concepciones similares se pueden rastrear en los pronunciamientos de lideresas e intelectuales, así como en producciones de los pueblos indígenas. Un antecedente de esto último lo encontramos, por ejemplo, en el mito andino de creación que Luz María de la Torre (1999) denomina *Cuento del hombre y la mujer*. Este relato adscribe la labor de la mujer en directa relación con la naturaleza, una comunión que enfatiza su función de cuidado y en la que se le encarga el papel de "resguardo de lo existente", tarea que implica la prolongación de los seres vivos y la transmisión de los saberes.

La vigencia de este imaginario que liga mujer-madre-naturaleza se hace sentir, por ejemplo, en un cartel publicitario que ha sido usado en diversos foros indígenas,[5] los cuales se han promovido a través de la imagen de una mujer indígena que engloba y cobija en su cuerpo los distintos elementos de la naturaleza. Esta ilustración (figura 1) es la simulación femenina del mundo, la pachamama, una figura circular que se cierra en la juntura de pies y manos, sugiriendo la protección maternal de lo existente.

Figura 1.

[5] Como por ejemplo, en el Foro de la Mujer Indígena realizado en varias ciudades del país durante 1994, en II Congreso de los Pueblos Indígenas del Ecuador, realizado en Otavalo del 20 al 23 de diciembre de 2004 así como en la II Cumbre Continental de los Pueblos y Nacionalidades Indígenas de Abya Yala-América, efectuada del 21 al 25 de julio de 2004.

Barrig propone que esta imputación es funcional para los líderes, pues si "la identidad étnica es el territorio simbólico desde el cual los movimientos indígenas se perfilan en los escenarios públicos nacionales, [... ellos] cuentan con las mujeres para reproducir el legado que los impulsa a la arena política" (2001:100). Consideramos, sin embargo, que esta asignación abre nuevas oportunidades a las mujeres, constituyendo una suerte de esencialismo estratégico. El papel imputado desde el propio colectivo sitúa a las mujeres indígenas en un espacio de resguardo cultural y en el acto les otorga un papel social comunitario vital para la supervivencia y el bienestar del grupo. Función nada menor si se considera que el propio movimiento indígena ecuatoriano asigna al espacio comunitario, y a las redes que se tejen en él, un sitio preponderante en la lucha reivindicativa (Guerrero y Ospina, 2003). Las mujeres indígenas no serían sujetos pasivos de esta representación. Muchos de los discursos de lideresas se surten de imágenes de las que son objeto, erigiendo desde aquí modos de acción político-social y revalidaciones de su presencia. Estos pronunciamientos activan el imaginario de guardianas y reproductoras de su pueblo, al tiempo que las liga al ámbito comunitario y de vinculación con la naturaleza. Habría una construcción autoconsciente de su identidad y de la importancia social de su papel.

Esta serie de apelaciones no es, por consiguiente, la mera aceptación de las representaciones y las funciones comunitarias que les han sido asignadas por otros, sino una estrategia discursiva que valida y reivindica su lugar dentro del colectivo y del movimiento.

Esta serie de llamados constituye también una estrategia retórica para una audiencia que no es indígena. Una de estas apelaciones directas a la identidad de los pueblos se encuentra, por ejemplo, en el despliegue de vestimentas tradicionales que realizan las lideresas indígenas. Con esta postura adoptan el poder y las acciones concretas para representarse a sí y a su grupo, resignificando las imágenes estereotipadas de "más indias" tejidas sobre ellas. Destacar la vestimenta "tradicional" se convierte así en una estrategia política que refuerza el sentido de pertenencia, al tiempo que marca fronteras con la sociedad mestiza. Ejemplo de ello es la ex parlamentaria y ex ministra de Relaciones Exteriores, Nina Pacari, quien declara que a partir de la experiencia educativa superior comenzó a valorar y reconocer que antes estaba negando "su ser" (Bulnes, 1994:56). Desde este instante enfatiza su ascendente indígena (cambia de nombre, acentúa su vestimenta y su lengua); es decir, "fabrica" una imagen y en ello ejecuta el poder de representación social y política. Esta posibilidad de "construirse a sí misma" por fuera de la sociedad dominante y a través de un proceso reivindicativo que intenta restablecer espacios de autonomía (Richards, 2002), le otorgaría al mundo indígena, y a sus lideresas de manera específica, una capacidad agencial y de resistencia, usualmente ignorada y desconocida.

Planteadas desde la imagen de guardianas de la cultura y de la identidad del pueblo, las exigencias, generalmente dan prioridad a las demandas del colectivo indígena. Así, el discurso de aquellas que participan en las organizaciones se encuentra marcado por la lucha encaminada a obtener justicia para todo el pueblo.

Este esfuerzo grupal abre, sin embargo, prácticas orientadas a mejorar la vida de las mujeres, las que denominamos prácticas por la equidad de género.

PRÁCTICAS POR LA EQUIDAD DE GÉNERO

Esta segunda sección explora las trayectorias de lideresas e intelectuales indígenas con especial referencia en el papel desempeñado por la educación en estos procesos, así como las demandas elaboradas por las mujeres. La educación y las experiencias discriminatorias sufridas por las mujeres han sido factores importantes en la elaboración de narraciones y discursos relacionados con los derechos de los pueblos, así como con su activa participación en la política indígena. Estas narraciones han sido traducidas en agendas que hacen visibles a las mujeres, aun cuando no confrontan directamente las relaciones jerárquicas entre los géneros. Argumentamos, sin embargo, que estas trayectorias abren prácticas por la equidad de género, las cuales a su vez favorecen la elaboración de una agenda más centrada en problemas particulares de las mujeres.

Trayectorias de lideresas e intelectuales

> Dentro de este proceso de lucha contra la injusticia social, cultural y política, también descubrí la discriminación por sexo y que muchas veces se le quiere ocultar aduciendo que es cultural. Es allí también mi lucha por conseguir la igualdad de derechos entre hombres y mujeres.
>
> ROSA MARÍA VACACELA, 1997

Un aspecto sobresaliente de los movimientos indígenas en el Ecuador es la presencia de lideresas e intelectuales mujeres. ¿Cuáles son sus trayectorias? ¿Qué las acredita como intelectuales y líderes? El trabajo pionero de Crespi (1976) señala que en Ecuador las lideresas de los años cuarenta y cincuenta tenían un liderazgo estratégico: era la falta de propiedad lo que las legitimaba. Al vivir en un ambiente altamente represivo como el de las haciendas, las mujeres tenían una capacidad móvil mayor que la de sus pares masculinos, ya que no accedían a tierras y recursos del patrón. Ello explica parcialmente la legitimidad de estas lideresas. Indagaciones posteriores han mostrado que funciones y saberes ligados a la salud-enfermedad y la pertenencia a familias de prestigio parecen haber sido factores de relevancia en la constitución de estos liderazgos. Cervone (1998:171) indica además, que el don de la elocuencia era un elemento clave del liderazgo tradicional de las mujeres. En cambio, el liderazgo contemporáneo de las mujeres indígenas está articulado a prácticas ligadas con la educación, los proyectos comunitarios y la representación política. Al mismo tiempo, las experiencias de violencia y discriminación de las mujeres en los procesos educativos las desafían a politizar sus identidades como pueblo indígena y como mujeres. Así, la educación como elemento estratégico de lucha se acompaña de prácticas comunitarias, las que muchas veces son heredadas. Estas prácticas permiten legitimar los nuevos conocimientos y el capital cultural logrado a través de la escolarización. En razón de ello, esta sección traza la importancia que tiene la educación para la formación de las lideresas e intelectuales de hoy.

La expansión de la cobertura de la educación pública ha estado auspiciada por las demandas indígenas. Desde finales de la década de 1940 empiezan un proceso de experimentación con formas educativas.[6] A partir de entonces la educación se convierte en una herramienta para los indígenas, primero en su lucha por la tierra y la propia educación y, después, por el reconocimiento de sus derechos como pueblos y nacionalidades. Sin embargo, para las mujeres indígenas el camino de la escolarización ha sido especialmente difícil. Por razones culturales y económicas[7] se considera que los hijos varones tienen prioridad ya que ellos serán los primeros en salir de la comunidad, ya sea en busca de nuevas oportunidades laborales o en representación de ella (Tene, 2000:210-211). En razón de estos papeles, deben contar con herramientas que les faciliten la interrelación con el mundo blanco y mestizo. Por otro lado, como se analizó, las mujeres, en tanto principales portadoras de las tradiciones y del idioma propio permanecen mayormente dentro de los espacios comunitarios, en los cuales existe una deficiente cobertura educativa. Así, la educación formal para ellas tiende a reducirse a los ciclos básicos. Esta diferencia de género en el acceso a la educación se ve en los relativamente más altos índices de analfabetismo y bajos índices de escolaridad entre las mujeres indígenas[8] y en la predominancia masculina existente en el liderazgo indígena.

Pero, además de la discriminación de género, quienes han logrado llegar a los espacios escolares han debido enfrentar la fuerte discriminación étnico-racial:

Cuando fui a la escuela, sentí la fuerza de la discriminación hacia mí y mi cultura. Los profesores eran mestizos y no querían que habláramos quichua (lengua de salvajes, según se decía), si lo hacíamos nos pegaban con una vara de pino [...] Además, los profesores únicamente impulsaban a los hombres a estudiar; las mujeres no les interesábamos, ya que sólo servíamos para realizar los quehaceres domésticos. Sentí también la discriminación por parte

[6] Destacan, en este sentido, las escuelas sindicales en la zona de Olmedo (provincia de Pichincha) auspiciadas por líderes locales, como Dolores Cacuango, y por maestras normalistas de Quito afiliadas al Partido Comunista. En esta misma zona, por consiguiente, se experimenta con procesos de alfabetización haciendo uso del kichwa.

[7] Al encontrarse la población indígena en mayores condiciones de pobreza (en Ecuador nueve de cada diez personas definidas como pobres son indígenas) que el resto de la población, se entiende que la superioridad económica sea una ventaja y la precariedad una abierta desventaja (INEC, 2001 cit. en STFS, 2003).

[8] Si bien, durante la década de 1990 tienden a cerrarse las brechas de género en el acceso a la educación, esta dinámica presenta un comportamiento diverso entre la población indígena, donde se mantienen importantes brechas de género y un significativo rezago en el acceso a la educación (Ponce y Martínez, 2005). Por ejemplo, según el censo poblacional aplicado en Ecuador en el 2001, mientras el conjunto de mujeres no indígenas revela una tasa de analfabetismo de 8.5%, entre las mujeres indígenas este índice asciende a 35%.

del resto de compañeras y compañeros mestizos, que se burlaban de nosotros, hombres y mujeres indígenas, y nos maltrataban [...] nos quitaban la ropa y la botaban, jugaban con ella y la rompían, hacían lo que les parecía a ellos y los profesores no decían nada, más bien se reían...(Tene, 2000:211).

Son estas experiencias de discriminación las que han transformado a la educación en una herramienta para frenar los atropellos. El testimonio de la dirigente salasaca Carmen Jerez (2004) señala explícitamente que fueron las duras experiencias vividas por sus padres y por la gente de su comunidad lo que la estimuló a superarse a través del estudio. Así, las dificultades vividas en razón de la identidad étnico-racial y(o) en razón de una identidad de género, han convertido a la educación en pilar fundamental para la formación de algunas de las lideresas indígenas.

Otro factor importante de escolarización y de formación de liderazgo femenino ha sido la trayectoria política de la familia. Aquellas familias con presencia de líderes han promocionado la educación tanto de los hijos como de las hijas. Los testimonios de Cecilia Velásquez (entrevista, 2004), Carmen Jerez (2004) y Rosa María Vacacela (1997) ilustran que el liderazgo femenino ha estado ligado a la condición de liderazgo paterno y muy entrelazado con las demandas comunitarias.

Las barreras enfrentadas en el acceso a la educación también han estado presentes para las intelectuales y lideresas indígenas, en el camino de su presencia pública y en la conformación de sus liderazgos comunales,[9] sociales y(o) políticos. Han debido enfrentar una serie de normas socioculturales que restringen su accionar en ámbitos públicos. De hecho, Nina Pacari recuerda sus primeras experiencias de trabajo político, cuando sus padres no le daban permiso, pues "como mujer tenía que ser de la casa, era una locura salir fuera de ella y estar en reuniones" (Bulnes, 1994:56). Estas dificultades son reiteradas por otras representantes indígenas (Tene, 1997) y han fomentado intervenciones para fortalecer el liderazgo femenino, amparado en el rescate cultural identitario y en la gestión comunitaria como la que se lleva a cabo en la Escuela Nacional de Líderes Dolores Cacuango.[10]

Si, como señalamos, las duras experiencias vividas como pueblo estimulan los procesos educativos, éstos al mismo tiempo han permitido desarrollar una reflexión sobre la identidad de los pueblos indígenas. Lourdes Tibán manifiesta que "[l]a educación tiene que ser vista como un proceso de reconstrucción de la identidad y de fortalecimiento de lo que somos nosotros, de nuestra identidad..." (entrevista, 2004). Y es justamente esta reconstrucción de la identidad la que abre puertas para

---

[9] Otro hecho que ha incidido en la mayor participación de las mujeres en la vida comunitaria es la migración masculina, dentro o fuera del país. La migración ha obligado a que la mujer se convierta en jefa de familia y gestione mejoras para la comunidad. Debido a ello las mujeres asumen nuevas y mayores responsabilidades, aspecto que ha abierto una reflexión y prácticas en beneficio de las mujeres (Blanca Chancoso, entrevista, 2003).

[10] Estas consideraciones de exclusión llevaron a las mujeres kichwas agrupadas en la ECUARUNARI a crear, en 1996, la Escuela Nacional de Líderes Dolores Cacuango. La iniciativa "surge como respuesta a una realidad de exclusión en la participación política de las mujeres" (Palacios y Chuma, 2001), con el objetivo de formar líderes que se reconozcan en su historia, origen e identidad (Suárez, 2001).

revisar el papel de las mujeres. Las palabras de Miriam Masaquiza, pronunciadas ante la ONU en el 2004, ilustran este nuevo escenario: "Existen cambios dependiendo de las culturas y los momentos históricos, los cuales permiten que las mujeres indígenas examinen cuál ha sido su rol, el mismo que consideraron natural hasta ese momento e imaginan una identidad femenina alternativa" (2004:14). Habría que pensar, entonces, la experiencia educativa como una herramienta estratégica que ha posibilitado directa e indirectamente avances y transformaciones en los modos de acción de y para las mujeres indígenas, al tiempo que las enfrenta a nuevos desafíos.

AGENDAS Y DEMANDAS DE LAS MUJERES

Las voces de las mujeres no han quedado silenciadas en la política de los movimientos indígenas. Lideresas e intelectuales se hacen oír al tiempo que estructuran un discurso que las empodera en el escenario político y comunitario. Además de ello, hay un esfuerzo por confeccionar una agenda que ilumine las prácticas de las mujeres.[11] Fragmentos iniciales de ésta pueden localizarse en un Primer Encuentro Nacional de Mujeres Indígenas, realizado en Riobamba a inicios de la década de 1990. Esta agenda ha cambiado a través de los años y muestra discursos variados. Estos pronunciamientos estuvieron marcados por la dinámica del propio movimiento indígena, las particularidades de los distintos pueblos originarios, las reuniones internacionales de mujeres, así como por sus vínculos con el Estado.

Los derechos de los pueblos y las mujeres

> Todas las mujeres tenemos mucha necesidad de capacitación, orientación, incentivo para conservar nuestra vestimenta propia, así como también para mantener nuestra cultura; y que no desaparezca de la noche a la mañana…
>
> ETELVINA TOCAGÓN, cit. en MBS, DINAMU, 1990:17

En 1979, la Constitución ecuatoriana otorgó derechos políticos a la población anal-

---

[11] Para efectos del siguiente análisis nos basamos en documentos elaborados en tres contextos: el primero, se produce en el marco preparatorio de las celebraciones alternativas al quinto centenario del descubrimiento de América y que en Ecuador estuvo marcado por los efectos dejados por el levantamiento indígena de 1990 y por la discusión de una compleja plataforma de negociación con el gobierno y el Estado respecto de los derechos indígenas (MBS, DINAMU, 1990). El segundo, forma parte de la serie de reuniones preparatorias al encuentro de Beijing, acompañadas por la agitada discusión sobre la Ley de Desarrollo Agrario y la llamada Marcha por la Vida y estuvo auspiciada por la CONAIE (CONAIE, 1994); y el tercero, recoge un esfuerzo por trabajar desde el Estado un plan de igualdad de oportunidades entre una organización nacional de mujeres indígenas (CONMIE) y la instancia estatal de políticas de equidad de género (CONAMU, 2004). Estos documentos revelan diferentes visiones entre los distintos pueblos indígenas y grupos de mujeres.

fabeta, en su gran mayoría indígena y femenina. Esta apertura movilizó y politizó a la población indígena que en la década de 1980 se articuló en torno a la Confederación de Nacionalidades Indígenas del Ecuador (CONAIE)[12] como un mecanismo de convergencia de las distintas nacionalidades y pueblos originarios del país. Junto con la creación de la Confederación se empezó un proceso de organización de secretarías de la mujer en un nivel local, regional y nacional. En este marco se llevó a cabo la primera reunión de las mujeres de la CONAIE, quienes deciden crear la Dirigencia de la Mujer[13] con el propósito de convocar a las mujeres de las comunidades e involucrarlas en sus procesos organizativos. Su llamado e integración se legitima en función de su papel central en la reproducción cultural del grupo. Como ya se ha analizado y lo reitera el epígrafe, las mujeres consideran que su misión es mantener viva las expresiones de la tradición.

Las mujeres de la CONAIE se adjudican, además, un papel vital en la reproducción económica de la familia, particularmente en el entorno rural. Dada la alta migración masculina, ellas producen la tierra, se encargan de los hijos y buscan los recursos necesarios para la supervivencia familiar; tienen efectivamente un carácter de proveedoras.[14] En este marco, la tierra es el piso desde el cual se construye el argumento, pues articula tanto la reproducción económica como la reproducción cultural. Específicamente se enuncia que "[s]in madres y sin tierras no existieran ni los humanos ni los alimentos. Si no hay tierra hay el peligro que desaparezca hasta el idioma, la ropa, porque en ella están los animales; no podríamos existir; sin tierra no hubiera agua" (CONAIE, 1994:40).

Las mujeres de la CONAIE han decidido que la mejor manera de posicionar sus intereses es participando en las luchas por el reconocimiento de sus derechos como pueblo y nación. De manera que demandas relativas a la tierra, territorios, recursos naturales y lenguas, que se sintetizan en la lucha por el reconocimiento de Ecuador como país plurinacional y multicultural, así como la erradicación de la discriminación racial y étnica, la provisión de servicios por parte del Estado, que reconozcan sus costumbres, la administración local de justicia y de la vida municipal, aparecen como pilares fundamentales de sus declaraciones (MBS, DINAMU, 1990; CONAIE 1994; Pacari, 1998, s.f.; varias entrevistas, 1996 y 2003).

Su estrategia angular ha sido y es preparar a las mujeres para acceder a puestos directivos. Su interés es —por esta vía— persuadir a los hombres para que modifiquen algunas injusticias de género, pero fundamentalmente tener mayor acceso al entramado de relaciones de poder indígena y de la sociedad en su conjunto, en un

[12] La CONAIE reúne a grupos y pueblos indígenas de la costa, sierra y Amazonia, y articula diversas organizaciones indígenas, siendo el ECUARUNARI la de mayor relevancia entre las mujeres de la sierra.

[13] Con el concepto "dirigencia de la mujer" se ha querido hacer incapié en el sentido de poder y evitar el papel de servicio que tradicionalmente las mujeres cumplen en las asociaciones sociales y políticas. Un recuento de este proceso puede encontrarse en las entrevistas hechas a Blanca Chancoso (2003) y Ana María Guacho (2003).

[14] En un discurso más marginal, algunas intelectuales consideran que la familia indígena mantiene una autoridad patriarcal y que las mujeres están sujetas a la autoridad masculina (véase por ejemplo, Tene, 2000).

idioma y estilo que emula a los hombres.[15] A su vez, este esfuerzo por integrar las redes de poder ha colocado a las lideresas en una posición que les permite reconocer las limitaciones que tienen por ser mujeres para lograr mayor participación en las decisiones comunitarias y políticas (Palacios y Chuma, 2001). Desde esta posición, ocasionalmente, se explora la desvalorización de las mujeres por parte de la sociedad, pero también de sus compañeros. Así, por ejemplo, se reconoce el desacuerdo con los miembros masculinos de la familia respecto de su incursión en la vida comunitaria y de las organizaciones, y también su falta de tiempo por sobrecarga de trabajo. También se reclama que los hombres no valoran el trabajo de las mujeres en el hogar o que los dirigentes abandonan a sus familias (CONAIE, 1994). Se acepta, entonces, que el papel de las mujeres es diferente del de los hombres y que generan desventajas para éstas, pero se arguye que no es el tiempo para modificarlos. Como señala una ex dirigente de la mujer: "[S]i ahora empezamos a pelear por eso, estaríamos perdiendo el espacio de seguir avanzando" (Tamia Porate, entrevista, 1996). Es decir, los discursos posponen los intereses de las mujeres. Como ya adelantamos, se considera que los problemas centrales de las mujeres se enmarcan en el contexto de la discriminación y violencia étnica y en sus derechos como pueblo y nacionalidad. En este discurso, la interpretación de las jerarquías de género revela dos patrones contradictorios: al tiempo que algunos documentos insisten en las relaciones de complementariedad hombre-mujer que se despliegan en la vida comunitaria, otros sostienen la existencia de un orden patriarcal en ella. Sin embargo, ambos enfoques subrayan las dinámicas violentas y discriminatorias de sus interrelaciones con las instituciones y actores no indígenas como factores causales de las jerarquías de género. Situados en esta óptica, surge una tensión entre el discurso de las lideresas indígenas y el discurso de los movimientos de mujeres, concebido como "lo foráneo". Desde esta matriz, Nina Pacari propone que "[e]n la sociedad dominante tanto el hombre como la mujer son discriminados por su condición indígena" (Bulnes, 1994:54). Esta afirmación no anula, sin embargo, el reconocimiento de jerarquías de género en el mundo indígena: "De nuestra experiencia sabemos que la situación de las mujeres indígenas es la misma que la de los hombres, agravada por una división de roles socialmente impuesta por el pensamiento de la cultura opresora…" (Chuma, 2004).

De manera general, en estos discursos las desigualdades de género son el resultado de los contactos con culturas no nativas, proceso iniciado con la conquista española. Es en este sentido que las mujeres expresan como grave problema ser humilladas y maltratadas por el Estado y por miembros de otros sectores sociales y raciales del país. Efectivamente, mujeres de diversos pueblos originarios destacan su malestar por las limitaciones en el acceso a los servicios estatales y fundamental-

---

[15] Esta emulación masculina, que también ha sido descrita como un liderazgo femenino guerrero, ha sido interpretada como una estrategia para desafiar las injusticias y exclusiones (Radcliffe, 1993; Lyons, 2002). Es interesante comprobar que varias lideresas históricas de los actuales movimientos indígenas son solteras y no tienen hijos. Este tema lo problematiza Blanca Chancoso quien ve la necesidad de que las lideresas indígenas no pierdan sus cualidades femeninas (entrevista, 2003).

mente por el maltrato allí recibido, con especial referencia a la salud y a la educación. Así por ejemplo, se denuncian formas de discriminación en la educación y la imposición de prácticas culturales por la escolarización mestiza. En ciertas localidades, las mujeres subrayan la falta de respeto por parte de los servicios públicos y privados hacia su concepción de la salud y piden el reconocimiento de los agentes de salud comunitarios, como son las parteras, los chamanes y yerbateras, así como los saberes tradicionales sobre el cuidado del cuerpo (CONAIE, 1994). Estas nuevas formas de discriminación y violencia han sido profundizadas en los últimos años, al mismo tiempo que algunas lideresas nacionales e intelectuales ponen a la discusión sus problemas como mujeres, práctica asociada a la aparición de la CONMIE.

LOS DERECHOS DE LAS MUJERES INDÍGENAS: DISCRIMINACIÓN Y VIOLENCIA

> no trabajamos por el feminismo, sino por la integración de hombre y mujer; por la equidad de género...
> ANA MARÍA GUACHO, entrevista, 2003

Los preparativos locales de Beijing, la realización de un encuentro continental de mujeres indígenas en Quito, la centralidad asumida por las mujeres indígenas, quienes se ven marginadas de las decisiones de sus organizaciones, pone en discusión la existencia de las secretarías de la mujer en diversas asociaciones indígenas. Un grupo de mujeres militantes del movimiento indígena, interesadas en tener mayor autonomía y poder, plantea unificar las secretarías de la mujer de cinco organizaciones mixtas para crear la CONMIE, manteniendo sus nexos con las estructuras originarias. La idea motriz era la de dar curso a un proceso de reforzamiento de la autoestima de las mujeres (Chancoso, entrevista, 2003) y de cuestionar de manera directa ciertos privilegios masculinos (Simbaña, entrevista, 2003), en el marco de los derechos de los pueblos originarios. Esta propuesta generó y sigue generando polémica y resistencia en torno a cómo afrontar el tema de la mujer indígena. Como resultado, se mantuvieron las dirigencias de la mujer al tiempo que se creó la CONMIE con militantes de diversas organizaciones. A juicio de sus creadoras, esta estructura no busca competir con la CONAIE, sino problematizar ciertas prácticas que atentan contra los derechos de las mujeres. A decir de una de ellas, es una lucha para que los compañeros reconozcan los valores que tienen las mujeres e inmediatamente, señala enfática, que no se trata de feminismo sino de la búsqueda de la equidad de género (Guacho, entrevista, 2003).[16] Esta red es aún débil, pero habla de un nuevo momento de la gestión y discursos sobre las mujeres indígenas.

---

[16] Algunas lideresas e intelectuales indígenas en Ecuador hacen uso de "categoría de género" en contraposición a "feminismo". Creemos, sin embargo, que el término género ha introducido un gran desconcierto entre las mujeres de base. Esto se pudo apreciar en el desarrollo de una mesa de trabajo sobre el tema donde una dirigente manifestó: "qué mismo será el género" (Flores, 2004).

Al tiempo que intenta mantener los nexos con las estructuras de los movimientos indígenas, ha tendido puentes con los movimientos de mujeres y, especialmente, con la oficina estatal encargada de las políticas de bienestar de las mujeres, el Consejo Nacional de las Mujeres (CONAMU).

Una de las participantes en la iniciativa de la CONMIE expresa que las demandas iniciales fueron buscar la igualdad con respecto a los hombres, hacer sentir sus voces, compartir el trabajo doméstico, y luchar contra el machismo y el abuso sexual (Guacho, entrevista, 2003). Conjuntamente, este grupo ha insistido en los problemas de pobreza que atraviesan las mujeres indígenas, especialmente en las zonas rurales (Simbaña, entrevista, 2003). Se trata de establecer algunos derechos de las mujeres, la búsqueda del respeto, con especial referencia al trato que reciben en la familia y en los servicios públicos, al reconocimiento del trabajo doméstico, así como a la falta de participación en las decisiones de la vida organizativa, comunitaria y familiar. En este contexto, resulta interesante analizar las demandas expuestas de cara al CONAMU (2004), en un esfuerzo compartido de crear una suerte de plan de igualdad de oportunidades de las mujeres indígenas.

Si bien en el documento no se observa un nuevo discurso que explique las jerarquías de género y que elabore nuevas imágenes de las mujeres, el centro de sus preocupaciones es un complejo de discriminación étnico-racial y de género. En sus miradas este complejo se despliega tanto en la vida familiar y comunitaria como en sus relaciones con el Estado y con otros actores no indígenas. Así por ejemplo, en el campo de la educación, además de plantear la erradicación del analfabetismo, el reforzamiento de la educación bilingüe intercultural y la cosmovisión "ancestral", abren a la discusión la discriminación y el maltrato que sufren las mujeres en el proceso de escolarización. Especial referencia se hace a la violencia sexual y al embarazo precoz como problemas relevantes de las estudiantes indígenas. De manera similar, en el ámbito de la salud, se incorporan aspectos relacionados con el racismo en los sistemas de salud y con la violencia de género. La manera imaginada para afrontar estos problemas de violencia y discriminación se conecta a los discursos orientados al reconocimiento de los derechos de los pueblos originarios. De este modo se proponen intervenciones encaminadas a fortalecer servicios estatales interculturales, la puesta en marcha de la administración de la justicia indígena, así como el mejoramiento de su participación en diversas instancias de decisión. La pregunta que surge con estas nuevas propuestas en la agenda de las mujeres indígenas es en qué medida tienden o no puentes con los movimientos de mujeres.

Violencia de género: ¿un campo de encuentro entre mujeres?

A lo largo de este ensayo hemos visto cómo importantes segmentos de mujeres indígenas han quedado rezagados de los beneficios de la educación, salud y bienestar, al tiempo que viven una situación de alarmante pobreza. Por ejemplo, los servicios de atención a mujeres violentadas revelan que sólo 8% de las denuncias corresponden a mujeres indígenas (Ardaya y Ernst, 2000:59), pese a que éste es uno los temas principales en la agenda actual de las mujeres indígenas. Aunque el debate sobre la violencia de género y su reconocimiento como delito público ha atravesado a los movimientos de mujeres en Ecuador y en la región durante las últimas décadas, ha tenido dificultades para instalarse entre las mujeres indígenas. Durante la década de 1990 los movimientos de mujeres lograron importantes avances en el ámbito legislativo, entre los que se incluye la Ley Contra la Violencia a la Mujer y la Familia, promulgada en 1995. Este proceso significó la puesta en marcha de un aparato estatal que comprende la creación, organización y funcionamiento de comisarías de la mujer y la familia en los centros urbanos de 21 provincias del país, así como servicios de apoyo otorgados por ONG y agencias de cooperación.[17] Este proceso ha dejado parcialmente a las mujeres indígenas fuera, especialmente a aquellas ubicadas en áreas rurales. Al tiempo que lideresas e intelectuales se quejan porque la mencionada Ley no las protege (Tene, 2000:220), se empiezan a dar pasos que buscan afrontar la violencia contra las mujeres en las comunidades y asentamientos indígenas.

Los estudios realizados sobre el tema y, fundamentalmente la normativa, están formulados en un lenguaje universalista del cual las mujeres indígenas se sienten excluidas.[18] Las intervenciones contra la violencia se sustentan en la estimación de que 6 de cada 10 mujeres han sido golpeadas por sus esposos o convivientes (Camacho, 1997:16),[19] cifra que se considera toca a las mujeres de toda condición social, económica y cultural del país. Si bien la Ley omite referencias explícitas a la diversidad de mujeres del país y a modalidades comunitarias de atención a la violencia, especialmente entre los pueblos indígenas y pese a haber sido formulada desde una lógica urbana, su aplicación ha ido abriendo oportunidades para pensar y afrontar la violencia de género en colectividades indígenas. Por ejemplo, las autoridades han tomado conciencia de que las comisarías de la mujer tienen poca capacidad para atender denuncias provenientes de mujeres residentes en zonas apartadas de los centros urbanos. Es así como la policía y los jueces de contravenciones pueden recibir denuncias de maltratos. De igual manera, una sistematización de casos legales que revela las dificultades en la aplicación de la Ley y la impunidad de los agresores explora varios ejemplos de mujeres indígenas que han acudido a denunciar su situación en una comisaría o centro policial (CEPLAES, 2004). Más particularmente,

---

[17] Pese a estos esfuerzos, sólo 47% de las mujeres reporta pedir ayuda después de un episodio de violencia física o sexual y de este porcentaje sólo 8% lo hace en algún tipo de institución pública o privada creada al amparo de esta normativa (CEPAR, 2005).

[18] Factores como la educación, independencia económica y niveles de ingresos de las mujeres no modifican sustancialmente la alta probabilidad que tienen de ser maltratadas. También los estudios reiteran que hay una mayor probabilidad de ser golpeadas y agredidas entre quienes han crecido en hogares violentos. Estos y otros hallazgos han permitido argumentar, desde los movimientos de mujeres, que la violencia de género es un fenómeno estructural y transversal en directa relación con los modelos de masculinidad y feminidad hegemónicos y con las estructuras patriarcales. En razón de ello, la Ley se postuló desde una lógica universalista, y no apeló en sus definiciones ni en sus procedimientos a las diferencias étnicas y raciales existentes en el país.

[19] Esta cifra es mayor a la reportada por la única encuesta con representación nacional existente en el país y que indica que 40% de las mujeres han sido víctimas de maltrato verbal o psicológico, 31% de maltrato físico y 12% de abuso sexual (CEPAR, 2005).

en el año 2000 se inició una investigación sobre la llamada ruta crítica seguida por las mujeres agredidas y la calidad de respuesta que reciben de los distintos servicios existentes. Uno de los estudios, realizado entre mujeres indígenas de Guamote (Chimborazo), concluye que no encuentran orientación ni atención adecuadas para ellas, para sus maridos, ni para los familiares. Muchas conocen la existencia de una "ley para mujeres" y buscan las comisarías, pero a pesar de un sinnúmero de gestiones, el resultado final es que no ven salidas a su problema.

El asunto tiene especial relevancia puesto que las evidencias muestran que hay mayores probabilidades de que las mujeres indígenas estén sujetas a episodios de violencia física y sicológica en sus hogares, tanto en su vida de pareja, como de hijas de familia (CEPAR, 2005). Pero, ¿cómo interpretar este sentido de abandono? Existe en el imaginario nacional la idea de que las mujeres indígenas son natural y sistemáticamente objeto de violencia a la que resisten de manera pasiva. Clásica es la frase que resuena una y otra vez entre las mujeres urbanas al referirse a la realidad y a la actitud de las mujeres indígenas de cara a la violencia: "Marido es, aunque pegue, aunque mate." En este imaginario nacional que delega la violencia en el mundo indígena, puede interpretarse el instructivo dado a las autoridades de policía y jueces de contravención que indica que: "Cuando una mujer indígena acude a la autoridad, ésta deberá ser tratada preferencialmente, pues al denunciar maltrato, está rompiendo barreras y costumbres muy arraigadas, por lo cual requerirá de un apoyo especial" (Aguilar y Camacho, 1997:13). Confrontando esta imagen, varios estudios han subrayado formas de resistencia y contestación de las mujeres frente a la agresión, que ponen en juego la construcción de un sentido de respeto. Así por ejemplo, en la zona de Zumbahua las mujeres manipulan los alimentos para crear indigestión en los maridos después de un episodio de violencia (Weismantel, 1994). En otras áreas, las mujeres violentadas retornan a la familia de origen y negocian su regreso, con base en el apoyo familiar (Stolen, 1987; Muratorio, 2002). Asimismo, en el marco de la administración de justicia comunitaria, las autoridades locales y los familiares intervienen en la resolución del problema a través de consejos a los implicados y sanciones a los agresores que contemplan, por ejemplo, el castigo corporal y el pago de indemnizaciones (García, 2002). La complejidad de estas prácticas de resistencia y resolución de los conflictos no ha sido considerada por instituciones públicas y privadas en los intentos por pensar estrategias para actuar sobre la violencia.

Pero no sólo las estrategias para afrontar la violencia entre los pueblos indígenas tienen diferencias respecto de las que se observan en otros contextos culturales, sino que el punto crucial, a nuestro juicio, proviene del hecho de que la violencia de género en el mundo indígena toca la compleja trama de las relaciones comunitarias y colectivas, articuladas a la noción de complementariedad. Como argumentamos anteriormente, las relaciones de género construyen el tejido de relaciones colectivas y, en esta medida, intervenir en la violencia de género compromete las relaciones y la identidad de los pueblos. De allí proviene la insistencia de las mujeres en decir que no buscan luchar contra los hombres, sino convocarlos para trabajar juntos por una nueva relación que mantenga esta colectividad. Como decía una guamoteña: "No es para sobrepasar a los hombres, sino para vivir igual, conversar" (cit. en MSP-Embajada de los Países Bajos-OPS/OMS, 2003).

El respeto, la discriminación y la violencia

> Nuestra lucha no es solamente por conseguir la igualdad entre el hombre y la mujer, es por conseguir que exista *respeto*, y hasta terminar con el problema de la *discriminación* y *violencia* que existe de mujer a mujer...
>
> CONAIE, 1994:121

Respeto, discriminación y violencia sintetizan el sentido de las agendas políticas de las mujeres indígenas y permiten enlazar las relaciones de género, étnicas y de clase que las atraviesan. Hemos argumentado que la división sexual del trabajo y las relaciones e ideologías de género hablan de las particularidades culturales del mundo indígena. Por una parte, hemos destacado la flexibilidad de la división del trabajo que elude un proceso unívoco de domesticación de las mujeres. Por otra, hemos mostrado que las relaciones de género urden la trama comunitaria, aludiendo especialmente a una identidad colectiva, antes que individual, de las mujeres. Finalmente, hemos señalado que la ideología de género otorga autoridad a las mujeres en la conservación de sus tradiciones y en la construcción comunitaria de los pueblos indígenas. Hemos argumentado también que ciertas funciones o responsabilidades limitan y recluyen a las mujeres, pero al mismo tiempo les abren oportunidades de educación y de participación en la política indígena, entre otras. Son precisamente estas oportunidades las que las han llevado a desarrollar prácticas por la equidad de género y un proceso de reflexión sobre su discriminación por razones de género. Este complejo proceso puede observarse en la trayectoria de las agendas de las mujeres.

Efectivamente, éstas muestran dos momentos superpuestos: uno, articulado a la discriminación y violencia que sujeta a los sectores autodenominados originarios, y que busca su reconocimiento como pueblo, en un lenguaje que minimiza las jerarquías de género, pero abre las puertas a prácticas por la equidad para las mujeres. Y otro, tejido con los temas de violencia y discriminación tanto racial y étnica como de género. Las ideas de respeto, discriminación y violencia dan continuidad entre estos dos momentos, aunque adquieren significados y énfasis diversos. Inicialmente, como lo enuncia el epígrafe de esta sección, las nociones de respeto, discriminación y violencia están especialmente construidas con referencia a las conflictivas interrelaciones entre las sociedades indígenas y mestizas. El sentido primordial del respeto permite actuar contra la violencia y la discriminación que viven las personas y los grupos por su pertenencia a pueblos culturalmente diversos; al tiempo que se subrayan las tensiones existentes entre las propias mujeres. Las vivencias del maltrato sufrido por parte de los patrones o patronas (por ejemplo, bajo el sistema de hacienda o como empleadas domésticas), así como las experiencias de trato derogatorio en los servicios educativo, de salud, transporte y comercio, marcan las escisiones con respecto a las mujeres —de clase media y acomodadas, blancas y mestizas— al tiempo que desdibujan las jerarquías de género en el mundo indígena. En este marco, una lideresa recuerda que inicialmente ellas no observaban la desigualdad entre hombres y mujeres, sino la desigualdad entre indios y mestizos; pero que fue en el proceso de la misma lucha donde lograron ver "que también las mujeres hemos estado marginadas" (Guacho, entrevista, 2003). En un segundo momento, las ideas de respeto, violencia y discriminación se complejizan y articulan, tanto las conflictivas interrelaciones con el mundo no indígena como las relaciones de género que se configuran en la sociedad indígena, marcadas también por prácticas violentas y discriminatorias. Mientras se busca el respeto como pueblo culturalmente diverso, se labra el respeto de las mujeres en el marco de sus relaciones con los miembros de las sociedades indígenas y mestizas. Pero como sugerimos, la construcción del respeto de las mujeres pone en cuestión las complejas relaciones familiares y comunitarias, ya que las relaciones de género sostienen estas tramas colectivas. En este sentido, las agendas de las mujeres mantienen un difícil equilibrio entre sus intereses y aquellos del pueblo, dinámica que ayuda a explicar su desencuentro con los movimientos de mujeres.

Respeto para los pueblos indígenas de la sierra significa un estado general de orden moral y armonía (Lyons, 2001:9) que debe alcanzarse. En este marco interpretativo, podemos decir que las mujeres indígenas al enfatizar en la noción de respeto buscan un orden moral y una armonía que incluya la complementariedad hombre-mujer, la preeminencia de lo colectivo, así como el buen trato por parte de las mujeres de otras procedencias. En este sentido, esta búsqueda está hablando de un desencuentro con los movimientos de mujeres liderados por mujeres urbanas, de clase media y blancas. Con su énfasis en la violencia y la discriminación, las mujeres indígenas expresan sus intereses, las jerarquías de género entramadas con el racismo y la pertenencia de clase. Haciendo eco de los planteamientos hechos por el feminismo multirracial y poscolonial, sugerimos que este conjunto de conceptos reiteran que hay varios lenguajes para expresar los intereses y sueños de las mujeres y aludir a las relaciones de género.

BIBLIOGRAFÍA

Aguilar, Elsie y Gloria Camacho (1997), *Nada justifica la violencia. Manual para autoridades de la policía y jueces contraventores*, Quito, CONAMU-CEPLAES.
Ardaya, Gloria y Miriam Ernst (2000), *Imaginarios urbanos y violencia intrafamiliar*, Quito, CEPAM.
Arnold, Denise (1997), "Introducción", en Denise Arnold (comp.), *Más allá del silencio: las fronteras de género en los Andes*, La Paz, CIASE/ILCA, pp. 13-52.
——— y Juan Yapita (1997), "La lucha por la dote en un ayllu andino", en Denise Arnold (comp.), *Más allá del silencio: las fronteras de género en los Andes*, La Paz, CIASE/ILCA, pp. 245-387.

Baca Zinn, Maxine y Bonnie Thornton Dill (1996), "Theorizing difference from multiracial feminism", *Feminist Studies*, 22 (2):321-331.

Barrig, Maruja (2001), *El mundo al revés*, Buenos Aires, CLACSO.

Bulnes, Marta (1994), *Me levanto y digo. Testimonio de tres mujeres quichuas*, Quito, El Conejo.

Camacho, Gloria (1997), "Violencia contra la mujer en la pareja y derechos humanos", en *Nada justifica la violencia. Manual para autoridades de la policía y jueces contraventores*, Quito, CONAMU-CEPLAES, pp. 16-21.

Canessa, Andrew (1997), "Género, lenguaje y variación en Pocobaya, Bolivia", en Denise Arnold (comp.), *Más allá del silencio: las fronteras de género en los Andes*, La Paz, CIASE/ILCA.

CEPAR (2005), *Encuesta demográfica y de salud materna e infantil. Informe preliminar*, Quito, CEPAR.

Crain, Mary (2001), "La interpretación de género y etnicidad: nuevas autorrepresentaciones de la mujer indígena en el contexto urbano de Quito", en Gioconda Herrera (comp.), *Antología. Estudios de género*, Quito, FLACSO, Ecuador-ILDIS, pp. 351-379.

Cervone, Emma (2002), "Engendering leadership: Indigenous women leaders in the Ecuadorian Andes", en Rosario Montoya, Lessie Jo Frazier y Janise Hurtig (eds.), *Gender's Place. Feminist Anthropologies of Latin America*, Nueva York, Palgrave Macmillan, pp. 177-196.

——— (1998), "Prof. Abelina Morocho Pinguil. Entre cantares y cargos", en *Mujeres contracorriente. Voces de líderes indígenas*, Quito, CEPLAES, pp. 163-207.

CONAIE (1994), *Memorias de las Jornadas del Foro de la Mujer Indígena del Ecuador*, Quito, CONAIE.

Crespi, Muriel (1976), "Mujeres campesinas como líderes sindicales: la falta de propiedad como calificación para puestos públicos", *Estudios Andinos*, 5 (1):151-170.

Chuma, Vicenta (2004), "Las mujeres en la construcción del Estado plurinacional", discurso en el Parlamento Indígena de América (PIA), Ecuador, documento electrónico, <icci.nativeweb.org/boletin/cumbre2004/chuma.html>, acceso 25 de mayo de 2005.

De la Cadena, Marisol (2000), *Indigenous Mestizos: The Politics of Race and Culture in Cuzco, Perú, 1919-1991*, Durham, Duke University Press.

——— (1992), "Las Mujeres son más indias", *Ediciones de las Mujeres*, núm. 16, Santiago, ISIS.

De la Torre, Luz María (1999), *Un universo femenino en el mundo andino*, Quito, INDESIC-Fundación Hans Seidel.

García, Fernando (2002), *Formas indígenas de administrar justicia*, col. Atrio, Quito, FLACSO.

Guerrero, Fernando y Pablo Ospina (2003), *El poder de la comunidad: Ajuste estructural y movimiento indígena en los Andes ecuatorianos*, Buenos Aires, CLACSO.

Hamilton, Sarah (1998), *The Two-Headed Household. Gender and Rural Development in the Ecuadorian Andes*, Pittsburgh, University of Pittsburgh Press.

Harris, Olivia (1978), "Complementarity and conflict: An Andean view of male and female", en J.S. La Fontaine (ed.), *Sex and Age as Principles of Social Differentiation*, Nueva York, Academic Press, pp. 21-40.

Harvey, Penélope (1989), *Género, autoridad y competencia lingüística. Participación política de la mujer en pueblos andinos*, Documentos de Trabajo, 33, Perú, IEP.

Jerez, Carmen (2004), "Carmen Jerez", Yachay Keeper del mes, documento electrónico, <quechuanetwork.org/yachay_keeper.cfm?lang=s&#jerez>, acceso 25 de mayo de 2005.

Larrea, Carlos y Fernando Montenegro (2005), "Ecuador", en Harry Patrinos (ed.), *Indigenous People, Poverty, and Human Development in Latin America: 1994-2004*, Nueva York, Palgrave Macmillan.

León, Mauricio (2005), "La salud de las mujeres", en Mercedes Prieto (ed.), *Mujeres ecuatorianas. Entre las crisis y las oportunidades, 1990-2004*, Quito, CONAMU-FLACSO, Ecuador-UNFPA y UNIFEM.

Lyons, Barry J. (2002), "'To act like a man': Masculinity, resistance, and authority in the Ecuadorian Andes", en Rosario Montoya, Lessie Jo Frazier y Janise Hurtig (eds.), *Gender's Place. Feminist Anthropologies of Latin America*, Nueva York, Palgrave Macmillan, pp. 45-63.

――― (2001), "Religion, authority, and identity: Intergenerational politics, ethnic resurgence, and respect in Chimborazo, Ecuador", *Latin American Research Review*, 36(1):7-48.

Masaquiza, Miriam (2004), "Mujeres indígenas-fuertemente unidas a pesar de los riesgos", *Yamaipacha Actualidad*, Boletín interno de FHS-INDESIC, 23:15-16, 40.

Miles, Ann y Hans Buechler (1997), "Andean perspectives on women and economic change", en Ann Miles y Hans Buechler (eds.), *Women and Economic Change: Andean Perspectives*, vol. 14, Arlington, American Anthropological Association, pp. 1-12.

Minaar, Renée (1998), "Género dentro de un discurso étnico: el ejemplo del movimiento indígena en el Ecuador", en Guadalupe León (comp.), *Ciudadanía y participación política*, Quito, Abya-Yala, pp. 69-79.

Ministerio de Salud Pública-Embajada de los Países Bajos (OPS/OMS) (2003), *Nuestras manos y nuestras mentes*, proyecto "De lo local a lo nacional: institucionalización del modelo de prevención y atención a la violencia intrafamiliar", Quito, OPS-OMS.

Mohanty, Chandra T. (2003), "Under Western eyes revisited: Feminist solidarity through anticapitalist struggles", *Feminism Without Borders: Decolonizing Theory Practicing Solidarity*, Durham, Duke University Press, pp. 221-251.

――― (1986), "Under Western eyes: Feminist scholarship and colonial discourses", en Chandra Mohanty, Ann Russo y Lourdes Torres (eds.), *Third World Women and the Politics of Feminism*, Broomington, Indiana University Press, pp. 51-81.

Morocho, Abelina (1998), "Historia de la vida de la profesora Abelina Morocho Pinguil, primera alcaldesa indígena de América Latina", en *Mujeres contracorriente. Voces de líderes indígenas*, Quito, CEPLAES, pp. 209-226.

Muratorio, Blanca (2002), *Violencia contra mujeres en comunidades indígenas del Napo: historia y cultura en un contexto de globalización*, ponencia presentada a la reunión de ecuatorianistas de LASA, Quito, 18-22 de julio de 2002.

Núñez del Prado, D.I. (1975), "El poder de decisión de la mujer quechua", *América Indígena*, 35 (3):623-630.

Pacari, Nina (1998), "La mujer indígena: reflexiones sobre su identidad de género", en Guadalupe León (comp.), *Ciudadanía y participación política*, Quito, Abya-Yala, pp. 59-79.

――― (s.f.), "La participación política de la mujer indígena en el parlamento ecuatoriano. Una tarea pendiente", documento electrónico, <quotaproject.org/cs/cs-pacari-ecuador.pdf>, acceso el 13 de junio de 2005.

Palacios, Paulina y Vicenta Chuma (2001), "El sistema de formación de mujeres líderes indígenas 'Dolores Cacuango'. La construcción de una utopía", *Rimay*, Publicación mensual del Instituto Científico de Culturas Indígenas, 3 (28), disponible en <icci.nativeweb.org/boletin/28/palacios.html>.

Ponce, Juan y Silvia Martínez (2005), "Mujeres y educación", en Mercedes Prieto (ed.), *Muje-*

res ecuatorianas. Entre las crisis y las oportunidades, 1990-2004, Quito, CONAMU-FLACSO, Ecuador-UNFPA y UNIFEM.

Prieto, Mercedes (1998), "El liderazgo en las mujeres indígenas. Tendiendo puente entre género y etnia", *Mujeres contracorriente. Voces de líderes indígenas*, Quito, CEPLAES, pp. 15-37.

Radcliffe, Sara H. (1993), "'People have to rise up- like the greatest women fighters'.The State and Peasant Women in Peru", en Sarah A. Radcliffe y Sallie Westwood (eds.), *Viva. Women and Popular Protest in Latin America*, Londres, Routledge, pp. 197-235.

Reuque, Isolde (2002), *Una flor que renace: autobiografía de una dirigente Mapuche*, Santiago, DIBAM.

Richards, Patricia (2002), "Expandir el concepto de la ciudadanía de las mujeres: la visión del pueblo y la representación de las mujeres mapuches en SERNAM", en *Impactos y desafíos de las crisis internacionales, Chile 2001-2002*, Santiago, FLACSO, pp. 267-297.

Rösing, Ina (1997), "Los diez géneros de Amarete", en Denise Arnold (comp.), *Más allá del silencio: las fronteras de género en los Andes*, La Paz, CIASE/ILCA, pp. 77-92.

Secretaría Técnica del Frente Social (2003), *Sistema Integrado de Indicadores Sociales del Ecuador*, disponible en <siise.gov.ec>.

Secretaría Técnica del Frente Social-UNIFEM (1998), *Retrato de mujeres Indicadores sociales sobre la situación de las indígenas y campesinas del Ecuador*, Quito, STFS-UNIFEM.

Sikkink, Lynn (1997), "El poder mediador del cambio de aguas: género y el cuerpo político condeño", en Denise Arnold (comp.), *Más allá del silencio: las fronteras de género en los Andes*, La Paz, CIASE/ILCA.

Stolen, Kristi-Anne (1987), *A media voz. Relaciones de género en la sierra ecuatoriana*, Quito, CEPLAES.

Steady, Filomina Chioma (1996), "African feminism: A worldwide perspective", en Rosalyn Terborg-Penn y Andrea Benton Rushing (eds.), *Women in Africa and the African Diaspora*, Washington D.C., Howard University Press, pp. 3-21.

Suárez, Amparito (2001), "La Escuela de Formación de Mujeres Indígenas tras un nuevo sueño", Runacunapac Riccharimui-ECUARUNARI, periódico bilingüe de la Confederación de Pueblos de la Nacionalidad Kichwa del Ecuador- Ecuador, 29 (5), disponible en <ecuarunari.nativeweb.org/rikcharishun/dic2001.html>, acceso el 25 de mayo de 2005.

Tene, Carmen (2000), "Ruptura de la exclusión de mujeres indígenas", en *Mujer, participación y desarrollo*, Quito, CORDES, pp. 201-223.

―――― (1997), "Mi autobiografía", <fidamerica.cl/actividades/conferencias/mujeres/mctsecu.html>, acceso el 24 de junio de 2005.

Vacacela, Rosa María (1997), "Rosa María Vacacela. Autobiografía", documento electrónico, <fidamerica.cl/actividades/conferencias/mujeres/rmvgecu.html>, acceso el 24 de junio de 2005.

Weismantel, Mary J. (1994), *Alimentación, género y pobreza en los andes ecuatorianos*, Quito, Abya-Yala.

DOCUMENTOS NO PUBLICADOS

CEPLAES (2004), documento de trabajo elaborado en el marco del Proyecto Observatorio de los derechos de la mujer a una vida sin violencia, 2004-2005, Quito, CONAMU-Esquel.

CONAMU-CONMIE (2004), Taller Mujeres indígenas en el Plan de Igualdad de Oportunidades, La Merced, Ecuador, 20 de marzo.

Flores Carlos, Alejandra (2004), ¿Qué mismo es el género?, Quito.

Ministerio de Bienestar Social, Dirección Nacional de la Mujer, (1990), Encuentro Nacional de la Mujer Indígena. Memoria, Riobamba, Ecuador, 9-11 de febrero.

Tibán, Lourdes (2004), Exposición en Mesa de Mujeres Indígenas, IV Congreso RELAJU, Quito, 16-20 de agosto.

EL FEMINISMO MEXICANO: BALANCE Y PERSPECTIVAS

ANA LAU J.*

Al movimiento feminista mexicano[1] que nació y se desarrolló en la ciudad de México durante la década de los años setenta del siglo pasado, se le conoce como "la nueva ola", "la segunda ola" o el "neofeminismo mexicano";[2] ya que al igual que sus similares en Estados Unidos y en Europa, difiere de aquel feminismo que encabezaron las sufragistas de fines del siglo XIX y principios del XX, quienes luchaban por alcanzar el derecho al voto. Este nuevo feminismo va más allá de sus antecesores, ya que intenta desplazar la desigualdad que sufren las mujeres en busca de la equidad entre géneros, además de que coloca al cuerpo femenino y sus manifestaciones como centro de las reivindicaciones. El objetivo de este artículo reside en examinar la práctica política de estas mujeres por más de 30 años, y de las demandas que han ido esgrimiendo en ese periodo de tiempo.

Para analizar los cambios y transformaciones experimentados por este movimiento y sus integrantes es preciso, en un primer momento, acercarnos a los estudios y ensayos que han estudiado su recorrido y que permiten incorporar a la discusión cuestiones acerca de las movilizaciones femeninas que habían permanecido al margen de las preocupaciones de los estudios teóricos y académicos. Treinta y tantos años de lucha son muy pocos para poder evaluar sus resultados en todo lo que cabe; no obstante, ya se cuenta con información suficiente para examinar su trayectoria. Si bien muchos de los trabajos existentes se iniciaron con carácter militante y/o descriptivo, recientemente han aparecido análisis que permiten profundizar en estos movimientos y conocer cuál ha sido su trayectoria ideológica y de lucha, situándolos al lado de los movimientos sociales contemporáneos (Lau, 1987; González, 2001 y 2002; Sánchez Olvera, 2002, entre otros). Dentro de la producción historiográfica relativa al movimiento feminista encontramos dos amplias tendencias: la que da a conocer lo que sucede en la práctica feminista a través del análisis e interpretación de sus alcances y significados, a fin de poner en evidencia que el movimiento ha contribuido a resquebrajar viejos paradigmas de la acción y la reflexión política, y la que se refiere a las investigaciones que relacionan el quehacer feminista con la práctica política y el llamado "trabajo hacia fuera" con mujeres, a través de ase-

---

* Universidad Autónoma Metropolitana, unidad Xochimilco.

[1] Considero que hay un movimiento feminista que cobija a las militantes, quienes a su vez se adhieren a diversas corrientes: feminismo liberal, socialista, radical, ecologista, de la igualdad, de la diferencia, etc.

[2] Se conoce también como Movimiento de Liberación de la Mujer, cuyo objetivo reside en luchar por construir una nueva sociedad donde desaparezca la opresión de que son víctimas las mujeres (De Miguel, 1995:239).

sorías jurídicas, psicológicas o relacionadas con los derechos reproductivos, con el objetivo de plantear cómo el feminismo ha influido en la configuración de un nuevo orden social que cuestiona las formas hegemónicas de hacer y concebir la política y por lo tanto alcanzar a transformar la vida cotidiana. De esta manera, se examinan los factores sociohistóricos que condicionaron la aparición del activismo femenino y sus formas colectivas de identidad; el compromiso con la categorización y definición de su praxis a fin de encontrar los criterios adecuados para explorar los distintos movimientos de mujeres y su relación con el feminismo y, por último, el análisis del vínculo entre estos movimientos, el movimiento feminista y la democracia, un asunto candente en los países de América Latina que desde los años noventa ha cobrado relevancia.[3]

En un momento en que el Estado y sus instituciones no eran capaces de solucionar los conflictos sociales y enmarcado en un proceso de transición hacia la modernización de México, cuando los canales de participación parecían estar cerrados y la búsqueda de una mayor democratización era la utopía, aparecieron los grupos de mujeres que rechazaban el orden prescrito, cuestionaban la subordinación y proponían subvertir las costumbres imperantes. El movimiento estudiantil de 1968 mexicano, al igual que el surgido en todo el mundo, propició que el descontento femenino tomara el camino de la organización y de la protesta y con ello las mujeres se transformaran, al igual que otros actores, en nuevos sujetos sociales. El feminismo mexicano fue el resultado del agotamiento del modelo de desarrollo estabilizador, el cual respondió a la ebullición de nuevas ideas en el seno de las élites intelectuales e incluso de un importante crecimiento de la izquierda mexicana de donde algunas provenían (Tuñón, 1997:65). El feminismo mexicano de la nueva ola comparte puntos de coincidencia con los movimientos feministas del mundo occidental: un origen urbano, una cultura universitaria y un desencanto por el escaso margen de participación femenina en el ámbito público.

Por razones de orden y cronológicas, divido en tres grandes etapas el desarrollo del movimiento feminista: Establecimiento y lucha entre 1970 y 1982, por ser la etapa en que se constituyeron y definieron los grupos; Estancamiento y despegue entre 1982 y 1990, por ser la década en que hay un *impasse* en el feminismo y otros sectores como las mujeres del movimiento urbano popular, campesinas, trabajadoras y feministas, que se mezclan con ellas elaborando diversas estrategias y, por último, Alianzas y conversiones durante la década de 1990 en donde una mayoría de feministas se incorpora a las ONG.

ESTABLECIMIENTO Y LUCHA

La organización y surgimiento de los grupos de liberación femenina mexicanos se

---

[3] Entre los análisis que tratan estos temas, véanse De Barbieri, 1986; Espinosa Damián, 1993; Tuñón, 1997 y Lamas, 1999.

debió a varios factores a través de los cuales algunas mujeres tomaron conciencia de la opresión de que eran objeto y buscaron transformarla en lucha política: un masivo ingreso femenino al mercado laboral, un número mayor de mujeres en la educación superior, el desarrollo de métodos anticonceptivos baratos y accesibles, algunos cambios en la situación jurídica de las mujeres y la proliferación de movimientos de protesta, fueron fenómenos que contribuyeron a promover la conformación de ese incipiente movimiento feminista que a lo largo del tiempo iría desarrollándose e influyendo en la opinión pública a través de una fuerte presencia simbólica.

En los años setenta se conformó lo que se conoce como el "movimiento feminista mexicano": grupos pequeños y dispersos de mujeres urbanas de la clase media universitaria, que examinan de entrada su vida personal en lo concerniente a su sexualidad y empiezan a relacionar que lo que sucede dentro del espacio privado necesariamente repercute en el ámbito público. "Lo personal es político" se convirtió en el lema que hicieron suyo. Esta consigna llevaba implícita la idea de que las mujeres estaban universalmente subordinadas y explotadas y que sólo a través de la toma de conciencia de su situación común podrían cambiar las estructuras que las oprimían. Las feministas mexicanas, algunas de las cuales provenían de grupos de izquierda, dieron primacía a los planteamientos que estaban esgrimiendo las mujeres de otras partes del mundo, abrevaron de ellas y el feminismo socialista[4] fue la corriente que prevaleció. No obstante también, se organizó un grupo de mujeres cuya concepción se acercaba más al feminismo liberal. Todas estas mujeres se organizaron a partir de grupos de autoconsciencia y empezaron a cuestionarse alrededor del sexismo y del androcentrismo en sus varias manifestaciones presentes en el trabajo, la casa, la escuela y la vida cotidiana. La mecánica de organización resultó en pequeños grupos que aparecían y desaparecían, se fusionaban unos con otros y se mezclaban entre ellos de una manera endogámica.[5] La identidad colectiva de las militantes surgió a partir de procesos de aprendizaje, creación de solidaridades, sentimientos de pertenencia, incluso negociaciones y conflictos. Al tiempo que la identidad feminista empezaba a gestarse, los grupos se encerraban en sus propias concepciones aislándose de temas sociales y blandiendo la bandera de una autonomía que las alejaba de otros movimientos sociales y de la acción estatal. "La concepción de que el trabajo debe partir de los propios grupos de mujeres, en donde ellas tengan una primera experiencia de análisis de su realidad en un contexto lo menos opresivo posible" (Lozano y González, 1986:17).

---

[4] Centra su análisis alrededor de conceptos tales como capitalismo, patriarcado, división sexual del trabajo y relaciones de reproducción para ubicar las bases materiales de la opresión de las mujeres.

[5] Entre 1970 y 1980 se constituyeron los grupos más relevantes. Muchas de sus integrantes continúan en activo: Mujeres en Acción Solidaria (MAS), Movimiento Nacional de Mujeres (MNM), Movimiento de Liberación de la Mujer (MLM), Colectivo La Revuelta y Movimiento Feminista Mexicano (MFM), y cobijado por el Partido Revolucionario del Trabajo, se creó el Colectivo de Mujeres. También se organizaron Lucha Feminista (LF) y el Grupo Autónomo de Mujeres Universitarias (GAMU) y se fundó el primer grupo de lesbianas feministas, LESBOS en 1977.

En un principio, la mayoría de los grupos se centró en la reflexión y el análisis de la condición femenina: la maternidad, la doble jornada de trabajo, la sexualidad, la subordinación, la discriminación y la exclusión por relaciones asimétricas, entre otros temas. El problema que enfrentaron fue de dispersión y poca consolidación como grupos y una nula cohesión del movimiento y por tanto, sin vinculación con el exterior. Ello provocó que durante 1975, con motivo de la celebración de la Conferencia del Año Internacional de la Mujer, que se verificó en la ciudad de México, decidieran no participar y quedaran al margen de las discusiones. Este decenio se caracterizó por la negativa a relacionarse tanto con partidos políticos como con instituciones gubernamentales; esgrimían una autonomía que provocó se frenara su avance, y un aislamiento del que costaría trabajo escapar.

No obstante, hubo intentos por remontar el encierro, al menos dentro del movimiento a partir de la unión en torno a intereses comunes, de ahí la constitución de la Coalición de Mujeres Feministas en 1976, que acordó trabajar sobre tres ejes que desde entonces han sido prioritarios para la práctica feminista mexicana: la despenalización del aborto y la educación sexual, la lucha contra la violación y la protección a las mujeres golpeadas. La Coalición sirvió como elemento cohesionador de las demandas en que todos los grupos estaban de acuerdo. El 1 de diciembre de 1977 lograron presentar un primer proyecto de despenalización del aborto, al que denominaron "por un aborto libre y gratuito".[6]

El segundo intento —fallido— de unificación fue la creación del Frente Nacional por la Liberación y los Derechos de la Mujer (FNALIDM) que tenía como objetivo "unificar los esfuerzos de todas las organizaciones políticas partidarias, sindicales, feministas y sociales que busquen la obtención de los más plenos derechos de las mujeres teniendo como meta su plena liberación en los planos económico, político, social y sexual" (FNALIDM, 1979:8). El plan de acción del Frente giraba en torno a cuatro ejes: maternidad voluntaria;[7] guarderías; campaña contra la violencia sexual en todas sus formas: hostigamiento, insulto violación, represión a los homosexuales, etcétera; problemas de las trabajadoras discriminadas de la Ley Federal del Trabajo; empleadas del hogar, maquiladoras, costureras a domicilio, pequeño comercio, banca, etcétera (FNALIDM, 1979:5).

Esta segunda tentativa de unificación amparada en premisas compartidas, tampoco dio los frutos esperados. La diversidad de corrientes, de clases sociales e incluso de opciones sexuales que aparecieron en el Frente, la negativa para negociar entre ellas, la aversión a las jerarquías y la no concordancia con una plataforma común,

[6] En agosto de 1976 se conformó el Grupo Interdisciplinario sobre el Aborto (GIA) cuyo objetivo era plantear una propuesta sobre aborto que tomara en cuenta los puntos de vista de distintos sectores de la sociedad y del Estado. En el documento de conclusiones el GIA se pronunciaba por la supresión de toda sanción penal para el aborto voluntario y por la expedición de normas técnicas sanitarias. Este documento no se hizo público (Márquez, 1998:44).

[7] Durante esta etapa se presenta el segundo anteproyecto de Ley sobre maternidad voluntaria. En esta ocasión el problema del aborto se enmarcó en situaciones más generales: como un problema de salud al cual era necesario considerar dentro del marco socioeconómico y cultural del país, El anteproyecto no se discutió (Lau, 1997:135).

hizo que las pugnas se volvieran interminables, que los desacuerdos afloraran y que no se alcanzaran consensos.

El fin de la primera década de vida del nuevo feminismo mostró la existencia de una variedad de corrientes que esgrimían cada uno de los grupos y que se presentaban incompatibles entre sí, de allí que la armonización de esas posturas resultara insostenible. No obstante estas divergencias, a finales de los años setenta, algunas mujeres pertenecientes a los grupos se reunieron para establecer y trabajar en el Centro de Apoyo a Mujeres Violadas (CAMVAC) y también en el Colectivo de Ayuda a la Empleada Doméstica (CASED); estas propuestas tuvieron viabilidad por ser prácticas y concretas con posibilidades de llevarse a cabo y mantenerse en activo. Asimismo, en esta década aparecieron las primeras publicaciones feministas como la revista *Fem*, que empezó a publicar en 1976 y aún existe, y otros grupos feministas en algunos estados de la república.

Estancamiento y... despegue

La segunda década de la práctica feminista, los ochenta, se caracterizó por la organización de un gran número de reuniones, encuentros y foros que permitieron dar a conocer la praxis feminista en diversos espacios.[8] Se inició la incorporación de muchas militantes al sector público, a la docencia e investigación en universidades y centros especializados,[9] a la organización y promoción de proyectos productivos financiados por fundaciones internacionales y a la escena política. Mujeres de sectores populares, campesinas, trabajadoras, sindicalistas y de los movimientos urbanos populares[10] conformaron un feminismo popular que imprimió demandas de género a las de mujeres.[11] En esta etapa, tres vertientes del movimiento feminista estaban vigentes: las feministas históricas, las populares y las sociales, estas últimas se integraron en ONG.

El surgimiento de estas vertientes estuvo marcado por la crisis económica propiciada por la baja del precio del petróleo, el proteccionismo hacia los sectores produc-

---

[8] Esta década vio nacer los Encuentros Feministas Nacionales y los Latinoamericanos y del Caribe. Asimismo continuaron verificándose las Conferencias Internacionales promovidas por la ONU donde participaron algunas feministas.

[9] Se conformaron: el área "Mujer, Identidad y Poder" de la Universidad Autónoma Metropolitana, Xochimilco, el Programa Interdisciplinario de Estudios de la Mujer (PIEM) de El Colegio de México y el Programa Universitario de Estudios de Género de la Universidad Nacional Autónoma de México. Empezaron a aparecer revistas y textos sobre el tema.

[10] Entre éstos resaltaban los pertenecientes a la Regional de Mujeres de la Coordinadora Nacional del Movimiento Urbano Popular, el Grupo de Mujeres de la Asamblea de Barrios y la Comisión de Mujeres de la Coordinadora Nacional Plan de Ayala.

[11] La suma de militantes feministas, con mujeres del movimiento popular y mujeres de diversos sectores, se ha dado en llamar "movimiento amplio de mujeres" es decir "núcleos femeninos muy diversos, tanto por sus orígenes socioeconómicos, como por las opciones políticas a las que eventualmente se sumaban". Tuñón identifica a tres grupos diferenciados de mujeres que conformaron el MAM: "feministas, de los sectores populares y militantes de partidos políticos" (Tuñón, 1997;61).

tivos y la drástica reducción del gasto público, lo que repercutió necesariamente en la caída de los salarios y en el deterioro de amplias masas de la población, entre ellas las mujeres, quienes se volcaron a las calles a pedir mejores condiciones de vida.

Mientras las feministas históricas enfrentaban un *impasse*, el escenario se poblaba de mujeres de los sectores populares y de la llamada sociedad civil, con quienes las feministas hasta entonces no habían podido interactuar. Un factor que contribuyó a que estos sectores se movilizaran, fue el trabajo que desde 1969 venía desarrollando CIDHAL (Comunicación Intercambio Desarrollo Humano en América Latina)[12] organización que trabajaba con mujeres populares, y que tuvo un papel central en la organización de las mujeres campesinas, obreras y colonas. Asimismo, grupos provenientes de la Comunidades Eclesiales de Base (CEBS) y de la Iglesia católica progresista, convocaron al Primer Encuentro Nacional de Mujeres de Sectores Populares en México en 1980[13] con lo que el movimiento amplio de mujeres empezó a sentar sus bases sin el concurso de las feministas, pero con clara influencia de sus premisas, aunque las necesidades prácticas de género prevalecían sobre las necesidades estratégicas de género (Moser, 1991; Molyneux, 2003). Esta nueva configuración mostró que las feministas necesitaban examinar sus prioridades y reestructurar su campo de acción a fin de relacionarse de manera efectiva con mujeres de otras clases sociales. De ahí que en 1983 algunas militantes trataran de relacionarse con mujeres de este movimiento social popular; para ello sus ejes de lucha se adaptaron a las necesidades de estas mujeres: contra la carestía; contra la violencia hacia las mujeres, por la educación de los hijos, dejando de lado, por el momento, la lucha por el aborto. "Se comenzó a elaborar y reelaborar un lenguaje sobre la condición de la mujer y sobre los propios problemas. Este lenguaje incluía una perspectiva feminista y una popular: el género y la clase" (Lamas, Martínez, Tarré, Tuñón, 1994:26).

Un parteaguas en el accionar feminista lo constituyó un fenómeno de la naturaleza: el sismo de 1985[14] propició el establecimiento de un nexo más estrecho entre feminismo y mujeres trabajadoras. Los sismos sacaron a relucir las contradicciones del desarrollo urbano de la capital y por tanto las terribles condiciones de trabajo a que estaban sometidas muchas trabajadoras y permitieron que algunas feministas se relacionaran con ellas y que el estilo de trabajo de las feministas populares se incrementara.

---

[12] Institución fundada en Cuernavaca por Betsie Hollants en 1965. Se dedicó a la difusión del feminismo. A finales de los setenta amplió su trabajo en la formación y organización de mujeres de los sectores populares. En los años ochenta empezó a trabajar en la ciudad de México. Actualmente CIDHAL se ha restringido a su sede en Cuernavaca, al manejo de un Centro de Documentación y a la administración de algunos proyectos de salud sexual y reproductiva.

[13] Entre las convocantes estaban, además de CIDHAL, Mujeres para el Diálogo y Red de Educación Popular. En esta etapa aparecieron varios grupos feministas que trabajaron con mujeres de los sectores populares: Acción Popular de Integración Social (APIS), Colectivo Revolucionario Integral, Madres Libertarias, Colectivo de Lucha contra la Violencia Hacia las Mujeres (COVAC) y Cuarto Creciente.

[14] En septiembre de 1985 la ciudad de México sufrió un devastador terremoto que cimbró a los capitalinos y dejó una secuela de muerte y destrucción.

Otro eje de acción se constituyó a partir de un movimiento que intentaba la democratización del país y que se gestó a partir de la coyuntura electoral de 1988.[15] La exigencia de transparencia, de mayor participación política de los grupos de la oposición, de la reactivación del papel del Estado y su legitimación y de la recuperación de la economía popular fueron demandas que aglutinaron a una mayoría de mexicanos cansados de la hegemonía de un partido único. Este movimiento despertó el activismo feminista por integrarse a participar al lado de los movimientos sociales.

El proceso político que dio origen a la búsqueda de elecciones limpias y democráticas, empujó a las feministas a elaborar propuestas en donde se incluyeran temáticas de mujeres y de una mayor participación política. La respuesta consistió en acciones colectivas que llevaron a la creación de una agenda política con reivindicaciones de género donde empezaron a incorporar, además de las demandas propias, la defensa de los derechos humanos.[16] Así se formaron varios frentes que defendían la lucha por la democracia y que pretendían negociar con los partidos políticos e incluso con el Estado, demandas de mujeres. Las feministas, antes aisladas, se abrieron a demandas sociales y de género. "La necesidad de mujeres organizadas en torno a demandas de género de dotarse de un perfil político más claro y de trazar pautas para la participación en esta búsqueda democrática explica el surgimiento de varios organismos frentistas" (Tuñón, 1990:15) que definieron como ejes de lucha: por la democracia, contra la violencia hacia las mujeres y por el derecho a la vida, demandas que el movimiento había venido enarbolando desde sus inicios. Así surgieron dos grandes organizaciones femeninas, la "Coordinadora Benita Galeana" que agrupó 33 organizaciones femeniles urbanas, sindicales, de ONG y de partidos políticos y "Mujeres en Lucha por la Democracia", grupo integrado por mujeres provenientes del feminismo, de las universidades y de partidos políticos. En 1991, a fin de negociar políticamente y presentar candidatas al Congreso de la Unión, se constituyó la Convención Nacional de Mujeres por la Democracia.

Alianzas y conversiones

La tercera década, la de los años noventa, encuentra a las mujeres transformándose y uniéndose a los movimientos por la democratización del país, al tiempo que se da una reorganización de los grupos y de las corrientes feministas. El campo de acción de las feministas empieza a ensancharse, su influencia simbólica permea conciencias y acciones de innumerables sujetos sociales y se toman en cuenta sus propues-

---

[15] "En torno a la candidatura de Cuauhtémoc Cárdenas se agruparon núcleos de mujeres de los sectores populares insertas en distintos movimientos de corte sindical y urbano, mujeres con militancia en los partidos que conformaron el Frente Democrático Nacional y muchas mujeres feministas que desplegaban su actividad en diversos campos sociales y políticos" (Tuñón, 1997:76).

[16] Vale la pena subrayar que a partir de esta movilización en las elecciones legislativas que tuvieron lugar en 1988, el porcentaje de mujeres diputadas y senadoras que llegaron a las Cámaras fue alto. De 500 diputados hubo 61 mujeres (12.2%) y de 64 senadores se eligió a 12 mujeres (18.8%) (Martínez, 1993:99).

tas. La plataforma de acción de Beijing permitiría que las demandas de género se difundieran al recomendarse la creación de mecanismos estratégicos para eliminar todas las formas de discriminación.

Es por eso que encontramos a las feministas históricas ocupadas ya sea en la academia, en organizaciones no gubernamentales o participando en la política, y al movimiento popular de mujeres tratando también de incidir en la política y de transformar su vida cotidiana. Al mismo tiempo se difunde un movimiento que encabezan las mujeres campesinas e indígenas que a raíz del levantamiento del Ejército Zapatista de Liberación Nacional (EZLN) en 1994 dieron a conocer la Ley Revolucionaria de las Mujeres en la que develaron su subordinación y trataron de hacer oír su voz, al reivindicar demandas específicas de género como el derecho a elegir pareja, ejercer cargos públicos o a decidir sobre su sexualidad. Estas propuestas enfrentaron a muchas mujeres con el trabajo que venían realizando a fin de hacer encajar etnia, clase y género dentro de su praxis política. Fue así como las feministas políticas tuvieron que definirse y tomar en cuenta las expresiones que no tenían raíces urbanas y empezar a incluir manifestaciones rurales e indígenas.

Algunas de ellas asumieron abiertamente la doble militancia: ser feministas y participar en política. Sin embargo, no todos los intentos por incluirse fueron exitosos ya que las feministas actuaban a través de grupos identitarios lo que les impedía, en muchas ocasiones, establecer relaciones políticas con fuerzas que podían tener intereses afines; no obstante, muchas de ellas lograron superar las diferencias y establecieron alianzas coyunturales a fin de poder participar.

Una victoria obtenida de las acciones del movimiento fue la aprobación el 12 de julio de 1990 de las reformas al Código Civil en lo relativo a delitos sexuales; por otro lado, a finales del año se dio un suceso controvertido en el estado de Chiapas que obligó a aceptar el aborto por razones de planificación familiar y en caso de embarazo imprudencial. Esta reforma duró un lapso muy corto debido al escándalo que causó.[17]

En esta década el feminismo inicia su institucionalización,[18] se incorpora de lleno a la academia, participa en la política formal por medio de consultorías a organismos gubernamentales o comisiones de trabajo con funcionarias y militantes políticas; también proliferan las organizaciones no gubernamentales dentro de las que se integran feministas que desarrollan trabajos de promoción, producción y salvaguarda de los derechos humanos de las mujeres. Aparece un fenómeno singular y notorio, y es cuando las feministas se relacionan con las instancias gubernamentales y ello las empuja a diversificar su activismo y a integrarse al escenario político de diversas maneras, descubriéndose como aquellas que están en el movimiento, que del movimiento se integran en los organismos gubernamentales y en los de la

---

[17] Podría pensarse que Chiapas sirvió como laboratorio para calibrar la respuesta de la opinión pública acerca de la conveniencia de despenalizar el aborto. Las voces en favor no fueron suficientes para apoyar esta iniciativa.

[18] Proceso a través del cual las prácticas sociales se hacen suficientemente regulares y continuas para ser institucionales.

sociedad civil que trabajan con variedad de temas —como la salud sexual y reproductiva (Tarrés, 2001)—, aquellas que se incorporan a la militancia en los partidos políticos y las académicas que se convierten en asesoras y transmisoras de las ideas feministas. Además, se va creando una clientela feminista compuesta por jóvenes mujeres y algunos hombres que ingresan a laborar en las instituciones y organismos gubernamentales y que están convencidos de que impulsan la perspectiva de género. Estas mujeres establecen vías para empezar a reconocerse socialmente como interlocutoras en la política.

Se conforma la Coordinadora Feminista del Distrito Federal[19] cuyo objetivo es fungir como vocera de las feministas, al sustentar los principios básicos del feminismo: la violencia hacia las mujeres, la defensa de la maternidad voluntaria y la libre opción sexual. Asimismo, aparecen experiencias políticas de organización entre militantes feministas y mujeres políticas. Entre ellas podemos mencionar la campaña "Ganando Espacios" que buscaba incrementar el número de mujeres en las representaciones políticas en los cargos de toma de decisiones a través de las cuotas, y el "Grupo Plural" que trabajó en un proyecto de reforma a ley sobre delitos sexuales.

Ahora bien, como respuesta a las demandas del movimiento amplio de mujeres y como una clara política afirmativa, se constituye en 1998 el Programa para la Participación Equitativa de la Mujer en el Distrito Federal como resultado del Plan de Igualdad de Oportunidades para las Mujeres, expedido por el Gobierno del Distrito Federal.[20] Al mismo tiempo en cada una de las 16 delegaciones que componen el Distrito Federal se abren Unidades Delegacionales del Inmujeres. Fue hasta 1999 cuando el Promujer se transformó en el Instituto de la Mujer del Distrito Federal (Inmujeres DF). Se trabaja promoviendo los derechos de las mujeres y se busca la toma de conciencia de las usuarias a partir de "líneas estratégicas que tienen el cometido de trabajar sobre los factores que mantienen a las mujeres en una posición de desventaja: la violencia hacia las mujeres; la falta de salud integral; la falta de organización para reivindicar los intereses de género; la falta de recursos económicos propios; la falta de apoyo para la atención y cuidado de las hijas e hijos, debido al papel de madre y ama de casa" (Pontigo, 2003:60). Como se puede observar esta manera de funcionar ha empezado a ganar terreno en la ciudad capital, lo que ha permitido que este organismo busque cambiar e incidir en las condiciones de vida de las mujeres usuarias, generalmente de sectores económicos bajos, a través de los servicios que presta.

Por otra parte, por decreto presidencial en 2001 se creó el Instituto Nacional de las Mujeres, organismo que tiene por objetivo "identificar, sistematizar y evaluar, en el ámbito nacional y ante los foros internacionales, las acciones y estrategias

---

[19] Ésta se constituye luego del VI Encuentro Nacional Feminista que se llevó a cabo en la Universidad Autónoma de Chapingo en 1989. Allí se acordó crear una Coordinadora que fuera representativa de las distintas corrientes del feminismo.

[20] En 1998 se elige por vez primera al jefe de gobierno del Distrito Federal y un representante de la izquierda resulta ganador.

desarrolladas en beneficio de la equidad entre hombres y mujeres" (Inmujeres, 2002:40).

Ambas instancias están desvinculadas y no mantienen nexos entre sí, no obstante las dos trabajan con perspectiva de género y buscan transversalizar sus acciones; podríamos aventurar que establecen una especie de competencia aunque la local es operativa y la nacional sólo normativa.

Vale la pena mencionar que en el año 2000 durante la administración de Rosario Robles[21] como jefa de gobierno del Distrito Federal se presentó una iniciativa a la Asamblea Legislativa para no castigar el aborto cuando esté en riesgo la salud de las mujeres. Esta iniciativa fue aceptada.

En el ámbito de la política, las feministas se han visto en la necesidad de participar y para ello han desarrollado diversas estrategias, como la formación, en 1999, de una agrupación política nacional, Diversa, que pretendía incluir en las plataformas de los partidos una agenda feminista capaz de negociar leyes y políticas públicas que garantizaran igualdad de trato y oportunidades para las mujeres. De esta organización se derivó en el 2000 "México Posible", primer partido con orientación feminista, avalado por personalidades de la sociedad civil y con una feminista como candidata a la presidencia.[22]

Otras agrupaciones feministas han buscado fortalecer la ciudadanía femenina a través de la equidad en la participación y en la representatividad. Las comisiones de Equidad y Género del Congreso de la Unión y de la Asamblea de Representantes son logros con clara influencia feminista. Desde 1998 se conformó el Parlamento de Mujeres de México, compuesto por legisladoras de los diferentes partidos y como una instancia legislativa de vinculación con la sociedad civil.

UN NUEVO SIGLO, ¿UN NUEVO FEMINISMO?

Tal parece que la actividad de las mujeres en general y de las feministas en particular surgió en la capital y se diseminó a lo largo del país, y que, luego de 30 años de práctica desde los años noventa hay una participación más visible y activa; sin embargo, con la llegada a la presidencia de Vicente Fox[23] esta actividad se ha visto

[21] Esta militante de la izquierda sustituyó en 1999 al primer jefe de gobierno electo cuando éste decidió lanzarse a la lucha por la presidencia de la república. Su estancia en el gobierno de la ciudad tuvo una buena recepción.

[22] Como en las elecciones del año 2000 no alcanzó el porcentaje requerido, perdió su registro como partido político. Se reorganizó y en 2005 volvió a aparecer con distinta denominación: Alternativa Social Demócrata y Campesina. Continúa al frente una feminista.

[23] En el país se dio una alternancia en el gobierno, Fox resultó electo a pesar de ser de un partido distinto al que había gobernado durante 70 años, el Partido Acción Nacional. Esta presidencia se ha caracterizado por tener una clara influencia de las organizaciones de la Iglesia y de la ultraderecha. Su administración ha llevado a cabo acciones en contra de las conquistas logradas por los movimientos sociales.

obstaculizada a causa de la abierta oposición del gobierno hacia las reivindicaciones feministas. Este retroceso es palpable en todos los ámbitos de lucha: la violencia contra las mujeres se ha exacerbado,[24] las políticas de salud reproductiva se han detenido, y proliferan los grupos que van en contra de los alcances para las mujeres. Asimismo, se ha desatado una ola de declaraciones y manifestaciones que buscan cambiar el discurso de la equidad, por uno más tradicional y contrario a los presupuestos que las feministas han venido esgrimiendo.

En este sentido la labor de retroalimentación feminista ha recaído en las organizaciones de la sociedad civil, la academia y las llamadas feministas autónomas[25] que son quienes a través de la difusión intermitente de las reivindicaciones, intentan paliar los discursos de la oposición. Estas organizaciones son las que, fundamentalmente, han estado trabajando en varios de los temas que ocupan a las feministas. Entre éstos destacan los que buscan incidir en la salud reproductiva mediante la defensa de los derechos sexuales y reproductivos y la lucha por la legalidad del aborto, la defensa de los derechos humanos de las mujeres y la búsqueda del proceso de ciudadanización femenino.

Nuevas organizaciones de la sociedad civil se han enriquecido con una variedad de prácticas que revelan la diversidad en que se ha convertido el movimiento y al mismo tiempo permiten conocer los objetivos de la lucha feminista actual en el país. Estas organizaciones están conformadas por militantes feministas y académicas que incorporan jóvenes con alto nivel académico dedicadas a desarrollar proyectos con financiamiento externo. Cuentan con poco personal y dependen de las subvenciones monetarias nacionales y extranjeras para el diseño y aplicación de proyectos, por lo cual su vida puede ser efímera, ya que en cualquier momento desaparecen o se reconstituyen. Por el otro lado, estas organizaciones han desarrollado una forma de sostener los planteamientos feministas y a sus integrantes y su *modus operandi* consiste en que en ocasiones las mismas mujeres circulan entre las diversas asociaciones y las diferencias de opinión definen su permanencia. Centran la discusión en los temas de las mujeres y de género y aparecen en los medios defendiendo sus posturas, dan conferencias, ofrecen capacitación, asesoría y participan en foros donde su voz se hace escuchar. Establecen vínculos entre ellas para trabajar en conjunto, aunque al parecer estas alianzas son sólo de nombre y no sabemos si existe una verdadera diferencia de actuación entre los diversos grupos.

Para conocer a qué se dedican mencionaremos algunas de ellas. En 1991 se creó el Grupo de Información en Reproducción Elegida (GIRE) con el objetivo de "generar, sistematizar y difundir información relativa a los derechos reproductivos (en especial el aborto) para que éstos sean reconocidos y respetados en el país."[26] Su labor

---

[24] Los asesinatos contra las mujeres y las desapariciones aparecen cada vez con más frecuencia en todos los estados de la república. El caso de Ciudad Juárez es emblemático de la nula actuación e interés de las autoridades.

[25] Son aquellas que no pertenecen a partidos políticos pero que coyunturalmente hacen alianzas con sectores afines a su pensamiento.

[26] <www.gire.org.mx>.

se ha enfocado a la difusión y defensa de los derechos reproductivos considerados en la Constitución política mexicana, la Ley el programa de salud, la Ley general de Población y el cumplimiento a lo que aparece en los distintos códigos penales del país con respecto al reconocimiento del aborto legal.[27]

Salud Integral para la Mujer (SIPAM) trabaja también en la defensa y promoción del derecho a la salud para las mujeres, y mantiene un programa radiofónico "Dejemos de ser pacientes" que se ha sostenido por 11 años. Este grupo ha logrado incidir en modificaciones de normas técnicas de atención: planificación familiar, atención a partos, VIH y en la reforma a los códigos civil y penal del Distrito Federal.[28]

Frente a la inminente realización en 1994 en El Cairo, de la IV Conferencia Internacional sobre Población y Desarrollo, el 19 de noviembre de 1993, se conformó el Foro Nacional de Mujeres y Políticas de Población con grupos de mujeres activos en diecisiete estados de la república, así como otras organizaciones gubernamentales y académicas. Su objetivo se diseñó luego de su participación en la Conferencia; allí adoptaron la lucha a favor de la justicia social. El Foro impulsa acciones contra la pobreza; trabaja por la autonomía de las mujeres, contra la discriminación y contra la violencia. Los temas que enfocan su atención son: sexualidad y planificación familiar; embarazo y parto; VIH/SIDA y Enfermedades de Transmisión Sexual (ETS).

Además del trabajo en salud reproductiva encontramos que algunas feministas también se han organizado alrededor de la defensa de los derechos humanos y la equidad en las relaciones entre los hombres y las mujeres. Éste es el caso de la Coordinadora Nacional de Organizaciones por un "milenio feminista", que desde 1993 coordina una serie de grupos que buscan mejorar el estatus de las mujeres mexicanas: impulsar el respeto a los derechos humanos de las mujeres; establecer cuotas de mujeres en las cámaras y proponer modificaciones a leyes que afectan a las mujeres.

A fin de fortalecer a mujeres con habilidades en gestión, negociación y liderazgo, y capacitarlas para analizar y evaluar políticas públicas desde una perspectiva de género, en 1994 surgió "Equidad de género, Ciudadanía, Trabajo y Familia A.C." Sus acciones principales son la promoción y defensa de los derechos sexuales y reproductivos, entre ellos el derecho al aborto legal, y el análisis y la evaluación de presupuestos públicos con perspectiva de género.

Como se puede observar, estas organizaciones se mantienen activas gracias al financiamiento y a que han logrado establecer redes con grupos afines. Falta todavía que se relacionen activamente con instituciones del Estado, ya que se muestran renuentes a interactuar y a depender económicamente del financiamiento estatal debido a que el discurso que esgrimen puede condicionar la entrega de dinero. No obstante presentan proyectos y participan en foros de discusión con organismos estatales.

La labor desarrollada por estos grupos ha incidido positivamente en el diseño

[27] En todo el país se permite el aborto cuando es resultado de una violación.
[28] <www.sipam.org.mx>.

y planeación de políticas públicas que buscan mejorar la situación de las mujeres. No obstante, su impacto es aún insuficiente para cambiar tradiciones y costumbres arraigadas. Su defensa del derecho de las mujeres a interrumpir el embarazo y al uso de su cuerpo les ha traído innumerables enfrentamientos con la Iglesia y los grupos fundamentalistas de derecha. Todo ello hace que junto con su trabajo tengan que permanecer alerta ante las provocaciones de que son objeto. Recientemente —desde 2004— las feministas están llevando a cabo dos estrategias. La primera consiste en reuniones amplias de reflexión de mujeres feministas que provienen de la academia, de las OSC y de quienes militan en la política para discutir y establecer acuerdos en problemáticas comunes que afectan a las mujeres, buscando posicionar sus puntos de vista en el debate social e incorporar el enfoque de género en la agenda política nacional. La otra ha sido el encuentro[29] entre legisladoras provenientes de todos los partidos políticos, feministas y académicas para intercambiar puntos de vista sobre asuntos de interés nacional —como la reforma del Estado, la elaboración de presupuestos con enfoque de género y el acceso de las mujeres a puestos de decisión—, lo que demuestra la disposición que existe por establecer puentes para abrir el diálogo que permita plantear reivindicaciones consensuadas que deriven en propuestas en beneficio para las mujeres.

Una evaluación del accionar de las mujeres en estas tres décadas nos lleva a pensar que los problemas y los temas planteados siguen vigentes. La praxis feminista ha tenido sus bemoles y las tácticas elegidas no siempre han sido las adecuadas para situarse en el escenario y lograr establecer un diálogo con las autoridades y con la sociedad en general. El discurso feminista ha logrado incidir en el Estado, pero éste lo ha tomado y cooptado para explotarlo a su antojo y conveniencia. El reto para las feministas debiera ser el de convertirse en una fuerza política capaz de ser interlocutora y plantear políticas públicas que beneficien a las mujeres, o bien, ofrecer opciones para las mujeres de todas las clases sociales y permear con sus reivindicaciones a todos los partidos políticos. Ésa es la disyuntiva que tienen que enfrentar.

BIBLIOGRAFÍA

Barbieri, Teresita (1986), *Movimientos feministas*, México, UNAM.
Espinosa Damián, Gisela (1993), "Feminismo y movimientos de mujeres: encuentros y desencuentros", *El Cotidiano*, año 3, núm. 53, marzo-abril, México, UAM-A.
FNALIDM (1978), *Resoluciones de la Conferencia Nacional Constitutiva*, Boletín, núm. 1.
——— (1979), *Documentos de discusión para la primera reunión del FNALIDM en el Valle de México*, Boletín, núm. 2, agosto.

[29] Convocadas por la gobernadora perredista de Zacatecas se reunieron mujeres de todos los partidos, académicas y feministas para discutir con perspectiva de género los temas candentes de la agenda política nacional. Esta reunión muestra que existe la posibilidad de trabajo conjunto entre variopintas maneras de pensar.

González, Cristina (2001), *Autonomía y alianzas. El movimiento feminista en la ciudad de México, 1976-1986*, México, PUEG-UNAM.

Gutiérrez Castañeda, Griselda (2002), *Feminismo en México. Revisión histórico-crítica del siglo que termina*, México, PUEG-UNAM.

Inmujeres (2002), *Primer Informe de Labores 2000-2001*, marzo, México, Inmujeres.

Lamas, Marta (1999), "De la identidad de la ciudadanía. Transformaciones en el imaginario político feminista", *Memoria*, núm. 128, octubre, México.

Lamas, Marta, Martínez, Alicia, Tarrés, María Luisa y Tuñón, Esperanza (1994), "Encuentros y desencuentros: el movimiento amplio de mujeres en México. 1970-1993", ponencia presentada en la Latin American Studies Association (LASA), marzo.

Lau, Ana (2000), "El nuevo movimiento feminista mexicano a fines del milenio", en Eli Bartra *et. al.*, *Feminismo en México. Ayer y hoy*, México, Universidad Autónoma Metropolitana.

―――― (1987), *La nueva ola del feminismo en México*, México, Planeta.

Lozano, Itziar y Maruja González (1986), *Feminismo y movimiento popular ¿Desencuentro o relación histórica?*, México, EMAS/CIDHAL.

Márquez Murrieta, Alicia (1998), *De la relación vinculante entre tema y organización. Variaciones alrededor del aborto desde el grupo de Información en Reproducción Elegida (GIRE)*, tesis para obtener el grado de maestra en Sociología Política, México, Instituto Mora.

Martínez Fernández, Alicia Inés (1993), *Mujeres latinoamericanas en cifras. México*, Chile, Instituto de la Mujer/FLACSO-Chile.

Miguel, Ana de (1995), "Feminismos", en Celia Amorós (ed.), *10 palabras clave sobre mujer*, Navarra, España, Verbo Divino.

Molyneux, Maxine (2003), *Women's Movement in Internacional Perspective: Latin America and beyond*, Londres, University of London School of Advanced Study.

Moser, Carolina O.N. (1991), "La planificación de género en el Tercer Mundo: enfrentando las necesidades prácticas y estratégicas de género", en Virginia Guzmán *et. al.*, *Una nueva lectura: Género en el desarrollo*, Lima, Flora Tristán ediciones.

Pontigo, Josefina (2003), "Reflexiones en torno a una política afirmativa para las mujeres: El Instituto de las Mujeres del Gobierno del Distrito Federal", en Dalia Barrera Bassols y Alejandra Massolo (comps.), *El municipio. Un reto para la igualdad de oportunidades entre hombres y mujeres*, México, GIMTRAP/Instituto Nacional de las Mujeres.

Sánchez Olvera, Alma Rosa (2002), *El feminismo mexicano ante el movimiento urbano popular. Dos expresiones de lucha de género (1970-1985)*, México, UNAM/Plaza y Valdés.

Tarrés, María Luisa (2001), "Las organizaciones del movimiento de mujeres en la reforma política" en Alberto Olvera (ed.), *La sociedad civil: de la teoría a la realidad*, México, El Colegio de México.

Tuñón, Esperanza (1990), "La construcción de la identidad política", *Topodrilo*, noviembre-diciembre, México, UAM-I.

―――― (1997), *Mujeres en escena: De la tramoya al protagonismo (1982-1994)*, México, PUEG/UNAM/ECOSUR/Miguel Ángel Porrúa.

MOVIMIENTO LÉSBICO EN LATINOAMÉRICA Y SUS DEMANDAS

NORMA MOGROVEJO

> Cuando vives en la frontera la gente camina a través tuyo, el vien-
> to roba tu voz, eres una burra, buey, un chivo expiatorio, anun-
> ciadora de una nueva raza, mitad y mitad –tanto mujer como
> hombre, ninguno– un nuevo género.
>
> GLORIA ANZALDÚA

INTRODUCCIÓN

El movimiento lésbico llegó a América latina por dos vertientes; primero como una lucha homosexual, con la influencia de la revuelta del Stonewall de Norteamérica, como es el caso de México, Brasil, Argentina y Puerto Rico. Algunos años después, a mediados de los setenta, apareció como una lucha lésbica gracias a la influencia del movimiento feminista latinoamericano y sus encuentros, como es el caso de Chile, Perú, República Dominicana y Costa Rica. En la historia del movimiento lésbico, gay, transgenérico y bisexual (LGTB), pueden distinguirse tres corrientes ideológicas de acuerdo con las demandas enarboladas: la igualdad o el momento de la universalidad; la diferencia y el rechazo al orden simbólico masculino, y el de las identidades móviles. Son etapas no necesariamente cronológicas sino más bien de significado ideológico y por tanto teóricas y políticas.

La búsqueda de la igualdad y el socialismo

La igualdad fue concebida por lesbianas y homosexuales como un ideal ético. Inspiradas en la reflexión feminista de la igualdad (sufragistas y feministas existenciales) buscaron ganarse un lugar en la historia, integrándose a la lógica y los valores de la racionalidad dominante "nación-Estado". El Estado les había negado la calidad de ciudadanas y debían reclamarle a él su calidad de personas con iguales derechos. Para Starobinsky la igualdad tiene dos dimensiones: la filosófica y la sociopolítica; es decir, se trata de una interrogación filosófica relacionada con las representaciones que nos hacemos de la naturaleza humana y, al mismo tiempo, implica una reflexión sobre el modelo de sociedad justa que nos proponemos (Starobinsky, 1990). Amorós analiza la oposición privado/público y utiliza la exigencia de la igualdad y el concepto de universalidad como referencia ética para la definición del sujeto: todos los seres humanos son iguales porque son comunes sus estructuras racionales y su intersubjetividad. Plantea que la moralidad de la ley radica en que debe ser válida para todos los sujetos racionales (Amorós, 1994) pero ¿cómo igualar a hombres y mujeres?, y en este caso ¿cómo igualamos a lesbianas, homosexuales, trans, bi y heterosexuales?

En el momento de la igualdad y la universalidad, el movimiento homosexual se identificó con las luchas sociales que la izquierda enarbolaba en la época, se adhirió a ellas y se definió como un grupo marginal que encontraría la libertad junto a la de la sociedad en su conjunto y lucharía por la consecución de una patria socialista. La categoría de análisis que interpreta en el momento la problemática homosexual (masculina y femenina) fue la de "clase social". En esta experiencia inicial la presencia femenina fue importante; aunque integrada al término homosexual, la palabra lesbiana apareció en 1975 con la influencia feminista en el Año Internacional de la Mujer.

A pesar de las particularidades de la represión de los diferentes regímenes políticos latinoamericanos, la organización homosexual se inició en algunos países como Argentina, Brasil y Chile bajo la dictadura militar; Nicaragua en proceso revolucionario y el resto de países en democracia formal. La dictadura militar ha sido cómplice de la persecución y el linchamiento a homosexuales, quienes como en el caso de Argentina, se vieron obligados a dejar la militancia y el país. Los procesos revolucionarios, paradójicamente, a pesar de la adherencia gay a los principios socialistas, no han sido una garantía de una existencia homosexual libre de prejuicios. La izquierda latinoamericana —heredera de las posturas soviéticas stalinistas— interpretó la homosexualidad como el producto de la decadencia del sector burgués de la sociedad y un resultado de la "perversión fascista", contribuyendo así con la homofobia y estigmatización de los "diferentes". De manera similar, la democracia formal tampoco ha ayudado a mejorar el panorama. Países que todavía penalizan la homosexualidad, y aun los que no, ejercen persecución bajo argumentaciones subjetivas como "la moral y las buenas costumbres".

El primer grupo homosexual del que se encuentra registro es el Grupo Nuestro Mundo, en Argentina, en 1969, bajo la dictadura militar del general Onganía; posteriormente en 1971 surgen simultáneamente el Frente de Liberación Homosexual (FLH) en México y Argentina,[1] ambos con una adherencia a los principios socialistas.

La ola de desapariciones por razones políticas en la década de los setenta, permitió al movimiento lésbico homosexual insertar sus propias demandas en un marco político general "contra la represión" política y sexual. Las *razzias* y detenciones arbitrarias de la policía atentaban no sólo contra el derecho a la libertad de movilidad y la individualidad sino que actuaban como un elemento desmovilizador, ya que junto a los chantajes policiacos estaba la amenaza de la prensa amarilla.

---

[1] Año de radicalización de la sociedad civil que presionó al general Lanusse a convocar elecciones en 1973 y entregar el poder al peronismo. Este periodo de gobierno militar fue considerado como la "dictablanda" debido a la diferencia que marcó el segundo periodo militar a partir de 1976 con el general Videla.

Si bien la lucha revolucionaria por el socialismo se convertía en una utopía, que año con año era cuestionada, los movimientos sociales junto a la exigencia de derechos democráticos demandaban el respeto de los derechos humanos; de manera que, para muchos activistas la reivindicación debía plantearse desde la igualdad de derechos con los heterosexuales. La aparición pública empezó con declaraciones en los medios de comunicación, produciendo y difundiendo panfletos,[2] o bien, activando o saliendo en marchas públicas, con sus demandas y análisis de la situación de discriminación.

La lucha legal se inicia en México con la participación del movimiento en el proceso electoral de 1982. El Partido Revolucionario de los Trabajadores (PRT) de tendencia trotskista, ofreció la candidatura presidencial a Rosario Ibarra de Piedra, representante del Frente Nacional Contra la Represión (FNCR) —uno de los espacios más fuertes de la oposición— y, por primera vez, siete candidaturas gays para diputados federales en las ciudades de México, Guadalajara y Colima. La propuesta era un reto porque ofrecía una estrategia segura para salir políticamente del closet, por lo cual conforman el Comité de Lesbianas y Homosexuales en Apoyo a Rosario Ibarra (CLHARI). Hasta entonces, los partidos políticos no habían visto la necesidad de pronunciarse sobre la sexualidad pero con el trabajo del CLHARI, el XIX Congreso del Partido Comunista Mexicano (PCM), de tendencia moscovita, otorgó su apoyo a la lucha homosexual, sustentando el respeto a la libertad sexual.[3] Aunque no ganaron ninguna candidatura el resultado fue positivo, ya que la campaña permitió al movimiento una amplia cobertura de difusión. El espacio público empezaba a ser ganado, las marchas eran cada vez más numerosas y las actividades culturales empezaban difundirse ampliamente.

En Brasil, en 1986, Herbert Daniel, miembro en los años setenta de una organización guerrillera y quien se había declarado gay durante su exilio en Francia, fue candidato del PT a diputado local. Aunque no triunfó, su campaña sirvió de modelo a futuros candidatos y abrió espacios a lesbianas y gays en este partido (Green, 2004).

Los años ochenta y noventa fueron importantes para América Latina en la lucha por conseguir garantías legales constitucionales y leyes contra la discriminación por razones de orientación sexual. Entre 1987 y 1988 el movimiento homosexual brasileño organizó una campaña para incluir un artículo constitucional contra la discriminación por orientación sexual. El 28 de enero de 1988, 25% de los congresistas aprobó el artículo. En 1997 Ecuador se convirtió en el primer país de América Latina (y el segundo del mundo, después de Sudáfrica) en incluir en su Constitución protección específica contra la discriminación fundada en la orientación sexual.

---

[2] En 1974, la Comunidad del Orgullo Gay de Puerto Rico lanzó la publicación del periódico *Pa Fuera*. En 1978 un grupo de homosexuales brasileños fundó *Lampião da Esquina* (farol de esquina) en referencia a la vida callejera homosexual, publicación que dio origen a la formación de Somos: Grupo de Afirmación Homosexual. El grupo mexicano Frente Homosexual de Acción Revolucionaria publicó en 1979 *Nuestro Cuerpo*.

[3] "Sexualidad y Política", ponencia presentada por el PRT en el Foro de Derechos Humanos, Ciudad Universitaria, octubre de 1989, documento (fotocopia).

La lucha contra la despenalización de la homosexualidad marca un capítulo especial en Ecuador, Chile, Nicaragua, Puerto Rico y Jamaica, donde ser homosexual implicaba la posibilidad de cárcel. El 25 de noviembre de 1997, el Tribunal Constitucional ecuatoriano declaró inconstitucional por unanimidad el inciso 1 del artículo 516 del Código Penal que sancionaba las relaciones homosexuales entre adultos. La declaratoria de anticonstitucional se produjo como resultado de más de 10 años de lucha de la comunidad gay ecuatoriana e internacional. La despenalización del artículo 365 también implicó una lucha del movimiento homosexual chileno de aproximadamente siete años, pero finalmente se logró en diciembre de 1998.

En México, a raíz del Foro de Consulta sobre la Diversidad Sexual y Derechos Humanos, se obtuvo en 1999 la modificación del Código Penal del Distrito Federal, castigando la discriminación por razón de opción sexual entre otras causales.

El nuevo siglo auguró mayores conquistas. El movimiento LGTB puertorriqueño que había venido librando una larga batalla por la despenalización del artículo 103,[4] celebró la declaración de inconstitucionalidad que el Tribunal Supremo de Estados Unidos —a raíz del caso "Lawrence *vs* State of Texas"[5]— otorgó a cualquier ley que convierte en delito la práctica de la sodomía consensual entre dos adultos; lo que a su vez también puso en entredicho la habilidad del Estado de clasificar como delito lo que ocurre en la cama entre dos adultos de manera consentida y obligó al menos a trece estados a eliminar de sus respectivos códigos penales delitos sobre la sodomía y el sexo oral entre adultos del mismo sexo. Considerado como "estado libre asociado", Puerto Rico resultó beneficiado por dicha sentencia en junio de 2003.

Uruguay logró en julio de ese mismo año la penalización de la homofobia en todo el país. En Costa Rica el Instituto Nacional del Seguro aprobó la inscripción de parejas del mismo sexo como beneficiarias/os de una póliza de seguro de vida y de seguro médico, además de la posibilidad de solicitar conjuntamente préstamos

---

[4] Margarita Sánchez De León, pastora de la Iglesia "Comunidad Metropolitana Cristo Sanador", integrante de la Coalición contra el artículo 103 y Pro-Derechos a la Intimidad, en la ciudad de Santurce, acudió a la Fiscalía admitiendo haber violado el artículo 103 del Código Penal, conocido como Ley de Sodomía que sanciona con cárcel de 10 a 12 años. El fiscal, Ramón Muñiz Santiago, le indicó que no podía ser procesada debido a que este artículo no se aplica a mujeres lesbianas porque es necesario un "miembro viril" para cometer el delito. Agregó que aun cuando dos hombres homosexuales acudieran a confesar su delito, no podrán ser procesados por no existir víctimas o perjudicados en sus actos. Con ello confirmaba que la ley no se aplica si no hay una víctima y al no haber víctima o persona perjudicada, no hay delito. Sin embargo, la existencia de la penalización implica el uso de la discrecionalidad para discriminar y ponen en peligro los derechos de un importante sector de la población. Por ello este sector exigía al Estado la intención clara de no procesar a quienes consientan en tener relaciones sexuales con personas de su mismo sexo y para ello una enmienda del estatuto para precisar esta posición.

[5] Este caso se refiere a una pareja homosexual que fue sorprendida practicando sexo anal por un vecino, el cual llamó a la policía para decir que un hombre se estaba "volviendo loco" en la casa. El vecino, según el caso, hizo la llamada para perjudicar a la pareja de homosexuales. En defensa del caso, el estado de Texas argumentó que la permanencia del estatuto antisodomía ayudaba a fomentar la institución de la familia y el matrimonio. Los dos hombres implicados, John Geddes Lawrence y Tyron Garner, pagaron una multa de 200 dólares cada uno y pasaron una noche en la cárcel tras haber sido convictos por una falta sexual en 1998.

para la vivienda de instituciones estatales. Brasil consiguió importantes logros, como el dictamen del Instituto Nacional del Seguro Social para el pago de pensión a los viudos gays y a las viudas lesbianas. El Consejo Nacional de Inmigración de Brasil decidió reconocer la existencia de una unión permanente homosexual con una ciudadana brasileña o ciudadano brasileño como motivo suficiente para otorgar la residencia permanente a extranjeras(os), y reconoce también como válidas en el país las uniones formalizadas en el extranjero. El Instituto Nacional del Seguro Social en el estado de Bahía confirmó que la inscripción en el Libro de Registro de Unión Estable entre Homosexuales (instituido por el Grupo Gay de Bahía) se considera como documento válido para acceder a los beneficios que él otorga. En Porto Alegre, Rio Grande do Sul, el alcalde reglamentó la validez del vínculo de pareja homosexual para acceder al derecho de pensión, en el caso de empleadas/os municipales. Sin embargo, el Proyecto de Ley de Unión Civil entre Personas del Mismo Sexo presentado en 1995 por una diputada federal del PT, a diez años, sigue sirviendo como intercambio de favores entre los parlamentarios. La comunidad abrazaba la esperanza de que el gobierno de Lula favorecería su aprobación, empero, afirman ser testigos de una *derechización* porque para la elección de Lula estuvieron presentes alianzas con los sectores conservadores, además de ser el PT un partido apoyado por la Iglesia católica; todos esos factores impiden la discusión del proyecto.

En México, una lesbiana llevó a la Asamblea Legislativa del Distrito Federal[6] el proyecto de ley de Sociedad de Convivencia, que reconocería a las y los convivientes, de diferente o del mismo sexo, derechos mínimos de tutela, de herencia y de arrendamiento. La presión de la Iglesia hizo que mediante argucias legales algunos legisladores impidieran la votación del proyecto durante la sesión final del ciclo 2002 y lo reintegraran para su "estudio" a las comisiones que ya lo habían aprobado. A finales del 2003 fue el jefe de gobierno del DF —preocupado por su popularidad— quien cedió a las presiones de la Iglesia y se opuso a que el proyecto fuera discutido, alegando la necesidad de someter tal iniciativa a consulta popular, poniendo en contradicción la postura que la izquierda mexicana había adoptado desde los ochenta, de apoyo a la causa homosexual, provocando una sentida reacción de varios sectores de su propio partido y de la comunidad, quienes reafirmaron el principio de que los derechos no se consultan ni se negocian.

En Colombia, a pesar del apoyo del Senado, el "Defensor del Pueblo" y de tres ex presidentes, la Iglesia católica envió cartas a todos los senadores instando a votar en contra del Proyecto de Ley de Convivencia, lo que provocó el pronunciamiento en contra del Ministro de Justicia y la falta de quórum los días de la votación, además de la pérdida del apoyo otorgado previamente por el gobierno. A pesar de la gran campaña de los activistas, el proyecto se votó y fue derrotado y archivado por tercera vez.

---

[6] Enoé Uranga, candidata plurinominal de la agrupación feminista Diversa, alcanzó una diputación local gracias al convenio realizado entre dicha agrupación feminista y el partido Convergencia Democrática.

Proyectos de ley similares han sido presentados en otros países latinoamericanos (Chile, Perú, Panamá) despertando entre los partidos políticos de derecha y sus organizaciones religiosas aliadas, fuertes descalificaciones como "atentados contra el matrimonio y la familia".

Otra de las conquistas logradas en México fue la promulgación, en 2003, de la Ley Federal para Prevenir y Eliminar la Discriminación, y la creación del Consejo Nacional para Prevenir la Discriminación, cuyo gran reto es cambiar la cultura de odio hacia los diferentes.

La legislatura de Buenos Aires, pese a la oposición de la Iglesia, aprobó en mayo de 2003, por primera vez en América Latina, el reglamento de la Ley de Uniones Civiles, que permite la legalización de las parejas, independientemente de su sexo. La ley otorga a las parejas de homosexuales el derecho de legalizar su unión, siempre que demuestren que tienen al menos dos años de convivencia y no estén casados. Otra de las condiciones que impone esta ley es que uno de los contrayentes debe ser residente capitalino por lo menos dos años. Los deberes y derechos de las parejas que formalicen su unión mediante esta ley serán los mismos que los de los casados, excepto que no podrán heredar ni adoptar hijos. El proceso de aprobación de esta ley demoró dos años durante los cuales no faltó la polémica. Como reacción, varias provincias argentinas presentaron ya proyectos de Ley de Unión Civil.

Aunque la comunidad defiende la legalización de la convivencia, la prensa y la sociedad interpretan la demanda como "matrimonio gay", debido principalmente a la ofensiva de la Iglesia católica y los sectores de derecha quienes, en una clara intención de confundir y sabotear dichos proyectos, hablan de matrimonio y adopción, aun cuando el contenido de los mismos no incluye tales figuras. Pese a que la sociedad de convivencia plantea un típico caso de discriminación positiva —porque mantendría un estado inferior y anticonstitucional para las parejas del mismo sexo— para el caso latinoamericano, pareciera ser al momento un objetivo posible de alcanzar. La batalla, para esta corriente —de igualdad—, es sobre todo contra la desigualdad porque con la legalización del matrimonio se adquiere protección mutua y la calidad de ciudadano de primera y no de tercera. Para la región implicaría un cambio profundo en el marco cultural —gran parte de la población ve a la homosexualidad como un crimen—, ya que reconoce que los cambios culturales son más fáciles desde los cambios legales.

La diferencia y la autonomía

Con la aparición de la categoría de género, las lesbianas rápidamente reaccionaron ante el machismo de los homosexuales, cuestionaron su misoginia y falocentrismo y se acercaron a los espacios feministas.

Desde los setenta el *Feminismo de la Diferencia* —basándose fundamentalmente en el rescate de los llamados "valores femeninos"— planteó la búsqueda de una "identidad" propia de la mujer que marcaría su *diferencia* con respecto al hombre. La diferencia es un principio existencial que concierne a los modos de ser humano, la peculiaridad de las experiencias, fines y posibilidades de cada quien (Lonzi, 1981). La teoría de la diferencia sexual plantea que el sistema de géneros como relación jerárquica, ata a las mujeres a los hombres, impidiendo que su deseo de saber y de devenir sujetos corporizados, exprese su fundamental diferencia con el pensamiento racional dicotómico, construido con base en el sujeto masculino dominante. En la historia, el uso peyorativo de todo lo femenino y feminizado es estructuralmente necesario para el funcionamiento del sistema patriarcal, por lo tanto, reivindicar el valor fundamental de la alteridad —que implica el reconocimiento de lo positivo de la diferencia femenina— es la forma más profunda de lograr la deconstrucción del orden que se erige a sí mismo como modelo único.[7] Esta corriente es crítica a las reivindicaciones de la igualdad ya que considera que no han propuesto nuevos valores. En tal sentido, uno de los principales cuestionamientos está dirigido al matrimonio debido a que éste es una institución de control y estratificación social para subordinar a las mujeres, que reproduce un modelo de relación heterosexual y que ha devenido en crisis incluso para los heterosexuales, por lo tanto, reclamarla es un contrasentido.

En su acercamiento a las feministas latinoamericanas, las lesbianas expusieron sus demandas; sin embargo, el derecho a la libre orientación sexual era aún un tema tabú hasta en el movimiento feminista. En la búsqueda de legitimidad con la izquierda y posteriormente con el Estado, las feministas de los setenta y ochenta, dirigieron su acción política a los sectores populares, cuidando de no poner en peligro su imagen; así, sus principales demandas fueron la defensa de los derechos reproductivos como la "maternidad libre y voluntaria y el aborto", y "la lucha contra la violencia hacia las mujeres". Ambas, planteadas únicamente desde el marco de una relación heterosexual. La posterior institucionalización del feminismo llevó con más preocupación a desexualizar las demandas, centrándose principalmente en los derechos reproductivos.

Con la influencia feminista radical, los grupos lésbicos pudieron vivir más directamente la etapa de la diferencia. La reafirmación de su identidad lésbica radicó en el rechazo al orden simbólico masculino, el falocentrismo y la exclusividad heterosexual, de ahí que las lesbianas iniciaron un proceso de autonomía frente a ambos movimientos (heterofeminista y homosexual).

La corriente autónoma expresada en la organización únicamente de lesbianas, probablemente la más rica de su proceso histórico, ha posibilitado construir una imagen de referencia propia aunque diversa. Esta corriente ha facilitado a las lesbianas organizarse, ser un referente para sus iguales, y presentarse como un sujeto con voz y cuerpo propio. Lesbianas en cuerpo de lesbianas; ya no *enclosetadas*, tras las puertas o bajo las faldas de otros movimientos, de otras identidades, de otras luchas, de otras demandas. Para las lesbianas, empezar a verse con ojos propios ha permitido recusar planteamientos teóricos, ideológicos, políticos y espacios donde

---

[7] Francesca Gargallo, "Unos apuntes sobre la teoría lésbica de Norma Mogrovejo", presentación de libro.

la identidad lesbiana está condicionada a la presencia de un otro, de un sistema de dominación masculino y heterosexual.

Esta corriente cuestiona la categoría de género porque es insuficiente para explicar la problemática lésbica, homosexual o de otros grupos disidentes a la heterosexualidad obligatoria porque sigue considerando a la figura masculina y a la heterosexualidad como un modelo de adecuación social. En tal sentido, plantean que la ejecución de políticas públicas no debe incluirnos únicamente dentro de la tan popular "perspectiva de género" ya que nuestra problemática tiene un origen y una dinámica diversa. La perspectiva de la "disidencia sexual" sería la más adecuada para entender la problemática.

Desde el feminismo, en 1993 un grupo de feministas (autodenominadas Las Cómplices) mexicanas y chilenas planteó la diferencia con un feminismo que, consideraban, se estaba transformando en un movimiento continental de organismos no gubernamentales para la demanda de leyes y para alcanzar la igualdad, sin cuestionar la política económica mundial posterior a la caída del muro de Berlín en 1989, ni la procedencia de los fondos que utilizan las ONG. El repudio a los cánones patriarcales no debía servir para dialogar con el mundo de los hombres ni para reclamarles algo, sino para reflexionar sobre la acción feminista, reconocer la diferencia entre mujeres como el derecho a la diferencia, lo que no implica la desigualdad. En el marco de la preparación de la Conferencia de Beijing (1995), organizada por la ONU, el Manifiesto de las Cómplices era una declaración de deslindamiento, una primera posición contra lo que cinco años después vendría a llamarse globalización. Esta declaración de las también denominadas "las autónomas" atrajo a las lesbianas autónomas porque coincidían en la política de la diferencia sexual y el rechazo al uso de la categoría de género, que siempre remite a las mujeres a una relación con los hombres; y también atrajo a otras corrientes feministas anarquistas (Gargallo, 2004).

Después de 25 años de activismo, las lesbianas autónomas mexicanas cuestionaron a la organización de la marcha del orgullo LGTB por la pérdida de su sentido político y la comercialización de la misma, instituyendo en 2003 *La marcha lésbica* con la que se pretendía, además de la visibilidad lésbica, dotar de un contenido político al movimiento. El documento central, redactado colectivamente, fue un cuestionamiento al sistema dictatorial que imponen el heterosexismo, el neoliberalismo, la globalización, el capitalismo y el consumismo, e integraba una serie de demandas recogidas tanto de la corriente de la igualdad como de la diferencia, pero debido a los cuestionamientos del *lobby* institucional y parlamentario, las demandas que podrían haber logrado trascendencia y difusión sólo quedaron en la lectura del acto central y la reproducción en parte por la prensa. Respondieron al llamado 3 000 lesbianas, aproximadamente, entre las que se encontraban algunos varones pese a que la convocatoria tuvo un claro llamado separatista y político. Lejos de los procesos ideológicos de las organizadoras, gran parte de las asistentes mostró una intención similar a la marcha del orgullo LGTB, evidenciando la necesidad de acompañar a las acciones de movilización procesos de reflexión colectiva, sea en talleres, encuentros regionales y(o) nacionales.

Si bien esta corriente ha generado espacios de reflexión, de activismo, de creación cultural, de encuentros, de comunidad que desarrolla una identidad, la autonomía ha provocado también contradicciones, *ghettos* y posiciones fundamentalistas que han llevado muchas veces al movimiento lésbico hacia dinámicas y prácticas de exclusión e intolerancia que hicieron imposible un trabajo fuerte de coordinación plural. Las diferencias entre los pequeños grupos han hecho cada vez más difícil el avance del movimiento. La arrogancia es quizás uno de los problemas más graves y poco dimensionado. Como en la mayoría de los pequeños grupos políticos de oposición, la lucha por la supervivencia lleva a dinámicas de atomización y autodestrucción. En el movimiento lésbico han sido y aún son muy difíciles la convivencia y la interacción política entre los diferentes grupos o corrientes.

LAS IDENTIDADES MÓVILES

Esta corriente plantea una crítica a la teoría de la diferencia sexual que recupera elementos del determinismo biológico, es decir, "las mujeres somos diferentes en cuanto mujeres". Cuestionan que la biología sea una determinación en la conformación de la identidad; ello impide ver, afirman, las diferencias que hay entre las propias mujeres en cuanto clase, raza y orientación sexual. Identidad significa autocolocación, elección —siempre determinada por la experiencia— entre las posibles posiciones accesibles en el campo social, que puedan ser asumidas involuntariamente o bajo forma de conciencia política (De Lauretis, 1991). En tal sentido, el género es en sí mismo una ficción cultural, un efecto preformativo de actos reiterados, sin un original ni una esencia. El género no debe interpretarse como una identidad estable o un lugar donde se asiente la capacidad de acción sino, más bien, como una identidad débilmente constituida en el tiempo, instituida en un espacio exterior mediante una repetición estilizada de actos (Butler, 2001).

Romper la dictadura binaria que ha separado el mundo en una disquisición entre lo bueno y lo malo, y una imposición entre una identidad masculina o femenina implicaría reconocer el derecho de los intersexuales así como de l@s no hombres y no mujeres. En tal sentido, las identidades sexuales y genéricas dejarían de ser cárceles que aprisionan un deber ser, cuyos constreñimientos han llevado a la muerte a miles de disidentes sexuales.

El último encuentro lésbico latinoamericano[8] trajo a la discusión el tema de la inclusión de las trans (de hombre a mujer) lesbianas feministas. Aunque este punto estuvo a la sombra de la agenda de algunas candidaturas y la negociación de una población electoral, pudo diferenciarse el ámbito de la construcción genérica y corporal de los espacios políticos como ejercicio de autonomía.[9]

[8] Realizado en México en noviembre de 2004.
[9] Entendido como la autodeterminación a organizarnos como mejor nos convenga.

En la reclamación de las trans se formuló la pregunta ¿qué es ser mujer?, ¿cómo se define tal concepto? Si es una construcción cultural, es posible salir de las reglas y construir una identidad en disidencia. La declaración de Monique Wittig (1992), "las lesbianas no somos mujeres como no lo es tampoco ninguna mujer que no esté en relación de dependencia personal con un hombre, ya que el concepto mujer ha sido construido por los hombres y en función de ellos", reafirma que las identidades genéricas son construcciones culturales con direccionalidad política. Si la identidad genérica y sexual está determinada por el cuerpo, éste amerita también la disidencia.

Las lesbianas, desprovistas de un cuerpo propio, atrapadas en un cuerpo de mujer colonizada, aún no hemos podido reconstruir o reinventar un corpus lesbiano que dé cuenta de una historia tan diferente a la de las mujeres.

Es quizá Wittig (1997) una de las pocas teóricas que intenta reconstruir esa identidad y ese corpus desarticulado. La búsqueda de un cuerpo lesbiano proviene del rechazo a un cuerpo estereotipado y colonizado como es el de mujer, construido al servicio de la heterosexualidad, para la reproducción social y biológica, un cuerpo aprisionado en tallas, medidas y formas que deterioran la salud y en muchos casos han llevado a las mujeres a la muerte como consecuencia de la anorexia. Entonces, cuál es el cuerpo lesbiano sigue siendo una incógnita, una necesidad en construcción que parte de una negación, "no quiero un cuerpo para los demás, necesito un cuerpo para mí".

Lesbianas y transgéneros compartimos el rechazo a un cuerpo impuesto. En ese proceso de deconstruir el "ser" y el "deber ser" mujer, las lesbianas también nos hemos sentido transgéneros.[10] La búsqueda de un cuerpo lesbiano tiene primordialmente un rechazo a la colonización que el poder hegemónico masculino ha hecho de él. Sin embargo, resulta paradójico que sea justamente ese cuerpo estereotipado el objeto de identificación para los transgénero de hombre a mujer, y que gran parte de ellas recurran a la automedicación con hormonas, inyecciones de siliconas, aceites de cocina o de motor para figurar ese cuerpo colonizado, con serios riesgos en la salud que pueden llevar a la muerte.

Pero, ante la definición de una trans como lesbiana feminista, no existe ningún "lesbianómetro" que niegue tal afirmación, en tal sentido, la disputa de los espacios políticos implica también el reto de construir e inventar espacios diferenciados de confluencia y de autonomía, el mundo es ancho y ajeno, listo para nuevas rupturas.

La lucha por las identidades sexo-genéricas es un proceso largo, cuya dimensión política empieza a cobrar sentido y es probablemente en este siglo donde la resistencia a la heterosexualidad obligatoria y compulsiva sea más cuestionada en busca de mayores libertades para el ejercicio de la autodeterminación. Sin embargo, no hay que olvidar que a mayor visibilidad, experimentamos formas más crueles y retorcidas de homofobia. Al mismo tiempo que la resistencia toma terreno, grupos

---

[10] Fabiana Tron, en su revelador artículo "Che ¿vos te diste cuenta que sos una mujer?", afirma sentirse transgénero de mujer a lesbiana.

neonazis y fundamentalistas actúan incrementando las estadísticas de crímenes por odio, principalmente a los más visibles: líderes, *trasvestis,* machorras, transexuales. Retomando a Foucault, la sexualidad es un campo de batalla, un producto de la negociación, la lucha y la acción humana (Weeks, 1994).

BIBLIOGRAFÍA

Amorós, Celia (2001), *Feminismo. Igualdad y diferencia,* Colección Libros del PUEG, UNAM, México, 1994.

Boletín FHAR Informa (1979), núm. 1, 24 de septiembre.

Butler (2001), Judith, *El género en disputa,* Paidós, México.

Foucault, Michel (1987), *Historia de la sexualidad,* 3 vols., México, Siglo XXI (primera edición en francés 1976).

Fratti Gina y Adriana Batista (1984), *Liberación homosexual,* México, Posada, Colección Duda.

Gargallo, Francesca (1997), "La diferencia sexual", en Horacio Cerutti (coord.), *Diccionario del pensamiento filosófico latinoamericano,* México, FFYL, UNAM (en edición).

González, Cristina (1987), *El movimiento feminista, aproximaciones para su análisis,* tesis de maestría, México, Facultad de Ciencias Políticas y Sociales, UNAM.

Green, James (2004), "Deseo y militancia: lesbianas, gays y el Partido de los Trabajadores de Brasil", en Peter Drucker (coord.), *Arco iris diferentes,* México, Siglo XXI.

De Barbieri, Teresita (1992), "Sobre la categoría de género: algunas cuestiones teórico-metodológicas", en *Revista Internacional de Sociología,* año VI, núm. 213.

———— (1996), "Certezas y malos entendidos sobre la categoría de género", en IIDH, *Serie Estudios de Derechos Humanos,* tomo IV.

Declaración de las lesbianas de México (1975), Conferencia Mundial del Año Internacional de la Mujer, junio, México (fotocopia).

De Lauretis, Teresa (1991), "Queer theory: Lesbian and gay sexualities, an introduction", *Diferences 3,* III-XVIII.

———— (1991) "Problemas, conceptos y contextos", trad. Gloria Bernal, en *El género como perspectiva,* México, UNAM.

———— (1990), "La esencia del triángulo, o tomarse en serio el riesgo del esencialismo: teoría feminista en Italia, Estados Unidos y Gran Bretaña", trad. Salvador Mendiola, *Debate feminista,* año 1, vol. 2, octubre, México.

———— (1991), "Queer theory: Lesbian and gay sexualities, an introduction", en *Differences, Journal of Feminism and Cultural Studies,* vol. 3, verano, Brown University Press.

———— (1995), La práctica del amor: deseo perverso y sexualidad lesbiana, *Debate feminista,* abril, México.

Gargallo, Francesca (1997), *Institución dentro y fuera del cuerpo,* ponencia presentada en la Universidad de Costa Rica, San José de Costa Rica, 24 de julio.

———— "Unos apuntes sobre la teoría lésbica de Norma Mogrovejo", presentación de libro.

Hernández Juan Jacobo y Rafael Manrique (1988), "10 años de Movimiento Gay en México: El brillo de la ausencia", México, 29 de agosto, documento (fotocopia).

Gamson, Joshua (s/f), *¿Los movimientos basados en la identidad, deben autodestruirse? Un dilema queer*, Universidad de Yale, documento facilitado por el Centro de Documentación LGBTT, "Escrita en el cuerpo", Buenos Aires.

Gardner Honeychurch, Ken (1997), "La investigación de subjetividades disidentes: retorciendo los fundamentos de la teoría y la práctica", *Debate feminista*, año 8, vol., 16 de octubre.

Highleyman, Liz (1995), "Identidad, ideas, estrategias", en Naomi Tucker (ed.), *Bisexual Politics. Theories, Queries & visions*, trad. Alejandra Sardá, Nueva York, The Haworth Press, "Escrita en el cuerpo", Buenos Aires, 1997.

Hinojosa, Claudia (1991), "El tour del corazón", en *Otro modo de ser. Mujeres mexicanas en Movimiento*, México.

Lamas, Marta (1996), *El género. La construcción cultural de la diferencia sexual*, México, Porrúa/UNAM.

—— (1994), "Cuerpo: diferencia sexual y género", *Debate feminista*, núm. 10, septiembre.

—— (1994), "Homofobia", *La Jornada*, 15 de julio.

Liguori, Ana Luisa (1995), "Las investigaciones sobre bisexualidad en México", *Debate feminista*, núm.11, año 6, abril.

Lonzi, Carla (1981), *Escupamos sobre Hegel. La mujer clitórica y la mujer vaginal*, Barcelona, Anagrama.

Lumsden, Ian (1993), *Homosexualidad. Sociedad y Estado en México*, México, Solediciones.

Mendiola, Salvador (1990), *Debate feminista*, año 1, vol. 2, México.

Moi, Toril (1989), "Feminist, Female, Feminine", en *The Feminist Reader*, Londres, Macmillan.

Mogrovejo, Norma (1990), *Feminismo popular en México*, tesis de maestría, México, FLACSO, 1990.

—— (1996), *El amor es bxh/2. Una propuesta de análisis historico-metodológico del movimiento lésbico y sus amores con los movimientos homosexual y feminista en América Latina*, México, CDAHL.

—— (2000), *Un amor que se atrevió a decir su nombre. La lucha de las lesbianas y su relación con los movimientos feminista y homosexual en América Latina*, México, CDAHL/Plaza y Valdés.

—— (2004), *Teoría lésbica, participación política y literatura*, México, UAM.

Mott, Luiz (2002), *El crimen antihomosexual*, Brasil, Editora Grupo Gay de Bahía.

PRT (1989), "Sexualidad y política", ponencia presentada por el PRT en el Foro de Derechos Humanos, Ciudad Universitaria, octubre, documento (fotocopia).

Revista *Nuestro Cuerpo* (1979), núm.1, mayo.

—— (1980), núm. 2 y 3, julio.

Revista *Nuevo Ambiente*, (1983), núm. 4, abril-mayo.

Rich, Adrienne (1980), "Compulsory heterosexuality and lesbian existence", *Signs* 5.

—— (1993), *Sobre mentiras, secretos y silencios*, Barcelona, Icaria.

Rivera, Milagros (1994), *Nombrar el mundo en femenino*, Barcelona, Icaria.

Rubin, Gayle (1984), "Reflexionando sobre el sexo: notas para una teoría radical de la sexualidad", en *Placer y peligro. Explorando la sexualidad femenina (selección de textos). Hablan las mujeres*, Nueva York, Routledge & Kegan Paul.

Sáens, Javier (2004), *Teoría Queer y psicoanálisis*, España, Síntesis.

Sarmiento, Carmen (1976), *La mujer una revolución en marcha*, Madrid, Sedmay.

Segal, Lynn (1995), "Repensando la heterosexualidad", *Debate feminista*, núm. 11, abril.

Starobinsky, Jean (1990), "Historia natural y literaria de las sensaciones corporales", en Michel Feher, Ramona Naddaff y Nadia Tazi (eds.), *Fragmentos para una historia del cuerpo humano*, Taurus.

Tron, Fabiana, "Che ¿vos te diste cuenta que sos una mujer?: Una no nace mujer", <www.thegully.com>.

Weeks, Jeffrey (1994), "La sexualidad e historia", en *Antología de la sexualidad humana*, México, CONAPO.

Wittig, Monique (1977), *El cuerpo lesbiano*, Valencia, Pre-textos.

———— (1992), *The straight mind and other essays*, Boston, Beacon Press.

HAITÍ: MUJERES EN BUSCA DE LA CIUDADANÍA DE PLENO DERECHO EN UNA TRANSICIÓN SIN FIN

MYRIAM MERLET*
Traducción de Olga Martín Mancera

Desde hace años, la gran mayoría de los estudios sobre Haití comienza analizando la difícil coyuntura de transición que atraviesa el país. De hecho, desde la caída de la dictadura de los Duvalier en febrero de 1996, Haití sigue buscando sin cesar los caminos que lo lleven a la democracia. A finales de mayo de 2005, diecinueve años más tarde, el país sigue inmerso en una crisis interminable. Ante tal situación, cualquier intento de presentación y análisis queda supeditado a los parámetros de esta transición marcada por una sucesión de crisis; la más reciente provocada, entre otras cosas, por la impugnación de las elecciones del año 2000, que ha dejado graves consecuencias económicas y sociales. Desde hace años, la economía haitiana muestra indicadores macroeconómicos preocupantes, con un crecimiento real negativo durante varios años consecutivos. La duración de dicha crisis exacerba la complejidad que entraña el convivir en un entorno ya de por sí carente de ciudadanía. Pobreza, desigualdad, estructuras antidemocráticas, pretensiones totalitarias y violencia estatal son algunos de los motivos que llevan al movimiento feminista a poner en interrogantes el ejercicio de la ciudadanía en este país, que cuenta en ocasiones con una gran cobertura mediática pero que, a pesar de ello, sigue siendo un gran desconocido.

A modo de introducción, creemos conveniente realizar una breve presentación del país. Será necesario contextualizar la situación para comprender los retos que plantea la geopolítica y las especificidades del problema actual.

Haití es una antigua colonia francesa que alcanzó la independencia en 1804 tras una larga revuelta de esclavos y una sangrienta guerra independentista. Hay quien piensa que de este pasado guerrero hemos heredado las prácticas violentas que impregnan las relaciones sociales (entre individuos, o entre éstos y las instituciones estatales). Por mi parte, yo albergo muchas dudas a este respecto. No sólo por el hecho de que situaciones similares no tienen por qué provocar ese mismo efecto, sino también porque, a mi juicio, la violencia —entendida como fenómeno cultural, es decir, como resultado de determinadas condiciones que prevalecen en una sociedad— suele ser más bien hegemónica. Y en el caso de Haití, la violencia se observa sobre todo en las relaciones interpersonales y en las relaciones que mantienen las estructuras que ostentan el poder con los ciudadanos y las ciudadanas.

*Activista feminista, directora ejecutiva y miembro de la coordinación de ENFOFAM (Organización para la Defensa de los Derechos de las Mujeres).

Desde su independencia, Haití ha vivido una historia política muy agitada. Durante treinta años, de 1957 a 1986, el país estuvo bajo control de la dictadura de los Duvalier. Esta dictadura, de las más sanguinarias, provocó el éxodo masivo de miles de haitianos y haitianas hacia África y las grandes metrópolis de América del Norte y Europa.

EL RESURGIR TRAS LA DICTADURA

1986 fue un año cargado de esperanzas. Tras treinta años de dictadura (1957-1986), la acción combinada de la presión popular y las negociaciones internacionales obligan a Duvalier hijo a dejar el poder. Con su partida, da comienzo una era de lucha por la reconquista de los derechos fundamentales, se renueva también el Movimiento de las Mujeres Haitianas. La capacidad de movilización que demostraron las mujeres de ese entonces ha sido un elemento fundamental para forjar el panorama sociopolítico de Haití. Con motivo de la manifestación histórica del 3 de abril de 1986 —en la que miles de mujeres salieron a las calles de la capital y las ciudades más importantes del país— las mujeres reiteraron de diversas formas su rechazo ante la exclusión y su voluntad de no aceptar que la construcción de la democracia se hiciera sin ellas o lo que es peor, a su costa. Desde entonces, el Movimiento de Mujeres no ha cejado en su empeño y se han multiplicado los grupos y asociaciones de diverso signo.

En 1987 se elabora una nueva Constitución, en el preámbulo de la cual se hace alusión a los movimientos de la época. Todo parecía indicar que por fin los haitianos y las haitianas iban a dotarse de los medios para "convivir juntos". Se habla de "nación haitiana socialmente justa". Se menciona la discriminación, y se plantea el respeto de las libertades fundamentales como garantía de los "derechos al progreso, la educación, la sanidad, el trabajo, etc…". Asimismo, se tienen en cuenta las relaciones sociales entre hombres y mujeres, se rechazan las desigualdades entre sexos y se proclama el principio de igualdad entre las distintas formas de unión.

La celeridad con que se organizan las organizaciones de mujeres, al igual que ocurre con los demás movimientos sociales, se debe al arraigo tan fuerte de ciertos ideales. Desde la construcción del Estado haitiano en 1804, la población en su conjunto aspira a una vida mejor. Estas aspiraciones explican el porqué de toda una serie de movimientos sociales que, mediante el rechazo a ciertas formas de arbitrariedad, intentaban contener las distintas crisis sucesivas desde 1987 a 1990 (fecha en la que se celebran las primeras elecciones democráticas en el país, las cuales permiten que J.B. Aristide acceda a la presidencia). No obstante, la celebración de elecciones democráticas no supone el fin de esas crisis sucesivas. El periodo posterior a 1990 se vio marcado por un sangriento golpe de Estado militar (1991-1994), del que fueron víctimas sobre todo las mujeres, dado que los golpistas hicieron de la violación, generalmente colectiva, una temible arma política.

Una transición sin fin

Bajo la insignia de los contingentes militares de las fuerzas llamadas multinacionales (pero compuestas realmente en su mayor parte por soldados del ejército estadunidense), el gobierno constitucional de J.B. Aristide, vuelve al poder. Esta era se denomina "vuelta al orden constitucional", y aunque el gobierno instaura una "Comisión de Verdad y Justicia" no realiza las reparaciones esperadas. En particular, en lo que se refiere a las violaciones concretas de las que han sido víctimas las mujeres, no se produce ningún resarcimiento a pesar de que las organizaciones de mujeres hacen todo lo posible por organizar los expedientes y presentarlos ante las autoridades. Por el contrario, el ejército se disuelve. Además, las mujeres "desaparecen" de la esfera de poder. El único cargo ministerial ocupado por una mujer es el del nuevo Ministerio para la Condición Femenina y los Derechos de las Mujeres. Durante este periodo de ocupación militar, las organizaciones de mujeres denuncian los abusos sexuales cometidos por militares internacionales sobre todo en contra de las niñas. El gobierno no admite para su trámite las denuncias presentadas. No obstante, este gobierno se suma a la Plataforma de acción de Beijing.

Las dos elecciones posteriores a esta "vuelta al orden constitucional", una vez más no cumplirán con sus promesas. La primera, en 1995 —que ganó G.R. Préval, del círculo de J.B. Aristide—, consolidó el poder del partido Lavalas y la segunda, impugnada por todas las tendencias políticas —debido a la falta de participación popular— agravó la crisis ocasionada por la disolución del Parlamento en 1999. La impugnación de las elecciones del año 2000, que llevaron a J.B. Aristide a la presidencia, sumieron al país en otra crisis política. La represión política se generaliza, y se instaura un clima de terrorismo de Estado, sobre todo tras el ataque a varias facultades de la Universidad Estatal en diciembre de 2003. En este contexto, las organizaciones de mujeres tendrán que hacer frente, en la guerra que libra el gobierno contra la población civil, a las violaciones, a menudo colectivas, de mujeres por los esbirros de Aristide. Se consolida y generaliza el uso de la violencia sexual como arma terrorista. La Coordinación Nacional de Defensa de los Derechos de las Mujeres declara que el gobierno está al margen de la ley. Esta postura es unánime y se verá acompañada por la movilización contra el gobierno de Aristide. No obstante, cabe señalar que durante este periodo, el movimiento de las mujeres logra que el Parlamento vote y ratifique la Convención Interamericana "Belèm Do Para" para la prevención, sanción y eliminación de la violencia ejercida contra las mujeres y proclama el 3 de abril como Día Nacional del Movimiento de las Mujeres Haitianas.

Desde marzo de 2004, Haití ha entrado una vez más en una nueva fase de su tumultuosa historia reciente. El aprendiz de dictador Aristide, bajo la presión de diversas fuerzas, se ve obligado a dimitir y exiliarse. Se crea otra misión de la ONU compuesta por civiles (hombres y mujeres) y militares. Comienza en ese momento una nueva fase llamada de "transición" con la instalación de un gobierno encargado de instaurar un clima propicio para la celebración de elecciones a todos los niveles del Estado, elecciones que deben tener lugar antes de que finalice el año 2005.

Continúa así un panorama que la población haitiana conoce a la perfección.

Desde la caída de la dictadura de los Duvalier (padre e hijo), Haití no ha dejado de vivir un ciclo que parece interminable, compuesto por épocas de crisis política seguidas de periodos llamados de transición.

La guerra contra la ciudadanía

La democracia es una de las aspiraciones fundamentales del pueblo haitiano. La población de este país siempre ha estado librando una lucha sin tregua para acceder a la ciudadanía de pleno derecho. Desde su nacimiento en los albores del siglo XIX, el Estado haitiano y la nación haitiana se construyen y reconstruyen con dificultad. A cada conquista ciudadana le siguen largos periodos de represión en los que se vuelven a poner en entredicho los derechos sociales, políticos y económicos en su conjunto. Hay una especie de guerra permanente contra la ciudadanía. Aunque esta guerra no adopte la forma habitual, en la que las fracciones rivales se enfrentan con armas en las manos, esta guerra contra la población haitiana en verdad existe. Con mucha frecuencia, esta guerra reviste el carácter de terrorismo de Estado. Los últimos coletazos del régimen Lavalas constituyen un claro ejemplo de esta última afirmación.

Este hecho repercute en la situación de la población. Ante una inflación galopante y una drástica devaluación de la moneda local, las condiciones de vida de la población hatiana se deterioran cada día más, poniendo en riesgo todos los derechos sociales y económicos. En particular, el empobrecimiento de la mayoría de la población se caracteriza por el fenómeno de la feminización de la pobreza. La pobreza de las mujeres, en una economía en declive desde hace más de un decenio es señal de injusticia social. Las mujeres son las más pobres de entre los pobres y la condición dual del mercado laboral se manifiesta mediante una segregación intra e interprofesional. Las mujeres trabajan en los sectores periféricos y(o) en los trabajos peor remunerados (oficina del TAG, 1999). A pesar de que existen pocos datos relativos a los ingresos, los disponibles (UNICEF, 2000) muestran grandes diferencias entre hombres y mujeres. La mayoría de las mujeres se sitúan en la parte inferior de la jerarquía salarial.

La situación parece empeorar. Entre las dos Encuestas Presupuesto-Consumo de las Unidades Familiares (EBCM, 1986-1987 y 1999-2000) se ha observado un aumento considerable de los gastos dedicados a la alimentación: de 49.4% a 72.6% (Ministerio de Economía y Finanzas, 2000). El aumento del nivel de pobreza de los hogares[1] incrementa considerablemente el esfuerzo que tiene que realizar la población para acceder a los servicios básicos. Al analizar la dinámica de los Servicios Sociales Básicos vemos que en caso de que las aportaciones del Estado y sus interlocutores del sector público (ONG y Cooperación Exterior) no sean suficientes, "los gastos realizados por las unidades familiares en los puestos de consumo acaban por

---

[1] En 42% de los casos las mujeres son las cabezas de familia.

degradarse: se da cada vez más preferencia a la alimentación en detrimento de los demás puestos" (Rouzier, 2001).

Esta situación es aún más grave en el caso de las mujeres. Ellas son las primeras víctimas de estas carencias. La discriminación ejercida contra ellas no sólo las coloca en mala posición, sino que muy a menudo las obliga a compensar la situación mediante un trabajo complementario no remunerado (Merlet, 2003a).

La ciudadanía define quiénes somos y nuestra forma de convivir. Este concepto es "un objeto sociológico", como un proceso de vida colectiva caracterizado por dos estados, el del ciudadano (y ciudadana)[2] político y el del ciudadano (y ciudadana)[3] social (Thériault, 1999). Además, las primeras reivindicaciones de las mujeres tienen por objeto los derechos políticos, lo que desembocará en la conquista del derecho de voto y de elegibilidad en un gran número de países a lo largo de la primera mitad del siglo XX. No obstante, esta inscripción en la ciudadanía no garantizará la plena libertad de las ciudadanas y mucho menos la igualdad con sus homólogos masculinos. La ciudadanía tiene sin duda una dimensión sexuada (Del Re y Heinen, 1996:12). Abordar el tema de la ciudadanía de las mujeres implica tener en cuenta dos dimensiones esenciales: la ciudadanía como modo de pertenencia al espacio nacional y la ciudadanía como conjunto de derechos y deberes. En Haití, la ciudadanía de las mujeres debe entenderse sobre todo como derechos sociales. Cabe señalar algunos ejemplos ilustrativos:

- Sin duda, el analfabetismo es una característica del entorno haitiano. Dicho esto, las últimas estadísticas indican que las diferencias entre hombres y mujeres han disminuido relativamente, pasando de tres (3) a diez (10) puntos de 1982 a 2000. Sigue habiendo 9% más de chicas que no reciben escolarización, y la proporción de hombres y mujeres que siguen estudios universitarios es de 7/3.
- La tasa de morbilidad sigue siendo inquietante para la población en su conjunto (de 21% a 36% según el nivel económico). Esta tasa es más elevada a medida que disminuye el nivel socioeconómico. En cualquier caso, si tomamos como referencia las necesidades específicas de las mujeres en este ámbito vemos que la disminución de los servicios suministrados por el Estado, tanto desde un punto de vista cuantitativo como cualitativo, aumenta su vulnerabilidad de forma alarmante. Del mismo modo, Haití sigue teniendo la tasa de mortalidad materna más elevada de las Américas (523 muertes por cada 100 000 nacimientos). Las deficiencias del sistema sanitario acarrean costos sociales e individuales. Son sobre todo las mujeres, como responsables de la salud de la familia, las que tienen que compensar las carencias estructurales trabajando más en las casas, lo que agrava la situación de pobreza; pobreza en términos de posibilidad de elegir y actuar sobre su propia vida y entorno.
- El acceso a ciertos servicios básicos, como la electricidad y el agua, sigue estando en manos de algunos privilegiados de las ciudades. Dada la división del

[2] Añadido por nosotros.
[3] *Ibid.*

trabajo según el sexo, la búsqueda de agua es un trabajo reservado sobre todo a las chicas. Esto implica graves consecuencias. Muchos casos de violencia contra las mujeres mencionan ataques perpetrados en esos momentos.

Desde un punto de vista legislativo, la ley ha ignorado durante mucho tiempo a las mujeres en Haití. "Desde la creación del Estado haitiano, se ha tratado a las mujeres como ciudadanas de segunda. […] A pesar de que las distintas Constituciones aprobadas declaran que todos los ciudadanos son iguales ante la ley, cabe señalar que hasta 1950[4] no se considera a las mujeres como verdaderas personas y por lo tanto no gozan de los mismos derechos que los hombres" (Magloire, 2004).

A comienzos de los años treinta es cuando se saca a la luz pública el tema de la exclusión de las mujeres. La lucha de la Liga Femenina de Acción Social (LFAS) por obtener derechos políticos se centró en los propios cimientos de la condición de las mujeres en Haití. Estas arduas luchas desembocaron en los derechos políticos tanto de elección como de elegibilidad en 1950 y las haitianas pudieron ejercer por primera vez su ciudadanía en 1957.[5] Sin embargo, la plena ciudadanía de las mujeres haitianas aún no se ve reflejada en los textos legales. Las mujeres no obtendrán la igualdad de derechos en el matrimonio sino hasta 1982, la discriminación relativa al adulterio de las mujeres apenas se acaba de eliminar y aún hoy continúan la autoridad paterna y la supremacía marital.

El acceso de las mujeres a los mismos derechos cívicos y civiles que los hombres sólo es posible mediante el reconocimiento legal del derecho de las mujeres a controlar su fecundidad. Esta hipótesis se basa en que el reconocimiento legal del derecho a la fecundidad hace de las mujeres individuos (Tahon, 1998); individuos libres, no sometidos al embarazo forzado;[6] individuos capaces de decidir por sí mismos. De esta forma, ciudadanía puede rimar con libertad y ser por fin un sinónimo de igualdad. Cabe señalar que en Haití ningún texto legal, ninguna política o documento de otra índole aborda el tema del derecho de las mujeres a controlar su fecundidad. La única referencia a la reproducción de las mujeres se refiere a la Interrupción Voluntaria del Embarazo, y este texto del Código Penal no garantiza ni mucho menos a las mujeres el control del acto de reproducción. Asimismo, desde un punto de vista estrictamente legislativo, es posible afirmar que en tanto las mujeres haitianas no tengan acceso a los derechos de reproducción, el acceso a la ciudadanía de pleno derecho seguirá siendo una quimera (Merlet, 2003b).

El tema del aborto merece ser examinado detenidamente desde varias perspectivas[7] debido, por una parte, a la importancia que reviste para la propia constitución

---

[4] Fecha de obtención del derecho al voto de las mujeres.

[5] Para analizar la participación de las mujeres, véase Myriam Merlet, 2002a.

[6] Para reflexionar sobre el derecho de las mujeres a controlar su sexualidad, véase Myriam Merlet, 2002c.

[7] A pesar de que existen programas de planificación familiar —programas dirigidos sobre todo a las mujeres— la tasa de utilización de los métodos anticonceptivos, llamados modernos, aún hoy sigue siendo baja (13.2% según EMMUS III). Eso hace que por distintos motivos (sobre todo, falta de acceso a los anticonceptivos, repercusiones de las relaciones entre hombres y mujeres), la mayoría de las mujeres haitianas no disponga de medios para controlar su capacidad de reproducción. En consecuencia, abun-

de la ciudadanía de las mujeres y, por otra, al problema de sanidad pública que supone recurrir a servicios clandestinos. Según la legislación vigente en Haití, el aborto se considera un crimen. Las sanciones previstas son muy graves (prisión); afectan a la mujer en cuestión, así como a la persona que realice el aborto y a sus ayudantes. Eso hace que todos los abortos se practiquen en la clandestinidad, tanto en centros hospitalarios de paga como por personal sanitario no habilitado. Huelga decir que, dada la mala situación socioeconómica de la gran parte de las mujeres haitianas,[8] la mayoría de los abortos se realiza en condiciones de riesgo, con graves consecuencias de las que no se hace cargo el sistema hospitalario.

En esta guerra contra la ciudadanía haitiana, la cuestión del derecho adquiere pleno sentido y, al igual que ocurre en toda sociedad patriarcal, el estado de subordinación de las mujeres haitianas se caracteriza por la discriminación y la violencia. Las leyes vigentes en Haití se inspiran en el Código Napoleónico y, por lo tanto, no consideran a las mujeres como ciudadanas de pleno derecho. A pesar de que la Constitución de 1987 reconoce la igualdad entre hombres y mujeres, sus preceptos no se reflejan en las leyes, que son las que cuentan ante los tribunales.

La guerra contra la ciudadanía tiene como principal objetivo a las mujeres. En situación de represión generalizada, como el golpe de Estado y los últimos días del "reino" Lavalas (situación equiparable a una guerra), la violencia sexual contra las mujeres se utilizó como arma punitiva y disuasiva. Esta arma tiene sin duda como blanco a las mujeres, pero también a los hombres, que de esta forma se sitúan en el mismo nivel que las mujeres, a las que suelen considerar normalmente como su "propiedad". Se ha observado cierta correlación entre el uso de la violencia como arma política y el fenómeno de la violencia doméstica. Asimismo se observa en general un aumento de la violencia doméstica; aumento tanto en términos cuantitativos como en cuanto a las formas y el grado de crueldad (Merlet, 2001a).

La violencia contra las mujeres es un fenómeno cotidiano. Las mujeres de Haití, al igual que las de todas las sociedades patriarcales, deben hacer frente a diario a situaciones de violencia, tanto en la privacidad del hogar como en los lugares públicos. A pesar de ello, la falta de estadísticas nacionales oficiales y fiables sobre la violencia ejercida contra las mujeres limita sobremanera cualquier intento de evaluar la situación en Haití. Además, el silencio en el que la sociedad encierra a las mujeres agrava aún más la situación, en la medida en que aún son demasiadas las mujeres que no se atreven a denunciar la violencia que padecen. La sociedad de Haití es de esas que considera que la violencia ejercida contra las mujeres es un hecho normal, banal; un hecho que por sí solo no estremece, pero ante el cual se reacciona en función de un cierto umbral de tolerancia aceptado; un hecho que se quiere hacer pasar por una manifestación propia de la cultura haitiana.

---

dan los embarazos no deseados. Ahora bien, existe una desfavorable situación socioeconómica a las que se enfrenta la mayoría de las mujeres y son muchas las que se ven obligadas a abortar. Véase el estudio de la Oficina del TAG (TAG, 2000), *L'avortement en Haïti et ses conséquences*, Puerto Príncipe.

[8] En 2000, la renta per cápita se evaluó en cien dólares estadunidenses. El fenómeno de la feminización de la pobreza afecta también a Haití.

Sin embargo, las acciones de sensibilización y conscientización llevadas a cabo por grupos de mujeres han favorecido un mayor intercambio de información. De esta forma, cada vez más mujeres se atreven a romper el silencio y a hablar de las exacciones padecidas. Alentadas por el esfuerzo de las mujeres, las organizaciones de mujeres se encargan del registro y procesamiento de los datos.

LA ACCIÓN DEL MOVIMIENTO DE MUJERES

Ante esta violencia, las mujeres y asociaciones de mujeres no se han quedado con los brazos cruzados. Desde la caída de la dictadura de los Duvalier, las mujeres, al igual que un gran número de interlocutores e interlocutoras sociales, han comprendido que debían manifestarse para que los cambios no se hagan a su costa. En esta óptica, durante el golpe de Estado de septiembre de 1991, el tema de la violencia específica ejercida contra las mujeres por las fuerzas de represión ha constituido la esencia de las denuncias de la dictadura militar.

En esa ocasión, las organizaciones de mujeres han puesto de manifiesto el carácter específico de la violencia ejercida en contra de su género. En pleno golpe de Estado, una coalición de más de 100 organizaciones de mujeres convoca al Primer Encuentro Nacional contra la Violencia, en el que más de 300 mujeres denuncian y analizan la violencia que padecen e intentan organizar redes para luchar contra este fenómeno.

Con esta acción y las que le seguirán, las organizaciones han declarado la lucha a la violencia ejercida contra las mujeres como un asunto prioritario en la política de la nación. Muestra de ello es, por ejemplo, el interés suscitado por la sesión del Tribunal Internacional contra la Violencia ejercida contra las Mujeres Haitianas de noviembre de 1998. Los principales medios de comunicación de la capital y de las ciudades más importantes dieron a conocer los resultados y extractos de estas reuniones que duraron tres días y luego siguieron hablando del caso durante más dos meses.

Las peticiones de justicia de las mujeres son numerosas y urgentes. Desde 1998, una plataforma de organizaciones ha creado un Comité de Negociación encargado de trabajar con los diputados con vistas a cambiar las leyes más desfavorables para las mujeres. Las labores se han llevado a cabo en el marco de una convención debidamente firmada entre las partes (una primera en Haití en la que después se inspirarían otros grupos de la sociedad civil organizada). Las negociaciones desembocaron en la presentación de textos de ley sobre el adulterio, las agresiones sexuales, el trabajo doméstico y la liberalización parcial del aborto. Por desgracia, las vicisitudes de la vida política haitiana no han permitido que estas leyes se voten en la Cámara de Diputados y la Asamblea Nacional (el Parlamento se disolvió a comienzos de 1999 y el poder Lavalas usurpó el Legislativo). Además, la situación de impunidad que prevalece actualmente en el sistema judicial expone aún más a las mujeres a los riesgos de la violencia conyugal y sexual.

INFORME DEL COMITÉ DE NEGOCIACIÓN DE LAS ORGANIZACIONES DE MUJERES
(Extracto)
septiembre de 1998

Las negociaciones con los diputados, concretamente con la Comisión Salud, Población, Asuntos Sociales Familiares y Condición Femenina del Senado, llevaron a la formulación de tres nuevas proposiciones de leyes para presentar ante el Parlamento:

1. Modificación de determinados artículos del Código Civil relativos al divorcio (artículos 215 y 216 de la Ley núm. 7);
2. Modificación de determinadas disposiciones del Código Penal (artículos relativos a la violación y demás agresiones sexuales, al aborto y al adulterio);
3. Modificación del artículo 257 del Código Laboral, relativo a los empleados/as del hogar (denominados(as) "servidumbre" en el actual artículo 257).

LAS PROPOSICIONES PRESENTADAS AL PARLAMENTO

1. *Sobre el aborto*
La propuesta presentada al Parlamento autoriza la práctica de la Interrupción Voluntaria del Embarazo durante las 12 primeras semanas del embarazo, en caso de:
• peligro para la vida y la salud de la mujer y del bebé; y
• de violación o incesto.
La nueva ley prevé que sólo las personas autorizadas (médicos, enfermeros/as, auxiliares) que dispongan de un certificado de la autoridad competente pueden practicar un aborto en un hospital, centro de salud o clínica.

2. *Sobre la violación y demás agresiones sexuales*
La nueva ley propuesta supone una innovación del capítulo relativo a los asesinatos y demás atentados contra las personas. Más concretamente:
• Se definen las nociones de agresión sexual, violación y acoso sexual.
• Ya no se define la violación desde el punto de vista del agresor masculino. En consecuencia, la violación ya no se resume a una cuestión de penetración;
• Se establecen sanciones para los distintos tipos de agresiones sexuales ;
• Se tiene también en cuenta la posición dominante del agresor
• Se introduce la noción de servicios a la comunidad como una nueva sanción en caso de acoso sexual.

3. *Sobre el trabajo doméstico*
La nueva legislación propone una protección de la seguridad social un poco más amplia:
• Descansos semanales;
• Vacaciones anuales remuneradas; y
• Un bonus anual. Este último punto respeta las disposiciones constitucionales en la materia.

4. *Sobre el adulterio*
La Comisión se limita únicamente a querer acabar con "la discriminación contra las mujeres". Según este principio, la Comisión evita despenalizar el adulterio. Se ciñe a someter al esposo a las mismas sanciones que las que se reservan en la actualidad para la esposa, y acepta que ambas partes puedan solicitar el divorcio.
Cabe señalar dos (2) grandes cambios:
• La prueba del adulterio es una, independientemente del sexo de la persona en cuestión;

- El homicidio del cónyuge adúltero, hombre o mujer, ya no tiene justificación, salvo en caso de legítima defensa.

LA POSTURA DEL COMITÉ

1. *Sobre el aborto*

Considerando que las mujeres son las únicas dueñas de su cuerpo, el Comité acoge con beneplácito la despenalización, aunque sea parcial, del aborto. El Comité está convencido de que esta nueva legislación está encaminada a proteger la salud de las mujeres.

No obstante, los requisitos para practicar el aborto (lugares y personas autorizados) no están en sintonía con la situación del país. Aún hoy existe un gran número de zonas y regiones del país que no disponen de personal y/o lugares autorizados. Por ello, un gran número de mujeres no podrá acogerse a estas nuevas disposiciones. Convendría prever disposiciones transitorias para que aumente el alcance de estas nuevas disposiciones (incluir a las matronas —previa formación— y ampliar los lugares a todos los niveles del Sistema Sanitario).

2. *Sobre la violación y demás agresiones sexuales*

La nueva proposición de ley constituye un esfuerzo loable por definir los distintos supuestos y acabar con la ambigüedad del crimen contra el honor, incluyendo las agresiones sexuales en el apartado de los crímenes contra la persona. Esta proposición tiene la ventaja de proteger a las mujeres de las formas de agresión de las que son víctimas prioritarias o exclusivas. Asimismo, su interés estriba en que abarca a los individuos de ambos sexos, al margen de cualquier consideración de edad o situación.

3. *Sobre el trabajo doméstico*

Las condiciones laborales a las que se ven sometidos los empleados del hogar los relega al rango de no persona. A esta categoría de personal no se le trata ni considera como trabajadores(as) de pleno derecho y, por lo tanto, no gozan de todos los derechos que la ley reconoce a las demás categorías.

Al plantear esta controvertida cuestión social, el Comité ha querido resaltar la importancia y el valor social del trabajo doméstico; un trabajo que suelen realizar las mujeres de forma gratuita en beneficio de toda la sociedad.

Los problemas de fondo que plantea el trabajo doméstico, y más concretamente la situación de los empleados del hogar en Haití, no se han podido plantear en el marco de estas negociaciones. Éstas abordaron sobre todo el tema de una ampliación limitada de la protección de la seguridad social. Pese a las evidentes limitaciones de la proposición de ley, el hecho de haber incluido una preocupación de esta índole en las labores del Legislativo supone un primer paso para que el Estado tome en consideración la situación de una de las categorías de trabajadores(as) más desfavorecidos(as).

4. *Sobre el adulterio*

No podemos darnos por satisfechos con el simple hecho de prever las mismas sanciones para ambos sexos en caso de adulterio. El hecho de equiparar a los hombres con las mujeres no puede en ningún caso considerarse como un logro. El adulterio masculino no está estigmatizado por nuestra sociedad. Se considera más bien una señal de virilidad. El adulterio sólo se plantea como problema cuando lo cometen las mujeres. Aunque se ofrezcan recursos jurídicos a las mujeres, éstas difícilmente podrán utilizarlos. Por lo tanto, podemos afirmar sin temor a equivocarnos que los casos que la justicia tendrá que tratar seguirán siendo casos de mujeres adúlteras. Así pues, sancionar el adulterio masculino no cambia la condición femenina.

Bajo diversas formas, como los Comités de Iniciativas, los Comités *ad hoc*, o los Grupos de Reflexión y Grupos de Acción, las organizaciones de mujeres se consolidan y actúan de manera casi sistemática. La última experiencia hasta la fecha es la de la Coordinación Nacional de Defensa de los Derechos de las Mujeres (CONAP). El Comité Ejecutivo de la CONAP, que agrupa a las cinco principales organizaciones feministas (ENFOFANM, Fanm Yo La, Fanm Deside de Jacmel, Kay Fanm y SOFA),[9] ha podido imponerse durante la última movilización ciudadana al inscribir las reivindicaciones estratégicas de las mujeres en el contexto político global. Y, siguiendo con las labores del Comité de Negociación de las Organizaciones de Mujeres, sobre la base de un Plan de Defensa quinquenal,[10] la CONAP pretende proseguir el proceso de negociación con el Parlamento haitiano y el ejecutivo, con el fin de modificar algunas leyes especialmente desfavorables para las mujeres, así como pedir al Estado que cree programas y reglamentos que respondan a las necesidades específicas de las Mujeres.

Acciones de este tipo son el fruto de un largo proceso de maduración, en el transcurso del cual las organizaciones de mujeres han aprendido a actuar de forma estratégica. Este proceso ha permitido desmitificar algunos espacios de lucha. De esta manera, al contrario de lo que ocurrió entre 1986 y 1990 cuando las organizaciones de mujeres no ocupaban los entornos políticos propiamente dichos, ya no se rechaza la implicación directa. Se trata pues de una estrategia de lucha que abarca todos los entornos y que se basa en preocupaciones de índole estatutaria. La condición de las mujeres, al igual que ocurrió en la época de la Liga Femenina de Acción Social[11] en los años cincuenta, vuelve a ser el centro de los debates y acciones de las organizaciones de mujeres.

La movilización por los derechos ciudadanos

Todas las esperanzas estaban puestas en la última fase de transición iniciada en marzo de 2004. La población que acababa de tomar conciencia de su capacidad de movilización, esperaba que se aprovechara esta nueva transición para instaurar un nuevo orden —sobre todo en lo que al buen gobierno se refiere. Esperábamos que la articulación de las distintas fuerzas integrantes de esta nación se afanaría por fin en sentar las bases de una ciudadanía viable para todos y todas. Por desgracia, escollos de todo tipo, relacionados sobre todo con malas prácticas de gobierno, una vez más han acabado con estas esperanzas. El movimiento de mujeres haitianas, que había adquirido un cierto derecho de ciudadanía en el momento más crítico de las movilizaciones ciudadanas del año 2003-2004, se enfrenta en la actualidad a un

---

[9] ENFOFANM (Información Mujeres); Fanm Deside Jakmèl (las Mujeres Decididas de Jacmel); Fanm Yo La (Presencia de las Mujeres); Kay Fanm (La Casa de las Mujeres); SOFA (Solidaridad Mujeres Haitianas).

[10] Base constitutiva de la Coordinación.

[11] Primera organización feminista haitiana.

cierto deseo de marginación por parte de los actores sociopolíticos tradicionales. Todo parece indicar que la balanza se inclina de nuevo.

La situación actual caracterizada por un agravamiento del clima de inseguridad, la generalización de la violación como arma de terrorismo, la impunidad, el drástico deterioro de las condiciones de vida, todo ello pone en entredicho los propios principios de la ciudadanía. No se respetan los derechos económicos y sociales y se violan los derechos políticos. La situación pone en entredicho "el ejercicio del derecho de ciudadanía, la posibilidad de estar y vivir en una relación positiva con una comunidad" (Trouillaut, 2002). Se ensalzan los deseos de privación de la ciudadanía y se relegan a las calendas griegas las aspiraciones de bienestar de la población.

El claro menosprecio de los derechos de los ciudadanos por parte del gobierno sigue siendo una constante. Los ciudadanos y las ciudadanas han de modelar la sociedad para garantizar los derechos fundamentales. Además, la acción feminista, consciente del peligro, debe coordinarse con un amplio movimiento ciudadano para defender los Derechos Fundamentales. Las organizaciones de mujeres en sinergia con las organizaciones estudiantiles, sindicales, de defensa de los derechos humanos y económicos habrán de movilizarse para conseguir que se respeten los derechos a la educación, la sanidad, la alimentación, la vida en un entorno sano, etc. Una vez más, la población, de manera organizada, se ve obligada a pedir un buen gobierno en materia de mejores condiciones de vida y de ciudadanía. Estas peticiones deberán canalizarse mediante las reivindicaciones contra el elevado nivel de vida, en favor de las políticas sociales, la creación de empleo y el respeto de los derechos políticos: derecho a la palabra, derecho a la expresión; se trata pues de reclamar que se defina de nuevo el entorno jurídico y reglamentario de manera que se garanticen los derechos económicos y sociales.

BIBLIOGRAFÍA

Bureau du TAG (1999), *La problématique de genre en Haïti*, doc. mimeo.

Ministère de l'Économie et des Finances (2000), Institut Haïtien de Statistique et d'Informatique (2000), Enquête Budget-Consommation des Ménages (EBCM 1999-2000), Résultats Préliminaires, IHSI.

Magloire, Danièle (2004), "La violence faite aux femmes: une violation constante des droits de la personne", *Chemins Critiques*, vol. V, núm. 2, Puerto Príncipe.

Merlet, Myriam (2005), "Vyolans Politik pote Vyolans sou Fanm", *Ayiti Fanm*, vol. 15, núm. 61.

——— (2004), "Impact de l'impunité et de la violence sur les femmes", presentado en International Droits Humains, Justice, Réconciliation et Paix, l'ActionAid, NCHR, 24-26 de noviembre.

——— (2003a), "Le fardeau de la croissance négative, L'accès des femmes à l'économie à l'heure de l'intégration des Amériques : Quelle économie?", Conferencia, 23-26 de abril, Montreal.

———— (2003b), "Société, es-tu capable d'être juste? (envers les femmes, les enfants, les pauvres, les handicapés-es,...)", en el coloquio *La Participation Citoyenne, la Démocratie Participative et la Gouvernance Décentralisée*, 16-18 de junio, Puerto Príncipe, Action Aid.

———— (2002a), *La participation politique des femmes en Haïti, Quelques éléments d'analyse*, Puerto Príncipe, Edición Fanm Yo La.

———— (2002b), "Pauvreté, inégalité et exclusion", *Bilan Économique et Social de l'année 2001*, Puerto Príncipe, PNUD.

———— (2002c), "Lorsque le tabou social se cache derrière la foi!", texto presentado en el taller sobre derechos sexuales y de reproducción del IX Encuentro Feminista de América Latina y el Caribe, <www.campanha28set.org>.

———— (2001a), "Between love, anger and madness: Building peace in Haïti", *The Aftermath, Women in Post-conflict Transformation*, Londres, Zed Book, pp.159-171.

———— (2001b), "Image des femmes dans l'audiovisuel haïtien", *Le Nouvelliste*, 9-11 de noviembre.

————-TAG (2000), *Effets de l'intégration des femmes dans les caisses populaires, Étude*, Fonds Kore Fanm de l'ACDI (Agence Canadienne de Développement International), Puerto Príncipe.

———— (1998), "La subcontratación internacional en Haití, un estrangulamiento para las mujeres", en *Posibilidades de incidencia en la elaboración y ejecución de política sobre "Maquila y equidad genérica"*, Actas del seminario Christian Aid/UNICEF, Guatemala.

Merlet, Myriam y Danièle Magloire (2000), *Cahier National des revendications des femmes*, Coordinación Nacional Haitiana de la Marcha Mundial de las Mujeres del año 2000, Puerto Príncipe.

————-TAG (1999), *L'avortement en Haïti et ses conséquences - Analyse de la situation*, TAG doc. mimeo.

———— (1997) "Agir sur la condition féminine pour améliorer les situations des femmes", *Homme et femme, Dieu les créa - Du féminisme au partenariat*, núm. 2, *Conférence Haïtienne des Religieux-ses*, cuaderno núm. 8, Puerto Príncipe, pp. 33-40.

UNICEF (2000), "Analyse de la situation des femmes et des enfants en Haïti (Période 1980-1993)", Puerto Príncipe, UNICEF-Haití.

Rouzier, Philippe (2001), *La dynamique des SSB*, doc. mimeo, PNUD.

Thériault, Joseph-Yvon (1999), "La citoyenneté: entre normativité et factualité", *Sociologie et Sociétés*, vol. 31, núm. 2, 193 pp.

Tahon, Marie Blanche (1998), "Citoyenneté et parité politique", ponencia presentada en el Congrès des Sociétés Savantes en Ottawa en mayo.

Del Re, Alisa y Jacqueline Heinen (eds.) (1996), *Quelle citoyenneté pour les femmes? La crise des États-providence et de la représentation politique des femmes en Europe*, París, L'Harmattan.

Trouillot, Lionel (2002), *(Re)Penser la citoyenneté*, Haïti Solidarité International.

DE "FEMINA SAPIENS" A KAQLA: TREINTA AÑOS DE FEMINISMO(S) EN GUATEMALA

ANA LORENA CARRILLO* y NORMA STOLTZ CHINCHILLA**

PRIMERA ETAPA 1975-1985

La primera Conferencia de la Mujer, promovida por las Naciones Unidas y llevada a cabo en México, D.F. en 1975, sin duda sirvió de catalizador y aceleró la segunda ola del feminismo en varios países latinoamericanos. En Guatemala, los grupos de mujeres organizadas como mujeres —particularmente aquellos con una perspectiva explícitamente feminista— tardaron más de una década antes de empezar a actuar en gran medida en la esfera pública.

Pero el hecho de que el feminismo y la perspectiva de género como ejes organizadores sean relativamente recientes en Guatemala no implica que el protagonismo de las mujeres también lo sea, al contrario. Una década después de la conferencia de las Naciones Unidas en México, mujeres guatemaltecas de diversas edades, clases y sectores sociales, grupos étnicos y religiosos, se movilizaron en números sin precedentes en favor de mayor democracia, derechos humanos, justicia social, mayor igualdad económica y paz. Aunque la mayoría no se sumó a los movimientos sindicales, campesinos y estudiantiles y a las comunidades de base cristianas y más tarde a las comunidades de población en resistencia y organizaciones en el exilio —como resultado de una conciencia clara de su condición de género o una crítica elaborada de la subordinación de las mujeres en general—, el hecho mismo de violar la norma tradicional de no participación de las "mujeres buenas" en el ámbito público estimuló reflexiones sobre su identidad y capacidad como mujeres. Y el sentido de poder personal que muchas mujeres sintieron al volverse actoras capaces de influir en la historia en vez de ser simplemente recipientes de ella, causó profundas transformaciones personales.

Cristina Calel, indígena quiché y activista del Comité de Unidad Campesina, cuenta cómo el CUC logró organizar a toda la familia, incluidas las mujeres:

Al principio también había problemas porque ¿Cómo era posible que una mujer les fuera a hablar de política a los hombres? Poco a poco se vio que la mujer también tiene capacidad y los hombres querían que también sus esposas hicieran el mismo tipo de trabajo que nosotras. Cuando nos miraban, muchas mujeres se ponían contentas. Las señoras llevaban su petate a

* Profesora investigadora en el Instituto de Ciencias Sociales y Humanidades de la Benemérita Universidad Autónoma de Puebla.
** Profesora en la Universidad Estatal de California en Long Beach.

los cursillos y se sentaban para preguntarnos cómo era esto y lo otro. La Acción Católica les ayudó bastante a salir de sus casas y a comenzar a organizarse (Stoltz Chinchilla, 1998:322).

Elena Tecún, una joven indígena del altiplano que se alzó a la guerrilla, muestra su orgullo en poder hacer lo que hacían los combatientes hombres en la montaña:

Mi vida en la guerrilla fue totalmente diferente de cuando estuve en la casa. En mi casa no podía correr, ni caminar largas distancias, pero con el entrenamiento uno se acostumbra. Cuando teníamos que cargar cosas a nuestras espaldas, las mujeres podíamos cargar tanto como los hombres. Todos llevábamos nuestra parte de carga. Algunos de nuestros líderes eran mujeres [...]. Cuando la gente [trabajadora de las plantaciones] vio que algunas éramos mujeres, se puso muy contenta y se nos acercaba. Especialmente las mujeres trabajadoras se ponían contentas de ver a mujeres en la guerrilla, porque eso demostraba que las mujeres éramos capaces. Y no era verdad que las mujeres éramos buenas para nada (Stoltz Chinchilla, 1998: 395-396).

La participación de cientos de mujeres —tanto rurales como urbanas— en las organizaciones revolucionarias y civiles mixtas de los años 1975-1985 causó una ruptura trascendente en la historia de las mujeres en Guatemala, fertilizando el terreno para época actual: la participación de las mujeres en la vida pública y que ejerce su ciudadanía es ampliamente reconocida. Pero la respuesta feroz del ejército contrainsurgente y sus aliados, entre sectores económica y políticamente poderosos implicó también un costo muy grande. Un estimado de 200 000 guatemaltecos fueron asesinados o "desaparecidos" como resultado del conflicto y aproximadamente 100 000 campesinos, 84% indígenas, tuvieron que huir a México en los años ochenta.

Tomando en cuenta el contexto de represión gubernamental y de insurgencia revolucionaria que caracterizó a Guatemala durante este periodo, no es difícil averiguar cuáles fueron las razones por la demora en organizaciones explícitamente feministas y(o) con conciencia de género. La primera razón, y probablemente la más importante, fue el ambiente de represión que restringía la libre circulación de ideas, silenciaba el debate y mantenía las revoluciones culturales dentro de ciertos lindes. Por ejemplo, en la década de los setenta cuando se producían revoluciones culturales y políticas en distintas partes del mundo, el marco de la represión política ya estaba instaurado en Guatemala como producto de la reacción de la élite a las Jornadas de marzo y abril de 1962, que fueron el "momento de choque" en que muchas mujeres participaron. Violeta Alfaro ha observado:

Para las juventudes urbanas —y ladinas—, marzo y abril de 1962 fue el 1968 francés o mexicano. Con la diferencia de que en Guatemala la juventud buscó las armas. En ese tiempo se fueron a la Sierra de las Minas, en el oriente del país, las primeras mujeres que se alzaron en armas, por ese entonces muchas apenas veinteañeras (Stoltz Chinchilla, 1998:11). Aunque justo es señalar que las mujeres habían jugado anteriormente un papel importante en momentos de crisis políticas nacionales en 1920 y 1944, durante las cuales se fue definiendo el carácter de su participación (Carrillo, 2004:141-163).

Sin embargo, la limitación del espacio reservado para el debate público y la consideración de culturas y patrones sociales más libres en Guatemala, desde mediados de los sesenta hasta mediados de los ochenta no fue solamente el resultado de la represión política. También lo reforzó la cultura dominante de la élite, conocida por su conservadurismo, y las jerarquías aún más conservadoras de la Iglesia católica, así como la hegemonía de las ideologías ortodoxas de los izquierdistas que resistieron los retos teóricos y prácticos a la primacía de las clases sociales (Monzón, 2003:16; Carrillo, 2004:131-136).

A pesar de las restricciones impuestas en la esfera pública, ideas feministas circulaban en Guatemala a finales de los sesenta y principios de los setenta, al menos entre intelectuales urbanos y activistas que leían o viajaban. No obstante, ni los preparativos ni las consecuencias de la Conferencia de la Mujer de las Naciones Unidas en México consiguieron abrir un debate público amplio acerca de la desigualdad entre los sexos y la opresión de mujeres en Guatemala.

Durante los años sesenta, pequeños grupos de activistas e intelectuales, principalmente mujeres, leyeron, debatieron y hablaron de las ideas de Simone de Beauvoir y de Betty Friedan en grupos de estudio, intentando contextualizar las lecturas al medio guatemalteco y latinoamericano, aunque se trató de experiencias aisladas que no fueron seguidas ni alentadas por la mayoría. Según una de las participantes:

Lo que pasaba es que no había una claridad absoluta sobre el tema de la mujer, y los hombres le creaban a una la culpa de estar abordando un problema que no dejaba de ser una "contradicción secundaria". Se decía que la situación de la mujer se resolvería cuando se alcanzara la revolución, y además, en una sociedad como la guatemalteca, con tanto conflicto y cuestiones tan medulares, dedicar tiempo a eso era desvirtuar la verdadera contradicción. Había señalamientos en ese sentido, no tanto de nuestras parejas, pero sí de parte de otros compañeros e incluso de mujeres. También se nos decía que estábamos asimilando todo lo que venía de fuera y qué cuándo íbamos al parque a quemar los brassieres (Mariel, en Stoltz Chinchilla, 1998:7-8).

Un ejemplo de estos primeros esfuerzos es la publicación en el país del libro *Mujer y lucha social* (Aguilera, 1979), una compilación de textos diversos sobre teoría e historia del feminismo, así como declaraciones de movimientos feministas latinoamericanos y mundiales. Los editores lo concibieron como un "manual" para el uso de "grupos de estudio" y "movimientos feministas", lo que señala las expectativas existentes en esos años, las cuales quedaron rebasadas por los acontecimientos políticos y la represión generalizada que impidió la consolidación de tales estructuras.

Posteriormente en los años setenta, algunas de estas mismas mujeres, junto con académicas, periodistas y activistas, usaron la apertura que les brindaron los preparativos para la Conferencia en México, y así obtuvieron apoyo nacional e internacional en la lucha de las mujeres obreras y apoyo también para escribir artículos en los periódicos guatemaltecos, como *Prensa Libre*, sobre el trabajo doméstico, la doble jornada, mujeres en la política, la prostitución, la salud, la educación y el trabajo asalariado de las mujeres. Violeta Carpio y Amalia Rivera escribieron acerca de las luchas de las obreras en la fábrica extranjera de jeans *Outer Limit*, en los periódicos locales y en un artículo publicado en la revista *Latin American Perspectives*. Presentaron el caso de las obreras en el Tribunal Extraoficial de la Conferencia en México de la ONU en 1975, tomando parte activa, junto con otras activistas y escritoras guatemaltecas, como Raquel Blandón, Luz Méndez de la Vega y Eunice Lima. Otro intento de divulgación de la perspectiva feminista fue la columna "Femina Sapiens," publicada en la revista semanal independiente *¿Qué pasa calabaza?*, que comenzó a circular en Guatemala en 1977, dos años después de la conferencia de las Naciones Unidas. La columna, muchas veces firmada por "Amaranta", seudónimo de una joven escritora feminista, Viviana Fanjul, planteaba temas que más de una década después, y aún hoy, son considerados tabú en los medios de comunicación guatemaltecos: sexualidad, aborto, salud reproductiva y amor, expuestos con naturalidad. La columna "Femina Sapiens" cuyo nombre tiene implícito el saber para la emancipación de las mujeres, trató justamente esos temas en un tono no solamente "natural" sino abiertamente desafiante, al mismo tiempo que apelaba en su lenguaje —y a pesar del título— al sentido común popular. Durante todo 1978, en ese reducido espacio de circulación, de indudable carácter pionero, se trataron (incluso con gráficos y fotografías) temas como la maternidad, el uso comercializado del cuerpo femenino en la propaganda, el cuestionamiento a los cánones de la belleza femenina y su uso mercantil, salud femenina, maternidad, sexualidad, orgasmo, trabajo doméstico, parto sin dolor y las diversas formas del aborto clandestino y legal. Sin embargo, los niveles del conflicto armado en esos años desalentaron la propuesta de la revista y ésta finalmente dejó de publicarse.

Durante los sesenta y setenta, las mujeres tuvieron un papel cada vez más importante en el panorama de las organizaciones mixtas, incluso en los grupos revolucionarios, que presionaban por un cambio social fundamental en las áreas rurales y urbanas a pesar de la represión.

En estas organizaciones, mujeres de todas las edades adquirieron experiencia política y capacidad de organización que les fue muy útil para avanzar una agenda enfocada en temas de la mujer una vez que la guerra terminó y las condiciones fueron más favorables. Algunas recuerdan haber leído libros como *El Segundo Sexo* de Simone de Beauvoir y artículos escritos por feministas italianas y latinoamericanas, además de obras de Alexandra Kollantai, Clara Zetkin y Margaret Randall. Pero la mayoría de las veces, aquellas mujeres que presionaron por un análisis específico sobre el tema de la mujer o que demandaron un papel más importante en la toma de decisiones dentro de sus organizaciones quedaron desprestigiadas y tildadas de "egoístas" o "divisionistas".

Además de la resistencia ideológica a la segunda ola de ideas feministas, el reto creciente de grupos revolucionarios armados a las afianzadas élites guatemaltecas de finales de los setenta y principios de los ochenta, y las brutales pero sofisticadas campañas contrainsurgentes de los militares, particularmente en las áreas rurales del altiplano (donde se concentran las poblaciones indígenas), no crearon una situación favorable para debates acerca de nuevos paradigmas o el cuestionamiento de las relaciones entre los sexos (Monzón, 2004b:16). Cuando el primer Encuentro

Feminista Latinoamericano y del Caribe tuvo lugar en 1981 en Cartagena, muchas mujeres guatemaltecas estaban luchando por sus propias vidas, las de sus familias y comunidades. No fue sino seis años después, en el IV Encuentro Feminista Latinoamericano y del Caribe en Taxco, México, cuando una delegación guatemalteca pudo participar de manera significativa en los Encuentros Feministas Latinoamericanos y del Caribe.

SEGUNDA ETAPA 1985-1994

Los primeros grupos de mujeres explícitamente feministas comenzaron a aparecer en Guatemala cuando la guerra empezó a declinar y el primer civil en más de treinta años, Vinicio Cerezo, fue elegido presidente. Muchas de las fundadoras habían estado en el exilio, lo que facilitó su relación con feministas de América Latina —incluida la Nicaragua sandinista—, Europa y América del Norte. Además, tenían experiencia organizativa obtenida previamente en sindicatos, partidos políticos y grupos revolucionarios. La agrupación Tierra Viva, establecida en Guatemala en 1988, insistió siempre en el principio de autonomía e independencia y en la necesidad de avanzar la teoría feminista en el contexto guatemalteco. La idea original de formar tal organización se difundió entre quienes participaron en el IV Encuentro Feminista Latinoamericano y del Caribe en Taxco en 1987, que fue un momento decisivo para la conscientización de muchas de las mujeres centroamericanas que asistieron. El Grupo Guatemalteco de Mujeres (GGM) se fundó en 1988 para desarrollar la conciencia de la condición y las necesidades de la mujer y para servir a las mujeres necesitadas, especialmente aquellas afectadas por la violencia doméstica. El Grupo Femenino pro Mejoramiento de la Familia (Grufepromefam), fundado en 1986 para promover la organización y dotes de mando de las obreras, así como para apoyar sus necesidades y las de las familias de todos los trabajadores, se alineó con la Unidad de Acción Sindical y Popular (USAP).

Juntos, los tres grupos establecieron la Coordinación de Agrupaciones de Mujeres de Guatemala (Coamugua) que colaboró en la creación de la Asamblea Permanente de Mujeres Centroamericanas por la Paz, que existió por cuatro años. Después del asesinato de Dinorah Pérez, activista política y directora del Instituto de la Mujer, María Chinchilla, éstos y otros grupos formaron la "Red de la no-violencia contra la mujer", la cual ayudó a dirigir la atención pública a este tema y a la necesidad de leyes y políticas públicas para tratarlo con mayor eficacia. También sirvió para vincular activistas guatemaltecas a otras redes regionales e internacionales que trabajaban para desarrollar la conciencia pública de resistencia a la violencia contra las mujeres. El papel de mando que desempeñaron las fundadoras de estos tres grupos en la creación de cuerpos y redes coordinadoras se debe a sus experiencias en el exilio o en los campamentos de refugiados durante la guerra, particularmente en México.

Durante esta misma época, otras mujeres participaron en grupos de mujeres enfocados a los derechos humanos, a la resolución del conflicto armado por medio de la negociación y a la desmilitarización de la sociedad en favor del respeto a la ley civil. Los grupos incluían a Conavigua (Coordinadora Nacional de Viudas de Guatemala) y GAM (Grupo de Apoyo Mutuo, un grupo mixto compuesto de parientes de los desaparecidos, cuya dirección y la mayor parte de sus miembros eran mujeres), en los que empezaron a coincidir indígenas y ladinas en torno a problemas derivados del conflicto, lo que creó condiciones para un posterior despegue de la participación de las mujeres indígenas en una multiplicidad de agrupaciones propias y también para la adquisición de una conciencia clara de problemas compartidos relativos a su condición de género (Carrillo,1991:118). En cambio, Mamá Maquín, Madre Tierra e Ixmucané, organizaciones de indigenas refugiadas en México, plantearon reivindicaciones específicas en cuanto al empoderamiento y mayor equidad de las mujeres, incluyendo, por primera vez en la historia de Guatemala, el reconocimiento del derecho a la propiedad de la tierra para las campesinas (Hernández, 2005:76). A finales del periodo, mujeres indígenas participaron en los primeros encuentros indígenas regionales y continentales, como la Conferencia del V Centenario en 1992 y el Enlace Continental de Mujeres Indígenas en 1993. También durante este tiempo, una iniciativa más se sumaba al esfuerzo por difundir las ideas feministas articulándolas a las propuestas políticas de la izquierda a modo de zanjar el viejo debate sobre la pertinencia de las demandas de las mujeres: *Otra Guatemala*, una revista publicada entre 1988 y 1990 por exiliados en México, buscaba la convergencia de distintas posiciones de la izquierda, pero además sirvió de foro para la divulgación de las ideas feministas guatemaltecas y las actividades de organizaciones de mujeres en Guatemala, tanto como para la recuperación de la historia de las mujeres. En sus páginas y consejo de redacción figuraban mujeres que posteriormente fundaron o se vincularon en Guatemala a grupos feministas, organizaciones indígenas y grupos de mujeres con objetivos diversos.

A pesar de las tensiones y las contradicciones inherentes en las organizaciones de mujeres, en relación con las organizaciones de izquierda durante esta época el logro más importante fue "sacar al feminismo de la 'clandestinidad' en la que había estado encriptado durante todos los años precedentes" (Aguilar, 2001:73).

TERCERA ETAPA 1994-1999

Se caracteriza esta tercera fase de la organización de mujeres en Guatemala por varios hitos. Uno de los más importantes ocurrió durante los primeros debates de la Asamblea de la Sociedad Civil (ASC), una organización creada para que la sociedad apoyara los Acuerdos de Paz, firmados finalmente por el gobierno y las fuerzas insurgentes en 1996.[1] La Asamblea, compuesta por más de 30 organizaciones

---

[1] Las negociaciones de la paz entre el gobierno, el ejército y el grupo Unidad Revolucionaria Nacional Guatemalteca (URNG, un grupo que aglutina a muchas organizaciones) empezaron en México el 26 de abril del 1991 con la firma del acuerdo que incluyó la participación de la sociedad civil.

y algunos individuos, originalmente se organizaban con la suposición de que las necesidades y las demandas de mujeres serían automáticamente incluidas entre las de otros grupos sociales de los que formaban parte: grupos de obreras, campesinas, profesionales, estudiantes, empresarias, indígenas, religiosas y partidos políticos, etc. Una coalición de organizaciones de mujeres, principalmente Convergencia Cívica Política de Mujeres, Grupo Guatemalteco de Mujeres, Copodimu, Fandegua, Tierra Viva y Coincidencia de Mujeres, llegó a un acuerdo, no sin una lucha: las mujeres también debían ser un sector constituyente (Jimeno, 1996; Berger, 2006).

La creación de un sector de mujeres en la ASC produjo un foro donde 22 organizaciones de mujeres (algunas que trabajaban exclusivamente con mujeres y otras que se interesaban en promover asuntos de mujeres dentro de organizaciones mixtas), y cinco mujeres independientes se juntaron para debatir versiones de las demandas más enfocadas a temas de la mujer que se podrían incluir en las negociaciones y, si tenían éxito, en los acuerdos que resultaran de ellas. La tarea del sector de mujeres se hizo difícil al intentar negociar un acuerdo entre un grupo diverso de mujeres que no tenía una agenda en común ni experiencia en temas específicos de la mujer. Sin embargo, al final lograron conseguir que el resto de la Asamblea tomara en serio sus demandas y éstas quedaron establecidas en el acuerdo final; entre ellas, la incorporación de un enfoque de género en los programas de desarrollo y en el reasentamiento de la población desarraigada, la creación de una legislación que reconociera el acoso sexual y la violencia doméstica como crímenes punibles, las demandas relacionadas con la ciudadanía de mujeres y su mayor participación política, la protección especial de los derechos de los indígenas y más oportunidades para las mujeres en el acceso a la tierra, crédito, alojamiento y educación.

Activista política y participante activa en el Sector, Georgina Navarro, analiza el proceso de negociación que caracterizó este esfuerzo importante:

en el Sector de Mujeres, fueron los aportes de las feministas los que dieron sustento teórico y argumentos válidos a las propuestas que luego se sostuvieron dentro de la mesa de negociaciones, con las partes y con los otros sectores. [Al inicio] no hubo identificación de las mujeres indígenas; ellas se asombraban de que viniéramos con cosas que no se habían hablado públicamente aquí, por lo menos ellas no lo habían oído […] pero paulatinamente las mujeres indígenas se empezaron a identificar. Rosalina Tuyuc, por ejemplo, que manejaba el tema de derechos humanos muy bien, se empezó a identificar con algunas propuestas donde ella se veía reflejada. Conavigua empezó a unirse al Sector, a oír las propuestas y a identificarse con algunas cosas. No avalaron todo, sólo lo que ellas consideraron. Y como debíamos presentar propuestas consensuadas, cosas que no avalaron; no pasaron como lo del aborto [tema en el que tampoco hubo acuerdo con otras mujeres porque sigue siendo tabú, ASM]. Las cuestiones [con las] que se identificaron fueron por ejemplo los problemas de las mujeres viudas del conflicto armado, la situación de las mujeres víctimas del conflicto armado (experiencia ya compartida en México con otras ladinas refugiadas), no era feminismo, pero fueron temas que nos unieron (Monzón, 2004a; 2003).

El acuerdo para incluir mujeres como sector con intereses específicos y la necesidad de representación directa fue un hito en la historia de las mujeres y la democracia en Guatemala, tanto como en la historia de los acuerdos de paz en el mundo, que debe ser valorado a pesar de las subsecuentes desilusiones por la falta de habilidad o voluntad del gobierno para cumplir las condiciones fundamentales de los Acuerdos de Paz. También debe ser valorado el Foro Nacional de la Mujer para asegurar el respeto de los acuerdos enfocados a temas de la mujer a pesar de que los grupos de mujeres rurales estaban insuficientemente representados en el Sector de Mujeres, como ocurría con grupos rurales en otros movimientos sociales (Berger, 2006). Según las palabras de una observadora:

Puede decirse, entonces, que fue en este periodo que el feminismo y las feministas influyen de manera determinante en los discursos de las principales líderes del movimiento amplio de mujeres y en los contenidos de las demandas plasmadas en los Acuerdos de Paz a través de la participación constante y dinámica de mujeres organizadas en los espacios y mecanismos definidos para este proceso (Aguilar, 2001:73).

Otros hitos durante este periodo incluyeron la coordinación de un conjunto, cada vez más variado, de grupos de mujeres y la organización de los debates públicos relacionados con los preparativos para las conferencias regionales, hemisféricas e internacionales, como el I Encuentro Centroamericano de Mujeres en Montelimar, Nicaragua (1992), el VI Encuentro Feminista Latinoamericano y del Caribe en Costa del Sol, El Salvador (1993), la Conferencia de los Derechos Humanos promovida por la ONU en Viena en 1993, la IV Conferencia sobre Población y Desarrollo en El Cairo, Egipto en 1994 y la IV Conferencia de la ONU sobre la Mujer, en Beijing, China en 1995.

Los debates públicos y los esfuerzos para incidir políticamente y negociar, incluso con oficiales públicos, generó una reacción fuerte, a veces, como en el caso de la Ley de Población y Desarrollo (Decreto 3-93) enfocada en la salud reproductiva de hombres y mujeres, en la planificación familiar, la atención ginecológica y obstétrica, y el tratamiento de las enfermedades de transmisión sexual. El debate que estalló a causa de esta ley, aprobada por el Congreso, venía no solamente de la Iglesia católica y los grupos conservadores que vieron la "planificación familiar" como una cubierta para el aborto, sino también de algunas mujeres católicas e indígenas, que por razones distintas se opusieron a la ley que el Presidente eventualmente vetó. Otro hecho significativo durante este periodo fue el establecimiento del primer periódico mensual feminista de Guatemala, *La Cuerda,* en 1998, después de haber empezado algunos años atrás como página mensual en un diario de circulación nacional. El gran aporte de esta iniciativa al panorama de la praxis del movimiento e incluso a la reflexión teórica, es la demostración de la viabilidad de los principios de articulación de la ética del cuerpo y los sentimientos a la política. Retomando la huella de "Femina Sapiens" pero llevándola más allá y actualizándola en el tiempo y espacio guatemalteco, *La Cuerda* rinde homenaje a su predecesora con una columna homónima. Sin embargo, el concepto mismo del periódico es una reinterpretación de aquélla por su señalada cualidad de integración de lo teórico y lo político.

La Cuerda, que se define como "una mirada feminista de la realidad", realizó una equilibrada combinación de periodismo de análisis e información; sus contenidos fueron abiertamente orientados a crear opinión y debate sobre asuntos nacionales desde la perspectiva feminista. El equilibrio programático de esta publicación nace de una concepción integrada de la reflexión feminista y realidad social, originadas en el debate con la izquierda sintetizado en el principio de *lo personal es político*. Junto al programa radial *Voces de Mujeres*, establecido en 1993, *La Cuerda* es el resultado de la apertura creada por la reducción de la violencia política y de la negociación y firma de los Acuerdos de Paz, que se constituyeron en efectivos vehículos de comunicación y conocimiento alternativos.

Una tendencia contradictoria que se inicia en este periodo es la progresiva "ONG-ización" de los movimientos de las mujeres. Por un lado, en los noventa ya había presión internacional creciente por parte de las conferencias de la ONU y los donantes públicos y privados para incluir el tema de las mujeres en las iniciativas programáticas de las agencias gubernamentales y las organizaciones no gubernamentales, y ambas dependían fuertemente del financiamiento externo. Esto creó cierta "demanda" de gente capacitada en temas relacionados con mujeres. Pero, por otro lado, muchas mujeres activistas opinan que aumentó también la fragmentación, duplicación y competencia por los escasos recursos, además de que hubo una falta de metas coherentes a largo plazo. Otras creen que se debilitaron los aspectos más políticos del movimiento feminista en favor de la "institucionalización del movimiento, el establecimiento de sistemas administrativos y contables [...] la creación de indicadores de impacto y la elaboración de marcos lógicos para la ejecución de los proyectos", y piensan que "negociar e incidir se igualaron a [...] no confrontar y a abandonar la movilización política y la denuncia" (Aguilar, 2001:82-83).

Otras activistas, aunque reconociendo los efectos contradictorios de la ONG-ización, señalan que por primera vez a finales de este periodo el movimiento de mujeres, particularmente su corriente feminista ya no era mayormente de mujeres ladina-mestizas, urbanas, o de clase alta y media. No eran solamente las mujeres rurales e indígenas las que empezaron a crear espacios para sí mismas y sus inquietudes, sino también mujeres de otras identidades étnicas (garifuna y xinca, por ejemplo), mujeres jóvenes, mujeres religiosas y mujeres con diversas orientaciones sexuales.

CUARTA ETAPA, 2000 AL PRESENTE

Por el año 2000 hubo un aumento en la violencia y la inseguridad en la esfera pública, escándalos de corrupción en el gobierno y mayor vulnerabilidad del sistema legal, que junto con el deterioro económico, contribuyeron a una situación contraria a la aplicación de los Acuerdos de Paz y de las políticas del Estado relacionadas con aquéllos. La creación de la Secretaría Presidencial de la Mujer (Seprem) abrió algunas vías para la institucionalización de políticas en favor de la mujer y la ratificación por el Congreso del Protocolo Facultativo de la Convención para la Eliminación de Todas las Formas de Discriminación contra la Mujer (CEDAW, por sus siglas en inglés). Pero, por otro lado, las agencias estatales relevantes no han hecho suyas las otras reformas estipuladas en los Acuerdos de Paz. Entre estas reformas están la ley de reforma electoral y de partidos políticos, la ley en contra del acoso sexual, y la integración de mujeres en los Consejos de Desarrollo Urbano y Rural, así como hacer público al contenido de la CEDAW. Tampoco ha progresado la incorporación de una perspectiva de género en el paquete de Reformas Educativas y en la expansión de los derechos de las mujeres rurales a la tierra y al crédito.

Al mismo tiempo, un grupo diverso de mujeres consiguió ponerse de acuerdo en sus agendas políticas y proyectos específicos. Durante las campañas electorales de 2003, ellas se sumaron a las protestas en contra de la aprobación por la Corte Constitucional de la candidatura del ex presidente general Efraín Ríos Montt (responsable de las campaña de medidas contrainsurgentes de "tierra arrasada") y a la formación del grupo "Nosotras las Mujeres" que hizo una campaña para convencer a otras mujeres a que ejercieran un voto bien informado, recordando los efectos que la guerra de los ochenta tuvo en las mujeres y sus comunidades (Monzón, 2004b:26).

Por primera vez hubo discusión entre mujeres indígenas y ladina-mestizas sobre aproximadamente 20 propuestas que se pudieron incluir en las plataformas electorales de los partidos políticos. Estas jornadas fueron una advertencia sobre los problemas y demandas de las mujeres que el Estado debía atender en función del bien común, incluidos:

la creación y fortalecimiento de mecanismos institucionales para el avance de la mujer, la asignación de fondos estatales para programas específicos para las mujeres, así como la aprobación de leyes y(o) de reformas legales que contribuyan a eliminar las barreras que limitan la efectiva participación de las mujeres en los espacios políticos y de gestión y ejecución de políticas públicas (Cerigua, 2003;12 citado por Monzón, 2004:27).

Sin embargo, el problemático ambiente político en Guatemala y la debilidad del Estado para aplicar y supervisar reformas causó que algunas activistas feministas descartaran aquellos esfuerzos y los consideraran como distracciones de su esfuerzo más militante para transformar el orden social. No obstante, otras mujeres consideran una meta importante lograr pensar concreta y estratégicamente acerca de las agendas de reforma legislativa y política y la formación de las alianzas necesarias.

Sin duda, el logro más importante en este periodo ha sido la difusión inesperada y sin precedente histórico de las organizaciones de mujeres y las perspectivas feministas fuera de la capital. Las coordinadas marchas públicas, que empezaron en la capital con la firma de los Acuerdos de Paz el 8 de marzo del 1996, se celebran cada vez más en las cabeceras departamentales bajo el liderazgo de coordinadoras que reúnen grupos diversos. Las mujeres mayas, garifuna y xinca, de los grupos étnicos principales de Guatemala, son cada vez más activas en varias redes regionales y hemisféricas así como en muchas organizaciones locales y nacionales. Las mujeres garifuna comenzaron a desarrollar vínculos hemisféricos como consecuencia del I Encuentro de Mujeres Negras Latinoamericanas y del Caribe en 1992 y las mujeres indígenas hicieron lo mismo a raíz del Enlace Continental de Mujeres Indígenas en 1993.

En cambio, los grupos de mujeres indígenas que, con fuerte apoyo solidario de ONG mexicanas (Blue, 2005), tuvieron tanto éxito en organizar a 9 000 mujeres en los campamentos de refugio (Mamá Maquín, 1990; Madre Tierra, 1993 y Mujeres en Resistencia Ixmucan, 1993), encontraron un ambiente mucho más conservador y hostil al regresar a Guatemala en 1993 y después. Tachadas como miembros o simpatizantes de las organizaciones revolucionarias —aglutinadas en la Unidad Revolucionaria Nacional Guatemalteca (URNG)— y rechazadas, muchas veces, por dirigentes hombres locales de pensamiento mucho menos progresista a lo cual estaban acostumbradas, fue difícil continuar con la misma agenda de empoderamiento que persiguieron cuando eran refugiadas. Sin embargo, en el año 2000, los tres grupos formaron la Alianza de Mujeres Rurales por la Vida, la Tierra y la Dignidad, que opera en Quiché, Huehuetenango, Alta Verapaz, Suchitepéquez y Petén. Después de un tiempo de enfocarse principalmente en "proyectos productivos", su agenda actual busca cómo incorporar aspiraciones de trabajo con una opción política "de carácter transformador y con relaciones más amplias (Hernández, 2005:82).

Algunas mujeres indígenas trabajan activamente por sus derechos a la tierra en grupos mixtos como la Coordinadora Nacional de Organizaciones Campesinas (CNOC) y la Coordinadora Nacional Indígena y Campesina (CONIC), que desde 1996 ha formado una Secretaría de la Mujer que promueve mujeres en posiciones de poder. Otras mujeres indígenas se organizan alrededor de una variedad de enfoques: culturales (Consejo de Mayas en 1993), políticas (CM-Copmagua en 1996 y la Asociación de Mujeres Tejedoras del Desarrollo), autoconocimiento (Kaqla en 1998), promoción del liderazgo y ciudadanía de mujeres (Asociación Política de Mujeres Mayas Moloj en 2001), o por un papel más visible y contra la discriminación (Asociación de Mujeres Garifunas de Guatemala-Asomugagua, en 1995). Estas organizaciones, a pesar de sus múltiples enfoques, son cada vez más importantes en la educación y movilización de mujeres rurales (Monzón, 2004: 34-35).

Quizá la más innovadora de ellas es el Grupo de Mujeres Mayas Kaqla, formado por mujeres mayas con trayectoria en los movimientos revolucionarios de los ochenta y algunas mujeres más jóvenes. El objetivo del grupo, según sus organizadoras, es reunir a mujeres mayas bajo la propuesta de combinar "lo personal, lo privado y lo íntimo con lo público e histórico," una vía para la "sanación" personal y social que permita construir mejores y más felices personas y sociedades. Lo interesante de su propuesta es que realizan una apropiación creativa y la actualización de tradiciones culturales, intelectuales y políticas de muy amplio espectro, logrando con ello un planteamiento dialógico en términos del discurso, el cual mantiene abiertos los canales para los más variados debates. Aunque las mujeres mayas de Kaqla quieren, en esta fase inicial de su proceso "hablarse a sí mismas" (Grupo de Mujeres Mayas Kaqla, 2004:28) y vinculan la referencia al *otro* con la internalización del opresor, lo cierto es que su propuesta es de diálogo. Apropiándose y resignificando por igual tradiciones europeas y americanas como el psicoanálisis y el socioanálisis, el feminismo, la deconstrucción, los paradigmas teóricos del desarrollo y el referente básico cultural de los pueblos indígenas, el lenguaje y la cultura popular guatemalteca, las mujeres de Kaqla buscan y exploran caminos nuevos de configuración —al menos en el plano discursivo— de un sujeto múltiple y heterogéneo.

Así que mientras algunas activistas miran con consternación la situación general de despolitización en el periodo actual y una disminución de la influencia del movimiento de mujeres en la política nacional, otras señalan la difusión de organizaciones de mujeres y perspectivas feministas a las áreas rurales. Hoy día, en Guatemala hay una creciente diversidad de formas que dan voz y espacio a mujeres que históricamente no lo han tenido. En un país que está apenas empezando a explorar el significado de su identidad como una nación multiétnica, y cuya ciudadanía efectiva estuvo negada a la mayoría de la población, este acontecimiento puede ser visto como una condición previa para un momento nuevo de protagonismo.

DEBILIDADES Y DESAFÍOS

Lo más admirable de los últimos treinta años de activismo de las mujeres guatemaltecas ha sido su continuidad a pesar de amenazas, muertes, una guerra genocida y un periodo de posguerra caracterizado por altos niveles de impunidad y corrupción oficial, crecientes niveles de hambre y pobreza, sectores de poder que todavía se resisten a reformas democráticas, y una sociedad civil todavía muy frágil. El protagonismo de las mujeres durante y después de la guerra de los setenta y ochenta ha ayudado a crear un nuevo concepto de ciudadanía, más activo e inclusivo y también uno de nación, más pluralista y multiétnico. Ha creado un concepto del cambio social progresista más integral que combina reproducción con producción y los sentimientos y deseos con la transformación económica y política. Ha fortalecido prácticas más democráticas y menos sectarias a las coaliciones progresistas y, lo más importante de todo, ha creado un cuerpo significativo de mujeres, algunas de ellas activistas desde su adolescencia y otras con varias décadas de vida organizativa, que tienen un gran conocimiento en el arte de movilizar y organizar. Estas mujeres con experiencia trabajan juntas con nuevas generaciones de activistas que no vivieron directamente la época de la guerra y las tradiciones de las organizaciones de izquierda, y combinan la transmisión de experiencias con espacios para nuevas formas de organización.

Pero la fragilidad de los cambios en el periodo de posguerra, junto con los estados civiles que colaboran con el Opus Dei o intentan cooptar discursos feministas por un lado, y las nuevas formas de terror e intimidación por el otro, han dejado muy poco tiempo para reflexionar colectivamente sobre los logros y las lecciones aprendidas. La época actual ha traído nuevas formas de terror como la ola de feminicidios, 1 049 mujeres asesinadas entre 2002-2004,[2] más que el número de casos en Ciudad Juárez, Chihuahua, México, pero con mucho menos publicidad.

---

[2] En un porcentaje de los feminicidios existen indicadores de las fuerzas de seguridad.

Desconocimiento, violencia e intolerancia de género, clase y etnia, parecen haber sido enemigos fuertes que han impedido al feminismo y al desempeño de las mujeres integrarse en mayor escala como parte de la cultura política democrática en Guatemala; pero también han sido —por lo mismo—, elementos modeladores. De ahí que los feminismos guatemaltecos se hayan estructurado y definido del modo en que lo hicieron: respondiendo a esos difíciles puntos de partida. La separación que aún hoy se percibe entre movimiento feminista y movimiento amplio de mujeres se produjo a lo largo del proceso que aquí se ha reseñado y reproduce una versión del viejo debate, entre la izquierda con sus proyectos políticos y el feminismo con los suyos. Como saldo de esa divergencia muchas de las expresiones de los diversos feminismos derivaron sin dificultad en Guatemala hacia nuevas configuraciones y metas distintas a las iniciales. Grupos de mujeres de variadas filiaciones feministas y pertenencias étnicas han coincidido ya en los efectos que la tutela de sus organizaciones ha provocado tras una década sostenida de aplicación de enfoques de género sin teoría, memoria política feminista, o de clase. Investigaciones recientes en comunidades de retornados confirman que "el acceso a la tierra para grupos aislados, mediante créditos y apoyos puntuales, es insuficiente para revertir la pobreza y no genera desarrollo" (Hernández, 2005:82), coincidiendo con las evaluaciones de organizaciones de mujeres campesinas que se proponen ahora metas de carácter "más político". En la historia de los feminismos guatemaltecos la parcial ventilación de sus relaciones y debates con las organizaciones de izquierda y sus prácticas en décadas pasadas es una fase ineludible de su propio proceso. De ella se han enriquecido con perspectivas que han dado lugar al desarrollo de agendas feministas interesadas de cerca en los temas políticos y la problemática social del país, lejos de los feminismos ensimismados y elitistas. El reto ha sido desde entonces el equilibrio entre autonomía y vinculación social.

La capacidad de las mujeres con perspectiva feminista de incidir en la política nacional actual y aun en los discursos y programas de los partidos políticos de la izquierda es todavía relativamente débil y hay, todavía, pocos foros para el debate y transformación de la conciencia colectiva. La respuesta a la ola de feminicidios es indicador del lo que queda por construir.

También existe el desafío de ir más allá del reconocimiento de diferencias para aprender a articularlas. Al intentar entender la diversidad étnica, se presenta la necesidad de superar y permitir diferencias tanto dentro como entre las categorías. La actual desarticulación y dispersión de los movimientos feministas y de mujeres es una preocupación reiterada y un problema que "incomoda". Confundir la diversidad con dispersión también lo es. Para las distintas expresiones del feminismo guatemalteco afrontar y reconocerse históricamente es parte de los debates políticos pasados y actuales que contribuiría a la definición de sujetos sociales articulados a partir de la heterogeneidad.

Por otro lado, hay una necesidad apremiante de generar más teoría para sustentar y alentar el activismo y crear más espacios permanentes donde la investigación y la educación acerca del género y las mujeres pudieran ocurrir. Considerando que en muchas partes de América Latina el reto es llenar el vacío entre las feministas académicas y las feministas de las bases, en Guatemala se trata de abrir y sostener permanentemente instituciones académicas, centros de investigación y organizaciones civiles de cara al conocimiento del pensamiento feminista y conseguir apoyo financiero a largo plazo para los proyectos que se propongan.

Igual que los otros movimientos de mujeres latinoamericanas, los grupos de mujeres en Guatemala se enfrentan también al dilema constante de determinar el equilibrio que debe haber entre las acciones públicas y el desarrollo interno del movimiento y de clarificar el tipo de relaciones que las organizaciones de mujeres deben mantener con el Estado, los organismos de financiamiento internacional y otros protagonistas sociales. Además, hay un reto para negociar las diferencias entre mujeres con respecto a las políticas de reproducción y a la vez responder a las resistencias de las fuerzas derechistas. El gran desafío, como siempre, es encontrar maneras cada vez más creativas de "subvertir, transgredir y subvertir otra vez" (Aguilar, 2001).

BIBLIOGRAFÍA

Aguilar Urízar, Yolanda de la Luz (2003), *Identidades políticas feministas en Guatemala. Etnología de la trasgresión*, tesis de licenciatura, Guatemala, Universidad de San Carlos, Escuela de Historia, Área de Antropología.

Aguilar, Ana Leticia (2001), "El movimiento feminista y el enfoque de género en las instituciones nacionales e internacionales. Balances y desafíos", en Edda Gaviola Artigas y Lissette González Martines (comp.), *Feminismos en América Latina*, Guatemala, FLACSO, pp. 69-91.

Aguilera P., Gabriel (comp.) (1979), *Mujer y lucha social*, Guatemala, Instituto Centroamericano de Estudios Políticos, INCEP.

Berger, Susan (2006), *Guatemaltecas: The Women's Movement, 1986-2003*, Austin, Texas, University of Texas Press (en prensa).

Blue, Sarah (2005), "Incorporating women in development: Guatemalan refugees and local NGO's" en *Latin American Perspectives*.

Carrillo, Lorena (2004), *Luchas de las guatemaltecas del siglo XX. Mirada al trabajo y la participación política de las mujeres*, Guatemala, Ediciones del Pensativo.

——— (1995) *Las formas de participación fémina el trabajo y la política en Guatemala (1920-1980)*, tesis de maestría, México, Universidad Autónoma de México.

——— (1994), "El voto de las mujeres", *Revista Otra Guatemala*, núm. 13, México, pp. 17-19.

——— (1991), "Indias y ladinas. Los ásperos caminos de las mujeres en Guatemala", *Revista Nueva Sociedad Venezuela*, Nueva Sociedad, pp. 109-118.

Grupo de mujeres mayas kaqla (2004), *La palabra y el sentir de las mujeres mayas de Kaqla*, Guatemala, Novib/Hivos/Oxfam/PCS.

Hernández Alarcón, Rosalinda (2005), *Las campesinas y su derecho a la tierra (realidad y emancipación)*, Guatemala, La Cuerda.

Jimeno, Clara (1996), "The role of Guatemalan women's organizations in the peace process," un trabajo sin publicar preparado para The Canadian Association for Latin American and Caribbean Studies, XXVII Congreso, CERLAC, Cork University, Toronto, Canadá, del 31 de octubre al 3 de noviembre.

Monzón, Ana Silvia (2004a), *Entre mujeres. La identidad étnica, factor de tensión en el movimiento de mujeres en Guatemala, 1990-2000*, tesis de maestría, Programa Centroamericano de Posgrado, Maestría en Ciencias Sociales, Guatemala, FLACSO.

———— (2004b), *Los estudios de la mujer y de género en Guatemala: balance y perspectivas*, Encuentro Nacional de Investigación en Género y Feminismo, 11 y 12 de noviembre, ciudad de Guatemala.

———— (2003), *Memoria del porvenir. 10 años de voces de mujeres*, Guatemala, Friedrich Ebert Stiftung-Christina Aid.

Stoltz Chinchilla, Norma (1998), *Nuestras utopías. Mujeres guatemaltecas del siglo XX*, Guatemala, Agrupación de Mujeres Tierra Viva.

LAS MUJERES INDÍGENAS: SURGIMIENTO DE UNA IDENTIDAD COLECTIVA INSURGENTE*

NELLYS PALOMO SÁNCHEZ**

INTRODUCCIÓN

A ellas, que abrieron los meandros para que otras transitáramos, y a las que hoy, desde diferentes espacios, tejen con hilos finos para que su palabra sea escuchada.

En los últimos años los movimientos indígenas latinoamericanos han sido protagonistas en las luchas de sus países y son referencia obligada en la construcción de los movimientos sociales alternativos; con ello estamos ante el surgimiento de nuevos sujetos sociales e identidades colectivas que traen consigo sus formas de resistencia y de organización colectiva.

En este contexto de generación de voces y luchas emergentes de los pueblos indios en la región, también es evidente la presencia y palabra de las mujeres indígenas.

El objetivo del presente ensayo es realizar un acercamiento a la compleja problemática, posición y discriminación que sufren las mujeres indígenas en sus comunidades, así como sus relaciones con las sociedades predominantes. La reflexión parte de las experiencias de trabajo directo con mujeres y comunidades indígenas en México y otras regiones de Mesoamérica, como Nicaragua, Guatemala y El Salvador.

En cinco elementos se sustenta la reflexión-propuesta que lleva a plantear la existencia de un cambio fundamental en los diez últimos años en el desarrollo del movimiento indígena, donde las mujeres han cambiado la correlación de fuerzas:

- El proceso de visibilización, para ser sujetas.
- El sentido identitario entre lo étnico y lo relativo al género.
- La condición de discriminación en sus pueblos y en la sociedad no indígena.
- Construcción y deconstrucción de poderes: el empoderamiento de las mujeres indígenas.
- La participación de las mujeres indígenas en el contexto internacional.

---

*Este texto es un reconocimiento a la fuerza de mis ancestras: mis bisabuelas y abuelas, mujeres negras e indígenas que pulularon en mi infancia y que en lo cotidiano de la comunidad me enseñaron la dignidad, el orgullo de sus raíces y el valor de ser mujer. Mujeres sabias que rompieron con normas y prácticas ancestrales que las mantenían en la opresión y la sumisión de aquellos tiempos en los que sus voces fueron emergentes.

**Asesora de grupos de mujeres indígenas, feminista y dirigente política; integrante del Consejo Editorial de Cuadernos Feministas.

TEJIENDO VISIBILIDAD

Invisibilizadas como sujeto, las mujeres indígenas emergen conscientes y organizadas en los últimos diez años. Los cambios operados por ellas son notables, y muchas
ocupan hoy puestos de liderazgo en sus pueblos o en los espacios del movimiento,
dando voz a las preocupaciones de las otras; entre éstas destacan las insurgentes zapatistas: comandantes Ramona y Ana María, quienes participaron en el proceso de
diálogo de los acuerdos entre el EZLN y el gobierno mexicano. En Ecuador, Blanca
Chancoso, que desempeñó un papel importante en la mesa de negociación ante la
caída del presidente Bucaram en 1997, y Nina Pacary, que llegó a ocupar el cargo
de ministra de Relaciones Exteriores en el gobierno de Lucio Gutiérrez. Otras destacadas activistas han sido, en otros países, Mirna Cunningham (Nicaragua), Noeli
Pocaterra (Venezuela) y Otilia Lux, que ha ocupado el cargo de ministra de Educación y Cultura en Guatemala y en la ONU.

A pesar de que sus luchas y reivindicaciones son añejas y algunas estaban inmersas en las del movimiento indígena en general, las primeras voces de mujeres
llamaron la atención sobre su condición y situación como indígenas dentro de sus
pueblos; y entonces la opinión de las indígenas se cuestionó, y se señaló que esto llevaba a la desunión del movimiento o a la infiltración de ideas extrañas o ajenas a la
cosmovisión indígena; se llegó a decir que las mujeres no tenían demandas propias
como sector. Algunos dirigentes de organizaciones indígenas dicen que esta lucha
de "liberación femenina" tiene que ver con el feminismo. Marcelino Díaz de Jesús,
líder indígena de la ANIPA en México opina al respecto:

Yo tenía conocimiento del feminismo, pero no de esta cuestión de género. Yo decía: feminismo es igual a mujeres de la ciudad que quieren igual ir a emborracharse todas las noches
hasta muy tarde sin que el marido les diga nada (Ramos Gil, 2002:59).

Estas opiniones siembran desconfianza y dudas en las mujeres indígenas, impidiendo que asuman su condición de opresión, discriminación y exclusión, por el
temor a ser catalogadas como feministas.

Los espacios desde donde vienen tejiendo su visibilidad han sido la comunidad,
las organizaciones mixtas, las cooperativas de artesanas, los comités de salud y las organizaciones de mujeres; espacios donde las protagonistas son ellas mismas tratando de dar respuesta a sus propias necesidades, a la problemática de la equidad de
género, la educación y capacitación, la comercialización de artesanías, las denuncias contra los usos y costumbres que implican en muchos casos una denigración
de la dignidad de las mujeres, violencia intrafamiliar y comunitaria u otro tipo de
violencia como la que se vive en estos momentos, generada por la presencia militar
en algunas zonas indígenas, como sucede en México y Colombia.

Los espacios creados —individuales y colectivos— tratan de hacer visible el desempeño de las mujeres. Así, en algunos pueblos existen espacios específicos de
mujeres, en otros se dan dentro de las organizaciones mixtas, como es el caso de la
Comisión de Mujeres de la CONAIE en Ecuador, o la ONIC en Colombia. En México

las mujeres han construido un espacio propio: la Coordinadora Nacional de Mujeres Indígenas, al margen de las dos organizaciones mixtas que existen: el Congreso
Nacional Indígena y la Asamblea Nacional Indígena Plural por la Autonomía; en
otros casos existen comisiones de mujeres o consejos de ancianas(os) o sólo cooperativas de artesanas, comités de salud, etcétera.

En cualquiera de estas experiencias las mujeres señalan que su lucha no puede
estar divorciada de la comunidad o de la lucha de sus pueblos y hermanos: "La
lucha no es contra nuestros hombres, sino contra el sistema económico, político,
social y cultural impuesto por el neoliberalismo";[1] por ello concretan acuerdos y
alianzas con organizaciones y líderes indígenas, sin dejar de lado el cuestionamiento hacia sus hermanos que en las comunidades y en sus hogares violentan la dignidad de las mujeres.

Es importante comprobar que a lo largo de las experiencias realizadas con grupos de mujeres indígenas, ellas aprendieron a no dividir su lucha, asumiendo que
las demandas de sus pueblos por su reconocimiento como pueblos tienen que ir al
parejo con las demandas que tienen como mujeres indígenas. Al respecto, Blanca
Chancoso planteó en el II Encuentro Continental de Mujeres Indígenas (diciembre, 1997, México) lo siguiente:

Las mujeres indígenas hemos estado participando en nuestras organizaciones, comunidades,
porque somos parte de nuestros pueblos. Defender los derechos y cultura ha sido parte de
nuestra lucha sin ser visibles (Kinal Antzetik, A.C., 1997).

Cuando las mujeres indígenas iniciamos el proceso organizativo no fue porque era la moda,
sino nos sentamos a analizar nuestra situación real como mujeres, como comunidad y como
pueblo indígena.

Actualmente existe una gran presencia de organizaciones de mujeres indígenas con demandas y necesidades propias, con voces propias para decir su palabra
y construir un camino parejo con los hombres. Una clara muestra han sido los
tres Encuentros Continentales de Mujeres Indígenas, realizados en Ecuador (Quito, 1994), México (DF, 1997) y Panamá (2000). Éstos han logrado que lo insólito
se vuelva cotidiano, lo oculto público y lo individual colectivo, y en este quehacer
transgreden y construyen nuevos referentes, valores y actitudes que desde la raíz
cuestionan el poder que se ejerce sobre ellas.

En la declaración final del II Encuentro Continental de Mujeres Indígenas, las
representantes de los 25 pueblos indios y de 17 países, reunidas en México, plantearon:

Las mujeres indígenas somos una parte fundamental para la reproducción y permanencia de
nuestras culturas milenarias, por eso, hoy retomamos nuestra responsabilidad de reforzar,

[1] Entrevista a Rosalinda Santis, ex presidente de la Cooperativa Jolom Mayaetik, julio de 2000.

construir y fortalecer nuestra presencia y participación en todos los ámbitos y niveles dentro y fuera de nuestros pueblos (Declaración de México, 1997:46-47).

Y este constante actuar conjuntamente con la comunidad, la organización y los hombres de sus pueblos, no deja de lado la unidad que como mujeres tienen que seguir construyendo y reafirmando. Así, en el III Encuentro Continental de Mujeres Indígenas, la Declaración de Olowaili dice al respecto:

Reafirmamos nuestro compromiso de estrechar lazos de hermandad y solidaridad de mujeres indígenas del continente para lograr derechos, la unidad de los pueblos indígenas, fortaleciendo el espacio de mujeres indígenas de manera responsable y madura en todos los ámbitos de la vida pública dentro y fuera de comunidades, pueblos y países (Olowaili, 2000).

El sentido identitario: género y etnia

La primera condición de identidad colectiva de las mujeres indígenas partió de los procesos organizativos, donde definen su condición genérica y étnica, permitiendo el flujo y la interacción con los "otros" y las otras, estableciendo un diálogo de diferenciación y reencuentro. En este ámbito de los espacios comunitarios, las actividades de las mujeres y las organizaciones, aun cuando sean mixtas, han contribuido a definirse desde su condición de ser mujer e indígena.

El espacio colectivo permitió clarificar esa conciencia como mujeres y reconocer las condiciones de vida en común que comparten: los golpes recibidos de sus padres, esposos y hermanos; las violaciones que han dejado secuela en sus vidas y la de sus hijas; los hijos no deseados; la discriminación cotidiana que sufren dentro y fuera de sus pueblos; la negación a la participación en sus comunidades y al derecho a la palabra en los espacios comunitarios. Es una historia en común la que las llevó a tener una actitud cuestionadora y, al mismo tiempo de construcción, con propuestas liberadoras e integrales para su comunidad y para estar presentes en sus pueblos con una voz y un rostro propios.

Los que tienen el poder, consciente e inconscientemente, nutren concepciones discriminatorias, de la misma manera que los mestizos consideran ignorantes a los indios y sin capacidad de decisión. Los hombres indígenas en sus comunidades reproducen el mismo ejercicio de poder que lleva a la dependencia de las mujeres hacia los hombres.

Uno de los testimonios muestra claramente cómo se construye esta identidad con el tiempo.

A mí me educaron muy a la antigua, siempre me dijeron que era malo que me dejara tocar, que nunca, o sea que me negara a sentir ese placer y que siempre me cuidara, así como que me cuidara de los hombres, entonces, pues obviamente a uno la crían con esas formas de pensar, y las mujeres, aquí sobre todo, se exige que las mujeres sean vírgenes cuando se casan, tú no practicas como los hombres, no es que tú vas y no, así que tú no sabes mas allá de lo que vas aprendiendo con tu pareja. Entonces en un primer momento, tal vez no haya una satisfacción plena porque no hay un entendimiento de pareja, pero conforme uno va sabiendo que puede ser placentero, pues uno puede ir viviendo esa relación plena, yo creo que, a mí en lo personal, me ha servido conocer mis derechos sexuales, me ha servido conocer mi cuerpo, me ha servido compartir con muchas mujeres sus sentimientos y sus vivencias, aprender de ellas y compartir lo que he aprendido; yo creo que somos mujeres diferentes, primero porque nos respetamos, conocemos nuestro cuerpo, y porque también nosotros sabemos que tener una relación plena es importante y, además, si amamos a nuestra pareja y nuestra pareja nos ama, bueno, pues es muy bonito, yo creo que es algo muy bonito (Santana, 2002).

Otro aspecto que define la identidad genérica es la desvalorización que se tiene del cuerpo de las mujeres indígenas, de allí el maltrato doméstico, la esterilización forzada, la maternidad infantil. Otra constante es la violencia sexual, que se justifica y acepta en sus vidas por las normas morales. En muchas culturas, padres, maridos y hermanos tienen el derecho "natural" de gritarles, insultarlas y golpearlas, si consideran que ellas han hecho algo malo.

Esta situación se agudiza ante la proliferación del alcoholismo en las comunidades. Hoy el alcoholismo se ha convertido en un verdadero problema para las mujeres, para la familia y para la comunidad, ya que cuando los hombres toman alcohol "llegan a golpear y hacer uso de nosotras como si fuéramos cosas".

Esta identidad que están construyendo se ubica en el orden simbólico-comunitario. Desde el ámbito de lo simbólico, las mujeres indígenas se han propuesto cambios que lleven hacia una resignificación y construcción de la subjetividad. Ser sujetas, es decir, tener control no sólo sobre sus vidas, sino también de sus recursos naturales, pero sobre todo, el derecho a existir teniendo una vida digna como humanas y con control de sus vidas, ejerciendo el derecho a ser seres para sí y no para los otros.

Esta identidad y pertenencia de la cual hablan las mujeres se nutre de las costumbres de sus abuelas, sin dejar de cuestionar las costumbres "que nos dan tristeza en nuestro corazón", ya que promueven la desvalorización de ser mujer.

Las mujeres exigen que la ley sólo debería proteger y promover los usos y costumbres que las comunidades y las organizaciones analicen como buenas, ya que las costumbres que se tengan en los pueblos indios no deben hacer daño a nadie.

Las reflexiones que realizan las mujeres indígenas no parten de una visión acrítica de la cultura, de las costumbres, sino, por el contrario, lo que buscan son nuevos imaginarios y referentes para construir una ciudadanía como mujer indígena, que aluda al reconocimiento de la diversidad, la diferencia, la tolerancia y la pluralidad, sin olvidarse de la gran riqueza cultural que tienen algunas costumbres que ellas quieren que se sigan manteniendo, como la vestimenta, la lengua, las comidas, las fiestas.

CONDICIÓN DE DISCRIMINACIÓN

La población indígena en América se encuentra en una situación de exclusión social, reflejada en la falta de acceso a la educación, salud, servicios sociales básicos, con altas tasas de fecundidad, natalidad, y baja esperanza de vida.

La condición de discriminación de las mujeres indígenas, en sus pueblos como en el conjunto de la sociedad no india, llevó a colocar en las agendas públicas de los gobiernos, del movimiento de mujeres y de las plataformas de las organizaciones nacionales indígenas, elementos específicos de reconocimiento a los derechos y necesidades de las mujeres indígenas como sujetas.

En la Cumbre de Mujeres Indígenas de América, realizada en Oaxaca, del 30/11 al 04/12 de 2002, se planteó:

Denunciamos que las mujeres continuamos viviendo en condiciones marcadas por la discriminación, el racismo, la exclusión, la extrema pobreza, el machismo y la falta de poder que se refleja en inequidades que persisten en los niveles de empleo y salarios entre las mujeres y los hombres indígenas, entre las mujeres indígenas y las no indígenas. Asimismo la localización y aislamiento de las comunidades indígenas limita el acceso a mercados económicos, a materia prima, a recursos y conocimientos, situación que agrava nuestras desventajas (Declaración de América, 2003:9).

En los países del continente americano la pobreza suele concentrarse en regiones con alta población indígena, y las mayores condiciones de pobreza se manifiestan en hogares donde las mujeres están a cargo o son jefas de familia. En Bolivia, por ejemplo, los porcentajes de pobreza urbana son de 52.6% y la incidencia entre los pueblos indígenas es 15 puntos más alta que entre la población no indígena. 66.9% de las familias indígenas donde la mujer es la responsable se encuentra en un nivel de pobreza, en comparación con 19.5% de las familias no indígenas donde la mujer es responsable.

La Organización Panamericana de Salud (PAHO, por sus siglas en inglés, *Pan-American Health Organización*) relaciona la mortalidad materna, los altos índices de nacimientos, la falta de acceso a los servicios de salud y prácticas culturales específicas, con la pobreza. Y dentro de estos rubros las mujeres indígenas tienen los índices más altos de nacimientos y de mortalidad infantil y materna.

En el caso de México, un análisis de 542 municipios cuya población está compuesta en 40% o más por hablantes indígenas concluyó que "la población indígena de nuestro país vive en condiciones notablemente más precarias que el resto de la sociedad nacional, en lo concerniente a su acceso a servicios de salud institucionales y sus niveles de salud-enfermedad" (Sepúlveda, 1993).

Si para los pueblos indígenas mexicanos en general la situación es drástica, para las mujeres indígenas se vuelve lamentable. Datos recientes muestran que el promedio de nacimientos es de 4.1 por mujer, mientras que el promedio nacional en 1997 fue de 2.8; el porcentaje de mortalidad materna es de 6.1 en comparación al porcentaje nacional de 4.8 (Elu y Santos, 1999) y 40% sufre de anemia durante el embarazo (índice nacional 26%). 53% de los niños indígenas sufren también de anemia (promedio nacional 27%), y 65% de los niños y 80% de las mujeres indígenas tiene deficiencias de hierro. Todos estos efectos colaterales de la desnutrición causan complicaciones durante el embarazo y el parto, produciendo nacimientos prematuros y de niños de bajo peso con niveles insuficientes de micronutrientes (Programa de Salud, 2001).

Mientras la mayoría de las mujeres no indias son atendidas en centros de salud, la gran mayoría de las mujeres indígenas siguen pariendo en sus casas, corriendo riesgos que muchas veces les cuestan la vida. En Guerrero, 51.7% de los partos fue atendido en casa, sólo superado por los estados de Oaxaca con 54.8% (Huerta y Bernal, 1997) y Chiapas con 73.9 % (Mujeres en Chiapas, 2002).

Ante condiciones tan deplorables es claro que la discriminación no es sólo una actitud, sino una política del Estado mexicano y se manifiesta de igual manera en otros países donde existe población indígena.

El fenómeno de la discriminación no es exclusivo del sistema político o jurídico mexicano. Se encuentra en los nuevos movimientos y actores emergentes, incluso en el ámbito indígena, en donde a veces con el pretexto del "respeto a los usos y costumbres" se discrimina a las mujeres. Estas posturas expresadas en el machismo, la desvalorización, la subordinación, la diferenciación de trato y condiciones materiales para el logro de una vida digna, muchas veces prevalecen sobre las nuevas normas en construcción y los procesos organizativos autónomos que se vienen dando en varios pueblos. Sigue sin dársele un lugar de reconocimiento y dignidad al quehacer de las mujeres, aun cuando en varios de los encuentros y cumbres internacionales, varias líderes hayan planteado este debate. En la declaración de la Primera Cumbre de Mujeres Indígenas de América se concluyó:

Expresamos que en la actualidad persisten distintas formas de discriminación contra las mujeres indígenas, que nos impiden promover el desarrollo pleno de nuestras capacidades y potencialidades, así como el disfrute de los derechos humanos individuales y colectivos como pueblos (Declaración de América, 2003:12).

La violencia intrafamiliar ha aumentado significativamente en las últimas décadas. Este aumento no es ajeno a todo el proceso de cambios económicos y políticos que se han dado en las comunidades… Sin embargo, lo económico no es suficiente para explicar las características de esa violencia en la que inciden directamente factores de la cultura y situación locales y factores de tipo personal, que sin estar para nada desligados de lo estructural, marcan dinámicas en las subjetividades y en las relaciones personales dentro de las familias, lo que también es necesario tomar en cuenta para las estrategias de cambio (Memoria, 2003).

Construcción y deconstrución de poderes

El término "empoderamiento" ha tenido mucha difusión en los últimos años, gracias al debate teórico en torno a éste, que se ha concitado en diferentes ámbitos desde la academia, ONG, agencias financieras, hasta los grupos de base de mujeres que lo han integrado en sus experiencias cotidianas. Cada día se usa más este término como un referente para acercarse a una definición que reconozca la situación de falta de poder en la que viven las mujeres. El resolutivo de la Primera Cumbre de Mujeres Indígenas de América, dice al respecto:

Afirmamos que para lograr una participación amplia de las mujeres indígenas se debe incorporar el concepto de "empoderamiento" que contribuya a establecer alternativas en la búsqueda de soluciones a sus problemas, incluyendo procesos de toma de conciencia de los hombres, quienes muchas veces representan la primera barrera que deben de superar las mujeres indígenas para acceder a espacios de participación (Memoria, 2003).

Es obvio que existe una resistencia al cambio por parte de algunos hombres que tienen una relación directa con las mujeres de estas organizaciones, sean éstos esposos, hermanos, padres o hijos. Sin embargo, muchas de estas mujeres lo que piden es un tipo de relación "pareja", en voz de Ubali Guerrero, presidenta de la Organización Mujeres Indígenas en Lucha (Guerrero, México): "Lo que queremos es caminar parejo con nuestros hombres, que podamos participar, opinar y por qué no, dirigir."

El empoderamiento va acompañado de la autoconfianza y la autoestima; lleva en su esencia el sentido de valor y capacidades.

Es importante ubicar la necesidad de transformar la situación de las mujeres de tal forma que los avances sean sostenibles: que ellas se sientan orgullosas de su proceso de transformación, que sepan que se han ganado un espacio por sus acciones. Hay que tener claro que el hecho de que una mujer inicie un proceso de empoderamiento, no necesariamente garantiza que lo esté realizando o desarrollando en otros ámbitos de su vida.

Es en este transitar donde las mujeres indígenas están buscando nuevos referentes que implican cambios profundos, que van desde lo privado —el cuerpo— hasta el ámbito de lo público. Y es ahí donde se han podido interrelacionar las mujeres indígenas con las de otros sectores para ir construyendo esa agenda propia que hoy requiere el movimiento indígena.

Éstos son logros incipientes y no podemos concluir y decir que todas las mujeres indígenas están empoderadas, pero sí existen indicios mínimos como: tener voz, movilidad y establecer una presencia pública. Aun cuando las mujeres puedan empoderarse a sí mismas al obtener algún control sobre los diferentes aspectos de su diario vivir, el empoderamiento también sugiere la necesidad de obtener control sobre las estructuras del poder, o tener la posibilidad de cambiarlas.

El término empoderamiento, por lo tanto, se relaciona con una nueva concepción del poder, basado en las relaciones sociales democráticas o del poder compartido que incluya una ética generacional, la cual implica que el uso del poder mejore las relaciones sociales de las generaciones presentes y haga posible y gratificante las de generaciones futuras.

Incluso los pueblos indios de México, al empoderamiento del cual se habla lo han asociado con la autonomía. Esta demanda central es un instrumento estratégico que permite la libre expresión concreta de su derecho a la libre autodeterminación.

En el Encuentro Nacional de Mujeres de la Asamblea Nacional Indígena Plural por la Autonomía (San Cristóbal de las Casas, Chiapas, diciembre de 1995) las asistentes concluyeron que los procesos que pueden ayudar a alcanzar el empoderamiento o en su caso la autonomía pueden ser:

- Que todos los planes de desarrollo sean manejados por los propios pueblos indios, pero que estos incluyan a las mujeres.
- Que exista igualdad de salarios y derechos para hombres y mujeres, que las costumbres no sean un pretexto para violar nuestra salud física y emocional y no se nos discrimine.
- La autonomía que queremos no sólo es en los territorios, en la comunidad, sino también que podamos participar y no estar en la cocina. Con el movimiento de los zapatistas ya despertamos y queremos hacer acciones fuertes, para que nos tomen en cuenta.

Esto implica, para el Foro Nacional Indígena :

El reconocimiento político, jurídico y práctico de la existencia misma de los pueblos indios, a través de un régimen de autonomía mandatado por la Constitución y la Ley Orgánica de las Autonomías.

La autonomía es una distribución de competencias entre distintos ámbitos de gobierno, que van desde lo comunal hasta lo municipal y lo regional y que debe ser reconocida como una diversidad de modelos y niveles de acuerdo a las necesidades y condiciones de cada pueblo, integrando el derecho a la territorialidad, al autogobierno, al ejercicio pleno de nuestros sistemas jurídicos, al desarrollo económico, social y cultural y el control de nuestra seguridad interna" (Foro Nacional Indígena, 1995).

Para nosotras, las mujeres indígenas, la autonomía implica:

Capacitarnos, buscar los espacios y mecanismos para ser escuchadas en las asambleas comunitarias y tener cargos. Igualmente implica enfrentarnos al miedo que tenemos nosotras para atrevernos a tomar decisiones y a participar, buscar independencia en la familia, seguir informándonos, porque el conocimiento nos da autonomía. Difundir las experiencias de mujeres para animar a otras a que participen, el poder participar en este tipo de reuniones (Palomo, 1996:9).

En el resolutivo de la Primera Cumbre de Mujeres Indígenas de América, se dice al respecto:

Afirmamos que para lograr una participación amplia de las mujeres indígenas se debe incorporar el concepto de empoderamiento que contribuya a establecer alternativas en la búsqueda de soluciones a sus problemas, incluyendo procesos de toma de conciencia de los hombres, quienes muchas veces representan la primera barrera que deben de superar las mujeres indígenas para acceder a espacios de participación (Memoria, 2003).

El poder desde la perspectiva de los pueblos indígenas tiene distintas implicaciones, ya que se relaciona con un sistema social, cultural y de cosmovisión; para los pueblos mayas de Guatemala el poder no está concebido como un poder de decisión o de imposición de decisiones, sino como la capacidad de servir y resolver necesidades y problemas de la colectividad, y la autoridad que ejerce el poder se desprende de la posición de respeto de una persona, un respeto que se relaciona con la capacidad de aconsejar, y no la de mandar (Memoria, 2003).

Como dice Marcela Lagarde:

La situación vital de las mujeres indígenas en México es compleja. Nuestra sociedad se caracteriza por ser sexista y patriarcal; por ser etnicista y racista y por ser clasista. Hasta ahora, el Estado que sintetiza las relaciones de poder en México ha encarnado de manera hegemónica esas características que inciden en cada mujer y en todas (Lovera y Palomo, 1999:331).

De igual manera el empoderamiento, si va unido a la autoconfianza y a la autoestima, lleva en su esencia el sentido de valor y capacidades; al respecto Cándida Jiménez, mujer indígena mixe de la organización Et naaxwin, iny A.C., declara:

[...] reconocerme a mí misma como mujer, como persona, como alguien que tiene ese valor, que tiene muchas capacidades, y el deseo de ser feliz como principio de vida y lucha. Tener una salud integral, estar en paz conmigo misma, que no vea injusticias a mí alrededor, sin afectar a los demás.

Siendo así, la autoestima se convierte en una búsqueda por alcanzar esa felicidad global y libertad, que significa (Memoria, 2003:229).

La participación de las mujeres indígenas en el contexto internacional

Una serie de encuentros y foros internacionales de los pueblos indios y del movimiento amplio de mujeres fueron acompañados por algunas lideresas indígenas.

Los primeros espacios se dieron en la Organización de Naciones Unidas (ONU), donde este organismo abrió un espacio llamado Grupo de Trabajo sobre Pueblos Indígenas.

De igual manera, en la Campaña Continental de los 500 años de Resistencia Indígena, Negra y Popular, fue notoria la participación de las mujeres, lo cual culminó con un reconocimiento explícito a Rigoberta Menchú Tum, otorgándole el premio Nobel de la Paz.

Los primeros acercamientos más organizados y permanentes se dieron entre mujeres indígenas de Canadá y del Sur, con el objetivo de articular un espacio propio de mujeres.

Una serie de talleres fraguaron el encuentro de mujeres del continente: Panamá (1995); Colombia (1995); Canadá (1996) y el taller Continental que se realizó en Guatemala (1996). Dentro de este último taller se acordó:

- Compartir las realidades socioeconómicas y luchas de las mujeres indígenas comunitariamente, así como nacional e internacionalmente.
- Fortalecer la comunicación y el apoyo mutuo entre las mujeres indígenas de América del Norte, América Central y América del Sur para el establecimiento de un enlace continental.[4]

En el marco de la preparación de la Cuarta Conferencia Mundial de la Mujer en Beijing, se da el Primer Encuentro Continental de Mujeres Indígenas de Abia Yala realizado en Quito, Ecuador, en 1995, convocado por la Confederación de Nacionalidades Indígenas del Ecuador (CONAIE).

Este encuentro concluye con la Declaración del Sol, que sintetiza las primeras aspiraciones de las mujeres indígenas de cara a sus propios pueblos, al movimiento de mujeres, a las ONG que trabajan con mujeres rurales o indígenas, al Estado, y frente a los organismos cooperantes.

Un pequeño grupo de mujeres de varias partes de los continentes asiático, africano y americano participan en la conferencia, articulándose alrededor de la Carpa Indígena, donde tienen una labor destacada varias de las lideresas indígenas que participaron en representación de la región de América del Sur (Tarcila Rivera, entre otras, y de la región de Centroamérica, Nancy Elizabeth Henríquez; Sofía Robles por México, y Victoria Taulli de Asia).

Si la Declaración del Sol recogía una postura sobre el acontecer de las mujeres indígenas ante sus pueblos y las "otras mujeres", las mestizas, la Declaración de Mujeres Indígenas en Beijing marcaba las bases reivindicativas de las mujeres indígenas en tanto pueblo y género, demostrando claramente que nuestras aspiraciones son como las de cualquier movimiento que reclama derechos desde su especificidad como parte de un conjunto que es el pueblo indígena (Rivera, 2004).

Después de Beijing los desencantos y los desencuentros de las mujeres indígenas con las mestizas fueron evidentes y siguieron sembrando desconfianzas mutuas al no recoger, la plataforma de acción, reivindicaciones específicas de las mujeres indígenas.

Rigoberta Menchú en una entrevista concedida en Huairou, China, lamentó: "la poca voz" que han tenido sus compañeras indígenas en esta Conferencia. "Las delegaciones fueron muy racistas en relación a las indígenas. Éste es el tema más limitado de cualquier plataforma nacional. Este evento no ha sido la excepción porque aquí no existe una verdadera representación de esas madres, de esas mujeres y de esas vidas", añadió. Sin embargo, deseó que por lo menos en este Foro "haya un acto de fe y un testimonio vivo de las mujeres indígenas que han logrado llegar hasta China. Ojalá no se desanimen y conserven la fuerza para continuar hacia el año 2000" (*La Jornada*, 1995:27).

---

[4] III Encuentro Continental de Mujeres Indígenas, AECI, Centre International des droits de la personne et du developpement démocratique, 5-8 de marzo de 2000, Hivos, Panamá.

En 1997 las mujeres indígenas convocan al Segundo Encuentro Continental en la Ciudad de México, donde se aglutinan mujeres de 25 pueblos indígenas y de 17 países y se hace una evaluación del proceso de la Cuarta Conferencia Mundial de la Mujer, en la que se concluye la poca asistencia de mujeres indígenas, cuyas propuestas no fueron tomadas en cuenta; igual comportamiento tuvieron las delegaciones oficiales al no incluir a mujeres indígenas (Kinal Antzetik, A.C., 1997).

En este encuentro se hizo la declaración de México-Tenochtitlan, donde se denuncian las políticas neoliberales y los proyectos de las transnacionales que atentan contra la dignidad de los pueblos indios. Ya se venían perfilando los megaproyectos como el Plan Puebla Panamá para México y Centroamérica, así como el Plan Colombia.

El Enlace Continental se conforma como la expresión de aglutinamiento y acción de las mujeres indígenas del Continente Americano constituyendo Comisiones de trabajo, como la Comisión de Propiedad Intelectual y Comercialización, integrada por Canadá, Panamá y Perú, la cual nació con la misión de crear espacios de discusión, información e intercambio de experiencias sobre la propiedad intelectual de los diseños realizados por indígenas artesanas y con la misión, también, de contribuir a que disminuya la explotación por parte de los intermediarios en la comercialización de artesanías.

La Comisión de Instrumentos Internacionales, encabezada por México y con el apoyo del Centro Derechos y Democracia de Canadá, se ha dedicado a la formación de líderes indígenas a través de los cursos en la Escuela de Verano de Derechos Humanos en Ginebra.

El III Encuentro Continental realizado en Panamá articuló más sólidamente el funcionamiento del enlace y éste pudo caminar hacia su IV Encuentro Continental de Mujeres Indígenas de las Américas, organizado por Chirapaq, Centro de Culturas Indígenas del Perú y realizado en Lima, Perú, en el que participaron 430 mujeres provenientes del norte y del sur. La declaración final de este encuentro se llamó: "Sintiendo, pensando y haciendo el futuro, siguiendo el camino de Mama Waku"; las conclusiones y recomendaciones sobre los temas globales que involucran la vida de las mujeres indígenas de las Américas se presentaron en la Tercera Sesión del Foro Permanente sobre Asuntos Indígenas de la ONU que fue dedicado a las mujeres indígenas.

BIBLIOGRAFÍA

Abelleyra, Angélica (1995), "Foro de ONG: acto de fe y de duda", *La Jornada*, 10 de septiembre, p. 27.
Declaración Primera Cumbre de Mujeres Indígenas de América (2003), *Memoria de la Primera Cumbre de Mujeres Indígenas de las Américas*, México, Fundación Rigoberta Menchú Tum.
Declaración de México-Tenochtitlan (1997), Memoria Segundo Encuentro Continental de Mujeres Indígenas, México, Kinal Antzetik, pp. 46-47.

Declaración de Olowaili (2000), III Encuentro Continental de Mujeres Indígenas, Panamá.

Kinal Antzetik, A.C. (1997), "Balance del movimiento de mujeres indígenas: desde Quito hasta México", *Memoria II Encuentro Continental de Mujeres Indígenas de las Primeras Naciones de Abya Ayala*, México, Kinal Antzeik, pp. 4-9.

León, Magdalena (1997), *Poder y empoderamiento de las mujeres. El empoderamiento en la teoría y práctica del feminismo*, Colombia, TM Editores/Facultad de Ciencias Humanas, Universidad de Bogotá.

Lovera, Sara y Nellys Palomo (1996), *Las Alzadas*, Convergencia Socialista, Comunicación e información de la mujer A.C., México.

Palomo, Nellys (2000), entrevista a Rosalind Santis, ex presidenta de la Cooperativa Jolom Mayaetik, julio, San Cristóbal de Las Casas, Chiapas.

Ramos Gil, Ángela I. (2002), *Mujeres indígenas y relaciones de género en el Congreso Nacional Indígena*, tesis de licenciatura, México, UNAM.

Rivera, Tarcila (2004), *Boletín de Chirapac*, abril, Lima, Perú.

Rowlands, Jo (1995), "Empoderamiento y mujeres rurales en Honduras: un modelo para el desarrollo", en Magdalena León (comp.), *XIX Congreso de la Asociación de Estudios latinoamericanos*, Colombia, TM Editores/Facultad de Ciencias Humanas, Universidad de Bogotá, 1997.

Santana, Diana (2002), entrevista realizada a Clara Palma, líder indígena náhuatl, C1-1:20:24, mayo, Veracruz, México.

UNICEF (1999), *Programming for Safe Motherhood: Guidelines for Maternal and Neonatal Survival*, Nueva York, 26, 27.

MOVIMIENTOS SOCIALES Y DEMOCRATIZACIÓN EN ARGENTINA

GRACIELA DI MARCO*

> Hay, por lo tanto, por necesidad, muchos feminismos, y cualquier intento por encontrar la "verdadera" forma de la política feminista debe ser abandonado.
>
> CHANTAL MOUFFE, 1992

INTRODUCCIÓN

Este capítulo se centrará en las relaciones entre el movimiento de mujeres y el Estado en Argentina en los noventa y el principio del siglo XXI, años en los cuales los procesos de ajuste estructural y globalización cambiaron radicalmente la estructura social de este país. Simultáneamente en ese periodo se crearon y consolidaron diversas áreas dedicadas a las mujeres en el Estado y se sancionó un importante cuerpo normativo para la defensa de sus derechos, mientras su situación empeoraba y la violación de aquéllos se hacía más aguda.

Existe una vasta literatura referida a los movimientos de mujeres en Latinoamérica y en Argentina, publicada entre los ochenta y finales de los noventa, que da cuenta de los procesos seguidos hasta mediados de esa década y constituyen un cuerpo de conocimientos que no será repetido en este capítulo, en el cual necesariamente deberé hacer varios recortes, dada la brevedad del mismo.[1]

El enfoque que propongo para hacer el recorrido desde los tempranos noventa tiene en cuenta estos antecedentes y se sitúa en la consideración de las organizaciones, tanto públicas y privadas como en ámbitos en los que se construyen y negocian sentidos acerca de los significados de género, y donde *se hace* género (esto es, se sancionan formas legitimadas o no de relaciones entre los mismos), no sólo acciones para las mujeres. En el caso del Estado, éste es una organización en la cual coexisten diversos discursos y prácticas, ya que es el resultado de procesos sociales, no es un aparato unitario que persigue estrategias bien definidas y homogéneas. Es

*Coordinadora del Programa de Democratización de las Relaciones Sociales y del Centro de Derechos Humanos, Escuela de Posgrado, Universidad Nacional de San Martín, Argentina.

[1] Álvarez (1998, 1999); Álvarez, Dagnino, Escobar (1998); Barrig (1993); Blondet (1995); Eckstein (1989); Escobar y Álvarez (1992); Feijoó (1998, 2000); Feijoó, Gogna (1985); Jaquette (1989, 1994); Jaquette, Wolchick (1998); Jelin (1985, 1987,1990); Jelin, Herhberg (1996); Safa (1990); Molyneux, (2000); Molyneux, Dore (2000); Molyneux, Razavi (2002); Schild (1998); Stephen (1997); Vargas (2002). Entre los estudios más recientes se encuentra la revisión de Feijoó (2000) acerca del feminismo contemporáneo en Argentina destacando su emergencia, su papel en los periodos de la transición democrática y la postransición, las redes internacionales y las diferentes subculturas feministas.

un lugar de lucha de intereses diversos, y en muchos casos, contrapuestos, que no presenta un aspecto monolítico y uniforme, sino que contiene intereses contradictorios. Si bien prevalece la dominación masculina, tanto en su concepción como en sus aparatos formales e informales, el Estado está atravesado por contenidos y relaciones de género asimétricas y a su vez tiene un papel en la construcción de estas mismas relaciones de poder desiguales entre los géneros (Di Marco, 1997b). En Argentina, lejos de la hipótesis de una sociedad civil de espaldas al Estado, los movimientos sociales se relacionan de variadísimas maneras con el mismo. Las relaciones entre movimientos y Estado (como lugares reproductores y productores de género) también generan nuevas negociaciones de sentidos (Adelantado y Noguera, Álvarez, 1992; Moro, Di Marco, 1997). Los *mensajes* de las acciones colectivas se vinculan con las demandas de subjetividad y de visibilidad de los actores en la intersección con otras fuerzas sociales e interlocutores (partidos políticos, Iglesias, Estado). Sin celebrar acríticamente los movimientos, me propongo hacer un recorrido de estas relaciones, en el cual deberé pasar muy rápidamente por algunos de estos ricos y contradictorios procesos (Scribano, 1999, 2002, 2003; Escobar y Álvarez, 1992:319). Por las razones expuestas, el intento de analizar la relación entre los diferentes movimientos sociales, el movimiento de mujeres y el Estado en Argentina, necesariamente será un intento fallido, habida cuenta que deberé seccionar lo que es una relación en proceso dentro de un campo de conflictos y potencialidades democráticas.

El segundo aspecto de la perspectiva de análisis considera que "la política feminista debe ser entendida no como una forma de política, diseñada para la persecución de los intereses de las mujeres como mujeres, sino más bien como la persecución de las metas y aspiraciones feministas dentro del contexto de una más amplia articulación de demandas" (Mouffe, 1992). Por lo tanto, parto de la consideración de la existencia de muchas formas de feminismos, más que de ratificar a priori una forma adecuada de política feminista, prestando atención a la articulación de ésta con las de otros movimientos sociales. Si se piensa en cómo la estrategia y la identidad de los actores en los movimientos sociales se implican mutuamente, distintos tipos de participación de las mujeres en movimientos articulados con otras luchas, sean o no exclusivamente de mujeres, pueden conducir a la lucha para reducir la subordinación de género (Álvarez, 1990:23; Molyneux, 2003:225). Si bien los movimientos de mujeres se han caracterizado por una relativa autonomía con respecto a otras formas organizativas (partidos, sindicatos), los movimientos emergentes en la etapa del ajuste neoliberal en Argentina se suman a las diversas formas de defender los intereses de género, ya sea a través de organizaciones de mujeres, de asociaciones que se unen para la demanda de justicia por los crímenes cometidos contra sus hijos (a la manera de las Madres de la Plaza de Mayo), y de organizaciones mixtas.[2]

---

[2] Molyneux (2003:61) se refiere a los "movimientos de mujeres" abarcando al conjunto de distintos movimientos en los que las mujeres participan activamente, incluido el feminismo, que sería una especificación de aquéllos.

Recorreré primero brevemente algunos indicadores de la actual situación social en el país, para abordar en segundo lugar las relaciones que propongo para el análisis. La acción colectiva de las mujeres en la década de los noventa debe ser enmarcada en el contexto del ajuste y de las respuestas de la población al mismo, que generaron la emergencia de movimientos urbanos y rurales, lo cual tuvo como resultado una creciente aparición de las mujeres de sectores populares en la esfera pública.

¿EN QUÉ TIPO DE PAÍS SE CONVIRTIÓ ARGENTINA? DESOCUPACIÓN Y POBREZA

En los años setenta Argentina presentaba los más favorables indicadores sociales de América Latina y niveles similares a los de países europeos medios. Actualmente figura entre los países menos equitativos, colocado en el lugar número once en el *ranking* de la región, con una desigualdad apenas inferior a la del promedio latinoamericano.[3] En 1974, en la capital y el Gran Buenos Aires,[4] 10% de la población recibía 28.2% de los ingresos totales, muy por debajo del promedio latinoamericano, y con registros similares a algunos países europeos. Con la dictadura militar ese porcentaje se elevó a 33.1%. En 1994 el 10% más rico acumulaba 35.5% de los ingresos. A fines de 2003, el 10% más rico retenía 38.6% de los ingresos. Durante los noventa, el modelo de apertura comercial promovió un fuerte crecimiento de la desocupación y de la pobreza.[5] Según datos de la Encuesta Permanente de Hogares, en mayo de 2002 el 60% de los ocupados sufría algún tipo de precariedad en su inserción laboral. El desempleo en Argentina durante el primer trimestre de 2005 fue de 14.9%, a pesar de la creciente actividad económica. Considerando como ocupados a los beneficiarios de los planes sociales (quienes reciben una suma equivalente a 50 dólares) es de 13 %. El alto índice de desocupación, el predominio de puestos de trabajo precarios —inestables y sin cobertura social— y las bajas remuneraciones, son las causas de la pobreza en Argentina. En 2002, en plena crisis, 57.5% de los habitantes del país había pasado a ser pobre y 27.5% indigentes.[6] Según las mediciones de octubre de 2004, 37.7% de la población es pobre.[7]

[3] El Banco Interamericano de Desarrollo había planteado, a fines de los noventa, que América latina era la región con mayores desigualdades del mundo y que el 10% más rico de la población se quedaba con el 40% de la riqueza.

[4] No había entonces datos nacionales.

[5] Por la ley de convertibilidad en el año 1991 se estableció el valor del peso equivalente al del dólar estadunidense y se fijaba una base monetaria del Banco Central como garantía de disponibilidad de divisas.

[6] En 1998, 32.6% de la población total del país era pobre, y de éstos, 9% indigentes. En el Gran Buenos Aires (GBA) la cantidad de pobres creció de 1.8 millones (19.4 % de la población) en 1994, a 4 millones en 2001 (36% de la población) y a 6.3 millones en 2003 (esto es, un poco más de la mitad de la población del GBA). Encuesta Permanente de Hogares (EPH). Instituto Nacional de Estadísticas y Censos (INDEC).

[7] Fuente: Encuesta Permanente de Hogares (EPH). Instituto Nacional de Estadísticas y Censos (INDEC).

"Modelo" y acciones colectivas en los noventa

La década pasada estuvo atravesada por numerosas respuestas sociales al modelo socioeconómico, político y cultural que se iba instalando. Éstas se caracterizaron por la complejización de las identidades sociales y políticas, la progresiva desarticulación de la matriz sindical, y la emergencia de una matriz cívica o de derechos (Scribano y Schuster, 2001; Schuster y Pereyra, 2001).

Las movilizaciones estuvieron conformadas por trabajadores y sindicatos afectados por procesos de reconversión industrial y diversos sectores medios perjudicados por las reformas de mercado y *puebladas* en ciudades del interior, en crisis por la aplicación del ajuste en las cuentas públicas provinciales y las reformas de mercado, en las cuales ciudades enteras se movilizaron en defensa de sus intereses.[8]

Los primeros cortes de rutas fueron realizados por habitantes de Cutral-Co y Plaza Huincul, en la provincia de Neuquén, en junio de 1996, seguidos por similares en Gral. Mosconi y Tartagal, Salta, en mayo de 1997. En la misma época emergieron el Movimiento de Mujeres Agropecuarias en Lucha (MML) y el Movimiento Campesino Santiagueño (MOCASE) (Giarraca y Teubal, 2001; Bidasecca y Mariotti, 2001), la Coordinadora contra la Represión Policial e Institucional (CORREPI) y las Madres del Dolor.

Madres y Abuelas de Plaza de Mayo

La práctica política de las Madres de Plaza de Mayo[9] y Abuelas de Plaza de Mayo, ampliamente conocida, es una acción colectiva que, surgida a partir de las desapariciones de sus hijos e hijas, se enfrentó al gobierno militar. Los Movimientos de Madres redefinieron la maternidad (y la condición de abuelas), entendiéndola y practicándola en una forma que hemos denominado *maternidad social,* involucrada para demandar al poder político por todos los hijos e hijas desaparecidos (Schmukler y Di Marco, 1997). Con esta categoría hago referencia a la práctica política a partir de la maternidad, y no a la maternidad como paradigma de la participación política de las mujeres. Con los discursos y prácticas de las madres para la exigencia de justicia se construye una maternidad politizada, diferente de la maternidad privada, recluida en la privacidad del hogar y subordinada a la autoridad masculina. A más de 20 años de la restauración constitucional, las Madres sostienen la defensa de los derechos humanos con una crítica hacia todas las formas de opresión, incluidos los planes de ajuste de la década del noventa, la desocupación y la fragmentación

---

[8] En 1993 tuvo lugar el *santiagazo*, protagonizado por la población de la capital de la provincia de Santiago del Estero. Los manifestantes contra el ajuste fiscal incendiaron el edificio del gobierno provincial e intentaron acciones similares en las sedes de los otros poderes, y también atacaron los domicilios de legisladores y políticos provinciales.

[9] Cuando me refiero a "Madres de Plaza de Mayo", incluyo tanto a la Asociación que tiene este nombre, como a "Madres de Plaza de Mayo. Línea Fundadora", constituida por un conjunto de madres que se separan de la anterior en enero de 1986.

de la sociedad en sectores cada vez más diferenciados. En este sentido promueven una ampliación de la ciudadanía democrática que, como afirma Dietz (1985), es colectiva, inclusiva, y generalizada. La aceptación de sus hijos como militantes populares y la decisión de seguir luchando por sus mismas ideas permite percibir un nuevo aspecto del movimiento, la transmisión generacional invertida, ya que las madres aprendieron del ejemplo de sus hijos e hijas. En palabras de Hebe Bonafini: "Nosotras somos las primeras madres de la historia paridas por sus hijos" (Di Marco, 1997a).

Su politización y consecuente lucha, junto con los demás organismos de derechos humanos, impulsó los Juicios por la Verdad y la Justicia y la nulidad de las Leyes de Punto Final y Obediencia Debida, dando fin de este modo a veinte años de impunidad.[10]

Las Madres, que en el contexto inmediato de su surgimiento merecieron diversos tratamientos por parte de los militares que gobernaban el país (recuérdese que se les descalificaba con la denominación de las "locas de la plaza", mientras que se buscaba desarticular el incipiente movimiento a través de la desaparición de tres de las fundadoras),[11] constituyeron uno de los más importantes movimientos del siglo XX en Argentina y en el mundo. Su capacidad profética y contracultural se mantuvo con diversas acciones y articulaciones en diferentes movimientos y esto permitió simultáneamente su vigencia, así como los avances en el reconocimiento del derecho a la verdad y a la justicia, el juicio de los máximos responsables por la apropiación de niños y niñas y la apertura de las causas por robo de bienes.[12]

[10] La Corte Suprema dictó sentencia en el caso presentado por el CELS (Centro de Estudios Legales y Sociales) en el año 2000 por la desaparición forzada de José Poblete y Gertrudis Hlaczik de Poblete, en una demanda impulsada por Abuelas de Plaza de Mayo en 1998 por la apropiación de la hija de ambos.

[11] Azucena Villaflor de Deviventi, Esther Ballestrino de Careaga y María Ponce del Bianco, madres fundadoras de la Agrupación, fueron secuestradas entre el 8 y 10 de diciembre de 1977, posteriormente torturadas en la ESMA y arrojadas vivas al mar en uno de los vuelos de la muerte. Sus cuerpos, que aparecieron en las costas atlánticas, habían sido enterrados como NN. La identificación de sus cuerpos fue posible por el trabajo del Equipo Argentino de Antropología Forense, que ha trabajado desde 1984 en la aplicación de las ciencias forenses en la investigación de las violaciones a los derechos humanos.

[12] En 1995, la madre de una desaparecida durante la dictadura, patrocinada por el CELS, solicitó a la Cámara Federal de Capital Federal que investigara el destino de su hija o de sus restos invocando el derecho a la verdad, el duelo y el respeto por los cuerpos. Ante sucesivos rechazos, la madre acudió a la Comisión Interamericana de Derechos Humanos, donde se concluyó con un acuerdo en el cual el gobierno se comprometió a garantizar el derecho a la verdad y a gestionar la normativa para que las Cámaras Federales tuvieran competencia exclusiva en la materia. Se suman así muchas peticiones del mismo tenor que derivan en los Juicios por la Verdad. Los impulsan organismos de Derechos Humanos en distintas ciudades del país: La Plata, Bahía Blanca, Neuquén, Rosario, Córdoba, Santa Fe, Mendoza, Salta, Jujuy y Mar del Plata. Estos Juicios por la Verdad han generado un enorme avance de la conciencia social y jurídica respecto de la atrocidad de los crímenes cometidos por la dictadura. De esta manera los mismos cumplen en la sociedad argentina funciones como: dar a muchas familias la satisfacción de llegar a la justicia y de conocer el destino de sus familiares; promueven la representación de que la demanda de justicia sea sostenida por sectores cada vez más amplios y producen pruebas a muchos delitos que han quedado impunes (Di Marco, 2003).

EL MOVIMIENTO DE MUJERES

El movimiento de mujeres en Argentina y en la mayor parte de los países latinoamericanos ha sido categorizado en tres vertientes: la participación en los movimientos de derechos humanos (madres y abuelas), las acciones colectivas de las mujeres de los sectores populares (que se organizaron para enfrentar las duras condiciones de vida, especialmente durante el ajuste) y las mujeres del movimiento feminista, con un fuerte componente en sus orígenes y estabilización de mujeres de sectores medios (Jacquete, 1991; Molyneux, 2001).

En los años ochenta se comienza a instalar el debate acerca de la ciudadanía de las mujeres y la necesidad de exigir reformas legales y políticas públicas. Diversas organizaciones no gubernamentales constituidas en redes fueron configurando un entramado en el cual las mujeres asumieron la conscientización acerca de la subordinación, la violencia, el acoso sexual, los derechos reproductivos, el cuidado de la salud, la desigualdad salarial. Las conferencias de Naciones Unidas, la IV Conferencia Mundial sobre la Mujer en Beijing (1995), conferencias regionales (como la de CEPAL, en 1994), y las directivas de las organizaciones de crédito, que en los noventa comenzaron a plantear requisitos acerca de la equidad de género en las políticas de combate a la pobreza, condujeron a casi todos los países de la región a la adopción de distintas posturas favorables a incorporar a las mujeres en las políticas de desarrollo (Molyneux, 2003).

El paulatino aumento de la presencia femenina en las instituciones del Estado (ejecutivo y legislativo) y la constitución de agendas de género, es el producto del entrelazamiento del activismo del movimiento de mujeres (constituido en organizaciones, redes y alianzas diversas) y de la nueva agenda de los estados de la región para aceptar la presión internacional y presentar un cierto liderazgo en los temas de derechos ciudadanos (Molyneux, 2003:305).

Las organizaciones de mujeres

Más de la mitad de las organizaciones de mujeres en Argentina registradas en las bases de datos consultadas surgieron en los noventa. La mitad de éstas están localizadas en la capital del país y en la provincia de Buenos Aires. Una mayoría de ellas abordan temas que incluyen niñez, juventud y ancianos, además de mujeres. Muy pocas declaran que trabajan por la equidad de género.[13] Estas cifras hablan de una progresiva y tardía ONGización de las organizaciones feministas, comparado con

---

[13] Información extraída de la base de datos nacional del Centro Nacional Organizaciones de la Comunidad CENOC, Consejo Coordinador de políticas sociales Presidencia de la Nación (2005) y del Repertorio de organizaciones no gubernamentales del CIOBA (2003). Gobierno de la Ciudad de Buenos Aires. El Centro Nacional de Organizaciones de la Comunidad (CENOC) desde 2001 es responsable el Registro Nacional Obligatorio de Organizaciones No Gubernamentales. En este registro deben inscribirse aquellas OSC que reciban o pretendan recibir fondos del Estado Nacional.

Brasil y México, por ejemplo, donde este proceso comenzó en los ochenta (Álvarez, 1999; Lebon, 1997:7, en Álvarez, 1999). Igualmente, cabe señalar la emergencia de organizaciones no gubernamentales surgidas al calor de la cooperación internacional, que promoviendo proyectos con objetivos vinculados a la ciudadanía, la participación, el empoderamiento, fomentó que muchos grupos se organizaran para conseguir financiamiento, aunque no tuvieran una orientación feminista y reprodujeran en sus organizaciones las mismas áreas que tiene el Estado para la atención de los problemas sociales.

La confluencia del movimiento de mujeres y el feminista, así como la articulación entre diversas organizaciones de mujeres es una acción que tuvo sus altibajos en toda la década. Esta acción fue difícil, pues se trataba de construir nuevos modos de reconocimiento mutuo, que no son los tradicionales del sistema de partidos o las asociaciones existentes. En la segunda mitad de los noventa la participación de las mujeres en los movimientos que emergieron en esa época generó un germen de cambios que todavía están en marcha. Éstos presentan transversalidades de las demandas y propuestas por la ampliación de los derechos, y se caracterizan por la presencia de mujeres y varones. Según el tipo de movimiento, las mujeres tienen diferentes definiciones de sus intereses y derechos, tanto como diferentes estrategias, mostrando, en algunos casos, la aparición de un feminismo popular conformado por mujeres piqueteras,* obreras de empresas recuperadas, madres que luchan contra la represión policial, y que encuentran su canal de expresión en los Encuentros Nacionales de Mujeres y en las marchas, en la lucha por el aborto legal y por la liberación de las mujeres presas por participar en demandas.[14] También cabe mencionar la realización de los Encuentros feministas, desde hace diez años, como ámbito específico de debate dentro del movimiento.[15]

A partir de la emergencia de los movimientos que he descrito considero un nuevo momento histórico en el movimiento de mujeres, que puede constituir la consolidación de un feminismo popular en la Argentina y una alianza de mujeres

---

* La modalidad de acción que utilizaron, los cortes de rutas, llamados piquetes, derivó en su denominación como piqueteros.

[14] En la actual administración del presidente Néstor Kirchner, se asumió como política de Estado la condena de la violación de los derechos humanos realizadas durante la última dictadura militar (1976-1983) y el impulso a una política de la memoria. En cambio, la política seguida con respecto a la protesta social consiste en aislar cada vez más a los que protestan del resto de la sociedad, evitando, a su vez, que puedan suceder hechos de muerte de militantes (en junio de 2002 la policía mató a dos militantes de la organización de trabajadores desocupados Aníbal Verón, en el marco de una marcha y concentración en el Puente Avellaneda, que une el Gran Buenos Aires con la Ciudad de Buenos Aires. Como resultado de este hecho, el presidente interino Eduardo Duhalde adelantó las elecciones para elegir autoridades nacionales). Existen reformas legislativas que agravan los delitos cometidos por los sectores pobres y(o) marginados de la población. En 2004 tres mujeres fueron acusadas por reclamar trabajo en Caleta Olivia (provincia de Santa Cruz) y otras tres, más quince hombres, por manifestar frente a la Legislatura porteña su rechazo al Código Contravencional, que se debatía ese día.

[15] Cada uno de los espacios citados está habitado por actores sociales entendidos como *la articulación de un conjunto de posiciones de sujeto, correspondientes a la multiplicidad de las relaciones sociales en que se inscriben* (Mouffe, 2001).

de diferentes sectores sociales, urbanos y rurales. Como nunca antes, la situación se ha tensado entre las mujeres que luchan en el espacio público por sus derechos y los sectores más conservadores, liderados por la Iglesia católica. Mientras el feminismo era visualizado como portador de demandas de un pequeño grupo de mujeres de clase media urbana, estos sectores no se sintieron amenazados, pero el proceso que describiré a continuación da cuenta de la emergencia de nuevas prácticas feministas.

Molyneux (2003:226) considera la dificultad de definir los movimientos de mujeres, y citando a Rowbothan (1992) señala que las "mujeres en movimiento", aquellas que actúan conjuntamente para alcanzar objetivos comunes, sean o no feministas, son una parte importante de la solidaridad femenina en el mundo, aunque no sean estrictamente consideradas como movimientos de mujeres (Vargas Valente, 2002; Álvarez, 1999; Molyneux, 2003:269). El feminismo popular en los ochenta en América Latina, expresado por activistas de barrios populares que adoptaron discursos y estrategias feministas, parece haberse consolidado en la Argentina actual con la participación de un gran número de mujeres de los movimientos sociales que he descrito, que comienzan a articularse con las feministas y, desde sus necesidades e intereses, plantean sus prioridades, que pueden o no coincidir con los de aquéllas.

Las mujeres en los movimientos sociales emergentes[16]

Como ya mencioné, en los noventa emergieron diferentes movimientos sociales. Me referiré especialmente a tres de ellos, los "movimientos de trabajadores desocupados" (MTS), las asambleas y las empresas recuperadas, sin desconocer la importancia de los otros ya aludidos.

Los movimientos de trabajadores desocupados surgieron en el interior del país en localidades afectadas por la eliminación de las fuentes de trabajo que acompañó algunas privatizaciones. En el 2002 la mayor parte de las organizaciones piqueteras obtuvieron subsidios para sus integrantes a través del Plan Jefes y Jefas de Hogar[17] y de diversos planes, especialmente de la provincia de Buenos Aires.[18] La cantidad de personas que participan, sumando a todos los grupos, se estima en alrededor de 150 000 en todo el país. Los distintos movimientos piqueteros se fueron conformando en diversas organizaciones, lo que se presenta actualmente como un mosaico

---

[16] Sigo en adelante los estudios realizados por el equipo de investigación que coordino: Di Marco y Palomino (2003); Di Marco y Moro (2004), Di Marco (2004).

[17] El gobierno nacional, en abril de 2002, puso en marcha un programa nacional de subsidios, denominado Plan Jefes y Jefas de Hogar desocupados. Éstos se otorgan a hombres y mujeres desocupados de hogares pobres y con hijos menores de 18 años o discapacitados de cualquier edad o con la mujer (jefa o cónyuge) embarazada. Actualmente existen alrededor de 1 500 000 beneficiarios. El conjunto de los movimientos de trabajadores desocupados cuenta con 10% de estos planes aproximadamente.

[18] La República Argentina es un país federal. Los estados federales se denominan provincias, las cuales tienen su propia constitución y eligen a sus autoridades, tanto en el poder ejecutivo como en el legislativo.

de agrupaciones con características diversas.[19] Alrededor de 65% del total de las personas involucradas son mujeres que trabajan especialmente en la gestión de los proyectos comunitarios y participan en las marchas y acampes (plantones).

Las "asambleas barriales" surgieron de las diferentes acciones colectivas del 19/20 de diciembre de 2001.[20] Por eso, uno de sus ejes centrales de acción se vincula con la crítica al sistema político y la elaboración de propuestas alternativas de profundización democrática. Otro de los ejes, menos conocido en general, es la búsqueda de articulación de sus propuestas con nuevos modelos socioeconómicos (Di Marco y Palomino, 2003). Las asambleas tendieron a profundizar la politización de la sociedad civil, replanteando las relaciones de poder y autoridad en la sociedad y la política.

El proceso de *recuperación de empresas* fue una de las respuestas de obreros y obreras ante los casos de amenaza de cierre de las mismas.[21] Una alternativa para los trabajadores era ingresar a la población desocupada y tratar de obtener un subsidio de desempleo y cuando éste finalizara, inscribirse en programas como el Programa de Jefes y Jefas de Hogar Desocupados. En cambio, la otra opción, la recuperación de las empresas, significó una apuesta a futuro, consistente en la preservación de los empleos y la obtención de ingresos, que aun siendo al principio considerablemente menores que los que percibían antes de la situación crítica, eran superiores a los planes citados o a los subsidios de desempleo. El desafío consistió en la organización cooperativa y la producción, con la perspectiva de aumentar sus ingresos.[22] Los

[19] Esta heterogeneidad deriva de sus orígenes y alianzas: algunos surgieron de partidos políticos, otros de organizaciones sindicales y otros se organizaron en forma independiente.

[20] El gobierno decretó el 3 de diciembre de 2001 la indisponibilidad de los ahorros y depósitos bancarios como medio de impedir la fuga de divisas al exterior (estas medidas fueron denominadas por los medios como *corralito financiero*). Esto provocó un fuerte freno en la circulación monetaria y en la actividad económica. En los días previos al 19 y 20 de diciembre, dado el malestar reinante por la instalación del *corralito financiero*, los vecinos se reunían para protestar en las esquinas, frente a los bancos. En esa semana se habían registrado saqueos de supermercados en el Gran Buenos Aires y algunas ciudades del interior del país. Frente a este panorama, el gobierno nacional declaró el estado de sitio, frente al cual la población de la capital del país y de los principales centros urbanos salió a manifestarse por las calles. Posteriormente se organizaron en asambleas vecinales y populares.

[21] La fábrica textil Brukman fue tomada por las trabajadoras el 18 de diciembre de 2001. Éstas decidieron quedarse para esperar el salario semanal, pues los propietarios se habían retirado sin entregarles información ni pagarles. Al día siguiente, cuando se declaró el Estado de sitio, algunas de ellas sintieron temor, según relata una de las trabajadoras en una entrevista realizada en el contexto de este estudio: "Nosotros reventamos primero, después reventó el país... y me agarró mucho más miedo, más como derrotada [...] explotamos nosotros, está bien, pero ahora explotó el país... ¿quién nos va a dar 'bolilla' ahora? con tantas cosas ¿quién va a mirar a una 'fabriquita' [...]?" (Di Marco y Moro, 2004).

[22] Los estudios realizados en los dos últimos años y basados en estimaciones consideran que existen en la actualidad más de 130 empresas recuperadas, con un número de trabajadores entre 8 000 y 10 000. El 75% de éstas son cooperativas, 8% tiene otras formas (sociedades anónimas, formas mixtas, gestión de los trabajadores), 5% formas de gestión obrera y en el 12% de los casos se carecía de información. Alrededor de 90% de éstas se encuentra en producción, incluso algunas aumentaron el nivel de la misma y el monto de dinero que obtiene cada trabajador; el 40% mantiene el número de trabajadores que tenía al comenzar el conflicto, en 40% se redujo y en 16% se incorporó más personal. La mayor parte de estas empresas son del sector manufacturero, y dentro de éste el rubro más frecuente es metalmecánico,

obreros y obreras pasaron así a ser socios de las cooperativas de trabajo recién creadas, desapareciendo la figura del patrón, y en muchas se estableció que, independientemente de las funciones que cumplen, todos reciben el mismo ingreso. Las empresas recuperadas sustentan sus acciones en la defensa del derecho al trabajo, enfatizando la discusión del valor público del mismo (Di Marco y Moro, 2004).

La participación de las mujeres

Para abordar la práctica colectiva de las mujeres es necesario preguntarse por los discursos que desarrollan y estar precavidos de englobarlos en un solo denominador común, ya que pueden ser muy diversos, según se comparen, los movimientos de trabajadores desocupados, el movimiento asambleario o el de las empresas recuperadas. Una primera observación es tener en cuenta que los movimientos que estoy analizando están compuestos por varones y mujeres. En las asambleas, con una composición predominante de sectores medios, participaron en la misma proporción, tanto en número como en frecuencia y calidad de intervenciones. Más de la tercera parte tenía una historia de militancia previa. Los y las asambleístas profundizaron en esta etapa un aprendizaje político-social y fueron altamente críticos de la injusticia social, aunque mantuvieran aún los discursos de género, que en este sector social se caracterizan muchas veces por la negación de la subordinación y la discriminación de las mujeres. En los proyectos que realizaron, las mujeres no se plantearon mayormente un trabajo asistencial ni percibieron sus acciones como una extensión del altruismo materno, sino como parte de la lucha por la justicia social, alejándose de la construcción ideológica patriarcal maternalista. Muchas de las modalidades de trabajo de las asambleas se remiten a modalidades cara al movimiento de mujeres: la horizontalidad, la politización y democratización de lo público. Se intentó, asimismo, un aprendizaje de trato igualitario entre géneros y generaciones, en las discusiones, en las tomas de decisiones y en las actividades concretas. Estas prácticas son heterogéneas y no llegaron a configurarse en modalidades claramente diferenciadas a las de la cultura patriarcal dominante, debido a la dificultad de abandonar los enfoques tradicionales acerca de las normas y valores que se juegan en la relación entre hombres y mujeres. Las feministas se hicieron oír en algunas asambleas con respecto al tema del aborto y lograron que se propusiera un taller en el Foro Social de Porto Alegre, que se realizó en 2002 en Buenos Aires. En la red de salud que conformaron las asambleas se incorporaron los temas de la anticoncepción, la educación sexual y la legalización del aborto. Una militante feminista expresó que algunas de las estrategias tuvieron como resultado atraer la atención de las asambleas: "fue un intento de acercarse a la sociedad, de romper el cerco, para

---

seguido en importancia por las metalúrgicas, las de alimentación, cooperativas lecheras, vidrio, maquinaria agrícola, textiles, transporte, gráficas, molinos e ingenios. En cuanto a la localización geográfica, la mitad está en el conurbano bonaerense, 10% en la capital y el resto en Córdoba, La Pampa y Santa Fe.

que ésta asumiera nuestra lucha".[23] El 8 de marzo de 2002, las feministas marcharon hacia la Plaza de Mayo con sus reivindicaciones, sumadas a las asambleas vecinales.[24] También a fines de ese año se constituyó la Asamblea por el derecho al aborto.[25]

En los movimientos de trabajadores desocupados, más de 60% son mujeres. La mayor parte de los que lo conforman no tiene experiencia militante, ni en partidos políticos ni en sindicatos como sí la tienen sus líderes. Las prácticas sostenidas en el tiempo, especialmente la salida al espacio público con sus demandas y las acciones que realizan en sus territorios, les han ido brindando herramientas para relacionar las necesidades individuales con las colectivas. No obstante, la formación para leer en clave política aquello por lo que luchan viene de la mano de sus dirigentes, que presentan la información para convertirla en eje de alguna acción que desplegarán.

El sustento económico es considerado un derecho, y si bien al principio la necesidad fue el motor de la inscripción de las mujeres (y de los varones) en los movimientos, y su participación puede considerarse como parte de una estrategia de supervivencia familiar, también es cierto que en el caso de las mujeres su aparición en el ámbito público —en los términos de Arendt— mediante su participación en las marchas y "acampes" en el centro de la capital del país, permite variadísimas interacciones que contribuyen a replantear las relaciones de género, en especial la violencia contra las mujeres. La presencia pública las visibiliza como sujetos en lucha por sus derechos ante otros sectores sociales y se convierten en modos de expresar su identidad piquetera. Existen grupos de mujeres que están realizando un aprendizaje colectivo, en el cual es central la lucha por el derecho al trabajo y la dignidad. La salida del aislamiento doméstico, la participación en los cortes de rutas y calles, ha ido generando paulatinamente una apropiación de la idea de la obtención de derechos a través de la confrontación. Las actividades desarrolladas, como contraparte de la obtención del subsidio que reciben es considerada como

---

[23] Coledesky, Dora (junio de 2003). Publicado en RIMA, lista en diciembre de 2004.

[24] Las mujeres feministas repartían un volante, en la Plaza de Mayo, que decía: "Luchamos por cambios económicos, sociales y políticos, culturales y sexuales, que hagan posible la justicia, la solidaridad, la igualdad y la libertad, el respeto a las diferencias, la explotación respetuosa de los recursos naturales, una distribución justa y equitativa de la riqueza. Por un mundo sin violencia, ni explotación, ni opresión." Firmado por la Asociación de Trabajo y Estudio de la Mujer (ATEM, 25 de noviembre), Asociación de Especialistas Universitarias en Estudios de la Mujer (ADEUEM), Centro de Encuentro Cultura y Mujer (CECyM), Centro de Documentación sobre la Mujer, Puerta Abierta, Librería de Mujeres, Madres Lesbianas Feministas Autónomas, Mujeres Libres, Taller Permanente de la Mujer, Feministas Lesbianas Independientes, Feministas Autoconvocadas (FEAS), Grupo Musical de Choque Caramelitas en Calza, Mujeres Feministas (MUFE) y feministas independientes (D'Atri, 2005). Ese mismo año hubo movilizaciones por el Día de Lucha por el Derecho al Aborto y se organizó el primer Encuentro Regional por el Derecho al Aborto en la ciudad de Buenos Aires.

[25] Conformada por la Comisión por el derecho al aborto; el Foro por los derechos reproductivos; la agrupación Pan y Rosas, un grupo de jóvenes anarquistas, jóvenes de centros de estudiantes, la Asociación de Lucha por la Identidad Travesti (ALIT), grupos de mujeres de izquierda, mujeres del Partido Obrero, de ATEM, Coordinadora de Unidad Barrial (Cuba), secretaria de género de la CTA, mujeres sin ningún grupo y asambleístas.

un trabajo hecho por las mujeres, y también por los jóvenes, sobre todo por los y las que antes no habían tenido la posibilidad de tener una experiencia laboral.

En casi su totalidad, los líderes (varones) de los movimientos manifiestan que instalar el debate acerca de la desigualdad de poder, autoridad y recursos, entre hombres y mujeres no es conveniente y puede generar divisiones en el colectivo. Algunas mujeres, en cambio, consideran que es importante plantear el derecho al aborto y a vivir libres de violencia. Esta disparidad origina conflictos en las organizaciones, especialmente entre los varones y aquellas mujeres que han emprendido transformaciones en sus concepciones de género y que buscan posiciones de mayor influencia dentro del movimiento. Sin embargo, existen dificultades para abordar los temas en las relaciones cotidianas entre varones y mujeres vinculadas a la pareja, el amor, la sexualidad, la autoridad en la familia y en el movimiento. Por otra parte, en esta heterogénea realidad, bajo un aparente protagonismo femenino en las luchas piqueteras, que se ha instalado casi como un sentido común en el discurso de las propias organizaciones, en las de apoyo y en los medios que recogen sus actividades, la conducción sigue siendo masculina.

En cuanto a las obreras de las empresas recuperadas, el cierre de la fuente de trabajo era particularmente negativo para ellas: lo que estaba en peligro era un trabajo asalariado, sindicalizado. La pérdida del mismo dejaba como alternativa el trabajo doméstico no remunerado o mal remunerado, la informalidad laboral, que va de la mano con la pobreza y la desprotección social. Hubieran pasado de tener una inserción laboral estable a las tareas del hogar y a la no disponibilidad de recursos propios, situación más grave aún para las mujeres jefas de hogar. La igualdad de salarios y la rotación en las actividades han beneficiado a las mujeres, aunque las funciones sean definidas como propias de este género. Por otra parte, la paridad en los ingresos y la participación en las decisiones conducen a mayor compromiso con la actividad productiva.

Aún con las diferencias mencionadas, para muchas mujeres —asambleístas, piqueteras y obreras de empresas recuperadas—, el proceso seguido a partir de su involucramiento en la acción colectiva puede indicar un *camino sin retorno* para la transformación de sus identidades, que se ve favorecida por la interacción entre la participación y el desarrollo de la conciencia social.

Los encuentros de mujeres

Una forma de entender la multiplicidad de significados del movimiento de mujeres en Argentina es seguir los hitos del Encuentro Nacional de Mujeres, que tiene lugar una vez al año en una provincia elegida por las participantes y es organizado por una comisión *ad hoc* de la misma.[26] A estos encuentros nacionales, que se de-

---

[26] Los encuentros anuales comenzaron en 1986 por iniciativa de un grupo de mujeres feministas argentinas que había participado en la Tercera Conferencia Internacional de la Mujer en Nairobi convocada por Naciones Unidas (1985).

sarrollan desde hace veinte años, concurren tanto mujeres de sectores populares como de sectores medios, feministas y no feministas. Son autónomos, autoconvocados, pluralistas, masivos, no institucionalizados. Los partidos políticos intentaron en cada encuentro promover sus propias consignas pero no lograron cooptar este inmenso colectivo que se siguió autoconvocando cada año. La concurrencia a estos encuentros fue creciendo: dos mil mujeres en el primero a casi veinte mil en el último, en Mendoza. A partir de 1997 comienzan a aparecer en los encuentros las mujeres de las incipientes organizaciones de trabajadores desocupados, así como las mujeres de diferentes provincias que relataban las penurias que estaban atravesando y de otras organizaciones que surgieron en el segundo ciclo de protestas.[27] Simultáneamente comenzaron a recibir cada vez más la atención de los sectores más conservadores. No es extraño que el encuentro que se realizó en San Juan en 1997, una provincia con sectores tradicionales muy fuertes, entre ellos, la Iglesia católica, despertara la atención de la misma, que organizó un encuentro paralelo para enfatizar su posición en cuestiones vinculadas a la sexualidad, la anticoncepción, el aborto, la familia, la educación, y en la preservación y redefinición del papel tradicional de las mujeres, a través de la participación de feligresas de diferentes parroquias que especialmente se prepararon para esto. En el Encuentro de La Plata, capital de la provincia de Buenos Aires (2001), estos sectores ejercieron presiones antes de su inicio.[28] También algunos partidos políticos establecieron la oposición entre feminismo y crisis social, con el argumento de que el debate por los intereses estratégicos de género postergaba o restaba importancia a los grandes problemas sociales del país.[29] En el Encuentro realizado en Salta en 2002, la presencia de piqueteras, asambleístas, sindicalistas, militantes de diversos movimientos de mujeres, de diversas edades (con una importante presencia de jóvenes), mostró la consolidación de nuevas expresiones del activismo de las mujeres, portadoras de nuevas luchas y protagonismos. "Porque sonaban palabras nuevas, hechos nuevos, y hasta consignas renovadas como aquella que decía 'Vamos a hacer la patria socialista, la vamos a hacer piquetera y feminista' " (Dauness, 2002).[30]

---

[27] En 1997 se contabilizaron 104 cortes de rutas en diferentes provincias argentinas, cuyos objetivos estaban vinculados con la exigencia de puestos de trabajo y subsidios, y la demanda por incremento del gasto social en salud, alimentación y educación, junto con peticiones de ayuda del gobierno nacional para evitar el cierre de fuentes de trabajo y el pago de salarios atrasados.

[28] El arzobispo de La Plata denunció el Encuentro, aun antes de su realización, como un sitio de promoción del aborto y la homosexualidad, y de desintegración de la familia tradicional.

[29] En respuesta a estas presiones se organizó un grupo *ad hoc* denominado Feministas en el Encuentro. Según Vasallo, "Los talleres dedicados a la 'cuestión social' mostraron una muy escasa preocupación por articular las generales de la ley de la grave emergencia social con la especificidad de la opresión sexista que padecen las mujeres. Las palabras trabajosamente halladas de las mujeres contando sus historias, sus aspiraciones, sus logros, su doble resistencia contra las autoridades, y a menudo contra sus propios maridos, resultó demasiado a menudo subsumida en consignas partidarias. De talleres sobre salud sexual y reproductiva salían conclusiones contra el pago de la deuda externa (pero nunca de talleres de desocupación o trabajo saldría una defensa del derecho al aborto)."

[30] Red Informativa de Mujeres de Argentina, rima, © agosto de 2002, <www.rimaweb.com.ar/encuentros/nac_salta_daunes.html>, fecha de publicación en RIMAweb: 25 de agosto de 2002.

En este encuentro fue más evidente la injerencia de la Iglesia y de las autoridades de la provincia, así como de los partidos políticos de izquierda vinculados a algunas organizaciones piqueteras, cada uno con diferentes intereses: los primeros, para impedir que se debatiera acerca de la anticoncepción y el aborto y se cuestionara la familia y los valores tradicionales del sistema de género. Los otros, para poner el énfasis en las luchas sociales y políticas, pero sin vincularlas a las luchas de las mujeres por sus derechos. En 2003, el Encuentro de Rosario (ciudad de la provincia de Santa Fe) marca un punto de inflexión en los Encuentros de Mujeres, preanunciado en el de Salta. La concurrencia de 12 000 mujeres mostró que cada vez son más las de sectores populares que van a los encuentros, especialmente las mujeres de los movimientos sociales, piqueteras, obreras de fábricas recuperadas, indígenas, campesinas, en grupos de hasta cincuenta personas. Los derechos relacionados con la salud reproductiva estuvieron entre los más reclamados. Como otras veces, estuvieron las Madres de Plaza de Mayo. El uso de pañuelos de color verde, para identificarse en favor de la legalización del aborto, se inspiró en los pañuelos blancos de aquéllas.[31] La presencia de las mujeres de los movimientos sociales que están en la calle, que junto con los varones van a marchas y cortes de ruta, o toman fábricas, y no sólo atienden comedores, sumada a la avanzada católica para boicotear el encuentro, están en la base de la radicalización de la propuesta de lucha por la legalización del aborto que, al lado de las reivindicaciones vinculadas a la violencia contra las mujeres o la desocupación, son los tres derechos fundamentales que demandan las mujeres populares. En el Encuentro de Mendoza (2004) eran más de 15 000 participantes y la marcha convocó a 20 000 mujeres. Se acentuó la convergencia de mujeres rurales, indígenas, urbanas, de barrios pobres, docentes, mujeres en lucha contra la impunidad, desocupadas, feministas, lesbianas, etcétera. La Campaña Nacional por el Derecho al Aborto, la primera de alcance federal en Argentina, surgió en ese encuentro de los talleres de estrategias para la despenalización. Como dice Vargas (2002), la lucha por el reconocimiento de los derechos sexuales y reproductivos se convierte en parte constitutiva de la construcción de la ciudadanía de las mujeres.

INFLUENCIA EN LA LEGISLACIÓN

La sanción de algunas leyes sustantivas para los derechos de las mujeres, especialmente las vinculadas a la sexualidad, la reproducción, la familia, el matrimonio, las

---

[31] Una de las organizadoras de Católicas por el Derecho a Decidir, dice: "Queríamos que fueran más visibles y los colores más visibles, como sabemos, están asociados a símbolos partidarios, al Vaticano, obispos, etc. (rojo, amarillo, púrpura) y entonces optamos por el verde, que si bien es un color ligado a la ecología consideramos que no afectaba. Ni se nos ocurrió el blanco que pertenece a las Madres. Pero debemos reconocer que la idea de lograr impacto con pañuelos la hemos tomado del impacto que significaron los pañuelos blancos de las Madres de Plaza de Mayo."

relaciones laborales, fue posible por la interacción entre los diversos actores sociales ligada a las demandas por mayor equidad e igualdad y respeto a los derechos humanos.[32] Si bien es objeto de controversias la presencia feminista en el Estado y, sobre todo, en los gobiernos que daban espacios a las mujeres simultáneamente a la aplicación del modelo neoliberal, muchos objetivos feministas sólo se logran desde el poder de éste. La presencia de las mujeres con conciencia de género en los puestos de decisión, junto con el impulso del movimiento de mujeres, tiene como consecuencia la difusión de los derechos de las mujeres, la apertura de la discusión acerca del poder y la sexualidad, así como cambiar los términos de los debates que se asientan en la naturalización de la dominación masculina (Di Marco, 1997) . Aunque las reformas no conducen linealmente a un cambio en la identidad de las mujeres, abren un camino posible para el reconocimiento de sus derechos, sobre todo los vinculados a la sexualidad, al aborto, a la violencia, al acoso sexual. La politización de lo privado produce cambios cuando se establece el debate acerca de la democratización de valores, normas e instituciones (Cohen, 1985; Di Marco, 2005).

Algunas de las leyes sancionadas en los ochenta y primera mitad de los noventa tuvieron el propósito de: *a*] democratizar las familias, como la de Patria Potestad Compartida, de Matrimonio Civil, que introduce el divorcio vincular, la que establece soluciones específicas para las situaciones de concubinatos y la ley de Protección contra la Violencia Familiar; *b*] democratizar el acceso de las mujeres en la representación política, como la de Cuota Mínima de Participación de Mujeres o ley de Cupo Femenino, que determina que 30% de los puestos en las listas partidarias para los cargos de representación debe ser ocupado por mujeres.[33] Actualmente la

[32] Para Htun (2003:115) las redes de feministas y abogados en Argentina fueron las más exitosas para las reformas legales de la familia, comparadas con las de Brasil y Chile. Si bien ella alega que esto se vincula con la ausencia de un legado autoritario, como en el caso de Chile, o con no haberse planteado en esos años la reforma de la Constitución, como en el caso de Brasil, y por la convergencia de las propuestas de estas redes, el compromiso del ejecutivo y los intereses de los partidos políticos, considera además, que "mientras las Madres de Plaza de Mayo dominaban la escena pública con una ideología de género tradicional", feministas y juristas varones progresistas trabajaban detrás de la escena para producir los cambios en el derecho de familia. Despliega una visión sin matices de la maternidad política de las Madres, y su impacto en el discurso ético de la democracia, separando en dos planos procesos que en realidad están profundamente vinculados. En realidad se estaban gestando equivalencias entre varias luchas democratizadoras (Laclau y Mouffe, 1985). La memoria del terrorismo de Estado, de las desapariciones y la tortura, y el pedido de juicio y castigo, está en la base de una sociedad que no quería más estos horrores y defendía sus instituciones democráticas recién estrenadas, con un deseo de liberalización de las normas y valores en un sector de la sociedad, que fue bien interpretado por el ejecutivo (nótese que hubo una fuerte resistencia al tema del divorcio vincular desde los sectores conservadores). Esto es central en un país con una fuerte tradición presidencialista y la decisión política del ejecutivo es decisiva a la hora de impulsar cambios sobre cuestiones muy tradicionalmente enraizadas en una sociedad autoritaria.

[33] La sanción de esta ley fue el resultado de la presión de asociaciones feministas y de las mujeres de los partidos políticos, reunidas en una multisectorial y tuvo el efecto de despejar el camino hacia la participación de mujeres en la Convención Constituyente de 1994, la Cámara de Diputados y más tarde al Senado, de un creciente número de mujeres, permitiendo la ampliación de la participación femenina en los cargos de representación. En 1994 participaron de la Asamblea Constituyente 80 mujeres, que representaban 26.2% del total de convencionales, sobre un total de 305. La mayoría de las convencionales mu-

participación de las mujeres en la Cámara de Diputados, luego de las elecciones de 2003, es de 33.6 y en la Cámara de Senadores es de 43.7 %.[34]

Entre las leyes y decretos sancionados a partir de la segunda mitad de los noventa, en el plano de las relaciones de trabajo, se dictó en 1997 el decreto para la Igualdad de Trato entre agentes de la administración pública nacional; en 1998, el que estableció el Plan para la Igualdad de Oportunidades entre varones y mujeres en el mundo laboral. En la Reforma Laboral se introdujo la figura de despido discriminatorio por razón de raza, sexo o religión (1998). El acoso sexual en el puesto de trabajo fue incluido en 1993 en la reglamentación de la Administración Pública Central; en 1994 lo hizo el Gobierno de la Ciudad Autónoma de Buenos Aires.

En relación con las normativas cuya sanción había sido obstaculizada, después del fracasado intento de 1995,[35] la ley de Creación del Programa Nacional de Salud Sexual y Procreación Responsable fue sancionada en 2002 y el Congreso Nacional otorgó jerarquía constitucional a la Convención Interamericana para Prevenir, Sancionar y Erradicar la Violencia contra la Mujer, en 2004. En la reunión del Trigésimo Periodo de Sesiones de la CEPAL, realizada en San Juan de Puerto Rico, en 2004, Argentina, como el resto de los países, firmó sin reservas el consenso latinoamericano conocido como El Cairo +10, que afirma el derecho a la salud sexual y reproductiva como un asunto de ciudadanía.[36] Esta posición se diferencia de la asumida en El Cairo y El Cairo +5.[37]

Entre los asuntos pendientes aparecen la legalización del aborto y la ratificación

jeres tuvo un papel activo para impedir que la penalización del aborto adquiriera rango constitucional, tal como lo demandaba un proyecto del Ejecutivo. La ampliación de la aplicación de la Ley de Cupo, con el Decreto Reglamentario núm. 1246/2000, instaura la incorporación de candidatas mujeres al Senado de la Nación. En la primera la elección de 1983, del total de de 254 diputados, había 11 mujeres (4.33%) y de 46 senadores, sólo había tres mujeres (4.52%).

[34] En la década de los noventa se sancionaron normas similares en todas las provincias; algunas ampliaron su aplicación a las elecciones municipales. En muchos casos, se puso énfasis en el reconocimiento de que el cupo del 30% debía considerarse un estándar mínimo, aunque en la práctica, según Gherardi y Kohen (2005:57-59) el *piso* devino en *techo* para la participación de las mujeres en cargos públicos vinculados con este ámbito del quehacer político.

[35] La ley de Procreación Responsable fue aprobada en la Cámara de Diputados, por 124 votos a favor y nueve en contra. En el cuerpo de la Ley se incorporaron todas las demandas de MADEL: creación de programas que atiendan la demanda de anticoncepción, atención del embarazo, parto y puerperio, las enfermedades de transmisión sexual y VIH/SIDA, prevención de cáncer genito/mamario, dentro del criterio de universalidad y gratuidad de los servicios públicos de salud. La Ley pasó a dependencias de la Cámara de Senadores, en la que era mayoría el partido oficialista. Permaneció para su tratamiento durante dos años hasta que venció el plazo y quedó sin efecto su sanción (Gutiérrez, 1998).

[36] Consenso de Santiago de Chile, de seguimiento de El Cairo, previamente elaborado en el marco de la Comisión de Población y Desarrollo de ese organismo, que reafirma el Programa de Acción de la Conferencia Mundial de Población y Desarrollo.

[37] Hace 10 años, en la reunión en El Cairo, 179 países adquirieron el compromiso de corregir los rumbos del desarrollo hacia uno más humano. El consenso global alcanzado entonces ponía el acento en los derechos a la salud sexual y reproductiva como un asunto de ciudadanía, a los que se debía responder con servicios públicos. Esto fue ratificado en el proceso de El Cairo +5, resistiendo las presiones de Estados Unidos y el Vaticano, que se opusieron incluso a la reunión pre-El Cairo +10, realizada en Santiago de Chile, y a la IX Conferencia sobre la Mujer, realizada en México.

del protocolo facultativo de la CEDAW. El primero es parte de una vieja lucha del movimiento feminista, que se tradujo en acciones diversas a lo largo de los años.[38] El Foro por los Derechos Reproductivos (1991) y Mujeres Autoconvocadas para Decidir en Libertad (MADEL), formada por 108 organizaciones, en 1994, constituyen un ejemplo de las iniciativas del movimiento sobre este asunto. MADEL se organizó para enfrentar el objetivo de la alianza conservadora formada por los grupos Pro-Vida, la Iglesia católica y el propio gobierno justicialista, para introducir una cláusula sobre el derecho a la vida desde la concepción en la reforma de la Constitución nacional (Gutiérrez, 1998).

La Convención sobre la Eliminación de todas las Formas de Discriminación contra la Mujer, junto con otros tratados internacionales, quedó incorporada a la nueva Constitución, por la acción conjunta de legisladoras, algunos legisladores varones y el movimiento de mujeres. El Protocolo Facultativo, reglamentación de la Convención, es un instrumento eficaz para garantizar que se cumplan los compromisos asumidos para lograr una real igualdad. A pesar del consenso que tiene en la mayoría de los países de América latina, en Argentina, legisladores del partido justicialista y radical se pronunciaron en contra de la competencia del comité que controla la aplicación de la convención para recibir denuncias.[39] Las principales resistencias tienen que ver con la desplegada por grupos religiosos y antiabortistas, que realizan un fuerte *lobby* en contra del Protocolo. Si bien el Ministerio de Desarrollo Social, el Consejo Nacional de la Mujer, el Ministerio de Justicia y Derechos Humanos, la Jefatura de Gabinete de Ministros y la Cancillería ya dieron su dictamen favorable en 2004, y su ratificación cuenta con el apoyo de algunas asociaciones de derechos humanos, como Madres y Abuelas de la Plaza de Mayo, todavía no ha sido ratificado por el Congreso de la Nación.

A MODO DE CONCLUSIÓN

El recorrido realizado se centró en el seguimiento de las múltiples relaciones entre las acciones colectivas, movimiento de mujeres y Estado, con el propósito de iluminar nuevas tendencias de cambios en su relación, sin dejar por ello de considerar la coexistencia de las viejas prácticas vinculadas a las concepciones más tradicionales de trabajo en los barrios, al clientelismo y a la naturalización de las relaciones de dominación de género. Los movimientos sociales que he descrito, tanto los que tomé

[38] En 1988, diferentes grupos de mujeres constituyeron la Comisión por el Derecho al Aborto, y organizaron un taller en el Encuentro Nacional de Mujeres de ese mismo año, que fue luego incorporado en forma permanente en los siguientes encuentros, salvo el de La Plata, como ya se mencionó. Impusieron la consigna que aún hoy es distintiva del movimiento de mujeres: "Anticonceptivos para no abortar, aborto legal para no morir."

[39] En abril de 2002 los diputados nacionales peronistas y radicales obedecieron la directiva del entonces presidente, Eduardo Duhalde, y rechazaron aprobar el proyecto de Ley por considerarlo una amenaza a la soberanía nacional.

para un análisis más detallado, como los demás que emergieron desde mediados de los noventa, colocaron en la agenda pública nuevos problemas y prácticas, a partir de las reelaboraciones de las necesidades de los actores y contribuyeron a modificar el discurso social y político legitimado. Esto fue posible a partir de la voz de los actores sociales para hablar públicamente de necesidades y demandar al Estado por su satisfacción. Este discurso, entendido como una *política de interpretación de las necesidades* (Fraser, 1991), criticó la apelación al mercado como único regulador. Los movimientos, con prácticas no exentas de contradicciones, elaboraron un lenguaje de las necesidades traducido en demanda de derechos, politizando los ámbitos del mercado del mismo modo que el movimiento feminista politizó la vida privada familiar y convirtió en políticas la necesidad de las mujeres de ver equiparada su condición con la de los varones (Di Marco y Palomino, 2003).

Los nuevos discursos, inscritos en una matriz ciudadana y de derechos (Shuster y Scribano, *op. cit.*) exploran e incorporan, aunque en forma necesariamente conflictiva, los derechos fundamentales y algunos derechos de las mujeres, el reconocimiento de las diferencias, la construcción de interdependencias entre actores y organizaciones, que colaboran con el replanteamiento de la política.[40] La democracia pluralista se basa en este proceso conflictivo. La participación en la esfera pública no supone que las desigualdades sociales están resueltas de antemano.[41] Es en ésta donde se dirimen nuevos significados y donde la subordinación puede ser enfrentada, formulando interpretaciones opuestas a las hegemónicas acerca de las identidades, intereses y necesidades de cada grupo subalterno (Fraser, 1997:116).

Este proceso adquiere una nueva dinámica, sin precedentes, el 19 y 20 de diciembre de 2001, cuando en Argentina estalló un proceso de búsqueda de nuevas relaciones sociales y políticas, nuevos sujetos colectivos y nuevas ciudadanías, con el *no* al Estado de sitio y con el *que se vayan todos*. En el análisis de la crisis de representatividad y de la consigna citada, se afirma que ésta puede haber estado marcando, tanto el pedido de renuncia o autoexclusión de la dirigencia política, como la necesidad de impedir que esta misma dirigencia invadiera un espacio real y simbólico en el que la sociedad buscaba resolver sus problemas (De Ípola, 2004). La crisis de representatividad como construcción social y como consecuencia de una expectativa democrática por otro tipo de representación y el legado del movimiento de derechos humanos de los últimos veinte años, "que creó las condiciones de posibilidad para la construcción simbólica de una crítica a toda forma de discrecionalidad en el ejercicio de la autoridad política", son las bases que encuentra Torre (2004) en las nuevas prácticas ciudadanas.

[40] Como ejemplo de la construcción de interdependencias, es destacable el apoyo y *lobby* realizados por un grupo de pastores luteranos, que nunca antes se habían involucrado en cuestiones públicas, para apoyar la iniciativa para sancionar la Ley de Salud Reproductiva y Procreación Responsable, en 2000, cuando la Legislatura de la Ciudad de Buenos Aires la estaba debatiendo y existía una gran presión de las fuerzas conservadoras (Di Marco, 2001 y 2005).

[41] Como afirma Pateman (1989): "El debate liberal no cuestiona la contradicción entre la igualdad política formal y la desigualdad social en las instituciones públicas y privadas, por ejemplo, la marginación y subordinación de las mujeres, grupos étnicos y religiosos."

En las asambleas barriales, las mujeres y varones tomaron por su cuenta la redefinición de las nociones mismas de ciudadanía, de democracia, de intereses colectivos; en los movimientos de trabajadores desocupados y de las empresas recuperadas, plantearon el derecho al trabajo, la conquista de derechos para las mujeres. Los diferentes movimientos multiplicaron los espacios en los que *las relaciones de poder están abiertas a la contestación democrática* (Mouffe, 1999:17).

La politización de la cultura y la sociedad se refiere a la lucha por la transformación de las relaciones de desigualdad y por una nueva cultura de derechos, que incluyen las relaciones en lo privado tanto como en lo público, redefiniendo y ampliando la relación con el Estado (Escobar y Álvarez, 1992). Al instalarse nuevos intereses en la agenda pública, a través de la gama de movimientos sociales que he recorrido, se posibilitó la exploración de caminos para la ampliación de la ciudadanía, más allá de la retórica de los gobiernos y de los partidos políticos, que justamente la enuncian en el medio del vacío para ejercer los derechos fundamentales. Una de estas convergencias dio como resultado la emergencia de un feminismo popular que articula diversas luchas para la ampliación de los derechos de las mujeres y para la consolidación de una democracia pluralista.

BIBLIOGRAFÍA

Álvarez, Sonia (1998), "El estado del movimiento y el movimiento en el Estado", ponencia preparada para el Seminario Internacional "Experiencias de investigación desde una perspectiva de Género", Programa de Estudios de Género, Mujer y Desarrollo, Colombia, Universidad Nacional de Colombia, Santa Fe de Bogotá.

——— (1999), "Advocating feminism: The Latin American Feminist NGO 'Boom'", *International Feminist Journal of Politics*, vol. 1, núm. 2, 30 de noviembre, pp. 181-209(29).

——— Evelina Dagnino y Arturo Escobar (eds.) (1998), *Cultures of Politics - Politics of cultures: Revisioning Latin American Social Movements*, Boulder, Westview Press.

Barrig, Maruja (1993), "Nos habíamos amado tanto: crisis del estado y organización femenina", mimeo.

Blondet, Cecilia (1995), "Out of the kitchens and onto the streets: Women's activism in Peru", en A. Basu (ed.), *The Challenge of Local Feminisms*, Boulder, Westview Press.

Cohen, Jean L. (1985), "Strategy or identity: New theoretical paradigms and contemporary social movements", *Social Research* 52:4, invierno.

——— y Andrew Arato (2000), *Sociedad civil y teoría política*, México, FCE.

D'Atri, Andrea (2005), "Derecho al aborto, derechos sexuales y reproductivos" en *Argentina Sexo, mentiras y... silencio*, <http://www.pts.org.ar/notas.asp>.

De Ípola, Emilio (2004), "Política y sociedad. ¿Escisión o convergencia?", en Graciela Di Marco y Héctor Palomino (comp.) (2004), *Reflexiones sobre los movimientos sociales en Argentina*, Buenos Aires, Jorge Baudino Ediciones/UNSAM.

De Souza Santos, Buoaventura (2001), "Los nuevos movimientos sociales", *Observatorio Social de América Latina Debates*, septiembre, Buenos Aires.

Dietz, Mary (1985), "Citizenship with a feminist face. The problem with maternal thinking", *Political Theory*, vol. 13, núm. 1, febrero, Cambridge, Sage.

Di Marco, Graciela (1996), "Ciudadanía femenina", en *Relaciones de género y exclusión en la Argentina de los noventa. ¿El orden del desorden o el desorden del orden?*, Buenos Aires, Biblos.

———— (1997a), "Las mujeres y la política en los noventa", en Beatriz Schmukler, Di Marco Graciela, *Madres y democratización de las familias en la Argentina contemporánea*, Buenos Aires, Biblos.

———— (1997b), "Feministas en los gobiernos: un espacio para ampliar la ciudadanía femenina?", pre-Conferencia Ciudadanía Femenina, Guadalajara, México, LASA Congress.

———— (2001), "La constitución de nuevas identidades en los procesos de formación de las políticas públicas", presentado en XXIII International Congreso, Latin American Studies Association, 6-8 de septiembre, Washington, D.C.

———— (2004), "Relaciones de género en los movimientos sociales", *La Aljaba*, Universidades de Luján/La Pampa/Comahue.

———— *Democratización de las familias*, Buenos Aires, UNICEF.

Di Marco, Graciela y Héctor Palomino (2003), *Movimientos Sociales en la Argentina. Asambleas: la politización de la sociedad civil*, Buenos Aires, Ediciones Baudino/Universidad Nacional de San Martín.

———— (coords.) (2004), *Reflexiones sobre los movimientos sociales en la Argentina*, Buenos Aires, UNSAM/Ediciones Baudino.

———— (coords.) (2004), *Construyendo sociedad y política. Los proyectos del movimiento social en acción*, Buenos Aires, UNSAM-Ediciones Baudino.

Di Marco, Graciela y Javier Moro (2004), "Experiencias de economía solidaria frente a la crisis argentina: estudio desde una dimensión de género", en María Elena Valenzuela (2004), *Políticas de empleo para superar la pobreza*, cap. 2, Santiago de Chile, OIT/Editorial Andros.

Escobar, Arturo y Sonia Álvarez (eds.) (1992), *The Making of Social Movements in Latin America. Identity, Strategy and Democracy*, Oxford, Boulder, Westview Press.

Eckstein, Susan (ed.) (1989), *Power and popular protest: Latin American social movements*, Berkeley, California, University of California Press [*Poder y protesta popular. Movimientos sociales latinoamericanos*, México, Siglo XXI, 2001].

Equipo Latinoamericano de Justicia y Género (2005), *Informe sobre género y derechos humanos. Vigencia y respeto de los derechos humanos de las mujeres en Argentina*, Argentina, Biblos.

Feijoó, María del Carmen (1998) "Democratic participation and women in Argentina", en Jane Jaquette y Sharon Wolchick (eds.), *Women and Democracy: Latin America and Central and Eastern Europe*, Baltimore, Johns Hopkins University Press.

———— (2000), "El feminismo contemporáneo en la Argentina: encuentros y desencuentros en un escenario turbulento", *Cuadernos de Investigación Social*, Lima, Departamento de Ciencias Sociales, Pontificia Universidad Católica del Perú.

———— y Mónica Gogna (1985), "Las mujeres en la transición a la democracia", en Elizabeth Jelin (1985), *Los nuevos movimientos sociales*, vol. 1, Buenos Aires, Biblioteca Política Argentina/Centro Editor de América Latina.

Fraser, Nancy (1991), "La lucha por las necesidades: Esbozo de una teoría crítica socialista-feminista de la cultura política del capitalismo tardío", en *Debate Feminista*, marzo, México.

———— (1997), *Iustitia Interrupta. Reflexiones críticas desde la posición "postsocialista"*, Caracas, Siglo del Hombre Editores.

Gherardi, Natalia y Beatriz Kohen (2005), "Participación de las mujeres en cargos públicos", en Equipo Latinoamericano de Justicia y Género (2005), *Informe sobre Género y Derechos Humanos. Vigencia y respeto de los derechos humanos de las mujeres en Argentina*, Biblos.

Giarracca, Norma (2001), *La protesta social en la Argentina: transformaciones económicas y crisis social en el interior del país*, Buenos Aires, Alianza Editorial.

Grüner, Eduardo (2004), "Subjetividad y política", en Graciela Di Marco y Héctor Palomino (comps.) (2004), *Reflexiones sobre los movimientos sociales en Argentina*, Buenos Aires, Jorge Baudino Ediciones/UNSAM.

Gutiérrez, Ma. Alicia (1998), "Mujeres Autoconvocadas para Decidir en Libertad (MADEL): la experiencia reciente del movimiento de mujeres", <www.ifcs.ufrj.br/jornadas/papers/09st0404.rtf>.

Hunt, Mala (2003), *Sex and the State. Abortion, divorce and the family under Latin American Dictatorhips and Democracias*, Cambridge, Cambridge University Press.

Jaquette, Jane (ed.) (1989), *The Women's Movement in Latin America: Feminism and the Transition to Democracy*, Hyman, Boston, West View Press.

———— (ed.) (1994), *The Women's Movement in Latin America*, 2a. ed., Boulder, Westview Press.

Jaquette, Jane y Sharon Wolchick (eds.) (1998), *Women and Democracy: Latin America and Central and Eastern Europe*, Baltimore, Johns Hopkins University Press.

Jelin, Elizabeth (1985), *Los nuevos movimientos sociales*, vols. 1 y 2, Buenos Aires, Biblioteca Política Argentina, Centro Editor de América Latina,.

———— (1987), *Movimientos sociales y democracia emergente*, vols. 1 y 2, Buenos Aires, Biblioteca Política Argentina, Centro Editor de América Latina.

———— (ed.) (1987), *Ciudadanía e identidad: las mujeres en los movimientos sociales en América Latina*, Ginebra, UNRISD.

———— (ed.) (1990), *Women and Social Change in Latin America*, Londres, Zed Books.

———— y Eric Herhberg (1996), "Constructing democracy: Human rights", en *Citizenship and Society in Latin America*, Boulder, Westview Press.

Laclau, Ernesto y Chantal Mouffe (1985), *Hegemony and Socialist Strategies. Towards a Radical Democratic Politics*, Londres, Verso.

Molyneux, Maxine (2000), *Women's Movements in International Perspective: Latin American and Beyond*, Palgrave 2000 e ILAS 2003.

———— y Shahra Razavi (2002), *Gender Justice, Development and Rights*, Oxford, Oxford Syudies in Democratization, Oxford University Press.

Molyneux, Maxine y Dore, Elizabeth (eds.) (2000), *The Hidden Histories of Gender and the State in Latin America*, Londres, Duke University Press.

Mouffe, Chantal (1992), "Feminismo, ciudadanía y política democrática radical", en Marta Lamas (comp.), *Ciudadanía y feminismo*, Fondo de Desarrollo de las Naciones Unidas para la Mujer (UNIFEM) e Instituto Federal Electoral (IFE) (publicado en Judith Butler y Joan W. Scott (eds.), *Feminists Theorize the Political*, Routledge, 1992).

———— (1999), *El retorno de lo político. Comunidad, ciudadanía, pluralismo, democracia radical*, Buenos Aires, Paidós.

Pateman, Carole (1989), *The Disorder of Women. Democracy, Feminism and Political Theory*, California, Standford University Press, Standford.

Red Informativa de Mujeres de Argentina (RIMA) (© agosto de 2002),<www.rimaweb.com. ar/encuentros/nac_salta_daunes.html>, fecha de publicación en RIMA: 25 de agosto.

Safa, Helen Icken (1990), "Womens social movements in Latin America", *Gender and Society*, vol. 4, núm. 3.

Schild, Veronica (1998), "New subjects of rights? Women movements and the construction of citizenship in the 'new democracies', en Sonia Álvarez, Evelina Dagnino y Arturo Escobar (eds.) (1998) *Cultures of Politics-Politics of cultures: Revisioning Latin American Social Movements*, Boulder, Westview Press.

Scribano, Adrián y Federico Schuster (2001*)* "Protesta social en la Argentina de 2001: entre la normalidad y la ruptura", *Observatorio Social de América Latina*, año 2, núm. 5, septiembre, Buenos Aires, Consejo Latinoamericano de Ciencias Sociales (CLACSO).

Schmukler, Beatriz y Graciela Di Marco (1997), *Madres y democratización de las familias en la Argentina contemporánea*, Buenos Aires, Biblos.

Schuster, Federico y Sebastián Pereyra (2001), "La protesta social en la Argentina democrática. Balance y perspectiva de una forma de acción política", en Norma Giarracca (2001), *La protesta social en la Argentina: transformaciones económicas y crisis social en el interior del país*, Buenos Aires, Alianza Editorial.

Stephen, Lynn (1997), *Women and Social Movements in Latin America. Power from Below*, Austin, University of Texas Press.

Torre, Juan Carlos (2004), "La movilización de las expectativas democráticas", en Graciela Di Marco y Héctor Palomino (comp.) (2004), *Reflexiones sobre los movimientos sociales en Argentina*, Buenos Aires, Jorge Baudino Ediciones/UNSAM.

Vargas Valente, Virginia (2002), "Los feminismos latinoamericanos en su tránsito al nuevo milenio (Una lectura político personal)", en Daniel Mato (coord.) (2002), *Estudios y otras prácticas intelectuales latinoamericanas en cultura y poder*, Caracas, Consejo Latinoamericano de Ciencias Sociales (CLACSO)/CEAP/FACES, Universidad Central de Venezuela.

Vasallo, Marta (2001), "Mis impresiones del Encuentro de Mujeres", *Especial para RIMA*, Buenos Aires.

————— (2002), "Existir contra el aniquilamiento", *Le Monde Diplomatique*, núm. 38, Buenos Aires, Argentina.

IV
INSTITUCIONALIZACIÓN Y POLÍTICAS DE GÉNERO

LA PAZ COMIENZA EN CASA: LAS LUCHAS DE LAS MUJERES CONTRA LA VIOLENCIA Y ACCIÓN ESTATAL EN COSTA RICA

MONTSERRAT SAGOT*

Diversos estudios han mostrado que la violencia contra las mujeres es un problema social de grandes dimensiones, producto de una organización social estructurada sobre la base de la desigualdad de género, que afecta sistemáticamente a millones de mujeres en todo el mundo.[1] Una forma endémica de este tipo de violencia es el abuso de las mujeres por parte de su pareja. Según investigaciones realizadas en América Latina, entre un cuarto y más de la mitad de las mujeres reportan haber sido abusadas en algún momento por sus parejas.[2] En Costa Rica, los resultados de la Encuesta Nacional de Violencia Contra las Mujeres, mostraron que 58% de las mujeres había experimentado, al menos, un incidente de violencia física o sexual desde los 16 años y que, en la mayoría de las ocasiones, esa violencia había sido ejercida por un hombre cercano (Sagot, 2004).

La violencia contra las mujeres es un componente estructural del sistema de opresión de género. El uso de la violencia es no sólo uno de los medios más efectivos para controlar a las mujeres, sino también una de las expresiones más brutales y explícitas de la dominación y la subordinación. La posición de mujeres y hombres se organiza como una jerarquía en la que los hombres tienen control sobre los principales recursos de la sociedad y sobre las mujeres. Existen numerosos soportes ideológicos, morales, políticos, económicos y legales para el ejercicio de la autoridad de los varones sobre las mujeres. Aunque estos soportes varían histórica y culturalmente, el uso de la violencia constituye una de las formas más predominantes y generalizadas que ayudan al ejercicio de esa autoridad.

Como lo afirman Rebecca y Russell Dobash (1979), aunque el derecho legal de los hombres a ejercer violencia contra las mujeres ya no es explícitamente reconocido en la mayoría de las sociedades occidentales, el legado de leyes antiguas y de prácticas sociales abiertamente aprobadas continúan generando las condiciones que permiten la existencia generalizada de este tipo de violencia. Si bien las leyes ya no brindan un apoyo explícito a esta práctica, la inacción, la indiferencia, las políticas y procedimientos contradictorios de las instituciones sociales continúan reflejando el ideal de la posición subordinada de las mujeres y el derecho de los

---

* Universidad de Costa Rica.

[1] Sobre este punto se pueden consultar las siguientes investigaciones: Heise, Pitanguy y Germain, 1994; Ellsberg *et al.*, 1996; Carcedo y Zamora, 1999; Kennedy, 1999; Sagot y Carcedo, 2000.

[2] Véanse por ejemplo, Heise, Pitanguy y Germain, 1994; Johns Hopkins University-CHANGE, 1999; Naciones Unidas, 2000; Güezmes, Palomino y Ramos, 2002; Sagot, 2004.

hombres a dominar y controlar, incluso haciendo uso de la violencia. Asimismo, la inacción estatal en este terreno refleja la concepción de que ciertos aspectos de la vida social, en particular los que se configuran dentro del hogar o en el ámbito denominado "privado", deben estar fuera del control del Estado.

Lo anterior es el resultado de ancestrales concepciones que se remontan a Aristóteles, cuya teoría de la justicia relegaba a las mujeres a la esfera del hogar, un lugar ocupado por personas que no eran iguales a los hombres libres, aquellos que podían participar activamente en la justicia política. De hecho toda la teoría política occidental y consecuentemente la configuración de las instituciones sociales han estado influidas por estas concepciones que consideran a la mitad de la humanidad —o la cuasi-humanidad, es decir a las mujeres— como encargadas de áreas de la vida definidas como fuera del ámbito de la justicia (Moller Okin, 1989).

Por otra parte, en las sociedades occidentales las ideas de paz y seguridad están fuertemente asociadas con la institución de la familia, tanto que algunos pensadores conservadores, como Talcott Parsons (1976), le han llamado "el paraíso en un mundo sin alma". Como consecuencia, ha sido y es todavía difícil aceptar el hecho de que la mayoría de las violaciones a los derechos humanos de las mujeres tienen lugar dentro del hogar o en el contexto de las relaciones cercanas. Pero la verdad es que para las mujeres, la familia es el grupo social más violento y el hogar el lugar más peligroso. De hecho, la Encuesta Nacional de Violencia Contra las Mujeres de Costa Rica demostró que los hombres con quienes las mujeres tienen relaciones familiares, de afinidad o convivencia cometen más de 65% de los actos de violencia. Asimismo, se comprobó la peligrosidad del ámbito "privado" ya que es en el hogar donde ocurre más de 80% de los incidentes de violencia, principalmente los perpetrados por compañeros íntimos, así como la mayoría de los asesinatos de mujeres o feminicidios (Sagot, 2004; Carcedo y Sagot, 2002; Pola, 2002).

Ha sido el movimiento de mujeres y en particular el movimiento feminista, el que, desde la década de los años setenta, comenzó a vislumbrar esta violencia como un problema social y político, producto de la posición subordinada, que como género, tienen las mujeres en todas las sociedades del mundo. Existe una voluminosa producción teórica y empírica que demuestra que la puesta en la agenda pública de esta problemática y la consecuente aprobación de legislación y políticas públicas para enfrentarla es el resultado directo de las acciones del movimiento feminista.[3] Se inicia así un proceso para tratar de romper con el mito de que esta forma de violencia es un asunto "privado" y hasta normal dentro de la dinámica familiar y humana, por lo que debe mantenerse fuera de los alcances de la justicia y de la intervención del Estado. Por medio de argumentos, presentación de testimonios y resultados de investigación, manifestaciones y otras intervenciones expresivas, el movimiento feminista logró sacar el problema a la luz, con lo que contribuyó, además, a mostrar que la dicotomía entre lo público y lo privado, y entre lo personal y

---

[3] Véanse por ejemplo: Pleck, 1987; Gordon, 1988; Dobash y Dobash, 1992; Sullivan, 1994; Rivera, 1995; Sagot y Carcedo, 2000; Carcedo y Molina, 2003; Lazarus-Black, 2003; Weldon, 2004 y MacDowell Santos, 2004.

lo político es artificial, y consecuentemente, abrió el camino para que se plantearan demandas concretas de intervención estatal.

En este artículo se analizarán las experiencias y aportes dentro de este terreno del movimiento feminista de Costa Rica, así como los logros y avances que se han producido en los últimos años. Asimismo, se analizarán las tensiones permanentes entre las propuestas y planteamientos del movimiento y su incidencia social. Es decir, se discutirá la eficiencia y pertinencia de las nuevas leyes, políticas e instituciones para contribuir a alcanzar el objetivo último de la construcción de una sociedad libre de todas las formas de violencia contra las mujeres.

HACIENDO VISIBLE LO IGNORADO: LOS APORTES DEL MOVIMIENTO FEMINISTA

La violencia contra las mujeres, como un problema de gran magnitud y graves consecuencias, comenzó a ser puesto en la palestra pública y a ser denunciado por el movimiento feminista en América Latina en la década de los años ochenta. En 1981, en el I Encuentro Feminista Latinoamericano y del Caribe, celebrado en Bogotá, se identificó el problema como uno de los prioritarios que había que enfrentar y se declaró el 25 de noviembre como el Día Internacional por la No Violencia Contra las Mujeres.[4] En 1990, durante el IV Encuentro Feminista, que tuvo lugar en San Bernardo, Argentina, se constituyó la Red Feminista Latinoamericana Contra la Violencia Doméstica y Sexual. Durante toda la década, aunque con diferentes ritmos, las organizaciones feministas de los distintos países realizaron campañas de denuncia y sensibilización, elaboraron propuestas de legislación y políticas públicas e iniciaron la apertura de los primeros programas de atención.[5]

Un elemento fundamental utilizado por el movimiento feminista en este proceso fue la ubicación de la violencia contra las mujeres como un problema de poder, es decir producto de un sistema estructural de opresión de género. En ese sentido, se realizó un análisis de las diferentes instituciones y prácticas sociales como reflejo de esta manifestación por excelencia de la dominación masculina. Como lo expresa Ana Carcedo: "Hemos hablado de las leyes hechas por los hombres para mantener su dominación de género; de la policía como guardiana de ese orden patriarcal; de las instituciones estatales insensibles al dolor y las necesidades de las mujeres maltratadas; de la educación que acuña hombres agresores y mujeres desempoderadas; de las iglesias con sus discursos de perdón; de la moral judeocristiana de culpa y renuncia a la felicidad en este mundo [...] Y también de la estructura de propiedad

---

[4] La fecha fue elegida como conmemoración del brutal asesinato en 1960 de las tres hermanas Mirabal (Las mariposas), activistas políticas de la República Dominicana, por orden del dictador dominicano Rafael Trujillo (1930-1961). Siguiendo la conmemoración instaurada por el movimiento feminista, en diciembre de 1999, la 54a. sesión de la Asamblea General de las Naciones Unidas adoptó la Resolución 54/134 en la que declaró el 25 de noviembre Día Internacional de la Eliminación de la Violencia contra la Mujer.

[5] El primer programa de esta naturaleza fue la Casa Protegida "Julia Burgos" abierta en Puerto Rico en 1979.

y crédito que coloca los recursos económicos en manos masculinas; de la estructura política formal que excluye a las mujeres [...] y de las costumbres y tradiciones que son prácticas estereotipadas, ritos de mantenimiento del orden establecido entre géneros" (Carcedo y Molina, 2003:7).

El movimiento feminista latinoamericano también ha planteado este problema como una negación de derechos ciudadanos, de seguridad pública y de exclusión social. En ese sentido, la violencia contra las mujeres ha sido concebida como un asunto de justicia. Es decir, no como un problema individual, privado, familiar o de relación, sino como un problema público, estrechamente vinculado con la ciudadanía, esto es, con la distribución social de los derechos y deberes, de las cargas y los beneficios, donde las mujeres, en particular las abusadas, se encuentran en una situación de negación de sus derechos y beneficios.

Las feministas han demandado de las instituciones sociales y políticas de sus países una concepción amplia de justicia social que permita la construcción de una sociedad que contenga y sustente las condiciones sociales necesarias para que todos sus miembros, según su condición particular, desarrollen y ejerzan sus capacidades, expresen sus experiencias y participen en la determinación de sus condiciones de vida. No se hace referencia a un concepto de justicia universalizante, sino a uno que tome en cuenta las particularidades y las diferencias que las jerarquías sociales y sexuales producen en los individuos y que determinan su acceso diferenciado a los recursos materiales y simbólicos de la sociedad. En ese sentido, se ha demandado una "generización" del Estado; es decir, un Estado que explícitamente reconozca que algunos ciudadanos son hombres y otras son mujeres (Lazarus-Black, 2003) y un cambio en las relaciones de poder para garantizar a las mujeres control sobre los recursos materiales y simbólicos de la sociedad y sobre sus propios cuerpos, lo que significa control sobre su propia vida.

En la década de los años noventa el movimiento feminista consiguió algunas de sus más relevantes conquistas, ya que logró colocar la violencia contra las mujeres en la agenda mundial y trasladó parte de sus concepciones a declaraciones internacionales. Después de varias resoluciones de las Naciones Unidas y de la Organización de Estados Americanos, en la Conferencia Mundial de Naciones Unidas sobre Derechos Humanos (Viena, 1993) se logró cristalizar un consenso político de que las diversas formas de violencia contra las mujeres, tanto las que ocurrían en el marco de conflictos armados y otros escenarios públicos, como las que ocurrían en la vida privada, debían ser conceptualizadas como violaciones flagrantes a los derechos humanos (Sullivan, 1994). En nuestro continente, como resultado también de la acción feminista, en 1993 la Organización Panamericana de la Salud declaró la violencia contra las mujeres como un problema de salud pública y en 1994 la Organización de Estados Americanos aprobó la Convención Interamericana para Prevenir, Sancionar y Erradicar la Violencia contra las Mujeres (Convención de Belem do Pará), la que tiene un carácter vinculante para los Estados. Asimismo, en la Conferencia Mundial de Naciones Unidas sobre la Mujer (Beijing, 1995), a raíz de la propuesta de las latinoamericanas, se incluyó la violencia contra las mujeres como uno de los doce puntos de la Plataforma de Acción.

Estos instrumentos y declaraciones internacionales le han sido de gran utilidad al movimiento feminista para demandar acciones particulares en cada país, argumentando la responsabilidad que le compete a los Estados, tanto por acción como por omisión (Isis Internacional, 2002). Como consecuencia, en la década de los años noventa todos los países del continente, a excepción de Estados Unidos, ratificaron la Convención de Belem do Pará y aprobaron legislación y políticas públicas relativas a algunas formas de violencia, en particular la intrafamiliar. También se han desarrollado planes nacionales para abordar la violencia y programas de capacitación para personal de las instituciones públicas y privadas. Asimismo, se han multiplicado los programas de atención, así como la creación de comisarías de la mujer y albergues para mujeres maltratadas, en algunos países.

De esta forma, el movimiento feminista de la región se convirtió en un vehículo para la ampliación de la democracia y produjo algunas rupturas en el sistema de dominación patriarcal al permitir que las voces de las mujeres más excluidas (las abusadas y violentadas) pudieran ser un instrumento de inspiración y propuesta de reformas a las leyes y las políticas estatales. Es decir, como lo han planteado algunas autoras, la problemática de la violencia contra las mujeres generó un discurso contra-hegemónico que diseminó nuevos conceptos e ideas en la esfera pública y promovió cambios y reformas en la agenda estatal (Marion Young, 2000; Weldon, 2004). En ese sentido, más que otros discursos propios del repertorio feminista, el discurso sobre la violencia contra las mujeres ha tenido un papel fundamental en los esfuerzos por "politizar" el ámbito de lo privado.

Lo anterior fue posible porque el Estado no es un ente monolítico e instrumental, sino un conjunto diferenciado de instituciones, un territorio en disputa que posee una autonomía relativa para la representación y reconstrucción de las relaciones de género (MacDowell Santos, 2004; Schild 1998). La relación entre el movimiento feminista y el Estado es dinámica, contradictoria y está determinada por la coyuntura política e histórica (MacDowell Santos, 2004; Molineaux, 2000). Es decir, como cualquier movimiento social que intenta introducir cambios en la configuración del Estado, el movimiento feminista tiene más posibilidades de incidir en los periodos y lugares más progresistas y de mayor apertura democrática. En ese sentido, las oportunidades para la incidencia feminista oscilan entre los momentos de cambio liberador y receptividad por un lado y los momentos de mayor conservadurismo y represión, por otro (Lengermann y Brantley, 1993). Existe, además, una tensión permanente entre las propuestas y visiones del movimiento feminista y su capacidad de incidencia en los poderes establecidos. En otras palabras, en el terreno de las transformaciones sociales relativas a la violencia contra las mujeres, "no hay conquista definitiva ni avance sin contradicción" (Carcedo, 2003).

Por otra parte, según la definición de Sonia Álvarez (1998), el movimiento feminista debe ser entendido como "un campo discursivo de actuación/acción." Es decir, más que un movimiento social en el sentido clásico, que implica manifestaciones masivas en las calles, movilizaciones, etc., este movimiento sería un dominio político que se extiende más allá de las organizaciones o grupos. Plantea también esta autora que las feministas esparcidas en ese dominio político están constantemente comprometidas no sólo en luchas "clásicamente políticas", sino también en disputas por sentidos, por significados, o sea, en luchas discursivas; por ejemplo, por el significado de la ciudadanía, del desarrollo, de los derechos humanos, de la violencia, etc. Asimismo, las mujeres que actúan en el dominio feminista se relacionan en una variedad de espacios públicos, privados y alternativos, y por medio de una variedad de medios y formas de comunicación.

PAZ EN CENTROAMÉRICA Y EN LA CASA: FEMINISMO Y ACCIÓN ESTATAL EN COSTA RICA

Durante la década de los años ochenta que coincidió con el fin de la Década de la Mujer decretada por Naciones Unidas (1975-1985), se inician en Costa Rica las discusiones y acciones para enfrentar la violencia contra las mujeres. Al igual que en otros países, estas iniciativas parten directamente de las organizaciones de mujeres. En 1988 nace el programa "Mujer No Estás Sola" del Centro Feminista de Información y Acción (Cefemina), el primero en Centroamérica para el apoyo de mujeres maltratadas en las relaciones de pareja. En 1990, PROCAL, abrió su primer albergue para niñas y adolescentes abusadas sexualmente y embarazadas. También, en 1990, nace la Fundación Ser y Crecer, primera organización en América Latina dedicada a la atención y prevención del abuso sexual y el incesto (Carcedo, 2003).

En la década de los años noventa otras organizaciones de mujeres como la Colectiva Feminista "Pancha Carrasco" y la Alianza de Mujeres Costarricenses también asumen la violencia como una de sus áreas de trabajo. Desde entonces, se han multiplicado las organizaciones que trabajan las diferentes manifestaciones de la violencia en poblaciones particulares, como las trabajadoras sexuales, la población GLBT[6] y las trabajadoras domésticas.[7] Se constituyeron, además, espacios colectivos que tienen como uno de sus objetivos la erradicación de la violencia contra las mujeres. Tal es el caso de la Colectiva "25 de Noviembre" (1991), la Agenda Política de Mujeres (1997) y la Agenda de Mujeres "12 Puntos" (2001).

Es importante anotar que dada la situación de guerra y violación sistemática a los derechos humanos que se vivió en Centroamérica durante las décadas de los años setenta y ochenta, no es casual que fuera en Costa Rica donde las condiciones sociales y económicas permitieron un mayor desarrollo inicial de la reflexión, la investigación y las acciones para confrontar públicamente esta forma de violencia. Este país cuenta con una larga tradición democrática formal y una relativa estabilidad económica. Es, además, sede de varias instituciones supra-gubernamentales como el Instituto Interamericano de Derechos Humanos (IIDH) y el Instituto Latinoamericano de Prevención del Delito (ILANUD), lo que produjo un ambiente social y

---

[6] Gays, lesbianas, bisexuales y personas transgénero.

[7] Entre éstas destaca "La Sala" que organizó y apoyó a trabajadoras sexuales; ILPES, Triángulo Rosa y CIPAC que asumen la defensa de los derechos de la población GLBT, lo que antes había hecho "Las Entendidas" con las lesbianas; y ASTRADOMES que agrupa a las trabajadoras domésticas.

político más favorable y receptivo para las visiones, planteamientos y demandas del movimiento feminista.

Además, dadas las condiciones particulares de Costa Rica, las feministas nacionales no tuvieron que enfrentar los obstáculos que vivieron el resto de las centroamericanas cuando prevalecía la concepción de que estas manifestaciones de la violencia no son importantes o prioritarias frente a la violencia mayor de la guerra, la represión o las diversas formas de terrorismo que se vivían en la región (Carcedo y Verbaken, 1992). Aprovechando, más bien, que la propuesta de pacificación para Centroamérica surgió como iniciativa del presidente costarricense Óscar Arias (1986-1990),[8] algunas organizaciones del movimiento feminista local desarrollaron su planteamiento de que los procesos de paz y democratización necesitan garantizar una vida libre de violencia y abuso de poder a toda la población, sin importar el espacio donde se ejerza esa violencia o quiénes sean los perpetradores. Como lo expresó una feminista costarricense, fundadora del movimiento por la no violencia contra las mujeres, era importante posicionar esa concepción "máxime cuando en la vida cotidiana todas las formas de violencia están profundamente entrelazadas, siendo en ocasiones los mismos agresores, en el ejercicio de los diversos poderes que administran, quienes practican esas diversas formas de violencia" (Carcedo y Verbaken, 1992: 12).

De esta manera, frente a la propuesta de paz para Centroamérica del presidente Arias, las feministas plantean que no puede haber paz si ésta no comienza en casa. La coyuntura también era favorable para avanzar algunas propuestas legales en ese periodo dado que Margarita Penón, primera dama, estaba interesada en propiciar reformas para la igualdad y equidad de género. Así, en un esfuerzo conjunto entre el gobierno y algunas organizaciones de mujeres se presentó el proyecto de Ley de Igualdad Real de la Mujer en 1988. Dicho proyecto fue aprobado por el Congreso y convertido en Ley de la República en 1990. En la Ley de Igualdad Real se da respuesta, por primera vez, a una serie de demandas del movimiento feminista sobre la violencia doméstica y sexual contra las mujeres. En particular, se legisló para que, al interponer una denuncia contra un agresor, éste tuviera que salir de la casa y se le impusiera una pensión alimentaria provisional. Además, se establecieron medidas para mejorar la atención y protección de las mujeres en las instancias judiciales y se creó la figura de la Defensoría de los Derechos de la Mujer (García *et al.*, 2000).

Si bien la aprobación de la Ley de Igualdad Real ha sido considerada un importante avance, sobre todo por el debate público que se generó en torno a la temática de la equidad de género y la discriminación, las medidas propuestas en relación con la violencia hacia las mujeres eran escasas y puntuales. Además, muchas de estas medidas, como la salida del agresor de la casa, no llegaron a ser aplicadas por falta de un reglamento que pusiera en práctica su cumplimiento (Carcedo, 2003).

---

[8] Por esta propuesta y por los esfuerzos realizados para la pacificación de Centroamérica, Óscar Arias recibió el Premio Nobel de la Paz en 1987.

No es sino hasta 1991 cuando, a iniciativa de una organización feminista, se convoca a las instituciones estatales y a las organizaciones de la sociedad civil a una consulta para elaborar una propuesta de políticas públicas (Cefemina, 1992). Se trató del primer esfuerzo realizado para abarcar diferentes campos con demandas dirigidas a la legislación, a la protección de las víctimas, a la atención integral, a la educación y a la sensibilización. En ese mismo año, se realiza en Costa Rica el I Encuentro Centroamericano y del Caribe sobre Violencia Contra la Mujer con el objetivo de elaborar una "propuesta marco" para trabajar políticas públicas en relación con la violencia hacia la mujer y en la familia. Con la asistencia de representantes de todos los países de la región centroamericana, así como de México, República Dominicana, Puerto Rico, Venezuela, Perú, Uruguay, Bolivia, Ecuador, Brasil, España y Canadá, se planteó que todas las propuestas de políticas públicas deberían estar orientadas por el principio de que "la violencia contra las mujeres no es natural ni espontánea, sino que es aprendida, escogida y fomentada" (Memorias Encuentro Centroamericano y del Caribe sobre Violencia Contra la Mujer, 1991).

Ampliación de la acción estatal en materia de equidad de género: 1994-1999

El desarrollo de una normativa para proteger los derechos de las mujeres y en particular para confrontar la violencia, tiene un punto crítico en el país entre 1994 y 1999, periodo en el que se aprobó y promovió el mayor número de leyes y reformas en la materia. Gran parte de las normas aprobadas en esta época fue promovida en el marco de las políticas públicas y sus respectivos planes nacionales, como el Plan de Igualdad de Oportunidades entre Mujeres y Hombres (PIOMH), el Plan para la Violencia Intrafamiliar en el Sector Salud y el Plan Nacional contra la Violencia Intrafamiliar (PLANOVI) (García *et al.*, 2000; Ramellini y Mesa, 2000). En particular, en ese periodo se ratifica la Convención de Belem do Pará (1995) y se aprueba una gran cantidad de leyes sobre hostigamiento sexual, violencia doméstica, pensiones alimentarias, uniones de hecho, niñez y adolescencia, explotación sexual comercial, derechos sexuales y reproductivos, entre otros temas relativos a la ampliación de derechos de las mujeres y de otras poblaciones particulares.[9]

Por otra parte, es en este mismo periodo cuando se le asigna legalmente la rectoría estatal en materia de violencia al mecanismo nacional para el avance de las mujeres (primero al Centro Nacional para el Desarrollo de la Mujer y la Familia y luego a su sucesor, el Instituto Nacional de las Mujeres) y se plantea una estrategia

---

[9] En ese periodo se aprueba la siguiente legislación: Ley contra el Hostigamiento Sexual en el Empleo y la Docencia (1995), Ley de Regulación de la Unión de Hecho (1995), Ley Contra la Violencia Doméstica (1996), Ley de Pensiones Alimentarias (1996), Código de la Niñez y la Adolescencia (1997), Ley General de Protección a la Madre Adolescente (1997), Ley de Creación del Instituto Nacional de las Mujeres (1998), Ley Contra la Explotación Sexual de Menores (1999), Decreto de Creación de la Comisión Interinstitucional sobre Salud y Derechos Reproductivos y Sexuales (1999) y Decreto que establece el Registro Obligatorio de la Violencia Intrafamiliar en la Caja Costarricense del Seguro Social (1999).

de acercamieno integral y "sistémico" por parte del Estado con la creación del Sistema Nacional para la Atención de la Violencia Intrafamiliar (1997).[10] La creación de este Sistema posibilitó el desarrollo de modelos de intervención para el Sector Salud, Sector Educativo, Sector Municipal y para la atención en albergues. Asimismo, con la creación de esta instancia, se refuerzan los programas de capacitación para personal de las instituciones que se habían iniciado desde años atrás, en particular en el Sector Salud y el Sector Judicial.

Esta ampliación de la acción estatal en materia de violencia contra las mujeres se explica por la combinación de una serie de factores. En primer lugar, el impacto que tuvieron las conferencias mundiales de Naciones Unidas sobre Derechos Humanos (Viena, 1993), Población y Desarrollo (El Cairo, 1994) y sobre la Mujer (Beijing, 1995), cuyas declaraciones y plataformas de acción reconfiguraron el discurso y la práctica de los derechos humanos. Esto tuvo una influencia en muchos estados progresistas del mundo, incluido el de Costa Rica, quien procedió a realizar una serie de cambios normativo-formales e institucionales con el fin de adecuar su gestión a las nuevas demandas internacionales.

Por otra parte, a inicios de los noventa se produce una expansión del quehacer feminista nacional y centroamericano. Esta expansión se ve reflejada en la aparición de nuevas agrupaciones y en el desarrollo de diversas iniciativas como la edición de revistas, videos, la creación de colectivos, la apertura de programas para mujeres maltratadas y la institucionalización de los Estudios de la Mujer en los espacios universitarios (Sagot, 2002). El proceso se vio fortalecido con la realización del I Encuentro Feminista de la región, denominado "Historia de Género en Centroamérica", que tuvo lugar en Nicaragua en 1992 y del VI Encuentro Feminista Latinoamericano y del Caribe, que se realizó en El Salvador en 1993, lo que abrió espacios para la discusión y la definición de estrategias conjuntas. Si bien el movimiento feminista centroamericano o el costarricense no son, ni nunca han sido homogéneos, este proceso de expansión cuantitativa y cualitativa de los noventa les proporcionó a las feministas interesadas en la incidencia mayor legitimidad y "garra" política para trasladar sus visiones y propuestas a la esfera pública. Esto fue determinante en la capacidad que tuvieron para influir en la propuesta y aprobación de nuevas leyes y políticas públicas relativas a la violencia contra las mujeres.

Finalmente, los procesos antes mencionados tienen lugar en una coyuntura política favorable, dado que el presidente José María Figueres (1994-1998), del partido Liberación Nacional, de tradición socialdemócrata, definió como una de las

---

[10] El Decreto Ejecutivo de creación del sistema estableció los siguientes programas e instancias: Área de Violencia de Género del Mecanismo Nacional, que cuenta con una Delegación de la Mujer, una línea de emergencia y tiene la responsabilidad técnica sobre los albergues estatales para mujeres maltratadas; Comisión de Violencia de la Caja Costarricense del Seguro Social; Comisión de Prevención de Violencia del Ministerio de Educación Pública; Comisión de Seguimiento y Atención de la Violencia Doméstica del Poder Judicial; Comisión de Violencia Doméstica del Ministerio de Planificación y Política Económica; el Ministerio de Justicia asume las funciones de seguimiento de las acciones de PLANOVI; apertura de Oficinas Municipales de la Mujer y organización de redes locales de atención.

prioridades de su gobierno la equidad social, incluida la de género. Asimismo, la primera dama, Josette Altmann, se encontraba personalmente comprometida con el avance de las mujeres, en particular con la adopción de medidas para confrontar la violencia. Desde su despacho, en colaboración con el Instituto Nacional de las Mujeres, se desarrollaron las primeras campañas nacionales de sensibilización en medios de comunicación. Estas campañas, ejecutadas en cuatro fases (1995, 1996, 1997 y 1999), en la radio, televisión y medios escritos, sirvieron, entre otras cosas, para apoyar las propuestas de legislación y políticas públicas, para estimular la demanda de servicios y para sensibilizar a la población sobre la problemática (García *et al.*, 2000).

UNA OLA CONSERVADORA RECORRE EL MUNDO

A partir del año 2000 disminuye sensiblemente el ritmo de la aprobación de leyes y políticas públicas relativas a la equidad de género y la violencia contra las mujeres. Lo anterior es producto tanto de un cambio de rumbo en el gobierno local, como de las condiciones internacionales que han dado pie al resurgimiento de tradicionalismos y fundamentalismos que invocan nuevas formas de sumisión para las mujeres y el mantenimiento de papeles tradicionales de género. Es importante destacar, sin embargo, la ratificación del Protocolo Facultativo de la Convención para la Eliminación de Todas las Formas de Discriminación Contra la Mujer (CEDAW) por parte de la Asamblea Legislativa en el 2001, así como la aprobación de la Ley de Paternidad Responsable en ese mismo año. Esta ley, única en el mundo, revierte la carga de la prueba en materia de filiación paterna; es decir, es a los hombres a los que les corresponde demostrar que no son ellos los progenitores de un niño o niña cuando no quieren asumir la responsabilidad.

Antes de la aprobación de esta normativa, las mujeres tenían que soportar largos y engorrosos procesos judiciales frente a la negativa de muchos hombres de reconocer su paternidad, lo que las enfrentaba a diversas manifestaciones de la violencia: la masculina, la familiar y la institucional. La aprobación de esta ley se considera un importante avance porque, además de quitarles a las mujeres el peso de la responsabilidad de demostrar la paternidad, establece la posibilidad de que, una vez establecida la progenitura, el padre sea condenado a rembolsarle a la madre los gastos de embarazo y maternidad, así como los gastos por el cuidado y crianza del hijo o hija durante los doce meses posteriores al nacimiento (Carcedo, 2003).

Por otra parte, como resultado de la iniciativa de un grupo de feministas, tanto de la sociedad civil como de las instituciones estatales, en 1999 se presentó ante el Congreso un proyecto de Ley de Penalización de la Violencia Contra las Mujeres. El proyecto se inspira en los compromisos del Estado costarricense al ratificar la Convención de Belem do Pará, en el reconocimiento de la direccionalidad de la violencia y en la necesidad de garantizar a las mujeres protección especial y justicia. El proyecto también pretende llenar el vacío existente en el derecho donde no se consideran tipos penales que reconozcan las diferentes manifestaciones, características y dinámicas de la violencia contra las mujeres. El ámbito de aplicación propuesto es el de las mujeres adultas en relaciones de poder o confianza con el agresor, independientemente del lugar donde ocurra la agresión; es decir, no es una ley de violencia doméstica o que se limite a las relaciones intrafamiliares.

Este proyecto de ley no ha sido aprobado debido a que enfrenta una oposición tan fuerte y visceral, como no la enfrentaron ninguna de las otras reformas o leyes sobre equidad de género y violencia, ni siquiera la de Paternidad Responsable, aun cuando toca una práctica masculina ancestralmente aceptada. Además de una coyuntura política mucho más conservadora, que se manifiesta incluso con la presencia de legisladores de partidos ultraderechistas de reciente aparición,[11] esta ley parece tocar fibras muy sensibles de la masculinidad hegemónica y elementos medulares de la estructura de opresión de género, lo que explicaría la feroz oposición que ha suscitado.

Los detractores del proyecto de ley manifiestan, entre otras cosas, que una norma sólo para mujeres es inconstitucional dado que excluye a los hombres, como si Costa Rica no hubiese ratificado la CEDAW o la Convención de Belem do Pará, que son cuerpos normativos específicos para las mujeres. Contrario a toda la evidencia empírica, plantean, también, que esta ley no reconoce que hombres y mujeres ejercen igualmente la violencia, lo que, según ellos, dejaría a los hombres en condición de indefensión frente a estas supuestas mujeres agresoras. Argumentan, además, que no se puede penalizar con la cárcel a los hombres de familia que abusan de sus esposas, dado que serían enviados a un lugar donde estarían mezclados con los delincuentes comunes, ¡como si un agresor no lo fuera! Manifiestan que no se pueden penalizar todas las manifestaciones de la violencia dado que muchas de ellas son parte de los "conflictos" normales y "naturales" que se dan entre mujeres y hombres. Un legislador llegó a decir públicamente que esa ley no podía ser aprobada porque los hombres en posiciones de jefatura correrían el riesgo de ser sancionados por llamarle "estúpida" a su secretaria, ¡lo cual era su derecho si éstas cometían un error!

La experiencia vivida por el movimiento feminista en relación con esta propuesta de ley permite concluir que si bien en Costa Rica se ha aprobado una importante cantidad de normas legales y políticas públicas relativas a la violencia, —muchas más que en los otros países de la región centroamericana—, la mayoría de ellas no toca directamente las relaciones desiguales de poder entre mujeres y hombres. Es decir, se ha avanzado de forma significativa en ofrecer mayores opciones legales y mejores servicios, lo que demuestra un compromiso de algunas instancias estatales con las mujeres maltratadas. Asimismo, se ha logrado un cierto cambio cultural,

---

[11] En los últimos años también han surgido en Costa Rica grupos organizados de hombres conservadores que se oponen a toda legislación que promueve cambios en las relaciones entre los géneros, argumentando que eso crea condiciones para la discriminación masculina y trastoca los roles tradicionales de mujeres y hombres en la sociedad, los que deberían mantenerse a toda costa ya que éstos son "naturales", complementarios y mantienen ordenado el régimen social y político.

gracias al cual la violencia ya no es invisible y se ha convertido en un asunto que está en la agenda pública nacional e internacional.

Sin embargo, la aprobación de estas leyes y políticas no ha provocado grandes reacciones en contra porque tienen un carácter profundamente reformista y, además, no se refieren específicamente a la violencia contra las mujeres; es decir, son neutrales al género y, por tanto, han implicado sólo rupturas parciales en el sistema de opresión que se construye a partir de la diferencia sexual. Por otra parte, la presentación del proyecto de Ley de Penalización de la Violencia Contra las Mujeres se da en un clima social mucho más conservador, caracterizado por el surgimiento de grupos organizados, tanto de carácter religioso como político, que intentan frenar los avances e incluso revertir los logros alcanzados por el movimiento feminista en la ampliación de la ciudadanía de las mujeres. Desde esa perspectiva, la situación creada alrededor de este proyecto de ley puede ser leída como un símbolo de las nuevas condiciones en las que las feministas tratan de llevar adelante su agenda de transformación, pero se enfrentan a una sociedad menos receptiva, influida cada vez más por el discurso y la acción de grupos tradicionalistas que evocan el mantenimiento del orden de género.

VIOLENCIA CONTRA LAS MUJERES Y ACCIÓN ESTATAL: LOS LÍMITES DE LAS REFORMAS

La reconceptualización y posicionamiento de la violencia contra las mujeres como un asunto de justicia y de derechos humanos por parte del movimiento feminista ha implicado importantes avances sociales. Sin embargo, como ya se planteó, hay una tensión permanente entre los planteamientos de cualquier movimiento social transformador y su incidencia en la agenda pública. En otras palabras, a medida en que las propuestas del movimiento feminista ganan aceptación social, corren el riesgo de perder su carácter profundamente subversivo y transformador. De esta forma, las instituciones empiezan a apropiarse del discurso y planteamientos feministas para acomodarlos a su lógica e intereses. Éste es el caso de las normas legales y políticas públicas relativas a la violencia contra las mujeres aprobadas en Costa Rica.

En primer lugar, si bien esas normas y políticas públicas se han aprobado y aplicado, el Estado costarricense no es capaz de garantizarles a las mujeres su integridad personal ni su derecho a la justicia plena. Muestra de esto son las decenas de mujeres asesinadas cada año en el país como resultado de la violencia que viven por ser mujeres. Asimismo, según la Encuesta Nacional de Violencia Contra las Mujeres (Sagot, 2004), sólo 4% de las que reportaron a las autoridades el último incidente de violencia ejercida por un compañero íntimo consiguió que el agresor recibiera una condena.

Por otra parte, la aprobación de las normas y leyes no ha estado en consonancia con lo establecido en la Convención de Belem do Pará; es decir, no se ha aprobado ninguna legislación específica de violencia contra las mujeres, sino que se han aprobado leyes, normas y políticas relativas a la violencia doméstica o intrafamiliar, donde el bien protegido es la familia en abstracto y no sus integrantes, como personas con cuerpos específicos. Al ser planteadas como neutrales al género, estas leyes no sólo oscurecen las particularidades de la violencia contra las mujeres, sino que, cada vez más, se revierten en contra de las propias afectadas al ser usadas por los agresores como un instrumento más de maltrato[12] y por las instituciones como un mecanismo de revictimización (Cefemina, 2003).

Como ya se planteó, existe también una fuerte resistencia a aprobar instrumentos penales contra esta forma de violencia, argumentando que plantear este tipo de normas es discriminatorio o hasta inconstitucional si solamente cubre a las mujeres. Este discurso se mantiene a pesar de que la Convención de Belem do Pará claramente establece que los Estados integrantes deben incluir en sus legislaciones "las normas penales, civiles y administrativas" necesarias para prevenir, sancionar y erradicar la violencia contra las mujeres (Convención de Belem do Pará, 1994: artículo 7). Lo anterior ha generado graves problemas de acceso a la justicia para las mujeres y, en muchos casos, una flagrante impunidad, como lo demostró la Encuesta Nacional de Violencia.

La resistencia del Estado costarricense para abordar el problema específico de la violencia contra las mujeres se ve reflejada no sólo en la naturaleza de las leyes y políticas aprobadas, sino también en la forma en que operan las diferentes instituciones encargadas de ofrecer servicios. La mayoría de las instituciones estatales tiene un enfoque básicamente asistencialista, desprovisto de una perspectiva de derechos y de una visión articulada de proceso cuya meta sea la erradicación de la violencia. En estos servicios se trata a las mujeres como "beneficiarias" o "necesitadas de ayuda" o "víctimas" a las que hay que atender o soportar como un favor y no como ciudadanas con derechos, en particular a la protección, al debido proceso, a la integridad, a la justicia y a vivir libres de violencia. Estas prácticas y concepciones institucionales ponen a las mujeres en una situación de gran desventaja frente a los proveedores de los servicios, lo que fomenta la impunidad y su revictimización por medio de la indiferencia, la trivialización, los cuestionamientos y hasta la burla de la que muchas veces son objeto (Sagot y Carcedo, 2000).

Lo anterior también refleja la poca efectividad y grandes limitaciones de los programas de capacitación dirigidos a funcionarios y funcionarias de las instituciones estatales. Es decir, el trato que reciben las mujeres agredidas que acuden a los diferentes servicios e instancias estatales es un indicador de que esos programas de capacitación no se han traducido en cambios sustanciales de las prácticas institucionales y, mucho menos, en verdaderas transformaciones culturales, en particular en los sectores judicial y policial (Sagot y Carcedo, 2000; Cefemina, 2003). Persisten concepciones patriarcales entre funcionarios y funcionarias del Estado que repro-

---

[12] Por ejemplo, se ha presentado el caso de agresores que, antes de que una mujer solicite medidas de protección contra ellos, según lo establece la Ley de Violencia Doméstica, se adelantan y presentan una denuncia contra la mujer, utilizando la misma ley. O de abusadores sexuales de niñas o niños que denuncian por violencia doméstica a su compañera y solicitan medidas de protección en su contra, por lo que ella es la que debe dejar la casa.

ducen la creencia de que esta forma de violencia no representa un peligro real para las mujeres, lo que se traduce en respuestas institucionales prejuiciadas, insensibles e inadecuadas frente a la magnitud del problema y sus consecuencias (Sagot y Carcedo, 2000).

Adicionalmente, las leyes y políticas no han reconocido la diversidad de mujeres y la multiplicidad de formas en que se manifiesta la violencia. En ese sentido, las manifestaciones específicas con que la violencia afecta a las mujeres de las diferentes clases sociales, edades, etnias, religiones, capacidades u orientaciones sexuales no se ven reflejadas en los instrumentos legales existentes. Por ejemplo, la normativa que se dirige a la niñez y la adolescencia no aborda la especificidad de género y existe una gran carencia de legislación y programas para prevenir y atender la violencia sexual o el tráfico con fines de explotación sexual (Claramunt, 2003). A la vez, en el país permanecen vigentes normas, como las que penalizan la interrupción voluntaria del embarazo, que representan formas abiertas de violencia contra las mujeres y contra su derecho a la autonomía y a la autodeterminación.

En general, el Estado costarricense tampoco ha proveído los recursos materiales y logísticos necesarios para la ejecución de las leyes y políticas aprobadas. Por ejemplo, el presupuesto del Instituto Nacional de las Mujeres, entidad rectora en materia de violencia, ha sido reducido en más de 40% en los últimos años (García *et al.*, 2000). Esta situación es el resultado de la aplicación de políticas neoliberales de disminución del gasto público, sobre todo en el área social, lo que deviene en un fuerte impacto negativo en la inversión estatal dedicada a la prevención y atención de la violencia contra las mujeres.

Por su parte, las políticas públicas relativas a la violencia ocupan un lugar marginal dentro de la política nacional. Estas políticas ni siquiera han sido incorporadas en los planes nacionales de desarrollo, ni se asumen como políticas de Estado; en ese sentido, tienen un carácter coyuntural y no representan compromisos nacionales de largo plazo. Además, todas las políticas aprobadas se refieren a la violencia intrafamiliar y su ámbito de acción es la prevención y la atención; es decir, son políticas que desconocen las particularidades de la violencia contra las mujeres y las relaciones de poder desiguales entre los géneros que se encuentran en la base del problema. Por otra parte, estos planes tampoco cuentan con una adecuada asignación de recursos, ni con mecanismos de monitoreo y evaluación que permitan medir si de verdad el país avanza hacia la meta de construir una sociedad que les garantice a las mujeres una vida libre de violencia.

Desde esta perspectiva, es posible concluir que las relaciones del movimiento feminista y el Estado en este terreno son problemáticas y están plagadas de contradicciones. Por un lado, se avanza en la incorporación de las demandas del movimiento en la agenda estatal, pero por otro, las propuestas feministas son vaciadas de su más importante aporte e instrumento de análisis: la concepción de la violencia contra las mujeres como un asunto de poder, producto de una sociedad estructurada sobre la base de la desigualdad y la opresión de género. De esta manera, los planteamientos radicales y transformadores del movimiento feminista se "reciclan" en el Estado y les son devueltos a la sociedad bajo la forma de leyes, políticas y programas socialmente aceptables y no amenazantes para el orden establecido. Muchas veces, entonces, en lugar de provocar transformaciones sociales y culturales, los procesos de institucionalización de las demandas feministas fomentan la cooptación de las propuestas y hasta del propio movimiento.

A pesar de lo anterior, la mayoría de las feministas costarricenses y sus organizaciones creen que es importante seguir luchando por la aprobación de leyes y políticas ya que son recursos que han abierto opciones para las mujeres maltratadas, ampliado sus derechos ciudadanos y salvado muchas vidas (Carcedo y Molina, 2003; Cefemina, 2003). Como lo plantea una activista nacional: "Los esfuerzos no son inútiles, ni mucho menos, porque no logremos la erradicación de la violencia, porque aunque no alcancemos la meta, sí ganamos. Muchas mujeres viven, vivimos mejor, mucho mejor. Para muchas mujeres, vivir libres de la violencia cotidiana de un agresor particular, es una realidad" (Carcedo y Molina, 2003:82).

Es importante reconocer, además, que a pesar de los problemas y contradicciones, de los avances y retrocesos, de la mayor o menor oposición, los procesos de transformación social generalmente se van construyendo día a día y estos cambios promovidos desde el movimiento feminista ya empiezan a configurar una nueva concepción y práctica social sobre la violencia contra las mujeres, situación inimaginable hace 25 años. Sin embargo, el objetivo del movimiento feminista no es y no puede ser simplemente luchar por mejores programas de atención, políticas o leyes. Éstos deben ser entendidos como parte de los instrumentos que deben emplearse en la lucha iniciada hace más de 200 años por la construcción de una sociedad que les garantice a las mujeres su autonomía, su bienestar, su integridad y su derecho a vivir libres de toda forma de violencia. Es decir, aún cuando de forma cotidiana se luche por la aprobación de una ley, una política estatal o mayores recursos para los programas de mujeres, nunca se debe perder el norte de la utopía que orienta al feminismo y, sobre todo, en esta época de pragmatismo, conservadurismo e individualismo exacerbado, nunca se deben olvidar la fuerza del pensamiento y las acciones colectivas progresistas ni su efecto histórico en el destino de las sociedades.

BIBLIOGRAFÍA

Álvarez, Sonia E. (1998), "Feminismos latinoamericanos", *Estudios Feministas*, vol. 6, núm. 2, pp. 265-284.

Carcedo, Ana y Karin Verbaken (1992), *La violencia contra las mujeres en Centroamérica y la cooperación holandesa*, San José, Costa Rica, Cefemina.

Carcedo, Ana y Alicia Zamora (1999), *Ruta crítica de las mujeres afectadas por la violencia intrafamiliar en Costa Rica*, San José, Costa Rica, Organización Panamericana de la Salud.

Carcedo, Ana y Montserrat Sagot (2002), *Feminicidio en Costa Rica, 1990-1999*, San José, Costa Rica, Inamu-Organización Panamericana de la Salud.

Carcedo, Ana y Giselle Molina (2003), *Mujeres contra la violencia, una rebelión radical*, San José, Costa Rica, Embajada Real de los Países Bajos-Cefemina.

Carcedo, Ana (2003), *Violencia contra las mujeres: aportes para la discusión sobre un sistema de vigilancia y protección del derecho de las mujeres a vivir libres de violencia*, San José, Costa Rica, Proyecto Estado de la Nación.

Cefemina (2003), *Políticas públicas sobre violencia contra las mujeres: un balance desde las organizaciones de mujeres*, San José, Costa Rica, Cefemina.

———— (1992), *La política contra la violencia ha sido no tener políticas. I consulta nacional para elaborar propuestas de políticas públicas en relación a la violencia contra la mujer*, San José, Costa Rica, Cefemina.

Claramunt, María Cecilia (2003), *Situación de los servicios médico-legales y de salud para víctimas de violencia sexual en Centroamérica*, San José, Costa Rica, Unidad Género y Salud, Organización Panamericana de la Salud.

Convención Interamericana para Prevenir, Sancionar y Erradicar la Violencia Contra las Mujeres (Convención de Belem do Pará) (1994),Washington, D.C., Organización de Estados Americanos.

Dobash, Rebecca E. y Russell P. Dobash (1992), *Women, violence and social change*, Londres, Routledge.

———— (1979), *Violence Against Wives: A Case Against Patriarchy*, Nueva York, The Free Press.

Ellsberg, Mary C. *et al.* (1996), *Confites en el infierno. Prevalencia y características de la violencia conyugal hacia las mujeres en Nicaragua*, Managua, Nicaragua, Departamento de Medicina Preventiva, UNAM-León.

García, Ana Isabel *et al.* (2000), *Sistemas públicos contra la violencia doméstica en América Latina: un estudio regional comparado*, San José, Costa Rica, GESO.

Gordon, Linda (1988), *Heroes of their own Lives: The Politics and History of Family Violence*, Nueva York, Penguin Books.

Güezmes, Ana, N. Palomino y M. Ramos (2002), *Violencia sexual y física contra las mujeres en el Perú*, Lima, Perú, Flora Tristán, Organización Mundial de la Salud, Universidad Peruana Cayetano Heredia.

Heise, Lori, J. Pitanguy, y A. Germain (1994), *Violencia contra la mujer: la carga oculta sobre la salud*, Washington, D.C., Banco Mundial.

Isis Internacional (2002), *Violencia contra las mujeres en América Latina y el Caribe español 1990-2000: balance de una década*, Santiago de Chile, Isis internacional-UNIFEM.

Johns Hopkins University-CHANGE (1999), *Population reports: para acabar la violencia contra la mujer*, vol. XXVII, núm. 4, Baltimore, M.D., Johns Hopkins University.

Kennedy, Mirta (1999), *Violencia intrafamiliar. Ruta crítica de las mujeres afectadas en Honduras*, Tegucigalpa, Honduras, Organización Panamericana de la Salud.

Lazarus-Black, Mindie (2003), *The (Heterosexual) Regendering of a Modern State: Criminalizing and Implementing Domestic Violence Law in Trinidad*, United States, American Bar Foundation.

Lengermann, Patricia M. y Jill N. Brantley (2000), "Teoría feminista contemporánea", en *Teoría Sociológica Contemporánea*, México, McGraw-Hill, pp. 353-409.

MacDowell Santos, Cecilia (2004), "En-gendering the police: women's police stations and feminism in Sao Paulo", *Latin American Research Review*, vol. 39, núm. 3, pp. 29-55.

Marion Young, Iris (2000), *La justicia y la política de la diferencia*, Valencia, España, Cátedra.

Memorias del Encuentro Centroamericano y del Caribe sobre Violencia Contra la Mujer (1991), San José, Costa Rica, Cefemina.

Moller Okin, Susan (1989), *Justice, Gender and the Family*, EUA, Basic Books.

Molyneaux, Maxine (2000), "Twentieth-Century state formations in Latin America", en Elizabeth Dore y Maxine Molineaux (eds.), *Hidden Histories of Gender and the State in Latin America*, Durham, Duke University Press, pp. 33-81.

Naciones Unidas (2000), *The World's Women. Trends and Statistics*, Nueva York, ONU.

Parsons, Talcott (1976), *Ensayos sobre teoría sociológica*, México, Amorrortu.

Pleck, Elizabeth (1987), *Domestic Tyranny: The Making of Social Policy Against Family Violence from Colonial Times to the Present*, Nueva York, Oxford University Press.

Pola, M.J. (2002), *Feminicidio en República Dominicana*, Santo Domingo, República Dominicana, Profamilia.

Ramellini, Teresita y Silvia Mesa (2000), *La situación de la violencia de género contra las mujeres en Costa Rica*, San José, Costa Rica, INAMU-PNUD.

Rivera, Jenny (1995), "Puerto Rico's domestic violence prevention and intervention law and the United States Violence Against Women Act of 1994: the limitations of legislative responses", *Columbia Journal of Gender and Law*, vol. 5, núm. 1, pp. 78-126.

Sagot, Montserrat (2004) *Resultados de la Encuesta Nacional de Violencia Contra las Mujeres*, San José, Costa Rica, Centro de Investigación en Estudios de la Mujer, Universidad de Costa Rica.

———— (2002), "Los estudios feministas en Centroamérica: contándonos a nosotras mismas desde la academia", en Gloria Careaga (ed.), *Feminismos Latinoamericanos: retos y perspectivas* (versión electrónica), México, PUEG-UNAM, pp. 141-156.

Sagot, Montserrat y Ana Carcedo (2000), *Ruta crítica de las mujeres afectadas por la violencia intrafamiliar en América Latina*, San José, Costa Rica, Organización Panamericana de la Salud.

Schild, Verónica (1998), "New subjects of rights? Women's movements and the contruction of citizentiship in the "new democracies", en Sonia E. Álvarez, Evelina Dagnino y Arturo Escobar (eds.), *Cultures of Politics/Politics of Culture: Revisioning Latin American Social Movements*, Boulder, C.O., Westview Press, pp. 98-117.

Sullivan, Donna J. (1994), "Women's human rights and the 1993 World Conference on Human Rights", *The American Journal of Internacional Law*, vol. 88, núm. 1, pp. 152-167.

Weldon, Laurel S. (2004), "The dimensions and policy impact of feminist civil society", *International Feminist Journal of Politics*, vol. 6, núm. 1, pp. 1-28.

NUEVOS NUDOS Y DESAFÍOS EN LAS PRÁCTICAS FEMINISTAS: LOS INSTITUTOS DE LAS MUJERES EN MÉXICO

MARÍA LUISA TARRÉS*

> Decir que las reformas institucionales alteran el comportamiento
> es una hipótesis, no un axioma.
>
> PUTNAM, 1994

Después de treinta años de movilización feminista y cuando el discurso de género es retomado por un gobierno de corte conservador, vale la pena preguntarse sobre los resultados de un trabajo colectivo orientado a incidir en la dimensión sexuada del poder y la política. Aunque por su naturaleza las agendas gubernamentales tienden a neutralizar la carga subversiva presente en las propuestas de cualquier movimiento social (Fraser, 1991; Tarrow, 1994), es importante considerar que la trayectoria del movimiento feminista en México estuvo marcada por un contexto cambiante que permitió la integración de la perspectiva de género en la cultura política de una democracia que apenas se construía. En efecto, entre 1970 y 2000 el país vivió grandes cambios sociopolíticos derivados de la adopción del modelo neoliberal, la reforma de instituciones del proyecto de la Revolución mexicana y de una larga lucha por la democratización del sistema de partido único que predominó por más de 70 años a través del Partido Revolucionario Institucional (PRI). A estas transformaciones estructurales se suma una larga y tempestuosa división de las élites tradicionales que resulta en la aplicación de la reforma política en 1997. Esta reforma, negociada durante veinte años con diversos actores de la sociedad y de partidos reconocidos o no por la legalidad vigente, logra conformar un pluralismo partidario y definir reglas electorales que aseguran comicios limpios y el despegue del país hacia la formación de un sistema democrático. La movilización feminista y del movimiento de mujeres enfrentan el año 2000 con un resultado no previsto: la presidencia del primer gobierno elegido democráticamente la asume Vicente Fox, miembro del Partido Acción Nacional (PAN), un partido de origen católico con escasa experiencia política en el ámbito nacional, cuyos dirigentes, relativamente jóvenes, provienen en su mayoría de escuelas religiosas y realizan actividades en el sector privado. Se trata de un partido que emprendió una ofensiva contra el autoritarismo, que abarca desde las franjas más conservadoras del espectro ideológico hasta las nuevas clases medias y empresariales, que si bien se crearon al amparo de las antiguas políticas redistribuitivas, se vinculan con grandes capitalistas nacionales

* El Colegio de México.

e internacionales (Loaeza, 2003). Son estos sectores vinculados con el PAN los que asumen la conducción del país en 2001.

Por el contrario la composición y la trayectoria del Movimiento de Mujeres (MM) son otras. Si bien la mayoría de las militantes feministas llamadas "históricas" proviene de clases medias educadas, desde los setenta desarrollaron vínculos con diversos partidos o grupos políticos de izquierda, con las comunidades eclesiásticas de base (CEBS) inspiradas en la Teología de la Liberación y posteriormente se vincularon con movimientos de mujeres de los sectores populares en el campo y la ciudad (Tarrés, 2001 y 1998). Por ello y aunque durante los noventa realizaron diversos acercamientos con funcionarias, representantes legislativas y militantes de los diversos partidos (Tarrés, 2005a), cuando en 2001 se trató de aplicar la perspectiva de género en las instancias dedicadas a ello, disminuyeron sus posibilidades para incidir en las decisiones estatales. Lucharon durante años por una democracia respetuosa de las diferencias genéricas, pero sus aliados partidarios perdieron las elecciones presidenciales, pese a haber conseguido cargos en el poder legislativo o en algunos gobiernos estatales y en el Distrito Federal. Paradójicamente la institucionalización de la perspectiva de género, cuya base son los Institutos de la Mujer, se vio inmersa en un contexto que no ofreció oportunidades políticas favorables para plasmar los proyectos, producto de un trabajo discursivo intenso y de un activismo en las bases, en el que a veces se invirtieron vidas completas (Tarrés, 2006 en prensa).

Así, las demandas del movimiento convertidas después de la Cuarta Conferencia Mundial de Beijing de 1995 en la Plataforma de Acción Mundial, se concretizan en el Programa de Acción Regional para las Mujeres de América Latina y el Caribe (1995-2001) el cual se constituye en la agenda marco para los gobiernos de la región. México no fue ajeno a estos acuerdos de modo que después de algunas iniciativas locales o estatales aisladas para establecer instancias o programas orientados a concretarlos, se logra concertar a escala nacional la creación del Instituto Nacional de las Mujeres, el Programa Nacional de Igualdad de Oportunidades y no Discriminación contra la Mujer (Proequidad) que se integra al Plan Nacional de Desarrollo (2000-2006) del gobierno que apenas se instalaba gracias a un apoyo contundente obtenido en elecciones limpias y competitivas.

El movimiento feminista y de mujeres que luchó por la democracia y aportó a este ideal político las nociones de igualdad en la diferencia y de tolerancia alcanzando visibilidad en espacios públicos e institucionales desde los noventa, se encuentra así ante una situación inesperada: ha logrado concretar una de sus grandes aspiraciones y, sin embargo, no cuenta con los recursos políticos necesarios para controlar la orientación de los institutos creados para llevar a cabo su proyecto. El escenario se complica si se considera que sus aliados naturales, el Partido de la Revolución Democrática (PRD) y otros partidos de izquierda no obtuvieron los cargos esperados y el PRI, donde militan políticas con larga trayectoria feminista, se encontraba en franca crisis interna por la derrota en una elección que le significó perder su condición hegemónica.

Pese a que el concepto de género se filtró en la sociedad porque facilitó comprender la subordinación de las mujeres, es preciso señalar que después de la Reunión de Beijing éste no sólo es asumido por los partidos laicos que ya lo avalaban sino también por el PAN que hasta esa fecha lo había rechazado. Así, este partido utiliza una idea de género en su plataforma electoral para las elecciones del 2000 —después de un serio trabajo realizado por algunas de sus militantes que lo reelaboraron alrededor del valor de la igualdad entre los sexos para adaptarlo a una ideología partidaria que naturaliza al género— y define a la mujer como reproductora biológica y social e idealiza la familia tradicional. Si bien desde que las elecciones comenzaron a ser competitivas el PAN integró nuevos sectores sociales a sus filas y renovó su discurso (Tarrés, 1999) es claro que su doctrina y sus prácticas están impregnados por los vínculos históricos de ese partido con la Iglesia católica y sectores conservadores de la sociedad mexicana. Por ello, hoy día el control que ejerce nacionalmente sobre las instancias dedicadas a promover las políticas con perspectiva de género no sólo provoca resquemores entre sus mismos correligionarios sino también entre las feministas que integran el movimiento de mujeres y las militantes de partidos de oposición. Los primeros, alegan una renuncia a los principios partidarios; las segundas, una traición a la diversidad de demandas presentes en el feminismo, tales como la maternidad voluntaria, la libre opción sexual o la liberación de la mujer.

La tarea de conducir la creación y el funcionamiento de una nueva institucionalidad orientada a integrar en términos positivos a la mujer en la ciudadanía y el desarrollo enfrenta, en consecuencia, obstáculos de distinto orden. Éstos no sólo provienen de factores macro-sociales que discriminan o excluyen a la mujer de la cultura, las instituciones o la economía sino también de dimensiones derivadas de diferencias políticas, de clase, étnicas, religiosas y de distintas visiones sobre el significado de la perspectiva de género entre los actores involucrados en el proceso de institucionalización, los cuales se evidencian cuando se trata de dar prioridad a ciertos temas en la agenda pública.

Más allá de estas dificultades, hay que reconocer que una de las virtudes del proceso de institucionalización es que la igualdad de género se constituye en el valor que organiza la estructura, la agenda y las actividades de Inmujeres. La igualdad, como lo señala Phillips (1991:7), se expresa en acciones que buscan superar la subordinación de la mujer en un sistema externo que la ha segregado históricamente. Así, en la arena política la igualdad ordena la lucha de las mujeres sin distinción de clase, etnia o ideología contra la discriminación. Se trata de un valor políticamente redituable porque permite captar alianzas sobre todo en un país heterogéneo cuya historia está marcada por la lucha contra la desigualdad.

En este marco, el discurso de Inmujeres se propone transformar la institucionalidad vigente de los organismos estatales y reorientar las políticas públicas por medio de una perspectiva de género que al dar preeminencia a la igualdad entre los sexos se adapta, en principio sin grandes conflictos, a la ideología de diversos actores de la escena política nacional.

Y decimos en principio porque en la práctica integrar desde esta postura la perspectiva de género en un país donde el machismo es acendrado, enfrenta desafíos difíciles de solucionar pues la misión de los institutos no sólo se orienta a alterar el orden estatal que regula las actividades de la sociedad por medio de jerarquías legales, burocráticas o administrativas, sino también el universo simbólico en que se asienta. La institucionalización de la perspectiva de género es un proceso que se enmarca en un esfuerzo por cubrir a todas las políticas públicas del país en las cuales se redefinen valores, prácticas y procedimientos administrativos. Las políticas públicas en este sentido son intersectoriales y en su formulación participan quienes las elaboran y quienes las demandan. Así, la institucionalización depende en última instancia de la apropiación que funcionarios y sociedad civil hagan de esta perspectiva y del valor que se otorgue a la equidad y a la mujer en la sociedad y en el sistema político.

Por esto es importante considerar que el éxito de una política pública como ésta no depende solamente de la introducción de un diseño institucional adecuado sino también del contexto social y político donde operan las instituciones (Putman, 1994). En la práctica, instituciones formales similares funcionan y obtienen resultados diferentes en contextos diferentes. Con esto queremos decir que no basta una buena ingeniería institucional, también influyen el contexto y la cultura de género de los actores que en él participan. Su permanencia como principio y como objetivo de las organizaciones y su influencia en el comportamiento de los funcionarios de la administración y de los actores sociales definirá en gran medida el compromiso que a largo plazo otorgan la sociedad y el Estado a la perspectiva de género.

Quizá por ello la presencia de los institutos genera a veces dilemas más complejos que el de organismos con un estatuto similar que promueven otros temas entre los diversos actores de la sociedad y la política. En los hechos estas instancias, al impulsar la equidad de género, traspasan la tarea rutinaria de un organismo del aparato gubernamental y ello interfiere su gestión pues requiere esfuerzos adicionales para legitimar su función y concertar agendas y actividades.

En este marco, el presente trabajo en una primera parte se propone describir el desarrollo de las instancias de la mujer en un país cuya organización es federal, el ritmo de su creación y las formas jurídicas que adquieren. En un segundo apartado, se exploran ciertos conflictos derivados de la inserción de los institutos en escenarios sociopolíticos particulares para mostrar que la dinámica de instituciones similares cambia según el contexto estatal pese a compartir metas similares y el mismo escenario nacional. A modo de conclusión, se identifican algunas de las dificultades que enfrentan organismos de este tipo, las cuales dependen del orden legal y administrativo, del juego partidario y de distintas concepciones de género derivadas, en principio, de ideologías políticas de inspiración laica o religiosa presentes en los principales partidos que conforman el sistema político y, por ende, permean la ideología de las personas encargadas de promover la perspectiva de género a través de los institutos de las mujeres.[1]

---

[1] Si bien en el sistema político participan otros partidos y Asociaciones Políticas Nacionales (APN), éstos logran ingresar temporalmente al sistema institucional o permanecen en él gracias a alianzas, muchas veces oportunistas, para sobrevivir. Este trabajo da prioridad a los tres partidos más importantes (PAN, PRI, PRD) y se referirá al resto cuando aparezcan en la escena institucional.

Finalmente, hay que señalar que este trabajo es de carácter exploratorio, orientado a subrayar algunos de los "nudos" que se observan en el ingreso de una demanda
producida por el feminismo en la esfera de las instituciones gubernamentales.

EL INSTITUTO NACIONAL DE LAS MUJERES Y LOS INSTITUTOS ESTATALES:
ENTRE LA AUTONOMÍA Y LA DEPENDENCIA

Entre las políticas orientadas a la institucionalización de la perspectiva de género,
los Institutos de la Mujer tienen un papel central en el diseño de una agenda para
incidir en las políticas públicas de la federación y los estados. Después de varios intentos parciales en distintas partes del país por dar respuesta a la necesidad de crear
organismos que asumieran esta tarea, el 12 de enero del 2001 por decreto presidencial se forma el Instituto Nacional de las Mujeres.[2] Su fundación se basó en la idea
de que el ejercicio de los derechos de las mujeres como ciudadanas es un requisito
para la democratización del país. La renovación democrática se vinculó con la noción de equidad de género y la igualdad de oportunidades, valores compartidos por
distintos grupos organizados de mujeres del país que apoyaron y contribuyeron a la
instauración de este organismo.

Así, Inmujeres, organización de nivel federal, se centra en la tarea de "coordinar
y concertar acciones con las instancias estatales en el entendido de que todas ellas
comparten la perspectiva de género y la necesidad de institucionalizarla en el ámbito federal" (Inmujeres, Ley 2001).

Gracias a ello, además del Instituto Nacional, hoy existen institutos estatales y
en algunos casos se agregan oficinas municipales para el avance de la mujer. Desde
abril de 2005, cuando se pone en marcha el Instituto de las Mujeres de Tamaulipas,
30 estados de la república cuentan con este organismo, salvo en Querétaro donde
tiene la categoría de Consejo y Veracruz, cuya instancia se limita a un Programa. La
existencia de estos organismos a lo largo y ancho del territorio nacional se constituye en un capital de gran valor para promover temas relacionados con la transversalidad de género y la definición de políticas públicas comunes orientadas a la equidad
y la igualdad de oportunidades en el ámbito nacional.

El ritmo de creación de estas instancias responde en gran medida a las oportunidades políticas que se abren cuando la perspectiva de género es legitimada por la
asunción del nuevo gobierno democrático y por la publicación del Plan Nacional
de Desarrollo que para aplicarla propone instancias y mecanismos que promuevan
la equidad de género en las políticas públicas. Tal como lo muestra el cuadro 1,
antes del 2000 se crearon 10 instancias y después de esa fecha, el resto.

---

[2] El Instituto Nacional de las Mujeres es un organismo público autónomo descentralizado de la Administración Pública Federal, con personalidad jurídica, patrimonio propio y autonomía técnica y de
gestión.

CUADRO 1

RITMO DE CREACIÓN DE LAS INSTANCIAS ESTATALES

Año	Institutos	Programas	Secretarías	Total
1987-1999	7	2	1	10
2000	7	-	-	7
2001	5	-	-	5
2002	7	-	-	7
2003-2005	3*	-	-	3
Total	**29**	**2**	**1**	**32**

FUENTE: Elaboración propia con base en información de Inmujeres, 2003-2005.

Sin embargo, es preciso considerar que más allá del evidente avance con la fundación de los institutos, éstos enfrentan obstáculos derivados de su reciente creación, de la escasez de recursos materiales y profesionales, de su necesidad de buscar legitimidad en la sociedad y en el gobierno, y problemas de coordinación alrededor de un proyecto común debido a conflictos político-partidarios que con el tiempo han producido roces y entorpecido las actividades de un proyecto de carácter nacional.

Aunque formalmente hay acuerdos básicos que se expresan en Proequidad, éstos no siempre funcionan pues las direcciones de los organismos estatales adaptan sus metas a la correlación de fuerzas locales, a las buenas o malas relaciones con otros institutos, a los vínculos con las organizaciones de mujeres, a su acceso a financiamientos e incluso a las interpretaciones y lecturas particulares sobre las metas de la agenda nacional para las mujeres. Así, en la práctica la mayoría de los institutos hace lo que puede con los recursos humanos y materiales que consigue movilizar en contextos regionales donde las prioridades de la élite política no son necesariamente los derechos de las mujeres. Es cierto que por las exigencias de las agencias de financiamiento internacional y del Plan Nacional de Desarrollo, estas élites se ven obligadas a considerar el género, pero también es cierto que este requisito para muchas de ellas es sólo un trámite más cuando se trata de diseñar o aplicar una política pública orientada por la perspectiva de género.

Si consideramos la presencia de los institutos, el panorama nacional, es el que se presenta en el cuadro 2 de la página siguiente.

Un hecho que vale la pena recalcar es que la condición administrativa de los organismos estatales de la mujer no es la misma en todo el país. En algunos estados son organismos públicos descentralizados y en otros desconcentrados, lo que les otorga una cierta jerarquía y mayor autonomía dentro de la burocracia, comparados con aquellos que tienen la categoría de programas, consejos y(o) coordinaciones.[3] Sólo en el estado de Guerrero la instancia de la mujer tiene rango de Secreta-

---

[3] Organismo Público Descentralizado: estos organismos tienen un manejo administrativo autónomo y responsable en las tareas que se proponen y están concebidos para descargar *nuevas tareas o funciones* a la administración pública; por ley no pueden sustituir sus funciones. Su papel se restringe entonces a

CUADRO 2

FORMA JURÍDICA, FECHA DE CREACIÓN Y PARTIDO DE LOS ORGANISMOS ESTATALES DE MUJERES

Entidad Federativa	Nombre	Forma de creación	Fecha de creación	Partido Gobernador 2005	Partido Directora 2005
Aguascalientes	Instituto Aguascalientes de las Mujeres	Decreto	19/11/01	PAN	PAN
Baja California Norte	Instituto de la Mujer para el Estado de Baja California	Ley	22/12/01	PAN	PAN
Baja California Sur	Instituto Sudcaliforniano de la Mujer	Ley	27/07/99	PRD/Convergencia	PRI
Campeche	Instituto Estatal de la Mujer en Campeche	Acuerdo	19/12/00	PRI	PRI
Chiapas	Instituto de la Mujer de Chiapas	Acuerdo	08/12/00	PRI	PRI
Chihuahua	Instituto Chihuahuense de la Mujer	Decreto	30/05/02	PRI-PVEM	PRI
Coahuila	Instituto Coahuilense de las Mujeres	Decreto	13/02/01	PAN-PRD	ONG
Colima	Instituto Colimense de las Mujeres	Decreto	08/08/98	PRI	PRI
Distrito Federal	Instituto de las Mujeres del D. F.	Ley	28/02/02	PRD	PRD
Durango	Instituto de la Mujer Duranguense	Decreto	06/06/00	PRI	PRI
Guanajuato	Instituto de la Mujer Guanajuatense	Decreto	30/06/01	PAN	PAN
Guerrero	Secretaría de la Mujer en Guerrero	Decreto	21/04/87	PRD/Convergencia/ PRS	PRI
Hidalgo	Instituto Hidalguense de la Mujer	Decreto	18/02/07	PRI	PRI
Jalisco	Instituto Jalisciense de las Mujeres	Ley	01/03/02	PAN	PAN
México	Instituto Mexiquense de la Mujer	Decreto	18/12/00	PRI	PRI
Michoacán	Instituto Michoacano de la Mujer	Decreto	21/09/99	PRD	PRD
Morelos	Instituto Estatal de la Mujer en Morelos	Decreto	14/08/02	PAN	PAN
Nayarit	Instituto de la Mujer en Nayarit	Decreto	31/12/03*	PRI	ONG
Nuevo León	Instituto Estatal de las Mujeres en el Estado de Nuevo León	Ley	17/12/03	PRI	PRI
Oaxaca	Instituto de la Mujer Oaxaqueña	Decreto	23/12/00	PRI	PRD
Puebla	Instituto Poblano de la Mujer	Decreto	24/03/99	PAN	PAN
Querétaro	Consejo Estatal de la Mujer en Querétaro	Decreto	06/03/97	PRI	PRI
Quintana Roo	Instituto Quintanarroense de la Mujer	Decreto	15/05/98	PAN	PAN
San Luis Potosí	Instituto de las Mujeres del Estado de San Luis Potosí	Ley	14/03/02	PRI	PRI
Sinaloa	Instituto Sinaloense de la Mujer	Decreto	08/03/00	PRI	PRI
Sonora	Instituto Sonorense de la Mujer	Decreto	12/10/98	PRI	PRI
Tabasco	Instituto de Mujeres de Tabasco	Ley	22/12/01	PRI	PRI
Tamaulipas	Consejo para el Desarrollo Integral de la Mujer	Decreto	14/06/00	PAN-PT	PRI
Tlaxcala	Instituto Estatal de la Mujer en Tlaxcala	Decreto	17/06/99	PRI	PRD
Veracruz	Programa Estatal de la Mujer en Veracruz	Reglamento Interno	09/03/99	PAN	PRI
Yucatán	Instituto para la Equidad de Género en Yucatán	Decreto	27/05/02	PRD	ONG
Zacatecas	Instituto para la Mujer Zacatecana	Acuerdo	08/03/99	PAN	PRD
México País	Instituto Nacional de las Mujeres	Decreto	11/12/01	PAN	PAN

ría de Estado. Importa también señalar que algunos Institutos de la Mujer fueron creados por decreto, otros mediante una ley y algunos por un simple acuerdo o a través del reglamento interno de algún organismo público. Este origen otorga mayor o menor estabilidad en el tiempo. Así, los institutos creados por ley gozan de la aprobación del poder legislativo, lo que les da mayor sustentabilidad pues para suprimirlo se debe revocar y aprobar otra ley. Aquéllos creados por un decreto del poder ejecutivo tienen estabilidad hasta que otra persona que ocupe ese lugar lo revoque en la misma forma. En cambio, los creados por acuerdo o reglamento se limitan a un convenio entre el ejecutivo y el director del organismo del cual depende la instancia. Es interesante señalar que Querétaro y Veracruz, dos estados que fueron pioneros en la instalación de un mecanismo para la mujer aún no han aprobado su transformación en Instituto. En principio esto obedece a la inercia administrativa, a que las encargadas de estas instancias son nombradas por el gobernador que no considera que para el ejercicio de este cargo se requeriría de experiencia partidaria y(o) en el movimiento de mujeres. Al parecer esos gobernadores mantienen una concepción conservadora del papel de la mujer pese a pertenecer a partidos distintos (PAN, PRI). Tamaulipas, que hasta julio de 2005 tuvo un Consejo para el Desarrollo Integral de la Mujer, convierte a este organanismo en Instituto gracias a la elección de un nuevo gobernador que parece repetir el patrón conservador. Y en efecto, su decisión no deriva del reconocimiento de la importancia del movimiento de mujeres o de la perspectiva de género, sino que constituye una especie de recompensa a las mujeres que le dieron la mayoría electoral.

La ubicación de los Institutos de la Mujer en la estructura de la administración pública estatal también varía. En algunos estados depende directamente de la Secretaría General de Gobierno, en otros del Ejecutivo Estatal, de la Secretaría de Desarrollo Social, de la Secretaría de Planeación y Desarrollo, de la Subsecretaría de Atención al Ciudadano, de la Secretaría de Finanzas o de la Secretaría de Salud. Todo esto indica que las plataformas desde las cuales se plantea institucionalizar la perspectiva de género en los estados poseen una gran diversidad en cuanto a su reconocimiento, capacidad de acción e influencia y posibilidades de desarrollo institucional. Si se considera que los institutos estatales son la base para generalizar las políticas públicas con perspectiva de género, es preciso detenerse en su propio proceso de institucionalización pues ello facilita o dificulta las posibilidades para obtener recursos humanos y materiales; tanto para la consolidación del mismo organismo como para promover políticas públicas, coordinar acciones comunes con

proponer las acciones que deben poner en marcha la administración pública que tiene la facultad de decidir.

Organismo Público Desconcentrado: también es responsable de funciones o tareas nuevas, pero que dependen y están subordinadas a Secretarías o Departamentos para resolver sobre la materia dentro del ámbito territorial que se determine en cada caso (artículo 17, Derecho Administrativo). Así, los institutos creados como organismos desconcentrados dependen directamente de la Secretaría o de la instancia administrativa a la cual están adjudicados y en principio, con el aval de la instancia superior pueden incidir en una política pública (Fraga, 1984:196).

Inmujeres, otros institutos, organizaciones civiles o con la propia administración pública del estado al que pertenecen.

Obstáculos a la coordinación de una perspectiva de género de carácter nacional

Las formas de inserción en la burocracia pública, la dependencia de distintos poderes y el contexto político de cada estado condicionan las posibilidades para aplicar políticas con PG de carácter nacional. Por ello sería necesario analizarlas cuidadosamente para desarrollar acciones de coordinación y creación de consensos. Existe, sin embargo, una serie de obstáculos a la acción coordinada, entre los que podemos señalar los siguientes:

1] *Legales.* Por ley los institutos y las otras figuras estatales dependen del ejecutivo o de la administración pública de sus estados y sólo establecen vínculos de coordinación y enlace con Inmujeres, pues este organismo carece de facultades para exigir el cumplimiento de sus decisiones respecto a ciertas metas o a su aplicación. Su misión es llevar a cabo proyectos nacionales con los institutos estatales, tales como estudios sobre indicadores, violencia hacia la mujer, diseño de encuestas sobre diversos temas, distribución de recursos presupuestales para organizar o fortalecer las instancias de la mujer en las entidades federativas o municipales, etc. Pese al interés de los estados por estos proyectos, existen roces debido a que los institutos estatales, la mayor parte de las veces, no participan en su diseño y consideran que los proyectos no detectan las realidades regionales o estatales, y tampoco hay consultas sobre las condiciones de tiempo y las alianzas locales necesarias para realizarlos. De este modo las iniciativas de Inmujeres son percibidas como una imposición del centro, que limita la labor de los institutos a la instrumentación de las decisiones y directrices de Inmujeres, el cual se asimila con la Federación. Esta experiencia, que es común, produce malestar y actitudes de rechazo entre las funcionarias estatales.

2] *Administrativos.* Tal como se señaló, el estatus político administrativo de los institutos es distinto en cuanto a sus capacidades de acción e incluso en relación con sus posibilidades de sustentabilidad en el tiempo, pese a ser reconocidos en igualdad de condiciones por Inmujeres. Las diferencias administrativas entre organismos en apariencia similares adquieren otra dimensión cuando se ubican a escala estatal pues ahí su acción es autónoma respecto a la federación y en la práctica cotidiana depende de la calidad de los vínculos que sus responsables tengan con el gobierno y la sociedad civil del Estado.

3] *Adscripción partidaria.* Las posibilidades de concertar una agenda común a través del diálogo entre las funcionarias de los institutos estatales e Inmujeres no sólo se reducen por la división administrativa federal-estatal sino también por la competencia entre partidos políticos, cambiante según las coyunturas electorales estatales o locales.

El problema es que en numerosos estados gobiernan partidos adversarios al partido que gobierna la federación y que además no siempre coinciden con los de los otros estados.

De este modo, por un lado hay dificultades políticas para articular agendas o acciones comunes creadas por Inmujeres y, por otro, es difícil que éste avale, apoye iniciativas o reconozca como exitosos proyectos promovidos por institutos estatales dirigidos por funcionarias de partidos políticos distintos al federal. El cuadro 2 muestra la coincidencia del partido del gobernador y el de la directora de los institutos en los distintos estados.

Desgraciadamente este hecho que se convierte en un problema para la conformación de proyectos comunes no se expresa ni se debate con transparencia, de modo que los intereses de las mujeres en muchos casos quedan subsumidos en las animadversiones partidarias, presentes entre los distintos institutos. Esto es así porque son los gobernadores quienes nombran a la directora del Instituto estatal, la cual normalmente pertenece a su mismo partido o es de su confianza política.

Aunque frecuentemente la dependencia que genera el nombramiento de las directoras de los institutos por el poder ejecutivo estatal favorece sus actividades locales, ya que se pueden construir o reforzar relaciones con los actores políticos, gubernamentales y las organizaciones civiles, al mismo tiempo esa dependencia obstaculiza la fluidez de las relaciones con Inmujeres cuya dirección también es nombrada por el presidente de la república y por lo tanto asume un carácter partidario. De este modo la función de Inmujeres, cuando hay problemas entre los partidos, se reduce a fijar grandes líneas de trabajo o a solicitar la colaboración de los institutos estatales para cumplir con objetivos comunes. La práctica enseña que las respuestas, desde los estados hacia Inmujeres, la mayor parte de las veces están permeadas por la adscripción partidaria, lo que genera un círculo vicioso pues a la larga este organismo privilegia su interlocución y apoyo a los institutos dirigidos por militantes del partido de gobierno. Dos experiencias quizá limitadas y poco sistemáticas iluminan sobre estos conflictos latentes. Un caso que ejemplifica esta situación fue una encuesta aplicada por Inmujeres en febrero del 2003 con el fin de detectar las condiciones y la capacidad institucional de las instancias estatales de la mujer. Las respuestas de los institutos, cuyas directoras eran del mismo partido que la directora de Inmujeres fueron completas. Por el contrario, las directoras que pertenecían a un partido distinto contestaron muy pocas de las preguntas solicitadas o simplemente no lo hicieron.

Otra experiencia de este tipo consiste en la creación de una red informal de directoras de instancias estatales pertenecientes a los partidos de oposición al PAN, formada en 2004 con el fin de presionar al centro y obtener recursos vinculados con los proyectos financiados por agencias internacionales de desarrollo. Esta red ha tenido la ventaja de poner en contacto a directoras que no se conocían, socializar experiencias estatales, debatir sobre el contenido teórico de la perspectiva de género, etc., pero también significó la formación de un polo de oposición basado en la adscripción partidaria que ha dificultado hasta hoy el diálogo con Inmujeres.

Hay que considerar, sin embargo, que es muy probable que las reacciones descritas antes no sean gratuitas ya que pueden obedecer a situaciones objetivas provocadas por Inmujeres. Una experiencia limitada de la política de apoyos que Inmujeres otorga a los estados puede ejemplificarlo. Aun cuando existen dificultades para

obtener información que avale con precisión empírica una generalización de esta
naturaleza, esta información es un indicio que permite suponer que los recursos
destinados por Inmujeres a fortalecer los institutos estatales en 2004 tendieron a
otorgarse de acuerdo con un criterio partidario. Así, la distribución de 16 proyectos
aprobados con este fin es la que sigue:

CUADRO 3
DISTRIBUCIÓN DE ALGUNOS RECURSOS FEDERALES EN LOS ESTADOS
POR PARTIDO POLÍTICO

Partidos	Número de gobernadores*	% de estados dirigidos por partido	Proyectos aprobados por Inmujeres	% de proyectos por partido en gobierno estatal
PRI	16	50.0%	4	25%
PAN	8	27.8%	8	100%
PAN + aliados fuertes	2	3.5%	1	50%
PRD	6	18.7%	3	50%
Total	**32**	**100%**	**16**	**50%**

*Se consideraron los 31 estados más el gobierno del Distrito Federal.

Aunque es claro que Inmujeres pudo financiar sólo a la mitad de las entidades
federativas con este fondo y no se tiene información sobre el financiamiento de
otros proyectos, también es evidente que los criterios que definieron la distribución
de los recursos de este fondo particular fueron de corte partidista. Así, 50% del total
de las entidades es gobernado por el PRI y sin embargo recibieron sólo 25% de estos
fondos. Sucede algo similar con el PRD. Ellos gobiernan 18.7% de los estados y sólo
la mitad de los institutos de esos estados recibe apoyo. En cambio, el PAN gobierna
27.8% de los estados y todos ellos reciben apoyo, y en el caso de los gobernadores
elegidos en alianzas del PAN con otros partidos, 3.5%, sólo la mitad recibió apoyo.

4] *Ideología laica y religiosa.* Muy relacionada con la división partidista y pese a no
haber una coincidencia total, pues hay funcionarias que se adscriben a alguna religión en forma personal, el predominio de una concepción religiosa entre las funcionarias del partido que gobierna el país produce conflictos, la mayor parte de las
veces soterrados, alrededor del contenido de la noción de género y la orientación
de las políticas públicas de equidad de género con aquellas que no son religiosas
y(o) que siéndolo personalmente se adhieren al laicismo estatal. El problema no es
banal, no sólo si se considera que la mayoría de los militantes del PAN son católicos,
sino también porque la pugna entre católicos y laicos por el control del Estado está
arraigada en la historia nacional hasta muy entrado el siglo XX.[4]

[4] Hay que recordar que en México hubo una separación violenta entre la Iglesia y el Estado desde el
siglo XIX, pero esta institución renace como oposición a la revolución entre 1913 y 1924 lo que dará pie
a la llamada Guerra Cristera que se desarrolla entre 1927 y 1929. Posteriormente los cristeros se diluyen
formando organizaciones civiles de distinto tipo y un grupo decide integrarse al sistema político a través
del Partido Acción Nacional (PAN) (Bailey, 1974). Como resultado de esta guerra el gobierno mexicano

Si bien durante varios años se hicieron esfuerzos por limar las asperezas, especialmente entre mujeres políticas o funcionarias feministas de alto nivel apelando al *affidamento* (diálogo y confianza entre mujeres por compartir una condición común), hoy esta estrategia presenta límites. Así por ejemplo, la última reunión del Parlamento de Mujeres fue un fracaso debido a la irrupción de diversos grupos de católicas que en forma organizada impidieron los debates sobre salud reproductiva, embarazo no deseado y anticoncepción. Esta actitud extrema es la punta de un iceberg que muestra un antifeminismo militante cuyo propósito parece ser ocupar los espacios creados para la promoción de políticas con perspectiva de género. Es el caso de las directoras de algunos estados que llegaron a ocupar este cargo en los institutos por su vínculo partidista o por pertenecer a organismos intermedios filantrópicos o religiosos vinculados con la militancia panista más que por su compromiso con la equidad de género o con el movimiento de las mujeres.[5]

Visto así, el escenario es complejo y aunque hay grandes avances gracias a la conformación misma de los institutos, es claro que estas dificultades se convierten en desafíos a superar cuando se trata de institucionalizarlos como mecanismos para generalizar la perspectiva de género en las políticas públicas. Se trata de una tarea que exigiría una visión compartida si se considera que las dependencias del Estado funcionan de manera sectorializada, centralizada y jerárquica y que las organizaciones de mujeres y otros actores no conforman una comunidad homogénea.

5] *Los institutos en los contextos estatales.* El escenario caracterizado así cambia cuando la mirada se traslada hacia los estados pues la experiencia de los diversos institutos estatales se adapta al contexto político local o regional. Aunque en este trabajo no podemos rescatar la riqueza y heterogeneidad de cada uno de ellos, presentaremos algunos que indican la diversidad que adquieren según el lugar donde se desarrollan. Hay algunos, como el Instituto de la Mujer Oaxaqueña (IMO) que han convertido los desencuentros con Inmujeres en oportunidades políticas para articular en forma autónoma sus proyectos con la administración pública estatal. El IMO logra en sólo tres años aplicar una política única en el país para la integración de la perspectiva de género en la planificación y el presupuesto estatales. (Tarrés, 2005). Y en efecto, el hecho de que el PRI sea el partido que gobierna ese estado y su directora provenga del PRD, dos partidos de oposición con respecto al centro, y compartan una visión laica de la vida pública, permite en Oaxaca una relación que probablemente no sería posible si la presidencia de la república e Inmujeres no estuvieran controlados por el PAN, un partido vinculado desde su origen con la Iglesia católica.

prohíbe hasta hoy la instrucción religiosa en las escuelas públicas y privadas restringiéndola a la Iglesia y la familia. Es importante señalar que apenas en el gobierno de Carlos Salinas de Gortari (1988-1994) se restablecieron las relaciones del Estado mexicano con el Vaticano.

[5] Lo que se conoce como Movimiento de Mujeres abarca a las distintas versiones de la lucha por la liberación y autonomía de la mujer que se plasma en organizaciones provenientes de diversos sectores sociales, excluyendo las asociaciones de mujeres vinculadas con la filantropía, la defensa de la familia o alrededor de valores conservadores que rechazan la equidad y la diferencia de género. Al respecto véanse Lamas, Martínez, Tarrés, Tuñón, 1995.

Otros institutos como el del Distrito Federal, gobernado por el PRD que tiene además mayoría parlamentaria, en lugar de conducir sus esfuerzos a la transformación de las instituciones de gobierno los ha orientado a fomentar la igualdad de oportunidades y el ejercicio de los derechos de las mujeres a través de la participación ciudadana en los ámbitos sociales y económicos locales.

En los hechos el jefe de gobierno y su equipo evitan confrontaciones con la Iglesia católica y su propósito ha sido generar programas de desarrollo social hacia los sectores populares para paliar la enorme desigualdad socioeconómica e ir fortaleciendo su electorado. En este escenario, si bien en los cargos de decisión del gobierno perredista hay una representación importante de mujeres, allí se ha confundido la perspectiva de género en las políticas públicas con programas sociales redistributivos hacia los grupos vulnerables de las mujeres. El Instituto de las Mujeres del DF carece de un recurso básico, el apoyo y la voluntad política de las autoridades es clave para estimular un plan sistemático que integre la perspectiva de género en el sistema institucional y en las políticas públicas. De este modo debe adaptar la perspectiva de género a los programas de la Secretaría de Desarrollo Social del D.F., cuya prioridad es beneficiar a los sectores de bajos recursos. Esta adaptación consiste en vincular los derechos de las mujeres con los programas sociales. El derecho a una vida justa se vincula con programas de prevención de la violencia de género, el derecho al trabajo por medio de la generación de empleos, cajas de ahorro y préstamos, formación de microempresarias y mujeres emprendedoras. También desarrolla importantes programas destinados a promover el derecho a la salud entre las mujeres y fomenta la apropiación de la ciudadanía por medio del fortalecimiento del liderazgo en las organizaciones sociales del Distrito Federal. Ello es posible gracias a la puesta en marcha de una red de institutos en las dieciséis Delegaciones de la ciudad que permite articular una política común y vincular la tarea institucional con las organizaciones locales de mujeres y la sociedad civil integrada a los programas de desarrollo. Al privilegiar la aplicación de programas sociales para promover en el ámbito local la lucha contra la discriminación, la igualdad de oportunidades, la plena ciudadanía y la participación equitativa, el Instituto de las Mujeres del D.F. presenta una estrategia similar a la de otras instancias del gobierno del D.F. y se diferencia de la desarrollada por otros institutos estatales. En el caso de Oaxaca, la acción del IMO se dirige por sobre todo a incidir en los niveles de decisión de la administración pública que diseñan y aplican las políticas de desarrollo. El interés de estas experiencias no radica en la descripción de sus actividades sino en señalar la importancia que adquiere el contexto y la voluntad política de las élites gobernantes en el estilo y la orientación que asume la aplicación de la perspectiva de género por los institutos.

Ambos institutos pertenecen a entidades gobernadas por partidos de oposición; la relación de los gobernantes y las directoras con la Iglesia católica son disímiles y la perspectiva de género se inserta en la lógica de relaciones y prioridades de cada gobierno. En Oaxaca la perspectiva de género se elabora alrededor de una concepción laica y se integra en un proceso de desconcentración de la administración pública. Aunque en el D.F. predomina una concepción laica, la estrategia orientada a eludir conflictos con la jerarquía eclesiástica resta importancia al género como eje de la política pública. Pese a todo, en el Instituto de las Mujeres D.F. parece prevalecer una concepción menos moderna que en Oaxaca sobre las relaciones de género. Paradojas de la vida política si se piensa que científicos y analistas hablan de posmodernidad para referirse a la ciudad de México.

6] *Las distintas concepciones sobre el género y la perspectiva de género.* La nueva institucionalidad de género en el Estado remite a los significados que orientan el diseño de las nuevas instancias, leyes, normas y recursos destinados a mejorar la condición de la mujer. Institucionalizar la perspectiva de género es un proceso sujeto y condicionado a las lógicas propias de los sistemas políticos, a la legitimidad de la pluralidad y a la valoración de la equidad en la cultura. En términos generales, se puede afirmar que el modelo económico vigente repercute negativamente en la posibilidad real de incorporar los intereses de las mujeres en las políticas estatales (UNRISD, 2005); sin embargo, la presencia de movimientos feministas y de mujeres que se integran a ellos, pone en duda o evalúan los contenidos que adquiere el género en el Estado, lo que puede influir positivamente en el proceso de institucionalización.

Si bien hay acuerdos y consensos internacionales, nacionales y locales sobre la importancia de adoptar la perspectiva de género en las instituciones y las distintas políticas públicas, es preciso reconocer las fuertes disputas alrededor de las concepciones sobre el género y la perspectiva de género. Entre las diversas propuestas de los feminismos los temas que producen mayores controversias se encuentran en las ideas de que lo privado es público o de que lo personal es político. Estas nociones no sólo cuestionan el orden institucional que somete y disciplina a la mujer en los espacios públicos, sino el modelo cultural de la sexualidad y el parentesco que define y fija las relaciones entre los seres humanos subordinando universalmente a las mujeres y estigmatizando a todo aquel que se aparte de ellas. La propuesta feminista para redefinir los códigos de las relaciones entre los sexos pone en duda una de las dimensiones básicas del discurso tradicional y genera discrepancias que muchas veces se ocultan en propuestas modernizadoras y otras, se manifiestan con violencia.

Si bien estos conflictos no se expresan con claridad en el debate nacional, hay que subrayarlo pues no son evidentes a simple vista. Hay indicios, como los conflictos partidistas mencionados o el retraimiento a espacios locales de numerosos grupos feministas y de organizaciones de mujeres populares de las instancias estatales. También en la academia se experimentan diferencias entre aquellas que ofrecen servicios técnicos y educacionales a los institutos y organismos públicos con las que conciben el trabajo académico como una tarea crítica. Todos estos indicios hablan de problemas tácitos, que no han sido explicitados probablemente porque evitan enfrentar las opiniones de políticos y funcionarios, que mal que bien hacen algo por las mujeres. Sin embargo, la propuesta encaminada a superar la subordinación de la mujer pese a que ha adquirido un matiz neutro y tecnocrático al ingresar a la administración pública, apunta a concepciones vinculadas con la identidad y las relaciones de género cuyas reacciones sólo se observan en ciertos momentos. Esto indica que es posible encontrar indicadores para ubicar las bases de concepciones opuestas a la perspectiva de género.

La presencia de sectores y grupos muy conservadores que en forma encubierta o pública presionan o participan en cargos del nuevo gobierno[6] tratando de imponer una visión inspirada en la doctrina católica sobre la sexualidad, la familia o el papel de la mujer a un Estado laico, adquiere relevancia institucional a partir del triunfo del PAN. Aún cuando la trayectoria de estos grupos es antigua, su interés contemporáneo radica en que desde los setenta —cuando aparecieron las primeras propuestas feministas— crean asociaciones que forman un antimovimiento con el fin de combatirlas (Tarrés, 1987:22-52). Entre las diversas organizaciones que han cobrado visibilidad en los últimos años, vale la pena recordar a dos de ellas cuya primera misión fue "responder al feminismo y al comunismo ateos" y captar la adhesión de las mujeres alrededor de discursos enfocados a preservar la cultura tradicional, la patria y la familia. Estas asociaciones han participado activamente en los debates sobre la anticoncepción, la maternidad voluntaria, la despenalización del aborto o la libre opción sexual y actualmente, cuando la anticoncepción de emergencia ha sido aprobada como parte del cuadro básico de medicamentos respetando los mecanismos legales para adoptar la decisión, tratan de frenarla alegando que atenta contra la vida. Es interesante señalar que el secretario de Gobernación, reconocido militante católico, encabezó el apoyo a la jerarquía eclesiástica que desaprobó esta medida. Este clima de debate llevó a militantes del PAN, con vínculos reconocidos con organizaciones conservadoras, a formar una comisión para definir la postura de ese partido (*La Jornada*, 28-07-05) sobre la píldora del día siguiente, las sociedades de convivencia, la clonación terapéutica, la eutanasia y la política anticonceptiva en general.

Lo novedoso de esta iniciativa es que se realiza desde la plataforma gubernamental pues desde fines de los ochenta hubo una multiplicación de los llamados "cuerpos intermedios" del PAN. Se trata de organizaciones cercanas a la gente común orientadas a reclutar miembros, especialmente mujeres, que constituyen su base de apoyo. Quizás han sido Ancifem y Provida las organizaciones que con mayor persistencia y encono han trabajado con mujeres alrededor de la defensa de la familia y la vida desde la concepción,[7] lo que demuestra la conmoción cultural producida por el feminismo en la ideología conservadora.

Aunque algunas de estas organizaciones y el PAN fueron activas militantes del discurso conservador, hubo dos hechos de distinto nivel que las llevó a renovarlo y a adaptarlo a nuevas circunstancias. El primero se vincula con el evidente cambio del papel de la mujer en el país producido por su ingreso al trabajo remunerado, la anticoncepción y la educación formal. El segundo se refiere a las transformaciones en el escenario político debidas a la competencia electoral que exigieron captar el

---

[6] Según González Ruiz (1996) se pueden identificar más de 100 grupos de presión conservadores, vinculados con la Iglesia católica, cuyo discurso se orienta a imponer una ideología sobre la sexualidad, la familia, el papel de la mujer en la vida privada y pública que logran influencia gracias a sus vínculos con el PAN y las instancias gubernamentales, federal, estatal y municipal, p. 2.

[7] Ancifem. Véanse <www.ancifem.org.mx> y Provida <www.comiteprovida.org.mx>. Estas y otras asociaciones se orientan al control de la sexualidad, a la naturalización de la diferencia sexual y a la definición de la mujer como madre en lo privado y lo público.

voto femenino. Estas circunstancias impusieron la necesidad de agregar a su definición de la mujer como guardiana natural de la familia, la tarea de ser ciudadana responsable en la vida política. Así, en 1981 el PAN cambia las funciones de su sección femenina, transformándola en la Secretaría de Promoción Femenina, pues "la idea de sección correspondía a la época en que la mujer no era ciudadana" (Hidalgo, 2000:285). Desde esta fecha, Ancifem y otras asociaciones similares también realizaron cambios semejantes en sus principios y estructura interna. Sin embargo, es al calor de diversas elecciones intermedias y de los preparativos y participación de dos miembros del PAN en la IV Conferencia de Beijing, cuando Promoción Femenina incorpora algunas de las propuestas de esa reunión y logra avances significativos de las mujeres en ese partido. No sólo obtienen mayor presencia en la organización interna sino también en los cargos de representación legislativa, logrando mantener hasta hoy 30% de mujeres en la Cámara de Diputados. Así, el discurso del PAN, de sus organismos intermedios y asociaciones afines, moderniza el papel de la mujer, cuando reconoce que para avanzar en la equidad es preciso completar su dimensión ciudadana. Sin embargo, los documentos de ese partido todavía se refieren al papel de la mujer como "educadora moral, madre de los hogares de donde salen mujeres y hombres que forman el tejido social y contribuyen al bien común" (Hidalgo, 2000:306). Curiosamente este discurso y las distintas propuestas de Promoción Femenina que justifican el acceso de las mujeres al poder se deslindan del feminismo al definirse como "posfeministas", pues basan esta idea en un nuevo concepto de amor, amistad, familia, justicia, sociedad, Estado y partido. Y esto es así pues en su posfeminismo "se trabaja junto con los varones, sin competencias y además defienden por principios doctrinarios el derecho a la vida desde la concepción del ser humano hasta su muerte" (Hidalgo, 287 y 356).

La necesidad de este partido y de los grupos afines de diferenciarse de la política feminista, así como el remplazo de su propuesta frente a una sociedad que se seculariza, señala las dificultades que enfrenta la propuesta para institucionalizar la perspectiva de género.

El proceso de institucionalización es un asunto complejo y provoca resistencias en un partido cuyos fundamentos son religiosos, pero también en extensos sectores sociales. La institucionalización de la perspectiva de género no sólo apunta a cambiar pautas establecidas de comportamiento en la vida cotidiana del orden estatal que regula las actividades de una sociedad por medio de jerarquías legales, burocráticas y administrativas, sino también el universo simbólico en que se asienta.[8] Y esto es así porque el orden institucional estatal, como otros órdenes institucionales (mercado, familia, religión) es al mismo tiempo un sistema simbólico y de prácticas materiales. Las reformas orientadas a la incorporación de la equidad de género en

---

[8] Desde un punto de vista teórico es preciso considerar que "estas lógicas institucionales están simbólicamente fundamentadas, organizativamente estructuradas, políticamente respaldadas y técnica y materialmente constreñidas, por lo cual poseen límites históricos concretos" (Roger Friedland y Robert R. Alford, "La sociedad regresa al primer plano: símbolos, prácticas y contradicciones institucionales", *Revista Zona Abierta*, núm. 63-64, 1993, p. 183.

consecuencia no se reducen a cambiar procedimientos o a redefinir ciertas reglas organizacionales. Por el contrario, también forman parte de un proceso simbólico pues cuando se da un cambio en este sentido paralelamente se estimula la creación de una cultura alternativa a la hegemónica para que los seres humanos sean reconocidos y valorados sin distinción de su sexo. Y ello sin duda provoca conflictos y luchas políticas por controlar el significado que adquirirán las definiciones de las diferencias sexuales y las relaciones de género, promovidos desde las instancias estatales.

En suma, la inclusión de la perspectiva de género en las políticas públicas enfrenta grandes obstáculos sociopolíticos y culturales que se resisten a considerar como natural la equidad de género como un valor legítimo en la vida democrática contemporánea.

A MODO DE CONCLUSIÓN

Este trabajo ha tratado de ofrecer una visión exploratoria sobre los esfuerzos por incluir la perspectiva de género en un sistema político que transita por un camino intrincado hacia la conformación de una vida democrática. La creación de Institutos de la Mujer en el ámbito federal y estatal a partir de 2001 constituye un logro del movimiento feminista y de mujeres, así como del gobierno para poner en marcha los acuerdos internacionales y nacionales fraguados durante 30 años. Se trata de una plataforma que ha permitido elaborar una agenda donde se reconoce que las mujeres como ciudadanas merecen una atención especial en virtud de la subordinación vivida. Pese a la justicia contenida en estos acuerdos, la ejecución de las decisiones orientadas a cumplirlos ha enfrentado una serie de obstáculos que derivan tanto de la estructura que adquieren los institutos como del escenario sociopolítico donde se llevan a cabo las reformas destinadas a transformar la concepción tradicional de las políticas públicas.

La exploración realizada señala que la lógica que supone la puesta en marcha de los institutos es compleja y supera la racionalidad burocrática, pues existen diversos obstáculos para lograr un proyecto de carácter nacional. Además de las condiciones de desigualdad estructural derivadas del modelo neoliberal que reducen las posibilidades de un programa destinado a la equidad de género, se han identificado obstáculos propios de la estructuración de los institutos y de la identidad de los actores que participan en su aplicación. Entre éstos se señalaron problemas de tipo administrativo, de adscripción partidista y religiosa y temas relacionados con la centralización de decisiones en el gobierno federal y la lucha por la autonomía estatal. Estos problemas señalan que la lógica de la acción del aparato público depende del escenario socio-político, lo cual en el país cobra una importancia central dada la competencia entre partidos que tienen concepciones distintas y a veces opuestas sobre el género y las relaciones de género así como de la laicidad en la vida social y política. Ello sin duda influye de manera importante, aunque no necesariamente visible, entre las funcionarias y políticas vinculadas con los proyectos y programas de los institutos de las mujeres. Y se constituye en un nudo que será difícil de desenredar en un contexto donde sólo recientemente los grupos conservadores han accedido al poder político y al gobierno. Si bien en el México contemporáneo hay pluralidad en la vida política y la sociedad se seculariza a pasos agigantados, llama la atención la fuerza que adquieren los grupos conservadores cuando se trata de acabar con la subordinación de las mujeres, aun a partir de políticas públicas que privilegian la igualdad por encima del discurso feminista, que podría parecer más subversivo. Es de hacer notar que los sectores conservadores, que combatieron el autoritarismo y se unieron a la lucha por la democracia durante varios años, cuando se trata de propuestas orientadas a institucionalizar la perspectiva de género en el área de la sexualidad, la salud reproductiva, la familia o el matrimonio, responden con estruendo poniendo incluso en duda la normatividad institucional de la administración gubernamental. Su obstinación para oponerse a un proyecto que pretende liberar a las mujeres no es aislada, pues encuentra eco en el ámbito internacional, especialmente en los gobiernos de Estados Unidos y del Vaticano cuyo apoyo estimula el radicalismo de estos sectores. Sin embargo, y más allá de las resistencias conservadoras, este trabajo señala que es indispensable que las funcionarias encargadas de los Institutos de la Mujer trasciendan sus intereses partidarios y logren comprometerse con un proyecto ante el cual tienen una responsabilidad tanto frente a los movimientos de mujeres como ante un Estado que les otorga recursos para ponerlos en práctica. Aunque no es posible pensar que las funcionarias tengan posturas homogéneas, se hace necesario fortalecer el trabajo de estas instituciones desde adentro con el fin de mejorar su eficiencia en el uso de recursos y abrir espacios de tolerancia que ofrezcan la posibilidad de realizar proyectos distintos. En suma, se debe considerar que estas instituciones son públicas y no propiedad de personas o partidos políticos dada la contundencia de la tarea involucrada en la transformación de la condición subordinada de la mitad de la población. El análisis realizado de modo exploratorio señala una serie de obstáculos e incongruencias que obedecen más a la lógica de las disputas entre grupos que a factores o resistencias externas, por lo que podrían ser solucionados. Se hace necesaria en consecuencia, una reflexión colectiva sobre el papel de los institutos y la responsabilidad que asumen sus funcionarias cuando se integran a organismos de reciente creación que mal que bien deben ser aprovechados. Es claro que con esto no se resuelven todos los problemas vinculados con la condición de la mujer, sin embargo se avanzaría en la solución de aquellas dificultades que con voluntad política pueden ser superadas. La creación de los institutos significó enormes inversiones sociales y políticas y una vez obtenidas, no se pueden desperdiciar.

En este escenario el movimiento feminista y de mujeres se encuentra desdibujado, probablemente porque existe una cierta incertidumbre con respecto al papel que desempeñan los institutos. Si bien en el momento de su creación, en prácticamente todos los estados, hubo reacciones contrarias hacia los nombramientos de las directoras realizados por los gobernadores, poco a poco éstas se han calmado. La mayor parte de las asociaciones civiles y organizaciones de mujeres de los estados supusieron que por haber participado activamente para establecer este tipo de instancias, ellas tendrían prioridad para administrarlas, sin considerar que la agenda de género después de Beijing ingresa al sistema político y pasa a ser difundida y manejada por actores inesperados si se piensa desde la perspectiva del movimiento. La formulación de una agenda gubernamental enfrenta a las feministas y al movimiento de mujeres a nuevos desafíos. Así, algunas se han integrado apostando a la consolidación de las instituciones donde se pueden sentar las bases para instrumentar políticas favorables a la mujer o programas que les permiten mantener su relación con las organizaciones civiles. Se trata de sectores que han definido lo negociable y lo no negociable dentro del marco ético del feminismo. Otros grupos se han alejado de las instancias estatales afirmando su autonomía y enfatizando la crítica cultural. Hay académicas que han realizado investigaciones sobre procesos sociales paralelos a los definidos por las instituciones. Sus trabajos señalan la construcción de una ciudadanía práctica en comunidades, pueblos y colonias urbanas donde los espacios y cargos públicos comienzan a ser ocupados por mujeres debido a la contundencia de la experiencia migratoria, la pobreza, el desempleo o a la emergencia de proyectos colectivos que incluyen transformaciones en la división sexual del trabajo (D'Aubeterre, 2005:185; Arias, 2000; Marrón, 2003; Mummert, 1999; Hernández, 2004). Las reacciones de las integrantes del movimiento son diferentes y sin embargo, todas ellas en las actuales circunstancias, mantienen una postura común ante los embates conservadores. Esta situación requeriría crear espacios de interlocución donde funcionarias de los institutos, feministas y mujeres de la sociedad civil discutan el papel de liderazgo de los institutos para redefinir desde el género las políticas públicas tradicionales.

En suma, lo que hoy está en juego es que la nueva institucionalidad responda con eficiencia a la diversidad de necesidades vinculadas con el género presentes en la sociedad.

BIBLIOGRAFÍA

Arias, Patricia (2000), "Migración femenina: las múltiples representaciones del ser mujer: las migraciones de ayer y hoy", en Dalia Barrera y Cristina Oehmichen B. (eds.), *Migraciones y relaciones de género en México*, México, GIMTRAP, UNAM, pp. 185- 202.

Bailey, David (1974), *Viva Cristo Rey! The Cristero Rebellion and the Church-State conflict in Mexico*, Texas, University of Texas at Austin.

D'Aubeterre, Ma. Eugenia (2005), "Género y ciudadanía en una comunidad de transmigrantes del estado de Puebla", *Estudios Sociológicos*, vol. 23, núm. 67, pp. 185-215.

Fraga, Gabino (1984), *Derecho administrativo*, México, Porrúa.

Fraser, Nancy (1991) "La lucha por las necesidades: esbozo de una teoría crítica, socialista, feminista del capitalismo tardío", *Debate Feminista*, año 2, vol. 3, p. 340.

González Ruiz, Edgar (1994), *Conservadurismo y sexualidad*, México, Rayuela.

Hidalgo Ramírez, Antonieta Guadalupe (2000), *Las mujeres en Acción Nacional. 60 años de trabajo y consolidación política*, México, Epessa, caps. 5 y 6.

Hernández, Aída (2004), "El derecho positivo y la costumbre jurídica: las mujeres indígenas de Chiapas y sus luchas por el acceso a la justicia", en Marta Torres Flacón (comp.), *Violencia contra las mujeres en contextos urbanos y rurales*, pp. 335- 377.

Instituto de Investigaciones de Naciones Unidas para el Desarrollo Social (UNRISD) (2005), *Igualdad de género: la lucha por la justicia en un mundo desigual*, sinopsis.

Loaeza, Soledad (2003), "Prólogo", en Mireya Cuéllar, *Los panistas*, México, La Jornada, pp. 11-14.

Marroni, Gloria (2003) "The culture of migratory networks: Connecting Puebla and New York", en Regina Cortina y M. Geandreau (eds.), *Inmigrants and Schooling: Mexicans in New York*, Nueva York, Center of Migration Studies, pp. 125-142.

Mummert, Gail (1999), "Juntos o desapartados: migración transnacional y fundamentación de un hogar", en G. Mummert (ed.), *Fronteras fragmentadas*, México, El Colegio de Michoacán, CIDEM, pp. 451-473.

Tarrow, Sydney (1994), *El poder en movimiento. Los movimientos sociales, la acción colectiva y la política*, Madrid, Alianza, cap. 10, pp. 287-312.

Tarrés, María Luisa (1987) "La Asociación Nacional Cívica Femenina (Ancifem)" en *Campos de acción y formas de participación de mujeres de clase media. Informe de investigación*, México, PIEM, El Colegio de México.

—————— (2001), "Las organizaciones del movimiento de mujeres en la reforma política", en Alberto Olvera (coord.), *La sociedad civil: de la teoría a la realidad*, México, El Colegio de México, Centro de Estudios Sociológicos, pp. 217- 257.

—————— (2005a), "The political participation of women in contemporary Mexico 1980-2000", en Laura Randall, *Changing structure of Mexico: Political, social and economic prospects*, Sharpe (en prensa) (ed. esp. Siglo XXI, en prensa).

—————— (2005b), *Una experiencia innovadora, la incorporación de la equidad de género en planificación y el ejercicio del presupuesto público en el estado de Oaxaca*, México, Instituto de la Mujer Oaxaqueña (en prensa).

—————— *Del movimiento feminista a las asociaciones civiles de género: análisis de un proceso de institucionalización"* (en prensa).

INSTITUCIONALIZACIÓN DE LA LUCHA FEMINISTA/FEMENINA EN VENEZUELA: SOLIDARIDAD Y FRAGMENTACIÓN, OPORTUNIDADES Y DESAFÍOS

CATHY A. RAKOWSKI* y GIOCONDA ESPINA**

INTRODUCCIÓN

Desde 1958, cuando se inició el actual periodo de democracia, y hasta 1992, cuando hubo dos intentos de golpe de Estado, Venezuela fue considerado un país modelo de consolidación democrática. Con los ingresos petroleros y préstamos internacionales, sus líderes avanzaron un proyecto de desarrollo económico nacional y una democracia social basada en pactos políticos. En particular, hicieron grandes inversiones en los servicios públicos (especialmente educación y salud) y en obras de infraestructura. Este sistema contribuyó al crecimiento de una clase media urbana (especialmente en los sesenta y setenta) y a generar grandes aumentos en la productividad nacional, los ingresos per cápita y los niveles educativos y de empleo. Los grupos sociales se organizaron, con el apoyo del Estado y los partidos, en asociaciones comunales, sindicales y políticas. Se generó una alta demanda de mano de obra femenina, especialmente en la administración pública. Pero también surgieron altos niveles de corrupción.

Venezuela parecía ser también un modelo de desarrollo económico acelerado, bajo la coordinación de un Estado inversionista. Pero debido a la volatilidad de los precios internacionales, el *boom* petrolero no pudo sostenerse y, en 1983, empezó la primera crisis económica. Grupos ciudadanos (de clase media principalmente) exigieron una reforma del Estado hacia una democracia más participativa y un Estado más consecuente. Se realizaron consultas con todos los sectores sociales y, en 1989, se inició el proceso de descentralización política, administrativa y fiscal.[1]

La década de los noventa fue testigo de crisis políticas y económicas continuas. El proceso de descentralización fue incompleto, lento y con muchas trabas; especialmente por la aplicación de medidas de ajuste económico identificadas con el Fondo Monetario Internacional. Hubo protestas, represión militar, dos intentos de golpe de Estado (febrero y noviembre de 1992), remoción de un presidente electo, casos de corrupción graves, desacuerdo sobre la privatización de las empresas del

---

* Profesora Asociada en Estudios de la Mujer y Sociología Rural en la Universidad Estatal de Ohio.
** Facultad de Ciencias Económicas y Sociales de la Universidad Central de Venezuela.
[1] En febrero de 1989, ocurre la primera gran manifestación de oposición a las políticas de ajuste (el "caracazo"), considerado por muchos observadores políticos como el comienzo del fin del *status quo* de la llamada "cuarta república".

Estado, desmejora en los servicios públicos y en la infraestructura del país, creciente inseguridad personal y pérdida de confianza en los partidos políticos. Aparecieron nuevos movimientos políticos y candidatos, entre ellos la segunda mujer candidata a la presidencia.[2] En 1998, el teniente coronel Hugo Rafael Chávez Frías, líder de los intentos de golpe, ganó las elecciones presidenciales y propuso crear la "quinta república". Convoca a una asamblea nacional constituyente y, al aprobarse la nueva Constitución por referéndum nacional (1999) y quedar reelecto en 2000, inicia un proceso de "revolución pacífica bolivariana[3] y socialista", el cual ha polarizado a la ciudadanía entre chavistas y antichavistas.

De las mujeres

Desde principios del siglo XX, mujeres organizadas[4] han trabajado en conjunto para promover los derechos femeninos y humanos o para luchar contra los gobiernos represivos. Al iniciarse el sistema democrático en 1958, las mujeres encontraron poco apoyo de los partidos para el *avance* de los derechos femeninos (Friedman, 2000a). A pesar de una nueva Constitución (1961), que prohibió la discriminación por sexo, la mayoría de las leyes seguían menospreciando a las mujeres; las relegaron a un estatus de ciudadanas de segunda y otorgaron la tutela de una "menor" al esposo o al padre.

Sin embargo, algunas mujeres —especialmente las profesionistas, militantes políticas y activistas de las comunidades urbanas pobres— lideraron organizaciones comunales y profesionales y se dedicaron al cambio social y a la equidad de clases.[5] En los sesenta y setenta, aparecieron los primeros grupos buscando igualdad femenina y desarrollaron una nueva estrategia de colaboración entre mujeres de diferentes clases sociales, afiliación política o religiosa. Acordaron dejar de lado sus diferencias para lograr objetivos compartidos. Apareció una especie de colaboración "tripartita" donde participaron mujeres "políticas" (de diferentes partidos y movimientos), "femócratas" (feministas con cargos en el sector público)[6] y mujeres de la sociedad civil (académicas, miembros de ONG intermediarias,[7] mujeres profesionales como las abogadas y las periodistas, grupos de médicas, artistas y artesa-

[2] Hubo una candidata mujer en 1983, pero con ninguna posibilidad de ganar.

[3] Basado en el pensamiento del libertador Simón Bolívar, el máximo héroe venezolano de la época de la independencia.

[4] Las mujeres organizadas son aquellas que se organizan "alrededor de intereses específicos de género" (Espina, 1994: 170). En Venezuela, el centro geográfico y político de las actividades reivindicativas es la capital de Caracas.

[5] En la sociedad venezolana, hasta hace poco se prestó poca atención a las diferencias de raza o etnia, aunque ambas se asocian altamente con niveles socioeconómicos. El racismo se esconde: "Somos todos de café con leche. Algunos tenemos más café, otros más leche."

[6] El término "femócrata" no es peyorativo. Significa sencillamente una feminista que ejerce su cargo dentro de la burocracia estatal o global como las Naciones Unidas.

[7] Prestan servicios y asesoría a los grupos de base y a las asociaciones comunitarias.

nas, sindicalistas, feministas autónomas,[8] Círculos Femeninos Populares y grupos de mujeres pobres). Sin embargo, han sido más visibles las acciones de mujeres con mayores niveles educativos y cierta influencia política.

Este patrón de colaboración ha experimentado altibajos. Entre los problemas que han confrontado las mujeres organizadas, se incluye la dificultad para sostener altos niveles de actividad durante periodos largos o lograr un consenso sobre estrategias, liderazgo y prioridades. Desde 1998, la situación se vuelve más compleja debido a la "revolución bolivariana" y la consecuente polarización política, contribuyendo a la fragmentación de esfuerzos, objetivos e ideologías entre las mujeres organizadas (De Vincenzo, 2002). Sin embargo, desde finales de 2004, mujeres comprometidas con la lucha —antes y después de 1998— están organizando un nuevo "movimiento amplio de mujeres" no excluyente donde, incluso, pueden participar mujeres del gobierno. En paralelo, las femócratas también proponen una "Unión de Mujeres Venezolanas" a escala nacional, como parte del proceso revolucionario.

Lamentablemente, presentar una historia tan compleja en un espacio limitado significa obviar muchos detalles importantes para enfocarse solamente en las tendencias y cambios más sobresalientes. El presente trabajo ofrece un bosquejo de la historia reciente de las mujeres organizadas, los logros, las oportunidades actuales aprovechables y los desafíos que deben enfrentarse para avanzar en materia de los derechos de las mujeres y su plena participación política.

DOS DÉCADAS DE COOPERACIÓN Y SOLIDARIDAD CRECIENTES

Ha habido muchas experiencias de "coaliciones coyunturales" (Friedman, 2000a y 1998b) entre mujeres desde la década de los veinte, especialmente entre las privilegiadas, pero sólo hacia finales de los setenta hay evidencia de una solidaridad amplia y sostenida. Desde 1974, también se han establecido diversas "instancias para(de) la mujer", las cuales han incluido comités de asesoría, oficinas ministeriales, ministras sin cartera y, más recientemente, un consejo seguido por un instituto nacional.[9] Casi todas han dependido directamente del ejecutivo y, por ello, fueron vulnerables ante los cambios políticos (Friedman, 2000b:73).

Durante la década de los cincuenta, muchas mujeres participaron en la lucha clandestina contra la dictadura y, después de 1958, en la construcción de sus partidos políticos y la nueva democracia (Friedman, 1998a). Hacia mediados de los

---

[8] Las autónomas son feministas que rechazan ser identificadas con algún partido o posición política. Mantienen al feminismo como ideología política propia y rechazan la cooptación del feminismo por parte de intereses partidistas.

[9] La primera instancia, el Comité Femenino Asesor a la Presidencia, se estableció en 1974 como parte de los preparativos para la conferencia de las Naciones Unidas sobre la mujer, que se realizaría en la ciudad de México. Participaron mujeres de las élites de diferentes partidos políticos y mujeres profesionales de la sociedad civil.

sesenta y durante los setenta, aparecieron los primeros grupos feministas, asociaciones profesionales de mujeres y agrupaciones involucradas en el trabajo comunitario o religioso. En los partidos políticos y sindicatos aparecieron frentes o alas femeninas de apoyo. Hubo pocas experiencias de colaboración entre mujeres de diferentes clases y tendencias políticas hasta finales de los setenta. La primera experiencia amplia fue una coalición entre 1979 y 1982; la segunda, una red de ONG que funcionó entre 1985 y 1990.

La coalición de 1979 tuvo como objetivo único lograr la reforma del Código Civil y establecer así las bases jurídicas de los derechos de la mujer y de una "familia venezolana democrática".[10] Sus líderes, abogadas y jueces de la Federación Venezolana de Abogadas (FEVA), aprovecharon la promesa electoral del nuevo presidente de apoyar la reforma. Al ser elegido, creó el primer cargo ministerial dedicado a la problemática y derechos de las mujeres —la ministra para la Integración de la Mujer en el Desarrollo— y nombró a una socióloga universitaria, militante política, al cargo. No era feminista pero aceptó ser la "madrina" política y la cara pública del proyecto de reforma. También financió la campaña educativa y publicitaria.

La coalición para la reforma del Código fue la primera experiencia de una nueva estrategia —la "unidad con diversidad"— donde participaron mujeres y grupos de diferentes sectores sociales y tendencias políticas para lograr un mismo objetivo (Castañeda, 1996; Espina, 1994; Espina y Rakowski, 2002; Friedman, 2000a y 1998b; Rakowski, 1998). Mediante una campaña nacional, incorporaron a otros grupos como las amas de casa, otras ONG, grupos feministas, sindicalistas, artistas y periodistas. Al aprobarse la reforma en julio de 1982, la coalición desapareció,[11] pero el éxito de la estrategia animó a que algunas mujeres siguieran colaborando en otros proyectos.

Se establecieron ciertos patrones, durante la campaña de reforma, que han marcado casi todas las colaboraciones posteriores. Las contribuciones son puntuales; aprovechan y crean oportunidades políticas, a veces como respuesta a alguna amenaza del momento. Se basan en el consenso y la participación voluntaria. Se evita el conflicto respetando el derecho de no participar en alguna actividad. Han enfocado la reforma legal y elaboración de políticas públicas. Los acuerdos y financiamientos internacionales se usan como herramientas de presión.

Ascendencia de la sociedad civil

Después de aprobarse la reforma, algunos grupos de la sociedad civil siguieron co-

---

[10] Entre otras cosas y a pesar de que la Constitución prohibió la discriminación por sexo, el Código Civil no derogó control total en la familia al padre como patriarca. La esposa era considerada como una menor bajo su tutela. Las mujeres en relaciones consensuales no legalizadas no tenían derechos. Los hijos nacidos fuera del matrimonio no gozaban de los derechos que tenían los hijos legítimos.

[11] El proyecto de reforma fue el primero en Venezuela que se introdujo en el Congreso mediante una solicitud de la sociedad civil entregada con más de 30 000 firmas. Las mujeres organizadas han vuelto a usar esta estrategia en otras oportunidades.

laborando con sus colegas políticas en nuevos proyectos de reforma. Proliferaron las actividades culturales, las revistas feministas, columnas y páginas de la mujer en la prensa. Se organizaron conferencias, charlas y clases en las universidades sobre la situación de la mujer. Pronto, algunas mujeres de ONG y universitarias prepararon el documento que llevaron al foro de ONG que se realizó junto con la tercera conferencia de las Naciones Unidas sobre la mujer (Nairobi, 1985). La ministra de la Juventud (luego, de la Familia) y su equipo de la oficina ministerial para asuntos de la mujer (sustituyó el cargo ministerial anterior), solicitaron la ayuda de las mujeres activistas de las ONG (quienes aceptaron) para preparar el informe oficial que presentarían en Nairobi durante la reunión de representantes gubernamentales. Este momento marcó un cambio importante.

Hasta entonces, las iniciativas para hacer florecer los derechos femeninos, habían sido de las mujeres de la sociedad civil quienes convocaron a colaborar a las mujeres políticas y femócratas. Pero después de Nairobi, la ministra institucionalizó la consulta con la sociedad civil mediante una serie de comités de estudio de la problemática femenina, cada uno especializado en un tema distinto (textos escolares, educación sexual y salud, empleo, pobreza, medios de comunicación, violencia y otros). Cientos de mujeres participaron en los comités. Significó un cambio con consecuencias importantes en el futuro; ahora las femócratas y políticas también convocarían a las mujeres de la sociedad civil para apoyar sus proyectos y políticas de reforma (Espina y Rakowski, 2002).

Al principio, para las mujeres de la sociedad civil esta nueva forma de relacionarse sólo parecía representar oportunidades importantes. Por ello, aparecieron nuevas ONG y redes de mujeres ansiosas por trabajar en forma más coordinada y comunicar sus deseos a las femócratas y políticas. La red más grande y activa fue la Coordinadora de Organizaciones No Gubernamentales de Mujeres (CONG). Se estableció en 1985 con una membresía de 26 organizaciones y, en sus momentos de mayor actividad, pudo haber alcanzado más de 55 (Castañeda, 1996; Espina, 1994; Friedman, 2000a). Sus integrantes más activas fueron las feministas académicas (especialmente de la Universidad Central), mujeres de los partidos de izquierda y el movimiento sindical, tres asociaciones de mujeres profesionales (FEVA, médicas, periodistas) y representantes de los Círculos Femeninos.[12]

Con fines de incidir en nuevas políticas públicas y reformas legales, la CONG mantuvo relaciones estratégicas con mujeres de los partidos de mayor importancia, congresistas y femócratas encargadas de los "asuntos de la mujer". Sus actividades incluyeron también campañas para liberar a una madre joven encarcelada, protestar por la muerte de una empleada embarazada y exigir protección para todas las madres trabajadoras. También promovieron la reforma laboral, protestaron contra la explotación del cuerpo femenino por parte de las agencias de publicidad, grabaron en video las historias de mujeres líderes (por ejemplo, la primer feminista

---

[12] Luego, también se asocian dos ONG influyentes: CISFEM, el Centro de Investigación Social, Formación y Estudios de la Mujer y AVESA (Asociación Venezolana para una Educación Sexual Alternativa).

negra líder del partido socialista) y defendieron las columnas sobre la mujer en la prensa nacional (Espina, 1994; Espina y Rakowski, 2002; Friedman, 1998a y 1998b). La última actividad exitosa atribuible a la CONG como organización, fue su trabajo con el comité del congreso responsable de la redacción de la reforma parcial de la Ley Orgánica de Trabajo (aprobada en 1990). Hubo otros intentos de reforma y en 1990 se entregó —con las firmas de más de 30 000 mujeres— un anteproyecto de ley contra la violencia doméstica (entregado en 1990). No prosperó.

La CONG dejó de funcionar como red después de 1990, aunque un grupo pequeño de tres a cinco mujeres comprometidas siguieron trabajando "en representación de la CONG" y "el movimiento de mujeres" hasta 1997 (Castañeda, 1998, 1996).[13] Existen muchas hipótesis sobre las razones del declive de la CONG. Hubo razones personales y otras contextuales. Algunas mujeres salieron al darse cuenta de que la reforma de la Ley Orgánica de Trabajo no incluyó reivindicaciones para trabajadoras del servicio doméstico. Algunas feministas autónomas salieron por opinar que las mujeres políticas se aprovecharon de la CONG para promover sus carreras. También hubo desacuerdos sobre quiénes tenían el derecho de llamarse "feministas" y sobre la censura de temas como el aborto y la sexualidad.

El declive también se debió a un conjunto de factores contextuales, entre ellos el empeoramiento de la situación económica y política con la aplicación de los ajustes económicos, y la represión social después de las protestas masivas de 1989. Algunas querían participar más estrechamente en la reforma del Estado. Otras necesitaban dedicarse a la generación de ingresos, a los problemas familiares o sus comunidades (Friedman, 2000a). Además, con un nuevo cambio de gobierno en 1989, los comités del Ministerio de la Familia desaparecieron.

Ascendencia de las femócratas y las políticas

Durante los ochenta, las mujeres de los partidos políticos también buscaron nuevas maneras de incrementar su causa. Organizaron una red de "Mujeres Dirigentes Unidas" (1987) para confrontar el machismo en los partidos. Lograron en 1990 la creación en el Congreso de una nueva (y permanente) Comisión Bicameral para los Derechos de las Mujeres, donde participaron todas las diputadas y senadoras. Para ello, recibieron el apoyo público de la CONG. Pero ya fueron las mujeres políticas quienes asumieron el liderazgo de la lucha. Decidieron las prioridades y convocaron a la sociedad civil.

En 1990, el nuevo presidente eliminó la Dirección de la Mujer del Ministerio de la Familia y nombró a una feminista y política (también profesora universitaria y socióloga) al nuevo cargo de ministra para la Promoción de la Mujer (sin cartera). Se estableció un nuevo comité (único) asesor de la presidencia con mujeres políticas y

---

[13] También ayudaron con la redacción del informe oficial para la conferencia de las Naciones Unidas realizada en Beijing en 1995 (Friedman, 1999; Rakowski y Espina, 2003).

de la sociedad civil. Muchas mujeres organizadas ya estaban convencidas de que el futuro dependería de la institucionalización de la lucha y de cierta independencia presupuestaria (García Prince, 2003). La ministra logró que se establecieran nuevas oficinas de la mujer en los gobiernos estatales y locales (y una red coordinadora). Hizo un llamado a las académicas para que crearan centros de estudios de la mujer en sus universidades. Algunas lo hicieron y ahora, en 2005, hay dos universidades que otorgan maestrías. Ella convocó a una serie de reuniones con mujeres de diferentes sectores de la sociedad para promover la idea de institucionalizar la lucha feminista.

Cuando el presidente anunció en 1991 que iba a eliminar ese cargo las mujeres organizadas reaccionaron de inmediato. Mediante una campaña intensiva exigieron la creación de una instancia permanente. En 1992 se creó el Consejo Nacional de la Mujer (Conamu) por decreto presidencial y, poco después, la Fundación de la Mujer (para administrar financiamiento privado e internacional). Por ley, el Conamu debería consultar y nombrar representantes de las ONG de mujeres al directorio. Se inició una nueva práctica, la contratación de asesorías por parte de "generólogas", ONG y mujeres expertas en género.[14] Se fortalecieron las relaciones con entes financieros y asesoras internacionales. Se consolidó entonces el liderazgo de políticas y femócratas en la lucha reivindicativa y creció la influencia del feminismo transnacional.

El cambio del liderazgo y de estrategias funcionó bien. Durante los noventa se aplicaron muchos programas y actividades en beneficio de las mujeres y aumentaron sus derechos legales. Entre los avances de los noventa destacan los siguientes: Ley de Igualdad de Oportunidades de 1993;[15] participación de Venezuela en el acuerdo internacional Belem do Pará (contra la violencia hacia la mujer) —lo cual respaldó una serie de programas contra la violencia y la elaboración del proyecto de Ley de Violencia contra la Mujer y la Familia (elaborada en 1996 y aprobada en 1998)—; reforma parcial de la Ley de Sufragio para introducir cuotas electorales de 30% (1997); elaboración de un Plan Nacional para la Mujer del Conamu (aprobado por el ejecutivo en 1997).[16]

En resumen, desde mediados de los setenta y durante los ochenta, las mujeres organizadas de la sociedad civil lideraron la lucha femenina. Sus estrategias fortalecieron la capacidad organizativa y la colaboración ("unidad con diversidad") de todas las mujeres. En los noventa, la antorcha pasó a las mujeres políticas y las femócratas. Con el establecimiento del Conamu y el Comité Bicameral del congreso, se institucionalizó la lucha. Durante todo el periodo, los acuerdos y asesorías internacionales

---

[14] El proceso de ONGización y las generólogas ha sido analizado en el caso de otros países (Álvarez, 1999).

[15] Es el ejemplo estelar de cómo las mujeres de la sociedad civil apoyaron un proyecto de ley en el cual no habían participado. Fue elaborada por una sola congresista. Se consideró importante apoyarla porque establecía las bases legales para un futuro Instituto Nacional de la Mujer, cuotas electorales y una oficina de Defensoría de la Mujer.

[16] También participaron en la redacción del plan, mujeres de la sociedad civil.

fueron factores estratégicos importantes. No todas las mujeres organizadas estuvieron conformes con estos cambios. Pero muchas se adaptaron a las nuevas reglas del juego, incluso aceptando asesorías contratadas o algún cargo de femócrata. Durante los noventa, las académicas también se dedicaron a la formulación de programas de estudios de la mujer. En la mayoría de los casos la "conciencia feminista" (basada en intereses comunes frente al sexismo dominante) y las relaciones amigables se mantuvieron, lo cual facilitó mantener relaciones de trabajo y de apoyo.[17]

EL PERIODO 1998-2004: ESPERANZA, DISCORDIA Y ORGANIZACIONES PARALELAS

Antes de asumir la presidencia, Hugo Chávez Frías estableció un nuevo movimiento político —el Movimiento Quinta República (MVR)— que formó parte de una coalición de seguidores, el Polo Patriótico.[18] Al principio, Chávez tenía el apoyo no sólo de las clases populares sino también de la clase media y del sector empresarial. Vieron en él una verdadera oportunidad para lograr cambios fundamentales: incrementar la democracia con más participación ciudadana y acabar con el poder de los políticos partidistas corruptos. Al ser elegido, Chávez convocó a la asamblea nacional constituyente. Es reelegido en el año 2000, y los candidatos y partidos que lo apoyaron ganaron la gran mayoría de los puestos de la nueva Asamblea Nacional (AN) unicameral, las gobernaciones, alcaldías y concejos municipales.

Pero los detalles de su propuesta "revolución pacífica bolivariana y socialista" sorprendieron a muchos, lo cual contribuyó a una creciente oposición. La oposición acusó a Chávez de clientelismo y lo culparon del empeoramiento continuo de la situación económica y de la inseguridad personal. En particular, hubo mucho rechazo por su acercamiento a Fidel Castro y la "militarización y cubanización del sector público". Continuaron empeorándose los servicios públicos tradicionales mientras se financiaban "las misiones" (proyectos de servicios) en las comunidades pobres. Aumentó la incidencia de huelgas —transportistas, educadoras, estudiantes, sindicalistas, médicos, desempleados, etc.— y hubo algunas invasiones de terrenos y edificios por parte de personas pobres. Aumentaron los disturbios públicos, los hechos delictivos y las confrontaciones entre chavistas y opositores. En abril de 2002, hubo un golpe de Estado, liderado por un grupo de militares con el apoyo de los empresarios nacionales y la prensa privada. Los seguidores de Chávez llenaron las calles y protestaron frente al palacio presidencial.[19] El golpe terminó después de cuatro días y Chávez volvió al mando. Luego se inició un periodo de creciente y más frecuente violencia y manifestaciones en contra o a favor del gobierno. Se aplicaron medidas

---

[17] Ambos fueron importantes por varias razones. Por ejemplo, los desacuerdos entre mujeres y las críticas quedaron "en casa". No se hicieron públicos, permitiendo así la apariencia de solidaridad entre "las mujeres".

[18] Ahora integra el llamado "Bloque del Cambio".

[19] Las primeras en reaccionar fueron las mujeres chavistas de las zonas populares.

represivas y hubo muertos de ambos lados. Surgieron acusaciones de abuso de los derechos humanos. Tanto los chavistas como la oposición organizaron marchas de hasta un millón de personas. La oposición (que incluyó un número significativo de mujeres de clase media) realizó protestas como los "cacerolazos". Entre 2002 y 2003, las actividades de la oposición crecieron más y se realizó una serie de paros sectoriales que desembocaron en un paro nacional petrolero y empresarial de dos meses. Respaldada por más de cuatro millones de firmas, la oposición exigió que se realizara un referéndum revocatorio que finalmente se realizó con observadores del Centro Carter y la OEA en agosto de 2004. Chávez ganó con más del 55% de los votos. Aunque la oposición alegó durante meses que hubo fraude, el país vuelve a cierta "normalidad" y la Revolución bolivariana continúa.

Esta polarización política afectó también a las organizaciones de mujeres. Como el nuevo Instituto Nacional de la Mujer (Inamujer)[20] dio prioridad a los problemas de las mujeres pobres e indígenas, mujeres de la oposición acusaron al gobierno de no preocuparse por los problemas de la clase media (desempleo, inflación, etc.). Las tensiones políticas y económicas también dificultaron nuevas colaboraciones por parte de las mujeres oficialistas con mujeres independientes o de otras tendencias políticas. A continuación se resumen algunos cambios asociados con el periodo actual.

El cambiante rol de las mujeres en la revolución bolivariana

Aunque en 2005 las mujeres ya desempeñan papeles clave en el proceso de la Revolución bolivariana, en 1998 no fue así. Chávez no nombró a ninguna mujer al gabinete (aunque participaron en gabinetes anteriores) o a otros cargos altos. Su lenguaje fue sexista y su comportamiento con las mujeres fue paternalista. Anunció un recorte de presupuesto para el Conamu de hasta 80%. Corrió un rumor de que nombraría como su directora a la esposa de un militar. Entre las personas que Chávez propuso como delegados a la ANC (Asamblea Nacional Constituyente), hubo pocas mujeres.[21] Ante estos desafíos, enseguida reaccionaron las mujeres (Castañeda y Álvarez, 2000; Vera, 2000).

Primero, mujeres del MVR conscientizaron a Chávez. Lo educaron en cuanto a las relaciones de género, la lucha reivindicativa, los aportes de las venezolanas y la importancia de un lenguaje no excluyente y sexista. Le presentaron listas de mujeres aptas para altos cargos administrativos. Fue un proceso transformador para Chávez y el proyecto de revolución. Inicialmente habían destacado las injusticias del clasismo y racismo. Ahora se incluyen las injusticias de género.

Segundo, las mujeres organizadas defendieron al Conamu. Más de cien mujeres acudieron a una reunión de emergencia en 1998, convocada por académicas del CEM (Centro de Estudios de la Mujer de la Universidad Central) y mujeres congre-

---

[20] El Conamu desapareció cuando se estableció el Inamujer en 2000.
[21] Luego, de más de cien delegados electos, las mujeres no alcanzaron ni el 5% del total.

sistas. Elaboraron estrategias para defender los derechos ya ganados y dos cartas fueron entregadas luego a Chávez. Las cartas explicaron la importancia del Conamu para la justicia de género y propusieron a María León del Partido Comunista (cofundadora de la CONG) como directora. Firmaron dirigentes políticas diversas (incluidas ex ministras de la cuarta república y mujeres del MVR), representantes de ONG y feministas académicas. Chávez acogió las propuestas.

En paralelo, grupos de mujeres políticas, femócratas y de la sociedad civil organizaron campañas intensivas para garantizar que la equidad de género se incluiría en la nueva constitución. Juraron no permitir "ni un paso atrás" en los derechos ya ganados. Aprovecharon el hecho de que los miembros de la ANC estaban obligados a consultar con diferentes grupos de la sociedad civil y recibir sus propuestas. Aparecieron varias coaliciones de mujeres con nombres como Mujeres por la Democracia y Frente de Mujeres para la Asamblea Constituyente. Las mujeres del MVR, el Polo Patriótico y el Conamu convocaron reuniones estratégicas con mujeres de todo el país (Castillo y Salvatierra, 2000). Fueron organizadas decenas de talleres y conferencias en todo el país, algunas con el apoyo financiero y participación de las redes y organizaciones internacionales que trabajan el tema del género (UNIFEM, PNUD, UNICEF, Banco Mundial, Banco Interamericano de Desarrollo).[22]

Entre las propuestas de mayor acogida para la Constitución se encuentran las siguientes (tomadas de García y Jiménez, 2000:106-7):

La incorporación al texto de un lenguaje no-sexista en forma y contenido; una constitución que refleje los principios de igualdad y equidad y, por ende, que refleje que los derechos de las mujeres son derechos humanos, universales, indivisibles, inalienables, inviolables y que deberían ser protegidos por el Estado; la no discriminación por género, edad, sexo, orientación sexual, credo, condición social; el derecho a una vida sin violencia; el derecho a la elegibilidad y el ejercicio de las posiciones de poder y en la toma de decisiones; la consagración de los derechos sexuales y reproductivos; el valor económico del trabajo doméstico de las mujeres y la igualdad de salarios; la obligación de dar rango constitucional a los tratados, pactos, convenciones y declaraciones validamente contraídos por la República.

Dentro de la ANC, desempeñaron papeles clave cinco mujeres del MVR, algunas de las cuales luego fueron elegidas a la nueva Asamblea Nacional.[23] Negociaron el

---

[22] Entre los documentos cuyas propuestas aparecen en la nueva Constitución, están "Documento mujer y constituyente: visión de país con ojos de mujer" del Foro Permanente por la Equidad de Género y "Mujer, constituyente e integración" de la Comisión de los Derechos de la Mujer del Parlamento Latinoamericano. Sus propuestas fueron entregadas al Comité sobre Familia, Mujer y Juventud de la ANC.

[23] Las mujeres como grupo de interés sufrieron una derrota en 2000 cuando el Consejo Nacional Electoral declaró no constitucional a la ley de cuotas de 1997. En un último intento por lograr la inclusión de más mujeres como candidatas, mujeres del Polo Patriótico entregaron a Chávez y a los partidos una lista con cientos de nombres de mujeres consideradas para ocupar cargos políticos. Argumentaron que "la política es un asunto demasiado importante para quedar en manos de los hombres". Sin embargo, las mujeres sólo ganaron 10.9% de los cargos en la nueva Asamblea Nacional y 13.2% en las asambleas regionales.

apoyo necesario para que se incluyeran en la Constitución casi todas las demandas que las mujeres organizadas habían propuesto durante tres décadas, con la excepción del aborto. Algunas feministas académicas y políticas de otras tendencias, ayudaron (detrás del escenario) con la preparación de argumentos y el texto final. Después de la aprobación de la Constitución (1999) y las elecciones nacionales de 2000, Chávez creó el Instituto Nacional de la Mujer[24] (previsto en la Ley de Igualdad de Oportunidades), con León de presidenta; y estableció la Oficina de Defensoría de la Mujer y nombró a una académica (la primera directora del CEM) al cargo. En 2001, creó el Banco del Desarrollo de la Mujer (para microcréditos y capacitación) y nombró a otra académica (economista, segunda directora del CEM) como presidenta.

Inamujer y el "feminismo popular"[25]

Al darse cuenta de la importancia de las mujeres como votantes y de su capacidad organizativa, el presidente Chávez propuso la organización masiva de mujeres de las clases populares. Encargó a María León la tarea de crear la "Fuerza Bolivariana de Mujeres,"[26] lo cual politiza a Inamujer.[27]

Durante los años siguientes, los equipos de Inamujer y el Banco de la Mujer capacitaron a gran número de mujeres de las clases populares mediante la preparación ideológica, entrenamiento técnico y capacitación para el trabajo y el liderazgo. La página web (noviembre de 2004) de Inamujer anunció que "la revolución ha despertado a las mujeres". Entre los objetivos de Inamujer, destacó "lograr la plena participación política de la mujer y el cumplimiento de la Constitución", "prevenir y eliminar la violencia contra la mujer y la familia", "promover el pensamiento integracionista del libertador Simón Bolívar" y "promover redes entre las organizaciones de mujeres de sectores populares". La página web y otros documentos enfatizan que los lineamientos estratégicos de Inamujer corresponden al "programa de gobierno del presidente Chávez" (Inamujer, 2003).

Para trabajar en forma más efectiva con las mujeres populares, Inamujer ha desarrollado la figura de los "puntos de encuentro" como centros de enlace con las

---

[24] Depende del Ministerio de Desarrollo Social, no del ejecutivo, lo cual le da más autoridad y mayor presupuesto.

[25] Se utiliza el concepto del "feminismo popular" porque el término se ha generalizado. Se refiere a los casos de mujeres de diversos países latinoamericanos que se involucran en las luchas comunales y de derechos humanos, mujeres pobres y las trabajadoras (Álvarez, 2000). En Venezuela estos grupos incluyen a las mujeres negras y "lesbianas bolivarianas" que están comprometidas con el proyecto político, pero también actúan sobre las relaciones de género.

[26] Chávez quiso masificar los grupos políticos de base, alas del MVR, llamados "Círculos Bolivarianos". Con el tiempo, mujeres de algunos partidos aliados (como el PPT-Partido para Todos) organizaron otros grupos con nombres tales como Pueblo Soberano, Movimiento por la Dignidad Revolucionaria y Movimiento de Mujeres "Manuelita Sáenz".

[27] Con esto, se crea un conflicto con otras mujeres organizadas ya que, legalmente, Inamujer debería trabajar con todas las ONG de mujeres sin tomar en cuenta la tendencia política.

comunidades. Éstos tienen como finalidad relacionar a "todas las mujeres de las comunidades con el Estado venezolano" para "buscar soluciones a los problemas comunes que las afectan". Son grupos no menores de cinco mujeres. En su página web (2004), Inamujer indicó haber constituido más de 10 000 puntos de encuentro con la participación de 100 000 mujeres, quienes integran la Fuerza Bolivariana de Mujeres. Solamente tres organizaciones de mujeres chavistas se han acercado al movimiento de mujeres más amplio: Clase Media en Positivo, Movimiento de Mujeres "Manuelita Sáenz" y Colectivo "Mujer Tenía que Ser".

El "feminismo de oposición"

Para el año 2000, la idea del feminismo se había normalizado en Venezuela, aunque tenía múltiples interpretaciones. Las líderes de grupos de mujeres antichavistas, han declarado que sus objetivos son la defensa de "la familia y la moralidad", los derechos humanos y los valores e intereses de la clase media. También protestan por el alto costo de la vida y el colapso de los servicios públicos. Las primeras tomaron la calle para oponerse a la imposición de una agenda bolivariana en las escuelas públicas y privadas ("con mis hijos no te metes"). Algunos grupos han alegado ser "las nuevas feministas" de la oposición. Culpan a Hugo Chávez (un "caudillo carismático"), su gobierno ("no democrático") y las políticas de Estado ("ignoran a la clase media") por los problemas del país. Rechazan el feminismo oficialista de un Inamujer cooptado por el "gobierno enemigo". Proponen rescatar la agenda de derechos de las mujeres. Sin embargo, son una minoría entre las mujeres de oposición.

Para el público y el gobierno, son principalmente las nuevas militantes —mujeres profesionales y amas de casa de clase media, la mayoría sin experiencias previas políticas o feministas— quienes han sido la cara femenina de la oposición. Han sido las más visibles, al frente de las manifestaciones, las que convocaron ruedas de prensa; también aparecen las esposas de algunos militares destituidos y encarcelados después de abril de 2002, madres, activistas de los movimientos políticos de oposición (por ejemplo, la ahora desaparecida Coordinadora Democrática) y ONG de derechos humanos. Sus grupos llevaron nombres como Mujeres por la Libertad, Vigilantes de la Democracia, Mujeres de Rosado y Coordinadora de la Lucha de Mujeres. Después de que los observadores internacionales ratificaron los resultados del referéndum revocatorio, las mujeres se retiraron de las calles y las plazas que habían ocupado durante más de un año. Ninguna se ha acercado al nuevo movimiento de mujeres.

Sin embargo, hay otras mujeres que militan en la oposición y que vienen de una larga experiencia de luchas reivindicativas anteriores. Son las "feministas históricas de la oposición", que han sido congresistas, femócratas (incluidas ministras), militantes de los partidos tradicionales, y académicas. Algunas fueron parte de la CONG. Estas "feministas históricas" han mantenido un bajo perfil, prefiriendo trabajar sobre nuevas propuestas y estrategias. A pesar de formar parte de un movimiento de oposición que exigió un referéndum revocatorio, han seguido reuniéndose con las colegas bolivarianas, quienes han acogido sus propuestas para la preparación de argumentos legales y planes.

Justamente antes del referéndum, las feministas históricas de la oposición (integrantes del Frente Nacional de Mujeres) realizaron una conferencia donde presentaron "propuestas feministas" para el Plan Consenso País (programa de gobierno elaborado por los líderes, casi todos hombres, de los grupos de la oposición). Entre otras cosas, prometieron defender la Constitución de 1999 con su perspectiva de género y exigieron que, si ganaba la oposición, deberían aplicar la legislación existente. Juraron públicamente que no aceptarían volver al sexismo excluyente de antes.

HACIA UN "MOVIMIENTO AMPLIO DE MUJERES"

La creciente polarización política que surgió después de las elecciones de 2000, llegó a sus momentos más críticos después del intento de golpe de Estado de abril de 2002 y durante la campaña del referéndum revocatorio del 2004. Hay poca evidencia de colaboraciones sostenidas entre las bolivarianas y otras mujeres durante el periodo.[28] La lucha reivindicativa pasó a ser obra casi exclusiva de Inamujer, el Banco de la Mujer y un grupo pequeño de mujeres de la AN. Las bolivarianas siguieron trabajando hasta principios de 2004 en las actividades legislativas y programáticas. Al fijar la fecha del referéndum (agosto) se dedicaron a la campaña. Hubo un solo momento, entre diciembre de 2003 y septiembre de 2004, en que existió una colaboración significativa entre mujeres.

Abajo se presenta un resumen de las actividades reivindicativas entre 2000 y 2005 y los intentos recientes de organizar un "movimiento amplio de mujeres" de todas las tendencias políticas. También se analizan las oportunidades y desafíos que enfrentan las mujeres para esta tarea.

Actividades reivindicativas del periodo

Las mujeres de Inamujer y la Asamblea Nacional (con ayuda de asesorías internacionales) continuaron trabajando en la agenda legislativa. Sus iniciativas incluyeron: 1] un proyecto de reforma del Código Penal (2001), que no prosperó en el momento; 2] un proyecto de reforma parcial de la ley de seguro social para extender el derecho de seguro a las amas de casa (2001), la cual no prosperó; 3] un nuevo

---

[28] Redes sin aparente afiliación política (como el Foro Permanente por la Equidad de Género) organizaron conferencias para trabajar temas tales como "democracia y mujer". En 2002, con el Instituto Latinoamericano de Investigaciones Sociales (Fundación Friedrich Ebert), llevaron a cabo una conferencia donde elaboraron una declaración de compromiso con el modelo democrático de nación con perspectiva de género. De esta actividad se hizo poca mención en la prensa.

Plan Nacional para la Mujer,[29] aprobado por el ejecutivo en 2002. También se inicia en 2001, 4] la campaña "50%-50%" para exigir la paridad de mujeres entre los candidatos electorales y en los cargos de la administración pública, pero tampoco prosperó. En 2003, entró en discusión en la Asamblea Nacional 5] un proyecto de Ley Orgánica de los Derechos de las Mujeres para la Equidad e Igualdad de Género que remplazaría la Ley de Igualdad de Oportunidades. Ésta pretende eliminar la necesidad de incluir a las ONG en el directorio, consolidando al Inamujer como institución bolivariana, del gobierno, y no como representante de los intereses de una sociedad civil más amplia. También ha entrado en discusión 6] un Plan Nacional de Igualdad de Oportunidades para las Mujeres que propone establecer una "Unión Nacional de Mujeres", la cual le otorgaría al Inamujer la coordinación de todas las ONG y otros grupos de mujeres de la sociedad civil (Inamujer, 2003).

Hacia finales de 2003, ocurrió algo inesperado que generó la única movilización de mujeres del periodo pre-referéndum. El Fiscal General de la República entregó una solicitud ante el Tribunal Supremo de Justicia para lograr la nulidad de los artículos 3 y 39 (las "medidas cautelares") de la Ley de Violencia contra la Mujer y la Familia de 1998. Alegó que atentaba contra ciertos derechos constitucionales porque permitía el arresto durante 72 horas sin juicio y el desalojo del acusado de su casa. Mujeres de diferentes sectores se organizaron de inmediato para protestar la solicitud. Los grupos más visibles fueron las académicas del CEM de la Universidad Central de Venezuela y otras universitarias, mujeres de las ONG que trabajan el tema de violencia y la FEVA. Trabajaron en paralelo, el equipo de Inamujer y las mujeres de la sociedad civil. Cada grupo preparó recursos legales con argumentos en defensa de las "medidas cautelares".[30] Compartieron notas y dieron consejos. Los recursos de la sociedad civil fueron entregados al Tribunal Supremo de Justicia (TSJ) en nombre del "movimiento amplio de mujeres venezolanas". Inamujer entregó un recurso en representación del movimiento bolivariano. Ambos participaron en manifestaciones frente al TSJ.[31]

Después del referéndum, en septiembre de 2004, aparecieron nuevas convocatorias del CEM (con el apoyo de varias redes) para organizar una "Asamblea de Mujeres" donde participarían "todas las mujeres de todas las tendencias políticas o ninguna". Alrededor de 50 mujeres asistieron a la primera reunión "amplia y unitaria" donde discutieron "estrategias conjuntas" y donde participarían las "mujeres interesadas que pertenezcan a ONG, a las instancias gubernamentales y a las organizaciones internacionales". Han convocado manifestaciones ante la AN y el TSJ para defender los derechos de las mujeres y se han realizado otras reuniones con el mismo fin.

---

[29] Algunas feministas independientes y académicas participaron en la redacción.

[30] Mujeres de la AN han trabajado en otros proyectos de ley sin enfocarse directamente en las mujeres. Entre ellos está el proyecto de Ley de Responsabilidad Social (conocida como la "ley de contenidos" y aprobada en 2004) para regular a los medios de comunicación y la publicidad. Establece normas para el lenguaje, la salud, el sexo y la violencia.

[31] En agosto de 2005, cuando se prepara el presente trabajo, el asunto todavía estaba bajo estudio.

¿Por qué surgieron las nuevas actividades organizativas? En parte responden a las inquietudes de algunas mujeres desde que Chávez asumió la presidencia. Les preocupó el aislamiento que experimentaron los grupos de mujeres de la sociedad civil y el traspaso de la agenda de derechos al Estado patriarcal. Por otra parte, después del referéndum, ya las ciudadanas pudieron prestar atención a otros asuntos. Pero también surgen porque hay asuntos urgentes pendientes. Tres predominaron al inicio: el caso de Linda Loaiza López, las medidas cautelares y un nuevo proyecto de reforma del Código Penal (especialmente la despenalización del aborto). Pronto, entraron dos más: el 50%-50% con alternabilidad en las listas de elecciones y una campaña contra el abuso de la imagen de la mujer en la publicidad audiovisual. Las nuevas colaboraciones han involucrado un rango amplio de mujeres organizadas (especialmente las académicas, profesionales, grupos de base tradicionales y feministas históricas de la oposición), las femócratas de Inamujer y algunas diputadas de la AN. Pocas "feministas populares" se han acercado y ninguna de las "nuevas feministas" de oposición.

El caso de Linda Loaiza ha sido importante por varias razones. Primero, coincide en la lucha contra la nulidad de las medidas cautelares. Segundo, es una mujer que ha llegado a ser un icono. Su caso ha causado horror entre todos los venezolanos. Representa las fallas del sistema, en particular la escasa posibilidad que tienen las mujeres y los pobres de lograr justicia. Linda Loaiza, una joven de 18 años, fue encontrada el 19 de julio de 2001 en el apartamento de un hombre cuya familia tiene dinero y nexos políticos poderosos. Tenía graves lesiones internas y externas por haber sido torturada y ultrajada durante cuatro meses de detención. A pesar de los daños obvios y una decena de cirugías, durante tres años no se llevó a cabo un juicio contra su victimario. Después del referéndum, Linda inició una huelga de hambre en las puertas de los tribunales.

Al principio, hubo un silencio total por parte de las femócratas, ni siquiera una declaración de la Defensora de la Mujer. Solamente las "nuevas feministas" de los grupos de derechos humanos se fijaron en el caso de Linda y culparon al gobierno. De pronto, las mujeres del CEM convocaron a la primera Asamblea de Mujeres para que tomaran una posición "a favor de la justicia" para Linda. Hubo asistencia excelente, tanto de las feministas históricas de la oposición, como de las chavistas. Asistieron incluso la Consultora Jurídica del Inamujer y la Defensora de la Mujer. Así fue como se logró despolitizar el caso de Linda y unir voluntades en favor de la justicia. Se llevaron a cabo manifestaciones de solidaridad hasta lograr que se realizara el juicio. Sin embargo, el acusado quedó absuelto, lo cual generó un amplio repudio de la sentencia por parte de todos los grupos sociales. Finalmente, la AN emitió un acuerdo repudiando la sentencia y exigiendo que se realice un nuevo juicio.[32] Las manifestaciones de apoyo para Linda coincidieron con una campaña más amplia en la calle y en los medios de comunicación contra la violencia hacia

---

[32] Las fallas del primer juicio incluyen una defensa alegando que Linda fue prostituta (argumento que no debería permitirse legalmente). En julio de 2005, el acusado fue arrestado de nuevo y se prepara un nuevo juicio.

las mujeres y en defensa de las medidas cautelares. En mantas y carteles apareció la leyenda: "Linda Loaiza somos todas."

Durante gran parte de 2005, las mujeres organizadas se han dedicado al nuevo proyecto de reforma del Código Penal. Se han entregado varias versiones para la discusión en la AN, pero sólo una parece tener alguna posibilidad de éxito. Para la mayoría de mujeres organizadas de la sociedad civil y de la revolución bolivariana, esta futura reforma representa una oportunidad crítica que no piensan dejar escapar. Exigen que se eliminen del Código Penal vigente (de 1926) artículos que no se han modificado desde 1867: el delito de adulterio (porque sólo penaliza a las mujeres) y el no juicio por violación en el caso de contraer matrimonio con la víctima. Pero la polémica que ha provocado la movilización masiva y sostenida de mujeres durante varios meses es la despenalización del aborto, por lo menos en casos de incesto, violación, daño fetal y peligro de vida de la madre.[33] La propuesta ha generado oposición por parte de la Iglesia y algunos grupos católicos, y ha causado cierta ansiedad entre los diputados que quieren reelegirse en diciembre.

Hacía muchos años que no se había visto este nivel de colaboración entre mujeres diversas, una cobertura tan amplia de los medios de comunicación, ni tanto activismo en los espacios públicos. Desde marzo de 2005, las mujeres de la sociedad civil están trabajando en la organización de una nueva red nacional para facilitar la comunicación y la acción. Aunque algunas veces han hecho referencias a la Asamblea de Mujeres; un documento entregado recientemente a la AN dice: "preparado por un comité del MAMU (Movimiento Amplio de Mujeres)".

OPORTUNIDADES Y DESAFÍOS

A pesar de la reanudación de colaboraciones desde finales de 2004 y las llamadas para una nueva coalición amplia de mujeres, el futuro depende de muchos factores que incluyen las oportunidades políticas, el contexto de crisis política y económica y también el nivel y la forma que ha alcanzado la institucionalización de la lucha de mujeres. Existen todavía altos niveles de tensión entre la oposición organizada y el gobierno y grupos bolivarianos. Hay dudas sobre el futuro político. Hay muchos cambios sociales en camino. A pesar de mejoras recientes en los ingresos petroleros, continúa la crisis económica. Hay problemas serios de desempleo e inseguridad personal. Y muchas mujeres opinan que las iniciativas y decisiones sobre cómo promover los derechos y cuáles, deberían salir de la sociedad civil y no de las representantes de un Estado "progresivo pero inevitablemente patriarcal". En ese contexto las mujeres organizadas (oficialistas y sociedad civil) confrontan importantes desafíos (políticos, económicos, sociales) para conquistar los derechos de las mujeres.

---

[33] Han habido muchos intentos de reforma desde los setenta. Sólo se pudo eliminar en 1981 el llamado "defensa de honor" (disculpando al hombre que mata a una mujer por haber ofendido el honor de la familia).

Algunas mujeres quieren aprovechar las oportunidades existentes como la institucionalización de la lucha en Inamujer, una Constitución con perspectiva de género, asesorías y financiamiento internacionales. Otras quisieran renovar las estrategias exitosas del pasado ("unidad con diversidad", redes nacionales y la propuesta Asamblea de Mujeres o MAMU). Algunas están creando nuevas oportunidades tales como los nuevos movimientos de mujeres populares. Estas actividades animan a cualquier feminista. Pero las mismas oportunidades confrontan y hasta generan desafíos. Se resumen a continuación las oportunidades y desafíos más sobresalientes.

Oportunidad 1. Muchas mujeres de las llamadas "organizadas", tanto profesionales, académicas y activistas como políticas y femócratas, han desarrollado relaciones de trabajo y estrategias que se basan en las experiencias e intereses de género (conciencia feminista) compartidos, y un alto sentido de compromiso con el avance de la justicia y la equidad. Esto facilita que dejen a un lado sus diferencias políticas e ideológicas o de clase para colaborar de nuevo, sea abiertamente (como las generólogas contratadas) o en forma más clandestina (no aparecen sus nombres en ningún documento ni aparecen juntas en público). Están dispuestas a colaborar a pesar de las diferencias políticas y cualquier animosidad personal. Este grupo de mujeres comprometidas (casi todas "históricas") funciona como un *core group* (grupo clave al centro de todas las actividades). Mantienen "con vida" a la agenda y los discursos feministas a pesar de los cambios contextuales (Espina y Rakowski, 2002). Siguen siendo una fuente de capital social de importancia incalculable.

Oportunidad 2. Inamujer, como institución gubernamental, representa otras oportunidades importantes. Sobre él recae la responsabilidad de aplicar las leyes, ya que está en condiciones políticas y financieras para hacerlo. Su equipo tiene cinco años de experiencia, capacitación y buenas relaciones de trabajo con las feministas académicas, ONG y las asesoras internacionales. Ha mostrado una gran capacidad organizativa, sabiduría política y cierta sofisticación teórica. Tiene credibilidad con el gobierno y, junto con las colegas del MVR, han logrado el compromiso de Chávez de darle a esta institución la autoridad necesaria para aplicar la legislación vigente.[34]

Oportunidad 3. En 2005 están egresando de las universidades y de algunas ONG y agrupaciones políticas, feministas jóvenes. Son mujeres que parecen tener una gran claridad ideológica (feminista y democrática) y ningún miedo de llamarse feministas. Incluyen nuevos grupos de lesbianas jóvenes. Van a las reuniones y manifestaciones y se están incorporando a las actividades del *core group*. Las feministas históricas ven en ellas la esperada y muy bienvenida generación de relevo.

Oportunidad 4. Desde la década de los setenta, el financiamiento, los acuerdos

---

[34] Ejemplos: Inamujer firmó un acuerdo de cooperación técnico-financiera con el Fondo para la Descentralización con fines de fortalecer la participación de mujeres de bajos ingresos en los proyectos de sus comunidades, especialmente sus propias iniciativas (2004). Inamujer avanza negociaciones con ministerios y oficinas gubernamentales para aplicar la política de paridad de género en las prácticas laborales (2005). Chávez anunció un plan para lograr la equidad de género en la elaboración del presupuesto nacional de 2006 (2005).

y las asesorías internacionales han sido herramientas sumamente importantes (Álvarez, 2000 y 1999; Rakowski, 2003, 1998). Los acuerdos sirven de aval y ofrecen algunos fundamentos sobre los cuales las mujeres organizadas pueden avanzar proyectos legislativos nuevos. Por ejemplo, las asesorías y el financiamiento privado e internacional han apoyado el desarrollo y la aplicación de la Ley de Violencia contra la Mujer y la Familia, la creación de casas abrigo, servicios para las mujeres golpeadas y programas educativos para jueces, policías y grupos de mujeres en sus comunidades.

Oportunidad 5. En Venezuela hay una historia larga de liderazgo por parte de las mujeres populares en las luchas clandestinas, las asociaciones de vecinos, cooperativas campesinas y los comités de base de los partidos. Muchas feministas han soñado durante mucho tiempo con la idea de una participación feminista masiva de mujeres de todas las clases. En otras circunstancias, los puntos de encuentro y los nuevos movimientos de mujeres de los partidos pudieran representar una nueva oportunidad para lograrlo. Su participación en las actividades organizadas por Inamujer y el Banco de Desarrollo de la Mujer podría facilitar la masificación de los principios fundamentales de la lucha feminista. Las mujeres populares están saliendo de sus hogares para reunirse y discutir sus problemas y derechos: están tomando conciencia, un cambio que podría contribuir a su empoderamiento y a mejorar su autoestima.

Oportunidad 6. Con la aparición de las "nuevas feministas" de la oposición y de los grupos de derechos humanos, se pudo haber presentado otra posibilidad de masificar la lucha. Dijeron identificarse con el feminismo y mostraron su capacidad organizativa. Sin embargo, su feminismo también se ligó a un proyecto político. Después del referéndum, no han ido a las reuniones ni parecen inmutarse con las reivindicaciones propuestas por el MAMU. Sólo las feministas históricas de la oposición han mostrado su compromiso con la lucha feminista.

Oportunidad 7. Corresponde a la nueva participación de grupos de identidad excluidos anteriormente: las mujeres negras, indígenas, rurales y lesbianas. Sus derechos básicos se consagran en la nueva Constitución y se han organizado para pelear sus derechos mediante su participación en la revolución bolivariana. Los grupos y las políticas feministas del nuevo milenio evidencian mayor compromiso con sus demandas que en otras épocas.

Oportunidad 8. Las profesoras del Centro de Estudios de la Mujer de la Universidad Central de Venezuela han asumido un papel de liderazgo de creciente importancia. Esto es una oportunidad por varias razones. El CEM no se identifica con ningún partido o movimiento político. Su experiencia teórica sirve de aval. La mayoría de las profesoras tienen mucha experiencia en militancia política y feminista. Algunas colegas aceptaron cargos en el sector público, lo que les permitió el acceso a las cúpulas del poder. Son ellas quienes están al frente de los intentos por establecer un nuevo movimiento amplio y autónomo y por la despolitización (en el sentido tradicional) de la lucha reivindicativa.

Sin quitar los méritos de las oportunidades señaladas, también hay que reconocer que éstas pueden generar retos y desafíos igualmente importantes. Por ejemplo, la politización del feminismo como ideología y como actividad partidista es un problema porque crea obstáculos a la solidaridad y provoca un cuestionamiento del compromiso ideológico. En los casos del supuesto "feminismo popular" y las "nuevas feministas" de la oposición, pareciera que el entusiasmo dura solamente mientras dure el movimiento en el cual militan. Pocas se han acercado a otras mujeres fuera de sus movimientos políticos y el contenido del mensaje "feminista" varía mucho entre los grupos.

Hay otros posibles problemas por la politización de la lucha. Primero, puede surgir un "feminismo popular". Hasta el momento las mujeres se han organizado alrededor de un proyecto político y un líder carismático (existe una especie de culto a Chávez entre algunos grupos bolivarianos, en particular las mujeres pobres y jóvenes). Muchas han dicho haberse movilizado "porque él nos lo pide". Pero el proyecto revolucionario resalta su estatus como víctimas del racismo y el clasismo, dificultando su colaboración con mujeres de otras tendencias políticas y clases. Habrá que ver si desarrollan mayor conciencia de sus intereses de género. Segundo, si los avances se relacionan con alguna corriente política, corren el riesgo de desaparecer o anularse con futuros cambios políticos. ¿Habrá suficientes feministas dispuestas a defenderlos como hicieron las históricas de oposición?

A pesar de la gran importancia que han tenido el financiamiento y la asesoría internacional en la lucha reivindicativa, también generan desafíos. Por ejemplo, al trabajar estrechamente con las instituciones del gobierno, respaldan la corriente política y el gobierno del momento (sin confrontar sus deficiencias). Además, algunas feministas autónomas consideran que debe ser la sociedad civil venezolana la que decida los objetivos de la lucha, los cuales deben basarse en un análisis de la realidad social local y no ser producto de alguna campaña internacional o estrategia universalizada (como se ha criticado para los casos de la Ley contra la Violencia, las cuotas electorales y la campaña para despenalizar el aborto).

Tanto Inamujer como las académicas del CEM han propuesto la creación de una nueva red nacional para "la coordinación" entre las organizaciones de mujeres. Si la coordina Inamujer u otra institución gubernamental, podría ser otro instrumento de control y politización (el modelo de la Unión de Mujeres Cubanas). A diferencia de la propuesta del Inamujer para una Unión Nacional de Mujeres como parte del proyecto bolivariano, la propuesta de la sociedad civil es para un "Movimiento Amplio de Mujeres", autónomo pero también de todas (pueden participar las femócratas y políticas). Pero, si la coordina el CEM u otro grupo de la sociedad civil, pueden enfrentar los mismos problemas de la CONG: no pudo sostenerse un alto nivel de participación y de actividades durante muchos años; la diversidad entre miembras dificultó el consenso; la práctica democrática de elegir nuevas líderes cada pocos meses contribuyó a una falta de dirección frustrante. Incluso, ¿se pueden sostener por mucho tiempo las nuevas colaboraciones y niveles de actividad, especialmente en el actual contexto político y económico?

En resumen, el caso venezolano presenta una oportunidad buena pero inusual para identificar y analizar algunos factores que puedan ser importantes en la formación de coaliciones y para promover los derechos de las mujeres. También nos permite analizar las razones de algunos cambios que han experimentado las mujeres organizadas en diferentes periodos y las estrategias exitosas (o no) que han desarrollado para sostener y defender sus derechos y aumentar su participación en el poder. Se debe recordar que el contexto venezolano puede ser único debido a ciertas características actuales, tales como la renta petrolera, la revolución bolivariana y socialista o la polarización política. Pero presenta un ejemplo de las posibilidades alcanzables: una Constitución con perspectiva de género, el nivel de autoridad y credibilidad que ha logrado Inamujer, la aparente masificación de un movimiento de mujeres a través de las diferentes clases sociales y diversos grupos, etc. Algunas estrategias y oportunidades de este proceso (y sus desafíos) también pueden ser relevantes para otros casos. Venezuela, de nuevo, presenta un modelo para ser estudiado y para aprender de él.

BIBLIOGRAFÍA

Álvarez, Sonia (1999), "Advocating feminism: The Latin American feminist NGO boom", *International Feminist Journal of Politics*, vol. 12, pp. 81-204.
———— (2000), "Translating the global: Effects of transnational organizing on local feminist discourses and practices in Latin America", publicado en la página web *Diálogo Solidaridad GLOBAL Solidarity Dialogue* @ <www.antenna.nl/~waterman/alvarez.html>.
Castañeda, Nora (1996), "La perspectiva de género y el movimiento de mujeres (una introducción y revisión conceptual necesaria)", *Revista Venezolana de Estudios de la Mujer*, vol. 1, pp.12-22.
———— (1998), "Las políticas públicas y la dimensión equidad de género en Venezuela 1990-1997", *Revista Venezolana de Estudios de la Mujer*, vol. 3, núm. 1, pp. 32-49.
Castañeda, Nora y María del Mar Álvarez (2000), "Proceso constituyente. Propuestas para la Constitución de la República de Venezuela desde la mirada de las mujeres", *Revista Venezolana de Estudios de la Mujer*, vol. 5, núm. 14, pp. 147-154.
Castillo, Adícea e Isolda de Salvatierra (2000), "Las mujeres y el proceso constituyente venezolano", *Revista Venezolana de Estudios de la Mujer*, vol. 5, núm. 14, pp. 37-88.
De Vincenzo, Teresa (2002), "Las mujeres que marchan", *El Universal*, domingo, 22 de septiembre, sección 1, p. 9.
Espina, Gioconda (1994), "Entre sacudones, golpes y amenazas: Las venezolanas organizadas y las otras", en M. León (ed.), *Mujeres y participación política: avances y desafíos en América Latina*, Bogotá, Editores T/M, pp. 167-81.
———— (2001), "Cada una, cada uno: La masa y el comandante en jefe de Venezuela (1998-2000)", en D. Mato (comp.), *Estudios latinoamericanos sobre cultura y transformaciones sociales en tiempos de globalización 2*, Caracas, UNESCO/Consejo Latinoamericano de Ciencias Sociales (CLACSO), pp. 55-78.
Espina, Gioconda y Cathy A. Rakowski (2002), "¿Movimiento de mujeres o mujeres en movimiento? El caso de Venezuela", *Cuadernos del CENDES*, vol. 49, pp. 31-48.
Friedman, Elisabeth (1998a), "Paradoxes of gendered political opportunity in the Venezue-

lan transition to democracy", *Latin American Research Review*, vol. 33, pp. 87-136.

——— (1998b), "Reforming gender-biased legislation: The success of conjunctural coali-
tion-building in Venezuela", trabajo presentado durante el Congreso de la Asociación de
Estudios Latinoamericanos, Chicago.

——— (1999), "The effects of transnationalism reversed in Venezuela: Assessing the impact
of UN global conferences on the women's movement", *International Feminist Journal of Politics*, vol. 13, pp. 357-381.

——— (2000a), *Unfinished Transitions: Women and the Gendered Development of Democracy in
Venezuela, 1936-1996*, University Park, Penn State University Press.

——— (2000b), "State-based advocacy for gender equality in the developing world: Assessing
the Venezuelan national women's agency", *Women & Politics*, vol. 21, núm. 2, pp. 47-80.

García, Carmen Teresa y Morelba Jiménez (2000), "Proceso constituyente, identidad femenina y ciudadanía", *Revista Venezolana de Estudios de la Mujer*, vol. 5, núm. 14, pp. 89-122.

García Prince, Evangelina (2003), "Hacia la institucionalización del enfoque de género en
políticas públicas", documento elaborado para la Fundación Friedrich Ebert, enero, Caracas.

Inamujer (2003), *Plan Nacional de Igualdad de Oportunidades para las Mujeres*, Caracas, Ministerio de Salud y Desarrollo Social.

Rakowski, Cathy A. (1998), "Unity in diversity and adversity: Venezuelan women's struggle
for human rights", *INSTRAW News*, vol. 28, pp. 26-33.

——— (2003), "Women's coalitions as a strategy at the intersection of economic and political change in Venezuela", *International Journal of Politics, Culture and Society*, vol. 16, núm.
3, pp. 387-405.

——— (2004), "Gender politicking in Venezuela: The institutionalization and politicization
of the women's rights agenda and women's organizing through the Bolivarian revolution", trabajo presentado durante el Congreso de la Asociación de Estudios Latinoamericanos, Las Vegas.

Rakowski, Cathy A. y Gioconda Espina (2003), "Venezuela's Women 'in Movement': Foun-
dations of and Challenges to Feminist Community and Strategies", trabajo presentado
durante el Congreso de la Asociación de Estudios Latinoamericanos, Dallas.

Vera, Esperanza (2000), "La Agenda está integrada a un proceso", *Revista Venezolana de Estudios de la Mujer*, vol. 5, núm. 14, pp. 17-36.

DIFUNDIÉNDOSE HACIA ARRIBA, HACIA ABAJO Y HACIA LOS LADOS: POLÍTICAS DE GÉNERO Y OPORTUNIDADES POLÍTICAS EN BRASIL

FIONA MACAULAY*
Traducción de Margarita Corral

INTRODUCCIÓN

Este artículo analiza cómo el movimiento de mujeres en Brasil ha navegado por terrenos políticos e institucionales en busca de nuevos mecanismos estatales que promuevan políticas de equidad e igualdad de género.[1]

Comienza trazando los altibajos por los que ha pasado el Consejo Nacional para los Derechos de la Mujer (*Conselho Nacional dos Direitos da Mulher*-CNDM), ahora Secretaría Especial de Políticas para las Mujeres (*Secretaria Especial de Políticas para as Mulheres*-SPM). La suerte del CNDM —uno de los primeros organismos gubernamentales para la mujer en la región— ilustra cómo las características del entorno político e institucional pueden constituir tanto un obstáculo como una oportunidad. Se destaca la necesidad de una institucionalización para hacer frente al débil y a menudo oportunista sistema de partidos, así como el potencial avance en las políticas de género a través de los múltiples y paralelos puntos de entrada que proporciona el sistema de gobierno federal. Irónicamente, el sistemático menoscabo y abandono que sufrió el CNDM, por parte de las diferentes administraciones centrales durante la década de 1990, contribuyó a la emergencia de una serie de redes horizontales y verticales conformadas por grupos de mujeres de base, ONG y departamentos de los gobiernos estatales y municipales, de modo que el movimiento de mujeres se reagrupó para compensar el vacío generado desde el centro.

La segunda parte del artículo examina el papel de esas redes tanto dentro como fuera del Estado, así como en los niveles inferiores al del gobierno central, prestando especial atención a los consejos de mujeres creados en estados y municipios, a las bancadas de mujeres en el Congreso y a las redes y agrupaciones de mujeres y ONG. El artículo concluye evaluando el impacto de todo ello sobre las políticas de género en el nivel estatal a lo largo de dos décadas de activismo de una diversa comunidad política feminista.

---

* Departamento de Estudios para la Paz, Universidad de Bradford.

[1] La información de este artículo está extraída de mi libro *Gender politics in Brazil and Chile*, publicado por Palgrave Macmillan, 2005, y se reproduce aquí con el amable permiso de la editorial.

LOS ALTIBAJOS SUFRIDOS POR EL CNDM/SPM

En 1936 Bertha Lutz,[2] pionera del feminismo, llevó a cabo el primer intento de crear un organismo nacional dedicado a la promoción de los derechos de las mujeres en Brasil. Propuso la creación del Departamento Nacional de la Mujer encargado de cuestiones relativas al trabajo femenino: al hogar, maternidad y seguridad social, y que otorgara asistencia pública a las mujeres y a la infancia (Saffioti, 1978:207-209), señalando que este organismo tendría funciones ejecutivas, a diferencia del carácter consultivo de la Oficina de la Mujer del Departamento de Trabajo de los Estados Unidos, en la cual se inspiraba. Sin embargo, la implantación del régimen autoritario del presidente Getúlio Vargas en el *Estado Novo* (1937-1945) interrumpió el proyecto. Cuatro décadas más tarde, una vez que el régimen militar de 1965-1985 fue agotándose, un bien organizado movimiento de mujeres aprovechó la oportunidad que ofrecía la vuelta a la democracia. Las diputadas federales del partido "oficial" de oposición, el Movimiento Democrático Brasileño (*Movimento Democrático Brasileiro* –MDB) propusieron un Ministerio para la Infancia y la Familia (Tabak, 1989:95), a cuya creación accedió el presidente electo Tancredo Neves en 1984. El PMDB (*Partido do Movimento Democrático Brasileiro*), así denominado tras la reorganización del sistema de partidos en 1979, tenía mucho interés en establecer propuestas progresistas en sus nuevos gobiernos estatales. De este modo, el movimiento de mujeres logró aprovechar el capital político que había acumulado durante la oposición al régimen militar y organizarse de cara a las campañas presidenciales en una serie de políticas de género, como las pioneras comisarías de policía únicamente para mujeres encargadas de la violencia doméstica y sexual, un programa integral de salud femenino y los consejos consultivos (*conselhos*) sobre derechos de las mujeres dependientes del gobierno estatal.[3]

Pese a que el vicepresidente Sarney, que asumió la presidencia tras la prematura muerte de Neves, había tenido escasas relaciones con la oposición y con los movimientos sociales, el CNDM prosperó inicialmente bajo su gobierno (1985-1989). Aunque fue constituido como un órgano consultivo,[4] disfrutó de un espacio político que le otorgó considerables poderes ejecutivos y deliberativos. El Consejo contaba con autonomía financiera y administrativa, con un presupuesto fijo de tres millones de dólares asignado por el Congreso, con personal técnico de apoyo y con

[2] Fue una de las primeras mujeres elegidas en el parlamento, donde fue diputada suplente de 1935 a 1937.

[3] Para un análisis más completo sobre el crecimiento del movimiento de mujeres a finales de los setenta y comienzos de los ochenta, y cómo éste desplegó su influencia a través del PMDB véase Álvarez (1990).

[4] A raíz de la Constitución de 1988 se conformaron tres tipos de *conselhos* consultivos de la sociedad civil en diferentes áreas de la política social: legales, para la supervisión de políticas sociales (salud, educación y bienestar infantil); *ad hoc*, para la deliberación de políticas gubernamentales de carácter especial como comedores en las escuelas o el empleo; y temáticas, creadas a partir de iniciativas locales, dirigidas a cuestiones, por ejemplo, de raza (Tatagiba, 2002:49; Draibe, 1998). Los consejos de mujeres reunían funciones tanto consultivas como ejecutivas, mientras que los consejos de otros sectores sociales tendían hacia funciones de uno o de otro tipo (Costa, 1997:92).

un secretariado ejecutivo encargado de poner en marcha las tareas establecidas por la directiva.[5] Las funciones que tenía encomendadas eran amplias, basadas en la Convención sobre la Eliminación de todas las Formas de Discriminación contra la Mujer (CEDAW, por sus siglas en inglés), "promover políticas a escala nacional para la eliminación de la discriminación contra las mujeres". El Consejo realizó más de cien propuestas a las comisiones parlamentarias durante la Asamblea Constituyente (1987-1988). La buena conjunción entre la disposición de las legisladoras, los *conselhos*, y los grupos independientes de mujeres, permitió que el movimiento de mujeres lograra la incorporación de más de 80% de sus demandas al texto final de la Constitución de 1988. El CNDM también trabajó en la elaboración de muchas políticas públicas y llevó a cabo frecuentes encuentros sectoriales con los representantes ministeriales. El Consejo colaboró con el Ministerio de Educación en la elaboración de libros de texto de contenido no sexista, y con el Ministerio de Sanidad en la promoción de información sobre reproducción y contracepción, en la aplicación del Programa de Asistencia Integral de Salud de la Mujer (*Programa de Assistência Integral à Saúde da Mulher* –PAISM) y en asegurar la provisión de abortos "legales".[6] Además, estableció un Comité para la Mujer Negra, instó al Tribunal Supremo Federal (Supremo Tribunal Federal) a dictaminar en contra del uso de la "defensa del honor" por parte de hombres que asesinaran a sus parejas, a emitir sanciones contra las empresas que, violando las leyes laborales, obtuvieran beneficios ofreciendo empleo a trabajadoras domésticas y rurales, y a que estableciera derechos para las mujeres en el acceso a títulos de propiedad de tierras (Pitanguy, 2003). El Consejo estaba conformado por experimentadas activistas feministas especializadas en la formulación de políticas públicas y en actividades de presión política, las cuales obtuvieron provecho de la buena credibilidad de la que gozaba el movimiento y de la buena conexión con el partido en el gobierno.

Sin embargo, el apoyo del PMDB al CNDM resultó ser en gran medida dependiente de las personas en el gobierno, principalmente del presidente y del ministro de Justicia. A finales de la década de 1980 este partido había perdido su fundacional razón de ser como cabeza opositora al régimen militar, y se transformó en un clásico partido "catch-all", que abandonaron muchos de sus principales miembros socialdemócratas por el PSDB en 1988, y al que llegaron otros nuevos desde la derecha. Al tiempo que esto sucedía, las feministas perdieron su influencia dentro del partido y comenzaron a desplazarse hacia otras opciones de centro-izquierda, como el Partido de los Trabajadores (*Partido dos Trabalhadores* –PT). Hacia el final del gobierno de Sarney y a lo largo del gobierno de Collor/Franco (1990-1994), los sucesivos ministros de Justicia consideraron al Consejo simplemente como un lugar más para ejercer el patronazgo y se asistió a su dramática desinstitucionalización, a la vez que la junta directiva fue remplazada por individuos sin conexión alguna con

---

[5] El CNDM contaba con una junta consultiva de 20 miembros no pagados, elegidos por el presidente; un tercio de ellos estaba compuesto por representantes de los movimientos de mujeres y dos tercios por personal gubernamental.

[6] Permitido en caso de violación o cuando esté en riesgo la vida de la madre.

el movimiento de mujeres. Un decreto de 1990 eliminó su autonomía administrativa y financiera, además de reducirlo a un espacio de dos despachos en un edifico anexo después de haber ocupado dos plantas en el edificio principal del Ministerio de Justicia. En 1992 sus 159 empleados fueron recortados a un director ejecutivo, un funcionario y un secretario. Aunque las funciones consultivas y la estructura de la junta permanecieron intactas, durante la siguiente década careció de cualquier capacidad ejecutiva para diseñar o promover políticas de género multisectoriales.

Las esperanzas que el movimiento de mujeres había depositado en el presidente Fernando Henrique Cardoso, sociólogo progresista y fundador del Partido Social-demócrata Brasileño (*Partido da Social Democracia Brasileira* –PSDB) pronto se vieron defraudadas. Este incumplió el compromiso de evaluar y redefinir el papel del CNDM, rechazó rotundamente las demandas de elevarlo a rango de secretaría ministerial y fracasó en el restablecimiento de su anterior estatus. En parte, esto se debió a las dificultades financieras de un gobierno cuya credibilidad estaba en juego por el control de la inflación y del gasto público. No obstante, el PSDB fue impermeable a las reivindicaciones tanto de las mujeres como de cualquier otro movimiento social. Se trataba de un partido clásico, nacido de un cisma en el ámbito de la élite, no era un partido de masas al estilo de sus homólogos partidos socialdemócratas europeos. Como partido nunca desarrolló ninguna política en cuestión de género, y las feministas que se encontraban dentro del mismo tendían a actuar de manera individual, no colectiva. Su carácter esencialmente tecnocrático impidió al movimiento de mujeres contar con un punto de partida a través del cual influir en la cerrada cúpula del partido.

Apenas sorprende por tanto que Cardoso nombrara como nueva cabeza del CNDM a uno de sus amigos, el cual no contaba con el apoyo del movimiento de mujeres. Únicamente con un miembro en su plantilla, el CNDM trató de llevar a cabo su limitado Programa de Acción, basado en la Plataforma de Acción de Beijing, en conjunción con otras entidades mejor dotadas de recursos como la Secretaría Nacional de Derechos Humanos del Ministerio de Justicia (*Secretaria Nacional de Direitos Humanos*), ministerios sectoriales y el Programa Comunidad Solidaria (*Comunidade Solidária*), dirigido por la esposa del presidente, la eminente antropóloga Ruth Cardoso. Sin embargo, no fue sino hasta los últimos meses de los ocho años de gobierno de Cardoso cuando el Consejo recuperó su propio cuerpo ejecutivo, aunque manteniéndose bajo los auspicios de la Secretaría de Derechos Humanos. En septiembre de 2002, por medio de un decreto ejecutivo se creó la Secretaría de Estado para los Derechos de la Mujer (*Secretaria de Estado dos Direitos da Mulher*), la cual con el gobierno entrante del PT se trasformó inmediatamente en la Secretaría Especial de Políticas para la Mujer (SPM).

No está claro por qué Cardoso tomó esta decisión de manera unilateral, aunque él tal vez quería dejar una mejor imagen de su gestión en materia de mujeres mientras le dejaba a su sucesor las implicaciones financieras de la misma. El PT, por otra parte, estaba cumpliendo con el compromiso de revitalizar institucionalmente al CNDM, promesa que el partido venía manifestando en sus campañas desde 1994. Este partido ha sido más receptivo a las demandas del movimiento de mujeres: ha llevado en sus listas y ha elegido a más mujeres para el legislativo que cualquier otro partido. El equipo transitorio nombrado por el presidente Luiz Inácio Lula da Silva, incluía a dos feministas del gobierno entrante encargadas de tareas de sensibilización sobre cuestiones de género. También nombró a un número sin precedentes de mujeres en el gobierno, mientras en su primer mensaje como presidente señalaba los nuevos compromisos del gobierno con los derechos de las mujeres. El PT difiere de sus competidores en diversos aspectos, en gran medida debido a las especiales circunstancias y carácter de su origen a finales de la década de 1970. Este partido fue fundado bajo los pilares tanto de los movimientos sociales más próximos a los sectores progresistas de la Iglesia católica —centrados en una acción colectiva donde las mujeres eran protagonistas—, como de un radicalizado movimiento sindical. La represión que sufrieron los militantes sindicalistas masculinos durante el régimen militar condujo a la formación del Movimiento Femenino para la Amnistía (*Movimento Feminino pela Anistia*) el cual proporcionó una red de mujeres ansiosas por colaborar en el establecimiento del nuevo partido.[7] Algunas de las facciones del PT como partido nuevo de izquierdas apelaron al feminismo, así como a un nuevo énfasis en el discurso ético, y a una concepción de ciudadanía dentro de un marco político que no otorgue privilegios de clase.

La SPM ahora está vinculada a la Presidencia y no al Ministerio de Justicia. Mientras este último hubiera parecido ser el lugar institucional lógico para el CNDM, el cual había sido muy exitoso en la introducción de cambios legales y el empleo de un discurso basado en derechos, el hueco abierto entre la carta de derechos y su aplicación no podía ser cubierto por un ministerio cuya cabeza históricamente había actuado principalmente para encubrir las actuaciones del presidente. El secretario de Estado de la SPM disfruta del estatus de ministro y cuenta con un puesto en el Consejo de Ministros. Más pequeña que el CNDM cuando éste estaba en su mayor apogeo, está conformada por un gabinete y tres subsecretarías (para la articulación institucional, de seguimiento de programas temáticos y de planificación de las políticas de género), cuyas funciones son asesorar al presidente en la elaboración, coordinación y aplicación de las políticas de género; en las campañas de conscientización en contra de la discriminación, en los mecanismos de planificación de género para todos los niveles de gobierno; en la cooperación con organizaciones nacionales e internacionales, y en la supervisión del cumplimiento de acuerdos, convenios y planes de actuación en materia de igualdad de género firmados por el gobierno federal.[8]

El gobierno de Lula declaró el 2004 como el Año de la Mujer y emprendió una consulta nacional que culminó con un plan de cien páginas —el Plan Nacional de Políticas para las Mujeres (*Plano Nacional de Políticas para Mulheres*)— el programa más exhaustivo que hasta ahora se ha elaborado en Brasil relativo a cuestiones de

---

[7] El MFA demandó una "amplia, general e irrestricta amnistía" para todos aquellos que habían perdido sus derechos políticos o que se habían tenido que exiliar debido al régimen militar.

[8] El CNDM se mantiene como un órgano de supervisión, colegiado, de composición mixta con representantes tanto del Estado como de la sociedad civil.

equidad e igualdad de género. Respaldado por un grupo de trabajo interministerial, el Plan se centra en puntos tales como una educación no sexista, la salud de las mujeres, la violencia de género, la discriminación en los lugares de trabajo, y además establece una serie de estrategias, junto a las tres últimas prioridades señaladas por la SPM. Mientras tanto, la Cámara de Diputados y el Senado Federal instituyeron comisiones parlamentarias especiales para sistematizar varios proyectos de ley relativos a cuestiones de género y se adaptaron las propuestas de la SPM a las prioridades del gobierno de Lula, introduciendo temas como seguridad social, trabajo, derechos de vivienda, violencia y seguridad pública, cada uno a cargo de un grupo de trabajo.

El impacto de los partidos en las oportunidades del movimiento de mujeres para influir en la política es evidente. Sin embargo, en un sistema de partidos conformado en su mayor parte por partidos sin ideología, indisciplinados, con escasos vínculos con la sociedad y orientados a la búsqueda de beneficios y al clientelismo, la permeabilidad y la calidad variable del sistema y de los partidos han sido tanto una ventaja como una lacra. Las mujeres no fueron excluidas de la arena política tras la consolidación de los canales formales de participación democrática, como ocurrió con el restablecimiento de los partidos políticos en los países del Cono Sur una vez que la transición culminó y durante el cual podrían haber ejercido alguna influencia. No obstante, los partidos políticos brasileños mantuvieron importantes barreras entre el Estado y las demandas de los movimientos de mujeres, debido no tanto a sus posiciones ideológicas como a su cultura interna y a ciertas características fundacionales y organizativas, tal como se señaló anteriormente.

Aunque las actitudes de estos tres partidos hacia la agenda feminista han variado desde la indiferencia, la cooptación o la comprensión, ningún partido del sistema brasileño podría considerarse enérgicamente hostil. Esto puede ser atribuido a la casi ausencia de divisiones basadas en las clásicas líneas sociológicas de raza, clase, religión y género; Brasil nunca ha tenido una Democracia Cristiana o un partido asociado a la Iglesia. El desplazamiento del Vaticano hacia la derecha desde la década de 1980 ha tenido comparativamente un escaso impacto ya que la Conferencia Nacional de Obispos y muchos de los feligreses permanecieron comprometidos con las perspectivas de la justicia social que la Iglesia brasileña venía abrazando desde los años setenta, una postura que, en las urnas sobre todo, beneficia al PT, partido secular y pluralista. En consecuencia, el movimiento de mujeres no se ha enfrentado a una oposición organizada, basada en valores alrededor de cuestiones de género o pertenecientes a la esfera privada como la sexualidad, la familia o la reproducción.[9] Durante el proceso de reforma constitucional de 1993, una encuesta realizada a los diputados y senadores concluía que, mientras el centro-izquierda, como era previsible favorecía a la extensión de los derechos de las mujeres, la derecha no era nece-

---

[9] A pesar del auge de las iglesias evangélicas en Brasil, conservadoras en estos asuntos, sus miembros y representantes están muy dispersos, algunos de los cuales forman parte de partidos pequeños y oportunistas. No hay por tanto, un espacio político para cualquier forma de reacción fundamentalista, antisecular.

sariamente hostil. Las prioridades de esta última estaban centradas en el poder del Estado, no en la moralidad, y se oponían a la legislación sobre género sólo cuando requiriese compromisos financieros por parte del Estado como la atención infantil o la provisión de pensiones (CFEMEA, 1993).

La formación de una comunidad política feminista

El proceso de generación de legislación y de desempeño como grupo de presión fue llevado a cabo hasta 1989 por el CNDM, y fue asumido en los años noventa por una comunidad política compuesta por tres tipos distintos de redes feministas. Se trata de una comunidad política de género descentralizada, plural y territorial, ideológica, sectorial y temáticamente diferenciada que se extiende horizontalmente para llegar hasta las ONG de mujeres y grupos de apoyo, legisladoras y partidos feministas, y verticalmente alcanza estructuras subnacionales a través de diferentes espacios facilitados por el Estado para participar en los debates sobre políticas de género en el gobierno local. Esta comunidad llegó a ser más densa con el tiempo, a la vez que el movimiento de mujeres reaccionaba a factores externos como la Asamblea Constituyente, la Cuarta Conferencia Mundial sobre la Mujer de Naciones Unidas en Beijing (1995), o a los periódicos cambios legislativos hacia unos restrictivos derechos reproductivos.

La política de género estatal y municipal

El federalismo ha proporcionado al movimiento de mujeres múltiples oportunidades e instrumentos para llegar hasta el Estado. Debido al cierre de los espacios políticos en el gobierno central, la iniciativa en la política de género fue asumida por la red de *conselhos* estatales y municipales sobre los derechos de las mujeres. A lo largo de dos décadas estos consejos se han multiplicado y en 2002 se podían contabilizar 97 (19 estatales y 78 municipales). Por su parte, el PT también comenzó a experimentar con el nuevo formato institucional para invitar al movimiento de mujeres a participar en el proceso de toma de decisiones. No le gustó la forma en la que los partidos de oposición habían intentado cooptar al movimiento feminista durante la transición a la democracia a través de financiar a las federaciones de mujeres y consejos; y criticó el carácter híbrido de los consejos de mujeres, en los cuales las funciones de participación, representación y toma de decisiones se encontraban desdibujadas. El partido comenzó a establecer una serie de oficinas ejecutivas para la mujer en muchas de las administraciones locales y estatales. Éstas variaban desde departamentos municipales (*secretarias*), con su propio presupuesto, personal y capacidad para ejecutar programas, hasta Comités de Coordinación para la Mujer (*Coordenadoria Especial da Mulher* –CEM) dependientes de la oficina del alcalde o del gobernador, con la responsabilidad de vigilar el funcionamiento de los programas en materia de género de otros departamentos, hasta Asesorías sobre los Derechos de la Mujer (*Assessorias dos Direitos da Mulher* –ADM), a veces subordinadas también a la oficina del alcalde o al departamento de bienestar social o de derechos humanos, las cuales tenían el estatus inferior, y menores recursos y poderes. Los partidos feministas también reconocían tanto la necesidad de un apoyo firme por parte del aparato estatal a través de grupos informales de mujeres burócratas, como la de mejores medios para atraer a las mujeres locales a los debates políticos. Esto último lo consiguieron a través de los rediseñados consejos de mujeres con un papel auténticamente representativo y con una función de intermediación, combinado con los "Foros de Mujeres", de carácter periódico y acceso público. En algunos lugares, como São Paulo, Río de Janeiro y Londrina (una de las cunas del feminismo brasileño), movimientos locales de mujeres bien organizados fueron capaces de presionar a los políticos a través de estas estructuras de la política de género. Sin embargo, en otros casos, como San Andrés, una ciudad del cinturón industrial de São Paulo, no hubo un movimiento de este tipo, y fue el gobierno local el que inicialmente proporcionó el espacio institucional a través del cual las mujeres pudieron encontrarse y unirse en un movimiento independiente y más estable.

Las mujeres activistas han utilizado esos y otros mecanismos gubernamentales como las herramientas de planificación local, los presupuestos participativos, y la legislación en el ámbito estatal y municipal para asegurar compromisos por parte del gobierno local. Como resultado, muchas de las constituciones subnacionales detallan las responsabilidades de los gobiernos municipales en la promoción de una justicia de género a través de acciones ejecutivas en materia de derechos reproductivos, violencia doméstica y mercado de trabajo. Es interesante ver que la revitalización de las agencias federales de mujeres no ha causado un desplazamiento o debilidad de todas esas iniciativas, más bien lo contrario. Ha habido un gran número de consejos, secretarías, coordinadoras y asesorías de mujeres locales. En mayo de 2005, cuando la SPM convocó una conferencia nacional, más de 70 estaban en funcionamiento y otras 50 en proceso de formación.[10] Éste es el resultado de una sinergia entre la descentralización y las prácticas participativas del movimiento de mujeres, y el acercamiento del PT al gobierno local: muchas están en los órganos del partido. Esta red horizontal fue también útil en la consulta —que implicaba a unas 120 000 mujeres— sobre la que se basó el Plan Nacional de Políticas para las Mujeres, a través de encuentros en el ámbito estatal y municipal, y de una conferencia nacional a la que asistieron 1 787 delegados y 700 observadores invitados. La ministra de Estado para las Mujeres ha recorrido el país con su plan para "difundirlo hacia abajo", animando tanto a los gobiernos estatales como a los municipales a comprometerse formalmente con la aplicación del mismo. Solamente el consejo de mujeres de São Paulo lo hizo con la versión local del CEDAW, y los consejos de Río de Janeiro y de Paraná lo hicieron con el programa de Beijing.

[10] *Mulheres em Pauta* 1(6), 30 de mayo de 2005. Pese a que muchas de estas unidades han sido fortalecidas a lo largo de las dos últimas décadas, sin embargo no son inmunes a los peligros de la cooptación por parte de los partidos políticos y al descuido que sufrió el Consejo Nacional.

LAS BANCADAS FEMENINAS EN EL CONGRESO

La bancada femenina fue en un primer momento establecida de manera informal durante la Asamblea Constituyente cuando un movimiento de mujeres eligió a un número sin precedentes de feministas con el objetivo de que los derechos de las mujeres fueran reconocidos por la nueva Constitución.[11] Medio siglo antes nueve mujeres, la mayoría de ellas miembros de la sufragista Federación Brasileña por el Progreso Femenino, fueron elegidas en 1934 para estar en las asambleas constituyentes estatales con un fin similar (Costa, 1998:99; Schumaher y Brazil, 2000). Dirigida por el centro-izquierda, especialmente por el PT, la agenda de la bancada ha estado guiada por el CNDM y ONG feministas como el Centro Feminista de Estudios y Asesoría (*Centro Feminista de Estudos e Assessoria* –CFEMEA). Todas las diputadas federales y senadoras son miembros de la misma, y muchas la apoyan sólidamente. Con la mayoría de partidos indiferentes en cuestiones de género, los miembros de la bancada han tenido éxito a la hora de dirigir el sentido del voto de sus partidos en proyectos de ley como las cuotas electorales de género,[12] en la reforma de los códigos civil y penal, en los permisos de maternidad y paternidad, en los derechos de las mujeres presas, derechos reproductivos, medidas antidiscriminatorias (raza, VIH, orientación sexual), y violencia de género. Por ejemplo, en 1995, los miembros de casi todos los partidos recibieron la instrucción de votar en contra de una enmienda constitucional para proteger la vida "de la concepción", lo que va en contra de la norma de voto "libre" en estos temas tan controvertidos (Htun, 2003:161).

La cohesión interna y la efectividad de la bancada se han producido gracias al cambio en el perfil de las legisladoras. La proporción de mujeres elegidas en función del apellido de un familiar varón ha disminuido a lo largo de las dos últimas décadas hasta situarse en 10% en 2002; además este periodo ha considerado dos significativas entradas de feministas, en 1986 (en su mayor parte del PMDB) y en 2002 (un tercio del PT). Después de la segunda mitad de la década de 1990, muchas de las nuevas legisladoras contaban con experiencia en las cuestiones de las mujeres, adquirida a través de su participación en la Conferencia de Beijing, siendo miembros de los consejos de mujeres estatales o municipales, por su implicación en requerimientos parlamentarios sobre mortalidad materna y esterilización, o por su colaboración en diversas actividades legislativas sobre políticas de género. Esto explica en parte por qué las mujeres políticas han tendido a enmarcar las demandas de justicia de género alrededor de la idea de equidad, justicia y derechos, más que alrededor de cualidades supuestamente inherentes a las mujeres, como la afectividad, la honestidad o el pragmatismo. Por otra parte, tampoco es que el término feminismo sea tabú dentro del discurso político en Brasil, incluso los políticos conservadores se han apropiado de él. Todo esto se debe a múltiples factores como la heteroge-

---

[11] El porcentaje de mujeres en la Cámara de Diputados se elevó de 1.7% al 5.3% en las elecciones de 1986. Más de 40% de éstas fueron elegidas por el PMDB.

[12] Todos los partidos deben incluir al menos 30% de ambos sexos en sus listas para concejales municipales y diputados estatales y federales.

neidad racial y religiosa de la sociedad brasileña; la relativamente baja capacidad de la Iglesia católica para estructurar un debate público relativo a cuestiones de moralidad personal; la alta tolerancia hacia las opciones sexuales de cada persona,[13] y la relativa indiferencia del régimen militar hacia las mujeres como abanderadas de la feminidad tradicional y de los "valores occidentales cristianos".[14]

Las redes del movimiento de mujeres

Uno de los centros de esta política comunitaria es el CFEMEA, un grupo de apoyo feminista muy efectivo fundado en 1989 por cuatro miembros del anterior CNDM cuando éste colapsó. Estas mujeres habían sido "prestadas" al CNDM por otros departamentos gubernamentales debido a su experiencia en cuestiones de género. Esta movilidad de las integrantes del movimiento feminista es visible en todas estas redes: como activistas van de grupos autónomos a ONG, de posiciones en los consejos a posiciones ejecutivas y puestos electos, a menudo con un movimiento tanto horizontal como vertical. Esto contribuye a la formación de una comunidad política muy cohesionada. El CFEMEA ha sido fundamental en la articulación, por parte del movimiento de mujeres, de una estrategia en medio de la tormenta de nieve legislativa.[15] En la última década, alrededor de 150 proyectos de ley relativos a las mujeres han sido debatidos en el Congreso cada año, y durante el periodo de reforma constitucional de 1993 se discutieron 17 246 proposiciones y 12 614 enmiendas, de las cuales 956 eran relativas al capítulo de derechos sociales y hubieran afectado a las mujeres en áreas como el trabajo, la salud, la familia y la educación. Asimismo, el centro proporcionó una visión compartida a un movimiento de mujeres heterogéneo dentro de un sistema político con múltiples puntos de acceso, conformando un puente hacia el proceso político a través de la consulta temática a las redes de mujeres sobre propuestas políticas específicas por un lado, y presionando a los legisladores por otro (Macaulay, 2000). Unos años después, la preparación y el resultado de la Conferencia de Beijing generaron una nueva red nacional de mujeres (*Articulação de Mulheres Brasileiras* –AMB), representando a unos 800 grupos de mujeres en 27 Foros de Mujeres de nivel estatal. Esta red se movilizó alrededor de las 25 áreas prioritarias de la Plataforma de Acción, convirtiéndolas en "Estrategias

[13] Las uniones de hecho han sido reconocidas durante mucho tiempo en Brasil, y las cláusulas antidiscriminatorias que protegen las minorías sexuales están reconocidas en docenas de constituciones estatales y municipales. No por esto hay que ignorar, por supuesto, la homofobia y la violencia que todavía existen en un país que proclama a los transexuales y travestis como iconos nacionales en determinadas circunstancias, como el carnaval.

[14] El presidente Geisel (1974-1979), luterano, incluso aceptó un proyecto de ley a favor del divorcio en un intento de socavar a la Iglesia y distanciarla del MDB. Además apoyó el derecho de las mujeres a la planificación familiar no coactiva y estableció el programa de salud femenina demandado por las feministas (Htun, 2003:68-94).

[15] Desde entonces han emergido otras organizaciones feministas y grupos de presión como AGENDE, este último centrado en el control del ejecutivo, por ejemplo.

para la Igualdad", un marco para la legislación secundaria en las áreas de salud de las mujeres, derechos reproductivos, familia y derecho laboral, violencia de género y derechos políticos en los tres niveles de gobierno.[16] Las redes temáticas también emergieron alrededor de áreas específicas de la política de género y que ahora conforman el núcleo del nuevo Plan Nacional, como salud de la mujer, derechos reproductivos, violencia y raza. Algunas, como las mujeres rurales, disfrutaron del apoyo de movimientos sociales relacionados, como el Movimiento de Trabajadores Rurales Sin Tierra (*Movimento dos Trabalhadores Rurais Sem Terra*) y de los legisladores, quienes les permitieron transformar la movilización en victorias políticas, como la concesión de pensiones y beneficios de maternidad para las mujeres rurales trabajadoras. Las mujeres negras ahora cuentan con la voz institucional de la Secretaría Especial de Políticas de Promoción de la Igualdad Racial (*Secretaria Especial de Políticas de Promoção da Igualdade Racial* –SEPPIR), creada a la vez que la SPM.[17]

El impacto de las políticas

El éxito de una red depende, sin embargo, del desarrollo de metas claras y compartidas. Por ejemplo, las políticas de género más consistentes aplicadas por los gobiernos local y nacional tienen que ver con la violencia doméstica, uno de los temas indiscutibles en la política y piedra angular de la agenda feminista. Sin embargo, la red relativa a este tema no fue capaz de llegar a un consenso más allá de la necesidad de proveer de servicios a las víctimas. Mientras tanto, las reformas judiciales introdujeron cambios institucionales de manera que el sistema de justicia penal trató la violencia doméstica sin consultar con el movimiento de mujeres. No fue sino hasta 2004 cuando la red de mujeres logró, en conjunción con la SPM, la elaboración del primer proyecto de ley exhaustivo de Brasil relativo a la violencia doméstica en el que se señalaba el papel de las diferentes agencias del Estado y del sistema de justicia penal, siendo prácticamente el último país de la región en hacerlo (Macaulay, 2005b).[18]

En el caso de los derechos reproductivos, sin embargo, la red de mujeres ha estado más unida, pero ha tenido que hacer frente a duras resistencias culturales y políticas. La década de 1980 consideró la emergencia de un gran número de grupos relativos a la salud de la mujer junto a un movimiento progresista para la reforma de la sanidad. Esta alianza permitió al movimiento de mujeres alejar del debate términos como el control de la población y centrarlo en los derechos de las mujeres, planteando así un camino entre dos bandos anteriormente polarizados: los neo-maltusianos, asociados con ideologías autoritarias, y sus oponentes en la Iglesia y en la izquierda, los cuales empezaron a fragmentarse. Esta alianza feminista con

[16] La legislación secundaria permite que las disposiciones constitucionales tengan efecto.

[17] A la cabeza de la SEPPIR, se encuentra Matilde Ribeiro, una mujer feminista negra cuyo pasado como activista incluye trabajo en administraciones locales del PT.

[18] El grupo implicado en la elaboración de esta legislación estaba formado por ONG feministas, ADVOCACI, AGENDE, CEPIA, CFMEA, IPÊ/CLADEM y THEMIS.

profesionales y políticos comprensivos logró, en primer lugar, una regulación del abusivo empleo de las técnicas de esterilización, facilitando formas alternativas de anticoncepción más accesibles, y creando el PAISM. La década de 1990 consideró la formación de una red temática muy efectiva, la Red Nacional Feminista de Salud, Derechos Sexuales y Derechos Reproductivos (*Rede Nacional Feminista de Saúde, Direitos Sexuais e Direitos Reprodutivos*, conocida como RedeSaúde),[19] la cual ha mantenido en la agenda los derechos reproductivos.[20] A pesar de que las restricciones al aborto son similares en la mayoría de los países de América Latina, el movimiento brasileño ha avanzado significativamente en las campañas para convertir la provisión de "abortos legales" en una responsabilidad del Estado. Uno de los resultados fue la proliferación de ordenanzas locales en ciudades como Campinas, São Paulo y Río de Janeiro en los años ochenta; que obligaban a los hospitales públicos a realizar estos abortos. Más tarde esta medida fue adoptada como directiva federal por el Ministerio de Salud en 1998. Mientras ningún partido se ha atrevido a adoptar la legalización del aborto como un compromiso político, esta red es lo suficientemente amplia como para abarcar a diputados y diputadas de diferentes partidos. El gobierno de Lula ha tomado el atrevido paso de constituir una comisión especial, compuesta por representantes del ejecutivo, del legislativo y de la sociedad civil, con el objetivo de examinar la legislación existente y aprovechar el relativamente favorable clima en la opinión pública para lograr un cambio en la ley.

¿Cuál ha sido el legado que ha dejado todo este activismo a lo largo de dos décadas, en términos generales y específicos sobre las diferentes áreas políticas? La Unidad Nacional de Mujeres en Brasil se ha centrado en distintos objetivos durante los diferentes ciclos de su vida institucional. Al principio, lucharon con vigor por situar la violencia doméstica dentro del debate político y público, y su primera directora, Ruth Escobar, cuenta como la primera victoria política la puesta en marcha de comisarías de policía para mujeres.[21] Su sucesora, Jacqueline Pitanguy (1985-1989), dedicó sus tres años de trabajo al ajuste de las constituciones estatal y nacional junto al trabajo sectorial de haber dejado un legado que no pudo ser erradicado por la hostilidad o indiferencia gubernamental, como quedó evidenciado con la reencarnación del Consejo en la SPM.[22] Después de la parálisis del gobierno de Collor, bajo Cardoso, el Consejo concentró su limitada influencia en persuadir al gobierno para que asignara una partida presupuestaria específica a la violencia doméstica, a fin de ampliar y fortalecer la red de centros de referencia y de protección para las mujeres, y en la puesta en marcha de una evaluación crítica de las comisarías de policía para mujeres. La SPM partió de una importante base de conocimiento y experiencia, acumulada por una parte a través de la posición del CNDM dentro del aparato burocrático federal y por otra, a través del trabajo específico del PT en las políticas

---

[19] Fundada en 1991 en diez estados, hacia el año 2000 tenía 200 afiliados en 21 estados.

[20] Para mayor información sobre los derechos de las mujeres en general, véanse Lebon (2003), y Comité sobre la Eliminación de la Discriminación contra las Mujeres (2003).

[21] Entrevista en la revista de la SPM, *Mulheres em Pauta*, 1 (6) 30 de mayo de 2005.

[22] *Op. cit.*, 1(7) 16 de junio de 2005.

de género. Su revitalización institucional ha permitido que la política de género en Brasil vuelva a tener una misión más amplia y dominante.

CONCLUSIONES

La combinación de un sistema de partidos débil y permeable, junto con una capacidad estatal variable, y una administración fuertemente federalizada ha permitido una difusión y una reproducción multidireccional de las políticas de género. Algunas veces se han "difundido hacia arriba", cuando iniciativas municipales, como las ordenanzas locales sobre la provisión de "aborto legal" o sobre la no discriminación de las mujeres en el lugar de trabajo, promovidas localmente por el activismo de las mujeres, son adoptadas por políticos receptivos del ámbito estatal o federal. En 1992 el Distrito Federal copió la ordenanza municipal que prohibía a las empresas solicitar a sus empleadas un certificado de esterilización o una prueba de embarazo, la cual se convirtió en ley federal en 1995. Otras veces las políticas de género se extienden horizontalmente cuando una práctica promovida por un actor concreto en el gobierno, normalmente un partido político, es reproducida por sus rivales. Éste podría ser el caso de los Consejos de Mujeres estatales y locales, inicialmente establecidos por el PMDB a petición de alguno de sus miembros feministas, que después fueron copiados por otros partidos del centro-izquierda. Otro caso de contagio horizontal es la difusión de las cuotas internas para mujeres dentro de los partidos en los órganos de dirección, medida en la que el PT fue pionero en 1991, y subsecuentemente adoptada por diferentes partidos de centro-izquierda; de nuevo a través de la insistencia de grupos de presión de mujeres dentro de cada partido.

En Brasil la política de género nunca ha tenido una difusión automática "hacia abajo" como ocurre en otros países que cuentan con una política y un sistema administrativo más centralizados como Chile o Costa Rica, donde los ministerios nacionales de mujeres son directamente responsables de la vigilancia de la aplicación de los planes de igualdad y equidad de género en el nivel provincial y municipal. En la primera fase, momento de mayor apogeo del CNDM, los movimientos de mujeres enfocaron su movilización en ayudar a una fuerte agencia central a establecer las líneas básicas de una nueva era en la justicia de género, presionando a favor de la nueva Constitución y llevando sus disposiciones hasta las constituciones estatales. La siguiente etapa consideró una descentralización del movimiento, al tiempo que las feministas fueron buscando aliados políticos locales, sobre todo, pero no exclusivamente, entre los gobiernos municipales del PT. La última etapa ha contado de nuevo con un fortalecido ministerio para las mujeres que ha unido fuerzas con grupos feministas a escala local para crear un programa de política de género. Su aplicación en los tres niveles de gobierno dependerá de la presión que provenga desde arriba (de la SPM) y desde abajo, a través de un movimiento de mujeres con múltiples nudos, que se extiende a lo largo de los diferentes niveles de gobierno, atravesando los límites de los partidos y divisiones administrativas, y que comprende una membresía diversa. Lo más efectivo ha sido la capacidad que el movimiento ha tenido para sacar provecho de la intención de ciertos partidos por promover una agenda sobre género, en un momento concreto, para después institucionalizar ese buen propósito. A pesar de la continua restricción de recursos,[23] el gobierno actual representa una oportunidad con su promesa de abrir nuevas puertas al avance de una agenda de género que lleva existiendo una década.

BIBLIOGRAFÍA

Álvarez, Sonia E. (1990), *Engendering Democracy in Brazil: Women's Movements in Transition Politics*, Princeton, Princeton University Press.

CFEMEA (1993), *Direitos da mulher: o que pensam os parlamentares*, Brasilia, CFEMEA.

Committee on the Elimination of Discrimination against Women (2003) *Combined Initial, Second, Third, Fourth and Fifth periodic Reports of States Parties: Brazil*, documento núm. CEDAW/C/Bra/1-5.

Costa, Delaine Martins (ed.) (1997), *Democratização dos poderes municipais e a questão de gênero*, Río de Janeiro, Instituto Brasileiro de Administração Municipal/Fundação Ford, Serie Experiências Innovadoras, vol. 7.

Costa, Ana Alice Alcântara (1998), *As donas no poder: mulher e política na Bahia*, Salvador, Núcleo de Estudos Interdisciplinares sobre a Mulher FFCH/UFBA.

Draibe, Sônia Miriam (1998) *A nova institucionalidade do sistema brasileiro de políticas sociais: os conselhos nacionais de políticas sectoriais*, Campinas, UNICAMP Caderno de Pesquisa, núm. 35.

Htun, Mala (2003), *Abortion, Divorce and the Family under Latin American Dictatorships and Democracies*, Cambridge, Cambridge University Press.

Lebon, Nathalie (2003), "Brazil", en Amy Lind (ed.), *Women's Issues in Central and South America*, Encyclopedia of Women's Issues Worldwide, Greenwood Press.

Macaulay, Fiona (2000), "Getting gender on the policy agenda: a study of a Brazilian feminist lobby group", en Elizabeth Dore y Maxine Molyneux (eds.) (2000), *The Hidden Histories of Gender and the State in Latin America*, Durham N.C. y Londres, Duke University Press.

————— (2005a), *Gender Politics in Brazil and Chile*, Basingstoke, Palgrave Macmillan.

————— (2005b), "Private conflicts, public powers: domestic violence in the courts in Latin America", en Alan Angell, Rachel Sieder y Line Schjolden (eds.), *The Judicialization of Politics in Latin America*, Londres, Palgrave/Institute for the Study of the Americas.

Pitanguy, Jacqueline (2003), "Movimento de mulheres e políticas de gênero no Brasil", en Sonia Montaño, Jacqueline Pitanguy y Thereza Lobo (eds.) (2003), *As políticas públicas de gênero: um modelo para armar: o caso de Brasil*, Santiago, CEPAL Series Women and Development, núm. 45.

---

[23] El gobierno de Cardoso había asignado a la SPM 10.9 millones de reales, que se incrementaron hasta en 24 millones a comienzos de 2003 con el gobierno del PT; pero en un radical cambio presupuestario designado para equilibrar las cuentas y aplacar a los prestamistas internacionales, el presupuesto fue reducido a 4 millones.

Saffioti, Heleieth I.B. (1978), *Women in Class Society*, Monthly Review Press, Nueva York/Londres.

Schumaher, Schuma y Erico Vital Brazil (2000), *Dicionário mulheres do Brasil de 1500 até a atualidade*, Río de Janeiro, Jorge Zahar Editor.

Tabak, Fanny (1989), *A mulher brasileira no Congresso Nacional*, Brasilia, Cámara de Diputados.

Tatagiba, Luciana (2002), "Os conselhos gestores e a democratização da políticas públicas no Brasil", en Evelina Dagnino (ed.) (2002), *Sociedade civil e espaços públicos no Brasil*, São Paulo, Paz e Terra.

V

LA *GLOCALIZACIÓN** DEL FEMINISMO:
ESTRATEGIAS LOCALES, REGIONALES Y GLOBALES

* Es un término que se refiere a la dialéctica local y global que parecen regir el actual proceso que llamamos globalización. Edward W. Soja (2000), "Cosmópolis: The globalization of cityspace", en Edward W. Soja, *Postemetropolis. Critical Studies of Cities and Regions*, Blacwell Publishing, Los Ángeles, pp. 189-232.

DE LA INSURGENCIA A LA LUCHA FEMINISTA: BUSCANDO LA JUSTICIA SOCIAL, LA DEMOCRACIA Y LA EQUIDAD ENTRE MUJERES Y HOMBRES

MORENA HERRERA*

Recorrer la mirada por los caminos andados es reconocer las propias cicatrices, las de afuera, las que se miran, y también las de adentro, las que se curan más lentamente y a veces no se curan del todo. Es asumirnos en las contradicciones en que la vida nos coloca o en las que nos colocamos. Es ver la continuidad y la búsqueda de cambios por concretar los sueños de una vida más justa, en procesos sociales que no siempre nos incluyen a las mujeres a pesar de que estamos presentes. En estas páginas se reflexiona de forma apretada sobre cuatro momentos y situaciones relacionados con la participación de las mujeres, en el conflicto armado. Se señalan también algunos rasgos de las relaciones de género en esa situación límite que es la guerra; la ausencia de medidas que promovieran los derechos de las mujeres y la equidad de género en la agenda marcada por los Acuerdos de Paz; el surgimiento de Las Dignas, una de las organizaciones feministas que a lo largo de quince años ha venido impulsando la lucha por la erradicación de la subordinación de las mujeres y, finalmente, una reflexión inicial sobre las nuevas apuestas de la Colectiva Feminista por el Desarrollo Local en la articulación de organizaciones locales de mujeres y aquellas que gobiernan municipios, como parte de una estrategia pluralista para la incidencia en las políticas públicas.

RELACIONES DE GÉNERO Y MUJERES PARTICIPANTES ACTIVAS EN EL CONFLICTO ARMADO

Siempre me ha incomodado la pregunta de "si valió la pena tanto sacrificio de mujeres y hombres durante la guerra en El Salvador", posiblemente porque resulta demasiado dolorosa una respuesta negativa ante la persistencia de tantas desigualdades sociales, pero también porque considero que es un espejismo creer que podíamos tomar otros caminos, que teníamos otras opciones para intentar cambiar las realidades de injusticia en nuestra sociedad; en ese tiempo teníamos la convicción de que la vía armada era la única para generar los cambios sociales que deseábamos.

Cuando se analiza la participación de las mujeres en un determinado escenario, existe una tendencia bastante generalizada a mirarlas como un grupo homogéneo, pero en la realidad somos, al igual que los hombres, personas con una diversidad

*Fundadora activa de ONG como Las Dignas y asesora en políticas públicas para la equidad de género.

de identidades, deseos, papeles y responsabilidades. No asumir esta diversidad lleva
a que, cuando se diseñan estrategias para lograr la paz y se piensa en las mujeres,
se nos identifique como víctimas o como mujeres revolucionarias y heroínas cuyo
único deseo es el triunfo de la causa del propio pueblo. Y aquí recuerdo las imágenes más divulgadas durante los conflictos armados en Centroamérica: una joven
combatiente armada con su hijo en brazos, y una mujer refugiada amamantando
a su hijo pequeño, perdiendo de vista la complejidad de papeles, realidades y posiciones en que nos encontrábamos, y por lo general sin responder o respondiendo
muy poco a las expectativas de la mayoría de las mujeres que no se identifican con
esos estereotipos.

Aunque muchas mujeres participan en los conflictos armados a partir de las funciones que tradicionalmente les han sido asignadas, como la identidad de madres y
cuidadoras de los demás, es importante advertir también su presencia en el desempeño de distintas tareas y responsabilidades. Algunas participamos en las estructuras
político-militares; otras, en tareas de gestión del refugio o en actividades de dirección política, de organización y promoción de la solidaridad, y en la construcción de
redes logísticas; es decir que también somos protagonistas activas, aspecto que por lo
general no se reconoce ni por los compañeros de lucha, ni en los textos de los Acuerdos de Paz, ni en los documentos que describen la historia oficial de los procesos.

Esta dificultad de visualizarnos como protagonistas es propiciada por los propios rasgos de la socialización femenina, por esa manera de ser educadas para la
entrega sin límite, para vivir en función de los demás, para darlo todo sin esperar
nada a cambio. Por ello es necesario que seamos las propias mujeres quienes recla-
memos el reconocimiento a nuestros esfuerzos, como primer paso para que éstos
sean justamente valorados. De otra manera los Acuerdos de Paz y los procesos de
reconstrucción de la posguerra no incorporan los aportes ni los costos materiales y
emocionales que supone la participación de las mujeres en el conflicto.

Muchas veces me han preguntado acerca de las vivencias de las mujeres que participamos en el movimiento insurgente en la década de los ochenta, sobre el impacto
que esas experiencias dejaron en nuestras vidas. Por ello quisiera aclarar en primer
lugar que, ser mujer, me parecía un dato poco relevante a inicios de 1981, cuando se
formaban los primeros campamentos guerrilleros en las zonas rurales y la represión
gubernamental en las ciudades cobraba dimensiones de terror generalizado. Poco a
poco, los días, las miradas, los gestos, los hechos y las vivencias de muchas mujeres y
las propias me enseñarían lo contrario: ser mujer o ser hombre tenía implicaciones
diferentes. Éste ha sido un aprendizaje lento y doloroso a lo largo de doce años de
guerra civil y trece de posguerra que no significan la paz, y que han dejado su huella
en la memoria de quienes participamos directamente en ese proceso.

Las mujeres y los hombres que formamos parte de la guerrilla, si bien compartíamos ideales, sueños de un mundo más justo y democrático, y la convicción de
que por la vía de la lucha armada podíamos lograr los cambios deseados, también
teníamos distintas vivencias, derivadas de las relaciones de género. Esas relaciones
invisibles, no visualizadas ni identificadas como tales, estarían siempre presentes en
la asignación de las tareas, en la distribución de las responsabilidades y en el otorga-

miento de los reconocimientos, que es la forma en que en un contexto de guerra se ejercen el poder y la autoridad. Sin pensar en ello, eran decisiones que tenían en lo profundo una razón que no cuestionábamos, la razón de asignar espacios y papeles en función de los cuerpos sexuados, que significaban discriminación y marginación para las mujeres, pero que no veíamos y no denunciamos.

Aun quienes estuvieron dispuestos a jugarse la vida en una guerra que se inició en condiciones muy desfavorables para ellos, no creyeron en la posibilidad de lograr cambios en la relación entre hombres y mujeres, o lo consideran una posibilidad tan remota que no están dispuestos a cuestionar esta situación material y simbólica que condena a la marginación a más de la mitad de la población (Vázquez, Ibáñez y Murgualday, 1996:75).

Vivencias de las mujeres en torno a la violencia sexual en contexto de guerra

Transcurridos los primeros años de la guerra, la Comandancia General del FMLN estableció las normas conocidas como la "Ley revolucionaria" de obligado cumplimiento para todas las personas militantes de las cinco organizaciones que la integraban. Una de estas normas establecía la pena de muerte para quienes cometieran una violación sexual, ya fuera contra una mujer de la población civil o de las filas guerrilleras. La aplicación de esta ley no siempre fue fácil y consistente; recuerdo un caso sucedido a finales de 1984 en el Frente de Guazapa,[1] donde había vivido los primeros cuatro años de la guerra y regresaba después de varios meses de estar en el Frente Occidental.

Cuando hablábamos sobre las cosas que habían pasado en esos meses, los compañeros me decían muy orgullosos que acababan de resolver un problema que les había generado bastante tensión y les había hecho pensar mucho. Se trataba de tres combatientes que habían violado a una compañera cocinera del campamento. De acuerdo con las normas establecidas se les tenía que fusilar, ¡pero eran tres combatientes! Establecieron el jurado y debatieron, escucharon a la compañera y a los combatientes; entonces decidieron combinar las sanciones: a los tres combatientes hacerles un fusilamiento simbólico con balas de salva, sin avisarles que las balas eran de salva, para que al momento en que se vieran fusilados y no muertos, uno de los dirigentes les explicara que la revolución era generosa y les daba la oportunidad de volver a nacer y a tener un comportamiento apegado a los principios revolucionarios. Esta decisión parecía efectivamente generosa y sensata en aquellas circunstancias, si no hubiera sido por los otros componentes de la sanción.

Las otras dos medidas disciplinarias también incluían a la compañera, ¡sancionada por coqueta y provocadora! La primera consistía en que los cuatro deberían visitar los diferentes campamentos de la zona, hacer reuniones y compartir su ex-

---

[1] Frente de Guazapa, zona ubicada en el cerro del mismo nombre, en la jurisdicción de los municipios de Suchitoto y San José Guayabal, a 35 km de la ciudad capital San Salvador, una de las zonas de más intensos combates durante toda la guerra.

periencia reconociendo su error. ¡Ellos como violadores y ella como coqueta y provocadora! La tercera medida consistía en abrir entre los cuatro un túnel a través de un pequeño cerro de la zona llamada "El Perical," para que sirviera de refugio antiaéreo y de enseñanza a las futuras generaciones. Éste era un lugar donde la compañera tenía que permanecer junto con los tres combatientes, quienes debían estar desarmados durante varios meses siempre y cuando no hubiera combates con el ejército gubernamental. Estaban orgullosos por su decisión porque la consideraban justa. Cuando les dije que a mí me parecía injusta la sanción impuesta a la compañera, respondieron que yo no estaba asignada a esa zona y no me correspondía opinar.

Del ejemplo anterior cabría destacar que, si bien es evidente la búsqueda de un marco de aplicación de la justicia con nuevos parámetros por parte de quienes en aquellos momentos dirigían el Frente de Guazapa, también se manifiesta la falta de reflexión y claridad acerca de las relaciones de poder entre hombres y mujeres, determinantes en última instancia de las múltiples manifestaciones de la violencia sexual de los hombres contra las mujeres. De allí que fuera prácticamente imposible abordar con serenidad el proceso de revictimización al que se sometió, en este caso, a la compañera agredida.

Éste no fue el único caso de violación sexual que se produjera en el marco de las hostilidades; la violación sexual también fue utilizada como arma de guerra y de terror por el ejército gubernamental, que no siempre era denunciada como crimen de guerra, posiblemente por el predominio de la idea de que la violación es un delito del ámbito privado. Pero como señalan algunas ex combatientes, las violaciones y el acoso sexual duele más cuando proviene de compañeros de las propias filas, de quienes se espera cuidado y respaldo y donde hay más confianza. Estos hechos tampoco fueron denunciados, y en la mayoría de las mujeres aún prevalece el mutismo sobre estos abusos. Son pocas las que en espacios asistidos han logrado elaborar sus vivencias en terrenos como el acoso sexual, que también fue una práctica bastante frecuente y silenciada. Al respecto, los testimonios analizados en el proceso de una investigación sobre el impacto de la guerra en las concepciones y prácticas de la maternidad y la sexualidad realizada por Las Dignas en 1995 resultan muy esclarecedores:

Yo sentía muchísima presión y me sentía desesperada, entonces fue cuando el que fue mi compañero se aprovechó de mí, me dijo que tenía que acompañarme, que si no lo hacía corría el peligro de que abusaran de mí. Como él era el jefe del campamento decía que si me acompañaba, con él me iban a respetar más y un día entró en mi champa y me forzó, me dijo que si me quedaba sola después de que había dormido con él, todo el mundo iba a querer abusar de mí porque iban a saber que yo dormía con cualquiera que llegara a mi champa. Yo pensando que él me iba a proteger, le acompañé (Silvia en Vázquez, Ibáñez y Murguialday, 1996:181).

Al igual que en otros contextos, el acoso sexual contra las mujeres en los campamentos guerrilleros expresaba el uso del poder y la autoridad masculina para pretender una relación sexual, esta situación era aún más aguda en las condiciones de clandestinidad y discreción que tuvieron que enfrentar algunas mujeres que participaban en los comandos urbanos, y que también dan cuenta de situaciones de acoso sexual que les tocó vivir. En la mayoría de los casos no hubo denuncias, y en los pocos donde sí las hubo, no generaron ningún tipo de reacción o medida correctiva por parte de quienes dirigían las filas revolucionarias.

La división sexual del trabajo en los escenarios de guerra

Cuando empezó la guerra en general éramos más antimilitaristas; veníamos de criticar y rechazar el papel de las Fuerzas Armadas, de los cuerpos represivos, que había sido la representación gubernamental más preponderante que conocíamos. Viviendo en los pequeños bolsones de territorio donde se gestaba la guerrilla, empezamos a construir un ejército y con ello empezaron a definirse los papeles de género en la organización insurgente, en la ocupación de espacios y responsabilidades: los hombres, primordialmente, ingresaban a las filas guerrilleras, y las mujeres eran mayoría entre los núcleos de población civil. Ellas eran las encargadas de proteger a las niñas, niños y personas mayores, se dedicaban a las tareas de apoyo a la misma guerrilla.

Al formar parte de las estructuras guerrilleras y de sus instancias de mando, muchas veces estas diferencias y desigualdades no eran perceptibles para mí; sin embargo recuerdo que me molestaba la falta de reconocimiento al aporte de la población civil que vivía en el frente guerrillero, esa población que en ese tiempo llamábamos masas. Éste es el tiempo donde nos inventamos una consigna que decía "Masas y ejército: un solo ejército", detrás de la cual había una demanda de valoración a las tareas de apoyo, realizadas fundamentalmente por las mujeres. En este marco surgió la Asociación de Mujeres "Lil Milagro Ramírez"[2] en 1982, un espacio para articular la participación femenina en las tareas de apoyo a la lucha guerrillera. Nos organizábamos para cuidar mejor a los heridos en combate, para preparar alimentos y para ser más efectivas en los refugios y las "guindas" o repliegues ante las ofensivas del ejército gubernamental.

La mayoría de mujeres que participaba en las actividades de apoyo lo hacían desde su identidad de madres y cuidadoras, extendiendo su función a *todos los muchachos* como llamaban a la guerrilla. Motivadas por la lógica de entrega, se convirtieron en la montaña nutriente que cobijó a la insurgencia. Por eso al terminar la guerra, cuando junto con otras compañeras analizamos el papel de las mujeres, descubrimos que aquella montaña pueblo que había sido tan importante en la estrategia revolucionaria, tenía rasgos de género, que había sido una labor fundamentalmente femenina, a pesar de lo cual no significó mayores reconocimientos para las mujeres en la etapa de la posguerra.

También es justo señalar que la guerra supuso cambios en la vida de muchas mujeres, asumiendo responsabilidades inimaginables en otros contextos, rompien-

---

[2] Dirigente revolucionaria, integrante de la RN desaparecida en 1996.

354 •   MORENA HERRERA

do en la práctica con la asignación de funciones sociales que antes sólo estaban permitidas a los hombres. A muchas nos hacía sentir que éramos importantes, formábamos parte de un contingente que luchaba por una causa justa. En algunos casos los mandatos de la división sexual del trabajo se trastocaron y, en otros, las circunstancias llevaban a una adaptación de la asignación tradicional de funciones, pues los mandos siempre fueron fundamentalmente masculinos, y las mujeres eran mayoría entre el personal sanitario, entre las radistas y entre quienes preparaban alimentos y apoyaban logísticamente al ejército guerrillero.

A pesar de que el ejercicio de la maternidad y la paternidad no fueron temas que ocuparan la reflexión en el movimiento guerrillero, también se produjeron cambios en la forma de desempeñar estos papeles sociales, sobre todo en el caso de las mujeres. Mientras en los hombres continuó inalterable el prototipo masculino de "dejar los hijos y las hijas a que los tuviera y mantuviera su mujer", en las mujeres, sobre todo en las guerrilleras, el mandato imperante de vincular el ejercicio de la sexualidad a la posibilidad de embarazarse, parir y dedicarse al cuidado de las hijas e hijos se vio trastocado, generalmente con un alto costo emocional para quienes tuvimos que dejar a nuestros hijos e hijas al cuidado de otras personas.

Cuando analizamos los efectos emocionales de la maternidad en tiempos de guerra, los testimonios resultan desgarradores y contradictorios. La idea de que las mujeres somos tales en la medida en que somos madres no tuvo asomo de cuestionamiento ni entre los líderes ni entre las bases, hombres y mujeres incluidas. Sin embargo el ejercicio de la maternidad sí tuvo cambios, debido sobre todo a que, en la medida que la guerra se agudizaba, las condiciones para combinar el cuidado de los hijos y las hijas eran prácticamente incompatibles con el desempeño de las tareas en las filas guerrilleras. Las separaciones y el abandono de las criaturas al cuidado de familiares, y en otros casos de instituciones humanitarias, han dejado una honda huella tanto en las madres como en sus hijos e hijas. Otras, las que decidieron optar o no tuvieron más remedio que dedicarse al cuidado de sus hijos e hijas, se vieron limitadas para continuar con una militancia más activa.

La identificación de las mujeres con el hecho de ser madres fue un valor incuestionable durante la guerra, que sirvió para justificar medidas que en otros casos estaban prohibidas en las filas guerrilleras, llegando incluso a condicionar los deseos, como nos lo relata una mujer de Tecoluca, quien fue madre a los 15 años. En un taller donde recientemente reflexionábamos sobre la maternidad, esta compañera nos decía: "Mi primer embarazo fue deseado, pues yo estaba en el frente de guerra y quería salir de allí y no podía porque no me dejaban; una compañera me dijo que la única manera de hacerlo con apoyo y permiso de la jefatura era salir embarazada; busqué embarazarme, y lo hice con el jefe de pelotón, deseaba salir embarazada para poder salir del frente."[3]

[3] Memoria del taller realizado con mujeres de la Micro Región Económico Social (MES) en el municipio de Tecoluca, facilitado por el Programa de Desarrollo Económico Local de la FUNDE, mayo de 2005.

Así, obligadas por el contexto, muchas mujeres también modificaron sus pautas de relación con los hombres en otros ámbitos vinculados con la intimidad y la sexualidad; algunas conocieron el uso de anticonceptivos y descubrieron con ello que el embarazo no era el resultado inevitable de una relación sexual. Sin embargo, la ausencia de una reflexión progresista y de claridad conceptual sobre estos cambios hizo que en la mayoría de los casos se concibieran únicamente como prácticas excepcionales producto de las circunstancias, perdiendo con ello la oportunidad de generar transformaciones sociales y personales más profundas y más liberadoras para mujeres y hombres.

La firma de los Acuerdos de Paz en 1992, además de establecer las condiciones que pusieron fin al conflicto armado, también sirvió para hacer un balance de la participación y los resultados de la misma. La valoración que las mujeres hicieron de su participación en las filas del FMLN estaba relacionada en buena medida con las circunstancias en las que se produjo su incorporación, en aquellos casos en los que el ingreso a la guerrilla o a las estructuras de comandos urbanos fue voluntario y tras procesos de toma de conciencia y compromiso personal con las causas revolucionarias. Este balance, a pesar de las dificultades, suele ser más positivo que en el caso de otras mujeres que, sin decidirlo, se vieron incorporadas, ya fuera por la participación de su familia o por vivir en una zona de conflicto.

Como señala la investigación referida anteriormente: "Si existe un saldo favorable de su participación en la guerra, éste parece venir del cuestionamiento simbólico y práctico de los esquemas más conservadores sobre lo que está o no permitido hacer a las mujeres. La guerra les demostró —a ellas mismas y al resto de la sociedad— que las mujeres pueden combatir y conspirar, que son capaces de actuar en los frentes más insospechados y de ser eficientes en tareas consideradas exclusivas de los hombres. También parece haber dejado claro que si las mujeres no llegaron a más altos niveles de decisión en las estructuras militares y partidarias no fue por su incapacidad sino justamente porque en el FMLN predominan los prejuicios sexistas" (Vázquez, 1996:230).

LOS DERECHOS DE LAS MUJERES Y LA EQUIDAD DE GÉNERO EN LOS ACUERDOS DE PAZ

Recuerdo aquella noche en que esperábamos el año nuevo; allí recibimos la noticia de los Acuerdos de Paz con una ambigüedad de sentimientos, con alegría y contradicciones, pues no significaban las transformaciones con las que habíamos soñado y por las que habíamos luchado, pero ponían fin al conflicto armado y parecían abrir caminos para emprender nuevas opciones sociales y políticas.

Los Acuerdos de Paz ignoraron a las mujeres como sujetos políticos, participantes, protagonistas, sobrevivientes y beneficiarias. La lectura del texto puso en evidencia que los Acuerdos de Paz "estaban escritos en masculino, literal y simbólicamente hablando" (Las Dignas, 1995:13), pues ni en el contenido ni en el espíritu que promovían se encontraron referencias a las mujeres, a la necesidad de hacer vigentes sus derechos, ni a medidas específicas que fomentaran cambios en las relaciones de género. Por ello cuando logramos entre diferentes organizaciones de mujeres y feministas hacer una revisión colectiva de los mismos, representamos nuestras conclusiones con una página en blanco que publicamos en los periódicos nacionales.[4]

Centrados fundamentalmente en las medidas para el proceso de cambios en el sistema político, en la desmovilización y desarme, y en el desmantelamiento de los aparatos militares, los Acuerdos se orientaban al establecimiento de condiciones para generar un funcionamiento democrático de las estructuras políticas. Sin embargo, al dejar de lado e ignorar totalmente las relaciones de poder y dominación que existen entre los hombres y las mujeres, se obvió una de las posibilidades de cuestionar las bases culturales y sociales sobre las que se erige la cultura autoritaria y excluyente que predomina en la sociedad salvadoreña.

Las repercusiones de los vacíos en este pacto celebrado como parteaguas de la historia y reconocido por su "carácter fundante" de la democracia salvadoreña han sido múltiples. Quizá una de las de más largo alcance en el proceso de democratización fue precisamente la ausencia de medidas que eliminarán progresivamente las condiciones y determinaciones sociales que marginan a la mitad de la población. Es decir, que promovieran la plena participación de las mujeres en los asuntos políticos, la responsabilidad paterna, la redistribución de las responsabilidades domésticas y del cuidado de las familias; que contribuyeran a eliminar la invisibilización del aporte de las mujeres en las labores agropecuarias y las economías campesinas, la superación de las diferentes formas de violencia de género y la discriminación de las mujeres en el acceso al trabajo remunerado y a la educación, entre otras.

Otro gran vacío con repercusiones prácticas fue que los Acuerdos no consideraron las necesidades particulares de las mujeres en los procesos de reinserción, a pesar de que constituyeron 30% de las fuerzas desmovilizadas del FMLN y más de 60% de la base social que le dio sustento y apoyo. Muchas mujeres, bajo la presión social de sus comunidades, familias y parejas, tuvieron que regresar a los papeles tradicionales, cerrando el paréntesis de esa etapa, sin poder convertir sus vivencias durante la guerra en factores de mayor conciencia de género y de un reconocimiento más equitativo. En numerosas ocasiones las mujeres dan cuenta de los problemas que les ocasionó esta desconsideración; por ejemplo, sólo lograr su inclusión en las listas de beneficiarios del Programa de Transferencia de Tierras (PTT) supuso para las ex guerrilleras, y sobre todo para las colaboradoras del FMLN en su calidad de propietarias de tierras, un esfuerzo y una demanda adicional a la que no tuvieron que enfrentarse los hombres en estas mismas circunstancias, a pesar de que ellas habían sido quienes, a lo largo de esos años, trabajaron la tierra.

En el terreno de la aplicación de la justicia y la reparación de las rupturas en el tejido social que la guerra supuso, los Acuerdos de Paz y su aplicación tampoco

---

[4] En febrero de 1992 se celebra el Primer Encuentro Nacional de Mujeres. La única memoria publicada al respecto es una referencia a las mujeres en los Acuerdos de Paz del FMLN y el gobierno de El Salvador, con un cuadro en blanco, publicado en la prensa gráfica.

fueron fuente de inspiración. Aunque la Comisión de la Verdad en sus recomendaciones indicó acciones concretas tendientes a la reparación emocional y a la indemnización económica de las y los sobrevivientes con hijos, hijas o padres y madres caídos en combate, las numerosas dificultades que enfrentaron sobre todo las
mujeres para hacer viables las indemnizaciones y la falta de voluntad política de los
gobernantes y del FMLN para cumplir otras, ha dejado pendiente la agenda contra
la impunidad. De hecho, el Monumento a las Víctimas Civiles durante el conflicto
armado, ha sido posible sólo gracias al esfuerzo de las organizaciones sociales, entre
las que destacan las organizaciones feministas.

De esta manera, la ausencia de medidas concretas, la falta de cumplimiento de
otras y las limitaciones en el avance de las tareas de democratización, han tenido
como consecuencia, una escasa valoración, por parte de las mujeres, de los significados de los Acuerdos de Paz después de una década de su firma.

El surgimiento de la organización autónoma de las mujeres: la experiencia de Las Dignas

Las Dignas (Asociación de Mujeres por la Dignidad y la Vida) actualmente es una
organización no gubernamental feminista que ha transitado por distintos momentos y etapas en su desarrollo. Surge en 1990, formalmente en julio, aunque quienes
la fundamos veníamos trabajando desde marzo-abril de ese mismo año. Eran los
años del final de la guerra, también un tiempo de cambios para el país, donde los
acontecimientos tanto nacionales como internacionales indicaban una declinación
de la opción armada como solución al conflicto político-social y se imponían en
varios sentidos a la negociación; creíamos, pues, que se fundaba la democracia.

La interpretación crítica de nuestra participación en el conflicto armado estaba
presente en las reflexiones y valoraciones que dieron origen a la aparición de Las
Dignas. No queríamos repetir la misma historia, no queríamos que nuestros intereses, problemas y demandas como mujeres se colocaran en un segundo plano, no
queríamos reeditar las prácticas sectarias que por unas siglas nos separaran a unas
de las otras… queríamos afirmarnos desde el sujeto político mujer y, desde esta
posición, convencernos y convencer de que ninguna causa es tan importante como
para postergar los derechos de las mujeres, y ninguna lucha es verdaderamente
revolucionaria, si no incluye los cambios que eliminen la discriminación de las mujeres como género oprimido.

En el surgimiento de esta organización confluyen dos procesos: la decisión de
la RN, una de las fuerzas políticas que en aquel momento integraban el FMLN,[5] de
crear un "gremio de mujeres" cuyas funciones principales serían las de aglutinar
a sus bases femeninas, expresar a través de su voz los planteamientos revolucionarios y contar con un nuevo instrumento para la captación de recursos financieros
provenientes de la solidaridad y la cooperación internacionales. Por otro lado, es-

[5] Resistencia Nacional, una de las cinco fuerzas que integraban el Frente Farabundo Martí para la
Liberación Nacional.

taba presente la reflexión y la decisión de un grupo de mujeres que pretendíamos impulsar la construcción de un espacio que nos permitiera no seguir postergando nuestras necesidades y derechos como mujeres. Un dato es que todas teníamos una trayectoria en el proceso revolucionario de aquellos años, algunas desde la guerrilla urbana y rural y otras desde organizaciones del movimiento popular.

El derecho a existir y a tener un nombre propio constituyó nuestro primer desafío en la construcción de una autonomía como condición del protagonismo político que pretendíamos lograr. De allí surge el nombre de "Las Dignas", como una respuesta a la incomprensión de nuestros camaradas, que no entendían por qué demandábamos autonomía como capacidad de decidir con cabeza y corazón propios, y se burlaban de nuestra reivindicación por la dignidad de todas las mujeres y el derecho a una mejor calidad de vida. Las reivindicaciones de género y la posibilidad de construir alianzas femeninas que trascendieran las diferencias y desigualdades de clase eran otro planteamiento que se cuestionaba en aquel momento: pero las revelaciones de que independientemente de la situación y la condición en las que nos encontremos —las mujeres compartimos posiciones de subordinación y opresión—, nos imponían la urgencia de una complicidad fecunda. Nombrarse Dignas en este contexto tuvo el sentido de la denuncia y de la afirmación de una lucha por la autonomía personal y colectiva.

Han pasado quince años y todavía quedan señales de aquella época en la que tuvimos que aprender que ser autónomas no significa estar aisladas sin interlocución con otros actores políticos y sociales, sino enfrentar el reto de construir una organización sin el respaldo de un partido político que nos apadrinara. "Nuestra cohesión interna estaba propiciada, en buena medida, por el antagonismo con el partido del cual habíamos surgido. La lucha por ganar cuotas de autonomía con respecto al partido nos marcó nuestro desarrollo interno" (Las Dignas, 2000:12). En este marco comprendimos que para fortalecernos como parte del movimiento de mujeres era fundamental desarrollar la capacidad de definir objetivos y formas de actuación propias; aprendimos que la autonomía personal implica cuestionarnos desde las propias concepciones sobre las que se ha edificado nuestra identidad de mujeres como género oprimido.

Los primeros años de la organización fueron de vertiginosos cambios y descubrimientos. Comprender que independientemente de la situación que hubiéramos vivido existía un punto en común de subordinación que marcaba nuestras vidas como mujeres, fue un gran descubrimiento. Conocer el feminismo nos permitió poner nombres a los malestares comunes derivados de la subordinación y la discriminación; así logramos pasar de la denuncia a la articulación de un discurso más propositivo e incluyente, a la generación de un pensamiento propio, que es la base de la autonomía política e ideológica.

Para finales de 1993, las expectativas y las energías colocadas en el impulso a pequeños proyectos productivos no dieron los resultados que buscábamos de empoderamiento de las mujeres; de éstos sólo queda la Panadería de las Mujeres de Santa Marta en Cabañas y unas cuantas tiendas de las que hoy sobreviven algunas compañeras en comunidades rurales. Junto a estas miradas críticas de las estrategias de trabajo, impulsamos un proceso de elaboración de duelos que estaban pendientes por nuestras pérdidas en la guerra; aquí fue donde iniciamos el proceso para construir el Monumento a la Memoria y la Verdad, como homenaje y dignificación a las víctimas civiles durante el conflicto armado, que junto a otras organizaciones logramos concretar y que hoy descansa en el parque Cuscatlán.

Éste fue también un tiempo de tensiones, derivadas del hecho de ser una asociación con una mezcla de modelos organizativos. Por una parte, éramos una pequeña gestora de proyectos para mujeres rurales; por otro, una organización que pugnaba por los derechos de las mujeres en un sentido más amplio y feminista y, por último, también reconocíamos que a pesar de haber tenido rupturas con nuestros vínculos partidarios, en cierta medida todavía nos pesaban las valoraciones partidarias sobre nuestro quehacer, fueran negativas o positivas, lo que confirmaba que aún teníamos algo de brazo femenino partidario. Éste fue el escenario donde tomamos decisiones para reafirmarnos como una organización política feminista dedicada a la construcción de una fuerza organizada de mujeres, para impulsar las transformaciones sociales, políticas, culturales y económicas en las que la erradicación de la subordinación de las mujeres formara parte impostergable de la democracia y la justicia social.

Con nuestra denuncia radical de las injusticias de género logramos, junto a otras organizaciones de mujeres, colocar en el debate público la necesidad de impulsar políticas públicas orientadas a resolver problemas de mujeres y transformar las relaciones de género, como base fundamental en el proceso de construcción de una sociedad equitativa e incluyente. La fuerza nos venía del hecho de sentirnos parte de un movimiento social de mujeres, amplio y diverso que trascendía los límites del territorio nacional, y de los múltiples vínculos con mujeres rurales y urbanas, con las que aprendimos que las decisiones sobre el propio cuerpo y el control de la sexualidad también son un asunto político, sobre el que generalmente no se habla, pero que es el primer territorio de las mujeres donde se ejerce el poder cotidiano e invisible.

Con estas convicciones formamos parte de la Comisión que organizó el IV Encuentro Feminista Latinoamericano y del Caribe, vinculándonos a diferentes redes del movimiento de mujeres latinoamericanas con las que hemos compartido nuestras experiencias y de las que hemos recibido múltiples inspiraciones. Impulsamos junto a otras organizaciones la construcción de la Plataforma "Mujeres 94", y con ello dimos luz al primer programa político, autónomo y propio del movimiento amplio de mujeres, recurso que nos permitió pasar de las reivindicaciones a la formulación de propuestas, y ha servido de guía para enfrentar el reto de negociar propuestas con el gobierno Central en el proceso de elaboración de políticas públicas para las mujeres y la equidad de género. En estos años promovimos en varios municipios la elaboración e inclusión de plataformas reivindicativas para presentarlas en las elecciones de 1994, contribuyendo a ampliar la capacidad propositiva de las mujeres en diferentes contextos.

El proceso de revisión de los resultados de experiencias, el crecimiento del equipo que proyectaba institucionalmente a la organización, el acceso a recursos de la cooperación internacional, etc., dieron como resultado que a partir de la segunda mitad de los noventa Las Dignas se encaminaran hacia un proceso de institucionalización en el camino de convertirse en una ONG con un pensamiento y una estrategia feminista. Actualmente nuestra organización cuenta con una estructura de cuatro Programas Institucionales que desarrollan procesos de formación, investigación e incidencia política en diferentes campos de la vida social en los que se busca transformar las relaciones de género que oprimen a las mujeres —mujeres y economía, educación no sexista, derechos sexuales y reproductivos y una vida sin violencia—, así como la prestación de servicios especializados en las áreas de documentación, atención a víctimas de violencia, y apoyo a la gestión de derechos laborales de las mujeres.

Apuntes sobre retos, desafíos y logros

Uno de los grandes desafíos para las feministas salvadoreñas en los últimos años ha sido encontrar caminos viables para construir consensos sociales básicos que afirmen la existencia del Estado laico y permitan la vigencia de los Derechos Humanos en su integridad; este desafío es mucho mayor cuando hablamos de los Derechos Sexuales y los Derechos Reproductivos. Hace varios años se ratificó una contrarreforma constitucional, que establece en el artículo 1 del texto constitucional el carácter de persona al óvulo desde el momento de su fecundación; de esta manera los grupos fundamentalistas han colocado un candado a cualquier modificación de la legislación penal de la cual se eliminaron en 1997 las tres formas de aborto no punible, que aunque existían desde los años cincuenta, tampoco se podían aplicar por falta de regulaciones específicas.

Posteriormente estos grupos ultraconservadores lograron impedir el desarrollo de un programa de educación sexual para jóvenes y adolescentes, que en la práctica representaba la única iniciativa gubernamental orientada a concretar los compromisos asumidos en la Conferencia de El Cairo en el orden de la prevención de embarazos precoces y la extensa realidad de paternidad irresponsable que prevalece en el país. El impacto que estas medidas tienen en la vida de miles de mujeres y sus familias, es bastante conocido en las denuncias del feminismo latinoamericano: los altos índices de embarazos en adolescentes, los abortos clandestinos, represión, ilegalidad, inseguridad sanitaria, cárcel en algunos casos, y la muerte femenina "por causas desconocidas". Enfrentar esta realidad con creatividad y energías renovadas constituye un desafío no sólo para Las Dignas sino para el conjunto de organizaciones feministas en el país.

Otro reto importante es la prevención de la violencia contra las mujeres, que en esta época y en contextos globalizados como el de Centroamérica, con sociedades armadas que exacerban la violencia —aquella violencia milenaria, relacionada con la otredad femenina— también asume nuevas manifestaciones: el feminicidio como la forma más brutal de la violencia contra las mujeres.

Hay que destacar, además, como un logro de la actuación del movimiento feminista, el avance en el reconocimiento al hecho de la discriminación de las mujeres. Esto ha significado un paso importante para la denuncia por parte de nuestros pequeños grupos y colectivos y la apertura de un conjunto de instituciones y organizaciones frente a esta realidad. Sin embargo, es necesario señalar que en ese avance hemos perdido fuerza en la crítica y en el análisis de las causas de esta discriminación, y hemos soslayado las relaciones de poder y opresión y el carácter profundamente político de las relaciones de género.

Las implicaciones de esta despolitización del concepto de género por parte de otros actores, son muy importantes, pues por el riesgo de no parecer —el movimiento feminista— como conflictivo o antagonista, muchas veces deja que "los diagnósticos de género" terminen siendo una enorme lista de situaciones desagregadas por sexo, sin identificar las brechas de desigualdad de género y sobre todo, sin evidenciar las causas de las relaciones de poder entre hombres y mujeres en diferentes ámbitos de la vida social. Posiblemente la mayor ganancia y la menos reversible en este terreno, son los miles de mujeres que perciben el malestar de la desigualdad, la inquietud que les genera, y sobre todo la necesidad y sus ganas de cambiar su propia realidad.

Considero que en este terreno tenemos que asumir el desafío de lo conquistado, pero continuar con la mirada crítica obligando y obligándonos a profundizar en el análisis, a ser menos complacientes con quienes asumen que han dado el paso, y a aceptar que algo no adecuado ocurre con la discriminación de las mujeres, pero que éstas no reconocen la vinculación de la segregación femenina con las desigualdades de género, ni se comprometen con transformarla en relaciones de equidad.

También es necesario tener presente que no existe una sola realidad de las mujeres; existen tantas realidades como mujeres, y en cada una hay que hacer luchas específicas, particulares y ajustadas. Y no debemos olvidar que independientemente del lugar en el que estemos en la larga cadena de casos, situaciones y realidades sociales, la opresión femenina es una constante universal, y que las reivindicaciones feministas por superarla constituyen en sí mismas una lucha de carácter político con contenido y carácter revolucionario.

Por otro lado, está el esfuerzo que hemos hecho por cambiar las normas jurídicas y por incluir algunos aspectos que afectan de manera particular las realidades de las mujeres. Me refiero a las convenciones y resoluciones internacionales y a un conjunto de leyes sobre violencia y derechos de las mujeres en diferentes ámbitos, que si bien han mostrado su utilidad, en la medida en que se trabaja por su aplicación se hacen más evidentes sus limitaciones en relación con la transformación y cuestionamiento de las dinámicas de opresión entre mujeres y hombres. Éste es un campo en el que necesitamos seguir trabajando, con la conciencia de que estas medidas forman parte de la acumulación y el aprendizaje, pero que siguen siendo periféricas, de aplicación endeble y frágil, porque no hay la voluntad política de colocarlas como parte de las normas de convivencia social prioritarias en nuestras sociedades.

LA PARTICIPACIÓN POLÍTICA DE LAS MUJERES: RECALIFICANDO LA DEMOCRACIA

Las propuestas feministas por ampliar el sentido y los contenidos de la democracia implican la demanda de la presencia plena de las mujeres en los espacios de toma de decisiones, así como la extensión del sentido democrático hacia ámbitos relacionados con la vida cotidiana de las personas. Implican también, cuestionar la rígida división y separación de las esferas pública y privada que aún predomina en la sociedad. Han cambiado algunas leyes y se han aprobado políticas para las mujeres y de género a escala nacional y en algunos municipios, sin embargo, persisten las inequidades y las injusticias; la violencia contra las mujeres sigue sin ser considerada un problema de seguridad pública, los cargos de representación política continúan ocupados en 90% por hombres, las mujeres aún devengamos mucho menos por igual trabajo que los hombres, somos mayoría en el sector informal en los niveles más precarios, y tanto en el fondo como en la superficie se sigue pensando que el mejor lugar para las mujeres es la casa.

La crisis de los Estados nacionales y la falta de resultados y respuestas a las demandas de las mujeres por parte de las instituciones nacionales, han llevado a muchas organizaciones a volver su mirada hacia sus municipalidades, esas entidades públicas del nivel local, frágiles en la mayoría de los casos, pero más cercanas a la población, y posiblemente más susceptibles de incorporar en sus políticas algunas medidas relacionadas con la transformación de las pautas cotidianas de convivencia social.

En este marco cobra vital importancia la actuación en los procesos que promueven la descentralización del Estado y el impulso a los procesos de desarrollo local y municipal. En una perspectiva de articulación de los escenarios globales y locales, es preciso preguntarse si la redistribución del poder institucional en términos territoriales es o puede ser una oportunidad para generar cambios en las relaciones de poder entre los géneros, o en otras palabras, si la participación ciudadana y la democracia local pueden ser oportunidades para democratizar las relaciones entre los hombres y las mujeres.

La demanda de participación de las mujeres en espacios de toma de decisiones cobra nuevos matices en este contexto. Sin embargo, es preciso no olvidar que uno de los ámbitos de mayor tensión en el movimiento feminista ha sido la apuesta a la lucha por la participación de las mujeres en el terreno de la política institucional. Más allá de los desacuerdos en relación con el tema de liderazgos individuales y a las coyunturas específicas, nos encontramos en este campo con una escasa y poco actualizada reflexión sobre los significados de esta apuesta. Esta dificultad puede estar relacionada por lo menos con los siguientes elementos:

No ver lo "público como ámbito de realización plena de lo humano", de donde las mujeres hemos sido excluidas por el hecho de ser mujeres, al igual que lo fueron en otra época los esclavos por el mismo hecho de serlo. Y no me refiero sólo a lo público en términos de representación en las instituciones del Estado, sino lo público como terreno del diálogo y debate de los asuntos comunes de la sociedad, de la definición del rumbo y el destino de nuestras propias comunidades y municipios.

Muchas veces nuestras críticas feministas al carácter y las formas patriarcales que tienen estos espacios nos llevan a negar la importancia de estar en ellos, y volvemos a la "alcoba" renunciando al foro que desde la época de los griegos era el espacio privilegiado para quienes tienen la "fuerza, el poder, el riesgo y la inteligencia" para tomar las decisiones que nos afectan tanto a hombres como a mujeres.

Hemos hecho una apuesta tibia por la paridad, posiblemente obligadas por lecturas más realistas de la correlación de fuerzas. Nos proponemos mecanismos progresivos como las cuotas de participación política, y esto es explicable en escenarios conservadores como la sociedad salvadoreña. El problema es que en el camino dejamos de reivindicar que de lo que se trata es de superar una situación de exclusión que nos niega la condición humana plena a las mujeres.

Otra dificultad que posiblemente repercute en las anteriores es comprender las limitaciones que enfrentan las mujeres que asumen responsabilidades públicas. La condición de minoría; de voz que requiere la ratificación de los varones; de estar aprendiendo siempre, porque no se cuenta con modelos de hacer política distintos a los que les han precedido, condiciona a algunas mujeres que asumen cargos públicos. A pesar de que inicialmente pudieran tener intenciones de trabajar por las mujeres, terminan siendo asimiladas por el modelo dominante. Esto desilusiona a quienes las apoyamos e impulsamos, y esto nos obliga a cuestionar la propia estrategia. No hay que olvidar que las mujeres somos intercambiables y esto no se da sólo en el ámbito de la pareja; justamente en muchos casos la renovación de los partidos políticos y de las instancias públicas se da a costa de las mujeres. Por eso el poder de las mujeres es más combustible: se "queman o nos quemamos" más y con mayor rapidez. Superar esta realidad requiere construir una genealogía femenina, es decir hacer explícitos los reconocimientos entre nosotras, aprender unas de otras, de los aciertos y los errores, y generar referencias femeninas.

Son muchos los retos que enfrentamos, uno de ellos el de lograr mayor presencia y capacidad para intervenir en la toma de decisiones. Se trata de entender que las mujeres tenemos diferentes caminos para llegar a la política, pero que seguimos siendo minoría (cuota o florero), ya que mientras no alcancemos ni siquiera a ser una "masa crítica" seguiremos actuando desde la marginalidad.

Otro desafío es transformar la marginalidad desde la que participamos, en una actuación crítica y con creatividad política. Esto implica tener claro que no se está en el centro del poder a pesar de estar participando, ser conscientes de que no se cuenta con la investidura que permite transferir autoridad a otras mujeres, pero que sin embargo desde allí, desde los márgenes, se puede fortalecer a otras mujeres, y eso sólo se consigue si somos capaces de construir y tejer alianzas, recuperando no la tolerancia a las diferencias, sino la riqueza de las diferencias entre nosotras mismas.

Volviendo a los orígenes: las estrategias de articulación desde la Colectiva Feminista para el desarrollo local

El surgimiento de esta Colectiva tiene sus orígenes en un largo proceso de búsqueda de opciones y estrategias feministas para la construcción y fortalecimiento del movimiento de mujeres, como sujeto político en El Salvador. En concreto, este esfuerzo surge desde el Programa de Participación Política y Desarrollo Local de Las Dignas que en los últimos cinco años ha compaginado el fortalecimiento a las organizaciones locales de mujeres, el crecimiento de su protagonismo, la construcción de autonomía y sus procesos de incidencia; además del acompañamiento y la construcción de alianzas pluralistas con las concejales de forma directa y a través de la Asociación Nacional de Regidoras, Síndicas y Alcaldesas Salvadoreñas (ANDRYSAS). Igualmente participan en la asesoría y co-gestión con los gobiernos locales para la formulación y aplicación de políticas de género y planes de acción positiva en favor de las mujeres. Todo ello sólo puede darse teniendo en cuenta referencias territoriales desde una perspectiva dinámica, en la que actores, actoras y sujetos diversos construyen diferentes mecanismos de concertación y negociación de intereses.

En diciembre de 2003, tras múltiples consideraciones y reconociendo que en el contexto institucional subsisten diversas formas de trabajo programático que no siempre logran la complementariedad deseada, y ante la propuesta del PPDL de construir una instancia amplia de articulación de las expresiones asociativas de las mujeres, Las Dignas toman la decisión de iniciar un proceso de autonomización de este programa, cuyo equipo se dedicaría a la concreción de dicha estrategia, iniciando una nueva forma de vinculación con las organizaciones locales en alianza con las Concejales y con ANDRYSAS. Este nuevo camino cristaliza por un lado la vocación fundante de Las Dignas en la creación de nuevas expresiones orgánicas del movimiento de mujeres y, por otro, la apuesta estratégica del equipo del PPDL que ahora, convertido en la Colectiva Feminista para el Desarrollo Local, pretende fortalecer la alianza pluralista entre mujeres que gobiernan municipios y las asociaciones de mujeres, para la generación de fuerza femenina elevando los niveles de incidencia política y transformando de las organizaciones de mujeres, de espacios de "necesitadas" a grupos de presión.

Desde las estrategias de trabajo de este equipo que reivindica para sí el cuestionamiento a las formas jerárquicas de funcionamiento, se pretende contribuir a la erradicación de la subordinación y discriminación femeninas. Para ello se considera como eje fundamental la construcción del movimiento de mujeres como sujeto político desde las realidades concretas y cotidianas de las mujeres en sus contextos locales, teniendo presentes sus necesidades, problemas y potencialidades. La estrategia se concreta mediante la creación de vínculos entre las organizaciones locales de mujeres y los gobiernos municipales. Promovemos el liderazgo femenino y articulamos a diferentes grupos para, de manera conjunta, fortalecer su capacidad de incidencia local y nacional, propiciando discusiones, intercambios, reflexiones, procesos de capacitación, y la generación de conocimientos que permitan contribuir a construir las bases de una sociedad democrática, justa y equitativa.

La estrategia se centra en el acompañamiento y el fortalecimiento del tejido de relaciones entre las organizaciones locales de mujeres y su articulación con ANDRYSAS para incidir en las decisiones de los gobiernos locales, apoyando movilizaciones de mujeres y buscando transformar las realidades, en las que al mismo tiempo que se gestionan servicios básicos se generan cambios en aspectos relacionados con la subordinación femenina.

En contextos de pobreza y desempleo, resulta importante reforzar el apoyo a diversas iniciativas económicas y productivas de las mujeres para la generación de ingresos y la subsistencia, mediante proyectos e iniciativas en pequeña escala, que procuran la formación de redes para la comercialización y el aprendizaje mutuo, revalorizando el intercambio comunitario y sobre todo el que las mujeres puedan asumirse como actoras económicas.

Si se tiene en cuenta que se busca la autonomía de cada una de las asociaciones y organizaciones, así como de las instancias de articulación del movimiento de mujeres, la Colectiva Feminista se considera un medio, un recurso de apoyo para su fortalecimiento, pretendiendo que su propia experiencia sirva para provocar nuevas reflexiones acerca de cómo aprender a ser y a dejar de ser buscando transformar las realidades de opresión en formas de convivencia social, económica, política y cultural, donde las mujeres y los hombres puedan relacionarse sobre bases de respeto, justicia y equidad.

Se trata entonces de una búsqueda en que los procesos de desarrollo local, como caminos de construcción de alternativas de cambio, incluyan a las mujeres como actoras políticas que toman parte en las decisiones, y no únicamente como beneficiarias de las mismas. Se promueve la construcción de un movimiento feminista desde la amplitud de la diversidad de realidades de las propias mujeres, fortalecido y afirmado en la pluralidad política, social y cultural, que logre articularse con las organizaciones feministas y con otras organizaciones e instituciones sociales que trabajan por la democracia, la justicia y la equidad, para que la democracia deje de ser un discurso formal y se convierta en forma y método de trabajo, tanto en las organizaciones como en las instancias del sistema político nacional.

En conclusión, volver a los orígenes no significa volver al punto de partida, sino asumir el desafío de poner las energías en la ampliación y el fortalecimiento del movimiento social de mujeres con la acumulación de experiencias y aprendizajes de todas las que hemos participado en los procesos de transformación social en El Salvador. Significa soltar amarras y quemar las velas, consolidar los espacios que hemos construido a lo largo de estos años y, al mismo tiempo, asumir el reto de actuar en nuevos escenarios, asimilar la pluralidad como realidad y factor de enriquecimiento colectivo, con mujeres que no participaron en la guerra o que estuvieron en otras posiciones y situaciones, que no compartieron nuestras historias cercanas. Es también luchar para incorporar a los hombres en las relaciones de equidad. Es dejar de dar misa entre las entendidas, y volver a ser como la sal, que para salar, tiene que dejar de ser.

BIBLIOGRAFÍA

Mujeres por la Dignidad y la Vida (Las Dignas) (2000), *Una década construyendo feminismo*, El Salvador, Las Dignas.

———— (1995), *Las Mujeres ante, con, contra, desde, sin, tras… el poder político*, San Salvador, Las Dignas.

Memoria del taller realizado con mujeres de la Micro Región Económico Social (MES) (2005), facilitado por el Programa de Desarrollo Económico Local de la FUNDE, mayo, El Salvador, Municipio de Tecoluca.

Ibáñez Cristina, Murguialday Clara y Norma Vázquez (1996), en el marco de las becas del Programa de Investigación sobre Derechos Reproductivos (PRODIR II), Fundación Carlos Chagas de Brasil, los contenidos principales de este estudio están publicados en *Mujeres Montaña. Vivencias de guerrilleras y colaboradoras del FMLN*, Madrid, Horas y Horas.

LA RED LATINOAMERICANA DE CATÓLICAS POR EL DERECHO A DECIDIR

MARYSA NAVARRO* y MARÍA CONSUELO MEJÍA**

¿QUÉ ES CATÓLICAS POR EL DERECHO A DECIDIR?

La red de Católicas por el Derecho a Decidir en América Latina (CDD América Latina), es una articulación de organizaciones y personas que se definen como católicas comprometidas con la justicia social y el cambio de patrones culturales y religiosos vigentes en América Latina y El Caribe. Está inserta en el movimiento feminista continental y por lo tanto promueve los derechos de las mujeres, especialmente los que se refieren a la sexualidad y a la reproducción humana. Asimismo, busca alcanzar la equidad en las relaciones de género y la ciudadanía de las mujeres tanto en la sociedad como dentro de las iglesias.

Creada formalmente en 1994, en las playas del este uruguayo, más precisamente en el Fortín de Santa Rosa, es una entidad heterogénea, formada por grupos autónomos que tienen distinto grado de desarrollo. Los más importantes están en Brasil y México; los más nuevos en Bolivia (La Paz y Santa Cruz), Colombia, Argentina (Córdoba y Buenos Aires) y Chile. La red también incluye un grupo de mujeres católicas y feministas de España que se siente identificado con los planteamientos y actividades de CDD América Latina. Está coordinada por un colectivo de tres personas, que representan respectivamente a Brasil, Argentina y Colombia. Su cometido es mantener y propiciar la unidad de la red a través de la comunicación, las actividades conjuntas y el desarrollo de programas de capacitación. Para ello busca fondos y se mantiene en contacto con otras redes regionales e internacionales.

Una actividad central del colectivo es la publicación tres veces al año de *Conciencia Latinoamericana*, revista en la que el grupo busca elaborar un pensamiento católico feminista desde una perspectiva latinoamericana. El primer número salió en 1989, es de distribución gratuita y actualmente llega a alrededor de 10 000 personas e instituciones. El índice de su último número, dedicado al VIH/SIDA, incluye artículos tales como "La feligresía católica, la conciencia y el uso de condones" de Anthony Padovano, "Mulheres, AIDS y Religiao", de Yury Puello Orozco y "Desigualdad social y SIDA: el contexto neoliberal de la epidemia" de Bernardo Useche y Amalia Cabezas. El colectivo también ha publicado varios cuadernillos, bajo el título "Hablando nos entendemos", sobre aborto, sexualidad, maternidad y violencia contra las mujeres.

* Profesora de Historia, Dartmouth College, presidenta de la Junta Directiva de Catholics for a Free Choice.
** Directora de Católicas por el Derecho a Decidir, México.

En una región en la que se han multiplicado las redes del movimiento feminista en los últimos 25 años, CDD América Latina, tiene una identidad particular porque es la única con perspectiva católica y feminista. Sus orígenes se remontan a 1988 cuando un pequeño grupo de feministas latinoamericanas descubrieron a Catholics for a Free Choice (CFFC), una ONG norteamericana feminista y católica con una propuesta de reflexión y acción política en defensa de los derechos reproductivos de las mujeres.

Antecedentes en Estados Unidos

CFFC fue fundada por tres mujeres en Nueva York, en 1973, o sea el mismo año en que la Corte Suprema de los Estados Unidos despenalizó el aborto con una decisión que se conoce como *Roe vs. Wade*. La jerarquía eclesiástica norteamericana expresó repetidamente su oposición a esta medida y una vez que la Corte Suprema se pronunció, se unió a los grupos decididos a combatir *Roe vs. Wade* hasta conseguir derogarla, empresa en la cual continúan hoy en día. Las fundadoras de CFFC, reconocieron el peligro que representaba la oposición organizada de la jerarquía. Estaban convencidas de que la posición de los obispos norteamericanos en lo concerniente a los derechos reproductivos y al aborto no se condecía con las prácticas de la feligresía. Sabían que las mujeres católicas, así como las que no lo eran, tenían abortos y que tanto las mujeres como los hombres que se decían católicos y católicas, apoyaban su despenalización. Su feminismo también les hizo dirigir sus críticas a la subordinación de las mujeres en la estructura de la Iglesia católica, a su falta de poder y a su invisibilidad en las más altas esferas, sobre todo en las que se toman las decisiones fundamentales. Estos planteamientos pronto recibirían una ayuda crucial por parte de una nueva generación de teólogas.[1]

CFFC es indudablemente un producto del movimiento feminista de Estados Unidos y de los cambios impulsados en la Iglesia católica por el Concilio Vaticano II. La Declaración sobre la Libertad Religiosa de este mismo Concilio es un documento clave para entender las ideas de las y los dirigentes de CFFC. Este texto reafirmó la separación del Estado y de la Iglesia, el pluralismo y la primacía de la conciencia. Bajo la dirección de Frances Kissling desde 1982, Catholics for a Free Choice se ha transformado en una riquísima fuente de información sobre estos temas y de conocimiento teológico sobre los mismos, por la cantidad de investigaciones que ha propiciado y sus numerosas publicaciones.

Haciendo caso omiso del lenguaje sexista de los documentos del Vaticano II, decidieron incluir a las mujeres en su mensaje y tomaron para sí el nuevo mensaje surgido de este Concilio. Así por ejemplo:

---

[1] Véanse Elisabeth Shussler Fiorenza (1992, 1993, 2003); Mary Hunt (1991, 1993) y Rosemary Radford Reuther (1974, 1974, 1983).

La dignidad del hombre [dijeron ellas, la mujer], requiere en efecto que actúe según una elección consciente y libre, es decir, movido[a] e inducido[a] por convicción interna personal y no bajo la presión de un ciego impulso interior o de la mera coacción externa (Gozos y Esperanzas, núm. 17).[2]

En el acalorado debate sobre el aborto en Estados Unidos, CFFC ocupa una posición especial y respetada por el movimiento feminista. Define el aborto como una cuestión moral y no solamente como un tema religioso, legislativo o relativo a los derechos de las mujeres. Al decir de Frances Kissling "hemos alentado al movimiento por la libre elección a enfrentar el hecho, que cuando hablamos de aborto, hablamos de una cuestión de valores" (Kissling, 1988). En momentos en que el feminismo ganaba legitimidad en América Latina, este mensaje encontró una amplia resonancia en muchas mujeres que se habían alejado de la Iglesia católica, que veían con preocupación los efectos de los abortos inseguros en la vida de las mujeres, sobre todo entre las de menos recursos, y rechazaban la represión sexual generalizada y el peso simbólico de la ideología conservadora en estas dos circunstancias. Habían empezado a publicar algunas obras que reflejaban sus nuevas inquietudes, entre otras *Las hijas invisibles cuestionan la Iglesia* (Arregui, 1987), *El aborto en México* (Novelo y Molina, 1976), *Presencia y ausencia de la mujer en la Iglesia del Perú* (Rivera y Reyes, 1982) e *Iglesia, mujer y feminismo* (1982).

Historia de Católicas por el Derecho a Decidir

El contacto inicial entre estas mujeres latinoamericanas y CFFC se produjo como resultado de la visita de la teóloga norteamericana Mary Hunt, integrante de la Junta Directiva de CFFC a Buenos Aires. Allí conoció a la antropóloga Safina Newbery a quien le entregó algunas publicaciones de CFFC en español, que ya existían para esas fechas. El médico colombiano Jorge Villarreal Mejía, de larga trayectoria en el trabajo relacionado con la necesidad de proveer soluciones al problema del embarazo no deseado y el aborto inseguro, había conseguido que CFFC publicara en castellano dos textos que consideraba cruciales para las mujeres: *La historia de las ideas sobre el aborto en la Iglesia católica. Lo que no fue contado* (Jane Hurst, 1984) y *Aborto: una guía para tomar decisiones éticas* (Marjorie Reiley y Daniel C. Macguire, 1987).

Mientras tanto, en Río de Janeiro, la escritora Rose Marie Muraro que trabajaba en la editorial católica Vozes, había tenido acceso a las mismas, al igual que sucedió en México con la psicoterapeuta Sylvia Marcos. Sin embargo, el impacto mayor se produjo en la reunión de Mujer y Salud que se celebró en Costa Rica en 1987, a la que asistieron la médica y sexóloga uruguaya Cristina Grela, la educadora colombiana Rocío Laverde, la periodista peruana Ana María Portugal, la activista chilena Amparo Claro, Rose Marie Muraro, Sylvia Marcos y Safina Newbery. Estas dos últimas participaron en una mesa de debate sobre el "Derecho a Escoger" en el marco

---

[2] Concilio Ecuménico Vaticano II, documentos, México, Ediciones DBAR, 2000, p. 178.

de la reunión. Esta mesa y sobre todo el encuentro con Frances Kissling, fue una revelación para ellas. Al decir de Cristina Grela, cuando oyeron hablar a Kissling, se dieron cuenta inmediatamente que podían ser feministas y católicas y hacer algo más significativo por la vida y la salud de las mujeres. También se dieron cuenta de que era posible hablar de sexualidad libre y responsable desde una perspectiva católica. En una entrevista reciente, Cristina Grela recuerda: "Cuando conocí a Frances me di cuenta que había respuesta para mis inquietudes como ginecóloga profundamente preocupada por la mortalidad de las mujeres causada por abortos inseguros" (Navarro, 2005). Entusiasmadas por el encuentro con Kissling, le plantearon promover CFFC en América Latina. Su respuesta fue positiva y con el apoyo de CFFC, se abrió una oficina regional en Montevideo, Uruguay. Se inició entonces una intensa y compleja colaboración entre CFFC, CDD América Latina y las organizaciones que la integran, a través de la cual CFFC ha apoyado y promocionado la asistencia técnica que éstas han solicitado, ha organizado y subvencionado talleres y cursos de capacitación en temas como teología, abogacía, manejo de los medios de comunicación, planificación estratégica y búsqueda de fondos. También ha apoyado financieramente algunas de sus actividades.

Grela asumió la dirección del grupo que se reunió con Kissling en Costa Rica; junto con sus compañeras decidieron llamarse Católicas por el Derecho a Decidir (CDD), nombre con el que quisieron establecer su comunidad con CFFC y al mismo tiempo reflejar la especificidad latinoamericana de esta nueva organización. La traducción literal del nombre al castellano, no tenía ni tiene el mismo significado, pues la palabra "choice" que en castellano es elección, en América Latina carece del peso político, la historia y la resonancia que indudablemente tiene en Estados Unidos, donde las feministas habían reivindicado su derecho a elegir ser o no madres.

Una de las primeras actividades públicas de CDD América Latina, fue la publicación en 1989 del libro *Mujeres e Iglesia. Sexualidad y aborto en América Latina*, editado por Ana Maria Portugal, con el apoyo de Catholics for a Free Choice.[3] En este texto, el grupo fundador de CDD América Latina, cuestionó por primera vez las posiciones católicas conservadoras en relación con las mujeres, su sexualidad, su maternidad, sus derechos y su capacidad de tomar decisiones.

En 1989 y 1990, Grela se dedicó a viajar por América Latina para presentar el libro en reuniones de discusión sobre su temática y asistir a varios encuentros organizados por otras ONG feministas para publicitarlo. En estos viajes, buscaba constantemente mujeres que aceptaran el reto de constituirse en voces públicas de la propuesta de CDD América Latina y siempre que encontraba una respuesta positiva, las estimulaba y les ofrecía su apoyo. En Brasil, Grela conoció a Ivonne Gebara, una religiosa dedicada a la teología, que había descubierto en el feminismo una perspectiva justiciera que al incluir los derechos específicos de las mujeres, le daba a la teología de la liberación una dimensión necesaria que ésta no había tomado en

---

[3] Ana María Portugal (comp.), *Mujeres e Iglesia. Sexualidad y aborto en América Latina*, Washington, Catholics for a Free Choice, 1989. Este texto tiene artículos de Grela, Laverde, Londoño, Marcos, Muraro y Portugal, con un epílogo de Kissling.

cuenta. Se inició entonces una relación entre CDD América Latina y Gebara que ha tenido un peso muy significativo para las integrantes de la red.[4] Así mismo, conoció a Maria José Rosado (Zeca), una ex religiosa que hoy en día se define como "socióloga por ocupación, feminista por convicción y católica por el derecho a decidir por indignación".[5] Estimulada por Grela, en 1993, formó un grupo de feministas católicas y de otras religiones para crear colectivamente el proyecto que dio como resultado la apertura de la oficina legal de Católicas pelo Direito a Decidir en São Paulo, Brasil; fue su primera coordinadora.

Desde sus países, todas las integrantes del grupo fundador inicial, buscaron las maneras más adecuadas de difundir la propuesta de CDD. En México, Sylvia Marcos inició este trabajo dando a conocer los mensajes centrales del libro, que recogían las ideas de la organización. Sylvia distribuyó las publicaciones de CDD entre quienes había identificado como susceptibles de integrarse a este nuevo movimiento.

En 1993, Catholics for a Free Choice envió a México a la teóloga Sarita Hudson con la misión de establecer en ese país una ONG que fuera sede de la propuesta de Católicas por el Derecho a Decidir. Hudson abrió puertas, hizo contactos, difundió las ideas y constituyó un grupo que fundaría CDD México, cumpliendo con todos los requisitos legales y administrativos que establecen las leyes mexicanas. En 1994 se abrió una convocatoria para buscar una directora que se hiciera cargo de la oficina, puesto que ocupa desde entonces María Consuelo Mejía. Para ella, asumir esta tarea significó la recuperación de su identidad católica y la posibilidad de integrar su vida de militancia con un trabajo profesional.

Ese mismo año, la oficina regional de Montevideo promovió una reunión en la que participaron unas 20 personas, que representaban las organizaciones y mujeres identificadas con la propuesta de CDD. Asistieron también a ella Frances Kissling y otras integrantes de Catholics for a Free Choice y se organizaron varias actividades, entre otras un taller con Ivonne Gebara sobre la "Reconceptualización del concepto de Dios". En esta reunión se fundó la Red de Católicas por el Derecho a Decidir en América Latina a la cual se integraron las oficinas existentes, grupos de voluntarias y personas a título individual. A ésta se integrarían, en una etapa posterior, los grupos de La Paz, Bolivia y de Valparaíso, Chile.

Dos años más tarde, en la reunión de la red realizada en Caxambú, Brasil, en diciembre de 1996, se aprobó una Carta de Principios que se ha convertido en el documento fundacional de la organización, su plataforma política y el marco conceptual al que se adhieren todas las que se declaran Católicas por el Derecho a Decidir (apéndice 1).

El funcionamiento de la red ha pasado por varias etapas de conducción. La coordinación de Cristina Grela terminó en 1998, y se decidió entonces el nombramiento de una Coordinación Ampliada, con Córdoba como sede de la oficina regional. Esta etapa se concibió como un periodo de transición en el que

---

[4] Entre sus obras más importantes habría que mencionar *El rostro nuevo de Dios. La reconstrucción de los significados trinitarios y la celebración de la vida* y *Teología a ritmo de mujer*.

[5] Ésta es la presentación que hace Maria José Rosado de sí misma en reuniones públicas.

se trazaron tres objetivos principales: la búsqueda de una nueva coordinadora, la diversificación de fuentes de financiamientos y el impulso al trabajo de abogacía y vocería pública. Finalmente, a finales de 2001 la Red eligió una nueva Instancia de Coordinación que empezó a trabajar en 2002, compuesta por representantes de Colombia, Argentina y Brasil. Esta nueva modalidad de conducción se ha desenvuelto sin sede fija haciendo uso de las nuevas tecnologías de comunicación y repartiéndose claramente las responsabilidades para poder funcionar con una sola reunión anual.

LOGROS

En sus quince años de vida, Católicas por el Derecho a Decidir se ha convertido en una presencia imprescindible en todos los ámbitos en que las ONG discuten estrategias y buscan tener un impacto sobre las políticas públicas nacionales, regionales e internacionales relacionadas con la vida, la salud y los derechos humanos de las mujeres, específicamente sus derechos sexuales y reproductivos. Mantiene una estrecha relación con las demás redes latinoamericanas que trabajan por los derechos de las mujeres, tales como la Red por la Salud de las Mujeres en América Latina y El Caribe (RSMLAC), el Comité Latinoamericano para la Defensa de los Derechos de la Mujer (CLADEM) y la Red Latinoamericana y Caribeña de Jóvenes por los Derechos Sexuales y Reproductivos (REDLAC). Con ellas participa en varias campañas desarrolladas en todo el continente, entre otras, la *Campaña 28 de Septiembre por la despenalización del aborto*, la *Campaña por la Convención Interamericana por Derechos Sexuales y Reproductivos* y la *Campaña contra los Fundamentalismos*. Asimismo, las integrantes de la Red realizan actividades conjuntas con otras redes regionales, con motivo del 8 de marzo "Día Internacional de las Mujeres", el 25 de noviembre "Día de la No Violencia contra las Mujeres" y el 1 de diciembre, "Día Mundial de Lucha contra el SIDA".

También se ha hecho eco de las campañas lanzadas por Catholics for a Free Choice a escala mundial, como la *Campaña Vamos por el Cambio* (See Change, 2000) que cuestiona el estatus del Vaticano en la ONU; la *Campaña Llamado a la Rendición de Cuentas* (2001) iniciada después que la religiosa Maura O'Donohue denunciara las violaciones a religiosas por sacerdotes en 23 países y la *Campaña Condones por la Vida* (2001) que ha logrado el pronunciamiento de varios obispos católicos en favor del uso del condón en las relaciones sexuales para prevenir la expansión de la pandemia. Así también, se han coordinado actividades y pronunciamientos de denuncias ante el encubrimiento cometido por las autoridades eclesiásticas norteamericanas de crímenes de abusos sexuales por parte de sacerdotes a jóvenes católicos.

CDD América Latina hace declaraciones públicas para expresar su apoyo a iniciativas de otras redes o su opinión y demandas ante acontecimientos que afectan la vida de las mujeres de la región. Así por ejemplo, el 3 de diciembre de 2003, emitió una declaración con motivo del Día Mundial de Lucha contra el sida para protestar la posición del Vaticano ante esa enfermedad y el 4 de diciembre de 2004 publicó otra para reafirmar su compromiso con el Programa de Acción acordado en la Conferencia Internacional sobre Población y Desarrollo de El Cairo. Ante la carta divulgada por la Congregación para la Doctrina de la Fe (sucesora de la antigua Inquisición), institución encabezada por el entonces cardenal Ratzinger en la que éste establecía la colaboración del hombre y de la mujer en la Iglesia y el mundo sin ofrecer cambios, CDD América Latina expresó su tristeza e indignación en otro pronunciamiento público. También emitió declaraciones ante la muerte del papa Juan Pablo II y la elección de Benedicto XVI al que recordó que cuando era cardenal "acalló las voces progresistas y disidentes, cerró espacios para la discusión y proclamó su verdad como la única posibilidad de vivir al interior de esta Iglesia".[6]

La red constituye también una presencia activa y muy solicitada en los encuentros feministas regionales, en los que su presencia es valorada porque habla con una voz católica feminista que contrarresta el discurso machista y conservador de las autoridades eclesiásticas. Ha tenido un papel destacado en las Conferencias Internacionales convocadas por la Organización de las Naciones Unidas, ONU, durante la década de los noventa; en la Conferencia Internacional sobre Población y Desarrollo celebrada en El Cairo en 1994 y en la Conferencia Mundial de las Mujeres, celebrada en Beijing en 1995. También ha participado activamente en todos los procesos de revisión, regionales y globales,[7] de estas conferencias y de las convenciones para eliminar la violencia contra las mujeres en la región latinoamericana. Merece especial atención la reunión convocada por la Comisión Económica para América Latina y El Caribe para evaluar el avance y reafirmar el compromiso de los gobiernos de la región con el Programa de Acción de El Cairo, que se realizó en Santiago de Chile en 2004. Allí, CDD dio a conocer los resultados de una encuesta sobre moral sexual, aborto y sobre las relaciones Estado-Iglesia, realizada exclusivamente a población católica de Bolivia, Colombia y México (Russonello, 2003). Los datos de esta encuesta indican la distancia cada vez mayor entre lo que afirma y ordena la jerarquía eclesiástica y las prácticas de la población católica.

En estas conferencias internacionales CDD América Latina, junto con Catholics for a Free Choice, ha hecho una contribución significativa, pues sus pronunciamientos desdicen la pretensión del Vaticano de ser la única voz autorizada de la Iglesia católica. En la última Conferencia, de Beijing +10 realizada en Nueva York (marzo del 2005), tres integrantes de la Red de Católicas por el Derecho a Decidir formaron parte de las delegaciones oficiales de Argentina, Brasil, Bolivia en la Asamblea de la ONU. En esta conferencia, CDD emitió una declaración que fue muy publicitada en los medios masivos de comunicación titulada "Las mujeres católicas exhortamos a los gobiernos del mundo a que defiendan el consenso logrado en la Plataforma de Acción de Beijing", en la que expresaba su indignación ante los intentos de la delegación norteamericana de coaccionar a los países más pobres

---

[6] Declaración de la Red Latinoamericana de Católicas por el Derecho a Decidir ante la elección del nuevo papa, abril de 2005, <www.catolicaspoderechoadecidir.org>.

[7] Conocidos como los procesos +5 y +10.

para que retiraran su apoyo a la Plataforma de Acción (Declaración de la Red del 2005).

En todas estas instancias, la voz de CDD América Latina proporciona argumentos sólidos provenientes de la doctrina católica, que reafirman la autoridad moral de una persona católica, el ejercicio de su libertad de conciencia y el derecho a disentir de las enseñanzas morales del magisterio eclesial que no toman en cuenta las necesidades y deseos de las mujeres católicas. Por otra parte, documenta las incongruencias de la jerarquía eclesiástica, que niega, por ejemplo, a todas las personas la posibilidad de sentir placer sexual y al mismo tiempo encubre el abuso sexual, permitiendo así, a los sacerdotes tener relaciones sexuales por placer, incluso cuando éstos violan los más elementales derechos humanos.

En una América Latina donde el peso ideológico y cultural de la Iglesia católica ha sido y continúa siendo fundamental, la influencia de sus ideas sobre la sexualidad y la reproducción han sido determinantes para limitar la capacidad de las mujeres de tomar decisiones serias, responsables y reducir extraordinariamente su autonomía. CDD es la única red regional que habla del "derecho a decidir" con argumentos católicos, que impulsa la agencia moral de todas las personas y en especial de las mujeres, pues las considera capaces de tomar decisiones sobre sus vidas, especialmente en lo que se refiere a su sexualidad y reproducción. Es también la única red que defiende la primacía de la conciencia y el derecho a disentir de las enseñanzas de la Iglesia que no han sido declaradas infalibles.

Sus actividades se han desarrollado en un periodo en que los procesos de democratización han abierto espacios para la discusión de los temas que preocupan a las Católicas latinoamericanas. Pero a medida que se han producido cambios legislativos y culturales, positivos para la autonomía de las mujeres y sus derechos, la reacción de los sectores más conservadores apoyados por la jerarquía de la Iglesia católica no se ha hecho esperar. Está llevando a cabo una verdadera cruzada contra el ejercicio de los derechos sexuales y reproductivos para todas las personas, sean o no católicas, y se ha puesto a la cabeza de grupos de la más variada índole para oponerse a todas las políticas públicas que posibiliten el desarrollo de mejores condiciones para el ejercicio de estos derechos. Los fundamentalismos de distinto signo se han unido para obstaculizar, retardar, reprimir y anular las expresiones de la diversidad cultural, religiosa y sexual, siendo la sexualidad de las mujeres uno de los principales objetivos de su accionar.

CDD América Latina ha trabajado con ahínco para contrarrestar la cruzada de la jerarquía eclesiástica y sigue haciéndolo a pesar de los ataques que reciben sus integrantes y de las amenazas de excomunión que las conferencias episcopales de los países en donde actúan difunden con frecuencia. Así por ejemplo, en São Paulo, Brasil, el 30 de junio del 2005, Regina Soares, integrante de Católicas pelo Direito de Decidir fue despedida de su trabajo como profesora del Instituto de Teología de la Diócesis de San Andrés en el que había trabajado durante ocho años. La razón que se le dio fue que "el Instituto no estaba de acuerdo ni aceptaba su pensamiento": habían descubierto la entrevista que le había hecho la revista *Época* sobre su tesis doctoral recién publicada. En este trabajo, Soares documenta la actitud evasiva de la Iglesia católica brasileña frente a las denuncias de abuso y violencia sexual ocurridas en los últimos años. Los casos estudiados muestran que la jerarquía católica de ese país, por miedo al escándalo y buscando preservar la imagen de la institución, encubren los casos de abuso y violencia, transfiriendo a otras parroquias a los sacerdotes acusados de cometer esos delitos.[8]

El desafío que significa ser una voz pública disidente en el seno de la Iglesia católica requiere un sólido compromiso y una vocación de defensa de la justicia. Afortunadamente, o precisamente por esta razón, la gran mayoría de las integrantes de las organizaciones de Católicas por el Derecho a Decidir que conforman la red de CDD América Latina, han sido activistas y militantes políticas durante toda su vida y han demostrado su voluntad y capacidad de persistir en la empresa de alcanzar la justicia y la equidad para las mujeres en la Iglesia y en la sociedad.

Las acciones de la jerarquía de la Iglesia católica y el avance de los fundamentalismos, son tal motivo de preocupación para el movimiento feminista, que en abril de 2004 varios grupos se reunieron en Córdoba, Argentina, para elaborar "Estrategias y Acciones Proactivas frente a los Fundamentalismo en la Región". En su declaración final piden que la separación Iglesia-Estado sea real, "es decir que las iglesias no condicionen a los estados en sus políticas públicas, en el cumplimiento de sus compromisos internacionales respecto de los derechos de las mujeres y especialmente los derechos sexuales y reproductivos. Entendemos que los estados deben legislar para el conjunto de las ciudadanas y ciudadanos, independientemente de sus creencias religiosas, respetando la pluralidad y la autodeterminación de las personas" (apéndice 2).

---

[8] Información proporcionada por CDD Brasil en ocasión del despido de Regina Soares.

APÉNDICE 1
Carta de principios de la red de Católicas por el Derecho a Decidir en América Latina

Somos un movimiento autónomo de personas católicas comprometidas con la búsqueda de la justicia social y el cambio de patrones culturales y religiosos vigentes en nuestras sociedades.

Promovemos los derechos de las mujeres, especialmente los que se refieren a su sexualidad y a la reproducción humanas.

Luchamos por la equidad en las relaciones de género y por la ciudadanía de las mujeres, tanto en la sociedad como en el interior de las iglesias.

Estamos en un proceso de construcción colectiva trabajando de manera democrática y participativa.

Afirmamos
- El derecho de las mujeres a la autonomía y el control sobre su propio cuerpo y la vivencia placentera de su sexualidad sin ninguna distinción (clase, raza/etnia, credo, edad y opción sexual).
- La capacidad moral que las mujeres y los hombres tienen para tomar decisiones serias y responsables sobre sus vidas y en particular en lo que se refiere a la sexualidad y reproducción humanas.
- El pensamiento teológico que reconoce la validez moral de las decisiones tomadas por las mujeres en el campo reproductivo desculpabilizando las mismas, incluso cuando deciden abortar.
- El respeto por la diversidad, la diferencia y la pluralidad como necesarias para la realización de la libertad y la justicia.

Proponemos
- Crear espacios de reflexión ético-religiosa en una perspectiva ecuménica desarrollando diálogos públicos, tanto en las sociedades como en las iglesias, respecto de los temas vinculados a la sexualidad, reproducción humana y religión.
- Profundizar el debate en relación con la interrupción voluntaria del embarazo, ampliando la discusión en sus aspectos éticos, médicos y legales.
- Influir en la sociedad para que reconozca el derecho que tienen las mujeres a una maternidad libre y voluntaria con el propósito de disminuir la incidencia del aborto y de la mortalidad materna.
- Luchar por la despenalización y legalización del aborto.
- Sensibilizar e involucrar a la sociedad civil, particularmente a los grupos que trabajan con servicios de salud sexual y reproductiva, educación, derechos humanos, medios de comunicación y legisladores sobre la necesidad del cambio de patrones culturales vigentes en nuestra sociedad.

Exigimos al Estado
- El cumplimiento de los compromisos contraídos por los gobiernos en las Conferencias Mundiales organizadas por Naciones Unidas realizadas en El Cairo (1994) y Beijing (1995).
- La aplicación de programas de educación sexual desde la perspectiva de los derechos sexuales y reproductivos.
- La aplicación de leyes, políticas públicas y servicios de salud accesibles y de calidad, que garanticen a todas las mujeres, especialmente a las mujeres más pobres, el efectivo goce de su salud sexual y reproductiva.

Caxambú, Brasil, 10 al 15 de diciembre de 1996

APÉNDICE 2
Seminario Internacional
DECLARACIÓN DE CÓRDOBA
"Estrategias y acciones proactivas frente a los fundamentalismos en la región"

Organizaciones y Redes Feministas de América Latina reunidas en Córdoba, manifestamos que:

El movimiento feminista y las organizaciones de mujeres hemos logrado grandes avances en los últimos 20 años: leyes nacionales y acuerdos internacionales que reconocen nuestros derechos, protagonismo político e iniciativa creciente.

No obstante estos avances, los fundamentalismos religiosos funcionales a los proyectos de dominación global política, económica y cultural, de corte armamentista hegemonizados por el gobierno de EUA, vienen desarrollando en América Latina acciones en contra de los Derechos Sexuales y Derechos Reproductivos de todas las personas, atentando contra la libertad de conciencia, pensamiento, asociación y expresión, desconociendo el pluralismo que caracteriza a una sociedad democrática y laica.

Nos pronunciamos por Estados Democráticos, Soberanos y Laicos Efectivos donde la separación Iglesia-Estado sea real, es decir que las Iglesias no condicionen a los Estados en sus políticas públicas, en el cumplimiento de sus compromisos internacionales respecto de los derechos de las mujeres y especialmente los derechos sexuales y reproductivos. Entendemos que los Estados deben legislar para el conjunto de las ciudadanas y ciudadanos, independientemente de sus creencias religiosas, respetando la pluralidad y la autodeterminación de las personas.

Queremos vivir en una democracia con igualdad de oportunidades donde los derechos sexuales y reproductivos sean considerados como derechos humanos.

Consideramos imprescindible ampliar el debate público de estos temas sumando especialmente a los distintos movimientos sociales y de derechos humanos.

Nuestro accionar no se agota en el objetivo de conseguir la laicidad de los Estados, es necesario instalar en la arena política, la ética y valores que propulsamos desde los movimientos feministas como contribución a la democracia, la paz y la justicia.

Por todo lo expuesto, las redes presentes en este Seminario nos comprometemos a impulsar *una campaña en América Latina por los Estados Laicos Efectivos en nuestros países,* la cual se llevará a cabo incluyendo el tema en redes y campañas ya existentes y promoviendo acciones favorables al Estado Laico desde las propias organizaciones presentes.

Ciudad de Córdoba, Argentina a los diez días del mes de abril de 2004, en el marco del Seminario Internacional "Estrategias y Acciones Proactivas frente a los Fundamentalismos en la Región":

- Red Latinoamericana de Católicas por el Derecho a Decidir (CDD/AL)
- CLADEM Regional/Campaña contra los Fundamentalismos
- Red Mujer y Hábitat Latinoamericana
- Campaña 28 de Septiembre por la Despenalización del Aborto en América Latina y el Caribe
- Red por la Salud de las Mujeres (RSMLAC)
- Campaña hacia una Convención de Derechos Sexuales y Derechos Reproductivos

9 y 10 de abril de 2004, Córdoba, Argentina

BIBLIOGRAFÍA

Arregui, Mariví (1987), *Las hijas invisibles cuestionan la Iglesia*, Santo Domingo, CEDEE.

Belden Russonello y Stewart (2003), *Actitudes de los católicos sobre derechos reproductivos, Iglesia, Estado y temas relacionados. Tres encuestas nacionales en Bolivia, Colombia y México*, Washington, CFFC.

Católicas por el Derecho a Decidir México (1996), *Somos Iglesia*, México, CDD.

Concilio Ecuménico Vaticano II, documento (2000), México, DABAR.

Declaración de la Red Latinoamericana de Católicas por el Derecho a Decidir (2005), ante la elección del nuevo papa (abril), en <www.catolicasporelderechoadecidir.org>.

————, "Las mujeres católicas exhortamos a los gobiernos del mundo a que defiendan el consenso logrado en la Plataforma de Accion de Bejing", 3 de marzo, Nueva York, en <www.catolicasporelderechoadecidir.org>.

Gebara, Ivone (1994), *El rostro nuevo de Dios. La reconstrucción de los significados trinitarios y la celebración de la vida*, México, DABAR.

Gebara, Ivone (1995), *Teología a ritmo de mujer*, México, DABAR.

Hurst, Jane (1984), *La historia de las ideas sobre el aborto en la Iglesia católica. Lo que no fue contado*, CFFC, México.

Macguire, Marjorie Reiley y Daniel C. Macguire (1987), *Aborto: una guía para tomar decisiones éticas*, Washington, CFFC.

Navarro, Marysa (2005), entrevista con Cristina Grela realizada el 28 de julio en Montevieo, Uruguay.

Novelo, Adriana e Isabel Molina (1976), *El aborto en México*, México, FCE.

Portugal, Ana María (comp.) (1989), *Mujeres e Iglesia. Sexualidad y aborto en América Latina*, EUA, Fontamara.

Rivera, Olga y Victoria Reyes (1982), *Presencia y ausencia de la mujer en la Iglesia del Perú*, Puno, Perú, Instituto de Estudios Aymaras.

Trapasso, Rosa Dominga (1982), *Iglesia, mujer y feminismo*, Lima, Perú, Ediciones Creatividad y Cambio.

ANEXO

Fiorenza, Elisabeth Shussler (1992), *In Memory of Her. A Feminist Theological Reconstruction of Christian Origins*, EUA, Crossroad.

———— (1993), *Discipleship of Equals: A Critical Feminist Ekklesia-logy of Liberation*, EUA, Crossroad.

———— (2001), *Olhares feministas sobre a Igreja Católica*, Brasil, CDD.

Hunt, Mary (1991), *Fierce Tenderness: A Feminist Theology of Friendship*, EUA, Crossroad.

Radford Reuther, Rosemary (1974), *Faith and Fratricida: The Theological Roots of Anti-semitism*, EUA, Seabury Press.

———— (1974), *Religion and Sexism: Images of Women in the Jewish and Christian Tradition*, EUA, Simon and Schuster.

—— (1993), *Gaia y Dios: una teología ecofeminista para la recuperación de la tierra*, México, DEMAC.

SELECCIÓN DE PUBLICACIONES DE CATHOLICS FOR A FREE CHOICE

Catholics for a Free Choice (1991), *Contraception in Catholic Doctrine*, EUA, CFFC.

—— (1997), *The Vatican and Family Politics*, EUA, CFFC.

—— (1999), *Catholics and Cairo: A common language*, EUA, CFFC.

—— (1999), *The Catholic Church at the United Nations, Church or State?*, EUA, CFFC.

—— (2000), *A Matter of conscience... Catholics on Contraception*, EUA, CFFC.

—— (2000), *Catholic HMOs and Reproductive Health Care*, EUA, CFFC.

—— (2000), *The Holy See and women's Rights: A Shadow Report on the Beijing Platform for Action*, EUA, CFFC.

—— (2000), *You Are Not Alone*, EUA, CFFC.

—— (2000), *Reflections of a Catholic Theologian*, EUA, CFFC.

—— (2002), *The Holy See and the Convention on the Rights of the Child: A Shadow Report*, EUA, CFFC.

—— (2002), *Merger Trends 2001: Reproductive Health Care in Catholic Settings*, EUA, CFFC.

—— (2003), *Catholics and abortion: Notes on Canon Law No. 1*, EUA, CFFC.

UTILIZAR LA LEY COMO HERRAMIENTA DE CAMBIO EL CLADEM, RED REGIONAL DE FEMINISTAS QUE TRABAJAN CON EL DERECHO

SUSANA CHIAROTTI*

LOS INICIOS

En 1985 un grupo de feministas latinoamericanas se encontró en Nairobi en el marco de la III Conferencia Mundial de Naciones Unidas para el avance de la Mujer. Todas estaban involucradas, como abogadas o como activistas, en la defensa de los derechos de la mujer y veían con preocupación las dificultades de trabajar con leyes pensadas, escritas, ejecutadas y juzgadas por varones. Allí nace la idea de conectarse para intercambiar ideas, proyectos de leyes y propuestas de cambio; y para apoyarse y defenderse mutuamente en caso de amenazas o ataques recibidos por su labor.

El espacio para este encuentro fue facilitado por Margareth Schuller, una abogada estadunidense actualmente Directora de Women Law and Development International con sede en Washington. Ella convocó a un Seminario en Nairobi sobre Mujer, Derecho y Desarrollo, al que asistieron mujeres de todo el mundo. El Seminario permitió que se conocieran las mujeres latinoamericanas y que entraran en contacto con abogadas de Asia, África y otras regiones.

De regreso en sus respectivos países, comenzaron a intercambiar correspondencia sobre los temas que más les preocupaban. La falta de mecanismos para sancionar la violencia contra la mujer; la discriminación sexual en el Código Penal; las dificultades para la participación política y los derechos laborales aparecían como los primeros en la agenda de aquellos años. Al mismo tiempo, cada una de ellas comenzó a establecer contacto con otras colegas, tanto de sus países como de otras naciones de la región.

En la primera Memoria institucional (CLADEM, 1997:8) Roxana Vásquez recuerda:

Advertimos que todas llevábamos años trabajando en cuestiones jurídicas, que teníamos los mismos obstáculos, las mismas preguntas y sobre todo la misma mirada crítica hacia el Derecho. Compartíamos también un funcionamiento de la justicia parecido: corrupción, lentitud en los trámites, jueces machistas [...] En algunos países ya se había avanzado en el estudio sobre el problema del maltrato; en otros se habían diseñado propuestas para erradicar la violencia sexual, algunos ya tenían legislación contra la discriminación a la mujer. Se trataba

---

* Coordinadora regional de CLADEM. Dirige el Instituto de Género, Derecho y Desarrollo de Rosario, Argentina.

entonces de aprender de estas experiencias para adaptarlas y mejorarlas de acuerdo con nuestras propias realidades.

En julio de 1987 se funda en San José de Costa Rica el Comité Latinoamericano y del Caribe para la Defensa de los Derechos de la Mujer, CLADEM, y se elige a una coordinadora: Roxana Vásquez, joven abogada peruana que aún no había cumplido los 30 años. En su tarea de conducción, comienza a ampliar la base de datos, el centro de documentación y la lista de contactos.

El contexto regional estaba marcado por democracias débiles que surgían dificultosamente luego de muchos años de dictaduras militares, conflictos armados y golpes de Estado. La fragilidad e inestabilidad democrática agudizaban aún más los riesgos que afrontaban las defensoras de derechos de las mujeres en su tarea cotidiana.

La mayoría de los países latinoamericanos habían pasado por cruentos golpes de Estado. Para fines de los años ochenta las cúpulas militares seguían manteniendo gran parte del poder, ya no abiertamente, pero sí detrás de bastidores. La violenta represión sufrida durante años anteriores en Brasil, Argentina, Chile, Perú, Bolivia, República Dominicana y Ecuador, entre otros; los conflictos armados en Centroamérica y Colombia; la inestabilidad económica y el debilitamiento de las organizaciones sociales, creaban un panorama difícil para la promoción de la equidad de género.

Los organismos de derechos humanos creados en esta década, entendían que la labor prioritaria era la reclamación por la democracia, la justicia y contra la impunidad de los militares y represores ilegales de las diferentes dictaduras. Por otro lado, si bien surgían organizaciones no gubernamentales de desarrollo, éstas entendían que su trabajo debía dirigirse principalmente a combatir la injusticia social, la pobreza extrema, el apoyo a los pueblos indígenas, etc. La equidad entre mujeres y varones era vista como una demanda superflua, de ninguna manera urgente y en todo caso, sectorial y no conectada con la pelea por la democracia y la ciudadanía.

Los primeros intercambios se hicieron por correo postal. Roxana recolectaba proyectos de leyes, noticias jurídicas o denuncias por violaciones a los derechos humanos de las mujeres y las hacía circular entre las compañeras de siete países, consultando, pidiendo solidaridad o simplemente, compartiendo los avances en pro de la equidad de género que se iban registrando en cada nación.

Según la memoria institucional (CLADEM, 1997:13), en los inicios el esquema organizativo era muy simple:

Contábamos con enlaces en cada país, es decir, con una o dos organizaciones o personas que sirvieran de contacto, compartieran y defendieran nuestras propuestas. Sin embargo, los debates que llevamos a cabo posteriormente nos hicieron comprender que mantener esta fórmula nos llevaría a la centralización de la red y que ello, obviamente, acarrearía problemas de concentración de poder. Decidimos entonces que era conveniente fomentar la creación y fortalecimiento de lo que llamaríamos CLADEM nacionales, una especie de mini-CLADEM que agruparan a las organizaciones y personas que en cada país promueven los derechos de las mujeres. Cada uno de ellos diseñaría sus propios planes y estrategias, los que a su vez formarían parte de las propuestas de CLADEM-Regional. De esta manera nuestra propuesta de construcción regional se apoyaba en las fortalezas nacionales como espacios autónomos de activación local.

Usando el derecho como herramienta de cambio

Las integrantes del CLADEM comparten una visión crítica del derecho. Por un lado, el derecho, en sentido amplio (incluidas las leyes, jurisprudencia, doctrina jurídica, etc.) era reconocido como un mecanismo de poder. En los intercambios de esos años, circulaban documentos que mostraban cómo ese poder era ejercido principalmente por varones, cómo lo detentaban, la genealogía de legitimación que utilizaban los juristas masculinos para validarse los unos a los otros y los efectos de ese ejercicio en legislaciones discriminatorias, sentencias sesgadas por estereotipos sexuales y aparatos judiciales que dificultaban el acceso de las mujeres a la justicia.

Al mismo tiempo, se reconocía el potencial del derecho para transformar la situación de las mujeres. La ley vista como un mecanismo simbólico que influye la cultura comunitaria, podía ser usada para cambiar esa realidad discriminatoria. Para ello, había que conocerla profundamente, proponer cambios legislativos, difundir las propuestas de reforma, hacer tareas de incidencia parlamentaria, debates en los medios de comunicación y por métodos alternativos. Una vez transformada la ley y obtenida una norma beneficiosa, había que difundirla y utilizarla como elemento de capacitación.

Un segundo elemento central en la filosofía de CLADEM, era y es la desmitificación del derecho, o mejor dicho, del uso exclusivo del derecho por parte de los juristas. Desde sus inicios, CLADEM promovió la idea de que toda ciudadana y ciudadano puede y debe conocer las leyes que los rigen, los derechos y deberes que éstas confieren, y los mecanismos para reclamarlos y ejercerlos.

Se entendía que las leyes, si se divulgaban y difundían con lenguaje cotidiano, podían ser fácilmente entendidas por las personas interesadas, o sea, aquellas afectadas por las normas. A fines de los años ochenta, en la mayoría de los países, las organizaciones vinculadas al CLADEM contaban con programas de capacitación popular con temas de derecho.

Una estrategia interesante fue también la de formación de Promotoras, Consejeras o Capacitadoras Legales. Promovidos por las organizaciones feministas adheridas, se diseñaron varios programas de capacitación legal a mujeres que luego pudieran multiplicar lo aprendido en sus barrios o comunidades de base. A la vez, se les capacitaba en el manejo del aparato de justicia, se recorrían los juzgados y Palacios de Tribunales, se les explicaban los mecanismos procesales y en general, se las formaba para que pudieran acompañar a otras personas con problemas jurídicos en los primeros trámites.

En muchos casos las Consejeras Legales eran como prestadoras de primeros auxilios en el ámbito jurídico. En muchas villas de miseria de Argentina, o Pueblos Jóvenes del Perú, las mujeres aprendían los requisitos que debía cumplir la policía si quería efectuar un arresto; cómo se presentaba un *habeas corpus*; qué derechos tenía una persona detenida; qué hacer en casos de violencia doméstica; cómo reclamar ser incluida en un plan de vivienda; cómo solicitar ser admitida en un servicio de salud; cómo exigir el agua potable, cloacas y pavimentación para el barrio; etcétera.

En fin, se trataba de hacer la disección del Estado, conocer sus organismos, sus leyes y mecanismos de demanda. Esto es importante en países donde la maquinaria estatal había estado durante muchos años en manos de militares y el Estado aparecía como un ente lejano e inasequible, la mayor parte del tiempo, responsable de represiones ilegales.

La propuesta de formar Promotoras o Consejeras Legales, además de tener como objetivo colaborar en el empoderamiento de las mujeres y promover el ejercicio de su ciudadanía, llevaba implícita la idea de que el derecho no puede ser patrimonio exclusivo de los expertos, abogados, juristas o legisladores. Por el contrario, debe ser conocido por toda la ciudadanía, si queremos democracias fuertes, con ciudadanos(as) conscientes de sus derechos.

Un tercer elemento definitorio era el especial cruce entre la criminología crítica, a la cual se adherían las fundadoras, con el feminismo. Esto originaba debates acalorados, especialmente con los criminólogos varones a la hora de reclamar sanciones para la violencia de género, o el agravamiento de penas en casos de violencia sexual, ya que por un lado, la criminología crítica reclamaba la disminución de las penas de privación de libertad y por el otro el feminismo exigía la desnaturalización de la violencia, para lo cual se debía considerar a las agresiones contra la mujer como un delito y no como una costumbre aceptada. Esto requería leyes especiales que sancionaran los hechos de violencia y les fijaran una pena.

Estas experiencias iniciales fueron registradas en tres cuadernos de trabajo editados entre 1987 y 1988: *Mujer y derechos humanos en América Latina y el Caribe, Capacitación legal a mujeres* y *Criminología crítica y enfoques de género.*

Por esos años, dentro del feminismo apareció una corriente que planteaba que no se podía trabajar con el derecho y la ley, que ambas eran herramientas patriarcales y "no puede desmontarse la casa del amo con las herramientas del amo". Frente a eso, la propuesta de CLADEM de trabajar con el derecho, transformar la ley y utilizarla a la vez como símbolo cultural y herramienta para la incidencia política, podría parecer de una esperanza ingenua. Pero, para las compañeras que forman el CLADEM, la esperanza es una categoría política ontológica. El deseo y la esperanza de transformar el mundo, que significa enfrentarse a un ovillo gigantesco, requiere que alguien tire de la punta de un hilo y comience a desatar y tejer de nuevo. En ese sentido, considero pertinentes las palabras de Paulo Freire:

No hay un proyecto que no implique un mañana, mañana que no implique un sueño que no implique una esperanza [...] que no existe en la esperanza vana [...] porque el futuro tiene que ser creado, realizado por nosotros, a través de la transformación del presente [...] Sólo se crea esperanza cuando la espera se hace en la acción (Freire, 1998).

La propuesta de usar el derecho como herramienta de cambio (el lema de CLADEM) es audaz y peligrosa. Por un lado, se está amenazando uno de los pilares de la sociedad patriarcal, usado desde tiempos inmemoriales para controlar a las mujeres. Para hacerlo, tenemos que estudiar a fondo el derecho. Esta tarea a veces nos conduce a un laberinto donde las salidas raramente están en nuestras manos. El laberinto comienza a construirse en la Facultad de Derecho y es tan estructurado y convincente que, si no comenzamos a trabajar con las estudiantes de derecho antes de que terminen la carrera, muchas veces es difícil —luego—, convencerlas de los sesgos discriminatorios que tiene la ley. Pero CLADEM no sólo trabaja con juristas, sino también con activistas que han visto en el cambio legal una estrategia de lucha. La propuesta inicial de CLADEM, de desmitificar el derecho al divulgarlo con lenguaje cotidiano y convertirlo en una herramienta de trabajo que pueda usar toda la sociedad y no sólo un grupo de especialistas, se mantiene como idea rectora de todo nuestro accionar.

Otra apuesta permanente es que las mujeres escribamos las leyes, sobre todo, las que tienen que ver con nuestras vidas. Esto fue lo que nos impulsó, en el año 2000, a lanzar la iniciativa para una campaña por una Convención Interamericana por los Derechos Sexuales y los Derechos Reproductivos, que garantice estos derechos humanos con la misma jerarquía que los otros. Actualmente, esa campaña está siendo impulsada por una alianza formada por organizaciones y redes feministas de toda la región.

La red crece y se consolida

Lentamente, a medida que iba creciendo, el CLADEM se fue dotando de mecanismos de gestión de la red. En 1992 se realiza la II Asamblea Regional en Guarulha, estado de São Pablo, Brasil, a la que asisten representantes de 14 países, donde CLADEM contaba a la fecha con capítulos nacionales. La Asamblea General elaboró las políticas principales que la red debía seguir en los próximos tres años.

La Asamblea fue precedida por un seminario internacional sobre "Normatividad Penal y Mujer en América Latina y el Caribe", realizado en São Pablo, que contó con la presencia de más de 60 participantes de distintos países, muchos de ellos juristas renombrados. Las ponencias y debates del mismo fueron presentados en el primer libro de CLADEM: *Vigiladas y castigadas*, en clara alusión al libro sobre mecanismos de control y sistema penitenciario de Foucault.

En la Asamblea Regional de 1992 se crea otro organismo: el Comité de Gestión, que colabora con la Coordinadora Regional en la toma de las decisiones más importantes. Este órgano tiene cuatro miembros mujeres además de la coordinadora regional, las que son elegidas por la asamblea. Cada Asamblea elige dos comités que durarán 18 meses cada uno. La idea es, por un lado, ampliar el espacio de toma de decisiones a más mujeres miembros y asesorar a la coordinación en las estrategias y políticas. Por el otro, la experiencia del Comité de Gestión permite a las compañeras de los distintos países tener un panorama general de toda la organización. Todos los países se van rotando en el Comité. A la fecha, todos han estado representados y varios han repetido su participación en el mismo.

A fines de ese año, integrantes de CLADEM en todos los países, asistieron a la Conferencia Regional Preparatoria de la Conferencia Mundial de Derechos Humanos. La preparatoria se realizó en San José de Costa Rica, la primer semana de diciembre de 1992. Además de las mujeres miembros del CLADEM acudieron feministas de todo el hemisferio. Allí, días previos a la reunión, se organizó una "Conferencia Satélite", que se denominó "La Nuestra". Durante tres días se analizaron los derechos humanos desde la mirada de las mujeres y una de las conclusiones fue que la Declaración Universal y otros instrumentos no contenían explícitamente los derechos que nosotras necesitábamos. Por ello, se organizó un grupo de trabajo que elaboró un proyecto de declaración universal de derechos humanos de las mujeres. Ésta fue aprobada en la plenaria y fue la base de otra propuesta que luego el CLADEM impulsaría en los años siguientes.

La participación en esta Conferencia fue un hito histórico por varias razones. Por un lado, desde el movimiento de mujeres se toma mayor conciencia de la importancia de participar en conferencias internacionales y la necesidad de influir en el discurso y en la práctica de los derechos humanos, aumentando la visibilización de nuestras experiencias y necesidades. Por el otro, el debate con los organismos tradicionales de derechos humanos, mostró la visión estrecha y sesgada que éstos tenían de las mujeres como sujetos de derechos. El hecho de que las mujeres apareciéramos mencionadas dentro del párrafo de grupos vulnerables, junto a los ancianos, indígenas, personas con discapacidades, niños, etc., provocó la indignación no sólo de las feministas, sino también de las otras personas aludidas. La vulnerabilidad aparecía como un rasgo esencial de las mujeres o los indígenas y no como una situación producto, principalmente, de la discriminación.

Al regreso de esa Conferencia, las mujeres del CLADEM deciden continuar con la iniciativa de la declaración universal de derechos humanos de las mujeres. Se inicia una ronda de consultas y finalmente se lanza la "Propuesta para una Declaración Universal de Derechos Humanos desde una Perspectiva de Género". La misma se distribuye ampliamente durante la Conferencia Mundial de Derechos Humanos de Viena, en junio de 1993; es consultada con expertos y expertas de derechos humanos internacionales y en numerosos países; en años posteriores se distribuye en toda la región, se somete a discusión y se reformula en repetidas oportunidades. En todas las grandes conferencias internacionales celebradas en la segunda mitad de los años noventa, se realizan actividades de difusión y discusión de la propuesta.

En 1998, al cumplirse el 50 aniversario de la firma de la Declaración Universal de los Derechos Humanos, presentamos al Secretario General de Naciones Unidas el texto definitivo, acompañado de más de 60 000 firmas recogidas en todo el mundo. La declaración de los derechos humanos desde una perspectiva de género puede verse en el sitio electrónico de CLADEM.

CLADEM obtiene en 1995 el estatus consultivo ante la Organización de Naciones Unidas, facilitándose, de esa manera, la tarea de incidencia política internacionalmente. En años posteriores se obtiene estatus similar ante la Organización de Estados Americanos y se amplía la participación ante los organismos del sistema regional.

La participación en las conferencias internacionales estuvo acompañada por la reflexión, el debate y la difusión de los resultados de cada una de ellas. En la conferencia regional de Mar del Plata en septiembre de 1994, se presenta un diagnóstico sobre los efectos del ajuste estructural en la vida de las mujeres. Este tema, que nos venía preocupando desde hacía varios años, fue analizado en varios países y el resultado fue resumido y puesto a consideración de las asistentes a esa conferencia en un debate sobre desarrollo.

En esos años se editan tres revistas: *Vientos del Sur, Diálogos de Mar y Viento* y *La muralla y el Laberinto,* con reflexiones sobre la Conferencia de los Derechos Humanos de Viena, de 1993; la Conferencia Regional Preparatoria de Beijing, celebrada en Mar del Plata en 1994; y la IV Conferencia Mundial Mujer Desarrollo y Paz de Beijing, en 1995.

En abril de 1996 se realiza la III Asamblea Regional de CLADEM en ICA, Perú. Al igual que la anterior, es precedida por un seminario internacional, convocado en Lima, en el que se pasa revista a los Planes y Plataformas de Acción surgidos de las Conferencias Internacionales realizadas por la ONU entre 1992 y 1995. Del mismo encuentro surge el libro *Cumbres, consensos y después… Seminario regional. Los derechos humanos de las mujeres en las conferencias mundiales,* editado por CLADEM en 1997.

La Oficina Regional, con sede en Lima, ya se había constituido en un equipo, que si bien era muy reducido —cinco personas— alcanzaba altos grados de eficiencia en la gestión de la red. Uno de los motivos, además del compromiso personal y la excelente capacitación, probablemente sea que el mismo personal de mujeres se mantenía en los puestos a lo largo del tiempo, viendo crecer la red, altamente familiarizadas con todos sus avatares y alcanzando cada vez mayores grados de experiencia en el desarrollo de sus tareas.

Al mismo tiempo que desde la Oficina Regional se editaban publicaciones, los CLADEM nacionales iban escribiendo y publicando materiales muy diversos, adaptados a las prioridades locales. Panamá, por ejemplo, en esos diez primeros años tuvo 12 publicaciones. En el mismo periodo Perú hizo nueve publicaciones, incluidos cinco cuadernos de trabajo relacionados con violencia doméstica, prostitución infantil, voto consciente y participación política. En Costa Rica las ediciones cubrían temas de derechos laborales, prestaciones sociales, derecho agrario, derechos humanos y violencia doméstica, entre otras. En Argentina se trabajaba sobre derechos sexuales y reproductivos, las cuotas para participación política y otros. En todos los demás países se imprimían cuadernos de reflexión, folletos y boletines. Desde Brasil, a la par que se realizaban publicaciones nacionales, se exigía que los materiales publicados en castellano fueran traducidos al portugués. Esas actividades de difusión nacional continúan hasta la fecha, proporcionando un variado mosaico de información y materiales de capacitación.

A partir de 1996 se concreta una aspiración de varios años. La posibilidad de entrenar a las activistas y abogadas que integraban el CLADEM en la utilización de mecanismos internacionales para la defensa de los derechos de las mujeres. La idea de una capacitación internacional surge de CLADEM y luego se invita al Instituto Interamericano de Derechos Humanos a compartir el esfuerzo. Así se concreta un Seminario Internacional sobre Mecanismos de Derechos Humanos, que se realiza ese mismo año en San José de Costa Rica.

En años posteriores CLADEM incorpora, como una de sus estrategias, el litigio internacional, tanto ante la Comisión Interamericana de Derechos Humanos (CIDH), con sede en Washington, como ante los Comités de Naciones Unidas. Los casos llevados a las cortes internacionales muestran, de manera ejemplar, las dificultades de las mujeres para obtener justicia; para que ésta se concrete en la forma y el tiempo adecuados y para que se reparen los daños sufridos por la violación de sus derechos.

En una de sus publicaciones (CRLP, CLADEM, CEJIL, 2000) se relata el caso de una joven indígena de Puno que fue violada por un médico cuando acudió a un centro de salud por un dolor de cabeza. El acusado había sido declarado inocente por las cortes locales, basadas en prejuicios sexistas. Cuando se llevó el caso ante la CIDH se reclamó, no sólo indemnización para la víctima, sino reformas en el sistema de salud, educación y de seguridad en el Perú. El caso concluyó con un acuerdo de solución amistosa entre el Estado y las demandantes, en el cual se acogieron muchas de las exigencias planteadas.

Otro litigio importante puso fin a las esterilizaciones forzadas en el Perú. Se trata del caso de Mamérita Mestanza, una mujer con siete hijos a la que se amenazó con la cárcel para que se hiciera la ligadura de trompas. Ella muere a pocas semanas por infección. El caso es llevado junto con otros tantos donde se documenta que el gobierno tenía metas mensuales y que muchas de las miles de esterilizaciones realizadas fueron hechas a mujeres indígenas y afrodescendientes. Al igual que en el caso anterior, la queja va acompañada de un pedido de reformas en el sector salud, justicia y educación. Esto hace que la estrategia de litigio sirva no sólo para resolver el caso individual, sino también para realizar cambios y avances concretos en los campos afectados. Tanto este caso, como el anterior, fueron publicados y registrados en video (CLADEM, 1999). Este caso tuvo altos costos para las defensoras involucradas, especialmente la investigadora principal, quien tuvo que irse del país, luego de un allanamiento a su domicilio con robo de material de la investigación, computadora y otros elementos. Pero además, también provocó roces entre las feministas, ya que existían muchas iniciativas para promover la esterilización quirúrgica como un método anticonceptivo y muchas temían que la denuncia que estábamos efectuando de las violaciones a los derechos humanos de las mujeres, provocara la eliminación de ese método de los programas de planificación familiar. Este temor resultó infundado.

Además de éstos y otros casos, CLADEM también comenzó a participar con Amicus Curiae, apoyando casos llevados por otras organizaciones, que requerían nuestro apoyo solidario, como el de dos hermanas dominico-haitianas a quienes República Dominicana niega la ciudadanía a pesar de haber nacido en su territorio.

Una evaluación externa, realizada en 1999, aconseja que la red no se extienda a más países y que consolide los capítulos nacionales existentes. En esos años, había mucha disparidad entre las asociadas al CLADEM. Mientras algunas seguían escribiendo a mano y enviando su correspondencia por correo, otras navegaban cómodamente por el ciberespacio. Las diferencias tecnológicas tenían diferentes causas. Por un lado, las personas manejan tiempos distintos y por el otro, el acceso a tecnología informática varía según la trayectoria de vida de cada una, el lugar donde viva, sus posibilidades económicas, etc. También está el hecho de que algunas feministas de la primera ola se resistían (y se resisten aún) a los cambios tecnológicos. Hicimos un esfuerzo para dotar a los CLADEM que lo necesitaban, de módems y otros recursos tecnológicos necesarios, así como cursos de capacitación, para que todas pudiéramos comunicarnos por vía electrónica, lo que abarataba y agilizaba el intercambio.

Al mismo tiempo fuimos armando el sitio electrónico del CLADEM. Al principio, apoyadas por una organización latina residente en California, Estados Unidos, "Derechos" a quien le mandábamos el material en formato Word y ellos lo subían a la página de Internet. Esta organización solidaria colaboró desinteresadamente con nosotras durante varios años. En el 2001, capacitamos a nuestro propio personal en la oficina regional y pudimos diseñarla y alimentarla desde nuestra sede.

El Centro de documentación del CLADEM, una de sus líneas de trabajo, se fue ampliando y superando tecnológicamente. Actualmente es uno de los centros especializados en mujeres y derecho más completo de la región, y las consultas, que en los inicios se hacían por correo postal, ahora se pueden resolver desde la página electrónica o con servicio personalizado que envía, en el día, numerosos documentos por vía electrónica.

CLADEM decide utilizar su potencial como red con base en distintos países para realizar estudios comparados: en 1998 se publica *Silencios públicos, muertes privadas* que da un completo panorama de la situación legislativa en relación con el aborto en toda la región. Con el mismo criterio, se emprende un estudio comparado sobre violencia contra las mujeres, del cual surge la publicación *Cuestión de vida*, en el año 2000.

En noviembre del 2001 se reúne la Tercera Asamblea Regional, en Santa Clara, Perú. Asisten representantes de 16 países. El Seminario Internacional que la precede está dedicado a los Derechos Sexuales y los Derechos Reproductivos. El espacio fue utilizado para promocionar la Campaña por la Convención Interamericana de los Derechos Sexuales y los Derechos Reproductivos que CLADEM había lanzado en noviembre del año anterior. Asimismo, "se revisaron las conexiones entre el contexto regional y las posibilidades de ampliación o restricción de esos derechos, los retos conceptuales que, a nivel jurídico y político presentan estos conceptos, así como la conveniencia de mantenerlos unidos o separados" (CLADEM, Memoria, 2002). La publicación que recoge los frutos del seminario fue editada en el 2002, *Derechos sexuales, derechos reproductivos, derechos humanos*. La III Asamblea propuso cambios organizativos. Así surgen las Coordinadoras Regionales Temáticas en tres áreas: Derechos Sexuales y Derechos Reproductivos, Violencia contra la Mujer y DESC (Derechos Económicos, Sociales y Culturales) y Globalización. También definió estrategias de fortalecimiento para aquellos capítulos nacionales que así lo requirieran.

La designación de Coordinadoras por área facilita la descentralización y la mayor profundización de los temas abordados. Asimismo, y como un recurso para no perder liderazgos ya consolidados, se creó el Consejo Honorario Consultivo, al que pertenecen las mujeres que han colaborado en la creación y fortalecimiento de la red. En el año 2004 el Comité de Gestión crea los Grupos de Trabajo que se especializan en cada área. Las asociadas de cada país pueden, además de ser activistas en el CLADEM nacional, participar de las tareas de investigación, litigio, activismo y representación del CLADEM en el grupo que eligieron.

ÁREAS DE TRABAJO

Actualmente CLADEM tiene cuatro áreas de trabajo prioritarias: el Observatorio Regional de Derechos Humanos; Violencia contra la Mujer; Derechos Económicos, Sociales y Culturales; y Derechos Sexuales - Derechos Reproductivos.

El Observatorio es el espacio desde donde se hace el seguimiento del cumplimiento, por parte de los Estados, de los tratados internacionales de derechos humanos. Se utilizan distintas herramientas, como las cadenas de solidaridad, los reportes sombra o alternativos a los Comités, el litigio internacional, etcétera.

El Área de Derechos sexuales y reproductivos, tiene como principal misión, acompañar la Campaña por una convención Interamericana por los Derechos Sexuales y Reproductivos. Desde la misma, se convoca a personas y organizaciones de todos los movimientos sociales para debatir, promover y avanzar en las definiciones de estos derechos. En un principio esta campaña fue lanzada por CLADEM; pero ya desde entonces se convocó a un amplio abanico de organizaciones para que colaboraran con la misma. En estos momentos se ha constituido una alianza de redes y organizaciones de toda la región, que mantienen la página electrónica, editan publicaciones, promueven lanzamientos y otras actividades de debate y difusión. El objetivo es contar con un instrumento internacional, dentro del sistema interamericano, que garantice el ejercicio de estos derechos.

Desde el Área de Violencia contra la Mujer se impulsan esfuerzos de investigación, acción y definición de estrategias, que son divulgados luego a través de una circular electrónica mensual y de nuestra página electrónica. A principios de 2004 esta área definió como una de sus estrategias, el seguimiento local del cumplimiento de la Convención Interamericana para Prevenir, Sancionar y Erradicar la Violencia contra la Mujer, o Convención de Belem do Pará.

Respecto de los de Derechos Económicos, Sociales y Culturales y Globalización, promueve la exigibilidad de los DESC, la ampliación de sus definiciones para incluir la realidad de las mujeres, las conexiones y(o) desconexiones entre el sistema de derechos humanos y el sistema de comercio internacional; y cuenta también con una circular mensual desde donde se difunden noticias sobre el tema.

Luego de la creación de las áreas, se convocó a las asociadas a formar grupos de trabajo que estarían vinculados con las distintas áreas. Los grupos están actualmente organizados y han comenzado a funcionar.

CLADEM trabaja en Argentina, Brasil, Bolivia, Chile, Colombia, Ecuador, El Salvador, Honduras, Guatemala, México, Nicaragua, Panamá, Paraguay, Perú, Puerto Rico, República Dominicana y Uruguay. El capítulo más joven fue fundado el 18 de mayo de 2005 en República Dominicana. Los retos para una red que ahora cuenta con capítulos en 17 países son enormes y abarcan no sólo el aspecto organizativo, de gestión y sustentabilidad, sino también la necesidad de enfrentar nuevos desafíos políticos. Entre estos, aparecen el de adecuarse a los veloces tiempos de la globalización, cambios poblacionales, retrocesos políticos y amenazas constantes de las fuerzas conservadoras, a la vez que ir construyendo una democracia real, donde las mujeres participemos en el diseño de las políticas principales.

BIBLIOGRAFÍA

Bermúdez Valdivia, Violeta (1998), *Silencios públicos, muertes privadas. La regulación jurídica del aborto en América Latina y el Caribe*, Lima, CLADEM.

CLADEM (1987), *Mujer y derechos humanos en América Latina y el Caribe*, Lima.

———— (1988), *Capacitación legal a mujeres*, Lima, Perú.

———— (1988), *Criminología crítica y enfoques de género*, Lima, Perú.

———— (1988), *Propuesta para una Declaración Universal de Derechos Humanos desde una Perspectiva de Género.*

———— (1993), *Vigiladas y castigadas. Normatividad penal y mujer en América Latina y el Caribe*, Lima.

———— (1994) *Vientos del Sur*, Lima.

———— (1995) *Diálogos de mar y viento*, Lima.

———— (1996) *La muralla y el laberinto*, Lima.

———— (1997), *Memoria 1987-1997*, Lima.

———— (1997), *Cumbres, consensos y después... Seminario Regional Los Derechos Humanos de las mujeres en las conferencias mundiales*, Lima.

———— (1999), *Nada personal. Reporte de derechos humanos sobre la aplicación de la anticoncepción quirúrgica en el Perú. 1996-1998*, Lima.

———— (2002), *Memoria 1998-2002*, Lima.

———— (2003), *Derechos sexuales, derechos reproductivos, derechos humanos*, Lima.

————/CRLP/CEJIL (2000), *Tal vez yo tenía derecho. Un caso de violación sexual ante la comisión interamericana de derechos humanos*, Lima.

CLADEM, sitio electrónico: <www.cladem.org>.

Freire, Paulo (1998), *Pedagogía de la esperanza*, Buenos Aires, Siglo XXI.

Tamayo, Giulia (2000), *Cuestión de vida. Balance regional y desafíos sobre el derecho de las mujeres a una vida libre de violencia*, Lima, CLADEM.

LA CONSTRUCCIÓN DE NUEVOS PARADIGMAS DEMOCRÁTICOS EN LO GLOBAL: EL APORTE DE LOS FEMINISMOS

VIRGINIA VARGAS*

INTRODUCCIÓN

Los movimientos sociales —y los feminismos como expresión y parte de ellos— no son ajenos a las transformaciones de la época ni a sus contradicciones, carencias y sensibilidades. Los cambios en sus dinámicas de actuación corresponden, en este último periodo, a las búsquedas de cómo responder a los desafíos que presenta el clima cultural, político, social y económico del nuevo milenio. Las condiciones e impulsos para el surgimiento de los feminismos latinoamericanos de la segunda ola, se dieron en marcos dramáticamente diferentes a los que vivimos ahora. La política feminista en América Latina comenzó a desplegarse muy temprano en las luchas contra las dictaduras o gobiernos autoritarios, gobiernos democráticos que no parecían serlo y ante los cuales se desarrolló una actitud de confrontación y profunda desconfianza. Quizá por ello los feminismos de la segunda ola, en su inicial despliegue, orientaban mucho más sus estrategias a perfilarse desde la sociedad civil antes que interactuar y mucho menos aún, negociar con los estados y gobiernos. Desde allí, fue densificando sus formas de existencia, dando origen a una multiplicidad de colectivos, de redes, de encuentros, de calendarios feministas, de simbologías y subjetividades. Este despliegue y estas estrategias produjeron un conjunto de rupturas epistemológicas y la construcción de nuevos paradigmas y pautas interpretativas alrededor de la realidad. Al "politizar" lo privado, las feministas se hicieron cargo del "malestar de las mujeres" en este espacio (Tamayo, 1996), generando nuevas categorías de análisis, nuevas visibilidades e incluso nuevos lenguajes para nombrar lo hasta entonces sin nombre: violencia doméstica, asedio sexual, violación en el matrimonio, feminización de la pobreza, etc., son algunos de los nuevos significantes que el feminismo colocó en el centro de los debates democráticos.

En todo este proceso, los Encuentros Feministas Latino Caribeños —realizados desde 1981 hasta la actualidad— han tenido una importancia crucial, al reactivar el carácter histórico internacionalista de los feminismos, conectando experiencias, estrategias y expresando los avances, tensiones, conflictos que traían las diferentes búsquedas feministas a lo largo de la región.

El paso de los años ochenta a los noventa vino acompañado por nuevos escenarios políticos, ideológicos, económicos y culturales que influyeron en el feminismo

* Centro Flora Tristán, Articulación Feminista Marcosur.

y en los movimientos sociales en general. A lo largo de los noventa se fueron abriendo nuevos espacios; hubo una generalización de la democracia como forma de gobierno, una nueva vigencia del discurso de derechos y un énfasis en la construcción ciudadana tanto de las sociedades civiles y sus movimientos, como desde los estados. Se partía, sin embargo, de enfoques diferentes (o se trataba que fueran diferentes, lo que no siempre se logró): para la sociedad civil y las feministas en su interior, el enfoque de derechos aparecía como un terreno de disputa, contestatario y conflictivo, dando lugar a permanentes "guerras de interpretación" (Slater, 1998), avanzando así contenidos alternativos frente a los contenidos hegemónicos parciales y aun duramente excluyentes que contenían los estados. Se buscaba no sólo el acceso a la igualdad sino el reconocimiento a la diversidad y a la diferencia; no sólo el acceso a los derechos existentes sino al proceso de descubrimiento y su permanente ampliación con nuevos contenidos. La lucha por el reconocimiento de los derechos sexuales y reproductivos no sólo como derechos de las mujeres sino como parte constitutiva de la construcción ciudadana es un ejemplo de este proceso.

Los cambios de los noventa tuvieron otro efecto significativo en las dinámicas y formas de existencia de los movimientos sociales, entre ellos el feminista: el impacto de las lógicas neoliberales no sólo en lo económico sino en lo social y cultural, pusieron el énfasis en una lógica básicamente *movimientista* para avanzar hacia una lógica más institucional, y acentuaron, en la sociedad, la tendencia, señalada por Lechner, hacia la privatización de las conductas sociales y una creciente fragmentación e individuación de las acciones colectivas como movimiento, al generarse una "cultura del yo, recelosa de involucrarse en compromisos colectivos" (Lechner, 1996:29). Los procesos de globalización en lo económico, pero también en lo político y sociocultural, abrieron nuevos campos de actuación para los movimientos sociales, para los feminismos, y nuevos terrenos para la lucha por derechos ciudadanos en un mundo globalizado. Los dramáticos procesos de exclusión en los países, junto con las crecientes modificaciones de los estados-nación y sus crecientes límites para responder a los requerimientos ciudadanos, abrieron nuevas luchas y espacios de incidencia en lo regional y lo global. Un impulso sustancial lo dio el espacio global abierto por las Naciones Unidas, que colocó los contenidos de las nuevas agendas globales a lo largo de la década de los noventa, a través de las Cumbres y Conferencias Mundiales sobre temas de actualidad democrática global. Un sector significativo de estas instituciones feministas estuvo presente "disputando" contenidos y perspectivas para cada uno de ellos. Estas feministas comenzaron así a ser actoras fundamentales en la construcción de espacios democráticos de las sociedades civiles regionales y globales, ampliando los espacios de propuesta y confrontación.

Indudablemente, la multiplicación de las luchas feministas y el surgimiento de otros procesos y actoras trajo evidentes transformaciones en la manera en que se asumían las propuestas feministas (feminismos de "libre interpretación" y por lo tanto plurales y diversos) y en sus estrategias de acción, que se diversificaron, en presencia e influencia, en múltiples espacios. Como dice Sonia Álvarez, el feminismo se extendió en "un amplio, heterogéneo, policéntrico, multifacético y polifónico campo discursivo y de actuación/acción. Se multiplican los espacios donde las mujeres que se dicen feministas actúan o pueden actuar [...] envueltas no sólo en luchas clásicamente políticas...sino simultáneamente envueltas en disputas por sentidos, por significados, en luchas discursivas, en batallas esencialmente culturales" (Álvarez, 1998). Los feminismos estaban así en transición hacia nuevas formas de existencia y de expresión, en un momento en que los paradigmas y certezas que nos habían acompañado, no estaban más. La incertidumbre se instaló en el movimiento. Pero, como dice de Souza Santos, ello podría ser una ventaja, porque nos obligaba a pensar más creativamente sobre el futuro (de Souza Santos, 2002).

LOS FEMINISMOS LATINOAMERICANOS EN EL NUEVO MILENIO

Todas estas tendencias y nuevos escenarios se explican mucho más fuertemente en el nuevo milenio, evidenciando que no estamos viviendo sólo una época intensa de cambios, sino que estamos frente a un "cambio de época" (Informe de Desarrollo Humano, Chile, 2000). Como lo debe haber sido el impulsado por el descubrimiento de la rueda, o la Revolución industrial. En estos cambios, tan profundos, las identidades y subjetividades también se transforman. Esta crisis identitaria es tan fuerte que "algunos discursos cambian de sentido, aparecen otros que se oponen, de diversas formas y con diversos objetivos, a los dominantes, toman cuerpo nuevos discursos que se sostienen sobre viejas narrativas. En suma, el orden previamente existente se ve sacudido" (Cairi Carou, 2000:110). En el doble movimiento entre el actuar y el saber, en este nuevo des-orden, hay una dosis permanente de incertidumbre y ambigüedad.

Pero la incertidumbre, como auguraba de Souza Santos, en vez de ser una aparente limitación, ha devenido en potente impulso a estas búsquedas, en un momento donde los paradigmas previos son insuficientes y los nuevos paradigmas están en construcción. Varias autoras feministas han hecho aportaciones para entender estos procesos de búsqueda acerca de cómo responder a los nuevos retos. Diana Mafia habla de la urgencia de inventar nuevas vías de aproximación y posibles ordenamientos interdisciplinarios, a través de lo que ella llama los "saberes impertinentes" para la legitimidad del discurso tradicional (Mafia, 2000). Cobra vigencia también, en este nuevo escenario, lo que Julieta Kirkwood llamaba, en los inicios de la expresividad feminista de la segunda ola, la "licencia para expresar", en una suerte de irresponsabilidad con el paradigma científico y los conceptos que se asumen en su lenguaje, en una especie de desparpajo de mezclarlo todo, produciendo una desclasificación de los códigos, una inversión de los términos de lo importante (Kirkwood, 1986). Otros autores señalan que, para este proceso de disputa y de creación de nuevos significados, el terreno es cada vez más propicio. La nueva coyuntura histórica, según Waterman, no sólo ha traído la hegemonía neoliberal, también ha estado acompañada por la desintegración efectiva de la vieja izquierda y su remplazo por una más plural y diversa, a través de actores progresistas de la sociedad civil, en creciente radicalización (Waterman, 2004). Como dice este autor, la emancipación se ha dado no sólo en relación con el Estado y el capital, nacional y globalmente sino también a través de esquemas de interpretación ideológicamente arcaicos.

Indudablemente que este concierto de incertidumbres e incomodidades requiere, para su reconocimiento, nuevas formas de entender lo político así como nuevos contenidos y orientaciones. Un aspecto fundamental de la nueva cultura política, acorde con los nuevos tiempos, y de una nueva teoría política es asumir que la transformación de la realidad presupone la "transformación de la mirada" (Beck, 2004). Para este autor, esta nueva mirada implica también un cambio de imaginación, centrada no sólo en el estado-nación sino en lo cosmopolita, que no elimina sino contiene e ilumina —desde otros horizontes— lo local.[1] La identidad cosmopolita, dice Beck, no traiciona la identidad nacional. Son miradas complementarias, lo que permite disolver la "ficción" que cada una arrastra, pero es la mirada cosmopolita la más cercana a la realidad actual, porque abre posibilidades de acción que la mirada nacional, sola y en sí misma, cierra.

Esta mirada cosmopolita o de solidaridad global, desde la perspectiva de los movimientos sociales (Waterman, 2004), es fundamental para entender las nuevas dinámicas que va dejando la práctica de los movimientos sociales en su articulación global-local, expresando pluralidad de luchas y contenidos emancipatorios. Beck expresa bien esta pluralidad y su articulación global-local: "Los conflictos de género, clase, etnia y homosexualidad tienen ciertamente su origen en el marco nacional, pero ya hace mucho que no se quedan en él, sino que se solapan e interconectan globalmente. También es evidente la cosmopolitización de los movimientos sociales, así como el hecho de que éstos se han convertido en trasmisores de nociones, valores, conflictos, reivindicaciones, derechos y deberes globales".

LOS NUEVOS DERROTEROS

Las nuevas dinámicas, las nuevas fuerzas y los nuevos escenarios a los que nos enfrentamos con la globalización han traído también, como veíamos, la obsolescencia de los viejos paradigmas y la incertidumbre sobre con qué y cómo remplazarlos. Los feminismos, al mantener sus impactos locales y regionales, han devenido globales, afirmando nuevas miradas y pistas desde dónde alimentar nuevos paradigmas, ampliar/extender las agendas feministas y generar una cultura de resistencia y de alternativas frente a las fuerzas que acompañan la globalización neoliberal y al actual momento de desarrollo capitalista, desde una perspectiva democrática radical.

Estos procesos traen cambios de escenarios para los movimientos y actores sociales, desarrollando lo que Elizabeth Jelin llama los "nuevos marcos interpretati-

---

[1] Beck asume una definición histórica del ser cosmopolita: aquel (aquella) que vive en una doble patria y mantiene una lealtad doble, tanto ciudadano del "cosmos" como ciudadano de la "polis" (p. 70).

vos para la acción" Jelin (2003).[2] Estos marcos interpretativos de la acción de los movimientos sociales contienen las ideas, tradiciones culturales, valores, creencias, percepciones y elementos cognitivos de la acción social. Es la base sobre la que se aprovechan o construyen oportunidades políticas. El desarrollo de la acción social lleva a que, por ejemplo, un marco interpretativo de acción sustentado en la idea de suerte o destino permita el paso a otro que reconoce la injusticia y la capacidad de influir en los acontecimientos. O que movimientos por reivindicaciones coyunturales cobren nuevos sentidos cuando se "enmarcan" en movimientos más amplios, con nuevas alianzas que amplían su horizonte referencial, para incluir demandas de democracia local, o para incorporar demandas de otros movimientos, como derechos a la equidad en la vida cotidiana como proponen las feministas: "En cualquiera de estos casos, el cambio de marco implica la ampliación del sujeto de la acción, el referente del 'nosotros' y el campo de acción del movimiento" (Jelin, 2003:42).

Volviendo a Beck y su "transformación de la mirada", el marco interpretativo dominante para los actores colectivos ha sido hasta hace poco el Estado-nación. (Jelin, 2003), debilitado por las trasformaciones que implica la globalización (porosidad de las fronteras, explosión de nacionalidades, la no correspondencia entre territorio y nación o identidad, etc.). Nuevos marcos interpretativos comienzan a generarse, descentrando los marcos interpretativos anteriores. En este proceso, que no es "lineal ni directo", las acciones de los movimientos sociales se multiplican e inciden en diferentes niveles o "escalas" de acción social, de lo más local a lo global. Son niveles que se superponen, se nutren, interactúan, creando multiplicidad de sentidos de la acción. En esta multiplicidad de niveles o escalas (mapa de escalas, lo llama Jelin), hay un punto central, que hace la referencia, que otorga el "marco interpretativo" al conjunto de esa multiplicidad. Depende dónde se pone el acento para orientar la amplitud o estrechez de miradas con las que se interpreta (Jelin, 2003:51).

Los marcos interpretativos de los feminismos en el nuevo milenio comienzan a tener algunas pistas centrales. Algunas de ellas, son la recuperación y complejización del paradigma de derechos humanos, universales específicos, desde su integralidad y al mismo tiempo su flexibilidad y radicalización para incorporar los nuevos derechos que están surgiendo tanto de los nuevos riesgos enfrentados, tanto de los nuevos actores y actoras que han visibilizado su existencia y sus propuestas, como de las dimensiones históricas que han sido de muchas formas conquistadas subjetivamente y que pugnan por su reconocimiento (Vargas y Celiberti, 2005a). Algunas de estas dimensiones son indudablemente los derechos sexuales y los derechos reproductivos, incluidas sus expresiones hoy por hoy más resistidas: la diversidad

---

[2] Los marcos, dice Jelin, siguiendo a Gofran, denotan esquemas de interpretación que permiten a los individuos ubicar, percibir, identificar, rotular —es decir comprender y aprehender— los acontecimientos en su vida cotidiana y en el mundo más amplio. Los marcos organizan la experiencia y guían la acción individual y colectiva, ayudando a evaluar los acontecimientos. Estos marcos no son consensuados ni únicos. Puede haber diferentes marcos interpretativos en un momento histórico, compitiendo o luchando entre sí, desafiando los marcos hegemónicos y sugiriendo cursos de acción alternativos (Jelin, 2003:41). Es un proceso activo de construcción cultural.

sexual y el aborto. Lo son también los esfuerzos por articular las dimensiones de género, clase y raza como elementos constitutivos de un mismo sistema de dominación, lo que nos permite avanzar en la superación de la fragmentación de las luchas feministas, construyendo bases más sólidas y diversas para los nuevos contenidos democráticos.

Las ausencias y emergencias: el cuerpo como emergente político

La resistencia a estas fuerzas y la construcción de estas pistas/nuevas miradas se está orientando desde una nueva conceptualización del cuerpo, reconociéndolo como lugar político, que es impactado por estas fuerzas globales, desde los estigmas a los que es sometido y desde los derechos que pugna por conquistar

Una idea-fuerza para tratar de acercarme a dimensiones interrelacionadas es que la realidad no puede ser reducida a lo que existe sino también lo suprimido, lo existente como residual, como confinado a una sola dimensión. Para iluminar/ transversalizar el cambio de mirada se requiere una "operación epistemológica", lo que de Souza Santos llama la "sociología de las ausencias "y la "sociología de las emergencias". El objetivo de la sociología de las ausencias es identificar y valorar las experiencias sociales disponibles en el mundo, aunque sean declaradas como no existentes por la racionalidad y el conocimiento hegemónico. La sociología de las emergencias busca identificar y ensanchar los signos de experiencias futuras posibles, ya sea como tendencias o latencias, que son activamente ignorados por la racionalidad y conocimiento hegemónico (de Souza Santos, 2002). La sociología de las emergencias analiza las pistas y nuevos interrogantes con los que se van construyendo los nuevos marcos interpretativos de la acción.

Y justamente una ausencia en emergencia activa, que no logra ser reconocida en los marcos interpretativos previos, a pesar de los innumerables signos que denotan su existencia, es el cuerpo como lugar político. Ha surgido, como dice Claudia Bonan (2001), un nuevo marco interpretativo para los asuntos del cuerpo. Frente a los marcos biomédicos, religiosos, estatales, se esboza un marco emancipatorio que coloca al cuerpo como uno de los factores integradores a estas nuevas miradas políticas, ubicándolo no sólo atado a lo privado, o al ser individual, sino también vinculado íntegramente al lugar, a lo local, al espacio público (Harcourt y Escobar, 2003).

El cuerpo ha devenido en un campo "dotado de ciudadanía" (Ávila, 2001) a través de una serie de "experiencias sociales disponibles" que producen múltiples articulaciones.

Estas nuevas experiencias y articulaciones colocan a los feminismos en conexión con muchas otras dimensiones de las vidas de mujeres y hombres, al producir un conjunto de luchas que iluminan, desde otros ángulos, nuevos/viejos espacios de poder, disciplina y control, levantando alternativas emancipatorias frente a ellos. Un espacio de disciplinación del cuerpo lo constituye indudablemente la negación de los derechos sexuales y los derechos reproductivos de las personas, ante los cuales los feminismos han levantado, en el nuevo milenio, una creciente lucha por la recuperación del derecho a decidir, la recuperación de la intimidad como parte sustancial de la vida democrática y del contenido ciudadano al radicalizar el derecho a la libertad y a la autonomía, rompiendo la relación de obligatoriedad entre sexualidad y reproducción. En esta mirada recuperan también el derecho al placer, a una vida sin violencia, en lo privado e íntimo, buscando expresarse en lo público e incorporando en la sociedad esta dimensión de libertad. La lucha por la despenalización del aborto es paradigmática en esta búsqueda de autonomía y libertad. También la lucha por una sexualidad diversa, levantada por los movimientos de orientación sexual en todas sus variantes (especialmente transexuales, travestis, intersex), pugnando por su expresión en lo público, pues su no reconocimiento obliga a que estas identidades se recluyan en lo privado. Al hacerlas visibles y políticas, radicalizan lo público con el derecho a la diferencia. Y se expresa también en la lucha por el control del sida, tanto por las enormes resistencias que todo ello produce en las jerarquías eclesiásticas de todo tipo y en los gobiernos incluso democráticos, como por el contenido paradigmático que encierran en relación con la confrontación del monopolio de las patentes de las trasnacionales de los medicamentos.

Pero el itinerario del cuerpo político va más allá: la disciplinación del cuerpo por el terror y la militarización se expresan con crudeza inimaginable en los conflictos armados y las guerras, donde el cuerpo de las mujeres es visto y asumido como botín de todos los bandos;[3] y que arrastra la devaluación del cuerpo por la discriminación racial que alimenta, de una manera perversa, las exclusiones sociales, culturales, económicas, emocionales por un color de piel diferente al hegemónico, y que en el caso de las mujeres tienen especial impacto en su cuerpo sexual.[4]

El impacto de la exclusión social en el cuerpo político se expresa, en forma creciente, en los efectos de la economía neoliberal, con su secuela de pobreza y hambre, que quita capacidades —generalmente con impacto irreversible— en el cuerpo de las nuevas generaciones, en nombre de la supremacía del mercado y el desprecio a la ciudadanía e impide además, capacidades mayores a las mujeres al no reconocer la dimensión de la economía reproductiva, la economía del cuidado de los cuerpos, propios y ajenos, que es inherente a su trabajo doméstico no remunerado.

Este cuerpo político se expresa en todos los espacios e interacciones privadas y públicas. Todas sus dimensiones son en este momento luchas locales y globales. Sin embargo, a la luz de la política, este cuerpo político no existe como tal.

Pero lo que no existe, dice de Souza Santos, refiriéndose a la sociología de las ausencias, es activamente producido para no existir. Una nueva mirada implica jus-

---

[3] Como quedó demostrado en el Informe de la Comisión de la Verdad de Perú, evidenciando cómo el cuerpo de las mujeres fue también un campo de batalla de una guerra no reconocida, naturalizada, inexistente.

[4] Un ejemplo dramático, pero no el único, lo representa el hecho de que las mujeres violadas en el periodo de guerra interna en Perú eran —como la absoluta mayoría de las víctimas— indias, quechua hablantes activas o de origen. Y eran de los departamentos más pobres, más andinos, más indios del país. Pero ésta es una historia brutalmente confirmada en Guatemala, la ex Yugoslavia y muchos otros escenarios.

tamente transformar, teórica y políticamente, lo imposible en posible y la ausencia en presencia (de Souza Santos, 2002). Por ello, la modificación de las condiciones de esa "no existencia" va más allá del nombrar en singular, o de propuestas coyunturales. Para la legitimidad y reconocimiento del cuerpo como política son necesarios otros cambios democráticos que impacten aquello que actúa activamente para su no existencia, recuperándolo activamente en sus formas de emergencia, en la manera en que se expresa, en los conflictos que produce, en lo que limita su expansión. Y aquí ha surgido una agenda —teórica y práctica— nutrida y contundente, que ilumina nuevas dimensiones productoras de derechos, reafirmando que no es posible un cambio de cultura política que recupere el cuerpo como portador de ciudadanía si no se avanzan otros múltiples campos democráticos.

Es este terreno, de multiplicidad y multidireccionalidad, el que alimenta los nuevos marcos de sentido de las luchas feministas en el nuevo milenio. Poner en disputa el cuerpo político es una forma de visibilizarlo y desde allí construir, definir y ampliar las alianzas con otros movimientos, ensanchando sus propias miradas en la interacción con los(as) otras, al mismo tiempo que impacta y amplía la mirada de otros movimientos. Así, el cuerpo, en su expresión política, puede potencialmente articular múltiples intereses y visiones emancipatorias. Las transformaciones radicales y contraculturales a las que aspiran los feminismos tienen muchas más posibilidades de impacto cuando se vinculan con otras luchas democráticas, avanzando así en la construcción de una alternativa democrática cuyo objetivo "sea la articulación de distintas luchas ligadas a diferentes formas de opresión" (Mouffe, 1996).

Estos procesos —de disputa, conexión, reconocimientos y ampliaciones de los marcos interpretativos de la acción— son emergentes en los espacios globales de significación actual, como el Foro Social Mundial y su secuela de Foros regionales, locales, temáticos, globales descentralizados, etc. No es un proceso fácil ni automático, sino un proceso de disputa, que amplía los márgenes permanentemente, abriendo nuevas perspectivas y nuevos interrogantes. Y ya la capacidad de interrogar de otra forma la realidad, desde cada uno de los actores sociales, es un paso definitorio. Es lo que alienta el proceso de visibilizar las ausencias y convertirlas en emergencias.

EL FORO SOCIAL MUNDIAL COMO ESPACIO DE CONFLUENCIA Y DISPUTA DEMOCRÁTICA[5]

[El Foro] es un espacio donde confluyen las protestas con las esperanzas, y el desasosiego con la construcción de alternativas. Donde están los del Movimiento Sin Tierra y los que viven sin techo y sin ventana, los movimientos indígenas y afrodescendientes junto a los jóvenes y los economistas, los transexuales y las feministas. Los que dan mensajes políticos con los acadé-

---

[5] Un antecedente previo a las nuevas dinámicas de movilización global lo constituye indudablemente el movimiento zapatista, surgido con fuerza en 1994. Pero más directamente, el FSM es tributario de las grandes movilizaciones globales, conocidas como luchas antiglobalización, que se iniciaron en Seattle a fines de la década del siglo XX y siguieron desplegándose en muchos otros puntos del planeta.

micos. Los que luchan contra los productos transgénicos y los que son transgénero. Hindúes, musulmanes, judíos, católicos junto a los sindicalistas y la gente que promueve el esperanto como lenguaje universal (Garrido, 2002).

El FSM, inaugurado en 2001 en Porto Alegre, Brasil, ya está instalado en el horizonte y en las estrategias de cambio de las redes y movimientos sociales, contribuyendo a alimentar una perspectiva global. "Otro mundo es posible" y "no al pensamiento único", han sido los dos potentes y movilizadores lemas del Foro que expresan la orientación de esa otra globalización, cuya fuerza es el convencimiento ético y utópico de que las alternativas pueden ser construidas por las fuerzas globales democráticas y emancipatorias, y que para hacerlo no hay receta, ni sujeto único, sino una multiplicidad de actores y actoras sociales, aportando sus múltiples formas de resistencia y de construir una democracia con justicia social y equidad.

La Carta de Principios del Foro, aprobada en 2001, ha sido el instrumento de cohesión de las múltiples miradas y estrategias que han acompañado su desarrollo. Especificando que éste es un espacio de los movimientos sociales, que actúan desde las sociedades civiles democráticas, la Carta ha situado la autonomía del Foro como espacio plural, no confesional, no gubernamental y no partidario. Ha explicitado también el respeto y la afirmación activa de las diversidades existentes entre los movimientos y fuerzas de cambio, aclarando que no es sólo una coyuntura, sino básicamente un espacio y un proceso que se va construyendo y expandiendo con los aportes y estrategias de esa pluralidad. No pretende por lo tanto llegar a conclusiones, ni a generar declaraciones públicas en su nombre, pues ello estaría minando las bases de la enorme pluralidad que crean las diferentes redes, organizaciones y movimientos que participan en él y que pudieran sentirse, de una u otra forma, obligados a asumir una posición única. La Carta de Principios coloca las reglas de juego en este espacio global.

El FSM es también un espacio de afirmación, ampliación y construcción de derechos, ahora en el ámbito planetario. Por lo mismo, es un espacio de expansión de los horizontes democráticos subjetivos y simbólicos: la interacción entre esas múltiples experiencias, movimientos sociales, redes, formas diversas de recuperar una perspectiva utópica y plantearse un mundo distinto, es potente. De esa interacción nadie sale indiferente, sino más bien motivado, de muchas formas, con nuevos interrogantes, con el reconocimiento de nuevas presencias y con la posibilidad de generar nuevas culturas políticas, que alimentan su imaginario democrático. Éste es el patrimonio más importante del FSM.

El FSM ha traído una multiplicidad fascinante de dinámicas, que expresan las formas en que se están construyendo visión y perspectiva global, desde la diversidad. Ha tenido también la capacidad de "pensarse a sí mismo" e ir modificando sus dinámicas hacia una mayor democratización y expansión.[6] Indudablemente que

---

[6] Esta capacidad de pensarse a sí mismo, a partir de las incongruencias, exclusiones, tensiones de poder que contiene, ha dado como resultado un permanente proceso de cambio. Uno de los más significativos ha sido modificar radicalmente la metodología del Foro, quitándole poder de decisión al Comité

un espacio-proceso de tal envergadura sería impensable —salvo idealización— sin tensiones, búsquedas diferentes, desconciertos, dinámicas de poder. Son tensiones de su propio crecimiento que arrastran ambivalencias entre viejas y nuevas subjetividades, expresión del difícil proceso de generar nuevas formas de debate político, nuevos contenidos para culturas políticas democráticas, de alimentar, en suma un espacio y un pensamiento global de contenido plural y democrático radical.

Las disputas feministas en el Foro Social Mundial

"Otro mundo es posible", es el lema del Foro Social Mundial. Mirando de una perspectiva femenina la tarea es bastante más gigantesca de lo que parece. Sin duda, estamos incomodando al pensamiento único dominante. ¿Pero estamos incomodándonos, nosotros mismos, con nuestro machismo, racismo y otras intolerancias? La especificidad del Foro Social Mundial es establecer el diálogo entre los diversos. Esto da originalidad y fuerza al Foro en la construcción de una globalización de las ciudadanías en el planeta Tierra. Pero el camino es largo y lleno de obstáculos. Espero que las mujeres nos hagan ser radicales, actuando como hasta ahora: haciendo cobranzas e incomodando (Cándido Grzybowsky, 2002).

Los feminismos han incursionado en estos espacios globales, alimentando con sus propuestas esta globalización alternativa, aportando a este proceso experiencias y conexiones múltiples. Con una rica y larga experiencia de solidaridad internacional, desplegada acumulativamente en los Encuentros Feministas Latino Caribeños, con inserciones en redes temáticas y de identidad articuladas regional y globalmente, con interacciones desplegadas a partir de las Conferencias de Naciones Unidas, los feminismos han ampliado permanentemente la trama de conexiones globales. Como dice Waterman: no hay duda del aporte de las pensadoras feministas de los setenta y los ochenta a lo que hoy se considera el movimiento de justicia global, tanto por su experiencia internacionalista como porque mucho de esta reflexión sobre el nuevo momento puede ser rastreado desde sus prácticas feministas internacionales previas (Waterman, 2002).

Los feminismos que confluyen en el Foro son múltiples, y comprenden varias dinámicas, lo que abre espacio para innumerables matices, énfasis y tendencias sobre cómo enfrentar la globalización neoliberal. Con diferentes formas de presencia y expresión en los diferentes Foros habidos hasta ahora (cinco en total), las feministas están presentes tanto en la organización de talleres y debates en intercambios y alianzas con otros movimientos, en el desarrollo de campañas globales, etc., como

Internacional y apostando a fortalecer su dimensión de espacio facilitador de los procesos del Foro, básicamente autogestionados, en consulta, y permitiendo la articulación y el diálogo entre los diferentes actores allí presentes. Otra modificación sustancial la ha traído el proceso de "mundialización" del Foro, que se inició en 2004, con el traslado del FSM a Mumbay, India y continúa con la organización de tres Foros Sociales Mundiales policéntricos: en enero del 2006 (América Latina: en Caracas; Asia: en Pakistán y África: en Mali); en el 2007 en Nairobi, África, y en 2008 una vez más en Brasil.

en una activa participación en los espacios de dirección del Foro como el Consejo Internacional.[7] Redes regionales y globales se articulan entre sí y con otros movimientos, alimentan campañas globales de significación en cada uno de los Foros. Una de ellas es la Campaña de la Marcha Mundial de Mujeres por la "Carta global de las mujeres". Otra es la Campaña "Contra los Fundamentalismos, lo fundamental es la gente", de la Articulación Feminista Marcosur, que amplía el contenido de las prácticas y concepciones fundamentalistas a "todas aquellas expresiones religiosas, económicas, científicas o culturales que pretenden negar a la humanidad en su diversidad, legitimando mecanismos violentos de sujeción de un grupo sobre otro, de una persona sobre otra" (Declaración AFM, 2002).[8] Además, se organizan discusiones que buscan colocar "el aborto en la agenda democrática", que confrontan "los efectos del neoliberalismo en las vidas de las mujeres", o que ponen la mirada feminista a la militarización creciente, a través de un gran debate llamado "Las mujeres contra la guerra, la guerra contra las mujeres". Especial mención merece la iniciativa del Diálogo entre Movimientos, organizado por un conjunto de redes de diferentes regiones del mundo.[9] Esta iniciativa nació en Mumbay en 2004 y se repitió en Porto Alegre en 2005, poniendo en diálogo a sindicalistas, dalits,[10] campesinos, homosexuales, lesbianas y transexuales, desde la explicitación de sus diferencias para impulsar el intercambio y la reflexión sobre cómo ampliar las perspectivas de transformación, recuperando y enriqueciendo la diversidad de miradas, hacia los procesos emancipatorios.[11]

¿Cuál es el aporte de la presencia feminista que hace más radical el Foro, como quiere Grzybowsky? El FSM alberga una multiplicidad de movimientos cuyo vértice común es la lucha contra las catastróficas consecuencias que el neoliberalismo ha traído a la vida de la gente, sin embargo, sobre cómo y desde dónde hacerlo es parte de la diferencia que alberga este espacio, abriendo procesos de disputa adicionales. Una visión unívoca no sólo de los impactos del neoliberalismo sino de las dinámicas del cambio social pueden excluir las luchas de sentido, culturales, las otras formas subversivas en las que se desarrolla el cambio democrático en lo local y lo global. Por la misma razón, para los feminismos el FSM es un terreno de despliegue de articulaciones pero también un terreno de disputa democrático, frente a pensamientos

---

[7] Es interesante notar que en el CI hay presencia activa de una minoría de redes feministas que aportan sustancialmente a la democratización y ampliación permanente del FSM. Entre ellas están la Articulación Feminista Marcosur, la Marcha Mundial de Mujeres, Red Mujeres Transformando la Economía, Red Dawn, Red de Educación Popular entre Mujeres (REPEM), Red Ashkara, Red LGBT Sur-Sur, entre otras.

[8] Iniciada en el FSM 2002 por la Articulación Feminista Marcosur, la Campaña contra los Fundamentalismos es ahora una campaña global.

[9] Las organizaciones y redes que iniciaron esta experiencia son: Ashkara, de la India, WICEJ, Articulación Feminista Marcosur de América Latina, FEMNET de África, DAWN, red global, Inform, de Sri Lanka.

[10] Los "dalits", conocidos también como los "intocables" representan la escala más baja en el sistema de castas de la India.

[11] Esta experiencia, iniciada en el Foro de Mumbay en 2004 y repetida en el Foro de 2005, está a tono con la nueva metodología del Foro, que busca justamente poner en diálogo y "aglutinar" a diferentes redes y movimientos interesados en lograr este intercambio de estrategias y propuestas.

únicos, frente a desequilibrios hegemónicos, frente a exclusiones también presentes en las fuerzas y dinámicas de cambio.

Para las feministas en el Foro existe una agenda compartida con otros sujetos y movimientos sociales pero, desde el específico lugar en que éstas se ubican, existen otras dimensiones de su agenda no asumidas fácilmente por otros movimientos y actores sociales, de allí su necesaria explicitación. Frente al terreno común —lucha contra el neoliberalismo y el militarismo— la forma de acercarse a estas luchas, las dimensiones que se iluminan, depende también del lugar desde el que se habla.[12]

Pero hay otra dimensión que ha traído la globalización neoliberal y que actúa con especial fuerza en la vida y los cuerpos de las mujeres: los fundamentalismos, que aparecen hoy por hoy como un eje de desigualdad y exclusión para las mujeres en su condición de personas, de ciudadanas, impactando en su cuerpo como lugar político. Pero también de desigualdad y exclusión para los movimientos de orientación sexual en todas sus variaciones, y en general en la lucha por los derechos sexuales y derechos reproductivos, dimensiones fundamentales de la lucha por las transformaciones hacia otros mundos posibles. Sin embargo, los impactos de las miradas fundamentalistas van mas allá del impacto en las mujeres, al alimentar pensamientos únicos y formas excluyentes y antidemocráticas de ver el mundo y asumir las diferencias. Así y todo, esta dimensión, que reconoce la diversidad de experiencias de vida y de subjetividades de los movimientos emancipatorios, no es aún percibida como parte fundamental de las propuestas de transformación, de mujeres y hombres, que confluyen en el FSM. Y ésta es una de las disputas feministas.

No es, sin embargo, fácil. Fray Beto, prestigioso teólogo progresista comprometido con los movimientos sociales, sostuvo en el Foro V que los feminismos habían nacido y desaparecido en el siglo XX, y que por lo tanto no estaban comprometidos con las transformaciones planteadas por la lucha antineoliberal. Una carta abierta de las feministas brasileñas presentes en el Foro afirma que sus palabras, arbitrariamente, mandaron a un movimiento vibrante y activamente presente en el Foro Social Mundial, a la invisibilidad e inexistencia. "Enviar a un sujeto político a la inexistencia es una grave señal de enorme arbitrariedad, y es contraria a las prácticas democráticas de las luchas sociales" (Carta abierta a Fray Beto).

En estas miradas, que desconocen la presencia de movimientos como el feminista, subsiste la idea de que existen actores de mayor significancia política que otros, atributo que no siempre detentan las feministas, los homosexuales, las lesbianas, los transexuales, ni las luchas específicas que, por ejemplo, las feministas negras de América Latina realizan dentro de sus propias comunidades y culturas. Es pensar la emancipación desde códigos no emancipatorios. Contra estas dinámicas excluyentes, la pelea de las feministas en el interior del Foro y del Comité Internacional

---

[12] En el caso del militarismo, además de la confrontación a una cultura bélica, que privilegia la guerra, las mujeres inciden en lo que la lógica de guerra implica para el cuerpo de las mujeres. El neoliberalismo no sólo flexibiliza el trabajo sino coloca en lo privado las obligaciones de bienestar social que los estados deberían dar, lo que aumenta la carga de trabajo y la responsabilidad de las mujeres al ser ubicadas como guardianas de la familia, la salud, etc.

ha sido tenaz, pues insisten en ampliar su visibilidad y democratizar la participación en los debates y actividades. De esta manera, "género" y "diversidad" serán los dos ejes transversales del Foro, que contribuirán a expandir su lucha no por un mundo mejor, sino por otros mundos mejores que expresen la diversidad de miradas y propuestas emancipatorias.[13]

Enfrentar estas miradas es parte de la disputa de las feministas, pero también de otros actores. Por ejemplo las y los jóvenes, —como quedó de manifiesto en las tensiones últimas (FSM, 2005) que se produjeron en el Campamento de la Juventud con las instancias organizadoras del Foro y con el Comité Internacional—, porque ellos también disputan otros sentidos y orientaciones que no siempre son recogidos por la dinámica del Foro o sus instancias coordinadoras.[14]

Pero también ser un espacio de disputa es uno de los más preciados aportes del FSM. Las tensiones y contradicciones, los diferentes niveles en que se expresan, son la matera prima para recuperar la diversidad de sensibilidades e interrogantes frente a los nuevos escenarios de la globalización. Los desbalances percibidos y nombrados son también materia prima para propuestas más audaces que amplíen y conecten miradas. Estas disputas han abierto la forma en que se entiende la democracia. Teivo Teivanen habla de la idea de "demodiversidad "como un antídoto útil contra concepciones rígidas o unívocas de democracia, definida esta demodiversidad como la "existencia pacifica o conflictiva, en un campo social dado, de diferentes modelos y prácticas de democracia" (Teivanen, 2004:63).

Es claro que para incidir en esta nueva construcción de democracia, hay que perfilar la visibilidad del propio aporte. De allí las múltiples estrategias feministas que confluyen en el Foro, como comprometerse con las luchas de otros movimientos sociales, impulsar los procesos del Foro, incorporar la visión politizada que propone el feminismo sobre la democracia y el cambio, abrir espacios para dialogar con otros movimientos sobre las dimensiones más sensibles de las diferencias, y construir espacios, también, para las convergencias. Es ésta también una lucha de reconocimiento, y para obtenerlo dice Marta Rosemberg, es necesario politizar las diferencias, celebrando la conciencia de la igualdad, como vehículo de justicia, y proteger la expresión de las diferencias, como acto de libertad (Rosemberg, 2002).

---

[13] Esta disputa ha sido evidente desde el FSM I, donde la presencia de las mujeres era cuantitativamente mayor que la de los hombres y, sin embargo, su participación en los debates públicos fue poco más de 10. En el FSM II se logró que algunas feministas organizaran algunos, pero la responsabilidad de establecer los ejes (cada uno de ellos con seis o siete grandes páneles) quedó en manos de los hombres. En el FSM III, de los cinco ejes del Foro, se logró que dos de ellos fueran organizados por dos redes y articulaciones feministas: la Articulación Feminista Marcosur y la Marcha Mundial de Mujeres.

[14] Desde el primer Foro existe el Campamento de la Juventud, autogestionado de muchas formas y sustentando formas de organización ecológica y principios de economía solidaria (Teivanen, 2004). En el FSM 2005 una de las redes globales organizó un debate en el Campamento de la Juventud, poniendo en diálogo con ellos a algunas personas integrantes del CI. Las críticas levantadas por el Campamento fueron duras: falta de transparencia, debilitamiento del principio de economía solidaria y de la propuesta ecológica, además de no haber facilitado —en la forma de organización del lugar— un espacio "amigable". También se reportó una violación en el campamento.

La diferencia como acto de libertad ha colocado a la Campaña contra los fundamentalismos dentro del Foro, buscando incorporarlos como uno de los ejes de reflexión. Esta estrategia quedó evidenciada en la nota de prensa que la Articulación Feminista Marcosur dio el último día del FSM 2005, en el Barco de las Mujeres,[15] que plantea en algunos de sus párrafos:

La lucha por la libertad sexual y el aborto es una de las formas más extendidas de oposición a los fundamentalismos en el marco del FSM. [...] Hasta ahora no se consiguió que el Foro fuera equitativo, las grandes actividades de los grandes nombres masculinos muestran la necesidad de que el Foro sea más democrático [...] La AFM quiere que el FSM sea una vivencia de democracia radical, con igualdad entre personas diversas.

Ésta es también la propuesta de las feministas que participan en el Comité Internacional del FSM.

Diálogos feministas desde la diferencia

Un conjunto de redes, articulaciones y organizaciones feministas asumieron el reto de organizar un espacio de reconocimiento y diálogo entre feministas de todas partes del mundo que confluyeron en el espacio del Foro. En 2003, en una reunión bajo uno de los árboles de la Universidad donde se realizaba el FSM, en Porto Alegre, esta primera iniciativa dio origen a los Diálogos Feministas, en el FSM 2004, en Mumbay, India y en el FSM 2005, en Porto Alegre, Brasil. En una reunión de tres días, coincidieron feministas de todo el mundo (180 en Mumbay, 260 en Porto Alegre), muchas de las cuales no habían estado en diálogo frecuente, menos en diálogo feminista global, a pesar de haber tenido conexiones de diferente tipo. Varias de las que participaron en Mumbay lo hicieron también en Porto Alegre, en el FSM V. En los Diálogos Feministas se buscó justamente articular los aportes feministas con las orientaciones comunes del Foro (neoliberalismo, militarismo), añadiendo el eje de los fundamentalismos y teniendo al "cuerpo" como clave emergente e integradora que alimenta una democracia radical:

Conscientes, como feministas, que nuestros cuerpos están repletos de significados culturales y sociales, experimentamos también que los cuerpos de las mujeres son sitios clave donde se dan muchas batallas políticas y morales. Es a través del cuerpo de las mujeres que la comunidad, el Estado, la familia, las fuerzas fundamentalistas (estatales y no estatales), la religión, el mercado procuran definirse a sí mismos. Estas fuerzas e instituciones, a través de una plétora de controles patriarcales, transforman los cuerpos de las mujeres en expresiones de relaciones de poder. Los cuerpos de las mujeres, así, están en el centro de propuestas autoritarias o democráticas (nota conceptuada de los Diálogos Feministas, 2005).

---

[15] El Barco fue organizado por la Campaña contra los Fundamentalismos, proveyendo un espacio para actividades diversas: talleres, conversatorios y exposiciones sobre temas tan variados como el del agua como recurso escaso hasta conversatorios de y con travestis y transexuales, entre otros.

Este espacio ha significado también un lugar de aprendizaje, para el grupo que dio el primer impulso, y que ahora se ha ampliado. Aprendizajes metodológicos, políticos, descubrimiento de otras miradas, otros conocimientos, otras formas de interrogar la realidad y las mismas estrategias con otros resultados. Enriquece saber que causas comunes de justicia y libertad no necesariamente tienen las mismas estrategias ni los mismos resultados, porque esto amplía los límites de lo posible. Un ejemplo significativo para mí, particularmente, es el énfasis en el tema del aborto en la India y en América Latina. Mientras que para los feminismos latinoamericanos la lucha por el aborto es parte visible de sus agendas, las feministas de la India —que han conseguido su despenalización— tienen nuevos interrogantes. Esta ampliación de espacios de libertad para las mujeres se ha vuelto contra ellas mismas, pues las mujeres abortan mayoritaria y masivamente embriones femeninos. Ello no invalida esta lucha, pero complejiza las apuestas feministas. Otras culturas, otros recursos, otras carencias y otros problemas; y para los problemas comunes, riesgos diferentes y soluciones diferentes. Todo ello nuevamente cuestiona las soluciones universales, los pensamientos únicos y enriquece el horizonte al plantear nuevos interrogantes.

A MODO DE CONCLUSIÓN

Las agendas feministas en el nuevo milenio convocan al desarrollo de nuevos paradigmas, combinando lo local, lo nacional y lo global, la interconexión de múltiples agendas y la oportunidad de debatir acerca de una dimensión más profunda de la justicia; es decir una justicia económica, social, cultural y simbólica. Pero que también se tenga la oportunidad de discutir sobre las formas de hacer política de los propios movimientos sociales presentes en espacios globales como el Foro Social Mundial.

Ello significa hacer explícita —apoyada en una nueva cultura política de los movimientos sociales—, una visión de la integralidad de la condición humana y de las transformaciones posibles, que contribuya a romper la dicotomía entre luchas principales y secundarias, y la separación entre economía, política, cultura, sociedad y subjetividad. Por lo tanto, se avanza en lograr que las agendas sean parte integral de los debates por una justicia económica y profundización de la democracia. Éste es uno de los aportes más significativos de los feminismos a esta nueva mirada, desde el convencimiento de que otros mundos no serán posibles sin el reconocimiento de esta diferencia y sin la inclusión, en los horizontes emancipatorios, de estas dimensiones.

BIBLIOGRAFÍA

Álvarez, Sonia (1998), "Latin American feminisms go global: Trend of the 1990's and challenges for the new millennium", en Sonia Álvarez, Evelina Dagnino y Arturo Escobar (eds.), *Cultures of Politics/Politics of Cultures Re-visioning Latin American Social Movements*, Estados Unidos, Westview Press, pp. 293-324.

Articulación Feminista Marcosur (2001), *Declaración política sobre los fundamentalismos*, en <www.mujeresdelsur.org>.

Ávila, María Betania (ed.) (2001), "Feminismo, ciudadanía e trasnformação social", en *Textos e imagens do feminismo: mulheres construindo a igualdade*, Brasil, SOS CORPO.

Beck, Ulrich (2004), *Poder y contrapoder en la era global. La nueva economía política mundial*, Barcelona/Buenos Aires/México/España, Paidós.

Belluci, Mabel y Flavio Raspisardi (1999), "Alrededor de la identidad. Las luchas políticas del presente", *Revista Nueva Sociedad*, núm. 162, Caracas, pp. 41 53.

Bonan, Claudia (2001), *Política y conocimiento del cuerpo y la estructuración moderna del sistema género*, Brasil, Universidad Federal de Río de Janeiro, <www.ufrj.br>.

Cairo Carou, Heriberto (2000), "Jano desorientado. Identidades político-territoriales en América Latina", *Leviatán*, núm, 79, Madrid, pp. 107-111.

Carta Abierta a Fray Beto, Articulación Feminista Brasileñas, documento de la web.

Castells, Manuel (1999), "Los efectos de la globalización en América Latina por el autor de 'la era de la información'", *Insomnia. Separata Cultural*, núm. 247, viernes 25 de junio, Uruguay.

Celiberti, Lilian (2001), "Retos para una nueva cultura política", *Lola Press*, núm. 15, mayo-octubre 2001, Uruguay, Lolapress Latinoamérica.

Correa, Sonia (2002), "Globalización y fundamentalismo: un paisaje de género", en *Alternativas de desarrollo con mujeres para una nueva Era. Abordando el Foro Social Mundial*, suplemento DAWN, Brasil, Porto Alegre.

De Souza Santos, Boaventura (2002), Sem fronteiras "Em busca da cidadania global", en *Porto Alegre 2002*, documento de la web <www.portoalegre2002.org>.

Diálogos Feministas 2005, nota conceptual.

Fraser, Nancy (1997), *Iustitia interrupta. Reflexiones críticas desde la posición "postsocialista"*, Santa Fe de Bogotá, Siglo del Hombre Editores, Universidad de los Andes, Facultad de Derecho.

Garrido, Lucy (2002) "¿Quién quiere tener género cuando puede tener sexo?", ponencia presentada al seminario, "Feminismos latinoamericanos", *Debate Feminista*, vol. 27, abril, México, PUEG-UNAM, p. 230.

Grzybowsky, Cándido (2002), "¿Es posible un mundo más femenino?", en *Foro Social Mundial*, 31 de enero-5 de febrero, documento de la web.

Harcourt, Wendy y Arturo Escobar (2003), "Mujeres y política de lugar en desarrollo. Lugar, política y justicia: las mujeres frente a la globalización", *Revista de la sociedad internacional para el desarrollo*, Italia.

Hardt, Michael (2002), "Soberanía nacional y militancias en red", *Clarín*, marzo, documento de la web, Argentina.

Informe de Desarrollo Humano, Chile, 2000.

Jelin, Elizabeth (2003) "La escala de la acción de los movimientos sociales", en *Mas allá de la nación: las escalas múltiples de los movimientos sociales*", Buenos Aires, Libros del Zorzal.

Kirkwood, Julieta (1986), *Ser política en Chile. Las feministas y los partidos*, Santiago de Chile, FLACSO

Lechner, Norbert (1996), "Los limites de la sociedad civil", *Revista Foro*, núm. 26, Bogotá, Foro Nacional por Colombia.

―――― (2002), Informe de desarrollo humano, Chile.

Mafia, Diana (2000), "Ciudadanía sexual. Aspectos legales y políticos de los derechos reproductivos como derechos humanos", *Feminaria*, año XIV, núm. 26/27-28, Buenos Aires, pp. 28-30.

Melucci, Alberto (2001), *Vivencia y convivencia. Teoría social para una era de la información*, edición de Jesús Casquette, España, Trotta.

Mouffe, Chantal (1996), "Feminismo, ciudadanía y política democrática radical", en Elena Beltrán y Cristina Sánchez (eds.), *Las ciudadanas y lo político*, Madrid, Instituto Universitario de Estudios de la Mujer, Universidad Autónoma de Madrid.

PNUD (2004), Informe sobre democracia en América Latina.

Sanchis, Norma (2004), *Fundamentalismo económico, fundamentalismo del mercado*, documento interno, Articulación Feminista Marcosur, en <www.mujeresdelsur.org>.

Slater, David (1998), "Rethinking the spatialities of social movements: Questions of (b)orders, culture, and politics in global times", en Sonia Álvarez, Evelina Dagnino y Arturo Escobar (eds.), *Cultures of politics/Politics of cultures re-visioning Latin American social movements*, Westview Press, pp. 380-404.

Tamayo, Giulia (1997), "La 'cuestión de la ciudadanía' y la experiencia de paridad", Centro Flora Tristán, documento inédito.

Teivanen, Teivo (2004), *Dilemmas of democratization in the world social forum*, manuscrito, para publicación, Routledge.

―――― (2003), *Pedagogía del poder mundial. Relaciones internacionales y lecciones del desarrollo en América latina*, manuscrito, Lima, Perú.

Vargas, Virginia y Lilian Celiberti (2005), *La tensión entre universalidad y particularidad*, en <www.mujeresdelsur.org>.

―――― (2005a), "Los nuevos escenarios, los nuevos/viejos sujetos y los nuevos paradigmas de los feminismos globales", en <www.mujeresdelsur.org>.

Waterman, Peter (2002), After the 2nd World Social Forum in Porto Alegre, What's left internationally?, en <www.labournet.de/diskussion/wipo/seattle>.

―――― (2004), "The global justice & solidarity movement & the ESF: A backgrounder", en Jai Sen, Anita Anand, Arturo Escobar y Peter Waterman (eds.), *Challenging Empires. World Social Forum*, Nueva Delhi, The Viveka Foundation, pp. 55-63.

A MODO DE CONCLUSIÓN: REFLEXIONANDO LO APRENDIDO

ELIZABETH MAIER

EL CONTEXTO Y LAS MUJERES

Las tres décadas fronterizas entre siglo y siglo trascurridas desde el primer Año Internacional de la Mujer (1975-1976), constituyen un periodo histórico de intenso cambio en todas las dimensiones de las sociedades latinoamericanas. Las prescripciones de la geopolítica de la guerra fría, las dictaduras y la aguda represión política en los países del Cono Sur; las insurgencias y las guerras civiles de Centroamérica; el reordenamiento de la división internacional del trabajo; la reestructuración productiva; la aplicación de las políticas neoliberales de reducción y privatización estatal; la liberalización de las barreras al comercio internacional y regional; la creciente segregación social de las mayorías excluidas y las minorías privilegiadas del actual modelo económico; el impacto de la revolución cibernética y de la tecnología del ámbito de las comunicaciones en la promoción del enlace global y, finalmente, la transición a la democracia electoral en todos los países de la región, han incidido en la modificación de las relaciones sociales; la reformulación de los contenidos culturales; la reconceptualización de los espacios geográficos y simbólicos de pertenencia, y la emergencia de nuevos temas y actores(as) que han poblado la agenda ciudadana de la región.

Las mujeres de América Latina y el Caribe han estado en primera fila de este cambio. En el breve periodo de estos treinta años, ellas han logrado una visibilidad y protagonismo anteriormente desconocidos, democratizando progresivamente con su presencia y perspectiva de género a los ámbitos de la familia, la educación, el trabajo remunerado, las profesiones y la formulación de las políticas públicas, las leyes y los presupuestos. Progresivamente se han adaptado a la anticoncepción como mediación del ejercicio reproductivo, liberando a la sexualidad de la imposición del embarazo frecuente y situándola por primera vez en la historia moderna también en un campo de progresiva democratización. A través de la participación sociopolítica, las latinoamericanas han resignificado los papeles genéricos tradicionales de madre y ama de casa con contenidos públicos de tenacidad, inteligencia, valentía y liderazgo, a la vez que han habitado nuevas representaciones de lo que es ser mujer en las sociedades latinoamericanas, contribuyendo así a politizar lo privado y re-fincar las fronteras y articulaciones entre privado y público, personal y político (Maier, 2000; Di Marco, 2006).

En el pestañear histórico de estas tres décadas se han identificado e impulsado los derechos civiles, políticos y humanos de las mujeres a partir del progresivo desarrollo, reconocimiento e institucionalización de la perspectiva de género. Junto a la identificación de campos de intervención estatal, la elaboración de líneas y programas de atención a la inequidad de género y la renegociación de parcelas de decisión y poder en la familia y en la pareja, se perfila una tendencia hacia la reconfiguración paulatina del imaginario colectivo de los pueblos latinoamericanos y caribeños, progresivamente *desnaturalizando* la otrora presunción de una esencia desigual entre hombres y mujeres. Sin duda, dicho cambio en la cultura de género es vivido de manera diferencial y frecuentemente contradictoria por las mujeres —y hombres— de la región. Pero la heterogénea asimilación de estos nuevos sentidos culturales a la vida cotidiana de mujeres y hombres no deja de marcar de forma cada vez más asentada la aceptación de la idea de igualdad entre los géneros. Por lo mismo, queda evidente que el quehacer feminista afuera y adentro de las instituciones ha tenido éxito en cuestionar y reformular la propia noción de lo privado y lo público y consecuentemente a la misma praxis de la democracia y la ciudadanía.

EL VALOR DE LA ONU

El papel de las Naciones Unidas en integrar el espacio mundial y definir los grandes temas de la agenda mundial de justicia —el género, la población, el medio ambiente, los derechos humanos, la diversidad racial y étnica y la pobreza, entre otros— explorados en las conferencias y refrendados en las convenciones internacionales, fue un instrumento para la configuración de las premisas, derechos y obligaciones de una nueva cultura global, que aun cuando asumidos de distintas maneras y grados por los países miembros, marcan la pauta de metas y estrategias formalmente acordadas. Los avances de la agenda de género, transversalizado en todas las conferencias y convenciones como reflejo de la creciente complejización de la práctica cotidiana y agencia de las mujeres del mundo, iniciaron su camino hacia la institucionalizaron a partir de la Primera Conferencia Internacional de la Mujer en 1975, consolidándose con la creación de UNIFEM en 1976, la apertura de adscripción a la Convención para la Eliminación de Todas las Formas de Discriminación Hacia la Mujer (CEDAW) en 1978 y en las consiguientes convenciones y acuerdos internacionales. La misma idea de los derechos humanos de las mujeres revolucionó al propio paradigma de Derechos Humanos, situando lo privado y las relaciones sociales que lo rigen dentro de su campo a través de un desdoblamiento jurídico que responsabiliza a los Estados por los comportamientos e ideologías discriminatorias de sus ciudadanos. La creciente especificidad y obligatoriedad de la(s) convención(es) proporciona los mecanismos para globalizar estrategias de promoción de la equidad de género que han sido fundamentales en enfrentar inequidades históricas en múltiples campos y alentar programas, proyectos, institutos y legislaciones nacional y localmente.[1] Con mayor o menor empeño, la gran

---

[1] La firma del Protocolo de la CEDAW, que explica mecanismos de obligatoriedad para la adhesión de

mayoría de los países de América Latina y el Caribe han aplicado políticas públicas de género en correspondencia con los compromisos internacionales asumidos. La efectividad de dichas políticas y la consiguiente extensión y profundidad en la renovación de las relaciones de género que ordenan a las sociedades latinoamericanas dependen de múltiples factores, resaltando entre los más determinantes: el rango de dinamismo, representatividad e influencia política del movimiento de mujeres en cada país; la voluntad política del gobierno en turno; la interpretación del significado de la categoría de género y la correlación entre las posiciones político-ideológicas que disputen los sentidos de dicha categoría y del consiguiente proyecto sociocultural.

LA GLOBALIZACIÓN Y LA NUEVA DIVISIÓN SEXUAL DE TRABAJO

A su vez, el contexto de tránsito entre dos modelos económicos —del Estado benefactor y del libre mercado— y la consolidación de la globalización neoliberal ha sido el telón de fondo en que las mujeres latinoamericanas y caribeñas se han forjado en sujetos públicos, implicando para la mayoría de ellas la multiplicación de sus tareas, responsabilidades y jornadas de trabajo, la fragmentación y reorganización de sus familias inmediatas o extensas, la provocación de una progresiva y cada vez más prolongada ausencia masculina por razón de la migración o el abandono, la intensificación del desempleo masculino, la puesta en marcha de la movilidad femenina —crecientemente trasnacional e internacional— en búsqueda de mejores ofertas laborales, su colocación en los empleos más inestables y peor remunerados, su cada vez más frecuente papel como jefas de familia y, finalmente, la creciente feminización de la pobreza. La entrada masiva de las mujeres al mundo laboral, generalmente en condiciones sociales y económicas de desventaja, y las consiguientes dobles y triples jornadas de trabajo —remunerado, familiar y comunitario— han facilitado la transferencia de ganancias extraordinarias a las corporaciones globalizadas y los Estados latinoamericanos. A tal grado es la intensificación y extensión del día laboral femenino —remunerado y gratuito— en América Latina y el Caribe, que uno puede preguntarse, ¿en qué medida se ha construido el modelo neoliberal de globalización en la región sobre los hombros y la salud de las mujeres? Discordantemente estas condiciones revelan un agudo déficit de ciudadanía social femenina justamente en el momento histórico de mayor ciudadanía política.

Mientras que ellas asumen mayores responsabilidades económicas, comunitarias y ciudadanas, incursionando cada vez más en los ámbitos anteriormente masculinos, los varones no demuestran la misma tendencia de entrar a los ámbitos y tareas tradicionalmente consideradas femeninas del cuidado y alimentación de

la Convención, se sitúa actualmente en el centro de la mira de los movimientos de mujeres en los países de la región que todavía no se han adscrito a dicho documento.

las hijas e hijos, la administración del hogar y la reproducción diaria de la familia (Bolles y Phillips; Núñez; Safa; Colón y Poggio, 2006). La falta de reciprocidad genérica en esta renovada división sexual del trabajo globalizado tiene implicaciones profundas, que se reflejan en el Caribe hispano, por ejemplo, en una tendencia hacia la modificación del modelo familiar patriarcal, en gradual sustitución por el fortalecimiento de arreglos familiares entre mujeres, generalmente de la familia matrilineal de la jefa de familia (Safa, 2006). Dicha tendencia, sumada a otras,[2] enfatiza la importancia de diseñar programas de atención a las múltiples dimensiones de la problemática masculina actual, lo que finalmente se traduce en la disminución de su poder en la sociedad y la familia. Se podría pensar en la promoción de programas de recapacitación laboral para hombres desempleados, por ejemplo, que incluyan módulos de reflexión masculina en torno a las transformaciones de género que las sociedades actualmente experimentan, siendo así un primer paso para verbalizar y visibilizar —parafraseando a Tamayo (citado en Vargas, 2006)— el *malestar masculino*.

La evidente modificación contemporánea de las condiciones estructurales y normativas en las que se produce y reproduce el poder genérico, paulatinamente empieza a poner en tela de juicio a la otrora hegemonía masculina. Pero existen resistencias masculinas y concesiones femeninas que amortiguan los cambios más lógicos pero potencialmente más interruptores de la reorganización familiar de labores y poder (Núñez, 2006) que, sin la intervención activa de una voluntad política estatal centrada en facilitar los procesos de transición genérica con programas de cuidado infantil, nuevos enfoques educativos y capacitación laboral y existencial para hombres y mujeres, suele debatirse entre las exigencias de la nueva realidad y la premisa popular de "mejor malo conocido que bueno por conocer". Comprobamos un proceso intenso, complejo y profundo de reorganización y renegociación cultural, familiar e individual que sacude los cimientos de la única relación social que no sólo ordena la vida pública sino también la privada e íntima, metiéndose en las cocinas, los baños, los armarios y las recámaras. Por lo mismo, considero que la metodología de conscientización genérica empleada por las feministas en las primeras décadas de la segunda ola, tendría que reconsiderarse ahora desde las políticas públicas como una herramienta esencial para analizar, facilitar y agilizar los reacomodos de este tránsito (Maier, 2006). Pero a la vez, se requiere una nueva tipificación de la familia en las legislaciones nacionales que ampare los variados modelos familiares que conviven en las sociedades contemporáneas (Safa, 2006).

---

[2] El creciente desempleo masculino —particularmente documentado en el Caribe hispano— y la inhabilidad de cumplir con el papel tradicional masculino de proveedor familiar, junto a las oportunidades laborales para las mujeres y la consiguiente revalorización femenina, impactan la autoestima de los varones, lo que frecuentemente resulta en una serie de comportamientos anómicos en los hombres como la depresión psicológica e incrementos en las adicciones, la violencia doméstica y el abandono familiar.

MISOGINIA, VIOLENCIA DE GÉNERO Y FEMINICIDIO

La dialéctica entre el empoderamiento femenino y la vulnerabilidad de crecientes franjas de mujeres también parece incidir en nuevas y más brutales formas de violencia y misoginia, como lo es el feminicidio[3] que se extiende como un cáncer social a cada vez más localidades y países latinoamericanos (Carrillo y Stoltz Chinchilla, 2006; Herrera, 2006). De tal manera, a la par que las mujeres se apropian de sus cuerpos, sus identidades y sus vidas, se reconocen y son reconocidas como sujetos de derechos y ciudadanías, emergen patologías sociales fijadas en el género femenino. Éstas tienen como resultado inmediato la restricción de la movilidad y la libertad de las jóvenes mediante un nuevo disciplinamiento de género asentado en la promoción del terror y la consolidación de órdenes sociales misóginos paralelos —particularmente reflejado en el tráfico ilegal de drogas, órganos, personas, trata de niñas y mujeres y videos *snuff*—, que a propósito o simplemente como diversión patriarcal promuevan la caza de las mujeres y el terror genérico.[4] Estos patrones sumamente preocupantes tendrían que investigarse a profundidad interrelacionando la perspectiva de género con el análisis coyuntural de los fenómenos comerciales ilegales subsumidos a la globalización económica y sus vinculaciones con los aparatos estatales y locales de procuración de justicia.

A la vez, la agencia sociopolítica de las mujeres organizadas en estos sitios —la que denuncia y paulatinamente *des-cubre* la extensión del fenómeno y los mecanismos de su producción y reproducción— debe de entenderse no sólo como un movimiento ciudadano por el respeto a los derechos humanos y la demanda del Estado de derecho, sino también como un movimiento nacional e internacional —espontáneo, pero crecientemente organizado a través de redes asentadas en el cúmulo de la agencia femenina de estas décadas— de contundente resistencia, que se rebela frente al mensaje de terror de estos brutales castigos genéricos y se niega a encerrarse de nuevo dentro de los muros de lo privado.

ACTIVISMO Y AGENCIA DE LAS MUJERES

Los 30 años de participación femenina y agencia feminista revisados en la presente antología ejemplifican un rico mosaico de experiencias, en donde la intersección de contextos, identidades, intereses y estrategias perfila a las mujeres latinoamericanas como un sujeto social colectivo, complejo y diversificado, con perspectivas e interpretaciones de la realidad y de su condición de género también distintas. En este

---

[3] El *feminicidio* son crímenes de género contra las mujeres; en los casos emblemáticos de Ciudad Juárez, México, Guatemala, El Salvador, Honduras y otros sitios, se emplean grados de tortura, crueldad y perversión sexual ejemplificativas de la misoginia aguda.

[4] En Ciudad Juárez, México, un informe reciente muestra que en 2005 se comete un asesinato brutal de una mujer cada nueve días, contra uno cada 18 días en 2004 (*La Jornada*, 10/22/05).

sentido, la experiencia vivida —desde la muy particular forma en que distintos colectivos e individuos articulan y jerarquizan las dimensiones de exclusión (e inclusión) que constituyen a sus personas— y el entorno concreto —que informa y moldea a su cotidianeidad—, definen las prioridades, metas y estrategias de esta diversidad de actoras colectivas. Sin duda, la tensión entre diversidad y similitud ha distinguido y problematizado la agencia femenina en América Latina a lo largo de estos 30 años, siendo a la vez uno de sus rasgos más conflictivos y —en la opinión de autores como Vargas (1998)— su gran contribución al movimiento feminista internacional. La creciente emergencia de actoras femeninas con perfiles, demandas y miradas distintas, asimismo ha propiciado un reconocimiento progresivo —no siempre libre de conflictos— de las múltiples maneras de vivir y sentir la identidad de género según la diversidad de identidades, posiciones, perspectivas y estrategias.

No obstante, dicho reconocimiento no se ha traducido todavía en la constitución de mecanismos y espacios estables y fluidos de interlocución e intercambio entre las actoras que pueblan los procesos sociopolíticos latinoamericanos contemporáneos, locales y nacionales (Carrillo y Chinchilla, 2006), impidiendo así la posibilidad de un diálogo a mayor profundidad que explora y debate las diferencias con franqueza y respeto, promoviendo mayor comprensión, identificación, reciprocidad y cohesión. En este sentido, uno de los retos del futuro inmediato es crear espacios de diálogo entre feministas —individuales y de las ONG—, indígenas, afrolatinas, lesbianas, mujeres de sectores y organizaciones populares, desempleadas, sindicalistas, militantes de partidos políticos, etc., cuyo objetivo inmediato no sea únicamente acordar agendas sino crear nuevas prácticas de comunicación, de escucha, conocimiento y reconocimiento entre *diversas*, basándose en los principios de honestidad, humildad, compenetración y empatía del paradigma de la resolución de conflictos. Vienen a la mente los múltiples ensayos históricos de coaliciones de mujeres progresistas en la mayoría de los países latinoamericanos y del Caribe (Rakowski y Espina; Kampwirth, 2006; Lau, 2006; Merlet, 2006), que sirven como lecciones aprendidas para reenfocarse actualmente en la exploración, reconocimiento y respeto de la unicidad de cada identidad colectiva e individual, como metodología para la construcción de campos y temáticas de identificación de género, sensibilización y conscientización.

Pero la inclusión de múltiples expresiones de agencia femenina, en un ejercicio de identificación entre mujeres que comparten visiones similares de los grandes rubros de la justicia social, no podría obviar diferencias tan medulares como las asentadas en el campo de los derechos reproductivos y sexuales, lo que para las feministas constituye una parte esencial de su perspectiva de género. Uno de los dilemas se sitúa en los aliados naturales de posicionamientos encontrados frente a dichos derechos, especialmente en cuanto a la despenalización del aborto y el pleno reconocimiento de las *sexualidades disidentes*, como las llama Mogrovejo (2006): temáticas sin duda ubicadas en el corazón de la disputa contemporánea por los sentidos culturales entre fundamentalismos religiosos y humanismos laicos. Aplazar la discusión sobre dichos temas de contención efectivamente ha sido la premisa de una colaboración pragmática entre mujeres de ideologías distintas, particularmente funcionarias y mujeres políticas, en la identificación de áreas de consenso y colaboración y en la formulación de políticas públicas sobre temas como la violencia intrafamiliar, el tráfico y trata de mujeres, la inequidad política, la discriminación educativa y aspectos de la discriminación laboral, siendo así una metodología exitosa para visibilizar y modificar ciertas injusticias de género (Lau, 2006; Sagot, 2006; Tarrés, 2006; Rakowski y Espina, 2006). No obstante, la integración de espacios compartidos e identificaciones efectivas entre mujeres de causas y solidaridades comunes y distribuidas en otros incisos de la agenda de justicia social, pero con diferencias en cuanto a los derechos reproductivos y sexuales, parece tener su clave en el fomento financiado por las grandes agencias de financiamiento de procesos de sensibilización hacia la indivisibilidad de los Derechos Humanos, como metodología para la construcción de nuevas visiones paradigmáticas holísticas que representan a las grandes mayorías nacionales y planetarias (Di Marco; Herrera; Maier; Colón y Poggio; Vargas, 2006).

LA(S) AUTONOMÍA(S) Y LA INSTITUCIONALIZACIÓN: DOS CARAS DE UNA ESTRATEGIA SINERGÉTICA

La autonomía como estrategia política ha acompañado a las grandes luchas identitarias de la modernidad, fincando nuevas fronteras en donde reconstruir identidades históricamente forjadas en subalternas. La autonomía del Estado, los partidos y organizaciones políticas mixtas y las imposiciones masculinas fue la premisa fundacional del feminismo latinoamericano y caribeño contemporáneo, surcando los espacios en que muchas mujeres se redescubrieron como sujetos de sus propias vidas y sociedades y se reapropiaron de sus cuerpos, sexualidad, dignidad y ciudadanía. Con la transición a la democracia electoral en la región, la autonomía como estrategia entró a debate. A principios de la década de los noventa, la nueva seguridad colectiva de las mujeres —la *autoestima de género*— que décadas de visibilización, participación y valoración femenina había acumulado, y las nuevas oportunidades que la democracia política ofreció para legitimar y ampliar las transformaciones de género, se tradujeron para una mayoría feminista en la convicción de que la estrategia autonómica —tan necesaria para la sanación y fortalecimiento de identidades sociales históricamente subordinadas, discriminadas y fragmentadas— manifestara un carácter flexible y relativo según la interrelación de tres factores: la identidad, la coyuntura y los(as) actores(as) aliados(as). El fortalecimiento y seguridad identitario —colectivo e individual— de las actoras, los márgenes de acción institucional de la coyuntura política y la extensión e influencia de los y las aliadas incidieron en revisar la estrategia feminista fundacional y entrar plenamente al terreno de la participación institucional y la elaboración de las políticas públicas. No obstante, a lo largo de estos tres lustros de práctica institucional, la cuestión de la autonomía —su valor, sus márgenes, dinámicas y articulación con formas de participación social y política no autónomas— se ha mantenido presente en las inquietudes y estrategias del feminismo y de la organización de las mujeres latinoamericanas y caribeñas.

Para el movimiento lésbico latinoamericano, por ejemplo, la autonomía de los *otros* homosexuales y las *otras* feministas fue puntual en establecer y valorar un perfil identitario propio, resultando finalmente en un cuestionamiento sugerente de la misma categoría de género, por considerarla un dispositivo de reproducción de la hegemonía heterosexual que les ha constituido a las *sexualidades disidentes* en identidades periféricas y hostigadas (Mogrovejo, 2006). Dicho señalamiento requiere mayor consideración analítica para poder formular propuestas de políticas públicas y Derechos Humanos basados en una comprensión integral de las articulaciones —o rupturas— entre la perspectiva de género y los derechos sexuales; comprensión que amplíe la noción del *cuerpo político* y enriquezca el sentido de ciudadanía (Vargas, 2006). Por otro lado, para las mujeres indígenas inmersas en espacios articulados y a veces sobreimpuestos de autonomías dobles, la zona autónoma de género-etnia les ha permitido explorar la interrelación y mutuo reforzamiento de estos ejes de exclusión y observar las implicaciones de este matrimonio identitario en la definición de su universo de pertenencia, la elaboración de una mitología genérica de origen, la identificación de los hombres indígenas como sus aliados principales de esta coyuntura —no sin demandas precisas de mayor justicia y equidad— y la paulatina ubicación de los límites y posibilidades de las *otras* mujeres en la cadena de alianzas presentes y futuras (Prieto *et al.*; Palomo, 2006).

A su vez, los espacios y mecanismos de autonomía femenina siguen incidiendo en los procesos políticos locales, nacionales y globales, politizando la visibilidad y ampliando la ciudadanía de las mujeres, y asimismo contribuyendo a nuevas maneras de percibir la justicia y de repensar el quehacer y el hacer de lo político. En las negociaciones de paz en Guatemala, en las luchas por la ciudadanía en Haití, en la evolución del neozapatismo en México, en el movimiento por la reconstrucción nacional en Argentina, en la elaboración de políticas municipales en El Salvador, en los estires y aflojes internos del gobierno *lulista* en Brasil, en la defensa —y oposición— de la Revolución bolivariana en Venezuela y en el globalizado espacio alternativo del Foro Social Global, las mujeres organizadas en distintas expresiones autónomas han informado y formado a los proyectos políticos macros de pueblos y naciones.[5]

AUTONOMÍA E INSTITUCIONALIZACIÓN: UNA ESTRATEGIA DE DOBLE FILO

Dicha multiplicidad y complementariedad de estrategias, evidenciada durante estos años de creciente militancia partidista femenina e incursión institucional feminista, interroga a la engañosa disyuntiva entre *autonomía* o *integración* que ha confrontado al feminismo latinoamericano y caribeño en estos lustros recientes. Dualidad errónea —según la mayoría de autoras— que enfrenta a los ámbitos de

[5] Véanse los artículos de Carrillo y Stoltz Chinchilla, Merlet, Palomo, Di Marco, Herrera, Macaulay, Rakowski y Espina, y Vargas para una mayor comprensión de la dialéctica contemporánea entre autonomía e integración.

adentro y *afuera* de la institucionalidad como si fueran escenarios excluyentes de transformación genérica, reproduciendo así las polaridades del pensamiento único que han nutrido y restringido a los grandes paradigmas de la historia patriarcal. Más bien, en los diversos artículos de nuestra compilación se ha enfatizado la importancia y viabilidad de una estrategia de doble filo (Lebon, 2006), que incluye y articula la sinergia de afuera y adentro, aprovechando la fuerza, necesidades y miradas del primero para moldear, nutrir y defender las propuestas del segundo. En este sentido, la autonomía y la organización de las mujeres resaltan actualmente como estrategias ineludibles para *potencializar* a la práctica feminista institucional y validar sus logros.

Aun dentro de los ámbitos del quehacer de las funcionarias feministas —incorporadas a las instituciones estatales— y las feministas militantes de los partidos políticos, también la autonomía se revela como una práctica indispensable. Por un lado, para unificar criterios y esfuerzos en la re-codificación de los discursos que organizan a las relaciones entre géneros y, por otro, para articular una masa crítica de apoyo para el proyecto de democratización genérica; finalmente la autonomía relativa sirve para mantenerse conscientes y prudentemente distantes de las estructuras, contenidos y métodos —forma y fondo— esencialmente patriarcales en que estén insertas. Las mecánicas autonómicas que construyen mujeres políticas, funcionarias y asesoras contribuyen a encontrar respuestas a la inquietud del feminismo por los riesgos y vulnerabilidades de entrar de lleno en un sistema cuya transformación fundamental sea la meta cumbre de la participación. Así que con el objetivo de comparar puntos de vista, intercambiar experiencias y desarrollar estrategias comunes, mujeres en puestos de elección popular fomentan instancias y mecanismos autónomos —como la reunión en México de las mujeres en altos puestos de elección popular y de los partidos o la asociación de alcaldesas y regidoras en El Salvador— para reforzar su posicionamiento de género dentro de instancias políticas mixtas como los congresos nacionales, los consejos municipales y los partidos (Lau; Herrera, 2006).

Los márgenes de autonomía de la *maquinaria de mujeres* son de particular preocupación en los contextos de aguda disputa política, donde se inscribe una estricta *partidización* de las instituciones y políticas dedicadas a las mujeres. En este sentido, evocando el intenso debate a finales de la década de los ochenta en Nicaragua entre feministas sandinistas sobre los límites de la promoción de equidad de género de la corporativizada maquinaria popular de mujeres, AMNLAE,[6] subsumida a las necesidades coyunturales del Estado sandinista (Kampwirth, 2006), las feministas venezolanas hoy en día confrontan el dilema de la inevitable *partidización* de las demandas y maquinarias de género en un contexto de progresiva polarización entre partidos y propuestas políticas. Empero, a diferencia del feminismo nicaragüense que emergido del sandinismo reconoció y apoyó en un momento dado los avances en materia de género del gobierno, a pesar de su severa crítica en los últimos años

---

[6] Las siglas significan Asociación de Mujeres Nicaragüenses "Lusa Amanda Espinoza".

del régimen a la falta de autonomía de AMNLAE, los logros de equidad de género del proyecto bolivariano chavista son reconocidos y defendidos por feministas de ambos lados del espectro político en Venezuela, sin que esto determine la preferencia política de todas (Rakowski y Espina, 2006). Nuevamente esto sugiere la importancia de otros ejes de identidad en la identificación de las necesidades y lealtades de las mujeres, la *priorización* de sus demandas y la selección de sus aliados. No es de sorprenderse entonces que dentro de las difíciles condiciones de vida que sobrellevan la mayoría de las mujeres latinoamericanas y caribeñas, sumidas en una cruda pobreza a raíz de la aplicación de las políticas económicas neoliberales, se empieza a perfilar de nuevo un creciente y fortalecido *feminismo popular* inmerso en los movimientos sociales y políticos que las propias contradicciones del actual modelo económico han gestado (Di Marco; Herrera; Kampwirth; Macaulay; Merlet; Paloma; Prieto; Rakowski y Espina, 2006).

Finalmente, también en países como Brasil y El Salvador, los avances en las políticas de género se desparraman en una multidireccionalidad que vincula espacios autónomos y mixtos en varios niveles de acción (Macualay, 2006), ilustrando de nuevo cómo la organización autónoma de las mujeres —feministas y no feministas— informa a las políticas públicas municipales y federales y a las plataformas de los partidos políticos; mientras por otro lado indica cómo los acuerdos internacionales adscritos abren caminos para la ampliación de parcelas y promoción de políticas de equidad (Macualay; Herrera; Sagot; Carrillo y Stoltz Chinchilla; Lau, 2006). Como resultado de esta sinergia entre autonomía e institucionalidad, en los países de la región se ha gestado un reconocimiento generalizado de la injusticia de las desigualdades de género. A su vez, este reconocimiento se ha nombrado y visibilizado a través de acuerdos internacionales y la tipificación de leyes nacionales y locales a prácticas sociales y costumbres culturales de disciplinamiento genérico, como la violencia física, psíquica y sexual, el acoso sexual y la violación que ofenden y dañan a las mujeres. Asimismo, se ha avanzado en la democratización de la educación, la fuerza de trabajo, las profesiones y las representaciones políticas, que a través de los mecanismos de cuotas han iniciado transformaciones en la(s) cultura(s) política(s). Las estrategias institucionales mediáticas de divulgación de los mensajes de equidad que *politizan lo privado* (Vargas, 2006), como en el caso de las decisiones reproductivas o las preferencias sexuales, y el uso del propio marco androcéntrico de la jurisprudencia para reformar sus contenidos y deconstruir su perspectiva interpretativa, como lo ha hecho CLADEM durante más de una década de activismo y capacitación jurídica (Chiarotti, 2006), indiscutiblemente han contribuido a la reducción de la discriminación genérica y apuntalado la disputa por los sentidos culturales.

LOS FUNDAMENTALISMOS

Empero, los adelantos en terreno de equidad de género y preferencias sexuales van paralelos al fortalecimiento y posicionamiento estratégico de los fundamentalismos religiosos, en una clara polarización de la contienda por el cuerpo de las mujeres y la sexualidad. Casos emblemáticos, como el derecho al aborto de la niña nicaragüense violada (Kampwirth, 2006), transforman el cuerpo ultrajado de una muchacha apenas púber en un campo de batalla político ideológico cargado de significados culturales, que confrontan mensajes religiosos y laicos en una de las más cruentas disputas del nuevo mileno vividas en la nación. La estrategia global —y local— del (los) fundamentalismo(s) religioso(s) abraza a las redes internacionales y nacionales, el empleo de la tecnología comunicativa, la organización masiva de su base a través de las iglesias, sus institutos y organizaciones, la constitución de ONG, la formación de importantes centros de análisis (*think tanks*), su intersección con partidos políticos, el cabildeo y el posicionamiento político nacional e internacional para la disputa del siglo XXI por revertir los derechos reproductivos y sexuales. Los campos de las políticas de género y población constituyen un teatro de acción preferencial, guiado por una cosmovisión que sitúa el origen —y valor— de la vida en la posibilidad de la procreación, mucha veces aun antes de la concepción. Su influencia creciente en el escenario latinoamericano y caribeño —fortalecido por el avance estratégico del fundamentalismo cristiano en EUA— se tradujo en Costa Rica en la obstaculización de una legislación compensatoria para las mujeres en razón de la violencia doméstica (Sagot, 2006), en el bloqueo de la promoción de los derechos reproductivos en Nicaragua y El Salvador (Kampwirth; Herrera, 2006), en el pronunciamiento público del secretario de Gobernación de México en contra de la inclusión de la *píldora del día siguiente* en la lista de medicamentos oficiales y en la resignificación de la perspectiva de género en muchos de los institutos de la mujer en México (Tarrés, 2006), asimismo esta influencia se tradujo en un activo posicionamiento en los encuentros de las mujeres en Argentina (Di Marco, 2006). Sus estrategias a largo plazo, su integración al fundamentalismo occidental internacional y la creciente masificación de su base potencial a través de las y los creyentes hace aún más significativo el trabajo de organizaciones como Católicas por el Derecho a Decidir, que desde su identificación religiosa se manifiestan en favor de los derechos reproductivos y sexuales (Navarro y Mejía, 2006).

Progresivamente la confrontación entre los feminismos y los fundamentalismos registra cambios en la balanza de poder, y la contienda por los cuerpos, las sexualidades y las libertades se ponen en el centro de la disputa por los sentidos culturales y nacionales. Esto se evidencia también en la competencia por la naturaleza del Estado, que con la creciente insistencia de mayores espacios e influencia política de parte de la(s) Iglesia(s) hoy en día, se desafía la estricta separación republicana de Estado e Iglesia establecida por las revoluciones libertarias del siglo XVIII. Sumado a dicha contienda entre el humanismo laico y el fundamentalismo religioso, la creciente agudización y feminización de la pobreza y las múltiples acepciones de exclusión experimentadas por la mayoría de las mujeres de la región, colocan la defensa y promoción de la agenda de género en una nueva etapa de retos.

Con dicho contexto de telón de fondo, el presente libro fijó como meta iniciar un inventario del cúmulo de experiencias y aprendizajes feministas y de los movimientos de mujeres de los últimos treinta años, con miras a crear una nueva estrategia de equidad más holística, articulada y acorde con los profundos desafíos del cambio de época que promete ser nuestra época de cambios (IDH-Chile, en Vargas, 2006). A partir de nuestra revisión hemos identificado cuatro grandes campos de oportunidades para la protección y ampliación de los derechos de género y los sexuales en estos años venideros: 1] la activa defensa del estado laico y la estricta separación de Estado e Iglesia(s); 2] el reconocimiento y la promoción de la indivisibilidad de los Derechos Humanos, con énfasis en la intersección de los derechos económicos, sociales y culturales con los derechos de género y los sexuales y la promoción de la consiguiente ampliación interpretativa; 3] la articulación de otras dimensiones de exclusión en la constitución de género (la consiguiente precisión de necesidades y estrategias diversificadas, la identificación de las relaciones de poder y desigualdades entre mujeres y el diseño de mecanismos para transparentar y atenderlo); y finalmente, 4] el fomento de la *complementariedad de estrategias* —con el consecuente desarrollo de mecánicas de articulación— para *potencializar* la sinergia entre espacios y dimensiones de acción y actoras colectivas e individuales.[7] Trenzar dichos campos en una estrategia robusta de democracia genérica y sexual que informa a las múltiples dimensiones de la política local, nacional y global, "democratiza a la democracia" (Giddens, 2003:76) acorde con las posibilidades de las cambiantes y contradictorias condiciones de nuestra era.

BIBLIOGRAFÍA

Carrillo, Lorena y Norma Stoltz Chinchilla (2006), "De 'Femina Sapiens' a Kaqla: treinta años de feminismo(s) en Guatemala", en Nathalie Lebon y Elizabeth Maier (comps.), *De lo privado a lo público: 30 años de lucha ciudadana de las mujeres en América Latina*, México, Siglo XXI, pp. 221-235.

Colón, Alice y Sara Poggio, "Economía globalizada: límites a la equidad de género", en *ibid.*, pp. 53-73.

Chiarotti, Susana (2006), "Utilizar la ley como herramienta de cambio. El CLADEM, red regional de feministas que trabajan con el derecho", en *ibid.*, pp. 380-390.

Di Marco, Graciela (2006), "Movimientos sociales y democratización en la Argentina", en *ibid.*, pp. 249-270.

Giddens, Anthony (2003), *Runaway World: How Globalization is Reshaping Our Lives*, Nueva York, Routledge.

Herrera, Morena (2006), "De la insurgencia a la lucha feminista: buscando la justicia social,

[7] Habría que interseccionar los siguientes incisos estratégicos en una propuesta mucho más amplia e integral: la autonomía organizativa según necesidades e intereses; la integración en los partidos y organizaciones mixtas —con la posibilidad de mecánicas autonómicas en su interior—; la movilización y presión; la investigación y docencia; y la institucionalización política y administrativa de la perspectiva de género y de la(s) sexualidad(es).

la democracia y la equidad entre mujeres y hombres", en Nathalie Lebon y Elizabeth Maier (comps.), *op cit.*, pp. 349-366.

Kampwirth, Karen (2006), "Revolución, feminismo y antifeminismo en Nicaragua", en *ibid.*, pp. 141-157.

Lau J., Ana (2006), "El feminismo mexicano: balance y perspectivas", en *ibid.*, pp. 181-194.

Lebon, Nathalie (2006), "Introducción", en *ibid.*, pp. 13-28.

Macaulay, Fiona (2006), "Difundiéndose hacia arriba, hacia abajo y hacia los lados: políticas de género y oportunidades políticas en Brasil", en *ibid.*, pp. 331-345.

Maier, Elizabeth (2001), *Las madres de los desaparecidos ¿Un nuevo mito materno en América Latina?*, México, Universidad Autónoma Metropolitana, El Colegio de la Frontera Norte, La Jornada Ediciones, 2001.

——— (2006), "Acomodando lo privado en lo público: experiencias y legados de décadas pasadas", en Natalie Lebon y Elizabeth Maier (comps.), *op. cit.*, pp. 29-49.

Merlet, Myriam (2006), "Haití: mujeres en busca de la ciudadana de pleno derecho en una transición sin fin", en *ibid.*, pp. 208-220.

Mogrovejo, Norma (2006), "Movimiento lésbico en Latinoamérica y sus demandas", en *ibid.*, pp. 195–207.

Navarro, Marisa y María Consuelo Mejía (2006), "La red latinoamericana de Católicas por el Derecho a Decidir", en *ibid.*, pp. 367-379.

Núñez Sarmiento, Marta (2006), "Un modelo 'desde arriba' y 'desde abajo': el empleo femenino y la ideología de género en Cuba en los últimos treinta años", en *ibid.*, pp. 74-92.

Palomo Sánchez, Nellys (2006), "Las mujeres indígenas: surgimiento de una identidad colectiva insurgente", en *ibid.*, pp. 236-248.

Phillips, Marva A. y A. Lynn Bolles (2006), "En solidaridad: las mujeres en el movimiento laboral organizado en Latinoamérica y el Caribe", en *ibid.*, pp. 93-106.

Prieto, Mercedes, Clorinda Cuminao, Alejandra Flores, Gina Maldonado y Andrea Pequeño (2006), "Respeto, discriminación y violencia: mujeres indígenas en Ecuador 1990-2004", en *ibid.*, pp. 158-180.

Rakowski, Cathy A. y Gioncoda Espina (2006), "Institucionalización de la lucha feminista/femenina en Venezuela: solidaridad y fragmentación, oportunidades y desafíos", en *ibid.*, pp. 310-330.

Safa, Helen I. (2006), "Globalización, desigualdad e incremento de los hogares encabezados por mujeres", en *ibid.*, pp. 107-121.

Sagot, Monserrat (2006), "La paz comienza en casa: Las luchas de la mujeres contra la violencia y acción estatal en Costa Rica", en *ibid.*, pp. 273-289.

Tamayo, Giulia (1997), "La cuestión de la ciudadanía y la experiencia de paridad", Centro Flora Tristán, documento inédito, citado en Virginia Vargas (2006), "La construcción de nuevos paradigmas democráticos en lo global: el aporte de los feminismos", en *ibid.*, p. 391.

Tarrés, María Luisa (2006), "Nuevos nudos y desafíos en las prácticas feministas: los institutos de las mujeres en México", en *ibid.*, pp. 290-309.

Vargas, Virginia (2006), "La construcción de nuevos paradigmas democráticos en lo global: el aporte de los feminismos", en *ibid.*, pp. 391-407.

——— y Saskia Wieringa *et al.* (1998), *Women's Movements and Public Policy in Europe, Latin America, and the Caribbean*, Nueva York, Garland Publishing.

PERFIL CURRICULAR

Coordinadoras

NATHALIE LEBON

Profesora dentro del Programa de Estudios de la Mujer en Gettysburg College, miembro del comité ejecutivo de la Sección de Género y Estudios Feministas de LASA, master en ciencias políticas y doctora en Antropología con una investigación sobre la profesionalización y el papel de las organizaciones profesionalizadas dentro del movimiento feminista en Brasil en los últimos 20 años, titulada *The Labor of Love and Bread: Professionalized and Volunteer Activism in the São Paulo Women's Health Movement* [La Labor para el Amor y el Pan: Activismo profesionalizado y voluntario en el movimiento de la salud de la mujer en São Paulo]. Autora de diversos artículos publicados en revistas norteamericanas y brasileñas sobre ONG feministas, el movimiento de la mujer en Brasil y en América Latina, y la condición de las mujeres en Brasil. Su proyecto más reciente se enfoca en el papel que las activistas y académicas afrobrasileñas realizan para desafiar el mito de la democracia racial.

ELIZABETH MAIER

Profesora-investigadora de El Colegio de la Frontera Norte, México, doctora en Estudios Latinoamericanos con mención honorífica en su tesis de doctorado en 1997 y recomendada para publicar.

Beneficiaria de honores, financiamientos y reconocimientos: Programa Integral de la Mujer de El Colegio de México (Colmex) 1988-1989; Dirección de Culturas Populares 1994-1995; CONACYT 1995-1997; Programa Transfronterizo de Estudios de la Mujer 1999-2000; Instituto Nacional de la Mujer 2003-2004; UNIFEM 2004-2005. Miembro del Sistema Nacional de Investigadores (SNI) y ex presidenta de la Sección de Estudios de Género y Feminismo de LASA 2003-2005.

Autora de libros científicos y de divulgación, entre los cuáles se destacan: *Las Madres de Desaparecidos: ¿un nuevo mito en América Latina?*, *Género, pobreza rural y cultura ecológica*, *Las sandinistas*, *La chinampa tropical* y *¿A poco las mujeres tenemos derechos?* También es autora de múltiples capítulos en libros y artículos en revistas científicas sobre los temas de: mujer, migración e identidad étnica; mujer y salud; mujer y participación política; derechos humanos de las mujeres; mujer y medio ambiente; identidad y ciudadanía.

En años recientes se ha especializado en la metodología de investigación-acción con mujeres indígenas migrantes, complementando así la formación académica con una rica experiencia de décadas de trabajo comunitario con mujeres.

Autoras

A. LYNN BOLLES

Antropóloga y profesora del Departamento de Estudios de la Mujer en la Universidad de Maryland College Park, sus investigaciones están enfocadas a la economía política de las mujeres en la diáspora africana con énfasis en inglés caribeño.

ANA LORENA CARRILLO

Historiadora. Doctora en estudios latinoamericanos-UNAM. Profesora-investigadora del Instituto de Ciencias Sociales y Humanidades de la Benemérita Universidad Autónoma de Puebla. Miembro del Sistema Nacional de Investigadores. Autora de *Luchas de las guatemaltecas del siglo XX. Mirada al trabajo y la participación política de las mujeres*, Guatemala, Ediciones del Pensativo, 2004.

SUSANA CHIAROTTI

Abogada, feminista argentina, activista de derechos humanos. Dirige el Instituto de Género, Derecho y Desarrollo de Rosario, Argentina y Coordinadora Regional del CLADEM. Ha escrito numerosos artículos sobre mujer y derechos humanos.

ALICE COLÓN

Investigadora en el Centro de Investigaciones Sociales de la Universidad de Puerto Rico, Recinto de Río Piedras. Ha coordinado proyectos de estudios feministas, y publicado libros y artículos en torno a temas como la participación de las mujeres puertorriqueñas y caribeñas en los procesos sociales, el mercado laboral, y los derechos reproductivos.

CLORINDA CUMINAO

Antropóloga, maestra en Ciencias Sociales con mención en Estudios Étnicos en FLACSO- Ecuador. Trabaja en torno a los temas de organizaciones mapuche urbanas, educación y salud intercultural e identidad mapuche.

GRACIELA DI MARCO

Profesora de la Escuela de Posgrado de la Universidad Nacional de San Martín, Argentina. Coordina el Programa de Democratización de las Relaciones Sociales y el Centro de Derechos Humanos de la misma. Ha sido directora de políticas sociales del gobierno de la Ciudad de Buenos Aires. Sus intereses de investigación se vinculan con la democratización, la ciudadanía, los derechos de las mujeres y los movimientos sociales. Ha publicado varios libros y artículos sobre estos temas.

GIOCONDA ESPINA

Profesota titular de la Facultad de Ciencias Económicas y Social de la Universidad Central de Venezuela. Responsable de la Maestría de Estudios de la Mujer en la misma. Autora de *Psicoanálisis y mujeres en movimiento*, entre otras obras.

ALEJANDRA FLORES

Profesora en castellano, maestra en Ciencias Sociales con mención Estudios Étnicos en FLACSO-Ecuador. Ex becaria de la Fundación Ford. Ha sido parte del equipo que publicó "Chacha Warmi: relaciones de género en el mundo andino" y "Somos pueblo aymará".

MORENA HERRERA

Participó en la guerrilla del FMLN en los ochenta. Fundadora activa de Las Dignas, de ANDRYSAS, de la Colectiva Feminista por el Desarrollo Local y de la Unión de Organizaciones Locales de Mujeres en El Salvador. Con investigaciones sobre participación política y movimientos de mujeres. Asesora en políticas públicas para la equidad de género a nivel nacional y municipal.

KAREN KAMPWIRTH

Profesora de ciencias políticas, estudios latinoamericanos, y estudios de la mujer en Knox College. Es autora de varios artículos y libros sobre mujer y política incluyendo *Women and guerrilla movements: Nicaragua, El Salvador, Chiapas, Cuba* (Mujer y guerrilla).

ANA LAU J.

Doctora en historia por la Universidad Iberoamericana. Profesora investigadora de la UAM-Xochimilco y actualmente coordinadora de la especialización Maestría en Estudios de la Mujer en la misma universidad. Ha publicado libros y artículos sobre el feminismo en México, las mujeres en la revolución y la historiografía de género.

FIONA MACAULAY

Conferencista en Estudios de Desarrollo en la Universidad de Bradford, Inglaterra. Ha publicado sobre varios aspectos de derechos de género, especialmente en representación política, el impacto de los partidos políticos en la política e instituciones de género, acceso a la justicia y la violencia doméstica.

GINA MALDONADO

Maestra en Ciencias Sociales con mención en Asuntos Indígenas de FLACSO-Ecuador. Ha publicado en el 2004 el libro *Comerciantes y viajeros. De la imagen etnoarqueológica de "lo Indígena" al imaginario del kichwa Otavalo "Universal"*, Quito, Ecuador, FLACSO.

MARÍA CONSUELO MEJÍA

Antropóloga con maestría en estudios latinoamericanos, directora de Católicas por el Derecho a Decidir, México, desde 1994. Durante el año de 2004, fue Oficial Ejecutiva de Programas de la Federación Internacional de Planificación de la Familia, Región del hemisferio Occidental.

MYRIAM MERLET

Activista feminista, directora ejecutiva y miembro de la Coordinación de ENFO-FAM (Organización para la Defensa de los Derechos de las Mujeres). Maestra en ciencias económicas. Activista feminista de longa data.

NORMA MOGROVEJO

Docente, investigadora de la Universidad de la Ciudad de México, abogada, socióloga, latinoamericanista, investigadora del Sistema Nacional de Investigadores. Tiene diversos libros y artículos, ensayos y capítulos sobre movimiento lésbico latinoamericano, sexualidad e identidades disidentes.

MARYSA NAVARRO

Charles Collis Professor of History en Dartmouth College donde enseña Historia Latinoamericana desde 1968 y donde fundó el Programa de Estudios de Mujeres y el Programa de Estudios Latinoamericanos. Ha sido Presidenta de LASA y es presidenta de la Junta de Directores de Catholics for a Free Choice.

MARTA NÚÑEZ SARMIENTO

Profesora titular del Centro de Estudios de Migraciones Internacionales de la Universidad de La Habana. Doctora en economía y master en sociología. Investiga temas de relaciones de género en Cuba. Ha sido consultora en temas de género en organismos de la ONU, de la Asociación de Estados del Caribe y ONG. Ha representado a Cuba como diplomática.

NELLYS PALOMO SÁNCHEZ

Elaboración, evaluación y estrategias de proyectos con perspectiva de género. Capacitación en derechos humanos, derechos de los pueblos indios, medio ambiente, violencia hacia las mujeres. Actualmente coordina el proyecto sobre mortalidad materna en zonas indígenas, aplicado por Kinal Antzetik.

ANDREA PEQUEÑO

Licenciada en Humanidades y en Ciencias de la Comunicación. Maestra en Ciencias Sociales con mención en Género y Desarrollo de FLACSO-Ecuador. Trabaja en torno a los temas de nación, género e identidades étnico-raciales.

MARVA A. PHILLIPS

Profesoras en Union Education Institute University de la West Indies, Mona Jamaica.

SARA POGGIO

Profesora Asociada en la Universidad de Maryland Baltimore County. Co-chair de la sección de género y estudios feministas de Latin American Studies Association. Lleva a cabo un proyecto de investigación acerca de las relaciones de género y sus modificaciones en las Familias transnacionales de origen centroamericano en Estados Unidos que envían remesas a sus países.

MERCEDES PRIETO

Antropóloga. Realizó sus estudios en Ecuador, Chile y Estados Unidos. Sus campos de investigación incluyen las economías de pequeña escala, la acción colectiva y los conflictos sociales, las relaciones de género y etnicidad, sujetos indígenas y construcciones nacionales.

Ha sido una activa participante en varios programas dirigidos a promover la equidad de género. Actualmente es coordinadora del Programa Estudios de Género de la Sede Ecuador de la Facultad Latinoamericana de Ciencias Sociales (FLACSO-Ecuador).

CATHY A. RAKOWSKI

Profesora asociada en los departamentos de Estudios de la Mujer y Sociología Rural de la Universidad Estatal de Ohio. Ha trabajado desde 1979 en Venezuela, donde sus investigaciones se enfocan en los procesos de cambio social.

HELEN I. SAFA

Profesora emérita de antropología y estudios latinoamericanos en la Universidad de La Florida. Fue Directora del Centro de Estudios Latinoamericanos en UF de 1980 a 1985 y presidente de la Asociación de Estudios Latinoamericanos de 1983 a 1985. Sus investigaciones se han centrado en el género, el desarrollo y la globalización, particularmente en el Caribe.

MONTSERRAT SAGOT

Doctora en sociología con especialidad en sociología del género (The American University, Washington, DC, 1992). Profesora emérita del Departamento de Sociología y del Posgrado Regional en Estudios de la Mujer, Universidad de Costa Rica.

NORMA STOLTZ CHINCHILLA

Profesora en sociología y estudios sobre la mujer de la Universidad Estatal de California en Long Beach (California State University Long Beach). Su investigación se centra en mujeres y movimientos sociales en Latinoamérica y sobre inmigración a Estados Unidos.

MARÍA LUISA TARRÉS

Doctora en sociología. Profesora-investigadora del Centro de Estudios Sociológicos de El Colegio de México, miembro del Sistema Nacional de Investigadores. Ha escrito diversos artículos, capítulos de libro y libros sobre movilizaciones, democratización y ciudadanía de diversos actores colectivos, especialmente de las mujeres.

VIRGINIA VARGAS

Socióloga, activista y teórica feminista en Perú, América Latina y en los espacios globales. Integrante y socia fundadora del Centro Flora Tristán, en Perú; integrante de la Articulación Feminista Marcosur, en América Latina y a nivel global. Activa participante en las dinámicas del Foro Social Mundial. Y es profesora invitada en la Universidad Nacional Mayor de San Marcos-Perú, y en otras universidades de América Latina y Europa.

ÍNDICE

IV. INSTITUCIONALIZACIÓN Y POLÍTICAS DE GÉNERO

V. LA *GLOCALIZACIÓN* DEL FEMINISMO: ESTRATEGIAS LOCALES, REGIONALES Y GLOBALES

formación: gabriela parada valdés
tipografía: new baskerville 10/12.5

impreso en programas educativos, s.a. de c.v.
calz. chabacano núm. 65, local a
col. asturias, cp. 06850
febrero de 2007